北京农村
研究报告
（2013）

*Research Report on
Beijing Rural Area (2013)*

郭光磊　主编

社会科学文献出版社
SSAP SOCIAL SCIENCES ACADEMIC PRESS (CHINA)

编辑委员会

前　言

　　北京市农村经济研究中心是 1989 年 11 月经市委、市政府批准，1990 年 7 月正式挂牌成立，按照加强农村改革和政策研究、加强农村经管工作要求，专门设立的承担一定行政职能，参照《公务员法》管理的市政府直属事业单位。2012 年 10 月经北京市机构编制委员会办公室研究并报中央机构编制委员会办公室批准，北京市农村经济研究中心加挂"北京市农村合作经济经营管理办公室"的牌子，简称"市农经办"。北京市农村经济研究中心的主要职责是：为市委、市政府领导农村改革与发展进行决策研究，统一规划和组织市农口各区县局及有关单位开展农村战略研究和政策研究；承担郊区农村合作经济的指导工作，推动其改善经营管理；承担农业资源调查、动态监测以及农业区划的规划工作，组织农村经济改革试验区和农村区划成果应用试点、基地的建设工作；负责北京市农口经济信息的采集、储存、统计、规划、开发、建设、应用，为领导机关和郊区农民开展信息服务；开展农业发展史、改革史研究及相关地方志和文献资料的编纂工作，组织开展各种学术交流与农村基层培训工作。

　　自成立以来，北京市农村经济研究中心立足"为农村经济发展服务，为维护和发展农民经济权益服务，为领导决策管理服务"，站在农村经济发展和决策咨询的前沿，围绕北京郊区农村改革与发展的一系列重大问题，开展调查研究，不断取得一些新的研究成果。自 2010 年起，北京市农村经济研究中心开始公开出版年度研究报告，主要收录上一年度的重要研究成果。2010 年出版的调研成果定名为《北京城乡一体化发展的研究与思考 2009》，2011 年出版的调研成果定名为《城与乡：在博弈中共享繁荣——北京市农村经济研究中心 2010 年研究报告》，2012 年出版的调研成果定名为《城乡统筹发展的改革思维——北京市农村经济研究中心 2011 年研究报告》，2013 年出版的调研成果定名为《城乡发展一体化：探索与创新——北京市农村经济研究中心 2012 年研究报告》。为了进一步规范年度调研成果的出版，提高调研成果质量和水平，自 2014 年起，我们将年度研究报告统一定名为《北京农村研究报告》，收录上一年度北京市农村经济研究中心完成的主要调查研究报告成果，并标明上年年度。摆在我们面前的《北京农村研究报告（2013）》，是北京市农村经济研究中心 2013 年度完成的、可以公开发表的主要调查研究报告。

2013 年是全面贯彻落实党的十八大精神的开局之年，也是党的十八届三中全会提出全面深化改革之年。北京市委、市政府认真贯彻落实党的十八大、十八届三中全会和中央 1 号文件精神，着力推进农村改革和城乡发展一体化，在总结基层创新实践的基础上，提出要处理好农民与资源的关系，推动土地流转起来，提高土地产出率；处理好农民与积累的关系，让资产经营起来，提高资产收益率；处理好农民与市场的关系，把农民组织起来，提高劳动生产率。推动"新三起来"是北京市推进城乡发展一体化、新型城镇化的现实选择和重要抓手。

北京市农村经济研究中心在北京市委、市政府的领导下，紧紧围绕城乡发展一体化的战略目标，以推动"新三起来"工作为重点，以党的群众路线教育实践活动为契机，转变作风，深入调查，加强研究，取得了一批重要的调查研究成果，为市委、市政府决策提供了有力的政策研究支撑和智力支持。

《北京农村研究报告（2013）》共分 8 篇，第一篇为城乡发展一体化，第二篇为新型城镇化，第三篇为土地流转起来，第四篇为资产经营起来，第五篇为农民组织起来，第六篇为年度分析报告，第七篇为农业农村信息化，第八篇为平谷农村改革试验区。本研究报告基本涵盖了北京郊区农村改革发展研究的主要内容。

我们希望本研究成果能为农村工作的决策者、实践者、研究者提供一些思考与启示，为深化农村改革、加快推进城乡发展一体化做出共同努力。

当然，由于我们水平有限，本研究成果难免存在一些不足之处，恳请读者批评指正。

编　者

2014 年 4 月 23 日

推动"新三起来",关键在落实

郭光磊

党的十八大之后,中央对于农村改革发展有很多新的思路和提法,其核心是把城乡一体化发展作为解决"三农"问题的根本途径,把创新农业经营体制作为解决当前农村工作中各项矛盾和问题的一个重要抓手,这使农经工作得到了前所未有的重视和关注。

市委、市政府在 2013 年农村工作会议上,提出"推动土地流转起来,资产经营起来,农民组织起来"的"新三起来"。从过去"暖起来、亮起来、循环起来"到"流转起来、经营起来、组织起来",这是一次本质的转变,是从改善生活条件到聚焦经济发展的转变。这说明当前首都郊区发展的形势已经发生了变化,今后的任务就是要深化农村改革、推动农民增收致富、保障农民经济权益,其中的关键就是要由表及里地深化改革、推动生产关系的变革。"新三起来"就是要调整生产关系,这是生产力发展的必然要求。

2010 年,牛有成常委到市农经办(农研中心)调研时提出了"新三起来"。"新三起来"的工作目标与农经办(经管站)的工作任务是紧密相关的。实际上,这几年大家对"新三起来"的认识在不断深化,实践上也在不断创新,涌现了一大批好的经验和典型。我们这几年进行的清产核资工作、合同清理工作、土地承包仲裁工作、一事一议工作、农民负担检查工作、落实产权制度改革后的集体经济组织股份分红工作等,都是围绕着"新三起来"开展的,这些工作都是经管工作的核心内容,为"新三起来"的开展奠定了一个很好的基础。这次市里正式提出"新三起来",体现了在首都发展新的历史时期,市委、市政府对农村经管工作的空前重视,同时这也是推动首都农村经管工作的重要战略机遇。今后的任务就是要研究如何立足经管工作,全面推动落实"新三起来"。对此,我想讲三点。

一 为什么要推动"新三起来"

(一) 落实"新三起来"是对十八大精神的贯彻落实

十八大报告提出:"坚持和完善农村基本经营制度,依法维护农民土地承包经营权、宅基地使用权、集体收益分配权,壮大集体经济实力,发展农民专业合作和股份合作,培育新型经营主体，发展多种形式规模经营，构建集约化、专业化、组织化、社会化相结合的新型农业经营体系。"概括起来讲，一是要推动集体经济发展带动村庄发展和农业发展。二是要通过提高农民的社会生产组织化程度以及加强农村土地规模化集约利用来推动农业现代化。三是要在城镇化过程中保护好农民的"三权"利益。北京市提出的"新三起来"不仅完全涵盖了上述内容，还根据北京当前的发展阶段、发展特点和北京的实际情况进行了一定程度的发展和延伸，这与中央精神是相符的。

（二）"新三起来"是未来首都推动郊区发展的重要战略抓手

当前，首都已经进入了全新的发展阶段，面临着全新的形势与任务，有成同志多次强调要推动农村郊区发展，要处理好农民与土地资源、农民与积累、农民与市场三者之间的关系，包括：怎样通过体制机制创新使市场在资源配置中发挥决定性作用，怎样通过经营管理创新使集体资产的价值被充分发现，怎样通过农民的组织结构创新增强农民适应市场和在市场中维护权益的能力。如何让4500亿农村集体资产真正成为农民城镇化的资本？如何发现这些资产的价值？这就要求我们要用市场的方式来思考和解决问题，就是要确保这个价值是由市场发现，而不是由政府部门、乡镇干部、村里确定的。近期，林克庆副市长要求市农经办和北京市城市规划设计研究院联合研究二道绿隔地区经济社会发展，之所以要求市农经办和规划部门一起调研，主要在于二道绿隔地区大部分是农村，农村的发展离不开农民与集体的关系、村与镇的关系、镇与镇之间的关系，这种复杂关系不是通过简单的行政命令可以解决的，要通过调整生产关系，村与村土地之间的交换，镇与镇之间的统筹规划才能实现建设目标。从这件事情可以看出，市委、市政府已经认识到未来首都的发展与建设的主战场在郊区、在城乡结合部，着力点在解决城乡一体化发展问题。只有解决好城乡一体化发展问题，解决好农民"三权"利益保护的问题，才能实现城乡结合部地区的科学发展。这也是提出"新三起来"的根本背景。

（三）"新三起来"是推动新时期经管工作的战略机遇

随着首都城乡一体化的发展，经管工作的重要性日益凸显，市委、市政府越来越重视农村经管工作。"新三起来"不仅涉及经管工作的全部内容，而且经管工作还是其中一个重要的环节。这是农村经管工作的重要契机，也是各级经管部门解决自身问题的契机。打铁还得自身硬，面对机遇，能不能承担重大任务，对于全市每一个经管干部来说都是挑战，这就要求我们的工作作风、工作能力和工作水平适应新时期"三农"工作对经管系统工作提出的新要求。

二　怎样推动"新三起来"

从经管系统来说，推动落实"新三起来"有四方面的主要工作。

（一）提升服务，让土地在市场条件下充分流动

一是要引导土地承包经营权科学有序流转。坚持依法自愿有偿原则，按照规模化、专业化、标准化发展要求，鼓励和支持承包土地向采用先进技术和现代生产要素的家庭农场、农民专业合作社流转。

二是要创新流转方式。目前，各区县经管站在土地流转过程中，仅负责登记、合同管理，工作中要注意给领导提出建议，在完善推广已有的土地委托流转、产权交易市场、土地股份合作等工作的基础上，探索创新土地信托流转、土地银行等新的市场化的流转方式。

三是要探索集体建设用地集约利用的科学模式。经管系统虽不是决策单位，但要成为领导的参谋和智囊，土地如何流转，集体建设用地如何集约利用，要给领导提出符合法律法规要求又不损坏农民利益的科学模式。

四是要结合首都发展和生态环境建设，推动集体林地的集约利用。要以林权改革和林地确权为基础，结合市里的平原造林工程、绿化隔离带建设等工作，与园林部门配合，推动集体林地和绿化农地的集约使用，充分发掘其生态环境价值和社会经济价值。

（二）深化农村产权制度改革，让集体资产经营起来

温铁军教授在授课时也讲到，全国农民收入上万元的集体，90%以上是集体经济发展得好，只有把资产经营起来才能实现农民增收致富的愿望。

一是继续巩固产权制度改革成果。在总结村级集体产权改革经验的基础上，全面推进完成镇级产权改革工作。要结合此次农村土地确权工作，探索进一步完善现有产权改革工作的科学模式和路径。要在自愿的基础上，鼓励具备条件的地方以股份合作的方式推动不同集体经济组织之间开展联合。

二是推动集体"三资"管理创新，因地制宜探索集体经济有效实现形式。要在既有的"三资"规范化、信息化管理、产权改革、清产核资和合同清理等工作的基础上，以市场化为方向，以提高经营效率、市场竞争力为目标，创新集体"三资"管理的方式，因地制宜，引入市场机制，积极探索集体资产的信托化、委托化经营和股份制联合等模式，让市场发现集体资产的价值，不断壮大集体经济实力。要以增量集体资产特别是征地补偿资金、物业的经营管理为重点，积极开展创新试点工作，探索集体资产和农民财富实现保值增值的科学路径。

三是推动落实集体股份分红工作。发展农村集体经济最根本的目标是要让农民在发展集体经济当中受益。这方面做得比较好的是昌平区，2011年在我们昌平召开的股份分红大会现场，夏副市长亲自把林权收益和股权收益发给了农民。昌平区仅2011年就分红7亿多元。2012年中心提出了"三个一百"的目标：分配人口增加100%，分配村增加100%，分配数额增加100%。实现了2/3，还有1/3没有实现。2012年分配的村有大幅度提高，全市1000多个村给农民分配，享受的分配人口达到近60万人，分配的金额达到23亿元。林克庆副市长参加了分红大会，体现了各级领导对分红工作的肯定。可如果我们把这些钱放在全市农村集体资产4000多亿元、净资产2000多亿元的大盘子上，这23亿元就很低了。4000亿元资产即使按照1%的资产收益率计算也应该分配40亿元。如果按银行4%~5%的利率，也能得到100亿元到200亿元利息。可以说，现在集体资产经营效率很低，而且逐年下降，这就造成了股份分红的困境：一方面是经营水平低，没钱可分；另一方面即使有盈利也不分配给农民。让资产经营起来是让农民的资产直接为农民增收服务，经管部门在日常的管理工作中要引导村集体经济组织，改变过去实物分配的方法，推动有条件的村开展集体股份分红，让农民切实感受到集体经济发展的好处。

四是严格村级财务管理和监管。要以维护农民利益为出发点，严格执行农村的各项财务制度，巩固农村财务规范化建设的成果，加强日常审计和专项审计。通过"三资"监管平台的信息化手段加强农村的"三资"管理和审计监督，完善民主监督机制，落实财务公开、村级重大事项民主决策程序，确保农民群众的知情权、参与权和监督权。

（三）加强服务指导，让农民组织起来

按照规范管理、鼓励联合、强化扶持、提升素质的要求，加强对合作社的服务指导工作。

一是鼓励百花齐放。在规范登记管理的基础上，鼓励农民采取专业合作和股份合作等多种方式组建合作社，鼓励农民合作社在农村生产、农产品流通、农产品初加工、农业现代化服务体系等多领域开展各项业务。

二是抓好示范社和重点社。北京的专业合作社已发展了5000多家。但真正有生命力，按照合作社的方式运转的不多，超不出100家，一些重点示范社达不到标准要求。农民组织起来需要引导，农村的问题在任何国家都没有完全市场化和自由化，完全市场化和自由化的农村一定是凋敝的农村。WTO框架下世界各国（地区）农业门槛较高，通过高门槛，保护本国（地区）的农民。日本、美国等农民数量虽然很少，但还要保障农民利益，这是由自然风险、市场风险和农业社会基础行业的特殊性决定的。所以，关于农民专业合作社发展问题，温铁军教授讲得非常好，将来政府不引导、不扶植，国家不制定相应的战略合作社是要失败的。农村经管工作一项重要的任务就是扶植、引导农民专业合作社发展，要积极争取专项资金、专门政策予以扶植，并积极牵线搭桥，帮助合作社与一些涉农项目直接对接。

三是开展合作金融创新。要积极试点，通过在信用评定基础上对示范社进行联合授信或贷款贴息等方式，规范合作社信用合作。要与特定银行开展合作，积极探索以合作社为载体，以农民集体内部小额信贷为主要业务，以农村合作金融和内生金融的模式，开展农村内部信用合作，包括小额贷款、抵押贷款、合作社内部之间的合作，帮助解决合作社发展中的资金问题。目前，全市有26家信用合作社，如何在更大范围内，通过合作社之间信用合作扩大合作社的社会影响力，使之与市场接轨，是合作社发展的重大课题。此外，要针对合作社生产经营的特点，开发与合作社生产经营相关的保险产品和服务。

四是鼓励联合，成立全市的合作社联合会。要研究制定合作社联社登记的管理办法，积极鼓励、引导农民合作社以产品和产业为纽带开展跨社合作与区域联合，要研究成立市级的合作社联合会，为大家提供服务。帮助合作社尽快扩大规模，增强其在市场上的竞争力和话语权。

五是做好合作社经营人才的培训。要尽快推动合作社带头人人才库和培训基地建设，广泛开展合作社带头人、经营管理人员培训，为合作社发展提供经营人才保障。

（四）做好基础服务，确保落实"新三起来"

"新三起来"是北京市农业的发展战略，既是党和政府的核心工作，也是经管工作的核心。

一是要继续做好信息化服务。要在既有的农经信息化平台建设的基础上，进一步提升监管效率和服务水平，重点加强土地流转监管、集体土地利用监测、农产品流通监测等方面的信息统计工作，严把统计数据关。

二是要做好调查研究工作。发挥农经系统调查研究的优势，立足首都"三农"工作和农经工作实际，梳理现有的典型经验和教训，对推动"新三起来"过程当中的经验和问题进行实时的调研和阶段性总结，及时为领导提供有效的智力支撑和政策保证。

三是要为农民专业合作组织提供各种智力和政策服务。做好政策解释与宣讲工作，包括土地仲裁、土地承包管理、农民负担等政策。

四是要做好各种培训服务工作。市、区（县）经管部门，要做好各种培训工作，提高集体经济组织经营者的经营水平和能力，解决好在推动"新三起来"工作中经管工作的站位问题，树立"以我为主，攻坚克难"的信念，要以培育新型农业经营主体为目标，充分利用各类培训资源，重点针对合作社带头人、家庭农场经营者、专业大户开展培训服务，培养他们的市场经营意识，提高他们的经营管理能力、专业知识素养和政策法规水平，为农村发展提供人才保障。

三 推动"新三起来"需要注意的问题

（一）要注意实现五个转变

一是思想观念的转变。要充分认识到当前郊区改革的紧迫形势和"新三起来"对经管工作的要求，改变不适应当前新形势的旧观念、旧思维，实现从行政思维向市场思维的转变，从保守思维向改革思维的转变，从封闭思维向开放思维的转变。

二是适应职能的转变。主动适应"新三起来"的各项要求，进一步理顺农村经管部门的各项职能，把行政化的管理转变为用市场的手段解决问题。

三是适应工作方式的转变。主动超前地去思考问题、研究问题，增强工作的主动性，逐步实现从被动接受改革向主动开展改革转变，从被动接受市场向主动适应市场转变，从被动接受任务向主动发现和解决问题转变。

四是由单打独斗向发挥网络优势、团队优势和体系优势转变。经管部门既不掌握行政审批权，也不掌握财政支配权，但经管系统是个体系，大家心往一处想、劲往一处使，充分利用经管信息网络、"三资"监管平台和办公系统，发挥信息共享的优势，推动解决"新三起来"工作中的疑难问题。

五是工作作风的转变。经管系统的作风虽有了明显改观，但还不适应推动"新三起来"的工作要求，要继续做好转变作风的工作，按照"依法履职，爱岗敬业，服务大局，当好管家"的要求，强化经管队伍的作风建设。

（二）要注意树立六种意识

一要树立改革意识。要积极适应新的形势要求，在立足实际和科学思考的基础上，主动开展改革、参与改革、倡导改革。

二要树立市场意识。要充分认识到市场在资源配置中的决定性作用，尊重市场规律，善于运用市场规则推动我们的工作。

三要树立效率意识。要在保证工作质量的前提下，积极采取科学的方式提高我们的工作效率。

四要树立经营意识。要努力学习掌握市场经营的相关知识，锻炼经营的能力，培养经营的意识，做一个懂经营、会管理的"新经管人"，这样才能在推动"新三起来"的过程中更好地为农民提供服务。

五要树立服务意识。要放弃行政管理旧观念，树立为农民、为乡村集体服务的意识，从而更好地开展工作。

六要树立全局意识。要站在首都发展的全局来认识我们工作的形势和意义；要立足全市"三农"工作的全局来明确我们的任务与改革方向；要从全市农村经管工作全局来思考我们每一个单位的职能定位和具体工作安排；要在具体的工作中，注意加强与其他部门的沟通和配合，加强与其他农口单位和兄弟经管站的交流和合作，加强经管系统内部的联系和协作。

六种意识是作风建设的根本，只有树立这六种意识，经管部门才能更好地与各部门紧密配合，才能在配合当中发挥经管干部的主观能动性，才能赢得其他部门同志的尊重。单靠农村经管部门完成不了"新三起来"的各项任务。经管干部在与其他部门配合工作中，牢固树立六种意识才能发挥主动性和创造性，才能真正推动"新三起来"工作在北京郊区的落实。

总之，"新三起来"的各项工作给农村经管工作提出了新的挑战，同时这也是经管工作更上一层楼的新机遇，全体经管干部要有信心、有办法，扎实推进工作，完成好2013年确定的各项重点工作任务，推动农村改革发展的各项工作再上一个新台阶。

作者系北京市农经办（农研中心）党组书记、主任

目 录
CONTENTS

第八篇　平谷农村改革试验区

第一篇
城乡发展一体化

第一章　北京市二道绿隔地区发展问题研究

在首都三大生态屏障①为主体的生态结构体系中，绿隔地区是最靠近城市建设区的一道生态屏障，对遏制城市蔓延、改善城市环境具有极其重要的作用。近年来，随着市政交通基础设施条件改善与城市产业和功能向郊区的迅速扩展，城市建设重点向外围转移，紧临中心城和新城的第二道绿化隔离地区土地快速升值，地区建设压力逐步加大，外来人口无序聚集，城乡结合部特征日益明显。自 2013 年 5 月份以来，按照林克庆副市长的指示和要求，由市农村经济研究中心与市城市规划设计研究院组成联合调研组，探索研究二道绿隔地区城乡发展一体化问题，重点破解这一地区城乡二元土地产权制度与生产社会化、市场化之间的矛盾。3 个多月以来，先后赴 9 个区县的规划、国土、农口、园林等有关部门和 40 多个乡镇（含功能区）开展专题调研。现已完成空间布局、生态文明、产业布局、集体经济、社会管理与财政金融 6 份专题报告，并在此基础上形成课题总报告。

第一节　二道绿隔地区基本情况

北京绿化隔离地区最早出现在 1958 年的《北京城市总体规划》中，与"分散集团式"的城市布局模式相伴而生，迄今已经有 50 多年的历史。按照 1993 年国务院批复的《北京城市总体规划》，在五环与六环之间建立环市区绿色生态环，防止城市中心地区与卫星城之间连成一片，为城市提供良好的生态环境。2003 年市政府批准的《北京市第二道绿化隔离地区规划》是为进一步落实 1993 年版《北京城市总体规划》而编制。绿隔地区是城市重要生态功能区，规划以实施城市空间格局和生态环境建设，防止市区建设用地无限制向外扩展，形成良好的生态平衡圈为目的，规划新增绿化面积 412 平方公里，后因贯彻落实国务院文件精神调整为 163 平方公里。截至 2011 年底，完成新建绿化面积 163.73 平方公里（24.56 万亩），绿化任务已基本完成。但与 2003 年 15 号文提出的二道绿隔地区要"绿化达标、生态良好、产业优化、农民增收"的建设目标相比还有很大差距。与城乡结合部两个政策区之一的一道绿隔已实施规划

---

① 另外两道是平原和山区生态区。

近50%相比，二道绿隔地区则刚刚起步，破解该地区的发展目标、实现路径以及近期政策是当务之急。

一　空间范围

二道绿隔地区规划范围为一道绿化隔离地区及市区边缘集团外边界至六环路外侧1000米绿化带，涉及朝阳、海淀、丰台等10个区，其中包括通州、亦庄、黄村、良乡、长辛店、沙河6个卫星城及空港城，规划总面积1650平方公里。以行政区划为标准，[①]二道绿隔地区涉及10个区，90个乡镇（街道办事处），共1353个村。按照宽口径测算，总人口约784万人，区域总面积3023平方公里（见图1）。

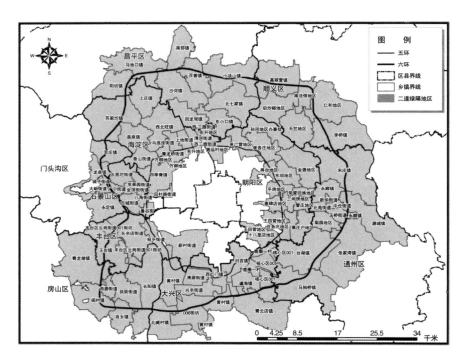

图1　二道绿化隔离地区行政区划图

资料来源：北京市2009～2011年土地利用及区（县）、乡镇边界。

10个区是：朝阳区、丰台区、石景山区、海淀区、门头沟区、房山区、通州区、顺义区、昌平区和大兴区。共涉及90个乡镇（街道办事处），其中朝阳区16个、丰台区5个、石景山区7个、海淀区14个、门头沟区5个、房山区6个、通州区11个、顺义区6个、昌平区9个、大兴区11个。

---

① 考虑到规划具体实施主要以乡镇为单位整体推进，在本报告中，在测算二道绿隔面积、人口等基本数据的时候，对于跨越五环或六环边界的乡镇一般以整体为单位计入，这样就比原规划二道绿隔面积有相当程度的扩大，形成宽口径标准。

二　人口分布

根据第六次人口普查数据，二道绿隔地区常住人口 784 万人，外来人口 383 万人，占 48.9%。户籍总人口约 401 万人，其中，农业户籍人口 80.4 万人，占 20%，如表 1 所示。考虑到新城地区面临城乡二元结构问题相对不突出，剔除新城常住人口，二道绿隔地区常住人口 588 万人，外来人口 306 万人，占 52%。户籍人口 282 万人，其中，农业户籍人口 67 万人，占 23.8%。由于这种剔除方法同时减少了农业户籍人口的绝对数量，采取剔除完成农转居乡镇（街道）的办法，即去掉不含农业户籍人口的地区，由此得到二道绿隔地区存在农业户籍人口地区有常住人口 486 万人，其中外来人口 252 万人，占 52%。户籍人口 234 万人，占 48%，其中农业户籍人口 80.4 万人，占 34%。从户籍单一指标看，该地区城市化率仅为 66%。人口主要集中分布在朝阳、海淀、通州、昌平和大兴 5 个区，常住人口、外来人口、户籍人口、农业户籍人口分别占该区域相应人口的 76%、82%、70%、73%。

表 1　各区位于二道绿隔地区人口汇总表

单位：人

区县名称	常住人口	外来人口	户籍人口	农业户籍人口
朝 阳 区	1530203	857842	672361	72832
丰 台 区	566722	221853	344869	41821
石景山区	421291	149491	271795	0
海 淀 区	1300849	690141	610708	79900
门头沟区	202079	35229	166850	24202
房 山 区	374422	101561	272861	103222
通 州 区	1012174	409172	603002	200256
顺 义 区	307397	154618	152779	64576
昌 平 区	1239042	716104	522938	111615
大 兴 区	886618	491466	395152	105084
合　　计	7840797	3827477	4013315	803508

三　土地利用结构

目前二道绿隔地区土地利用结构中建设用地和林地占了主要部分（见表 2）。根据 2012 年土地利用现状调查，面积最大的部分是建设用地（含已建成的居民用地构成的建筑用地、建设和工矿用地构成的建设用地两部分），总共为 1606 平方公里，占 53.1%。其次是林地 970.76 平方公里，占 32.11%；耕地 167.08 平方公里，占 5.53%。

四　集体经济发展

二道绿隔地区集体经济发达（见表 3），虽然该区域规划面积只占全市面积的 1/10，

表 2　2012 年二道绿化隔离带土地利用面积统计表

类　型	面积（平方公里）	百分比（%）	类　型	面积（平方公里）	百分比（%）
林地	970.76	32.11	建筑用地	1457.96	48.23
草地	84.23	2.79	建设用地	148.17	4.90
园地	45.24	1.50	水体	33.32	1.10
耕地	167.08	5.53	未利用地	10.11	0.33
菜地	106.29	3.52	合　计	3023.16	100

但是所涉及的 64 个乡镇共 681 个村的集体资产总额 2084.3 亿元，占全市集体资产总额的 46.1%，较 2011 年增长 8.7%。乡镇级集体资产规模尤其庞大，总额 1207.4 亿元，占全市乡镇集体资产总额的 60.6%，较 2011 年增长 7.6%。其中：乡镇级组织资产 590.2 亿元，占全市乡镇级组织资产总额的 83.9%，较 2011 年增长 28.2%；乡镇级企业资产 617.2 亿元，占全市乡镇级企业资产总额的 47.9%，较 2011 年减少 6.7%。截止到 2012 年底，有 9 个乡镇完成了产权制度改革，占全市 19 个完成改革乡镇的 47.4%，有 622 个村完成了产权制度改革，占二道绿化隔离地区 681 个村的 91.3%。

表 3　2012 年全市及二道绿隔地区集体经济发展总体情况

	项目	村组织	乡组织	村企业	乡企业	总计
资产	全市（亿元）	2027.5	703.5	505.2	1288.6	4524.8
	二道绿隔（亿元）	774.3	590.2	102.6	617.2	2084.3
	占全市比重（%）	38.2	83.9	20.3	47.9	46.1
负债	全市（亿元）	1099.5	581.1	346.7	910	2937.3
	二道绿隔（亿元）	364.2	501.7	69	468	1402.9
	占全市比重（%）	33.1	86.3	19.9	51.4	47.8
所有者权益	全市（亿元）	928	122.4	158.5	378.6	1587.5
	二道绿隔（亿元）	410.1	88.5	33.6	149.2	681.4
	占全市比重（%）	44.2	72.3	21.2	39.4	42.9
资产负债率	全市（%）	54.2	82.6	68.6	70.6	64.9
	二道绿隔（%）	47.0	85.0	67.3	75.8	67.3

如果按宽口径计算，根据中心农经平台数据，2012 年底，二道绿隔地区涉及 65 个乡镇的 1243 个村，集体资产总额 2788.7 亿元，占全市集体资产总额的 61.6%；人均所有者权益 14.4 万元，是全市平均水平的 2.9 倍；三产就业人员比重为 63.5%，比全市高 13 个百分点；集体经济主营业务收入 2237.4 亿元，占全市集体经济主营业务收入的 47.8%；农民人均所得 1.8 万元，是全市平均水平 1.44 万元的 1.25 倍。

第二节　二道绿隔地区发展的成效与问题

一　取得成效

（一）绿化任务基本达标——功能多元化

随着二道绿隔地区绿化工程的快速推进，特别是近年来郊野公园建设和百万亩平原造林等生态工程的推动，二道绿隔地区的生态、经济、社会发展取得了明显成效。截至2011年底，第二道绿化隔离地区绿化建设工程完成新建绿化面积163.73平方公里（24.56万亩），栽植各类苗木2814万株。目前，第二道绿化隔离地区林木绿地面积达443.7平方公里，其中生态林面积276平方公里，占62%，初步形成了以河路为主体的绿色走廊和生态景观带，有千亩以上生态片林59处。东部温榆河、潮白河与中心城市之间新建绿地面积达8.1万亩，形成了宽厚的绿色廊道生态景观。西部以永定河沿岸、浅山丘陵地区为重点，新建绿地10.3万亩，治理沙荒地5000多亩，形成了永定河森林公园、丰台区北宫森林公园、千灵山自然风景区、青龙湖公园等一批休闲游憩、旅游观光的公园绿地；建设观光采摘园15个，苗木基地10个，形成了一批以旅游休闲、观光采摘为主的绿色产业项目，据不完全统计，年直接经济收益5400万元以上。此外，绿地管护还解决了当地2万多名农村劳动力的就业问题，促进了农村经济社会发展和农民就业增收。

绿化生态工程的实施，大大增加了该区域生态林总量，绿隔地区"绿色生态屏障、游憩休闲场所和绿色产业发展载体"的功能定位更加凸显，形成了由公园绿地、防护绿地共同构成的"环状宽带式"布局的环城绿色生态景观，有效限制了城市"摊大饼式"的无序扩张，在改善首都生态环境、保护首都生态安全、建设生态文明等方面发挥了重要作用。从控制城市无序蔓延到改善城市环境（治理细颗粒物）和增加农民就业、改善民生，从强调生态效益到提升游憩效益、控制城市平面扩张的结构效益，各方面成效明显，绿隔建设的生态功能效应日益多元化。

（二）城市功能不断完善——城镇体系化

随着城镇化进程的快速推进，二道绿隔地区城市功能不断完善，城镇体系不断健全，空间布局不断优化。7个新城及2个地区（海淀山后、丰台河西），20余个小城镇，近30个功能区，1000多个行政村，形成了立体的城乡人口聚集空间体系，一方面承接了中心城产业、功能和人口向郊区的扩散，另一方面有效吸收了城市边缘地带大量居住和就业人口在本地区的集聚。其中，新城发展迅速，范围所及400个村庄中已搬迁安置约200个，占50%；搬迁安置人口约13万人，占40%；拆除宅基地及村镇企业面积约24平方公里，占33%。重点功能区实施已经过半，四环与六环之间已开发完成56平方公里产业用地，占区域规划产业用地面积的61%。小城镇建设快速推进，2003～2010年城镇建设用地从120平方公里增长至204平方公里。

（三）产业升级趋势不断加强——工业园区化

根据 2011 年国土部门的相关数据，二道绿隔地区集体产业用地（主要指第二、第三产业用地）约 120 平方公里。二道绿隔规划区域产业以非农产业为主导。受级差地租提升的影响，二道绿隔地区的产业发展越来越多地呈现高效产业替代低效产业的现象，农业结构调整向特色精品农业和生态都市农业方向发展，非农产业由分散的工业大院为主向高科技园区集中发展，同时散落于广大乡村地区的低端瓦片也在经历着向高端瓦片升级的过程。如东升科技园、玉泉慧谷等乡镇产业园区建设，推进了区域产业结构的升级。朝阳的南磨房乡、高碑店乡土地自主开发能力强，对土地资源经济依赖大大降低，不断向高端产业层次迈进。

（四）农村集体经济实力不断壮大——收益资产化

二道绿隔地区农民收入增长的关键因素是集体经济投资收益和其他业务收入增长较快。从收入来源看，2012 年集体经济组织其他业务收入、投资收益、营业外收入分别是 58 亿元、5.7 亿元、16.2 亿元，分别占收入总额的 9.4%、0.9%、2.6%，分别较上年增加 42.9%、121.9%、7.3%。一方面，随着城市化进程加快，大量土地被征占，集体经济组织获得大量征地补偿款可以用来对外投资，投资收益增长较快；另一方面，集体经济组织大力开展房屋和土地租赁业务，其他业务收入增长较快。根据城乡结合部调查，该类地区农民收入中财产性收入所占比重较大，平均达到 35%，个别地区达到 50%，明显高出全市 10% 左右的平均水平。

（五）政策机制不断探索和完善——政策可操作化

2003 年，市政府出台的 15 号文提出绿化占地补偿政策、建设补助政策、养护补助政策以及 3% 绿地建设配套开发建设项目政策。同时，在新城、小城镇、重点功能区以及绿色空间等地区都有相应的政策和实践探索。2010 年，启动了 50 个重点村建设，多数位于五环到六环之间。重点村建设的基本模式是 1/3 平衡资金，1/3 还绿，1/3 回迁安置房、基础设施、产业用地，将拆迁、建设、社保等各类成本一次性打包，一次性解决。优点是解决农民城市化问题较彻底，缺点是带来了资金平衡的压力。2011 年以来，西红门镇探索了集体产业用地集约利用新模式，1/5 建设用地，4/5 还绿，降低了开发成本，提高了城市化改造的效率，取得了重要的经验。二道绿隔地区政策推进取得重要进展，可操作性不断增强（见表 4）。

表 4　二道绿隔地区相关政策探索与实施情况

	绿色空间	50 个重点村	西红门试点	其他建设内容		
				新城	小城镇	重点功能区
实施目标	绿化达标、产业优化、农民增收	全面城市化、整建制转居	集体产业用地集约利用	承接中心城职能和人口疏散	农村人口就近城市化	提升核心功能和综合竞争力
实施方式	郊野公园建设＋基本农田保护＋百万亩平原造林	一村一策＋土地储备就地改造（1/3 平衡资金，1/3 还绿，1/3 回迁安置房、基础设施、产业用地）	工业大院改造升级（1/5 建设用地，4/5 还绿）	城市开发建设模式	集体农工商公司＋开发公司合作	土地储备

续表

绿色空间	50 个重点村	西红门试点	其他建设内容		
			新城	小城镇	重点功能区
实施效果评价	1. 绿色空间任务基本实现，但后续任务艰巨	1. 整建制转居遗留问题少	1. 拆除工业大院，腾退了部分空间，促进了集体产业集约利用	1. 村庄拆迁的难度越来越大，单靠房地产开发带动难以持续	1. 外来资本越来越多进入小城镇，使得小城镇对本地区影响力减弱	1. 建设进度较快，提升了北京综合竞争力
	2. 绿色空间被蚕食问题突出，如违法建设、部队和中央占地等	2. 还绿用地规模不到拆迁面积的30%，平衡资金用地规模较大，建筑规模调整较大，是原规划的2.6倍	2. 拆迁改造不彻底，遗留村庄宅基地未实施拆迁，后期拆迁难度大	2. 未达到承接职能和疏解目标，带来大量的外来人口	2. 外来人口大量聚集	2. 与周边地区城市化改造不同步
	3. 应代征绿地因监管不到位未能实施代征	3. 部分村由于拆迁时间拉长，资金成本压力日增			3. 产业层次亟须提升	3. 功能区周边村庄成为外来人口聚集地，拆迁难度大

二 存在问题

（一）空间发展无序，规划落实难度加大

近年来，全市集体产业用地向城乡结合部集聚的特征更为突出，超过50%的集体产业用地分布于六环内，存在产权制度不完整、依法流转有困难、隐性流转比较普遍以及违法违规用地较为突出等问题（见图2、图3）。

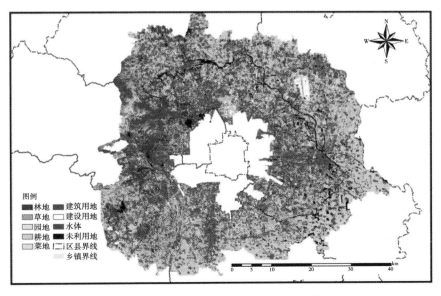

图 2　2005 年二道绿隔地区土地利用现状图

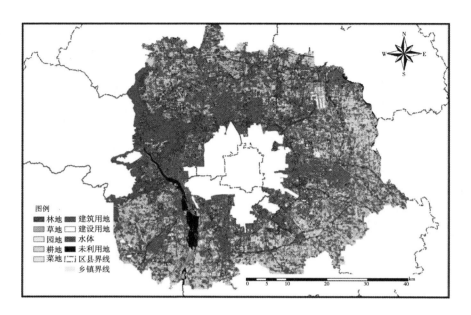

图3　2011年二道绿隔地区土地利用现状图

　　课题组采用SPOT卫星遥感影像，进行了2005年、2007年、2009年、2011年和2012年的土地利用消长变化监测，土地利用消长变化情况如图4所示。受北京市城市快速扩展的影响，建筑用地一直处于快速增长的状态，由2005年的1000.48平方公里增长为1457.96平方公里，占地面积增长了45.72%；耕地由887.87平方公里减少为167.08平方公里，占地面积减少了81.18%；林地、草地和菜地面积略有增加，其他用地面积略减少。2012年较2011年，二道绿隔地区建筑用地仍在增长。林地面积比例大幅增加，由2011年的20.34%上升至32.11%，增长约12个百分点。耕地面积比例由2011年的17.3%锐减至2012年的5.53%。二道绿隔林木覆盖率要求达到50%以上，但该区域内建

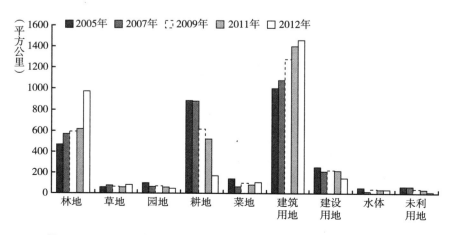

图4　2005～2012年二道绿化隔离带地区土地利用类型面积变化情况

筑用地和建设用地总和占全部土地面积的比例超出了1/2，林地面积不到全部土地面积的1/3，且未利用土地占全部土地面积不足1%，未来生态建设用地相对紧缺。

空间扩张无序导致落实规划难度加大。绿隔地区土地利用情况复杂，集体产业发展与规划目标之间矛盾突出。由于该规划区域大部分属于城乡结合部，非农产业发展迅速，地租上涨快，土地被大量改造成为建设用地。当绿隔地区土地规划用途与实际用途不一致时，为实现还绿，规划实施必然涉及土地腾退和搬迁。随着土地流转费用、征地拆迁成本等快速增加，二道绿隔建设成本不断增加，加大了规划落实的难度。

（二）产业布局缺乏统筹，未与农村旧村改造形成联动

一是产业发展中的"小、散、低"现象突出。第二产业以低端制造业、建筑业为主；第三产业以技术含量不高的仓储、物流、餐饮等为主，超过80%属于租赁经营，对北京耕地保护、绿地建设、城市规模都构成很大冲击。集体产业用地在分布和经营管理上仍然以小规模、分散式的"村村点火"为主，集体产业用地与国有产业用地交叉分布，给集体土地集约利用增加了难度。2010年全市镇、村产业基地与市级以上开发区单位面积产出进行对比，发现集体产业用地产出效率最低。全市村级工业大院、乡镇工业小区与农民就业基地、市级以上开发区每公顷产出分别为352万元、943万元、30246万元，比值为1:2.68:85.9。

二是产业发展没有带动周边村庄改造和农民上楼。传统的工业化发展模式主要是占地或征地，给农民少量补偿后，与农民基本没有其他关系，结果造成大量的社会遗留问题，突出表现在村庄改造的滞后上面。农民出于自身需求或为获取未来土地拆迁收益，大量加盖和扩建，甚至侵占街坊道路等公共空间，导致村庄人居环境日益恶化。

（三）外来流动人口无序聚集，人口、资源、环境压力不断加大

二道绿隔地区地处城乡结合部，是流动人口的聚集区，加剧了人口管理和基础设施压力。以50个重点村为例，村均常住人口2.4万人，户籍人口0.4万人，外来人口2万人，比例达到1:5。昌平区流动人口总量大，增加速度快。2007年流动人口46万人，2012年底78.88万人，5年增加了71.5%，导致严重的人口倒挂现象。全区流动人口主要集中分布在二道绿隔地区的北七家镇、回龙观镇、东小口镇、沙河镇以及城北街道5个镇（街道），占全区流动人口的74.7%。随着人口规模快速膨胀，城市资源承载和运行保障压力不断加大，对环境也产生了一定的破坏作用，造成交通拥堵、房价昂贵、空气污染、生活污水排放等。此外，部分外来流动人口聚集区的违法犯罪等刑事案件频发，房屋管理难度加大，消防等安全隐患突出，农村社会管理压力沉重。

（四）绿化实施缺乏有效政策支撑，农民权益受到较大影响

受现实条件和相关政策制约，绿化隔离区建设在强化首都生态屏障功能的同时，没有从根本上建立起促进农民增收的长效机制。一是农民土地权益缺乏有效保护。多数绿化建设项目采取只占不征的办法，这导致了该地区农民隐性无偿失地。农民只得到每亩500元的土地流转费，每3年递增10%，到2013年为650元/亩。而二道绿隔地区靠近城区，土地的级差地租随着城市化进程加快而快速增加，目前这些土地流转费用最低也在每年

1500 元/亩左右。二是农民就业权益没有得到充分考虑。二道绿隔建设占用了大量的土地资源，但没有相应的替代产业解决农民由此造成的再就业难题。在调查的 40 个乡镇中，2012 年本地劳动力就业率只有 81.2%，较全市郊区农业户籍劳动力就业率低 9 个百分点。三是农民的社会保障水平依然相对较低。尽管受访地区农户均参加了养老保险和医疗保险，但是普遍保障水平比较低。年缴纳养老保险的标准为 960 元，相当于城镇养老保险年投保基数的 50%；医疗保险平均每年每人投保基数为 1407 元，与城镇职工医疗保险的投保基数相差 1114 元。

（五）集体经济效益下滑、分化明显，推进综合体制改革要求日益强烈

一方面，集体资产经营水平有待进一步提高。在 631 个改制单位中，仍有 387 个单位没有实现按股分红，占 61.3%。二道绿隔地区集体负债总额 1402.9 亿元，较 2011 年增长 14.6%。集体所有者权益（集体净资产）总额 681.4 亿元，较 2011 年减少 1.7%。资产负债率达 67.3%，较 2011 年增加了 3.4 个百分点。

另一方面，乡村集体经济组织资产分化明显。681 个村中，有 50 个村资不抵债，占 7.3%。净资产 0 ~ 5000 万元的 385 个，占 56.5%；5001 万 ~ 10000 万元的 115 个，占 16.9%；10001 万 ~ 20000 万元的 76 个，占 11.2%；20001 万 ~ 30000 万元的 32 个，占 4.7%；30001 万 ~ 50000 万元的 14 个，占 2.1%；50000 万元以上（不含 50000 万元）的 9 个，占 1.3%。乡镇集体经济组织净资产分化更为明显。64 个乡镇中，有 2 个乡镇资不抵债，占 3.1%。净资产 0 ~ 10000 万元的 17 个，占 26.6%；10001 万 ~ 20000 万元的 10 个，占 15.6%；20001 万 ~ 30000 万元的 9 个，占 14.1%；30001 万 ~ 50000 万元的 11 个，占 17.2%；50001 万 ~ 100000 万元的 13 个，占 20.3%；100000 万元以上（不含 100000 万元）的 2 个，占 3.1%（见图 5）。现在村与村、镇与镇情况发展差异大，二道绿隔地

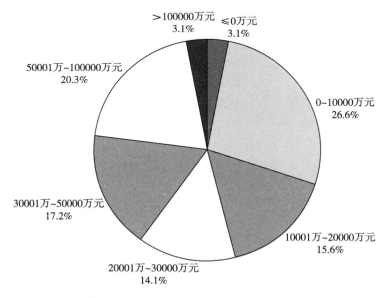

图 5 二道绿隔地区乡镇集体经济组织资产规模分化情况

区发展需要分类推进。

集体经济发展效益下滑以及显著的差异性，根源在于农村综合体制改革的滞后，仅继续在集体经济内部进行改革已无法解决根本问题。如农村集体土地确权滞后导致的产权不清晰，引发了大量的城乡利益主体侵夺土地权益的机会主义行为，导致绿隔地区的混乱状态；二元土地制度限制了农民获得应有的级差地租收益，限制了集体产业用地集约高效利用，限制了社会资本要素向农村地区流动；新型集体经济组织还没有真正建立起"产权明晰、责权明确、政企分开、管理科学"的现代企业管理模式；乡村集体经济发展缺乏区域统筹机制；社会性开支费用持续增加等。

（六）开发建设资金平衡压力加大，急需创新城市化模式

二道绿隔地区推进城乡发展进程，主要面临三重资金平衡压力。

一是拆迁成本压力。传统城市化模式主要以征地形式从农民和村集体获得土地，给予一定补偿的同时土地便与农民和村集体再无关系。这种一次性博弈的城市化模式引发拆迁成本快速上升，致使一些旧村改造项目也由于拆迁成本过快上升而在滚动开发建设中被长期搁置，如高碑店乡的白家楼村。

二是社保成本压力。不算超转人员，以一个普通劳动力一次性趸交 15 万～17 万元标准，按照小村 1000～2000 人、大村 3000 人计算，农转居社保资金，规模小的村一次需要缴纳约 2 亿元，规模大的村约 3 亿～5 亿元。二道绿隔地区农业户籍人口约 80 万人，概算转居社保总成本为 1200 亿元，单靠市财政或村集体经济组织难以承担如此高昂的转居社保成本。

据测算，城乡结合部 50 个重点村农民市民化成本人均 50.9 万元（不含人均 50 平方米回迁房价款），代表了集中城市化地区情况。平谷区马坊镇下辖 7 个村整建制转居，人均市民化成本为 18.77 万元，其中，拆迁建设费用 12.5 万元，社保成本 6.27 万元，代表了非集中城市化地区情况。以二者平均值 34.8 万元作为市民化平均成本，二道绿隔地区现有农业户籍人口 80 万人，合计需要 2784 亿元资金。随着时间推移，拆迁、建设、社保等分项成本还会进一步提高。

三是绿化维护成本压力。以丰台区为例，2008 年以前，一道与二道绿隔占地补偿和养护补助政策完全一致，而 2008 年以后一道绿隔地区每年每亩占地补偿增至 1000 元，养护补助增至 1334 元（每平方米 2 元）。二道绿隔养护成本、养护水平不低于一道绿隔，但每亩只有 650 元补贴。随着物价、劳动力成本上升，目前养护补助已很难满足养护费用支出。

（七）政策机制有待理顺和进一步完善

一是政出多门、目标不一。规划、国土、园林、农口等多个部门往往出现政策不能衔接，政策目标不一致、不配套，部门间行政审批脱节等问题，降低了政策的可操作性。二是政策缺乏系统性。如 3% 的配套建设用地政策由于缺乏相关配套政策，相关建设项目申请困难，影响了规划的顺利实施。一道绿隔、平原造林政策与二道绿隔政策也存在明显差异。另外，2003 年二道绿隔 15 号文提出绿化补偿政策期限暂定为 10 年。目前 10 年时间已到，未见出台接续政策。三是政策出台严重滞后于形势的发展。二道绿隔地区没有针对快速推进的城市化进程中农民转居、集体土地拆迁、集体建设用地流转等方面出台相应政策，使地区发展缺乏有效的政策支撑。

第三节　推进二道绿隔地区发展的总体思路

一　指导思想

深入贯彻落实党的十八大精神，以科学发展观为指导，以转变经济发展方式为主线，以率先形成城乡经济社会一体化新格局为总体目标，以空间优化和产业升级为核心，以北京生态城市绿色缓冲区为立足点，充分发挥首都人才、科技、资源优势，推进科学发展、统筹发展、协调发展、创新发展，把二道绿隔地区建成全市的重要生态区、绿色产业区和旅游休闲区。

二　基本原则

（一）统筹发展原则

要做到多方面统筹，推动城乡与区域协调发展。要统筹经济发展与农民增收、绿色空间保护与产业结构调整、城市建设与旧村改造、产业提升与外来人口疏散、集体建设用地的物质空间整治与软环境完善等多种机制。

（二）分类指导原则

充分认识二道绿隔地区涉及范围广、内部差异大的特点，针对不同类型的地区，分别制定相应的发展规划和配套政策。要依据不同区位建设强度差异、村庄发展类型差异、城镇化路径差异、产业发展模式差异，给予不同的政策引导。

（三）政策创新原则

政策具有相对的灵活性，要适应发展阶段的差异和要求，进行及时有效的机制创新。规划要与政策有效整合；推进土地政策机制创新，完善土地、房屋产权关系；建立健全生态补偿机制；注意政策之间的配套性与顶层设计；逐步完善管理及相关制度。

（四）生态底线原则

突出绿隔地区"绿色生态屏障、游憩休闲场所和绿色产业发展载体"的功能定位，把维护生态建设作为地区发展的底线，以生态建设为先导，在保障现有绿化规模不降低基础上，继续推进生态工程的实施，改善城市生态环境，优化城市空间布局，培育现代城市生态文明。

（五）保障实施原则

统筹考虑地区的拆迁安置、产业发展、资金平衡、绿化实施，实现产业、资金、土地的综合平衡，保障规划实施的可操作性。

三　发展目标

明确二道绿隔地区发展与规划实施的工作时序，力争 5～10 年内，逐步实现如下工作目标。

（一）生态发展目标

近期目标（2015 年）：在现有产业结构和布局现状条件下，使生态经济质量和效益显著提高、生态环境改善、城乡基层设施完备、社会保障和公共服务体系持续改善、生态文明意识普遍增强、人民生活幸福感明显提高，基本达到国家生态文明建设的要求。

远景目标（2020 年）：巩固和深化二道绿隔地区发展的现有成果，以实现生态发展为奋斗目标，通过生态文明建设的服务功能，将城乡结合部建设成为人与自然、经济与环境、人与社会和谐发展，经济生态化、生态自然化、意识文明化、制度绿色化，具有首都生态缓冲区特色的生态文明建设典范。

（二）产业发展目标

近期目标（2015 年）：以工业大院为重点，推进产业结构升级，逐步实现由"小、散、低、劣"的企业布局向规模化、高端、高效、高辐射方向转变，打造充分体现生态特色的高端产业发展区，形成多层次、统筹布局的产业发展新格局。产业升级与旧村改造同步进行。

远景目标（2020 年）：立足二道绿隔地区区位优势，结合城市产业功能区建设，培育新型产业和促进产业升级。低端产业有序退出，建立诸如现代商贸、商务服务、文化创意、绿色休闲等主导产业鲜明、衔接有序的产业链条，形成产业一体化发展格局。

（三）社会发展目标

近期目标（2015 年）：农民园区就业机会增加。鼓励和培育承载当地农民就业的产业，实现在功能区、工业园区就近就业。推进 80 万名农业户籍人口分批次整建制转居。在生活环境和公共服务上，实现社区化管理，基础设施和公共设施由财政统一负担并维持运行和管护。人口分布结构得到优化，人口资源环境矛盾逐步缓解。将农村集体经济组织的社会性负担彻底剥离。

远景目标（2020 年）：农民基本实现市民化。农民在经济、社会、政治以及文化等多个层面上融入城市，成为完全意义上的市民。社会保障城乡并轨运行。城乡基本公共服务均等化。基础设施建设实现城乡一体化。

四　实施路径

立足总体目标要求，推进二道绿隔地区发展要按照"农民主体、政府引导、土地平权、镇级统筹、分类推进"的实施路径。

（一）农民主体

在城乡统筹发展过程中，要充分发挥社区机制进行资源配置的功能和作用，夯实农民主体地位。一是要让农民成为融资主体，利用资本经营手段，培育各类产权工具，突破资金瓶颈，降低城市化改造成本；二是要让农民成为投资主体，掌握开发建设的主导权，维护农民的长远发展利益，夯实永续发展的基础；三是要让农民成为收益主体，通过产权制度改革、产权交易、资产的委托经营与信托经营等现代市场手段获取相应的收益，建立健全农民增收的长效机制。可参照门头沟区永定镇经营性物业信托方案的思路。

（二）政府引导

发挥政府引导的积极作用，加强对地区发展的宏观调控。首先是规划引导。规划编制要兼顾国家、集体和农民三者间利益关系平衡，推进城乡统筹发展；要处理好不同区位的协同发展关系，按照城市群的思路优化空间结构与产业布局；构建城乡一体化的基础设施网络。其次是政策引导。完善发展的政策机制，处理好不同区位、不同发展阶段之间的利益平衡；探索规划落实的长效机制，实现从单纯技术手段向综合公共政策的转变。可参照大兴区西红门镇工业大院改造模式。

（三）土地平权

吸取过去在城中村改造过程中的经验和教训，合理分配土地增值收益。一是土地股权。让农民通过土地入股的形式建立农民分享增值收益的科学合理分配机制。在重大项目开发建设上，可采取组建股份经济合作社，以集体土地使用权入股方式参与开发。二是要努力提高农民在土地增值收益中的分享比例，实现"涨价归农"。要把农民群众作为城市建设的参与者，赋予他们参与城市建设的功能、任务和权益，留地于民、留权于民。三是要通过建立土地增值收益基金等形式实现全市范围的土地平权。加大土地出让金转移支付力度，实现多方共赢。可借鉴台湾地区平均地权、土地重划以及区段征收的经验和做法。

（四）镇级统筹

在城乡结合部地区，统筹发展的要求更为迫切，需要打破过去村自为战的发展格局，加强镇级统筹，实现经济健康快速可持续发展。一是统筹空间布局。引导资源实现空间上的集中优化布局。二是统筹产业布局。按照所在地区的功能定位，合理布局产业园区，培育新型产业和推进产业升级，实现产业有序健康发展。三是统筹组织体制架构。建立健全组织体制机制，作为组织平台、融资平台、信息平台、项目申报平台，支撑各项跨村域重大项目建设的快速推进。四是统筹政策资源。集成绿隔、土储以及重大项目等各项政策，形成合力。五是统筹项目实施与旧村改造。把项目开发、绿化建设、农民上楼与旧村拆迁统筹考虑，同步推进，防止一些开发商"只吃肉，不啃骨头"，部分乡村干部一味"要政策、调规划"的倾向。可参照海淀区东升镇建设东升科技园区过程中推进产业升级、深化产权制度改革的经验。

（五）分类推进

不同地区区位不同，面临的土地价格就不同，开发模式上需要有所差异。一是要结合自身功能定位进行空间优化布局和产业转型升级；二是土地集约开发利用要结合所在区位特点选择适合的政策和推进模式。如南城地区和北城地区、六环地区与五环地区、平原与山区等地价差异大，劳均产业用地指标、建拆比等方面要有所不同。具体开发模式可以采取征地模式、留地留资产安置模式抑或新农村改造等自主开发模式。如丰台区长辛店镇经济发展条件比较差，难以在全镇范围内实现资金平衡。

（六）试点先行

作为城乡结合部的二道绿隔地区，要探索中国特色首都特点的新型城镇化道路，缺乏可资借鉴的经验，只能立足自身发展条件和资源禀赋特点，积极试点，勇于探索。对于试点地区和单位，按照试点先行的原则，给予特殊政策支持，提高试点的抗风险能力。鉴于二道绿隔地区土地资源、产业发展实际情况的复杂性，通过试点，进行多种模式的创新尝试，需不断总结经验，深入思考和归纳，稳健推广。

第四节　推进二道绿隔地区发展的近期政策建议

为推进二道绿隔地区发展，促进区域发展规划实施，完成地区发展的总体目标，特提出近期政策建议。

一　目标建议

目标明确是地区发展的基本保障，是地区各组织、企业、社会团体为本地区长期健康发展而努力的黏合剂。可以借鉴大兴区西红门镇整体改造经验，立足北京城市化发展的阶段性特征，在二道绿隔地区发展总体目标基础上，进一步具体化为"产业升级、农民转居、人口调控、环境改善"，明确将其作为二道绿隔地区发展的近期目标，而不能混乱模糊、走走停停、摇摆不定，要坚持5年，动员规划、发改、国土、住建等各个部门的力量为实现近期目标而共同努力。

建议1：生态环境得到明显改善

依托工业大院改造，加快绿化规划实施。不断巩固扩大生态文明建设成效，基本建成生态环境优良、生态经济发达、生态文化繁荣、生态观念牢固、生态制度高效、生态人居和谐的生态社会经济体系，使二道绿隔地区基本达到国家生态文明建设的模范要求。

建议2：产业优化升级，带动村庄社区改造

低端产业有序退出，建立衔接有序的产业链条，形成产业一体化发展格局。主导产业鲜明，如现代商贸、商务服务、文化创意、绿色休闲等。增加科技、教育、文化、卫生产业和现代服务业的比重。营造充分体现生态特色的高端产业发展区。要实现产业升级与农民社区建设的联动，带动农村社会结构转型。

建议3：农民园区就业，实现转工转居

鼓励和培育承载当地农民就业的产业，让农民就近在功能区、工业园区就业。推进整建制转居，让80万名农业户籍人口逐步转居，享受市民待遇。

建议4：人口分布优化，人口资源矛盾缓解

有效承载市区疏散人口。对外来人口进行细分，利用高端外来人口资源发展附加值较高的新型产业。低端外来人口向远郊区有序疏散。人口素质结构进一步提升。

二 政策建议

政策是目标实现的保障，只有政策清晰、完善，才能实现规划的有效落实。目前面临的最主要政策制约来自二元体制下的土地政策及制度安排。

建议1：建立稳定的土地用益物权产权体系，稳定收益预期，为谋求长期发展奠定稳定的制度基础

加快农村集体土地所有权、集体建设用地使用权、农村土地承包经营权、农村宅基地使用权以及集体土地上房屋权属的确权颁证工作，实现土地产权关系清晰化，稳定市场主体对土地资源的收益预期，避免由于产权不清晰、不稳定而产生资源公地悲剧，如大量开发中的挑肥拣瘦、瓦片经济中的私搭乱建、地方政府主导的投资冲动等投机行为。通过现代土地产权制度建设，如出台《北京市农村宅基地管理办法》，使土地产权成为解决纠纷和冲突的手段，而不是冲突产生的根源，从而为市场经济健康运行奠定可靠的制度基础。

建议2：完善乡镇统筹下的集体建设用地集约利用机制

仿照台湾市地重划办法，进行土地利用的区片整治，建立相应的新型集体经济联合组织，在不同村之间实现资源优势与资金优势的互补。采用类似西红门的乡镇统筹建设产业园区形式，确保各村的土地指标入股，规避区位和圈内外差异造成的不公平。政府可以"民办公助"的形式给予基础设施配套等项目支持。

建议3：出台专门的"留地安置"政策

参照回龙观镇北店村、西红门镇等地实践经验以及台湾区段征收与市地重划的理念与实践，结合本地地价水平确定留地比例，通过绿化用地与建设用地按适宜比例进行置换开发的方式，从按"人头"补偿改为按"地头"补偿，增强集体经济发展后劲，建立绿化隔离地区发展的长效机制。

建议4：推广房地分离经验，建立社会资本投资的产权激励机制

加快研究集体土地使用新政策，完善集体建设用地房屋建设审批制度。加快集体土地和房屋产权登记，明确产权权能，理清产权关系。

建议5：探索建立土地增值收益共享基金

按照增加农民土地增值收益与土地涨价归公相结合的原则，形成土地增值收益的区域性分享机制。保障农民获得绝对地租和部分级差地租Ⅱ，政府获得增值收益中的级差地租Ⅰ、部分级差地租Ⅱ和垄断地租，开发商获得市场正常利润。

建议6：稳步探索集体土地身份合法化

在一些有条件的地区将绿隔地区集体土地转为国有土地，并为集体经济组织颁发使用权证书，促进土地资源的有效管理和使用。绿隔地区内代征绿地交由当地集体经济组织管理使用，通过建设绿色产业项目促进劳动力就业，增加集体经济收入。

建议7：加大代征代拆力度，把旧村改造纳入开发成本

分类划分实施单元，统筹利用城乡用地。单元内部城乡用地统筹规划、整体算账、综合平衡。要加大代征代拆力度，将重大项目、功能区建设与开发红线外的旧村改造结合起

来，实现地区的整体发展。

建议8：借鉴一道绿隔政策安排集体产业用地，加强产业用地规划管理

借鉴一道绿隔劳均50平方米规划产业用地指标标准和实施方式，实施各类产业项目。尽快出台《二道绿隔地区集体产业用地规划》，突破单一的征地模式，对仓库、出租房等低端业态进行升级改造，对于绿隔产业用地定向出让出台具体的实施细则，解决绿隔产业项目难报批的问题，集约高效利用集体产业用地资源。

三 规划建议

建议1：创新规划理念

二道绿隔地区发展规划编制应符合城乡发展实际，着眼规划落实，立足城乡发展的阶段性特征，尊重农村经济社会发展的内在规律性，寻找规划有效实施的路径。

建议2：实现多规统筹

一是对已经完成的规划要实现相互有机衔接。建立健全城镇规划、村庄体系规划、土地利用规划、产业布局规划多规统筹机制，规划之间相互衔接，使郊区与城区连为一个整体。二是对一些地区规划工作不平衡的情况，如只有片区规划无区域整体规划或产业发展等专项规划的，要积极推进镇域总体规划编制和审批工作。重点加快丰台河西、海淀山后、温榆河功能区（朝阳东三乡）、黑庄户等重点区域规划编制及审批工作。

建议3：部门之间协同编制规划

发改、规划、农口、国土、住建等政府部门之间协同编制规划，建立从项目立项、土地确权、土地审批到规划审批等程序之间的衔接机制。

建议4：建立规划编制的基层广泛参与机制

在规划编制中发挥当地居民、社会团体等各类组织的积极作用，将规划目标与不同群体的目标结合起来，扩大公众参与的广度和深度。

建议5：实现规划与政策有机整合

总结一道绿隔建设经验，提高规划可行性，同步推进规划编制与政策设计，使规划编制实现由单纯技术手段向综合政策的转变。

建议6：依托社区机制落实规划监管

对违法建设，首先要在科学标准的基础上进行甄别。以部门规章为基础，以经济效益、社会效益和生态效益"三效合一"为标准，确定不同类型的违章建筑。对符合规划的违章建筑通过补办手续方式予以认可，对不符合规划的违章建筑进行拆除或化解。

建议7：增加投融资规划，建立保障规划落实的资金平衡机制

改变传统规划不作经济核算而主要以人口为基数圈定用地结构及空间布局的做法，对规划实施中的市场和资金问题给予重点关注。在城乡规划与城乡建设中间，增加一个投融资规划环节，将系统工程的思维方法运用于社会系统和管理系统，实现土地、资金与产业的综合平衡。

建议8：立足实际，合理进行规划调整

以坚持规划的严肃性和城市总体规划实施为前提，对于不违反政策和规划要求，通过土地整合可以实现绿化，规划调整具有合理性、合法性和可调性，能够通过个案处理保障村民拆迁上楼安置和促进绿化实施的，可适度合理增加建设规模进行个案处理。规划调整要以区政府为责任主体，镇政府为实施主体，主要应采取启动剩余建设用地、新增剩余用地、提高容积率以及可由区政府统筹协调安排大区域资金平衡的方法实施。

四 措施建议

建议1：推进地区生态文明建设与服务功能体系构建

一是凸显生态文明功能，培育稳定的生态安全体系。加强生态分区建设，优化河路生态廊道，完善区域生态节点。二是尊重生态规律，深化和谐的人地共生体系。优化人居景观风貌，完善绿色交通网络，建设秀美的生态乡村。三是整治生态环境，营造良好的环境支撑体系。稳步提升水环境质量，持续改善空气环境，稳定降低噪声污染，妥善处置固体废物，加强土壤污染防治，构筑生态产业支撑体系。四是提升理念，培育先进的意识生态体系。广泛开展生态宣传教育。五是加强政府自我约束，构建高效的生态制度体系。建立健全领导机制保障体系，建立绿隔地区功能区生态文明建设任务差别化制度，建立绿色绩效考核与激励制度。

建议2：扶持重点产业园区建设，拓展绿色产业内涵

一是制定丰台河西、海淀山后等重点区域产业发展规划，面向二道绿隔地区城市群构建一体化的产业链。二是加快两类产业园区建设，发展软件、通信、设计等高科技类生态产业园区，配备农民上楼为主的城镇化社区，推动永定河、潮白河绿色生态发展带等都市型现代农业产业园区建设，同时配备一户一宅为主的新农村社区。三是明确行业准入范围，提升重点产业项目质量。四是建立功能区产业发展绿色通道制度。五是积极探索郊野公园的产业化运营模式。六是政府要明确相应的产业支持政策。

建议3：探索"政经分离"，推进农村综合体制改革

一是借鉴广东南海政经分离经验，稳步推进农村综合体制改革。通过选民资格分离、组织功能分离、干部管理分离、账目资产分离、议事决策分离等手段使集体经济组织逐渐与社区组织分离开来并得到发展，形成行政事务、自治事务和集体经济组织经营事务三分离，逐步把传统的农村社区集体经济组织改革成城镇股份合作组织。二是加强乡联社及部分村之间联合组织建设，并支持其作为跨村的项目开发与投资主体，打破村庄的封闭产权结构，形成区域统筹发展体制机制。三是完善新型集体经济组织法人治理结构，引入社会评估机制，建立健全经理人聘任制度，完善相应的股权、薪酬等激励机制与约束机制。实施投资项目的股东代表大会审议制度。四是推进产权交易、信托化经营试点，多村联合的小额贷款公司试点，推进农村集体资金、资产、资源的经营模式创新。争取2015年之前各乡镇普遍建立集体资产管理交易平台。

建议4：推进农民就业与整建制转居工作

把农民就业工作纳入城镇公共就业服务体系，鼓励社会企业，特别是征地企业，把合适的工作岗位优先安排给被征地的农民。对吸纳本地区农民就业人数占企业员工总数15%以上且就业时间超过3年的，该企业缴纳所得税地方分享部分给予部分返回。对解决本乡镇或本村农民就业30%以上的乡村集体经济组织给予所得税税收减免优惠，对分红税给予全额返还。同时，加快农民整建制转居工作。在完成资产产权制度改革基础上，以村或乡镇为单位，推进整建制完成农转居工作。

建议5：加大财政倾斜力度，推进城乡基本公共服务均等化

一是借鉴平原造林政策，增加政府公共财政对绿地建设维护的直接投入。二是由乡村自己实施建设的大市政，即"自建"部分，新村建设商品房所缴纳市财政的土地出让金给予返还。三是实施水、电、路、气、暖等配套基础设施项目市区两级统筹，基础设施管网向绿隔地区主动延伸。四是推进城乡基本公共服务均等化，落实公共服务事业配套。凡20万人以上城镇地区要配备三甲医院及幼儿园等医疗、教育服务设施。

建议6：推进金融工具创新

一是由财政建立支持"绿隔"建设专项基金，建立公共利益补偿机制；二是搭建以乡联社或村合作社为基础的投融资平台；三是制定优惠政策，推动银行等商业金融机构社会资本进入绿隔地区，为新村建设和产业发展提供资金支持；四是进行社区资金互助社等各类农村内部社区金融试点。可以探索与商业银行合作，委托保管资金，将财政扶持资金和社员自愿交纳资金作为互助资金，入社社员通过低占用费借款的方式周转使用互助资金发展生产。

建议7：稳步推进社会管理体制改革

一是稳步推进撤村建居。在农民转居全部完成之前，不轻易撤村，村与社区居委会在过渡期并轨运行。二是探索"镇管社区"模式，完善乡镇与地区办事处解决城市化过渡期各类社会问题的社会管理体制新模式。三是加强社区党建工作，加强党的领导。四是发挥社会性组织的社会公共事务管理职能，并提供相应的制度环境。五是注意城镇社区与新农村社区社会管理模式的差异性。前者城市化过程中村民自治组织逐渐让位于城镇社区组织，原来的村集体经济组织与社区组织分离；后者的社会组织结构和治理方式仍以村民自治为主。

建议8：对绿隔地区发展进行专项地方立法

一是通过制度建设的手段破解集体土地开发规划与政策制约、农民市民化滞后、政策不配套、资金难以平衡等地区性重大难点共性问题；二是建立市场配置资源的体制机制，如绿地开发权买卖、碳汇交易等；三是明确政府公共财政职能。重点是基本公共服务均等化、绿化用地管护、市政基础设施投入等。

五　执行建议

建议1：明确实施时序，确保执行进度

对于工业大院拆迁改造、新产业园区建设、旧村拆迁、绿化面积实施等工作要统筹考

虑资金、产业、土地的综合平衡，安排好建设实施的先后次序。一般是按照"先生产，后生活"的原则，旧村改造和农民上楼放在后，工业大院拆迁放在前。绿化实施、公园建设等环境升级工作应结合所在地区的社区改造及北京市绿地系统建设的整体布局统筹安排，稳步开展。

建议2：加强组织领导，确保执行力度

由市政府统一组织，相关部门按照职责分工"定人定责"抓好此项工作。各级各部门要牢固树立"一盘棋"思想，既要各司其职、各负其责，又要密切配合、通力协作，做到工作程序无缝对接、工作责任有效衔接、工作成果应用共享。

建议3：强化督察考核，确保执行法度

市政府各部门要按照职责分工，将二道绿隔发展确定的相关任务纳入本部门年度计划和折子工程，明确责任人和进度要求，切实抓好落实，并及时将进展情况向市政府报告。改进考核方法，完善评价机制。加强对集体产业项目的监管机制建设，防止农民集体建设用地资源流失。建立健全工程建设、审批、运营、分配等系列行政监督、管理机制，杜绝违法、违规现象的出现。

第五节　下一步工作重点：乡镇规划调整试点

目前全市二道绿隔地区集体产业用地约120平方公里，是下一步启动二道绿隔地区规划实施的重点。目前，启动二道绿隔地区规划实施，客观上需要通过规划调整手段实现资金平衡，带动升级改造。需要在已有经验探索基础上首先明确和设计地区总体资金平衡的主导机制，同时参照不同区位的资金平衡机制，提出下一步具体规划调整的试点方案。

一　总体成本概算

（一）50个重点村模式的资金平衡机制

按照50个重点村总拆除土地面积的1/3平衡资金，1/3还绿，1/3回迁安置房、基础设施、产业用地模式，单位拆迁建设成本为（2016 - 307）亿元÷45平方公里＝38亿元/平方公里（总成本减去社保成本后的住宅与非住宅拆迁、回迁房建设以及征地费用，然后分摊到每平方公里）。可增加绿地40平方公里，需要40平方公里的平衡资金。总体建设成本大致为120平方公里×38亿元/平方公里＝4560亿元。

（二）西红门镇工业大院改造模式资金平衡机制

按照西红门镇工业大院改造模式资金平衡机制，拆除面积的1/5为建设用地，4/5还绿，单位拆迁建设成本约为275.84亿元÷10平方公里＝27.5亿元/平方公里（见表7），可增加绿化用地96平方公里、建设用地24平方公里。总体建设成本大致为120平方公里×27.5亿元/平方公里＝3300亿元。可见，西红门模式降低了城市化成本1260亿元，增加了56平方公里还绿面积，为农民留下了可持续发展的产业用地。按二道绿隔地区64万名劳动力测算，2400万平方米/64万＝37.5平方米，距离劳均50平方米的留地指标还有一定空间，使后续实际操作具有了一定的空间和弹性。

二　区域成本概算

现主要以西红门镇工业大院改造项目和长辛店镇赵辛店村新农村社区项目为例说明。

（一）西红门镇工业大院改造项目

1. 基本情况

为推动城乡结合部改造，改变西红门镇现有面貌，大兴区在西红门镇原有镇域规划（2003年批复）基础上进行了调整，编制了《大兴区西红门镇城乡结合部整体改造试点规划方案（城乡统筹规划及局部地区控制性详细规划)》，并于2012年7月获得了批复。该规划新增了城镇建设用地用于资金平衡，安排了集体建设用地用于产业发展和集体经济，并安排了绿化空间改善环境。由于按照建设用地和绿地2:8的比例进行规划编制，未进行进一步成本平衡测算，在实际操作中资金平衡压力较大（见表5）。

表5　工业大院规划调整集体土地集约利用结构表

编号		新增建设用地 公顷（万平方米）	产业用地 公顷（万平方米）	容积率	建筑面积 （万平方米）
居住	1号地	82.55	57.36	2.2	126.3
产业	2号地	34.28	24.92	2	49.85
	3号地	40.06	28.96	2	57.92
	4号地	13.85	1.38	2	20.75
	5号地	47.04	34.57	2	69.13
	小　计	135.23	89.83		197.65
总　计		217.78	147.19		323.95

2. 资金平衡测算

推进西红门整体改造项目的支点是实现资金平衡。

首先是支出项目测算。

（1）拆迁成本。按照大兴区出台的《集体土地非住宅拆迁补偿办法》（京兴政发〔2011〕16号）文件精神，包括地上物补偿、停产停业补偿和搬家费，共计以1200元/平方米单价补贴商户。这个拆迁补偿价格相当于丰台区邻近地区拆迁补偿价格2000~3000元/平方米的50%左右。27个工业大院拆除面积共计960万平方米，拆迁补偿约为114.24亿元。

（2）基础设施配套成本。首先需要计算单位建筑面积平均基础设施配套成本。寿保庄村工业大院位于3#地块，规划为集体产业用地，占地约30公顷，规划建筑面积约48万平方米。基础设施配套假设主要是道路建设，如表6所示，5条道路总投资2.47亿元。单位建筑面积造价为514.58元/平方米。5个地块总建筑面积为960万平方米，总共配套基础设施成本约为960万平方米×514.58元/平方米＝49.4亿元。

表6 3#地块道路配套建设投资情况

单位：亿元

道路	规划十五路	规划六路	规划七路/规划八路	规划三路	五路总投资
投资	0.97	0.24	0.18/0.34	0.74	2.47

（3）拆迁融资成本。先计算单位建设面积的融资成本。寿保庄科技产业园（3#地）拆除腾退项目已获得建行大兴支行3.85亿元资金支持。拟启动的2#地和5#地拆除腾退工作，总投资28.7亿元，其中银行贷款20亿元。目前，已由建行、国开行、农行3家银行组成银团联合负责贷款项目。3块地新增建设面积为121.38万平方米，单位新增建设面积拆迁贷款为1965元/平方米。按年息8%计算，单位拆迁融资成本为1965元/平方米×8% = 157元/平方米·年。5块地总共新增建设面积为217.78万平方米，总计年融资成本为157元/平方米×217.78万平方米 = 3.4亿元。考虑到建设的周期因素，按5年为周期，总计3.4亿元×5年 = 17亿元。

（4）机会成本。拆迁协议中包含了对村集体和农民出租收益不降低的承诺，因此需要将因工业大院改造造成的出租收益损失作为机会成本纳入总成本。改造前农民和村集体通过土地租赁（约952公顷土地），年租金收入约2亿元。工业大院拆除后，这部分收益成为整体改造工程的机会成本。以5年为周期，共计10亿元。

（5）建安成本。4块地面积按200万平方米，建安成本4000元/平方米计算，共计200万平方米×4000元/平方米 = 80亿元。这部分成本需要在今后3~5年内随着整体改造的完成而逐步消化。

（6）绿化及管护成本。8平方公里（800万平方米）需要还绿，按现实发生成本13元/平方米计算，总计年建设管护成本为800万平方米×13元/平方米 = 1.04亿元，5年总计1.04亿元×5年 = 5.2亿元。

完成西红门综合整治改造项目，近5年内，项目总成本支出共计114.24 + 49.4 + 17 + 10 + 80 + 5.2 = 275.84亿元。

其次是收入项目测算。

（1）1#地上市收益。按照原规划设计，1#地为国有建设用地，用地性质属于住宅用地，主要用于平衡整体改造项目的全部拆迁费用。目前，附近地区商品房单价3万元/平方米，按照50%估算招牌挂价格，即楼面地价为1.5万元/平方米。1#地总建筑面积为126.3万平方米，共计可拍得款项126.3万平方米×1.5万元/平方米 = 189亿元。可以解决拆迁成本114.24亿元、基础设施配套成本49.4亿元、拆迁融资成本17亿元，剩余8.36亿元。考虑到基础设施配套部分投资市发改委可以补贴部分，假设基础设施投入政府支持50%，即节省支出24.7亿元，则该款项还有部分结余，约8.36 + 24.7 = 33.06亿元，一部分用于财政上缴，一部分用于拆迁成本上升等因素造成的未来不确定性，或可补贴其他4块地的后期建设成本。

（2）2#~5#地出租收益。其余4块地的收益主要用于平衡机会成本、建安成本与绿化养护成本，共计 10 + 80 + 5.2 = 95.2 亿元。4 块地共计建筑面积 197.65 万平方米，按照 1.5 ~ 2 元/平方米·天价格出租，年收益为 197.65 万平方米 × 1.5 元/平方米·天 × 365 天 = 10.8 亿元或 197.65 万平方米 × 2 元/平方米·天 × 365 天 = 14.4 亿元。未来 5 年收益为 10.8 亿元 × 5 年 = 54 亿元或 14.4 亿元 × 5 年 = 72 亿元。尽管全部建成需要一定时间，未来 5 年总收益应小于这个数字，但考虑到未来租金升值潜力没有纳入，可以假定两方面因素相互抵消。目前看，这部分资金平衡压力较大，按照单价 1.5 元测算，存在 41.2 亿元缺口。假设单价 2 元，也有资金缺口 23.2 亿元。考虑到 1#地资金存在结余以及整体项目进一步压缩成本的因素，目前的资金缺口可以从这两方面挖掘潜力予以解决，或可以按照二道绿隔地区 2003 年出台的 15 号文关于"3% 配套建设用地"政策，8 平方公里的绿地可以获得 24 万平方米建设用地指标，从而有效弥补资金平衡缺口。但该政策在大多数地区未获得有效执行，可操作性较差。

综合分析如下。

表 7 西红门镇整体改造项目资金平衡表

单位：亿元

项 目		投入
拆迁成本	地上物补偿	114.24
	停产停业补偿	
	搬家费	
基础设施配套成本	道路等配套建设	49.4
拆迁融资成本	银行贷款融资	17
建安成本	2# ~ 5#地块（约 200 万平方米）	80
机会成本	改造前农民和集体出租收益	10
绿化及管护成本	养护费	5.2
合 计	—	275.84
项 目		收入
1#地挂牌出让	按国有建设用地用于住房挂牌出让	189
2# ~ 5#出租收益	按集体建设用地出租（1.5 ~ 2 元/平方米·天）	54 ~ 72
政府投资	发改委政策支持	24.7
合 计	—	267.7 ~ 285.7
资金平衡结余	—	(− 8.14) ~ 9.86

注：所列各项目数据说明可参照前文解释。

资料来源：根据西红门镇调研座谈及提供材料整理，成本测算周期为 5 年。

此外，西红门镇仍然有农业户籍人口近 2 万人，按照 20 万元/人的转居成本测算，大约需要 40 亿元。如果考虑到这部分成本，该整体改造项目的资金成本压力会更大。

综上，西红门镇整体改造项目资金平衡处于紧平衡状态，进一步挖掘资金成本降低的潜力成为当务之急。

3. 规划调整建议

一是增加建筑用地和建设用地指标。为了更便于高端项目的引进，建议适当放宽容积率等相关规划指标的限制，允许区县在保持总体用地规模不变、保障道路通行的情况下进行适当调整。同时，按照绿隔15号文3%配套产业用地政策，增加建设用地指标。

二是下放规划与项目审批权限。对规划调整工作，由市规划委批复改造试点的总体规划，区县批复街区层面或具体项目层面的详细规划，同时请市规划委加大工作指导力度。大兴区城乡结合部改造试点梳理了项目审批流程。按照现行政府投资政策，投资30%及以下按照补助管理，只审批一次资金申请报告；投资30%以上按照直接投资管理，需要审批可行性研究报告、初步设计概算等手续，程序较多。对于项目审批授权区县发改部门进行审批，加快项目手续办理，区县批复文件及时报市发改委备案，市里加强监管。

三是土地利用规划调整。由于城乡结合部耕地、基本农田指标紧张等原因，基本农田分布分散且不规则，在城乡结合部改造试点规划编制后，基本农田的布局对于规划实施，特别是市政管线、道路的建设制约严重，为推进城乡结合部改造试点方案的顺利实施，建议允许区县在镇域范围内保持基本农田指标不变的情况下，通过开展土地利用规划修编或规划调整，推进城乡结合部改造试点的实施。

（二）长辛店镇赵辛店村新型农村社区建设项目

区位条件较差地区，需要探索就地改造等实施模式，尽可能降低开发成本。但仍然可能由于资金平衡困难而难以启动，甚至在全镇范围内也难以实现资金平衡。长辛店镇长期以来无规划引领，村自为战发展，同时承担了大量的绿化任务且国家交通动脉、厂矿建设和军队院校占用大量土地，缺乏区域内交通干线，旧村改造滞后。长辛店镇赵辛店村区位条件特殊，村域内有京石高速、京周公路、朱云路、石油库路4条公路和京广、京九西长线、首钢铁路专用线、京石客运专线4条铁路线，还有装甲兵工程学院等部队占地，加之有基本保护农田，集体土地碎片化，难以集约利用，完成城市化面临着巨大的资金压力，属丰台区的困难村。

1. 基本情况

赵辛店村位于丰台区长辛店镇镇域南部，距镇政府驻地4.4公里。村总共有1510户6254人（其中非农户3959人），劳动力1152人，常住人口6433人。2012年人均纯收入为11680元。赵辛店村域总面积为4161亩，农用地2137.05亩，建设用地1640.8亩，其他用地面积约383.15亩。

赵辛店新型农村社区建设被列为长辛店镇政府重点工程项目。加快落实丰台区"十二五"规划确定的河西生态发展区的功能定位，计划以新农村社区项目形式推进城市化进程。项目建设内容包括：新民居项目，总占地约300亩，回迁房面积36万平方米，通过村庄用地整合，实现村民上楼，改善村民居住环境；长辛店南部区商业配套项目，总占地310亩，规模33万平方米，提高赵辛店土地使用率；仓储物流配送中心项目，总占地634亩。利用交通便利，适宜物流配送企业发展的条件，使本村经济长久可持续发展。目前，河西再生水厂及配套设施正在建设中，现着手启动村民上楼试点项目。预计赵辛店新型农村社区 5 年内完成。

2. 资金平衡方案比较

主要设计了三种资金平衡方案，具体测算如下（见表 8）。

表 8　长辛店镇赵辛店村新农村社区项目资金平衡表

单位：%，亿元

项　　目		支出
宅基地补偿	宅基地面积(40.3 万平方米)×补偿单价(0.7 万元/平方米)	28.2
回迁房建安成本	回迁房总需面积(36 万平方米)×建安单价(0.4 万元/平方米)	14.4
非宅基地补偿	非宅面积(12 万平方米)×重置成新价(0.23 万元/平方米)	2.76
不可预见费	—	2
合　　计	—	47.36
项　　目（方案一）		收入
长辛店南部地区生活配套项目	总占地 310 亩，可用建设地块 245 亩(163334.15 平方米)，按照容积率 2 计算，可建设规模 = 163334.15 平方米 × 2 = 326668.3 平方米，项目预计售价 10000 元/平方米，扣除建设成本及其他费用 5000 元/平方米，可回笼资金 16.3 亿元(326668.3 平方米 × 5000 元/平方米)	16.3
仓储物流配送中心项目	该项目总占地 634 亩，可用建设用地 480 亩，按容积率 1 计算，可建规模 320000 平方米。按每年租地收益 10 万元/亩，周期 15 年计算，可实现租地收益 7.2 亿元	7.2
合　　计	—	23.5
资金平衡结余	—	−23.86
项　　目（方案二）		收入
长辛店南部地区生活配套项目	同上	16.3
仓储物流配送中心项目	该项目总占地 634 亩，可用建设用地 480 亩，其中 280 亩建设仓储物流配送中心，200 亩建设住宅及配套。①仓储物流配送中心可建规模 186667.6 平方米。按每年租地收益 10 万元/亩，周期 15 年计算，可实现租地收益 4.2 亿元。②住宅及配套按容积率 2 计算，可建用地 160 亩，可建规模约 210000 平方米，按 5000 元/平方米计算收益为 210000 平方米 × 5000 元/平方米 = 10.5 亿元。可回笼资金共计 14.7 亿元	14.7
合　　计	—	31
资金平衡结余	—	−16.36
项　　目（方案三）		收入
长辛店南部地区生活配套项目	同上	16.3
仓储物流配送中心项目	该项目总占地 634 亩全部用于住宅及配套，可用建设用地 480 亩，按容积率 2 计算，可建规模约 640000 平方米，共计 640000 平方米 × 5000 元/平方米 = 32 亿元	32
合　　计	—	48.3
资金平衡结余	—	0.94

注：所列各项目数据说明可参照前文解释。

资料来源：根据长辛店镇赵辛店村调研座谈及提供材料整理。

总结以上资金测算分析，如按照方案一可实现赵辛店产业用地资金回笼 23.5 亿元，资金平衡结余 –23.86 亿元；如按照方案二可实现赵辛店产业用地资金回笼 31 亿元，资金平衡结余 –16.36 亿元，仍不能实现资金平衡；如按照方案三可实现赵辛店产业用地资金回笼 48.3 亿元，资金平衡结余 0.94 亿元，刚好实现资金平衡，但是农民的村集体失去了永续发展的产业基础。可见，在维持农民的长期产业发展依托的目标与现实的资金平衡之间难以兼顾，即要实现项目的资金平衡，需要将产业项目完全变成居住项目，这显然是与农民的长期产业发展依托相违背的。

3. 政策建议

一是加快镇域规划批复工作，明确河西生态旅游带的区域功能定位及产业布局。落实长辛店镇"首都园林文化休闲镇"的基本定位，融入首都核心发展圈。加快镇域总体规划编制与审批工作，对区域内各系统及组成要素进行全面统筹考虑，形成区域系统联动发展态势。并编制与总体规划配套的区域控制性详细规划及专项规划，引导镇域内经济和社会发展的一些大项目顺利落地。

二是落实绿隔建设政策。目前，长辛店镇规划绿地近 70%，但仅解决了几百人的就业问题。需要挖掘镇域内现有的林业资源，进行生态建设，提高林地的土地利用率，增加农民收入，拓宽劳动力就业渠道。同时，落实"3% 配套建设用地"政策，带动区域整体发展。考虑到区位差异，人均 50 平方米的配套产业用地指标不足，需要增加指标解决后续产业可持续发展问题。

三是土地出让金返还政策。长辛店镇属于城六区，但目前未享受城区基础设施建设市财政投资的城区政策，与一河之隔的河东地区差距很大。虽然借助园博会解决了部分主干线道路问题，但历史欠账较多，基础设施配套建设仍然是当前发展面临的瓶颈。要享受远郊区县政策，土地出让金返还区镇两级，解决资金平衡困难或者镇域基础设施建设由市财政主要承担。

四是在做好资金平衡成本测算基础上，加大代征代拆迁力度，实现城市开发建设与旧村改造的联动。要破解城市化进程中开发建设和村域建设两张皮导致村民无法整体回迁，形成城中村的局面，村域建设及产业用地不能满足后续发展，回收站、刀片厂、小加工等低端产业蔓延的一系列遗留问题（如张家坟村、张郭庄村）。要进一步统筹城乡建设用地，统筹规划，整体算账，综合平衡。由规划、国土、发改、审计等部门联合出台相关文件，将红线外旧村改造费用列入一级开发成本，实现农村的整体城市化。

五是整体城市化方案需要区级统筹。目前，区域发展不均衡，北部三村产业园区条件相对较好，辛庄村、东河沿村和张郭庄村纳入北部居住区项目。丰台科技园西二区可以把太子峪带动起来。其他几个村也有相应项目带动。李家峪村不是绿地就是基本农田，希望纳入新型社区建设项目。最困难的是赵辛店村。赵辛店村的资金平衡问题应借助区级统筹，通过地区重大项目带动解决。目前该村资源只剩下基本农田，但农田受污染，已无耕种条件，且与区域功能定位不协调，需要进行土地利用规划和产业发展规划的调整。

三　乡镇规划调整试点的选取

下一步工作重点是参照西红门镇工业大院改造经验，选择 5～6 个不同区位、具有代表性的乡镇进行规划调整试点。为此，首先对二道绿隔地区各乡镇资源禀赋进行聚类分析，然后结合区位功能定位选取相应乡镇试点。结合数据条件，共包含了 53 个乡镇样本。选取各乡镇宅基地集体使用权土地（简称集体土地）、国有使用权土地（简称国有土地）、集体资产总额和劳动力数量作为对各乡镇资源禀赋情况的考察变量，采用 K－均值聚类方法，对二道绿隔地区 53 个乡镇进行分类（见表 9）。结果显示，按照资源禀赋特征，可主要分为 6 个层级：①资源禀赋最多乡镇，劳均资产总额为 64.92 万元，劳均集体土地（指集体建设用地）为 0.68 亩；②资源禀赋较高乡镇，组内劳均资产总额的平均值为 34.17 万元，劳均集体土地平均值为 0.42 亩；③资源禀赋居中乡镇，组内劳均资产总额的平均值为 25.38 万元，劳均集体土地平均值为 0.39 亩；④资源禀赋相对稀缺的乡镇，组内劳均资产总额的平均值为 14.48 万元，劳均集体土地平均值为 0.36 亩；⑤资源禀赋稀缺的乡镇，组内劳均资产总额的平均值为 6.79 万元，劳均集体土地平均值为 0.28 亩；⑥需要进行个案分析的乡镇。

表 9　二道绿隔地区各乡镇资源禀赋分类

单位：亩，万元，人

序号	各组特征	数量	包含乡镇	劳均集体土地	劳均国有土地	劳均资产总额	劳动力
1	资源禀赋最高	9	高碑店乡、将台乡、来广营乡、金盏乡、西北旺镇、永定镇、马池口镇、回龙观镇、西红门镇	0.68	0.63	64.92	7658
2	资源禀赋较高	7	崔各庄乡、三间房乡、苏家坨镇、长阳镇、宋庄镇、沙河镇、东小口镇	0.42	0.35	34.17	11239
3	资源禀赋居中	13	王四营乡、东坝乡、常营回族乡、管庄乡、长辛店镇、王佐镇、温泉镇、张家湾镇、潞城镇、天竺镇、小汤山镇、旧宫镇、瀛海镇	0.39	0.24	25.38	10166
4	资源禀赋相对稀缺	8	平房乡、孙河乡、黑庄户乡、青龙湖镇、后沙峪镇、李桥镇、百善镇、北臧村镇	0.36	0.28	14.48	9389
5	资源禀赋稀缺	9	豆各庄乡、上庄镇、军庄镇、阎村镇、马驹桥镇、高丽营镇、阳坊镇、南邵镇、青云店镇	0.28	0.24	6.79	9811
6	需要个案分析	7	台湖镇、十八里店乡、北七家镇、梨园镇、黄村镇、永顺镇、仁和镇	—	—	—	—

数据来源：北京市农经平台及专题报告数据。

结合聚类分析和区位功能定位，初步确定试点乡镇名单如下：

1. 丰台区长辛店镇（中心城外围边缘组团型乡镇）
2. 朝阳区金盏乡（中心城外围功能区边缘组团型乡镇）
3. 通州区宋庄镇（新城外围组团状集聚型乡镇）
4. 大兴青云店镇（远郊平原现代农业型乡镇）
5. 顺义区高丽营镇（远郊区县重点镇）
6. 通州区台湖镇（经济发达地区小城镇）

目前，已经启动乡镇规划试点的项目申报工作。现已完成项目立项评审工作。

课题组组长：郭光磊　施卫良

课题组副组长：张秋锦　蒋洪昉　杜立群

执笔人：陈雪原　徐勤政　刘睿文

吕　佳　王丽红　孙梦洁

第二章　北京市城乡一体化发展进程研究

北京是最早开展城乡一体化研究的地区之一，也是最早提出以城乡一体化的思路指导开展郊区农村工作的地区之一。我们从理论研究、政策实践、实际成效等方面对北京的城乡一体化进程进行简要回顾与总结。

第一节　北京市城乡一体化的理论研究进程

城乡一体化的概念是在中国农村改革实践中形成的。1983 年国务院农村发展研究中心城郊发展战略课题组首次提出城乡一体化问题。[①] 苏南地区 1983 年最先使用城乡一体化概念，这源于农业部在江苏无锡开展的农村现代化建设试点。[②] 城乡一体化概念的产生与我国改革开放后乡镇企业兴起、小城镇发展、乡村城市化、实行市管县体制有着密切的关系。[③] 1986 年，京、津、沪、烟、苏、锡、常等城市政府正式把城乡一体化作为全市经济、社会发展的战略思想和指导方针，反映了城乡一体化是城乡改革不断深化的必然归宿和城郊经济形成、发展到一定阶段的必然结果。[④] 城乡二元结构和城乡一体化都是 20 世纪 80 年代由我国最优秀的政策理论研究者在农村改革伟大实践中提出的具有中国本土特色的重要社会科学概念，这也是我国农村研究中最具有理论独创性的重要概念。时至今日，破除城乡二元结构、推进城乡一体化已成为我国改革发展的基本政策取向。这从一个方面反映了 20 世纪 80 年代我国农村研究者的理论水平。

北京作为经济发达地区，与上海、天津等发达地区一道比较早地提出了城乡一体化的思想观点，[⑤] 开展了城乡一体化的理论研究。对城乡一体化研究具有较大影响的研究机构主要有北京市农研中心、北京市社会科学院、北京联合大学北京学研究基地、北京现代化研究中心等。

---

① 包永江编著《中国城郊发展研究》，中国经济出版社，1991，第 39 页。
② 王景新：《村域经济转型与乡村现代化——上海农村改革 30 年调研报告》，《现代经济探索》2008 年第 2 期。
③ 张雨林：《论城乡一体化》，《社会学研究》1988 年第 5 期。
④ 包永江编著《中国城郊发展研究》，中国经济出版社，1991，第 39 页。
⑤ 参见中共上海市郊区工作委员会、中共上海市委党史研究室编《上海城乡一体化建设》，上海人民出版社，2002；包永江编著《天津市、郊经济发展一体化研究》，天津人民出版社，1996。

（一）北京市农研中心的研究

北京市农研中心不仅在北京，而且在全国都率先开展城乡一体化的研究，产生了较大的社会影响。到目前为止，北京市农研中心对城乡一体化的研究可分为三个阶段。

第一个阶段：从 20 世纪 80 年代中期到 21 世纪初。从 1986 年起，北京几乎与上海、天津同时提出以城乡一体化的战略思想指导郊区经济工作。[①] 从此，一些专家学者开始城乡一体化方面的研究。特别值得一提的是，1996 年，北京市主管农业的副市长段强要求北京市农研中心研究北京郊区的城市化与城乡一体化问题，北京市政府给北京市农研中心下达了"北京郊区乡村城市化和城乡一体化"的研究课题，遂成立了被认为是我国最早的城乡一体化课题组。[②] 北京市农研中心与北京市社科院城市问题研究所、中国人民大学区域经济研究所、北京市农科院综合所、北京市统计局组成的课题组，对郊区城市化和城乡一体化进行了持续数年的研究，取得了一大批研究成果，其代表性成果主要有：赵树枫主编，陈光庭、张强等编著《世界乡村城市化和城乡一体化》（城市问题杂志社 1998 年版），赵树枫、陈光庭、张强主编《北京郊区城市化探索》（首都师范大学出版社 2001 年版）。

上述研究成果形成的主要观点有：①城乡一体化是城市化发展的高级阶段。②把握城乡一体化的内涵要注意五个方面：一是城乡一体化发生在生产力水平或城市化水平相当高的时期；二是城乡一体化是一个渐进的过程，而不是结果；三是城乡一体化是双向的，不是单向的；四是城乡一体化要包括物质文明和精神文明两方面；五是不能把城乡一体化看成缩小甚至消灭城乡差距的过程，城乡差距是永恒的。③要达到城乡一体化的目标，至少要在五个方面下功夫：一是加速农业现代化建设，农业现代化是城乡一体化实现的可靠保证；二是促进城乡经济一体化快速发展；三是加强基础设施现代化建设；四是提高城乡生活质量；五是实现城乡生态环境的融合。④城乡融合是城乡一体化的目标，21 世纪是城乡一体化的世纪。

---

① 在 1986 年召开的上海市农村工作会议上，上海市正式确定以城乡一体化作为郊区工作的指导方针。参见石忆邵《城乡一体化理论与实践：回眸与评析》，《城市规划汇刊》2003 年第 1 期。

② 王景新认为北京市农研中心 1996 年成立的"北京郊区乡村城市化和城乡一体化"课题组是我国最早的城乡一体化研究课题组。参见王景新《村域经济转型与乡村现代化——上海农村改革 30 年调研报告》，《现代经济探索》2008 年第 2 期。另参见王景新、李长江、曹荣庆等《明日中国：走向城乡一体化》，中国经济出版社，2005，第 20 ~ 21 页。据笔者看到的文献，在北京之前，其他地方也有城乡一体化研究的课题组，例如：1985 年 9 月，上海社会科学院部门经济研究所在上海市科委会同农委、规划委委托华东化工学院研究的基础上承担的"上海县 1984 ~ 2000 年经济、科技发展总体规划研究"课题，就明确提出以城乡一体化为原则，参见谢自奋、夏顺康主编《城乡一体化的前景——上海市上海县经济、科技发展总体研究》，上海社会科学院出版社，1987；城乡一体化课题组：《上海城乡一体化研究综合报告》，《上海农村经济》1991 年第 2 期；上海"宝山城乡一体化研究"课题组：《宝山城乡一体化研究综合报告》，载《宝山年鉴 1992》，上海科学普及出版社，1992，第 32 ~ 36 页；城乡一体化发展课题组：《关于城乡一体化发展问题的研究》，载《陕西农村改革与发展》，陕西人民教育出版社，1992，第 69 ~ 96 页；城乡一体化课题组：《城乡经济整合中的几个问题》，《农业经济》1992 年第 1 期。笔者揣测，上述城乡一体化课题组可能只是学者根据研究兴趣组织的，不一定是政府下达的研究课题。参见石忆邵《城乡一体化理论与实践：回眸与评析》，《城市规划汇刊》2003 年第 1 期。

第二阶段：2002～2007 年。2002 年党的十六大正式提出"统筹城乡经济社会发展"以后，北京市农研中心围绕统筹城乡发展开展相关调研和研究。[①] 这期间具有代表性的研究主要有张强主持的北京市哲学社会科学规划重点项目"北京市城乡一体化发展研究"，其最终成果是张强主编《乡村与城市融合发展的选择——北京市城乡一体化发展研究》（中国农业出版社 2006 年版）。该书对北京市城乡一体化发展作了比较系统的研究，认为就大城市而言，城乡经济社会发展带有较高起点，特别是长三角、珠三角、京津等较发达地区，应当率先打破城乡二元结构，走向城乡一体化。该书的主要观点有：①城乡一体化是发达地区统筹城乡经济社会发展的具体内容或实现形式，统筹城乡发展是城乡一体化的根本途径。②城乡一体化是侧重于制度创新意义上的城市化概念，城市化是城乡一体化的前提，城乡一体化是城市化的发展目标，是城乡关系的前进方向和最终目标。城乡一体化既是过程，也是目标和结果，贯穿在城市化之中。③城乡一体化的内涵：城市一体化是一种经济或社会目标；城市一体化是城乡关系的发展道路或指导思想，工业化和城市化是实现城乡一体化的主要途径；城市一体化是一个综合性的社会演进过程；城市一体化不是城乡一样化，不是消灭城乡之间的一切差别。④城乡一体化的内容包括空间规划布局一体化、产业发展一体化、基础设施建设一体化、社会事业和社会保障一体化、生态环境保护和建设一体化、资源配置一体化、社会管理一体化。⑤北京市推进城乡一体化要解决的根本问题是缩小城乡生活条件差距问题，要解决的核心问题是农民问题，加快发展进程的关键问题是城市功能向郊区延伸或扩散的问题，要解决的薄弱环节是制度创新问题。⑥以首都圈的视野考虑北京市城乡一体化发展。⑦确定了北京市城乡一体化发展的指标体系，包括经济现代化、社会现代化、城市现代化 3 个方面 15 项具体指标。

第三阶段：从 2007 年至今。2007 年党的十七大正式提出"形成城乡经济社会发展一体化新格局"，城乡一体化成为解决"三农"问题的重要指导思想。2008 年北京市委十届五次全会通过《中共北京市委关于率先形成城乡经济社会发展一体化新格局的意见》，明确提出了北京要率先形成城乡一体化新格局的目标要求。从此，城乡一体化的研究不断得到拓展和深化。这一时期北京市农研中心有关城乡一体化的研究成果主要体现在两个大的方面。

一是围绕新型城镇化和城乡一体化进行战略研究。自 2010 年以来，北京市农研中心主任郭光磊明确提出对城镇化问题开展持续研究，每年突出一个主题进行集中研究，至今已经取得一大批有影响的研究成果，具有代表性的研究成果主要有：① 2010 年开展的"北京市城乡结合部经济社会问题研究"。该研究明确提出了"走以人为本的新型城市化道路"的重要结论，对新型城市化的内涵作了新的探索，认为新型城市化是空间布局合理的城市化、是维护农民权益的城市化、是善待外来人口的城市化、是产业结构优化的城市化、是生态环境友好的城市化、是发展民主法治的城市化。② 2011 年开展的"新型城市化发展路径比较研究"。该研究通过考察对比北京、天津、上海、重庆、成都、广州六

---

① 有关统筹城乡发展以及城乡一体化方面的零散研究，参见张文茂、苏慧编著《北京郊区现代化问题研究》，中央文献出版社，2008。

大城市在推进城市化和城乡一体化中的基本做法和经验，总结提炼出推进新型城市化的主要任务，即要把加强制度供给作为新型城市化的基础工程，把依法改革创新作为新型城市化的基本方式，把深化土地制度改革作为新型城市化的关键环节，把推进农村产权改革作为新型城市化的重大任务，把实现农民市民化作为城市化的战略目标。③ 2012 年开展的"北京市新型城市化中农民土地权益发展研究""北京市城乡一体化进程中乡镇统筹发展方式研究""促进首都农村集体建设用地有序流转及高效集约利用研究"。这些研究主要聚焦在城市化和城乡一体化中的土地制度改革创新上，以图维护和发展农民的财产权利。④ 2013 年开展的"北京市二道绿隔地区发展问题研究"。这是根据林克庆副市长的指示和要求，由北京市农研中心与北京市城市规划设计研究院组成联合调研组，对北京市第二道绿化隔离带地区的经济社会生态等问题进行的深入研究，重点围绕破解城乡二元土地制度与生产社会化之间的矛盾，提出二道绿隔地区发展的总体思路、实现路径与近期政策。在前期调研成果基础上，全市启动 6 个乡镇城乡统筹实施规划试点工作。2010～2013 年，已公开出版的研究成果主要有：郭光磊主编《北京城乡一体化发展的研究与思考 2009》（中国农业出版社 2010 年版）、郭光磊主编《城与乡：在博弈中共享繁荣——北京市农村经济研究中心 2010 年研究报告》（上、下）（中国农业科学技术出版社 2011 年版）、郭光磊主编《城乡统筹发展的改革思维——北京市农村经济研究中心 2011 年研究报告》（上、下）（中国农业出版社 2012 年版）、郭光磊主编《城乡发展一体：探索与创新——北京市农村经济研究中心 2012 年研究报告》（上、下）（中国农业出版社 2013 年版）、郭光磊等著《北京市新型城镇化问题研究》（上、下）（中国社会科学出版社 2013 年版）。

二是围绕城乡一体化的总目标开展相关专题研究。城乡一体化涉及的内容非常多，需要开展相关专题研究。例如，2009～2011 年，笔者主持完成北京市哲学社会科学"十一五"规划课题"城乡一体化新格局中农民土地权益和身份平等权利实现方式研究"，该研究以保障和实现农民权利为主线，提出破除城乡二元制度，维护农民的土地财产权和农民的身份平等权利。该研究还提出从违法式改革走向立法式改革的重大命题。2010 年，笔者发表《城乡一体化的根本：破除双重二元结构》，提出我国各大中城市中存在动态二元结构和静态二元结构叠加在一起的双重二元结构。2010 年，笔者等人开展了"北京城镇居民基本医疗保险与'新农合'制度整合研究"，将基本公共服务一体化问题纳入城乡一体化研究之中，改变了北京市农研中心长期侧重于经济研究的局面。2011 年，笔者开展了"北京市城乡基本公共服务均等化研究"，首次对北京市城乡基本公共服务均等化问题进行了系统研究。2012 年笔者开展了"北京市新型城市化中农民土地权益发展研究""城乡一体化背景中北京户籍制度改革研究""北京市增加农民财产性收入研究""北京市城乡基本公共服务达到中等发达国家水平研究"，分别对城乡一体化中的土地制度、户籍制度、农民财产性收入、基本公共服务等专题进行了研究。2013 年笔者开展了"北京市城乡发展一体化进程研究""北京市实现农民工市民化研究"等研究课题。特别是"北京市城乡发展一体化进程研究"对北京市城乡发展一体化进程作了系统总结，拓展了对城乡一体化的新认识，划分了狭义城乡一体化与广义城乡一体化，对 2007～2012 年北京市城乡发展一体化发展水平进行了量化监测，以更加开阔的视野提出了推进城乡发展一体化的政策建议。上述研究成果除了北京市农研中心每年出版的年度调研报告外，还体现在笔者出版的《建设人人共享的现代公共服务之都——北京市城乡基本公共服务均等化研究》（知识产权出版社 2011 年版）、《认真对待农民权利》（中国社会出版社 2011 年版）、《北京市城乡基本公共服务发展研究》（中国政法大学出版社 2013 年版）等著作中。

北京市农研中心的其他研究人员，也就城乡一体化中的产业布局、都市农业发展、集体建设用地乡镇统筹、集体经济产权制度改革、农民收入、新型农村社区建设、生态文明建设、农村金融、农村经管体系建设等方面开展了专题研究。此外，2010 年，北京市农研中心《北京农村经济》编辑部举办了北京郊区城乡一体化建设征文活动，出版了陈水乡主编《北京郊区城乡一体化建设征文集》（中国农业出版社 2010 年版）。近些年来，北京市农研中心对城乡一体化的研究不断向纵深推进。

（二）北京市社会科学院的研究

北京市社会科学院是开展北京城乡一体化研究的重要基地。北京市社会科学院城市问题研究所挑起了城乡一体化研究的重担。到目前为止，该所开展的城乡一体化方面的研究主要有以下几个方面。

一是 20 世纪 90 年代与北京市农研中心联合开展"北京郊区乡村城市化和城乡一体化"的研究。以陈光庭研究员为代表的北京市社会科学院城市问题研究所积极参与"北京郊区乡村城市化和城乡一体化"的研究，取得了丰硕成果，上文对此已作了介绍。陈光庭研究员还发表了相关研究论文。[1]

二是 2002 年党的十六大后开展北京城乡统筹协调发展研究。黄序主编《北京城乡统筹协调发展研究》一书代表了北京城乡统筹发展研究的新成果。该书第一编主要讨论了人口、经济与城市的协调发展问题；第二编主要研究乡村城镇化和城乡一体化；第三编研究以户籍制度改革为核心的政府管理体制创新和社区管理问题。该书的一个重要观点就是主张在我国大城市区实行乡村城镇化和城乡一体化双轨制，一是要冲破城乡户籍壁垒，二是要全面推行城乡一体化社会保障制度，三是要让乡镇企业在城乡一体化中再造辉煌，四是要加大政府对城乡一体化的支持，五是要在乡村城镇化中珍惜土地。[2]

三是 2006～2010 年《首都（北京）城乡发展报告》连续出版。从 2006 年开始，以黄序为代表的北京市社科院城市问题研究所持续研究城乡一体化问题并定期出版《首都（北京）城乡发展报告》。2007 年 1 月由社会科学文献出版社出版了第一本有关城乡发展的蓝皮书——黄序主编《2007 年：中国首都城乡发展报告》，此后更名为《北京城乡发展报告》，到 2011 年 4 月出版了 2010 年度的《北京城乡发展报告（2010～2011）》，该蓝皮

---

① 参见陈光庭《北京城市化发展趋势及郊区应采取的对策》，《城市问题》1996 年第 6 期；陈光庭：《世界城市化发展趋向及中国城市化道路》，《开放导报》1999 年第 11 期；陈光庭：《城乡一体化与乡村城市化双轨制探讨》，《规划师》2002 年第 10 期；陈光庭：《城乡一体化——中国特色的城镇化道路》，《当代北京研究》2008 年第 1 期。

② 黄序主编《北京城乡统筹协调发展研究》，中国建材工业出版社，2004，第 137～150 页。

书持续 5 年后因主编黄序的退休而中止。《北京城乡发展报告》虽然没有集中研究城乡一体化问题，但在不同层面上涉及城乡一体化的研究。

北京市社会科学院除了城市问题研究所开展研究和出版《北京城乡发展报告》外，社会学研究所每年开展研究和出版的《北京社会发展报告》、管理研究所每年开展研究和出版的《北京公共服务发展报告》，从不同方面涉及北京城乡一体化的研究。

（三）北京联合大学北京学研究基地的研究

在北京市社科院中止《北京城乡发展报告》的出版工作后，北京联合大学北京学研究基地自 2012 年起开始连续开展研究和出版北京城乡一体化方面的蓝皮书，由张宝秀、黄序任主编，社会科学文献出版社定期出版的《中国城乡一体化发展报告·北京卷》已出版了 2012 年版和 2013 年版。[①] 该蓝皮书是北京第一部按年度研究分析北京城乡一体化发展情况的著作，书中的总报告主要介绍上一年度北京城乡一体化建设的新进展，此外的一些专题研究报告涉及北京城乡一体化发展的诸多方面。该蓝皮书对于了解和掌握每年北京城乡一体化发展的新情况具有很好的参考价值。

（四）北京现代化研究中心的研究

北京现代化研究中心主要开展北京现代化的研究，定期出版北京现代化报告。北京的城乡一体化也成为该中心研究的重要内容。李永进、张士运主编《北京城乡一体化进程评价研究——北京现代化报告 2009》一书，是目前为止有关北京城乡一体化最系统的研究成果。该书考察了城乡一体化的理论、国内外城乡一体化实践经验，对北京城乡一体化现状及形成机理进行了分析，确定了城乡一体化水平评价指标体系，对 2005~2007 年北京城乡一体化进行了量化评价，最后提出了北京城乡一体化建设目标、模式选择和对策建议。该研究确定的北京城乡一体化评价指标体系中有一级指标 5 个（即城乡功能一体化、基础设施一体化、政府服务一体化、城乡产业一体化、城乡居民生活一体化），二级指标 15 个，三级指标 22 个。经过测算，2005~2007 年，北京市城乡一体化综合实现程度分别为 73.16%、73.29%、74.43%。[②]

李永进、张士运编著的《北京现代化报告 2010~2011：北京城乡一体化建设体制机制研究》（北京科学技术出版社 2011 年版）一书，对北京城乡一体化中的城乡结合部发展、土地制度建设、人口迁移制度、农村工业化和产业发展、社会保障、农村组织建设与管理、户籍制度改革及新农村建设、金融体系建设、基本公共服务均等化、投资体制等方面作了比较系统的研究和分析。

除了上述单位对北京城乡一体化进行持续研究外，北京农学院作为北京新农村建设研究基地，自 2007 年开始展开相关研究并出版《北京新农村建设研究报告》，该院华玉武、史亚军等人编著的《北京城乡一体化发展研究》，对北京城乡一体化问题作了相关研究，

---

① 张宝秀、黄序主编《中国城乡一体化发展报告·北京卷（2011~2012）》，社会科学文献出版社，2012；张宝秀、黄序主编《中国城乡一体化发展报告·北京卷（2012~2013）》，社会科学文献出版社，2013。

② 参见李永进、张士运主编《北京城乡一体化进程评价研究——北京现代化报告 2009》，北京科学技术出版社，2009，第 180~192 页。

构建了北京城乡一体化评价指标体系，从经济一体化、社会一体化、生活一体化、环境生态一体化、人口一体化、空间一体化 6 个方面设置了 28 项具体评价指标。[①] 北京市统计局从经济发展、社会发展、生活质量、公共服务、环境与设施、社会管理 6 个方面设置了30 项具体指标，并对 2011 年北京市城乡一体化水平进行了监测，认为 2011 年北京市城乡一体化综合实现程度为 85% 。[②]

第二节　北京市城乡一体化的政策实践进程

改革开放以来，北京市城乡一体化的政策实践进程可以分为以下三个时期。

（一）城乡一体化的提出与探索时期（20 世纪 80 年代中期到 2002 年）

20 世纪 80 年代中期，一些大中城市相继宣布实行城乡一体化的方针。北京城乡一体化是以城市工业支援农村为起点、以乡镇企业发展为脉络逐步发展起来的，[③] 其目的在于解决郊区"一个不足"（经济总量不足）、"三个滞后"（基础设施滞后、发展水平滞后、体制改革滞后）的矛盾。1986 年 1 月，上海市在农村工作会议上正式提出城乡一体化的指导思想。同年，天津市农村工作会议也正式宣布实施城乡一体化的方针。1986 年，北京市农口领导就以城乡一体化的思路指导郊区农口工作。北京市提出郊区农村经济已经具备城乡协调的客观条件，应把城乡一体化作为发展郊区农村经济的基本指导思想，从城乡一体化的高度把农村建设同城市发展联结起来，变城乡分割为城乡融合，走城乡结合、协调发展的道路，构建城乡一体化产业结构体系、城镇结构体系和生态环境体系。[④]

1988 年，北京市政府农林办主任白有光在全市农口横向工作会议上作了《工农携手、团结协作，促进城乡一体化》的工作报告，他在报告中指出："过去我国搞工业化是在城乡严格分割下进行的，建国初期以至 60 年代基本上依靠工农产品不等价交换，从农业积累工业化的原始资本，而农村则处于工业化之外，只是搞农业生产，如搞工业就是资本主义，这就是所谓的二元结构。乡镇企业的发展就是对二元结构的突破，其必然引起城乡关系、工农关系的重新调整。""现在看来，很需要从全局出发，即从城乡一体化的高度出发来重新确定乡镇企业的定位。"[⑤] 1991 年北京市委六届十二次全会通过的《关于贯彻〈中共中央关于进一步加强农业和农村工作的决定〉的意见》，提出"加快城乡一体化步伐"的内容，实行城乡统一规划，逐步建立城乡互补的经济体系，建立城乡统一的生态体系，发展以城带乡的科教文卫体系和城乡协调的城镇建设体系，逐步缩小城乡差别。

应该说，北京、上海、天津等大城市和一些经济发达地区率先提出以城乡一体化思想

---

①　华玉武、史亚军等编著《北京城乡一体化发展研究》，中国农业出版社，2010，第 159 页。

②　《北京市城乡经济社会发展一体化评价指标体系及 2011 年监测报告》，载北京市统计局、国家统计局北京调查总队《统计报告》，2013 年 1 月 5 日。

③　邵继华：《北京郊区经济城乡一体化的发展历程》，《北京党史研究》1997 年第 5 期。

④　张强主编《乡村与城市融合的选择——北京市城乡一体化发展研究》，中国农业出版社，2006，第 56 页。

⑤　邵继华：《北京郊区经济城乡一体化的发展历程》，《北京党史研究》1997 年第 5 期。

指导郊区农村工作，这具有很大的前瞻性，体现了城郊经济发展对传统城乡二元体制的挑战，发展方向是正确的。特别是 20 世纪 80 年代北京市城乡一体化的思想认识和相关政策，对于促进乡镇企业的发展产生了积极作用。但由于受制于国家层面的城乡二元结构，20 世纪 80 年代开始提出的城乡一体化并没有从根本上改变和动摇城乡二元结构，城乡一体化发展的成效也不明显。在总体上，北京与全国一样，仍然在城乡二元结构的大框架之中谋求发展。

（二）统筹城乡发展的提出与推进时期（2002～2008 年）

虽然城乡二元结构、城乡一体化早在 20 世纪 80 年代就提出来了，上海、北京、天津以及江苏等经济发达地区也提出了城乡一体化的工作要求，但是在党和国家层面则长期没有正式提出破除城乡二元结构问题，因而在总体上，全国以及其他地区的城乡二元结构没有实质性的突破，城乡一体化的发展也没有实质性的进展。直到 2002 年 11 月党的十六大首次承认我国"城乡二元经济结构还没有改变"、首次提出要"统筹城乡经济社会发展"的重大战略思想之后，统筹城乡发展才开始成为全国上下解决"三农"问题的基本指导思想。2003 年 10 月党的十六届三中全会通过的《中共中央关于完善社会主义市场经济体制若干重大问题的决定》提出坚持以人为本，树立全面、协调、可持续的发展观，将统筹发展理念拓展为统筹城乡发展、统筹区域发展、统筹经济社会发展、统筹人与自然和谐发展、统筹国内发展和对外开放，建立有利于改变城乡二元经济结构的体制。[1] 从此以后，全国解决"三农"问题的基本思路走上了统筹城乡发展、推进城乡一体化的道路。

2002 年北京市第九次党代会提出："加快城乡结合部和绿化隔离地区的建设，进一步优化首都城乡经济结构和布局，促进城乡一体化。"2003 年 2 月北京市郊区工作会议的基调就是贯彻十六大精神，统筹城乡发展，推进城乡一体化，加速郊区发展。统筹城乡发展最根本的就是打破城乡分割的二元体制，推动城乡资源的合理流动，实现城乡两个积极性的充分发挥。会议提出解放思想，大胆创新，按照城乡一体化的思路推进郊区快速发展。会议认为，当前郊区工作中解放思想的重点就是牢固树立统筹城乡经济社会发展、全面推进城乡一体化的思想观念，创新发展方式和发展模式，建立新型的领导体制和工作格局。第一，树立城乡一体化的思想观念和思维方式。全市各级干部都要克服工农分离、城乡脱节的发展观念，树立城乡一体化的思想观念和思维模式。市委、市政府各职能部门要按照城乡一体化的要求去实现自己的职能，既要抓城区，也要抓郊区。第二，创新城乡一体化的发展道路。第三，建立城乡一体化的领导体制和推进机制。[2] 可以说，2003 年召开的北京市郊区工作会议，是在党的十六大精神指引下，真正开始统筹城乡发展、推进城乡一体化的崭新起点。以此为开端，北京市统筹城乡发展、推进城乡一体化进入了真正具有实质意义的新时期。这一时期，北京市在统筹城乡发展、推进城乡一体化上主要有以下几方面的政策和做法。

---

[1] 《十四大以来重要文献选编》（上），中央文献出版社，2011，第 465 页。

[2] 《北京农村年鉴》编委会：《北京农村年鉴 2004》，2004，第 14～39 页。

一是北京市委、市政府带头确立城乡统筹发展的新观念。加快郊区农村基础设施建设，仅靠农村自身是不行的，仅靠农口部门也势单力薄。长期以来形成的城乡分割的二元管理体制形成的思维定式，使政府众多职能部门的工作重点集中在城区，把郊区农村的工作只看成是农口的事。为了形成城乡统筹、部门联动的良好工作机制，市委、市政府以城乡统筹发展的新观念推动政府职能部门观念的大转变。在各种会议上和不同场合，市委、市政府领导反复强调：市政府绝对不是一个只管城市的政府，市政府各部门也不是只管市区的工作部门，我们面对的是全体市民，不是只管城市里的人，不能只见城市，不见农村。"三农"工作是各部门工作职责的重要部分，各个部门对解决"三农"问题均负有不可推卸的责任。市政府主要领导甚至要求：哪个部门认为自己的工作与"三农"问题有关，提出要办的几件实事，有一页纸的汇报材料就够了；哪个部门认为自己的职能与"三农"问题无关，要写出详细的汇报理由，少于5000字不行。

二是北京市政府各部门统一开展农村"春季调研"活动，推动政府职能部门向郊区农村延伸。在北京市委、市政府领导的大力推动下，从2005年开始，北京市政府各委办局集中开展大规模的农村"春季调研"活动，各职能部门根据自身职能，查找与农村工作需求的实际差距，有针对性地拿出具体的措施，将各自的公共服务职能向农村延伸，以体现城乡一体化对政府各职能部门转变职能的新要求。通过这次调研活动，各部门加深了对"政府各职能部门不只是城市的职能部门"的认识，从而进一步增强了统筹城乡发展的意识，并从统筹城乡发展的要求来转变职能，将各自的公共服务工作重点向农村延伸。仅2005年之内，各职能部门就起草或出台了近40项关于支持"三农"工作的政策意见或实施方案。2005年"春季调研"活动的结果最后形成了53项可操作项目，其中涉及解决农民问题的14项，涉及解决农业问题的10项，涉及解决农村问题的29项。这些项目很多涉及农村的基础设施和公共服务建设。从2006年开始，北京市政府将各职能部门通过"春季调研"所确定的项目纳入社会主义新农村建设"折子工程"，项目手册发到各乡镇，并在《北京日报》上向社会公示，欢迎广大群众与媒体监督。2006年列入社会主义新农村建设"折子工程"的项目108项，2007年103项，2008年130项。通过几年的努力，北京市政府各职能部门已基本形成了城乡统筹发展的共识与工作机制。

三是加大对郊区农村基础设施和公共服务的投入。长期以来，政府投资的重点在城市，而地域广大、人口众多的农村地区的投入比例明显偏低。在统筹城乡发展中，北京市委、市政府明确要求政府投入要向郊区倾斜，政府向农村的投入比例逐年增大。北京市政府固定资产投资用于城区与郊区的比例，2003年为80%：20%；2004年调整为60%：40%；2005年为50%：50%，城乡投资比例首次实现对等；2006年为48%：52%。北京市政府对郊区的投资首次超过城区。在《关于加快村庄基础设施和公共服务设施建设的意见》中，北京市委、市政府进一步明确规定市、区县、乡镇三级政府应建立公共财政共同投资新农村建设的机制，重点在"多予"上下功夫；北京市财政继续实行政府投入向郊区倾斜，"十一五"期间，政府固定资产投资用于郊区的比例不低于50%；全市新增教育、卫生、文化、体育、计划生育等公共服务事业经费用于郊区县以下的比例不低于70%。北京市各职能部门在上一年度投入向农村倾斜的基础上，增量资金应主要用于新农村建设。几年来，北京市财政用于农村基础设施和公共服务建设的资金投入力度不断加大。2005 年来，累计投入 10.07 亿元，连续 3 年每年实施 30 万名农民安全饮水工程，到 2008 年，全市农民安全饮水目标全面实现，比《北京市农民安全饮水"十一五"规划》确定的时间表提前两年。在镇、村建立 622 处污水处理设施，全市农村污水处理率已达 27%，郊区垃圾无害化处理率达到 76%。连续 3 年每年安排 10 万户农户进行卫生户厕改造，在乡镇政府所在地、民俗旅游村、国道沿线，新建、改建卫生公厕 1000 余座。在"十五"期末已实现"村村通油路"的基础上，3 年累计新修通往自然村的公路 497 条，总计 1003 公里。北京市财政还连续 3 年安排 3.3 亿元资金专用于农村综合环境整治。市政府用于郊区的固定资产投资几年来一直保持两位数的增长势头。2006 年以来，北京市财政对"三农"的投入资金分别为 78.8 亿元、96.78 亿元、171.2 亿元；北京市发改委投向乡村两级的基础设施建设资金，2006 年为 16 亿元、2007 年为 18.9 亿元、2008 年为 20 亿元。

四是推进社会主义新农村建设。2006 年 3 月，北京市委、市政府出台了《关于统筹城乡经济社会发展，推进社会主义新农村建设的意见》，突出了"统筹城乡发展"这一基本要求。在配套文件中又制定《关于加快村庄基础设施和公共服务设施建设的意见》，对统筹城乡基础设施和公共服务建设作出了具体部署和安排。同时，北京市政府还编制了《北京市"十一五"时期新农村建设发展规划》《北京市"十一五"时期基础设施发展规划》等，进一步强化了全市统筹城乡基础设施和公共服务建设。2006 年，北京市委、市政府成立了有 35 个职能部门参加的新农村建设领导小组，建立了"部门联动、政策集成、资金整合、资源聚集"的城乡统筹工作机制。北京市新农村建设领导小组下设综合办公室，综合办公室设在市农委。北京市农委在农村基础设施和公共服务建设上，更好地承担起统筹协调、搭建平台的职责，对市委、市政府确定的"部门联动"工作机制发挥了积极的推动作用。2006 年初，北京市确定了 80 个新农村建设试点村，分布在近郊和远郊 13 个区县，各区县在市级试点村的基础上，又根据实际情况选择了一些区县级试点村，共 400 个。2006 年 8 月，北京市政府在新农村建设中开始实施"让农村亮起来、让农民暖起来、让农业资源循环起来"三项工程，大力推广太阳能、沼气、生物质成型燃料等可再生能源的示范应用，以及水资源的示范利用。①北京农村的基础设施从此开始得到了根本的改观。

（三）率先形成城乡一体化新格局的提出与构建时期（2008 年以来）

2008 年 12 月，中共北京市委十届五次全会通过的《中共北京市委关于率先形成城乡经济社会一体化新格局的意见》，对推进北京城乡一体化发展作了明确和全面的部署安排。该《意见》认为，以成功举办 2008 年奥运会、残奥会为标志，北京已进入从中等发达城市向发达城市迈进的新阶段，必须进一步加快农村改革发展，着力破除城乡二元结

---

① 张文茂、张英洪：《北京统筹城乡基础设施和公共服务建设的基本经验与启示》，载郭光磊主编《北京城乡一体化发展的研究与思考 2009》，中国农业出版社，2010，第 12～21 页。

构，率先形成城乡经济社会一体化新格局。这是新形势下贯彻落实科学发展观的重大举措，是建设繁荣、文明、和谐、宜居的首善之区，努力使首都各项工作走在全国前列的必然要求。为实现率先形成城乡经济社会一体化新格局的目标，该《意见》还提出具体的"三个率先"，即"在全国率先建立起以工促农、以城带乡长效机制，率先在统筹城乡规划、产业布局、基础设施建设、公共服务一体化等方面取得突破，率先构建起新型的工农、城乡关系，促进公共资源在城乡之间均衡配置，促进生产要素在城乡之间自由流动，促进城乡经济社会发展融合互动、优势互补、互利共赢"。

围绕率先形成城乡经济社会一体化新格局这一根本要求，到2020年，北京农村改革发展的基本目标任务是：建立完善城乡一体的社会保障体系，城乡社会保障制度实现并轨，农村社会保障水平大幅度提高；实现城乡教育、文化、卫生等基本公共服务均等化，农村基础设施的社会事业取得长足进步；都市型现代农业体系日臻成熟，环境友好型实体经济全面发展，农村经济实力显著增强，农民人均纯收入比2008年翻一番；生态质量和人居环境显著改善，生态服务功能显著增强，农村基层组织建设、民主法制建设切实得到加强，农村和谐社会建设取得显著成效。

2009年北京市人均GDP为10138.8美元，首次突破1万美元大关，达到中等发达国家水平。这说明北京形成城乡一体化新格局的物质条件更加成熟。

2010年11月30日，中共北京市委十届八次全会通过《中共北京市委关于制定北京市国民经济和社会发展第十二个五年规划的建议》，强调了城乡一体化的基本要求，在"十二五"时期推动首都科学发展的主要任务中，《建议》明确提出了"两个率先"的目标，即率先形成创新驱动的发展格局、率先形成城乡经济社会发展一体化新格局。

此后制定的北京市"十二五"规则纲要以及专项规划，都贯穿了城乡一体化的基本要求。2011年1月21日北京市第十三届人民代表大会第四次会议讨论通过的《北京市国民经济和社会发展第十二个五年规划纲要》，按照"两个率先"的要求，进一步明确了城乡一体化发展的具体目标。此外，北京市还制定了一系列有关城乡一体化发展的市级专题规划，例如：《北京市"十二五"时期社会公共服务发展规划》《北京市"十二五"时期社会保障发展规划》《北京市"十二五"时期社会建设规划》《北京市"十二五"时期教育改革和发展规划》《北京市"十二五"时期卫生发展改革规划》《北京市"十二五"时期体育发展改革规划》等。特别是首次制定了城乡一体化规划——《北京市"十二五"时期城乡经济社会发展一体化发展规划》。

北京市政府2011年12月印发的《北京市"十二五"时期城乡经济社会发展一体化发展规划》，是按照《北京市国民经济和社会发展第十二个五年规划纲要》的要求，从统筹城乡发展的战略高度出发，综合与协调各专业规划的关系，从空间、土地、产业、人口、生态各层面落实率先形成城乡经济社会发展一体化新格局的任务。该规划解决的特定问题是：在城乡一体化进程中如何将解决农业、农村、农民问题的各项规划措施统筹起来，形成配套协调的规划集成和政策集成，达到缩小城乡差距、推进社会公平的目标。"十二五"时期，北京城乡一体化发展的重点任务是推进城乡规划布局、产业发展、设施建设、公共服务、就业保障、社会管理等一体化，总体目标是：到 2015 年，都市型现代农业结构进一步优化，生态服务价值明显增长；农民增收速度总体高于城镇居民，相对低收入农户增收速度高于农村居民收入平均增长水平；城镇化和新农村建设步伐全面加快，力争有 1/3 左右的农民转为城镇居民，城乡基础设施和公共服务差距明显缩小，城乡就业与社会保障体系全面接轨，城乡社会管理实现基本统一，率先形成城乡经济社会发展一体化新格局。到 2020 年，都市型现代农业体系基本成熟；农村居民人均纯收入比 2010 年翻一番；实现城乡就业、社会保障、社会管理一体化，城乡教育、文化、卫生等基本公共服务均等化；农村生态质量和人居环境显著改善，民主法制建设切实加强；和谐村镇建设取得显著成效，城乡经济社会发展一体化格局进一步巩固，并达到较高水平。

2012 年 11 月党的十八大提出，城乡发展一体化是解决"三农"问题的根本途径。2013 年 11 月党的十八届三中全会通过的《中共中央关于全面深化改革若干重大问题的决定》提出了全面深化改革的战略任务。2014 年 1 月 13 日，中共北京市十一届四次全体会议通过了《中共北京市委关于认真学习贯彻党的十八届三中全会精神全面深化改革的决定》，再次强调要率先形成城乡一体化发展新格局，并提出更加具体的改革任务。

第三节　北京市城乡一体化的实际成效进程

北京推进城乡一体化的成效体现在很多方面，尤其是最近 10 年来，北京在推进城乡一体化进程中，取得了实实在在的成效，这些成效体现在思想观念和工作方式的转变上、体现在城乡二元体制的改革上、体现在对农村财政投入的增加上、体现在对郊区生态文明价值的重新认识上，等等。限于篇幅，我们仅从增加农民收入、加大农村基础设施投入、推进城乡基本公共服务均等化等方面入手考察城乡一体化发展的新成效。

（一）增加了农民收入

农民收入是衡量城乡一体化发展水平的重要指标。在城乡一体化进程中，由于免除农业税、对种粮农民给予直接补贴、鼓励农民转移就业、免除义务教育阶段的学杂费、在新农村建设中加大农村基础设施投入以及建立覆盖农民的"新农合""新农保"等政策措施的实施，农民负担有了明显减轻，农民收入得到了较快增长。

根据北京市统计局数据，2008 年北京农村居民人均纯收入首次突破 1 万元，达到 10747 元。这比城镇居民收入 2000 年突破 1 万元晚了 8 年。2013 年，全市城镇居民人均可支配收入 40321 元，比上年增长 10.6%，扣除价格因素后，实际增长 7.1%。农村居民人均纯收入 18337 元，比上年增长 11.3%，扣除价格因素后，实际增长 7.7%。从 2009 年起，农村居民人均纯收入增速连续 5 年高于城镇居民收入增速。城乡居民收入差距维持在 2.5 倍以内。

在城市化和城乡一体化进程中，农民收入结构也发生了很大变化。我们以 2013 年农民收入结构为例，农民工资性收入占总收入的 65.6%，这说明农民从事非农生产获得的收入已成为农民收入的大头。这是城市化和城乡一体化的直接结果。农民的家庭经营性收入只占总收入的 4.5%，同时比上年下降了 36.8%，说明农民从事农业生产获得的收入已经微乎其微，也说明从事农业的比较效益过低。农民的转移性收入占总收入的 18.8%，比上年增长了 32.6%，这说明国家对农业的补贴以及实行"新农保"对农民收入具有重要影响。农民的财产性收入占比达 11%，这远比全国平均水平要高，说明增加农民的财产性收入是深化农村改革、推进城市化和城乡一体化的重要内容。

（二）加大了农村基础设施投入

2005 年中央提出新农村建设以来，北京市委、市政府明显加大了对农村基础设施和公共服务设施的投入，较快地改变了农村生产生活环境。在加大对京郊农村的各项投入建设中，推进新农村"五项基础设施"和"三起来"工程建设（简称"五+三"工程）具有重要的标志性意义。

2006 年以来，北京市委、市政府在新农村建设中，通过建立"部门联动、政策集成、资金聚焦、资源整合"的工作推进机制，连续实施了农村街坊路硬化、安全饮水、污水处理、垃圾处理、厕所改造的"五项基础设施"建设和"亮起来、暖起来、循环起来"的"三起来"工程建设。2006～2008 年，北京市委、市政府选取 399 个村庄开展"五+三"工程建设试点。2008 年，北京市政府在试点的基础上，分别制定了《北京市新农村"五项基础设施"建设规划（2009～2012 年）》和《北京市新农村"三起来"工程建设规划（2009～2012 年）》，并明确把"五+三"工程列入北京市政府为民办实事和"折子工程"任务。

为落实中央"保增长、保民生、保稳定"目标和拉动农村投资增长的新要求，北京市委、市政府提出了全面加快新农村"五项基础设施"建设，要求新农村"五项基础设施"建设 4 年任务两年完成。到 2010 年底，覆盖全市所有村庄的"五项基础设施"建设任务全面完成，"三起来"工程建设全面推进，"五+三"工程建设主要成果惠及京郊 3399 个村庄（城乡结合部规划拆迁和移民搬迁的 556 个村未实施此项工程），300 多万名郊区农民从中受益。"五+三"工程的实施使北京郊区农村基础设施建设发生了由表及里的根本性变化，"五+三"工程是一项促进形成城乡经济社会发展一体化新格局的普惠制民生工程，是几十年来加强京郊农村基础设施建设效果最为显著的重大举措。

2010 年 12 月，北京市新农村建设领导小组综合办公室（简称新农办）会同市发改委、规划委、财政局、城乡建设委、交通委、市政市容委、水务局、园林绿化局（首绿办）、爱卫会、农业局等各相关部门组成检查组，用 1 个月时间，对全市 13 个郊区县 5 年来实施新农村"五+三"工程的村庄进行全面抽查检查，共抽查 359 个村庄，约占全市实施"五+三"工程村庄的 10%。检查的主要内容是村庄规划、街坊路硬化与绿化、老化供水管网改造、一户一表、污水处理、垃圾分类、户厕改造、公厕建设、太阳能路灯、太阳能公共浴室、既有住房节能改造、新建抗震民居、秸秆气化站、沼气集中供气站、户用沼气、雨洪利用等工程的建设、完成、运行情况，以及工程资金安排和投入的使用情况。

通过抽查的 359 个村庄，5 年来新农村"五+三"工程累计完成投资 29.6 亿元，249 万名农村居民直接或间接参与了工程建设，村庄全部编制完成村庄规划，在规划的指导下，新农村"五项基础设施"工程建设任务全面完成，"三起来"工程全面推开。累计完成街坊路硬化 1009.96 万平方米，街坊路绿化 331.027 万平方米，改造老化供水管网 3192.1 公里，完成一户一表 9.3 万块，实施污水处理工程 84 处，改造户厕 8.7 万座，新建公厕 699 座，为 17.7 万户农户配置了垃圾分类容器。在全市农村地区更换节能路灯 10712 盏，安装太阳能路灯 20423 盏，新建节能抗震民居 1118 户，实施既有住房节能改造 8206 户，实施地热采暖 270 户，建设太阳能公共浴室 113 座，建设大中型秸秆气化、沼气集中供气系统 187 处，建设户用沼气池 960 户，建设雨洪利用工程 43 处，建设粪污治理工程 47 处。抽查的 359 个村庄，"十一五"期间新农村"五项基础设施"建设全面完成，"三起来"工程全面展开，各项工程完成率 100%，项目资金到位率 100%，优秀率 89%，良好率 9%，其余为质量一般，经过民意调查测验百姓满意度 90%，设施使用和管理基本良好。

截至 2010 年底，北京郊区"五项基础设施"建设任务已全部超额完成，"三起来"工程全面推进。"五+三"工程累计投入资金近 213 亿元，其中市级 190 亿元，区县、乡镇两级及农民自筹 23 亿元，全市 3414 个村基础设施全部覆盖。在"五项基础设施"建设情况方面，全市郊区农村硬化街坊路 7521 万平方米，绿化美化道路 3982.6 万平方米；改造老化供水管网 14253 公里，为农户安装计量水表 98 万块，全面解决农村安全饮水问题；建设污水处理设施 818 处，改造户厕 73 余万座，建设农村公厕 6464 座。在"三起来"工程建设情况方面，全市郊区农村更换村内直管荧光灯 13 万余只，安装节能路灯 13 万余盏，安装太阳能路灯 16.9 万余盏（含市科委 10000 盏），配合市发改委为我市农村地区更换户用节能灯 1100 余万只；建设太阳公共浴室 900 余座（含市发改委 570 余座、市科委 10 座），新建抗震节能民居 1.5 万余户（含市科委 267 户、市民政局优抚 2000 余户），实施农宅改造 4 万余户（含市科委 400 户、市民政局 1 万余户），安装卫生节能吊炕 39 万余铺，安装生物质炉具 5 万余套，安装太阳灶 1200 余台，安装太阳能热水器 12.8 万台，实施地热采暖示范 1400 余户；新建、扩建大中型沼气、秸秆气集中供气工程 250 余处（含市发改委 40 处，市科委、环保局示范项目 10 余处），建设户用沼气池 8710 余户，建设生物质燃料加工厂 22 处（含市园林局 5 处），建设雨洪利用工程 800 处，建设粪污治理工程 727 处。[1]

截至 2012 年底，《北京市新农村建设"三起来"工程建设规划（2009~2012 年）》全面完成，市、区县两级财政共投入 110 多亿元，其中市级 53.4 亿元（包括抗震节能 34 亿元、"三起来"转移支付资金 17.8 亿元、水务专项转移支付资金 1.6 亿元）、区县匹配资金 60 多亿元。通过"三起来"工程建设，北京郊区农村所有村内街道及村内公共活动

---

[1] 参见北京市农村工作委员会村镇处《北京市推进新农村"五项基础设施"和"三起来"工程建设（"五+三"工程）检查验收及总体工作情况的报告》，2010 年 12 月。

场所基本实现了绿色照明，农民生产生活条件得到了进一步改善。[1]

（三）推进了城乡基本公共服务均等化

自 2005 年 10 月 11 日党的十六届五中全会通过的《中共中央关于制定国民经济和社会发展第十一个五年规划的建议》首次提出"公共服务均等化"的重大命题以来，加快实现基本公共服务均等化，为全体社会成员提供基本而有保障的公共产品和公共服务，就成为破除城乡二元结构、促进城乡一体化的重大任务，成为新时期我国实现发展成果由人民共享的重大公共政策。北京市是我国的首都，作为"大城市、小农村"和全国首善之区，有条件、有责任、有能力率先实现城乡基本公共服务均等化的目标。2011 年 6 月 3 日，中共北京市委十届九次全会通过《关于加强和创新社会管理全面推进社会建设的意见》，提出"十二五"时期北京的基本公共服务水平居全国前列并达到中等发达国家水平，人人享有社会保障、享受基本公共服务，城乡基本公共服务均等化程度明显提高。最近 10 年来，北京市加快统筹城乡发展，加大对农村基础设施、教育、医疗、社会保障等最薄弱、最迫切领域的投入力度，加快城乡制度接轨步伐，在学有所教、劳有所得、病有所医、老有所养、住有所居等基本公共服务方面取得了很大成效。限于篇幅，我们仅从劳动就业制度、教育制度、社会保障制度等方面回顾考察城乡一体化发展的成效。[2]

1. 城乡劳动就业一体化成效

从 2003 年开始，北京市进入统筹城乡就业的新时期。[3] 10 多年来，北京市不断完善城镇促进就业政策体系和公共就业服务体系，并逐步向农村延伸，基本形成了城乡一体化就业新格局。北京市城乡一体化劳动就业政策制度的发展可分为四个阶段。

一是自 2003 年起，北京市开始实行统筹城乡就业政策。2003 年，北京市劳动和社会保障局、北京市农村工作委员会下发《北京市加强农村富余劳动力就业工作的意见》（京劳社就发〔2003〕29 号），对农村富余劳动力就业工作作了新规定，主要是建立了农村富余劳动力就业登记制度，加强了就业服务体系建设，建立了农村富余劳动力就业服务制度，坚持多渠道、多层次、多形式安排农村富余劳动力就业，实行农村劳动力招聘备案制度，制定个人流动就业手册。

二是自 2006 年起，北京市加快了统筹城乡就业步伐。2006 年北京市政府下发《北京市人民政府贯彻落实国务院关于进一步加强就业再就业工作文件的通知》（京政发〔2006〕4 号），北京市进一步加大统筹城乡就业力度，主要是调整完善了农村劳动力转移就业登记制度，将农村劳动力转移就业纳入全市公共就业服务的范围；实施了 4 项促进农

---

[1] 参见北京市农村工作委员会村镇处《北京市新农村"三起来"工程建设评估报告》，《京郊调研》2013 年第 6 期。

[2] 有关北京市城乡基本公共服务均等化的研究，参见张英洪等《北京市城乡基本公共服务发展研究》，中国政法大学出版社，2013。

[3] 2003 年之前，北京市就业工作重心主要是配合国企改革实施再就业工程，促进企业下岗职工和失业人员再就业。截至 2002 年底，全市 1067 户再就业服务中心全部撤销，累计接收的 30.03 万名下岗职工全部实现再就业。

村劳动力转移就业的政策;① 加快推动乡镇、村级就业服务组织建设。到 2007 年，全市所有行政村全部建立了就业服务站，形成了"三级管理、四级服务"的公共就业服务体系。

三是自 2008 年起，北京市提出并推进城乡就业一体化。2008 年北京市政府办公厅印发《北京市人民政府办公厅转发市劳动保障局关于促进农村劳动力转移就业工作指导意见的通知》（京政发〔2008〕57 号），提出了促进农村劳动力转移就业的政策扶持、区域合作、就业服务等 8 项意见，加快推进城乡就业一体化发展。

四是自 2013 年起，北京市推进城乡统一的促进就业格局。2013 年 4 月 1 日，北京市人力资源和社会保障局、北京市财政局联合印发的《关于印发〈用人单位岗位补贴和社会保险补贴管理办法〉的通知》（京人社就发〔2012〕308 号）正式实施。该办法在鼓励用人单位招用劳动力就业方面，彻底实现了城乡统一。

北京市在推进城乡劳动就业一体化政策实际效果上，一是建立健全了城乡就业管理制度，实现了就业促进管理制度的城乡全覆盖。建立了城乡统一的就业失业管理制度，将城市化建设地区的农民纳入城镇促进就业帮扶范围，享受与城镇失业人员完全一致的促进就业政策和服务。二是形成了城乡一体的促进就业政策体系。目前，北京市促进就业政策覆盖城乡，初步建立了城乡平等的就业制度。三是完善了城乡一体的公共就业服务体系。全市 326 个街道（乡镇）全部建立了社保所，所有社区（村）建立了就业服务站，配备了 1 万多名工作人员和专兼职协管员。四是健全了城乡就业均衡发展机制。到 2011 年，全市共有 16 个区县、170 个街道（乡镇）建立起城乡"手拉手"就业协作关系，累计帮助 8 万多名农村劳动力实现了跨地区转移就业。全市就业结构持续优化，三次产业就业人员比重由 2003 年的 8.9∶32.1∶59 转变为 2012 年的 5.5∶20.5∶74，第一产业就业比重下降 3.4 个百分点，第三产业上升 15 个百分点。

2. 城乡基础教育一体化成效

2012 年，北京 10 个远郊区县的中小学数占全市中小学总数的 52%；在校生人数占全市中小学在校生总人数的 41%。近些年来，北京市在推进城乡基础教育一体化上取得了很大成效。

2008 年，北京市政府颁布《实施〈中华人民共和国义务教育法〉办法》，提出建立义务教育经费保障机制，保证义务教育制度的实施，取消接受义务教育学生的学费、杂费，逐步实行免费提供教科书制度。将义务教育全面纳入财政保障范围，在财政预算中单

---

① 一是对开办劳务派遣等就业服务实体，组织农村劳动力转移就业的，由区县就业再就业资金给予一定的启动资金支持。二是对招用因绿化隔离地区建设、资源枯竭、矿山关闭或受到保护性限制导致闲置的农村劳动力和享受农村低保待遇劳动力的用人单位，由市、区县两级就业再就业资金给予一次性岗位补贴，区县补贴金额由各区县按照每人不低于 200 元的标准自行确定，在此基础上，市就业再就业资金再按照每人 200 元的标准给予补贴。三是建立培训与就业挂钩的培训补贴制度，市支农资金、市就业再就业资金分别为参加转移培训的农村劳动力提供每人 100 元的一次性培训和技能鉴定补贴，各区县按照不低于 1∶1 的比例提供相应的配套资金。四是要求有条件的区县、乡镇及村级组织制定本地区促进农村劳动力转移就业的扶持政策，引导鼓励农村劳动力通过多种方式实现就业。

列义务教育经费，以保证义务教育财政拨款的增长比例高于财政经常性收入的增长比例，保证按照在校生人数平均的义务教育费用逐步增长，保证教职工工资和学生人均公用经费逐步增长，并将新增教育经费主要用于农村学校和城镇地区薄弱学校，教育费附加主要用于实施义务教育。2011 年 3 月，北京市政府与教育部签订了《关于推进义务教育均衡发展的备忘录》，承诺不断加大市级政府对义务教育的统筹和引导力度，增加对经济不发达区县教育投入规模；各级财政优先保障义务教育均衡发展的经费需求，特别保障残疾儿童义务教育经费投入，切实改善特殊教育学校办学条件；在城市规划和建设中将义务教育学校建设列为重要基础性设施，优先规划，合理布局，确保质量；为来京务工人员随迁子女免费接受义务教育提供条件，在公办学校就读比例逐年增长；确保残疾儿童少年接受义务教育。

2012 年 7 月，北京市政府与各区县政府签署了推进义务教育均衡发展责任书，明确各区县实现义务教育基本均衡的时间，到 2015 年底，全市所有区县实现义务教育达到基本均衡的目标。北京市城乡基础教育一体化的成效主要体现在以下三个方面。

一是城乡基础教育普及水平不断提高，城乡居民受教育机会逐步扩大。"十一五"期间，北京市各级各类教育入学率进一步提高，0 ~ 3 岁婴幼儿接受早期教育率达到 90%，学前 3 年毛入园率达到 90% 以上，义务教育毛入学率和高中阶段教育毛入学率继续保持在 100% 和 98% 以上，教育普及水平已超过中等发达国家同期平均水平。在义务教育方面，北京市从 2006 年 9 月 1 日起，对农村义务教育阶段学生实行"两免一补"，惠及 28.9 万名农村义务教育阶段的学生。从 2007 年秋季开学起，北京市在城八区公办义务教育学校就读的有本市户籍的学生免收杂费，其中本市农村户籍学生免交教科书费。自 2010 年秋季开学起，北京对城八区公办中小学义务教育阶段本市户籍学生、全市公办中小学义务教育阶段非本市户籍学生、民办学校义务教育阶段学生、已经政府批准办学的打工子弟学校义务教育阶段学生免收教科书费。进入"十二五"后，北京市继续加大对义务教育特别是农村义务教育的投入，通过农村义务教育工程的实施，使每年新增教育经费的 70% 用于农村教育。在学前教育方面，北京市提出了新的学前教育目标，在 2011 ~ 2015 年内，北京市将投入 50 亿元，新建 300 所幼儿园、扩建 300 所幼儿园，增加学位 7.5 万个。2011 年，北京市把学前教育发展列入国民经济整体发展规划，制订和实施《北京市学前教育三年行动计划（2011—2013 年）》。3 年内规划建设和改造 769 所幼儿园，使全市幼儿园总数达到 1530 所左右，全市公办性质幼儿园比例达到 65% 以上。2013 年，北京市继续加大学前教育投入，计划增加幼儿园学位 3 万个，将户籍儿童学前 3 年入园率提高到 95%，将常住适龄儿童学前 3 年入园率提高到 90% 以上，使"入园难"问题得到根本缓解。

二是城乡教育差距逐步缩小，弱势人群受教育权利得到保障。近年来，北京市的义务教育普及率保持在 99% 以上，农村地区的小学入学率、巩固率均达到 100%，毕业合格率达到 99.5%，远郊初级中学的入学率、巩固率和中考及格率均达到 97% 以上。北京市按照"小学就近入学，初中相对集中"的原则，"十五"期间共撤并规模小、效益低的村小学和乡以下初中 600 余所，进入"十一五"以来，每年调整撤并农村中小学 60 所，在县城和重点乡镇建设了一批高标准、规范化的中小学，优化了教育资源的配置，提高了办学质量。到 2012 年，北京市农村小学从 1999 年的 1121 所减少到 269 所，农村初中从 1999 年的 175 所调整到 69 所。农村中小学信息技术建设超出全市平均水平，实现了多种形式的远程教育和网络教育。北京市对农村中小学的设备配置、校园网建设、干部教师培训等给予优先重点支持，"十五"期间对中小学信息化投入 8 亿元中有 6 亿元投入远郊区县，为 10 个远郊区县的中小学校建设校园网近千个，配备教师用计算机 3 万台、学生机 5 万台。目前，北京市所有远郊区县均开通了远程教育站点和信息技术中心。

三是外来务工人员随迁子女就学环境显著改善。北京对来京务工人员随迁子女接受义务教育作出了明确规划，并将其纳入北京市公共财政体系保障范畴，市级财政每年投入 10 余亿元，保障随迁子女接受义务教育的权利。截至 2012 年底，北京市义务教育阶段来京务工人员子女共有 52.9 万人，其中 83.6% 在公办中小学就读，53.4% 在公办幼儿园就读。随迁子女在接受教育、参加团队组织、评优选先方面，与本市学生同等对待，并全部免除了学费、杂费和课本费。

3. 城乡社会保障一体化成效

北京市城乡社会保障一体化进程走在全国前列，取得了明显成效。一是城乡医疗保险制度一体化建设不断取得新成效。第一，北京市在建立城镇职工医疗保险和新型农村医疗保险的基础上，在全国率先建立了城乡居民基本医疗保险制度，构建了覆盖全体城乡居民的基本医疗保险体系。2007 年 6 月 7 日，北京市政府印发《关于建立北京市城镇无医疗保障老年人和学生儿童大病医疗保险制度实施意见的通知》（京政发〔2007〕11 号），在全国率先建立了城镇居民"一老一小"大病医疗保险制度。"一老"指的是北京市城镇无医疗保障的老年人，"一小"指的是北京市城镇没有医疗保障的学生、儿童。2008 年 6 月 6 日，北京市政府发布《关于建立北京市城镇劳动年龄内无业居民大病医疗保险制度的实施意见》（京政发〔2008〕24 号），正式建立"无业居民"大病医疗保险制度。"无业居民"大病医疗保险的参保对象是具有北京市非农业户籍，在劳动年龄内未纳入城镇职工基本医疗保险范围，男年满 16 周岁不满 60 周岁、女年满 16 周岁不满 50 周岁的城镇居民。2010 年 12 月 3 日，北京市政府发布《关于印发北京市城镇居民基本医疗保险办法的通知》（京政发〔2010〕38 号），对城镇居民大病医疗保险进行整合，自 2011 年 1 月 1 日起实行。新的城镇居民医保制度实现了门诊报销统一、财政补助统一、基金管理统一、经办管理统一、持卡就医统一。第二，北京新型农村合作医疗制度实现了全覆盖，筹资标准和待遇不断提高。到 2004 年 8 月，北京市 13 个涉农区县全部实行了"新农合"制度。2009 年实施了"新的四统一"基本医疗卫生制度，即全市统一规范"特殊病种"门诊补偿范围、统一试行乡镇卫生院"零起付"补偿政策、统一住院补偿"封顶线"18 万元、统一推行"出院即报和随诊随报"。2010 年，全市 13 个涉农区县中有 11 个区县的人均筹资标准均为 520 元，海淀区为 670 元；朝阳区最高，达到 720 元。朝阳、海淀人均筹资分别达到 759 元和 755 元。到 2012 年，北京市新农合最低筹资标准提高到 640 元，相当于

2004 年人均筹资 107 元的 6 倍，各级财政补助资金在筹资中所占比例从 47.8% 上升到 86.4%，农民个人出资在筹资中所占比例从 52.2% 下降到 13.6%；贫困人口全部由财政出资参合，农民参合率已达 97.7%。第三，北京市公费医疗并入城乡职工医疗保险。2009 年，北京市在平谷区开展公费医疗并入城镇职工医疗保险试点。2010 年北京市全面启动公费医疗改革，全市 16 个区县率先进行了区县级公费医疗的并轨。到 2010 年底，北京区县级约 45 万名公费医疗人员并入职工医疗保险。从 2012 年 1 月 1 日起，北京市级公费医疗人员全部并入职工医保。这一政策涉及市属公务员、事业单位、公立医院、高校教职工 22 万人。并入医保后，原享受公费医疗人员与城镇职工一样缴纳医保费，持社保卡就医。目前中央级约 33 万名公费医疗人员尚未正式改革，这是北京市公费医疗下一步的改革目标。

二是城乡养老保障制度实现了统一并轨。2007 年 12 月 29 日，北京市政府印发《北京市城乡无社会保障老年居民养老保障办法》，规定年满 60 周岁的城乡无保障老年人，每月可领取 200 元福利性养老金。该办法自 2008 年 1 月 1 日起实行。这是全国第一个统筹城乡、标准一致的福利性养老保障制度。2009 年，又将城乡 55～59 岁的女性无保障老年居民也纳入老年保障制度范围。2008 年，北京市建立实施了新型农村养老保险制度（简称"新农保"制度），确立了个人账户与基础养老金相结合的制度模式，基础养老金由市区两级财政进行补贴，每人每月 280 元。在缴费方式上，实行弹性缴费标准，最低缴费标准为本区县上年农民人均纯收入的 10%，最低缴费标准以上部分由农民根据经济承受能力自愿选择。同时，建立了与城保的衔接机制，农民转为城镇居民参加企业职工基本养老保险时，农保缴费年限可以折算为城保缴费年限。2008 年 12 月 20 日，北京市政府印发《北京市城乡居民养老保险办法》，自 2009 年 1 月 1 日起施行，在全国率先实现了养老保障制度的城乡全覆盖和一体化。新的城乡居民养老保险制度，打破了城乡户籍界限，将符合参保条件的本市城镇和农村居民统一纳入城乡居民养老保险制度体系，实现了"五统一"，即统一的保险制度、统一的缴费标准、统一的保险待遇、统一的衔接办法、统一的基金管理。城乡居民养老保险制度的建立，标志着北京市形成了"职工＋居民"两大养老保障体系，在全国率先实现了"人人享有养老保障"的目标。截至 2012 年底，北京市养老保障制度已覆盖城乡居民 1548.9 万人。其中，职工基本养老保险参保人数达到 1206.4 万人；城乡居民养老保险参保人数达到 177.3 万人；享受福利养老金待遇人数为 54.4 万人。2011 年，北京市建立了城乡居民养老保险基础养老金和福利养老金待遇调整机制，截至 2013 年底，基础养老金已由 280 元提高到 390 元，福利养老金由 200 元提高到 310 元。

三是建立了覆盖城乡的最低生活保障制度。北京市自 1996 年开始建立城市居民最低生活保障制度。2005 年 7 月 13 日，北京市政府批转市民政局《关于建立本市城市居民最低生活保障标准调整机制的意见》，建立城市低保标准动态调整机制。2002 年 4 月 27 日，北京市政府批转市民政局《关于建立和实施农村居民最低生活保障制度的意见》，决定从 2002 年度起建立并实施农村居民最低生活保障制度。2006 年 4 月 25 日，北京市政府批转市民政局《关于建立本市农村居民最低生活保障标准调整机制的意见》，建立农村低保动态调整机制。此后，全市城乡低保标准逐年进行了调整。目前，朝阳、海淀、丰台3个区已经实现了低保待遇的城乡并轨。预计2014年，北京市城乡低保标准将实现城乡统一。

（说明：此系《北京市城乡发展一体化进程研究》总报告的节选部分）

课题负责人：郭光磊　张秋锦

课题组组长：张英洪

课题组成员：童　伟　万　军　孟素洁　战冬娟　周立今　张国锋　赵金望
　　　　　　齐振家　石晓冬　徐勤政　柴浩放　刘妮娜　张　颜

执笔人：张英洪

第三章　北京市深化农村产权
制度改革路径研究

自党的十四大确立社会主义市场经济体制改革目标以来，北京郊区农村产权制度改革事业，伴随着城镇化进程的快速推进，历经 20 年艰辛的探索与实践，目前正在面临着新的形势和任务。既要明确改革定位，破解改革难题，又要凝聚改革共识，激发改革深化的动力，更重要的是，需要深刻认识和把握新时期推进农村产权制度改革的历史任务和精神实质，进一步明确下一步深化农村产权制度改革的基本方向和路线图。从发展战略、政府定位、市场发育和微观组织四个层面深化农村产权制度改革，从破除城乡二元结构体制、集体经济组织功能转型以及土地政策创新三个领域健全深化农村产权制度改革的政策机制。

第一节　明确改革定位：我们做了什么，还有什么没有做

北京农村产权制度改革即将进入新的历史时期，需要我们对改革所处的阶段有一个清晰的判断，知道我们做了什么，还有什么没有做。

一　新型集体经济组织的基本框架全面建立

（一）完成了集体资产的确权任务，厘清了农民和集体的关系

由共同共有的产权结构向按份共有的产权结构的转变全面完成，形成集体股与个人股〔主要为户籍股（基本股）和劳龄股〕为基本成分的新型集体经济组织产权结构。截至 2013 年底，全市完成农村产权制度改革的村达到 3854 个，占村集体经济组织总数的 97%，全市有 320 多万名农民成为农村集体经济组织的股东。

（二）建立了法人治理结构的基本框架

"三会四权"（"三会"指股东会、董事会、监事会，"四权"指出资者所有权、法人财产权、出资者监督权、法人代理权）为标志的法人治理结构全面建立。

（三）完善了收入分配制度

按股分红分配方式逐渐取代福利分配成为主要的分配形式。2013 年全市有 1267 个村集体经济组织实现股份分红，分红村数量比上年增加 194 个，增长 18.1%。分红村占已

改制村集体经济组织的 32.9%，比上年提高 4.7 个百分点。股份分红总金额 34.8 亿元，比上年增加 11.2 亿元，增长 47.5%。2013 年在改制村中有 133 万名农民股东获得红利，比上年增加 22 万人，增长 19.8%；人均分红 2611 元，比上年增加 487 元，增长 22.9%。初步统计，农民从新型集体经济组织得到的分红，已占到其财产性收入的 45% 左右。

二 制约集体经济发展的体制性因素尚未根本破除

这是产权制度改革的老问题，实质是计划经济体制在农村地区的延续，集中体现为城乡二元结构体制与传统的农村集体所有制。

（一）城乡二元结构体制导致集体产权权能的残缺

城乡二元结构体制主要是城乡市场的二元分割，突出表现在土地市场与金融市场两个方面。集体土地开发建设过程中，如果走"招拍挂"，往往一次性出让，集体土地变为国有土地，与农民再无关联。近年来，农民获得补偿虽有提升，但仍然偏低，且补偿形式单一，重货币补偿，轻实物补偿，缺乏对农民长远生计的考虑。而如果鼓励乡村集体经济组织自主开发，又面临着法律上的重重障碍，及由此派生的房产证的颁发、周边公共设施的配套等一系列现实难题。农村金融市场缺乏切合农村社区特点的符合农民需要的金融生态环境和组织，急需社区内生性金融组织的发育。此外，二元结构体制还表现在公共服务资源配置的城乡差异方面，农村集体经济组织的社会性负担沉重。

（二）传统农村集体所有制下的"政经不分"与社区封闭

"政经不分"与社区封闭二者之间存在互为因果的关系，政经不分导致社区组织无法对外开放而维持封闭状态；而封闭的产权结构下，社区集体经济组织与行政组织边界重合，天然造就了"政经不分"的体制性弊端。新型集体经济组织人事安排往往受到行政力量的人为干扰和武断干涉，特别是高层管理人员的任命常由所在政府部门决定，而不是市场进行资源配置的结果。这种情况下，法人财产权以及相应的法人治理结构也就难以真正确立，经济组织运行的思维方式和努力目标也难以转到符合经济规律的科学轨道上。

三 产权制度改革后出现了新的难题

农村产权制度改革形成了 320 多万名股东，对这些股东的股权进行管理应作为一项经常性工作被提上日程。

（1）新增人口与原人口之间的股权结构问题。随着时间的推移，集体经济组织成员自然会发生新的变动，特别是在城乡结合部地区，人口外流少，往往会产生新生人口要求股权的问题。这些人员变动主要涉及农转居人口、自主搬迁人口、第一轮承包期新来人口、第二轮承包期新来人口、土地确权后新来的人口以及本村外嫁人口等各种情况。如果坚持把这些新生人口排除到集体经济组织成员范围之外，推迟股权的二次量化，就容易产生新的纠纷和社会不稳定因素。

（2）原内部人员之间的股权结构调整问题。集中体现在集体股份比重过高、个人股中劳龄股比例过高等方面。集体股本质上仍然代表着产权不清晰的资产，需要在深化产权制度改革的过程中进一步降低比例。劳龄股代表的是劳动在创造集体资产和集体收益中的贡献，而目前集体资产主要是近年来地价上升及征地拆迁创造出来的，其实质是地租的货币化，而非劳动贡献，显然户籍股比重应高于劳龄股，现实中二者存在倒挂的现象。

（3）股权继承问题日益突出。由于缺乏有效的法律法规依据，股权继承问题在许多地方处于停顿或悬而未决状态，随着时间推移矛盾在不断累积。

（4）产权制度改革时未纳入清产核资范围内的土地资源的不断升值形成一个潜在的社会不稳定因素。当时清退转居人员的资金主要以清产核资或资产量化为依据，而把土地资源撇开。随着土地资源的不断升值，一些地方出现原先已清退人员的新的二次量化的诉求。

第二节　凝聚改革共识：若干争议问题的辨析

推进下一步农村产权制度改革的深化，需要做到两个突破：一是突破改革动力不足的困局。就是在利益博弈中能够坚持集体经济的社区合作本质，规避内部人控制，并通过"社＋公司"的组织体制逐渐走向开放。二是突破思想认识不统一的乱局。凝聚改革共识，实现改革思想认识上的一致。前一个是力量上的问题，也就是"行"的问题，在党的正确领导下，对这一点应该有足够的信心。后一个是方向的问题，也就是"知"的问题，就比如开车，仅仅踩油门不行，还要知道行车的路线图，掌握好方向盘，知道自己最终要走到哪里、如何走到那里。这是当前急需解决的问题。争议较多的主要有以下几个问题。

一　新型集体经济组织的性质："公司"还是"合作社"

集体经济组织是以土地为纽带的社区性合作经济组织，是劳动者的联合，本质上是合作社范畴。但是，由于对于集体经济组织的性质至今没有统一明确的法律规范，在理论与思想认识上缺乏一致性。

改革后集体经济组织登记形式不统一。一些集体经济组织为便于商业经营而登记为公司，一些集体经济组织登记为股份经济合作社。为此，首要问题是明确公司与合作社的联系与区别。

（1）相同点。公司与合作社同属于企业这个大范畴，因此，这两类组织都要按照现代企业制度进行规范和管理。

（2）不同点。二者的不同主要体现在目标导向上：公司是以利润最大化为目标，按资投票；合作社是以成员福利最大化为目标，按人投票。集体经济组织的合作社性质定位，有利于我们明确改革的总体方向，不能背离合作制原则。当然，也不能简单地认为公司就是与合作社相矛盾的。其实，合作社的发展恰恰是通过"社办公司"的组织体制来完成。

二　集体股的"存与留？"和"多与少？"

集体股实际上是原共同共有产权部分进行按份共有量化后的剩余部分，也就是未进行按份量化部分，体现为不可分割的共同财产。近年来，随着改革的不断深入，集体股比重总体上呈现逐渐下降趋势，一些城镇化发展较快的地方还直接取消了集体股。但是，对于集体股的存留问题仍然存在争论。

一种观点认为，要取消集体股以达到产权的彻底清晰，其背后是一种公司化的理念。其成立的条件是集体经济组织转化为一般社会化企业，集体经济组织成员完成农民向市民的社会身份转变，显然在当前情况下是不能满足的。

另一种观点认为，要保留部分集体股，其背后是一种传统合作制的理念。这种观点易于被实际工作者和基层管理者所接受，问题是"部分集体股"的比重取舍。

首先要弄清楚集体股的构成要素：一是非社员入股、资产增值外的，由国家对集体支持形成的国家基金部分；二是按照国际合作社联盟《关于合作社界定的声明》中规定的"至少有一部分是合作社的共同财产"，其产权只能是社员共同所有；三是公共开支所需；四是改制时未参与资产量化的土地资源。这部分资产可以作为不可分割的共同财产列入合作社。从理论上讲，过去清退人员无对土地未来增值进行利益诉求的权利。

问题的实质是如何判断集体股功能转型的进程，或集体股增减的主要影响因素。一个关键因素是是否完成撤村建居。完成之前，集体股应有存在的必要，主要是解决社会性负担问题；完成之后，社会性负担转移到政府财政，集体股也应逐步减少直至消除。可以转为集体公积金来负担集体经济组织日常公共支出。

总之，在彻底完成社会结构转型之前，保留适当的集体股是必要的。从长远看，集体股还是要随着集体经济组织向社会企业转变而逐渐减少并最终取消。

三　股权是否要固化

集体资产量化为股权后，一般规定一个时间截止点，之后农村新增人口只能通过增资扩股、继承或转让等方式获得股权，而不能像改革时那样直接从集体经济组织获得股权。但是，这种固化股权的做法存在明显不合理的方面，主要有以下三方面影响因素。

（1）人口结构的动态性。新增衍生人口在没有实现转居的情况下，仍然对集体经济组织存在依赖，而且对土地为纽带的社区集体经济具有天赋产权。随着新增无股份人口数量的累积，股份结构调整的压力势必会增大。

（2）改革的不彻底性。集体经济改制时大多没有把集体土地等资源性资产全部量化。随着资源性资产的增值，集体经济组织收益与土地的关联性越来越密切，股权结构调整具有内在需求。

（3）是否完成整建制转居。对于未撤村建居的股份经济合作社，今后继续吸收新增农业户口人员，股东在人口数量上应是动态的，至少要在3～5年时间范围内进行一些股权结构上的微调。股东在享受股权的份额上也是动态的，随劳动年限增加而作阶段性调整。对于已经完成撤村建居的股份经济合作社，一般在原有的资产权属范围内，原则上不吸收新成员（股东），每个成员（股东）占有的资产份额一般不作变动，股权可以由家庭成员继承。

四　股东分红是否要缴纳分红税

随着农民股东分红收入的快速增加，对于股东分红是否要交税的问题也被反复提出。在城乡二元结构体制没有发生根本性转变，农村集体经济组织仍然背负着较重的社会性负担的情况下，严格按照工商企业缴纳分红税存在不合理性。在税收政策方面，要按照合作经济的功能定位，在工商注册、税收返还以及市场准入等环节给予相应的优惠政策。但是，也不能一概而论，应区分对待，并相应加快法制化进程。

具体来讲，主要做到"四个区分"：一是税种区分。一些农村集体经济组织主要收入来源或公益性经营产生的税收直接减免。对于乡村集体经济组织物业出租的房产税、营业税以及对村级公共事业建设工程所征的有关地方税收，可由市财政部门实行先征后返（奖）。二是社会责任区分。对于承担解决就业等社会责任较多的集体经济组织给予相应的分红税收补贴奖励政策。三是人员类别区分。对个人的分红收入区别对待。对具有社员身份的未成年人、老人、残疾人员和烈属取得的股份分红收入，暂不征收个人所得税。四是组织类别区分。对于集体经济组织与集体经济组织下属企业的分红进行区分。

五　集体经济组织产权是"封闭"还是"开放"

传统理论把社会主义看作"公有制＋计划经济＋按劳分配"。传统的公有制主要是国家对财产拥有封闭式的所有权，实质就是对社会劳动资源和物质资源不通过市场直接配置，即实行直接的指令式的计划经济。这不仅造成资源配置的不合理和使用的低效率，而且使劳动（经营）者不能摆脱封闭式所有权的支配而获得才能、个性的全面和自由发展，最终与社会主义的目标相冲突。计划经济体制向市场经济体制转型的过程中，公有制也要完成产权封闭向产权开放的转型。郊区20年来的产权制度改革，实现了社区集体内部的产权清晰化，但是仍然没有突破社区自身的产权封闭性。突破的途径就是实现行政权、所有权和物权的三权分离，实现物权为主体的产权社会化。具体途径，一是产权重组；二是产权交易。

（1）产权重组。有村集体资产产权与外部社会资本产权联合重组，也有村集体资产产权进行的内部优化重组，还有乡域内村集体资产产权相互之间新的联合。

（2）产权交易。主要是通过建立完善、统一的要素市场，有效地推进农村集体资产交易的市场化。需要加强产权交易管理平台建设，创新产权交易方式，在积极推进农村产权交易市场化中加强监管。

第三节　农村产权制度改革的"真"问题：
农户家庭问卷调查

为找准当前农村产权制度改革面临的关键问题，作为深化改革路径的突破口，通过40名北京市农村改革与发展观察员队伍，发放了1200份问卷，分别对农业户籍人口和转居人口进行了调查分析。其中，选取全市 600 名农业户籍人员（无转居人员的农户家庭）发放了 600 份调查问卷，回收有效问卷 545 份，作为分析的重点。同时，考虑到目前北京郊区农村社会结构转型的阶段性特点，增选了 600 位转居人员（含转居人员的家庭）发放了 600 份调查问卷，回收有效问卷 545 份，作为对调研对象的一个扩展，为更全面地了解和分析农村产权制度改革需求提供数据上的补充。

一 农业户籍农户家庭问卷调查统计分析

（一）家庭基本情况

样本农户中，男性占 63.7%，女性占 36.3%，平均年龄为 50.8 岁。家庭规模平均为 3.2 人，其中务农劳动力有 1.8 人。99.5% 的家庭在农村，在城镇的比例为 0.6%。

教育水平方面，46.1% 的人完成了初中教育，25.3% 的人完成了高中教育，15.1% 的人完成了高等教育，小学及以下教育水平的比例为 13.6%。

收入水平方面，家庭年纯收入均值为 29759.5 元，年纯收入为 1 万元以下的农户占 8.4%；1 万~2 万元的占 20.9%；2 万~3 万元的比例最高，占 31.9%；3 万~5 万元的占 24.0%；5 万元以上的占 14.7%。

支出水平方面，生活必需品所占比例最大，为 68.1%；其次为子女教育支出和医疗费用支出，分别占 15.4% 和 11.6%；养老支出和文化娱乐支出所占比例较小，分别为 4.6% 和 0.4%。

（二）土地财产收入情况

承包地及其流转方面，91.1% 的农户有承包地，有 30.1% 的农户发生承包地流转，平均流转面积为 4.1 亩。怀柔区的承包地流转面积最大，平均约为 6.5 亩。

宅基地方面，98.5% 的农户有宅基地，92.5% 的农户拥有 1 处宅基地，6.1% 的农户有 2 处宅基地。拥有宅基地的家庭中，年均宅基地租金收入为 2219.9 元。朝阳区样本农户的宅基地年均租金收入最高，为 6674.7 元。

（三）拥有的股份情况

参与本次调查的样本农户中，属于现集体经济组织成员的有 361 人，占 66.2%；属于原集体经济组织成员的有 155 人，占 28.4%。

样本农户中，仅拥有户籍股的有 76 户，占 13.9%；仅拥有劳龄股的有 120 户，占 22.0%；仅拥有土地承包经营权股的有 79 户，占 14.5%；同时有户籍股和劳龄股的有 69 户，占 12.7%；同时拥有户籍股、劳龄股、土地承包经营权股、独生子女股的有 6 户，占 1.1%；同时拥有户籍股、劳龄股、土地承包经营权股的有 22 户，占 4.0%；同时拥有户籍股、劳龄股、独生子女股的有 23 户，占 4.2%。

（四）股份分红情况

样本农户中，回答去年有股份分红的样本共计 208 个，获得的股份分红均值为 4245.4 元。回答去年收到集体福利物资的样本有 125 个，获得的集体福利价值均值为 1921.2 元。

（五）参加专业合作社情况

样本总体中，有 77 户农户加入过专业合作社，占 14.1%。参加专业合作社的农户中有 27.3% 的农户在去年收到了合作社的盈余返还。参与专业合作社的家庭中，2012 年通过专业合作社销售农产品平均盈利为 2071.4 元。样本总体中，有 13.2% 的农户认为专业合作社对农民增收的作用明显；有 86.8% 的农户认为专业合作社对农民增收的作用并不显著。

（六）拥有民主政治权利的情况

参与本次调查的农户中，有 98.0% 的农户认为他们实际上拥有了参加村民大会的权利；有 98.3% 的农户认为他们实际上拥有选举村委会干部的权利；有 96.0% 的农户认为他们实际上拥有参选村委会干部的权利。

二　农转居家庭问卷调查统计分析

（一）农转居人员家庭基本情况

本次调查中，农转居家庭的有效问卷为 545 份。参与调查的被访者中，男性占 60.6%，女性占 39.4%，平均年龄为 39.4 岁。21.1% 的人完成了初中教育，31.0% 的人完成了高中教育，42.6% 的人完成了高等教育，小学及以下教育水平的比例为 5.37%。有 22.9% 的家庭已经上楼，77.1% 的家庭还未上楼。

（二）家庭收入情况

样本农户中，转居的家庭年纯收入均值为 34165.4 元，年纯收入在 1 万元以下的家庭比例为 3.3%；1 万~2 万元的家庭比例为 16.2%；2 万~3 万元的家庭比例为 24.2%；3 万~5 万元的家庭比例最高，为 34.7%；5 万元以上的家庭比例为 21.7%（见图 1）。

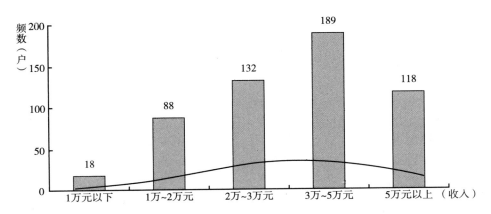

图 1　转居家庭的年纯收入分组分布情况

样本农户总体的日常支出中，生活必需品所占比例最大，为 73.0%；其次为子女教育支出和医疗费用支出，分别占 10.8% 和 6.8%；医疗费用支出和文化娱乐支出所占比例较小，分别为 5.1% 和 3.5%。

（三）家庭转居情况

（1）转居年份。针对这一问题的有效家庭样本为524个，其中转居时间在1980年及以前的有24个家庭；转居时间在1981～1990年的有38个家庭；转居时间在1991～2000年的有143个家庭；转居时间在2001～2005年的有125个家庭；转居时间在2006～2013年的有194个家庭。

（2）转居渠道。通过对样本家庭的转居渠道进行统计发现，"大中专入学转居"占比最高，为47.3%；其次是"招工招干转居"，占20.7%；再次是"投靠亲属转居"占8.6%，"征占地转居"占8.3%，"小城镇建设转居"占3.3%，"投资购房转居"占2.6%。

转居方式不一样，收入水平结构也存在较明显差异。不同转居渠道的家庭对应的收入分组情况如表1所示。按家庭年人均纯收入从低到高分为四组，最低收入组有137个样本，人均家庭年纯收入为4175.6元，"征占地转居"占了一半；次低收入组有136个样本，人均家庭年纯收入为9897.6元；次高收入组有136个样本，人均家庭年纯收入为14204.9元；最高收入组有135个样本，人均家庭年纯收入为26401.1元。

表1　不同转居渠道的家庭人均纯收入分组情况

单位：%

转居渠道	最低收入组	次低收入组	次高收入组	最高收入组
征占地	51.1	17.8	15.5	15.6
大中专入学	22.9	26.0	24.4	26.7
小城镇建设	38.9	22.2	16.7	22.2
招工招干	15.9	23.9	25.7	34.5
投靠亲属	34.1	25.5	25.5	14.9
投资购房	14.3	14.3	25.7	35.7
其他渠道	24.0	32.0	34.0	10.0

（3）转居原因。样本家庭中，回答因"找工作"转居的比重最大，为41.5%。

（四）农村财产权利情况

（1）拥有承包地情况。参与调查的转居家庭中，目前拥有耕地的家庭占27.7%，拥有林地的家庭占4.8%。其中，拥有耕地的家庭，平均耕地面积约为4.3亩；拥有林地的家庭，平均林地面积约为7.4亩。被调查样本家庭中，有425户（78.0%）回答已经没有农地承包经营权；有120户还有农地承包经营权，占22.0%。在通过征地转居的45户家庭中，有3户还有农地承包经营权，占6.7%。

（2）申请宅基地的权利。被调查样本家庭中，有92.1%的农户回答转居后无法在本村申请宅基地。

（3）资产处置方式。转居后，作为原集体经济组织成员的积累性资产一次性兑现的占21.7%，转为新型集体经济组织债务的占4.8%，转为股份持有的占22.9%。

（4）拥有的股份。被调查样本家庭中，在集体经济产权制度改革规定时点之前转居的占43.1%。样本转居家庭中，拥有户籍股的占36.7%，拥有劳龄股的占35.4%，拥有土地承包经营权股的占 16.2%，拥有独生子女股的占 6.1%，拥有现金股的占 5.7%。

（5）股份分红。样本转居家庭中，回答去年有股份分红的样本共计 129 个，获得的股份分红最高为 11 万元，均值为 3671.7 元。回答去年收到集体福利物资的样本有 73 个，获得的集体福利价值最高为 5 万元，均值为 2319.2 元。

（五）获得的土地补偿费情况

（1）安置补助费。被调查样本家庭中，有 8.3% 的家庭是通过征地转居的，其中，获得安置补助费用的家庭共计 14 户，占 31.1%；没有获得安置补助费用的家庭共计 31 户，占 68.9%。获得安置补助费用的家庭中，实际获得金额最高为 12 万元，最低为 50 元，平均金额为 11961.4 元。

（2）就业补助费。通过征地转居的样本家庭中，获得就业补助的有 13 户，占 28.9%。实际获得金额最高为 2 万元，最低为 10 元，平均金额为 17703.1 元。

（3）趸交养老保险费。通过征地转居的样本家庭中，获得趸交养老保险费的有 10 户，占 22.2%。实际获得金额最高为 3000 元，最低为 30 元，平均金额为 424 元。

（4）医疗社会保险费。通过征地转居的样本家庭中，获得医疗保险费的有 10 户，占 22.2%。实际获得金额最高为 2000 元，最低为 10 元，平均金额为 322 元。

（六）公共服务和社会保障权利

（1）参加医疗保险的情况。样本家庭中 348 个家庭有成员参加城镇职工基本医疗保险，占 63.9%。其中，有 173 个家庭中有 1 人参加，占 31.7%；124 个家庭中有 2 人参加，占 22.8%；45 个家庭中有 3 人参加，占 8.3%；5 个家庭中有 4 人参加，占 0.9%（见图 2）。

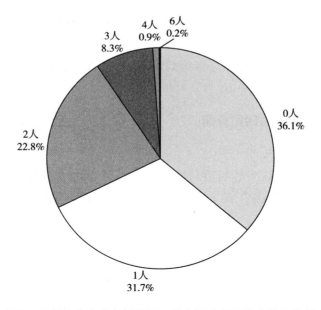

图 2　转居家庭中参加城镇职工基本医疗保险的人数和比例

　　另外，样本家庭中购买商业医疗保险的有 20 户，占 3.7%。样本家庭缴纳医疗保险的平均支出为 1156.0 元。

　　（2）参加城镇养老保险的情况。样本家庭中 303 个家庭有成员参加城镇职工基本养老保险，占 55.6%。其中，有 162 个家庭中有 1 人参加，占 29.7%；108 个家庭有 2 人参加，占 20.0%；28 个家庭中有 3 人参加，占 5.1%；4 个家庭中有 4 人参加，占 0.7%（见图 3）。

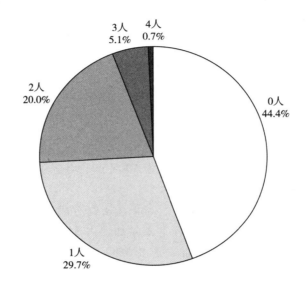

图 3　转居家庭中参加城镇职工基本养老保险的人数和比例

　　另外，样本家庭中购买其他养老保险的有 18 户，占 3.3%。样本家庭缴纳养老保险的平均支出为 2030.2 元。

三　转居前与转居后的回归分析

（一）转居后的权益情况

　　在样本转居家庭中，认为转居后与农业户籍人员相比他们的权益情况变得"更好"的占 20.0%，回答"差不多"的占 61.1%，回答变得"更差"的占 13.2%（见图 4）。

　　为了进一步分析对农户转居后感受的影响因素，通过多元回归分析，以回答比转居前权益情况"更差"的为参照组，以回答与转居前"差不多"和比转居前"更好"的分别作为实验组，进行对比分析。采用多元离散模型方法，输出计量结果如表 2 所示。

　　基于以上计量分析，农民转居效用评价影响因素主要集中在以下几点。

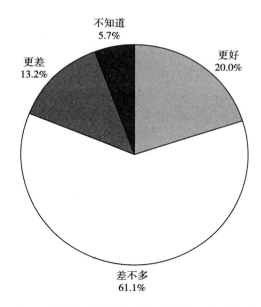

图 4　转居家庭回答与农户家庭的权益对比图

表 2　转居后权益变化情况的多元回归分析结果（参照组：比转居前更差）

变量	描述性统计	实验组 1：与转居前"差不多"		实验组 2：比转居前"更好"	
		系数	标准差	系数	标准差
年龄					
31 ~ 45 岁	19.8%	− 0.084	0.494	0.108	0.600
45 ~ 60 岁	26.4%	0.107	0.646	0.117	0.748
60 岁以上	10.5%	− 0.067	0.941	− 0.368	1.077
受教育层次					
小学	5.0%	− 17.098 ****	1.837	1.065	1.363
初中	21.1%	− 17.115 ****	1.431	0.516	0.795
高中	31.0%	− 16.964 ****	1.389	0.162	0.544
大专及以上	42.6%	− 16.905 ****	1.408	0.315	0.000
家庭规模	3.0 人	0.232	0.206	0.142	0.246
是否上楼	22.9%	− 0.424	0.463	0.152	0.521
是否贫困户	2.0%	18.151	—	20.200 ****	1.184
是否依然拥有耕地	27.7%	0.429	0.452	− 0.037	0.545
是否依然拥有林地	4.8%	0.077	0.967	0.620	1.206
转居渠道					
大中专入学转居	47.3%	− 1.161	0.952	− 2.240 **	1.058
小城镇建设转居	3.3%	− 1.425	1.243	− 4.248 **	1.661
招工招干转居	20.7%	1.949	1.375	0.828	1.448
投靠亲属转居	8.6%	− 2.218 **	1.008	− 1.626	1.075

续表

变量	描述性统计	实验组1：与转居前"差不多"		实验组2：比转居前"更好"	
		系数	标准差	系数	标准差
投资购房转居	2.6%	− 4.407 ****	1.201	− 4.807 ****	1.346
其他渠道转居	9.2%	0.215	1.106	− 1.008	1.216
人均纯收入	13628.9 元	0.000	0.000	0.000 ***	0.000
是否在产权制度改革前转居	43.1%	− 0.593	0.400	− 0.666	0.475
是否还有土地承包经营权	22.0%	0.499	0.592	− 0.823	0.692
是否还有宅基地申请权	7.9%	20.499	0.564	20.263	—
原集体积累性资产如何处置					
转为新型集体经济债务	4.8%	0.096	1.000	0.759	1.239
作为股份持有	22.9%	− 0.047	0.747	0.874	0.825
其他	50.6%	− 0.997 *	0.587	− 0.952	0.683
主要拥有股份					
劳龄股	35.4%	0.339	0.461	− 0.522	0.553
土地承包经营权股	16.2%	− 0.547	0.586	− 1.047	0.696
独生子女股	6.1%	− 2.464 ****	0.663	− 2.311 ***	0.782
现金股	5.7%	0.542	0.895	− 0.194	1.081
最需要的扶持政策					
养老补助	37.6%	0.641	0.399	0.801 *	0.468
种养殖业补助	1.8%	− 1.517	0.938	− 1.820	1.548
就业培训	14.1%	0.102	0.558	0.017	0.678
农业技能培训	1.1%	21.607 ****	1.014	22.508	—
对目前公共场所的满意度					
满意	46.1%	− 0.202	0.899	− 0.103	0.972
一般	42.6%	− 0.751	0.909	− 2.019 **	1.023
不满意	4.2%	− 1.304	1.113	− 4.293 ***	1.644
很不满意	1.1%	− 3.409 ****	1.548	− 38.328	3.61e + 07
对财政支农的满意度					
满意	38.9%	− 0.358	0.656	− 0.960	0.693
一般	38.4%	− 0.825	0.654	− 2.075	0.729
不满意	4.4%	− 1.791 **	0.859	− 0.456 ***	0.995
去年股份分红的金额	869.1 元	− 0.000 **	0.000	− 0.000	0.000
参加新农合的人数	1.2 人	− 0.074	0.222	− 0.107	0.285
参加城镇职工基本医疗保险的人数	1.1 人	− 0.506 *	0.300	− 0.651 **	0.364
参加城乡居民养老保险人数	1.0 人	0.558 **	0.226	0.520 **	0.285
参加城镇职工基本养老保险的人数	0.9 人	0.289	0.303	0.881 ***	0.362
常数项		3.136 **	1.569		
样本量	545				
对数似然值	− 306.903				
LR test	319.14				

一是转居过程中资产处置方式。如转居后仍然拥有宅基地申请权利的农户，回答权益情况比转居前"更好"。或者仍然拥有农民承包经营权、依然拥有耕地和林地、仍然持有股份的转居农户家庭，倾向于认为比转居前"更好"。深化农村产权制度改革，要以让农民带着"产权"进城为基本原则。

二是转居途径。"招工招干转居"的人感觉转居后"更好"。其次是"征占地转居"。这两类转居途径往往和相对较高的社会保障水平相联系。这说明转居后能否拥有较高的社会保障水平是影响农户转居评价的重要因素。

三是农民转居前基本状况。如转居前为贫困户，转居后感觉收益情况"更好"；或转居前为低教育水平的，感觉转居后收益情况"更好"。这类农户往往也处于低收入水平。这说明要深化产权制度改革，发挥集体经济的"兜锅底"作用，带领农民实现共同富裕。

四是转居后的股权结构。在转居后仅持有劳龄股的农户比仍然有户籍股的农户倾向于回答状况"更差"。

（二）转居家庭的消费制约因素

样本转居家庭中，有28.6%的被访者认为目前消费的主要制约因素是市场上的产品价格过高，有28.3%的人认为社区生活条件差制约了他们的消费行为，有22.2%的人认为防老、防病等防范风险的主观愿望是影响他们消费行为的主要因素。另有18.7%的人认为交通条件制约是影响他们目前消费行为的主要因素（见图5）。

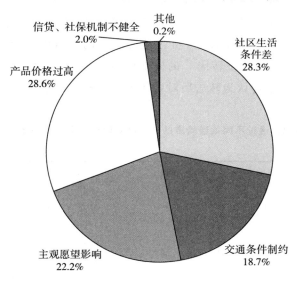

图5　转居家庭消费行为的主要影响因素分布图

分不同转居渠道来看，统计结果显示，对于"征占地转居"的家庭来说，社区生活条件差和消费的主观愿望是影响家庭消费行为的最重要因素。对于"大中专入学转居"和"小城镇建设转居"的家庭来说，社区生活条件差是影响家庭消费行为的最重要因素。"招工招干转居"和"投资购房转居"的家庭，则认为主观愿望是影响消费行为的首要因素。对于"投靠亲属转居"的家庭而言，产品的市价过高可能是制约他们消费行为的主要因素。

（三）转居后的生活困难

如表3所示，在样本家庭中，有55.2%的家庭认为转居后家庭最大的困难是住房问题，其次是就业问题。这一结果与分不同转居渠道统计的结果一致。

表3　通过不同渠道转居后的家庭的生活困难情况统计

单位：%

转居渠道	住房	就业	看病	养老	教育	不适应环境	其他
征占地	42.2	20.0	13.3	2.2	2.2	6.7	13.3
大中专入学	61.2	19.0	10.5	4.3	—	0.8	4.3
小城镇建设	50.0	22.2	16.7	—	—	5.6	5.6
招工招干	55.8	18.6	16.8	2.7	0.9	0.9	4.4
投靠亲属	48.9	21.3	17.0	6.4	—	—	6.4
投资购房	42.9	21.4	14.3	7.1	—	—	14.3
其他	46.0	22.0	14.0	4.0	—	—	14.0
样本总体	55.2	19.6	13.2	3.9	0.7	0.9	6.4

（四）被访者对转居后的有利群体的判断

在样本家庭中，认为转居后对青年人最有利的占47.2%，其次是60岁以上的老人，占28.1%。分不同转居渠道来统计，"征占地转居"的样本认为转居对60岁以上老人最有利的占73.3%。"小城镇建设转居"的样本认为对60岁以上老人和中年人最有利，二者均占33.3%。其余样本均认为转居后对青年人最有利（见表4）。

表4　通过不同渠道转居的被访者对转居后有利群体的判断

单位：%

转居渠道	村领导班子	60岁及以上	中年人	青年人	小孩
征占地	—	73.3	6.7	11.1	8.9
大中专入学	2.3	26.7	10.9	51.2	8.9
小城镇建设	—	33.3	33.3	22.2	11.1
招工招干	—	17.7	10.6	66.4	5.3
投靠亲属	—	19.2	29.8	40.4	10.6
投资购房	—	14.3	—	57.1	28.6
其他	2.0	28.0	28.0	28.0	14.0
样本总体	1.3	28.1	14.1	47.2	9.4

（五）转居后对公共活动场所的满意度

针对"您对现有的公共活动场所是否满意"一题，46.1%的被访者表示"满意"，6.1%的人表示"很满意"，42.6%的人表示"一般"，另有5.3%的被访者表示"不满意"和"很不满意",其中表示"很不满意"的占样本总体的1.1%。分转居渠道来看,"大中专入学转居"的家庭认为"一般"的比例最高,其余样本均为回答"满意"的比重最高(见表5)。

表5 不同转居渠道的被访者对公共活动场所满意度的分布情况

单位:%

转居渠道	很满意	满意	一般	不满意	很不满意
征占地	6.7	51.1	37.8	4.4	—
大中专入学	7.4	36.8	50.8	3.5	1.6
小城镇建设	16.7	44.4	33.3	5.6	—
招工招干	2.7	54.0	39.8	3.5	—
投靠亲属	—	63.8	27.7	4.3	4.3
投资购房	14.3	57.1	28.6	—	—
其他	6.0	52.0	32.0	10.0	—
样本总体	6.1	46.1	42.6	4.2	1.1

四 农业户籍家庭与农转居家庭的对比分析

（一）转居家庭与农户家庭收入情况的对比分析

（1）种养业收入。2012年,农户家庭的种养业纯收入均值为3234.5元/户,农转居家庭的种养业纯收入均值为1481.8元/户,不到农户家庭的一半。

（2）工资性收入。2012年,农户家庭的工资性收入均值为20362.6元/户,农转居家庭的工资性收入均值为30441.4元/户,明显高于农户家庭。

（3）财产性收入。2012年,农户家庭的财产性收入均值为2758.5元/户,农转居家庭的财产性收入均值为2007.9元/户,略低于农户家庭。

（4）政府补贴。2012年,农户家庭的政府补贴均值为804.8元/户,农转居家庭的政府补贴均值为366.7元/户,不到农户家庭的一半。

（二）各类收入来源的比较

（1）农业户籍人员主要收入来源的统计情况。本次实地调查中,共计调查了545户农业户籍家庭的959个个体,询问了他们收入的主要来源。如图6所示,14.7%的个体主要收入来源是种养业收入,50.7%的个体主要收入来源是工资性收入,4.5%的个体主要收入来源是财产性收入,3.1%的个体主要收入来源是政府补贴,主要收入来源为其他的个体占27.0%。

（2）农转居人员转居前主要收入来源的统计情况。本次实地调查中,共计调查了545户转居家庭的681个个体,分别询问了他们转居前和2012年收入的主要来源。图7显示的是转居前个体的主要收入来源构成,18.2%的个体主要收入来源是种养业收入,39.1%的个体主要收入来源是工资性收入,4.0%的个体主要收入来源是财产性收入,0.4%的个体主要收入来源是政府补贴,主要收入来源为其他的个体占38.3%。

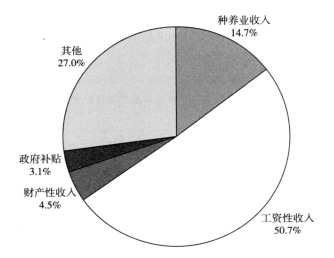

图6　2012年农户家庭主要收入来源的统计

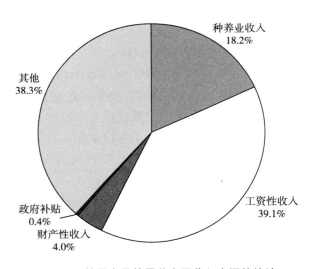

图7　已转居人员转居前主要收入来源的统计

（3）2012年农转居人员主要收入来源的统计情况。图8显示的是2012年农转居人员的主要收入来源构成，9.4%的个体主要收入来源是种养业收入，这一比例较转居前降低。66.2%的个体主要收入来源是工资性收入，这一比例较转居前明显增加。2.2%的个体主要收入来源是财产性收入，1.5%的个体主要收入来源是政府补贴，主要收入来源为其他的个体占20.7%。

（三）转居家庭与农户家庭支出情况的对比分析

（1）养老保险支出。转居家庭年均缴纳养老保险费2030.2元，农户家庭年均缴纳养老保险费1600.1元。转居样本中有49.7%的家庭消费支出比转居前明显提高，48.8%的

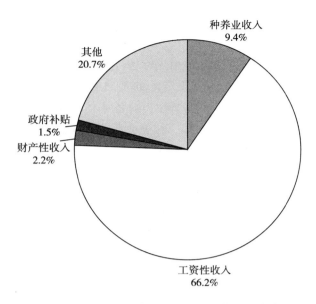

图8　2012 年已转居人员主要收入来源的统计

家庭和转居前没有明显差别。

（2）医疗保险支出。转居家庭年均缴纳医疗保险费 1156.0 元，农户家庭年均缴纳医疗保险费 897.8 元。

（3）水电气开支。转居家庭每月用于缴纳水、电、气等居住方面的支出约 489.4 元，农户家庭的这一数字为 461.9 元。

第四节　深化农村产权制度改革路线图

一　制定集体经济改革发展战略规划，纳入区域总体发展规划

这是解决战略思路问题。理清集体经济发展的战略性思路，一是要结合未来郊区产业与空间布局，探索市、区县、乡镇等不同层面的集体经济发展战略规划。研究制定《北京郊区农村集体经济发展与体制改革中期规划纲要》。要把集体经济发展与区县功能定位结合起来，发展当地适合并具有发展潜力的产业。二是探索突破村各自为政的传统发展方式。通过产权重组等方式打破村域界限，推进村村联合、镇镇联合，让资源在更大的范围内有效配置，发挥规模效益。三是做好规划，引进社会资金，加快集体经济的产业升级。四是建立科学的乡村两级集体经济组织架构，整合村域资源，落实乡域规划，推进乡镇统筹。五是以规模性园区建设为突破口，探索国有资本与集体资本对接的体制机制。借鉴外地成功经验，以乡联合社为载体实现两种公有制的有效对接。

二 推进政经分开，启动新一轮农村综合体制改革

这是解决政府定位问题。要抓紧立法工作，推进政经分开。在《北京市实施〈中华人民共和国村民委员会组织法〉的若干规定》的基础上，出台《北京市农村集体经济组织条例》，明确集体经济组织的合作经济属性，规范集体经济组织名称，明确功能定位、主要职能，使集体经济组织可以与党支部、村委会各司其职。确立集体经济组织的法人地位。明确将集体经济定位为合作经济，避免将其定位于股份制企业而按《公司法》注册登记和按公司类企业交税。政经分开是落实和完善法人治理结构，形成民主决策、民主监督的体制机制，破除干部经济的前提。一是在明晰产权关系的基础上，建立起集体资产经营管理中股东、董事、监事及经理层之间明确的权责关系。按照"产权明晰、权责明确、政社分开、管理民主"的要求，完善股东代表大会、董事会、监事会"三会"制度，健全所有权、决策权、经营权和监督权"四权"制衡机制，形成科学的决策机制和管理制度，推进集体经济组织向现代企业制度转型。二是改善法人治理结构的外部体制环境。理顺党支部、村委会和村集体经济组织之间的关系，明确由村集体经济组织负责集体资产的运营管理。三是改制后新型集体经济组织的名称原则上按照合作社的性质和要求进行命名、注册，进行统一管理。

三 培育农村产权交易市场

这是解决市场发育问题。土地是集体经济能够获得发展的优势和根据。一是要加快农村集体土地所有权和集体建设用地使用权确权颁证工作，维护农民和集体对土地的完整权益。二是要研究集体建设用地同地同权同价的政策机制。积极培育农村土地产权交易市场，加快产权交易管理平台建设。三是实施征占地留用制度，保障集体经济发展后劲和农民的长期利益。四是要发挥乡镇在土地要素市场城乡一体化中的关节点作用。五是积极探索农民宅基地集约化使用办法，创新征地安置补偿模式，确保农民拥有稳定可靠的资产收益。

四 规范农村股权管理

这是解决微观组织机制问题。应尽快出台《新型集体经济组织股权管理的意见》，对人员界定、股权结构、增资扩股以及新增资产股权量化等问题在全市范围内给出统一的指导意见和要求。一要明确人员界定规则，解决新老户等历史遗留问题。如对于新增人员规定集体经济组织每10年进行一次股权调整。二要优化股权结构，如适当降低集体股份，增加个人股份比重，适当降低劳龄股份比例，增加户籍股份比例。在完成整建制转居之前，宜保留集体股。三要在股权转让、股权合作、增资扩股等环节加强管理，通过股权管理做大做强集体经济的规模，增强集体经济的控制力并扩大控制范围。出台《新型集体经济组织收入分配管理的意见》，对于改制后的集体经济组织收入分配环节进行规范，逐步规范和缩小福利分配的范围。要立足合作经济性质，对股份分红征收的税收给予返还或减免，不能因产权制度改革反让农民增加负担。

第五节　北京市深化农村产权制度改革的政策建议

依托农村集体资产推进农民市民化是跨越市民化成本门槛的有效途径和必然选择。但是，在城乡二元结构体制和传统农村集体所有制条件下，农民进城转变为市民要以放弃农村原有的资产权益为前提。城乡二元体制和传统的农村集体所有制之间存在互为条件、相互制约的关系，一边要突破城乡二元结构体制，改革户籍制度，加快整建制农转居，另一边要探索集体经济新的有效实现形式，按照现代市场经济要求，深化产权制度改革。要通过市场化的手段，将农民在农村占有和支配的各种资源转变为资产，并将这种资产变现为可交易、能抵押的资本，使离开农村进入城镇的农民成为有产者，跨越市民化的成本门槛，助推农民向市民的根本性转变。为此，当前应采取以下几项政策措施。

一　破除城乡二元结构体制

推进农民市民化首先是一个探求如何实现福利待遇公平分享后的资金平衡问题。实际上，一些地区已经转居的人员由于难以迈过成本门槛，在社保和公共服务领域仍难以实现与市民的融合。由于转居人员的生产生活方式并没有发生实质性的改变，仍然在原有的集体经济组织和原有的土地上生活、工作，经济收入的高低主要依托和取决于集体经济的发展情况。另外，农民的文化素质普遍偏低而且职业技能单一，就业面不宽，缺乏市场竞争力。北京市石景山区整建制转居过程中，由于未能有效解决农民社保及公共服务问题，一度引起了大量的农民上访问题。为此，推进农民市民化，需要加大财政投入，从根本上破除城乡二元结构体制。财政投入的重点在社保、公共服务与基础设施三个方面，实施机制是市、区、镇多级统筹，分批次推进整建制农转居。

（一）加大农村居民社保投入，实现城乡社会保障制度并轨

考虑到整建制农转居人口结构复杂，不仅包括现在未实现农转居的农业户籍人口，还包括历史上转居后未真正落实就业与社保的原农业户籍人口，涉及金额大，特别需要加大区县级财政投入力度，统筹相关政策予以有效落实。如石景山区等一些地区在推进整建制转居过程中，由于前期补缴、趸缴社保资金，企业改制时用现金兑现股权，用掉了集体经济组织大量的存量资产，结果职工后续缴纳社保资金出现了现实的困难。而一些农转居人员由于就业问题没有解决，个人缴纳部分也难以承担。另外，有些人在转居过程中未参加社保。这就需要加大财政投入力度，尽快完成后续工作，实现应保尽保。居民低保标准城乡统一，实现义务兵优抚费、残疾人救助、丧葬补贴等保障城乡统一。

（二）要强化公共服务投入，城乡基本公共服务均等化

在就业、教育、医疗、卫生等领域加大投入，真正做到城乡基本公共服务均等化。特别是要加大省市级统筹力度，解决转居地区公共服务短板问题。要以建立农民工社会保障与公共服务体系为重点推进城镇基本公共服务常住人口全覆盖。通过推进户籍制度改革，建立城乡统一的户口登记制度，让农民工转为居民，融入城市，享受到市民在劳动保障、

公共服务等领域的各项待遇。一是要坚持分类指导的原则：在城市选择上，中小城市优先；在农民工选择上，稳定就业的农民工优先；在福利待遇上，农民工就业服务优先。二是要建立健全全国统筹与省市统筹相衔接的适合农民工特点的全民社保体系。把工伤保险、医疗保险和养老保险全部列入强制保险范畴。三是保障农民工及其子女和家属享受公共服务体系的权益。在住房、子女教育、卫生等领域加大向农民工的倾斜力度。通过实行城镇常住人口基本公共服务全覆盖的社会保障和公共服务政策来引导和促进农民工稳定就业，提升农民工对未来生活质量的预期，降低农民工的流动性，为全面实现农民工市民化创造基本的体制条件。

（三）加大职业培训力度

加快构建城乡一体的就业服务网络，城乡居民就业失业管理制度实现统一，不断拓宽农民就业增收渠道，加快农村劳动力转移就业，加快农村低收入群众增收步伐。适应市民化后生产方式转变的需要，加大职业培训力度，促进转居后农民非农就业转移，保障转居后的新市民能够实现长期的安居乐业。一是增加以"征地农民非农就业"为主题的职业技能培训场地。优化培训课程结构，改变转居人员的就业观念，提高转居人员的职业技能，提高市场经济条件下的就业竞争能力。二是创新培训模式，实现培训与就业的联动。开展适合征地农民特点的免费培训项目，加大有组织输出就业和推荐的力度，努力扩大就业渠道，全方位为转居人员提供就业岗位，提高其参与竞争上岗能力。三是把集体经济作为直接进行农民培训的基地，并提供有效的资金支持。

（四）加大基础设施建设投入力度

在道路、饮用水、排水与环卫保洁等方面加大市级财政统筹力度。全面加强农村基础设施建设，实现农村基础设施建设全覆盖，农村文化教育卫生健身设施全覆盖，公交、邮政、有线电视、超市全覆盖，实现基础设施城乡一体化。推进城市公共设施运行管护机制向农村延伸，让农民享受到与城区居民基本相同的生活服务。在主干道、饮水、排水以及环卫保洁等基础设施建设方面，也与城区存在明显的差距。为此，推进整建制转居，不能仅实现"户口翻片"，更实际的内容应该是加快实现城乡社会保障与公共服务的均等化，加快完善基础设施建设，从根本上破除城乡二元结构体制问题。

（五）建立健全整建制农转居政策机制

以北京为例，148号令已经执行近10年，经济社会发展形势已经发生很大变化，农业户籍人口比重已经下降到1/5以内，同时，一些农村地区已无地可征，要适时进行政策规定的修改和完善，以适应整建制转居的现实需求。一是政策机制上要有一定的弹性空间，让农民和当地政府部门能有一定自由选择和裁量的余地，增强政策可操作性。可以参照北京市平谷区马坊镇采取低标准均等化的普惠制方式，在民主讨论基础上适当降低社保标准或上海市采取"镇保"降低市民化成本的办法，加快推进整建制转居工作。二是建立重大项目征地审批与当地农民就业、社保联动机制。分批次推进农民整建制转居，意味着在一个个整体性的区域单元上，实现了对城乡二元结构体制的重大突破，势必倒逼农村综合体制改革，在空间布局、产业发展、经济体制、财政投入、教育培训等方面需要作出相应调整，在发改、规划、财政、国土、住建等部门之间形成工作联动，建立健全相应的整建制转居的政策机制。形成"经济社会建设、用工岗位开发、公共就业服务"统筹发展的政策机制。三是明确分类推进原则。在城市化较快地区继续执行原政策，进行征地转非安置工作。在少量线形、分散式征地地区，建设用地按照规划全部征用，鼓励集体经济组织将征地补助费用于村民缴纳社保费用，实施低标准均等化享用，最大限度扩大失地农民的社保覆盖面。对于绿隔等特殊地区，整建制转居缺乏资金来源，需要依托市级财政统筹解决转居资金平衡问题。

（六）灵活财政机制，积极发挥财政杠杆作用

通过财政贴补等形式，发挥财政资金的杠杆效应，引领社会资金进入农村，积极探索多元化的农民市民化成本分担机制，加快农村基础设施、公共服务等生产生活条件的整体性改善。

二　推进集体经济组织功能转型

在实现政社分开的基础上，剥离集体经济组织社会性负担，实现农村集体经济功能向市场经济主体转型，按照现代企业制度要求积极推进农村产权制度改革，建立"产权清晰、权责明确、流转顺畅、保护严格"的现代产权制度，发展壮大集体经济，使集体经济组织成为农民融入城市的重要组织载体。

（一）推进"政社分开"，明确集体经济组织的功能定位

改革开放以来，在"政经不分"问题上一直未能有效破题，大多数地区村务决策程序替代集体经济组织决策程序，集体经济组织不能按照市场经济规律进行有效的经营管理。

在城乡二元结构体制没有发生根本性改变的相当长的一个历史阶段，农民的事情主要靠农民自己解决，这种"政经不分"的体制具有一定合理性。社区自治组织与社区集体经济组织一本账，维持了村庄社区的正常运转，起到了"兜锅底"的作用，维护了农村社会稳定，在一定程度上也促进了农村经济与农民收入的持续增长。但是，集体经济组织"政经不分"的体制也造成了集体资产经营效益低、集体经济管理成本高、集体经济凝聚力弱等问题，从根本上制约了集体经济实力的发展和壮大。只有剥离社会性负担，集体经济组织才可能由一个社会与经济功能混合的组织转变为一个单纯的经济组织，成为一个具有完整市场主体地位的社会性企业。推进整建制转居，实现城乡基本公共服务均等化，剥离了社会性负担，从而取消了"政经不分"的存在依据，为集体经济组织重新进行自身功能定位，向健全的市场经济主体转型提供了重要契机。为此，推进整建制转居要充分考虑集体经济组织下一步发展方向，解决好未来集体经济组织的功能定位转换问题。

（二）着力破除村庄封闭体制，推进产权社会化

把农村改革的重点由村级向乡镇级延伸，破除村庄社区的封闭体制，创新资源的配置体制。按照市场经济发展的客观要求，促进生产要素合理流动，促进区域开发强度的不断提高，进一步提高资源的配置效率。

研究探索村与村之间联合的资源定价机制。可以参考莘庄工业园区的方式，成立跨村的社区性联合社，明确产权，统一经营，平均持股，成果共享，实现土地资源的统一开发利用和土地开发收益在村与村之间的合理分配。

明确集体经济产业发展的重点和方向。投资和经营商业模式相对简单、便于操作的不动产。在具备一定条件之后，还可以进一步提升物业服务业的产业等级，向高端化发展。

加快农村资源资本化。除了要继续研究和探索资源信托化经营之外，关键是要破解农村融资瓶颈，积极探索土地承包经营权、林权、宅基地使用权和新型集体经济组织股权"四权抵押"融资新渠道。

（三）把股权管理列入深化农村产权改革的重点工作

要尽快出台《新型集体经济组织股权管理的意见》，对人员界定、股权结构、增资扩股以及新增资产股权量化等问题在全市范围内给出统一的指导意见和要求。一要明确人员界定规则，解决新老户等历史遗留问题。如对于新增人员规定集体经济组织每10年进行一次股权调整。二要优化股权结构，如适当降低集体股份，增加个人股份比重，适当降低劳龄股份比例，增加户籍股份比例。三要在股权转让、股权合作、增资扩股等环节加强管理，通过股权管理做大做强集体经济的规模，增强集体经济的控制力并扩大控制范围。

积极鼓励按股分红，适当降低福利分配比例。出台《新型集体经济组织收入分配管理的意见》，对于改制后的集体经济组织收入分配环节进行规范，逐步规范和缩小福利分配的范围，并把福利分配部分主要界定于集体股部分的分红。但是也不能急于强制性要求按股分红。完全实现新型集体经济组织按股份分红条件是实现城乡一体化，剥离农村集体经济组织各类社会性负担。要对股份分红税收进行返还或减免。

处理好村村、村镇各级集体经济组织之间的股权关系，推进乡联社建设，实施乡镇统筹，促进乡村联动发展。建立健全区域统筹机制，推动村与村、村与镇联合发展，推进规模化的产业园区的快速发展，同时，有效带动农民融入城镇，应成为下一步深化农村经济体制改革的重要方向。这也是这三个考察点带给大家的一个重要的启示。下一步要以城乡结合部地区为重点，学习借鉴北京市朝阳区崔各庄乡、丰台区南苑乡、海淀区东升镇等乡级改制的成功经验，结合各地实际，积极探索和推进乡镇级产权制度改革。有条件的地区建立乡联社，以村为乡联社股东，暂时不宜建立乡联社的乡镇可以先成立乡镇集体资产管理委员会。积极探索乡村联动的产权制度改革办法，实现土地资源的统一开发利用和土地开发收益在村与村之间的合理分配。远郊区县也要依托乡镇级积累性资产，积极开展乡镇集体经济产权制度改革试点。

健全内部法人治理结构，建立科学有效的委托代理机制，切实改变少数人说了算的管理局面。关键是要通过规范的股权管理，明确集体经济所有人的地位，寻找到村两委与村集体经济组织的协调机制，能够相互促进、各就各位，达到至善的佳境。

（四）改善集体经济发展的政策环境

出台《关于发展壮大农村集体经济的意见》，重点在税收、市场准入和土地开发三大领域进行扶持，涉及工商、发改、规划、国土等多个行政部门。一是要在税收政策方面，按照发展合作经济的客观要求，在工商注册、税收返还以及市场准入等环节享受相应的优惠政策。乡村集体经济组织出租物业的房产税、营业税以及对村级公共事业建设工程所征的有关地方税收，可由市财政部门实行先征后返（奖）。对于解决就业较多的集体经济组织给予相应的税收奖励政策。二是要在市场准入环节，开辟审批绿色通道，必要的时候对规划做适当调整，激发农村集体经济发展的活力。三是在土地开发方面，实施留地开发政策。明确一定比例的土地给予集体经济组织自己独立开发建设。

研究探索制定《农村集体经济体制改革中期规划纲要》。在集体经济发展的形势分析、功能定位、产业布局、指导思想、发展目标、实施步骤、重点任务、保障措施等方面对发展壮大集体经济进行顶层设计。

要抓紧立法工作，出台《农村集体经济组织条例》，明确集体经济组织的合作经济属性，规范集体经济组织名称，明确功能定位、主要职能，使集体经济组织可以与党支部、村委会各司其职。确立集体经济组织法人地位。明确将集体经济定位为合作经济，避免将其定位于股份制企业而按《公司法》注册登记和按公司类企业交税。

（五）深化产权制度改革应注意区位差异

集中城市化地区要着力建立农民市民化的体制支撑。以位于城近郊、远郊新城周边以及小城镇镇区规划范围内的有一定规模的村集体经济组织为重点，推进体制机制创新，为城乡一体化提供坚实有力的支撑。一是要把集体经济发展与区县功能定位结合起来，发展当地适合的产业。二是突破村各自为政的传统发展方式，让资源在更大的范围内有效配置，发挥规模效益。通过产权结构重组的方式打破村域界限，推进村村联合、镇镇联合。三是做好规划，引进社会资金。整合村域资源，落实乡域规划，推进产业升级。四是掌握和运用资本化经营。通过增资扩股、参股控股、收购兼并、产权交易等产权管理方式方法，实施资本运作，探索委托化经营、信托化管理，为发展壮大集体经济增加新的动力。五是建立科学的乡村两级集体经济组织架构，推进乡镇统筹。以城乡结合部地区为重点，积极探索乡村联动的产权制度改革办法，以村股份经济合作社为股东建立乡联社，条件不成熟的可以先成立乡镇集体资产管理委员会。

非集中城市化地区要做大做强农民专业合作社。以在远郊平原和山区的集体资产规模较小的村集体经济组织为重点，大力培育农民专业合作社，围绕当地资源优势，建立都市型现代农业的产业组织体系。一是制定配套政策，严格落实国家关于免征合作社增值税、印花税等已经明确的各项税收优惠政策。二是市场准入等方面给合作社一些扶持政策，增强合作社带动农户增收能力。在一定条件下，积极发展专业资金互助合作社。三是积极发展跨村、跨乡镇的包括区县级的联合社，提高合作社的话语权和竞争地位，使农产品比较顺利地进入市场。尽快解决农民专业联合社的工商登记问题，并在资金上予以扶持。四是加强合作社人才队伍建设，引导优秀人才向专业合作社配置。

三　加大土地制度创新力度

国家法律规定"城市土地国有，农村土地集体所有"。农民一次性整建制农转居后，全部成为市民，农村社区成为市区，集体土地理应变性为国有。但是，这意味着农民土地权益的永久丧失，需要给予农民相应的补偿，在资金成本无法消化的情况下，集体土地性质难以发生变化，土地使用权仍归集体所有。石景山区整建制转居的案例提供了实践层面的论证。但是，对集体土地产权长期歧视的体制惯性加大了集体土地利用审批的难度，导致土地利用粗放，土地资产价值难以量化。创新土地制度，关键是要打破"城市土地国有"的神话，固化农民土地集体产权，并让土地有效流转起来，集中优化配置土地资源，实现集体土地的集约高效利用。

（一）要加快确权颁证工作

对农村土地承包经营权、宅基地使用权、房屋所有权确权到户，颁发证件；对集体建设用地所有权、集体林地所有权、小型水利工程所有权确权到村集体经济组织（村委会），其使用权、经营权确权到用地单位或承包户；对于整建制转居后剩余土地仍然由农村集体经济组织依据规划确定的土地性质使用。

（二）培育土地产权交易市场

建立健全土地资源要素集中优化配置的体制机制，培育城乡一体的包括土地等资源要素在内的产权要素市场体系。依靠市场手段让远郊平原和山区的农民通过非农建设用地指标等资源要素凭证的市场交易获取级差地租收益。把交易平台建设的重点放到乡镇和县一级的公共交易平台建设上，使农民更便捷地进行资产的交易和管理。各地可选择有条件的地方进行试点，以农村土地承包经营权流转服务中心或者集体资产服务中心为依托，构建农村集体产权交易平台。将宅基地产权交易和社会保障、住房置换等统一纳入综合的交易网络系统，降低交易成本，提高交易效率。

（三）创新资产经营形式，跨越城乡二元结构体制的鸿沟

建立和拓宽农村集体资产抵押融资渠道，培育新型农村金融业态。通过资产信托方式，让农民通过受益凭证成为融资主体、投资主体和受益主体。推进农村集体资产的委托化经营。借鉴推广北京市大兴区通过财务托管中心将村集体资金委托国有商业银行进行贷款，实现集体理财收益的经验做法。

（四）建立土地增值收益结构基金，实行全国—省市—乡镇多层统筹

要建立中央与地方推进农民市民化的财政分担机制。可以考虑创新财政金融工具，以各类基金的形式在中央与地方之间、地方与地方之间形成科学合理、有效便捷的融资分担机制。一是以土地出让金为基础建立全国性的土地增值收益结构基金，并成立基金管理委员会（下称"管委会"），建立全国范围的管委会组织体系。各级政府获得的土地出让金应按一定比例纳入结构基金，用于全国统筹。二是建立全国联网的农民工信息管理系统，对农民工进行在线监控、管理和服务。特别是要建立农民个人信用监管体系，包括对住所、职业、信用等情况的动态反映，为农民市民化提供信息支撑。三是对级差地租收益较少地区的进城农民进行补贴，解决偏远落后地区进城农民公平分享土地增值收益的问题。由此，逐步实现土地增值收益的全国覆盖。

（五）培育城乡一体的土地要素市场体系

一是要加快农村集体土地确权颁证工作，维护农民和集体对土地的永久使用权。二是要研究集体建设用地同地同权同价的政策机制。积极培育农村土地产权交易市场，要加快产权交易管理平台建设，创新产权交易方式，加强农村产权交易市场管理。三是要在乡镇层次建立合作经济联社，经济联社建立土地银行、土地基金会或土地流转信托中心，作为镇域土地整理集中的载体。四是积极探索农民宅基地集约化使用办法，在尊重农民意愿和保障农民权益的前提下，创新征地安置补偿模式，鼓励采取实物安置补偿方式，在建设农民回迁安置房时留足农民产业发展用地，确保农民拥有稳定可靠的房产收益。

课题负责人：吴志强

课题组长：胡登洲

课题组成员：方书广　吴汝明　张玉林　姜能志

　　　　　　林子果　曹　洁　石　慧

总报告执笔人：陈雪原　孙梦洁

第四章　北京市外来农民工基本公共服务政策研究

基本公共服务是指建立在一定社会共识基础上，由政府主导提供的，与经济社会发展水平和阶段相适应，旨在保障全体公民生存和发展基本需求的公共服务。[①] 2012 年 11 月，党的十八大明确提出要"有序推进农业转移人口市民化，努力实现城镇基本公共服务常住人口全覆盖"。[②] 根据 2010 年第六次人口普查结果，北京市外来人口为 704.5 万人，占常住人口的 35.9%。其中，外省市来京农民工约为 380 万人，比 5 年前的第五次人口普查时净增了 100 万人，占北京市外来人口的 53.9%，占北京全部常住人口的 19.4%。近些年来，北京市在为外来人口提供基本公共服务上已经作出了诸多努力，但与党的十八大提出的"实现城镇基本公共服务常住人口全覆盖"的目标要求还有不小的差距。作为全市常住人口的外来农民工，如何平等享有基本公共服务，是首都改革发展面临的现实课题。

第一节　北京市外来农民工公共服务基本情况

（一）劳动就业政策及成效

1. 促进就业方面

2002 年以来，北京市认真落实"公平对待，合理引导，完善管理，搞好服务"的方针，不断出台完善就业政策，强化农民工就业服务，确保劳动者平等获得就业机会的权利。

"十五"期间，北京市逐步清理和取消了 20 世纪 90 年代出台的多项外来农民工就业管理限制、收费和歧视性政策。例如 2002 年 3 月，北京市修改《北京市外地北京务工经商人员管理条例》部分条款，删除了原《条例》中"务工经商人员应当向基层外来人员管理机构或者劳动行政管理机关缴纳管理服务费"的条款；2003 年 7 月《关于加强外地北京务工人员就业服务工作的通知》（京劳社就发〔2003〕121 号），取消了用人单位使

---

①　《国家基本公共服务体系"十二五"规划》（国发〔2012〕29 号），中央政府门户网站。

②　胡锦涛：《坚定不移沿着中国特色社会主义道路前进　为全面建成小康社会而奋斗——在中国共产党第十八次全国代表大会上的报告》，人民出版社，2012，第 23 页。

用外地北京务工人员计划审批和岗位（工种）限制；2004年5月，北京市人大常委会第十二次会议取消了"外来人员就业证"；北京市政府第24次常务会议废止了《北京市外地北京人员务工管理规定》；2005年3月，北京市十二届人大常委会第十九次会议审议废止了《北京市外地北京务工经商人员管理条例》等。

在此基础上，北京市加强了北京务工人员流动情况监测，及时了解掌握春节前后外来农民工进出京情况，搭建农民工求职绿色通道，在农民工进出京的火车站、长途汽车站设立就业服务站，为北京外来务工人员第一时间送上服务并及时引导。同时，北京市开展了大规模的清理拖欠农民工工资行动，建立了最低工资制度、最低工资标准正常调整机制和农民工工资支付保障机制，切实维护农民工合法权益。据调查，北京市外来农民工合同签订率达到69%，基本实现"无拖欠工资"目标。

北京市对外来农民工的促进就业服务在家政服务业方面体现最为明显，2011年，北京市出台《关于鼓励发展家政服务业的意见》（京政办发〔2011〕23号）（简称"家七条"），分别从鼓励实行员工制管理、加大扶持力度、维护从业人员合法权益等七个方面提出了政策和鼓励措施。对符合条件的员工制家政服务企业，给予必要的资金扶持、税收减免优惠、培训补贴和社会保险补贴；完善政府间劳务协作机制，通过政府间签订协议、给予适当支持的方式，在全国劳动力主要输出省份和北京市对口援助地区，建立一批家政服务员输入基地；同时，建立了家政服务员持证上岗制度，提高家政服务员服务水平；采取多种措施，加强家政服务员权益维护。2012年，北京市人力资源和社会保障局进一步出台《关于鼓励家政服务企业实行员工制管理的试点意见》，择优认定一批具有典型示范作用的家政服务企业作为员工制家政服务试点企业，进一步加大对员工制家政服务企业的支持力度。比如，加大社会保险补贴力度，第一年为全额补贴，此后逐年降低，分别为80%、60%、50%、50%；优先为员工制企业开展免费的职业技能培训和鉴定；与企业共建劳务输出基地；建立"绿色通道"，提供政策咨询、人才引进、技能鉴定、职称评审等全方位的上门服务；加大对员工制服务企业的宣传推荐力度等，鼓励员工制家政服务企业做大做强。

2. 职业培训方面

1995年北京市《关于对外地北京务工经商、从事家庭服务工作人员进行职业技能培训和就业资格认定的通知》（京劳培发〔1995〕208号）提出，"在本市允许使用外地人员的行业、工种范围内，从事技术性工种岗位的务工人员、家庭服务员均需经过相应专业（工种）的职业技能培训，取得《北京市就业转业训练结业证书》后，方可办理《北京市外来人员就业证》"。2001年《关于大力推进社区就业培训有关问题的通知》（京劳社培发〔2001〕111号）要求"建立社区服务从业人员持证上岗制度，凡从事社区服务的失业人员、下岗职工、本市其他从业人员以及外地北京务工人员，均须接受社区就业培训，实行持证上岗"。2003年《关于做好外地进京务工人员职业培训服务工作的通知》（京劳社培发〔2003〕137号）要求"企业、事业单位已招用的未取得国家《职业资格证书》的农民工，用人单位应利用本单位、本行业的职业培训机构或委托经劳动保障部门资质认定的职业技能培训机构对使用的农民工进行职业技能培训，取得相应《职业资格证书》后，方可上岗"。

2006 年，北京市印发《关于加强外来农民工职业技能培训工作有关问题的通知》（京劳社培发〔2006〕117 号），正式启动外来农民工技能提升培训工程，利用中央财政补助资金，建立起外来农民工职业技能培训补贴制度。2007 年，印发《关于加强外来农民工培训补贴政策工作有关问题的补充通知》（京劳社培发〔2007〕56 号），从培训机构资质认定、培训层次、工作标准、补贴标准、享受补贴的条件、资金申请等各环节提出要求。2009 年，印发《关于实施外来农民工职业技能特别培训计划的通知》（京人社办发〔2009〕16 号），在家政、护理等行业启动外来农民工职业技能特别培训计划。此后，不断提高培训补贴标准，按《关于调整本市城镇失业人员、农村劳动力职业技能培训补贴标准的通知》（京人社能发〔2011〕253 号），初级培训 1500 元/人，中级培训 1800 元/人；岗前培训，家政服务员为 650 元/人，护理员为 900 元/人。

同时，北京市一直在积极探索家政服务培训工作的新模式。员工制家政服务企业与非员工制家政服务企业针对外来农民工的培训政策在人员范围、培训机构认定、培训机构范围、培训类型、补贴标准、考核标准、培训补贴申请、签订补贴申请以及教材、证书方面有明显区别。

通过开展职业培训，外来农民工的就业技能和薪酬水平得到有效提升。根据调查，取得职业资格证书的外来农民工月均收入为 3894 元，没有相关证书的仅为 2752 元，两者差距千元以上。职业技能对薪酬的显著影响带动了农民工参加各类培训。

（二）社会保障政策及成效

北京市在外来农民工社会保障方面，主要按照"低门槛、低缴费、保大病、保当期"的原则，采取优先推进工伤保险和医疗保险的政策，并在此基础上，逐步消除保险待遇差别，使农民工享受与城镇职工同等的待遇水平。特别是 2011 年 7 月 1 日起施行《社会保险法》后，为落实打破"身份、户籍、地域"界限的要求，北京市稳步推进外来农民工参保工作，目前除失业保险外，外来农民工其他各项社会保险都已经实现了与本市城镇职工享受同等待遇。整体而言，北京市农民工的社会保障政策经历了从无到有、从自愿参保到强制参保、从制度单设到城乡一体的转变。

（1）在养老保险方面。2010 年 1 月，北京市根据《城镇企业职工基本养老保险关系转移接续暂行办法》（国办发〔2009〕66 号），出台《关于农民工养老保险参保有关问题的补充通知》，对农民工参加养老保险作出强制性规定，统一了农民工与城镇职工的参保政策，通知规定农民工自 2010 年 1 月起按照城镇企业养老保险规定缴费，本市基本养老保险最低缴费基数为上一年本市职工月平均工资的 60%，为平稳过渡，最低缴费基数的调整实行 5 年过渡，目前为本市上一年社会平均工资的 40%（1490 元），上限为本市上一年社会平均工资的 300%（目前为 11178 元）。这意味着社会保险首次打破了职工的城乡身份界限，实现了城乡职工"同保险、同待遇"。截至 2012 年 9 月底，北京市已有 172.3 万名农民工纳入本市城镇职工养老保险体系，其中外来农民工 127.3 万人。

（2）在医疗保险方面。2012年北京市出台了《关于本市职工基本医疗保险有关问题的通知》（京人社医发〔2012〕48号）和《关于农民工参加基本医疗保险有关问题的通知》（京社保发〔2012〕17号），规定自2012年4月1日起，按照《北京市外地农民工参加基本医疗保险暂行办法》（京劳社办发〔2004〕101号）参加医疗保险的农民工，统一按照城镇职工缴费标准缴费，即医疗保险费由用人单位和个人共同缴纳，其中用人单位按全部职工缴费工资基数之和的10%缴纳；农民工个人按本人上一年月平均工资的2%和每人每月3元缴纳。将农民工大病医保制度与城镇职工医保制度相统一，实现了农民工与城镇职工在缴费标准、个人账户、计算年限、享受待遇等方面的统一。截至2012年9月底，北京市按12%比例缴费（单位9% +1%，个人2% +3元）的农民工达到178.6万人，其中外地农民工132.8万人。

（3）在工伤保险方面。2004年7月，颁布《北京市外地农民工工伤保险暂行办法》，将外地农民工纳入工伤保险体系。用人单位以农民工上年度平均工资为缴费基数，按照一定费率缴费，农民工个人不缴费，工伤待遇享受与城镇职工完全相同。2007年以来新开工建设项目的农民工已经全部参加了工伤保险。截至2012年9月底，农民工参加工伤保险178.1万人，其中外地农民工132.3万人。

（4）在失业保险方面。根据国家《失业保险条例》的原则要求，1999年11月实行的《北京市失业保险规定》将农民工纳入失业保险范围内，农民工本人无须缴纳失业保险费，但其失业保险待遇则由一次性补助替代按月领取的失业保险金，其标准为本市职工最低工资的40%。截至2012年9月底，农民工参加失业保险164.6万人，其中外地农民工120.9万人。

（三）子女教育政策及成效

2002年《北京市对流动人口中适龄儿童少年实施义务教育的暂行办法》首次对农民工子女教育作出正式规定。该办法规定："流动儿童少年可持在京借读批准书和原就读学校出具的学籍证明，到暂住地附近学校联系借读，经学校同意后即可入学。"

2004年北京市教委、市发改委等10个单位共同发布《关于贯彻国务院办公厅进一步做好进城务工就业农民子女义务教育工作文件的意见》，免除了全市实施义务教育的公办小学和初中对符合来京务工就业农民子女条件的借读生收取的借读费，同时规定各区县政府负责保证公办中小学办学所需正常经费，区县财政要按学校实际在校学生人数和定额标准划拨生均经费。这虽较2002年的《暂行办法》有了一些改变，但农民工仍需自己到暂住地附近的公办小学、初中或经批准的民办学校办理子女就读事宜，意味着决定权仍然掌握在所联系的学校手里，农民工子女虽然名义上有学上，实质上却可能没学校收。

针对这些不足，2008年《北京市教育委员会北京市财政局关于进一步做好来京务工人员随迁子女在京接受义务教育工作的意见》着重明确了对农民工子女接受义务教育工作的管理责任和投入力度，一是规定坚持"属地管理"和"公办学校接收"为主的原则，进一步明确了区县政府对农民工子女接受义务教育负主要责任，同时规定将富余且安全的公办学校校舍优先用于接收农民工子女就读。二是切实保障按公办学校实际在校人数核拨公用经费和核定教师编制，并规定在年度预算中安排专项经费对接收农民工子女比较集中的区县给予重点倾斜，调动公办学校接收农民工子女就读的积极性。2009 年《北京市人民政府办公厅关于贯彻国务院做好免除城市义务教育阶段学生学杂费工作文件精神的意见》中进一步规定免除民办学校、审批合格自办学校中持有相关证明材料的农民工子女的学杂费和借读费。《北京市中长期教育改革和发展规划纲要（2010～2020）》进一步阐述了今后 10 年北京市政府将如何增强农民工子女接受教育的能力，包括将农民工子女接受义务教育纳入公共财政体系保障范畴，加强农民工子女融入首都生活的教育，注重他们的学习能力、心理素质、生活习惯的培养等。

在子女升学方面，2010 年北京市教委发布小升初及小学入学政策，规定本市户籍学生和来京务工人员随迁子女均"免试、就近入学"，并要求各区县负责解决外来务工人员子女入学问题。2012 年《进城务工人员随迁子女接受义务教育后在京参加升学考试工作方案》将其扩展到了初中毕业后的升学及后续学习问题，其中规定了近期实行的过渡期升学考试措施，可谓新的突破。该方案规定："自 2013 年起，凡进城务工人员持有有效北京市居住证明，有合法稳定的住所，合法稳定职业已满 3 年，在京连续缴纳社会保险已满 3 年，其随迁子女具有本市学籍且已在京连续就读初中 3 年学习年限的，可以参加北京市中等职业学校的考试录取；自 2014 年起，凡进城务工人员持有有效北京市居住证明，有合法稳定的住所，合法稳定职业已满 6 年，在京连续缴纳社会保险已满 6 年，其随迁子女具有本市学籍且已在京连续就读高中阶段教育 3 年学习年限的，可以在北京参加高等职业学校的考试录取。"

（四）住房保障政策及成效

北京市建委 2011 年 10 月正式公布《关于加强本市公共租赁住房建设和管理的通知》，规定外来人员持续稳定工作一定年限无住房可申请公租房。首先，对于流动人口主要体现对他们解决暂时居住问题的支持，故无租金补贴政策。其次，没有设定统一收入标准和工作时限，由各区县确定，原因是各区县实际情况不同。如旧城区本身就要疏散人口，标准可能会定高一些；新城由于有产业园区，希望吸引外来人才，标准可能会低一些。这样各自制定标准会更符合实际要求。[①] 2012 年 8 月，石景山区首次正式受理外地人租房申请，但规定保障对象为在石景山区行政区域内连续稳定工作 5 年以上，或经相关部门认定的专业人才，并符合北京市公共租赁住房标准。实际上这一规定将一大批层次较低的从事体力劳动的农民工排除在外，且到目前为止，除石景山区外仍无其他区出台农民工等外来人口申请公租房的具体政策。

第二节　北京市外来农民工公共服务存在的主要问题

（一）相关就业服务与本地城镇户籍人口、本地农民工差距较大

北京市自 2003 年取消用人单位使用外地来京务工人员计划审批和岗位（工种）限制

---

① 新浪房产专题，http：//bj. house. sina. com. cn/zhuanti/wlrysqgzf/；腾讯房产专题，http：//house. qq. com/zt2011/gongzufang/。

后，只在 2011 年和 2012 年为发展北京市的家政服务业出台了鼓励实行员工制管理、维护外地农民工合法权益的政策和措施。而对于本地农民工，自 1998 年至今，北京市下发的促进就业及就业失业管理援助的文件共计 12 份，包括建立农村富余劳动力就业登记制度，建立区县、乡镇、村三级就业服务组织管理网络，将绿化隔离地区、矿山关闭地区、保护性限制地区的农村劳动力纳入困难群体援助范围，建立"零就业家庭"就业援助制度，建立"纯农就业家庭"转移就业援助制度，将建设征地、土地储备或腾退、整建制农转非、山区搬迁、绿化隔离建设等地区的农村劳动力纳入城镇失业登记范围并享受城镇促进就业帮扶政策，鼓励用人单位招用农村就业困难人员的相关优惠政策等。同时城镇就业困难人员还享受社会保险补贴以及特困人员的托底安置服务。可以说，北京市对外来农民工和当地城镇户籍人口、本地农民工在就业服务理念上存在差别，对后两者是从保护其生存权和发展权出发的重视与保护，对外来农民工则是从北京市经济发展与行业繁荣角度出发的培训与使用。

（二）外来农民工参保率低，缴费标准低，缺乏失业保险

首先，外来农民工的参保率、缴费标准较低。从参保率来看，外来农民工养老、医疗、工伤保险的参保率在 35% 左右，而本地农民工的养老、医疗、工伤保险参保率均超过 90%，差距明显。其原因主要包括用人单位主观上不愿为外来农民工参保、高流动性给外来农民工参保造成障碍、外来农民工对现行社会保险制度缺乏信任以及政策宣传不到位等。

从缴费标准来看，虽然目前北京市在养老、医疗、工伤和生育保险上已经实现了农民工与城镇职工的统筹，但在缴费标准上仍然存在较大差距。以养老保险为例，2012 年北京市各类参保人员养老保险缴费系数下限是 1869 元，上限是 14016 元，后者是前者的 7.5 倍，而与养老保险缴费额密切相关的是达到法定退休年龄后领取养老保险的金额，也即这在一定程度上决定了农民工与城镇职工在老年生活保障上的差距。

其次，北京市的失业保险制度未实现统一。目前，北京市农民工失业保险制度与城镇职工失业保险制度还未实现统一，养老、医疗、工伤、生育等其他"四险"都是同城待遇，唯独失业保险不能享受到与城镇职工同等的待遇，主要原因是受《失业保险条例》限制。1999 年颁布的《失业保险条例》规定农民工参加失业保险由单位缴费，农民工个人不缴费，其失业保险待遇由一次性补助替代按月领取的失业保险金，一直沿用至今。

（三）外来农民工被排除在北京市社会救助体系外

社会救助是居民生存权的基本保障，生存权和发展权是现代社会公民的基本权利，获取社会救助是公民的一项基本权利，它在社会保障体系中发挥着重要的兜底作用。

根据北京市政府 2013 年 8 月下发的《关于进一步加强和改进社会救助工作的意见》，北京市将在"十二五"期间实现低保与医疗、教育等专项救助制度的有机衔接，贫困无业家庭无力参加社会保险可以获得资助，同时北京将推动社会救助从生存型向发展型转变，切实维护困难群众的基本生活权益。"十二五"末期，北京市城乡最低生活保障标准将实现一体化。其中，北京市社会救助体系包括生活苦难补助、临时救助、最低生活保障、住房救助、教育救助、灾民救助、医疗救助以及社会互动 8 项内容。但查看《意见》内容，仍是基于户籍制度之上，并未提到流动人口或外来农民工，可以说，从北京市的社会救助体系建设来看，外来农民工由于没有北京市户籍，是完全被排除在体系之外的。

（四）农民工子女实际上没有与北京孩子平等的就学条件

这主要体现在四个方面：一是学校仍掌握着农民工子女能否就学的决定权。虽然北京市在农民工子女教育方面出台多项政策，并在不断更新政府的服务管理思路，改善农民工子女的就学环境，但从根本上来讲，农民工子女是否可以到所联系学校就读的决定权仍掌握在学校手中，农民工子女有的只是就学的权利，但没有平等的选择的机会，也即农民工子女与北京孩子享受的就学机会并不完全平等。

二是农民工子女学习环境相对较差、教学质量不高，尤其是就读于民办学校和打工子弟学校的孩子。来京务工人员所处的社会地位低、拥有的社会资源少，来京务工人员随迁子女公办学校接收比例这一总的数字可能与农民工子女的公办学校就学率相去甚远（目前尚没有农民工子女就学率的确切数字）。同时，北京的大多数农民工都居住在城乡结合部，工作地点经常发生变化，子女的流动性也较大，子女符合借读条件的所占比例较低，而且即使是这些地区的公办教育资源，与市区相比很少且落后，更遑论就读于民办学校或打工子弟学校的农民工子女，他们所拥有的是简陋的教学设施、质量参差不齐且流动性很大的教师队伍。对农民工子女尤其是外地农民工子女来说，与教育机会不平等相伴而生的是教育资源的不平等。

三是农民工子女学前教育质量低，安全隐患多。学前教育是基础教育的基础，对于孩子一生的成长有着至关重要的作用，但由于其不属于义务教育范畴，且北京市公办幼儿园目前严重供不应求，北京市学前教育相关文件中几乎没有提及农民工子女。一般来说，公办幼儿园或教学条件较好的私立幼儿园与北京城镇户籍、经济条件好的家庭挂钩，农民工子女多数就读于价格低廉的私立幼儿园。这些幼儿园大多办园资质不足、教育质量较差、条件简陋且存在安全隐患。

四是农民工子女异地升高中问题仍是无解。2010 年北京市教委发布了小升初及小学入学政策，规定本市户籍学生和来京务工人员随迁子女均按"免试、就近入学"原则开展，统一了城乡儿童义务教育阶段的就学方式。但农民工子女异地高考（即在京参加高考）的问题并没有解决。2012 年《北京市随迁子女升学考试工作方案》规定了符合条件的农民工子女可以参加中等职业学校、高等职业学校的考试录取，但仍不可升高中，也不能参加北京市高考。

（五）农民工居住条件差、环境恶劣，缺乏托底保障

根据北京市农民工的调查数据显示，外来农民工目前仍以集体宿舍和自己租房为主，由于目前住房租赁市场不健全以及农民工的省钱心理，他们往往选择租住最便宜的房子，包括地下室、工棚、隔断间等，居住条件差、环境恶劣，不安全性因素较多。调查中，他们回答在住房上最期望获得的帮助是"提供廉租房"，占到 48.4%；其次是期望"稳定房租"，占到 27.7%。

就实际情况来看，目前北京市虽然已出台政策允许外来农民工参与申请公租房，但只有石景山区出台细则允许符合条件的农民工参与摇号，且租金不享受政府补贴；此外，北京市的出租房屋租金持续上涨，这无疑加大了外来农民工的生存压力，而目前的住房政策并没有将农民工纳入住房补贴范围。近些年来引起社会高度关注的"蚁族""蜗居""胶囊公寓"等社会现象，正是外来农民工等流动人口群体缺乏体面居住条件的现实反映。

第三节　完善北京市外来农民工基本公共服务的对策建议

北京市要实现城镇基本公共服务常住人口全覆盖的目标，应将农民工全面、平等纳入城镇基本公共服务保障范围，不应有任何政策制度上的歧视。

（一）不断完善外来农民工平等就业政策

首先，在就业政策方面，需改变对外地农民工的"用人观念"，坚持以人为本，保障公民权利，从促进和帮助外地农民工更好就业、提高收入的角度逐步完善针对外地农民工的就业政策，在公平的基础上追求效率。

其次，在就业服务方面，一是建立健全农民工就业培训工作网络，完善公共就业服务的信息化手段，动态掌握农民工就业信息，促进农民工就业培训制度化；二是充分利用社会现有教育资源，委托具有一定资格条件的各类职业培训机构开展培训工作；三是引进和培育高等技术人才、稀缺岗位人才，在对高端人才的使用和管理过程中，发挥人才示范效应，进而带动农民工素质的整体提高；四是加大公共财政用于农民工培训的比例，将农民工培训全面纳入城镇职工培训体系。

最后，在提供农民工就业信息服务上，一是要进一步拓宽农民工就业信息的渠道，建立健全农民工求职信息系统，并在农民工较为集中的区域建立职业中介园区，引导农民工合理流动。二是政府部门要进一步完善管理服务。既要为农民工从事非正规就业做好服务工作，又要加强对非正规就业用人单位和雇主的管理和监督，运用行政、法律手段规范劳资关系，杜绝针对农民工的各种侵权事件的发生。特别是要按照国际劳工组织的普遍做法，全方位保护农民工的各项合法权益。三是推行和完善新型劳务用人机制，引导和规范农民工与企业的双向自主选择权。

（二）将农民工平等纳入城镇社会保障体系，实现社会保险制度的跨省转移接续

首先，目前由于社会保险没有实现全国统筹，在跨省转移接续不顺畅的前提下，农民工群体工作不稳定、流动性强的特点决定了农民工参保意愿低、用人单位逃避责任空间大。要提高外地农民工社会保险覆盖率，决定性前提是实现社会保险的跨省转移接续、全国统筹。据此，中央政府要积极承担社会保障责任，尽快从全国层面统筹谋划，加强社会保障制度建设，提高社会保险统筹层次，由人力资源和社会保障部实行统一收缴、管理、运营、结算和发放，使各省市、城乡间社会保险的转移接续顺畅有序；进一步完善公共财政制度，中央财政要对全国跨省级行政区流动迁移人员的社会保障待遇给予相应补贴，减

轻流入地政府的财政压力。

其次，北京市应进一步完善社会保障政策制度，全面实现农民工享有平等的参与社会保险权利。要加强对用人单位缴纳职工社会保险的监管力度，加大基本养老保险扩面力度，扩大"三险一金"覆盖范围，继续从制度全覆盖向人群全覆盖努力，逐步提高缴费标准；积极探讨建立失业保险的城乡统筹，进一步健全和完善城乡统一的社会保险体系。

（三）将外来农民工平等纳入社会救助体系

社会救助是基本公共服务的重要组成部分，在社会保障体系中起"兜底"作用。外来农民工属于社会中下阶层群体，他们所从事的多为脏、累、重、险的工作，工作条件相对比较恶劣，职业病发生率都较高，且大部分属于非正规就业，没有与用人单位签订正式的劳动合同，这种弱势地位使其极容易陷于贫困，因此对社会救济有着迫切需要。

北京市不能漠视或故意忽视外来农民工的这一重要需求，而应正视问题并解决之。第一步应通过部门联动，排查确定处于北京市最低生活保障线以下的外来农民工的数量、人口学特征、需求。在摸底排查结束后，可根据农民工数量、特征、需求，从外来农民工急需的失业救助、医疗救助、住房救助等专项救助着手，按照"先专项，后低保"的原则，分群体、分步骤、分阶段地将稳定就业的外来农民工纳入北京市社会救助体系，为外来农民工提供有效率的"兜底"保障，以保障农民工最基本的生存权利，减少社会不稳定因素。

（四）确保农民工子女享受平等的受教育权利

首先，农民工子女的义务教育政策应以公平为首要的价值目标，农民工子女应与北京孩子享受平等的就学机会和资源，就学的自主选择权需掌握在学生和家长手里，而非学校手里。

其次，加快推进基础教育均衡发展。不断提升农民工子女就学的公办学校的教学质量，包括资金投入、硬件设施和教师配置等方面，需要进一步完善政策制度，同时也要重视农民工子女就学等软环境的营造。农民工子女一般集中在城乡结合部的公办学校中，对于这些学校必须增加市一级的财政投入，帮助其达到城市学校的标准化水平。在师资方面，应通过提高待遇等方式吸引优秀教师，实行教师在城乡学校之间的正常轮岗交流。

最后，积极鼓励社会力量办学。要降低民办学校的办学门槛，鼓励社会力量参与创办多种形式的民办学校，包括社区学校、教会学校、打工子弟学校等，以接纳更多的农民工子女上学，不断提升这类学校的教育能力，制定优惠政策扶持民办学校的正常发展。

要适应城市化和人口流动的现实需要，从维护公民受教育权和实现公平正义的角度，积极探索解决农民工子女学前教育问题，规范私立幼儿园的办学标准，严把办学质量关。探索进行农民工子女参加北京市中考、高考的制度改革。北京不应建立一座特大的特权城市，而应建立在公平正义基础上的更加体现包容性的现代文明城市。"北京精神"中的"包容"，需要具体的政策制度来体现。

（五）将农民工平等纳入城镇住房保障体系

为农民工提供基本而有体面的住房保障，是政府保障农民工居住权的重要职责。要实现城镇基本公共服务常住人口全覆盖，必须将为农民工提供住房保障作为城镇住房政策的重中之重。

首先，逐步将农民工全面纳入公租房保障范围。要从根本上转变公租房建设的指导思想，明确将农民工作为公租房保障的主要对象。对于无住房的本地农民工和在北京市稳定就业的外地农民工，只要签订正式劳动就业合同，就可以申请公租房，给予市民同等待遇。

鉴于农民工聚居区以城乡结合部为主，应当加强农村集体建设用地发展租赁住房的试点工作，进一步改革土地制度，创新集体建设用地利用方式，规范集体建设用地建设租赁住房政策，加强和完善相关管理制度。在投资形式上可借鉴浙江省公租房建设经验，鼓励和引导民间资本参与，尤其是引导用工单位、村集体等各类投资主体参与建设，出台鼓励公共租赁住房建设和运营的相关优惠政策，统一纳入北京市公共租赁住房管理，优先向出资用工单位符合条件的职工出租。同时要在农民工聚居的公租房区域按照实际需求和健康标准建设生活服务配套设施，以达到改善农民工居住环境、提高生活质量的目的。

其次，应扩大公积金制度覆盖面，将农民工全面纳入其中。充分发挥住房公积金制度的住房保障功能，所有正式用人单位，都必须将符合条件的农民工纳入住房公积金制度范围。

最后，规范农民工住房租赁市场，为农民工平等提供住房补贴。公租房等保障性住房起的是托底作用，对于北京市 400 万农民工来说，绝大部分人住房问题的解决靠的是租赁市场。目前北京市的租赁市场仍处于发展初期，农民工租住房屋往往环境恶劣、安全性差。有关部门应大力规范房屋租赁市场，试点成立国有房屋租赁经营机构，将业务对象限定为农民工群体，业务内容以农村富余房屋集体出租、单位闲置房屋低价出租为主。同时，要将农民工全面纳入城镇住房补贴政策体系，使农民工与其他城镇职工一样公平享受住房政策补贴。

执笔人：张英洪　刘妮娜　赵金望　齐振家

第五章　世界主要国家和地区
土地产权制度比较研究

第一节　美国土地产权制度

一　美国土地所有制

美国国土面积中私人所有的土地占58%，主要分布在东部；联邦政府所有的土地占32%，主要分布在西部；州政府所有的土地占10%（见图1）。土地以私有制为主，国有土地只占其中一小部分。美国法律保护私有土地所有权不受侵犯，各种所有制形式之间的土地可以自由买卖和出租，价格由市场供求关系决定。联邦政府所有土地主要包括联邦政府机关及派驻各州、县、市机构的土地和军事用地等。州、县、市政府也各自拥有自己的土地。联邦、州、县、市在土地的所有权、使用权和收益权上各自独立，不存在任意占用或平调，确实需要时要依法通过买卖、租赁等有偿方式取得。

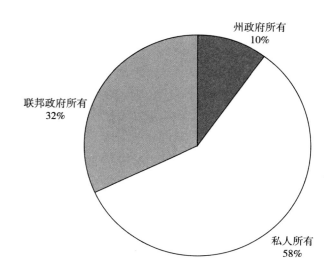

图1　美国土地所有权分布

但在美国不同地区，土地所有制状况并不完全相同，如阿拉斯加州，目前联邦政府拥有或控制该州 96% 的土地。

二　美国土地管理模式

（一）　集中、垂直的土地管理体制

强调土地的社会职能和利益高于一切，实现土地资产的可持续利用，是美国土地管理的根本宗旨和主要目标所在。为强化土地管理职能，1946 年，在原国家土地办公室的基础上设立了国家土地管理局。国家土地管理局隶属内务部，现有雇员 1200 人（全部为公务员序列），在全国各地设立派出机构，共有（包含联邦、州、县、市四级在内）13 个区域性办公室、58 个地区性办公室、143 个资源区办公室，地方政府无专门土地管理机构。其主要职能是：代表国家对城乡土地的利用与保护实行统一规划管理；除直接管理联邦政府拥有的土地外，统一管理全国的森林、河流、沼泽、珍稀动物、自然保护区和地表以下所有的矿产资源、水资源；对各州和私人的土地利用行为进行指导、协调和规范；规范全国土地交易行为。1997 年美国国会又通过了《联邦土地政策和管理法》，在美国这部最具权威的土地管理大法中，对土地管理的地位和职责，以法律的形式给予了进一步的明确和界定。

（二）　公私兼有的多元化土地所有制

在联邦政府拥有的 308.4 万平方公里的土地中，也存在多元化的所有形式，即国家土地管理局控制 60%，国家森林局控制 24%，国防部、垦荒局、国家公园局、水电资源局等部门控制剩下的 16%（见图 2）；土地权属纠纷由法院解决，政府不担任调解仲裁角色。

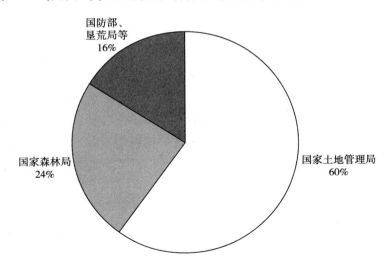

图 2　美国联邦政府拥有土地的管理权归属

（三）　形散而神不散的土地利用规划体系

严格来说，美国没有制定统一的全国土地利用总体规划，各州一般也没有具体详细的

土地利用规划，也不强求各级政府必须制定土地利用规划。联邦政府主要通过制定相关的法律法规、政策来约束引导、影响地方的土地利用及规划管理。这些相关法律法规、政策的核心与实质在于：宏观控制、科学开发、集约利用土地资源，确保全美社会、经济的可持续发展与国家安全。各州、县、市、乡有关土地利用规划方面的内容常包含、融会在各地制定的交通、海洋污染资源保护等规划及土地利用方针或规划政策之中，可以说是形散而神不散。还应该说明的是，土地利用方针或规划都是自下而上，在公众参与下完成的。美国的土地利用规划编制是从基层的社区、市做起，逐级向上归并，一般只到县一级。公民有权决定是否编制土地利用规划，主要通过公告、召开听证会等形式，让专家学者、社区民众提意见，一般要经过半数以上民众讨论同意方可进行。

（四）分类实施用途管制的农地保护制度

美国的农地保护始于 20 世纪 30 年代，到 20 世纪 60 年代，随着城市化进程加快和西部荒漠化的日趋严重，美国政府进一步重视对农地的保护。1981 年美国政府制定了《农地保护政策法》，并据此将全国的农地划分为四大类，实行严格的用途管制。①基本农地：最适于生产粮食、饲草、纤维和油料作物的土地，总面积 1.588 亿公顷，禁止改变用途；②特种农地：生产特定的高价值粮食、纤维和特种作物的土地，禁止改变用途；③州重要农地：各州的一些不具基本农地条件而又重要的农地，可有条件改变用途；④地方重要农地：有很好的利用和环境效益，并被鼓励继续用于农业生产的其他土地，可以或有条件改变用途。从 1983 年至 1994 年，各州、县、市完成了对农地的划分。农场主在与政府签订协议保证农地农用后，可获得政府减免税费等一些优惠待遇和政策。此外，美国还采取推行建立植被、防护林、草地等生态保护缓冲带的做法，大大改善了农业生产环境，防止了水土流失。

（五）依法、自由、开放的地产交易市场

美国的地产市场十分发达，制度健全，所有的土地都实行有偿使用，在政策规定许可的范围内，土地可以自由买卖、出租和抵押。土地无论公私，在交易中地位、利益平等。私有土地之间买卖完全是私人之间的事，手续十分简单，在双方自愿签订协议之后，只需向政府缴足规定的税金，进行注册登记即可。为吸引外资，美国政策允许外国人也可以到美国购买土地。政府可以向民间征购土地，但须经规划许可且出于公众利益，须进行地价评估。若土地所有者不接受评估价格，可以到法院起诉，由法院裁定，政府不予干涉。

（六）立足存量、完善功能的老市区改造

美国的老市区改造始于 20 世纪 50 年代，到 60～70 年代，所有大城市都进行了老城市区重建，使老城具有现代大都市的设施和功能。洛杉矶市改造前，由于功能不全、设施落后、形象陈旧，到节假日市中心仿佛一座空城。经改造后，昔日的"废都"焕发青春，增添了活力，现在有更多的人愿意到市心区居住、游憩。在大规模旧城改造初期，联邦政府采取强制推动、出台优惠政策给予鼓励支持等办法，发展到今天，各地都非常重视盘活存量土地，提高土地利用率，控制城镇外延，自觉制订社区重建计划。美国的老市区改造

有以下特点：①政府制订社区改造规划、计划，由指定部门负责实施。如洛杉矶市由社区重建局专司此事。②公众参与、社会监督贯穿于老城改造的始终，如果有人反对，须经仲裁组织裁定。③政府与开发商充分合作，包括从设计到施工的全过程。④广泛采取新科技手段，成本低、进度快、效率高。

三　美国土地流转制度

美国农业是当今世界上最具有代表性的现代农业之一。美国的农村土地有三种所有形式：私人土地、州政府土地和联邦政府土地。其土地的流转方式主要有两种：一是出售国有土地。美国先后出台了《土地先购权法》《宅地法》等一系列法案，鼓励拓荒和开发，既满足了移民的土地要求，也为土地进一步集中提供了条件。二是市场交易。凡是要使用不属于自己土地的政府或个人，都要通过购买或租赁方式获得。如联邦政府为了国家和社会公益事业兴建铁路、公路及其他基础设施，需要占用州属公有土地或私人土地，就必须通过购买、交换或捐赠来获得各种土地上的权益。美国的农地流转，大多是农地使用权和经营权的有偿转让。农地转让的主体一般由政府与家庭农场主通过签订经济契约来实现。农地流转的主要目标在于扩大农场规模、优化组合生产要素以及运用先进的科技与管理经验。"土地信托"是美国土地所有权的一项保护政策。自愿性团体通过向农民购买发展权的方式保证农地农用，它们与私有土地主们在保护土地方面作出了巨大的努力。美国信用社每天都买进各类土地，现在已经成功地保护了 202 亿平方米土地；同样，自然保护基金也保护了 4856232 平方米的土地。美国的土地产权边界明晰，土地所有者有土地收益分配和处分的权利，在土地转让、租赁、抵押、继承等方面具有完全不受干扰和侵犯的权利，他们只缴纳按国家和地方政府规定的土地税、农产品销售所得税、房产税；规定征税者必须为纳税人提供良好的服务。家庭农场不仅是美国农村土地经营制度运行的主要载体和基本单位，而且也构成了美国农村土地经营制度的主要运行基础。美国农场的发展趋势是农场数量的减少和经营规模扩大。政府采用各种经济手段和各种优惠政策，鼓励家庭农场扩大经营规模。1982 年农业普查结果是：占全部农场 3/5 的小农场拥有土地 8.9%，占农场总数 1/14 的大农场却拥有 68.8% 的土地。综合来看，美国土地流转有以下特点：第一，适度的经营规模；第二，农地制度立法和政府的行政干预相结合；第三，发挥农民组织的作用，保护所有者的正当权益。

四　美国土地征收及补偿政策

美国有全世界最自由的土地制度，土地所有权分为地下权（包括地下资源开采权）、地面权和地上空间权（包括建筑物大小、形状等），这三部分权益可以分别转让。政府无权任意征用与拆迁。地主愿意让政府在自己土地上修路以换取开发权，开发区的道路、学校等基础设施费用由政府负担，开发商仅需提供宅基地内的建设费用，取得私有土地权与开发权的代价不高，使得大笔资金注入土地投机与开发，土地供应量大且地价低。同时美国是按征用时市场上的公平价值补偿，这种市场价值，不仅包括征用时的使用价值，而且包括被征用财产的最佳使用价值，即财产因其开发潜力所具有的"开发价值"，体现了对私有财产利益的保护。

美国征用土地主要分两种形式。第一种是警察权，指政府为了保护公众健康、安全、伦理以及福利而无偿对所有人的财产施以限制乃至剥夺的行为。警察权包括土地区划、建筑和健康法规、让移要求、土地分割、污染以及出租管制等。警察权准许政府规划私人土地，而不需要支付补偿。这种征用的方式适用的场合非常有限，并受相关法律严格制约。第二种是有偿征用，指政府依法有偿取得财产所有人的财产的行为。《美国联邦宪法》第五条修正案规定了关于有偿征用的三个要件：正当的法律程序、公平补偿以及公共使用。在有偿征用中，同样有相当严格的步骤需要遵守。

美国地产市场十分发达，制度健全，所有的土地都实行有偿使用，在政策规定许可的范围内，土地可以自由买卖、出租和抵押。政府对私人土地的管理主要是通过登记收费和规划引导。私有土地买卖完全是私人之间的事，手续十分简单，在双方自愿签订协议之后，只需向政府缴足规定的税金，进行注册登记即可。土地买卖价格，则由买卖双方根据当时土地的市场价值进行估计，完全由买卖双方协商，也可由私人估价公司帮助双方达成协议并完成交易。

五 美国土地税收政策

美国是一个以所得税为主体的复税制国家，实行联邦、州和地方政府各有侧重税种，税权彼此独立的课税制度。税种主要包括三个方面：所得税性质的土地税、财产性质的土地税和财产税性质的土地税。20世纪以后美国财产性质的土地税逐渐过渡为以房地产为主要课税对象，即房地产价值税。财产税性质的土地税包括遗产税和赠与税，是从土地上派生出的税收。课税权、税收立法权以及课税收入均归地方政府，是一类典型的地方税种。其中，美国的三级政府均课征所得税，财产税是美国州及州以下地方政府的主要财源，课税收入也全部归属相应的地方政府支配。美国财产税的税率和课税办法由各地方政府自行决定，一般为3%～10%。美国开征的遗产税和赠与税税率为18%～50%，采用超额累进税率。所得税（含经营房地产所得）采取超额累进税率，个人所得税税率为15%、28%、33%、38%，公司所得税税率为15%、25%、34%。此外，免税是在州的法律框架下管理实行的，但是一些州在应用免税规定时允许根据本地的实际情况。免税主要是通过改变用于这些房地产的价值标准来实现的。所有的州均对政府所有的房地产免税，用于宗教和教育的房地产也通常被免税，但是州的法律在限定慈善机构的免税上存在差异。考虑到一些个人所有者的境况，一些州对低收入的老年人、残疾人及退伍军人一般都提供部分的免税。

美国对土地和房屋直接征收的是房地产税，又称不动产税，归在财产税项下，税基是房地产评估值的一定比例（各州规定不一，20%～100%不等）。目前美国的50个州都征收这项税收，各州和地方政府的不动产税率不同，平均为1%～3%。由于财产税与地方的经济关系紧密，因此多由地方政府征收，除马里兰州2012年将征税权上收到政府之外，其他49个州都是归地方政府征收。目前财产税是地方政府财政收入的主要来源，同时也是平衡地方财政预算的重要手段，大约占 30%。如果扣除联邦和州的转移支付收入，仅就地方政府自身的收入来看，大约占近一半。

其他有关的税种主要是根据房地产交易、继承与赠与以及所得，分别归在交易税、遗产赠与税和所得税项下。一是交易税，税率约为 2%，房地产买卖时缴纳。二是所得税，其中个人所得税实行超额累进税率，最低税率为 15%，最高税率为 39.9%，房地产出租形式的收入适用此税；资本利得税，依据房地产出售所获得的差价收入征收；公司所得税实行超额累进税率，税率分 15%、25%、34%、35% 四档，税基为房地产公司的净利润。三是遗产赠与税。房地产作为遗产和被赠与时才征税，规定超过价值 60 万美元的遗产和每次赠送价值超过 100 万美元的物品才征税。由于美国房地产的价格不高，旧房经过折旧价值更低，因而实际上很少征税。此外还有少数服务性收费项目，如土地产权登记费等，收费标准统一，数额很小。

为了保证不动产税的足额征收，各地方政府都拥有自己的房地产估价部门和大量专业人员，这些人员专门从事各类房产的估价工作。其评估的办法主要有：一是资本还原法，即以房地产的预期收入（如租金收入）为基础的贴现评估方法；二是公平市场价格法，即以房地产的市场销售价格为评估价；三是重置成本评估法。对个人住房仅采取第二种办法。如果业主对估价有异议，可以分级上诉：首先是地方政府的估价办公室；其次是州的仲裁委员会；最后是联邦的税务法院。在征收管理方面，地方税务部门有一些有效的管理办法。如巴尔的摩市规定，从每年的 7 月开始征税，并规定最后的缴税日，提前上缴的可获适当减免（0.5%～1%）；逾期缴税的要罚款；超过规定时间不缴税的，由税务部门没收房地产，进行拍卖，过去已有 1 万多处房地产被拍卖。

参考文献

1. 李明：《美国土地管理制度考察与借鉴》，《黑龙江水利科技》2010 年第 3 期。
2. 孔德懿：《关于农村土地流转制度创新的思考》，《经济论坛》2006 年第 8 期。
3. 孟祥舟：《美国房地产税制》，《国土资源》2002 年第 2 期。
4. 熊红芳、邓小红：《美国日本农地流转制度对我国的启示》，《农业经济》2004 年第 11 期。
5. 《美国的房地产税收体制》，http://www.bjnsr.com/fcsqhwhncl/content.asp? id = 21601。
6. 《美国土地流转政策及其启示》，http://www.jjykj.com/wenzhang/viewnews.asp? id = 13864。

第二节　日本土地产权制度

一　日本土地所有制

日本国土总面积为 37.79 万平方公里。全国分为东京都、北海道、大阪府、京都府和 43 个县，主要由北海道、四国、本州和九州 4 个岛屿组成。日本的土地 65% 为私有，

35%为国家所有和公共所有（见图3），产权很明确。日本现代的农村土地产权制度主要由所有权与使用权构成。所有权的产权主体主要有三种，即国家、公共团体、个人和法人。国家和公共团体所有的土地多为不能用于农业和建筑业的林地、原野、河川、海滨等，占农村土地主体部分的农地及宅基地属于私人所有。日本《民法》规定，土地所有权是对土地直接的、全面的支配性权利，是一种重要的物权。私有土地可以自由买卖、交换、租赁，但必须到法务省的不动产登记所进行登记，否则得不到法律的承认和保护。

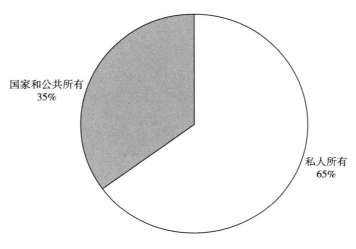

国家和公共所有
35%

私人所有
65%

图3 日本土地产权结构

二 日本土地管理模式

日本的土地管理模式可以概括为工业化、城市化与农业现代化同步发展，必要的土地整理复垦措施，都市圈紧凑式发展模式等。

（一）完善的耕地保护和经营制度

日本政府非常重视农地的保护，目前日本颁布的有关土地管理方面的法律共有130部之多，其中涵盖了包括《农地法》《土地改良法》等在内的与农地相关的整个制度，这些法律大都随经济社会发展几经修正，逐渐形成了完善的体系。日本在1961年制定《农业基本法》之后，走上了放宽管制和促进土地流转的道路，这正是日本的耕地数量由增到减的重要转折点。

（二）耕地保护、农地振兴与城市发展之间的协调

日本早在1952年颁布的《农地法》把农地的各个地片作为对象进行严格管制，确保了一定数量的优质耕地；又在1999年对《农业基本法》（1961年）体制下耕地被过多占用或弃耕、农业生产后继乏人等棘手问题提出了解决对策。为振兴农业，日本在1969年颁布的《农振法》从农业政策的角度，再次确保土地作为农业用地，其主要内容是指定

农业振兴区域。城市化区域不包含在农业振兴区域内，而在城市化调整区域内则可以指定农业振兴地域。在 1974 年颁布的《国土利用计划法》中规定，在都道府县知事制定的土地利用基本规划中，要将土地划分为城市地域、农业地域等 5 个地域。即使对于五大地域中的重复部分也有详细的土地利用调整规则，总体的原则是土地利用向着重视农地保护和生态保护的方向调整。例如：市街化调整区和农用地区、防护林、自然公园和自然保护特殊地域重复时，农业地区、防护林、自然公园和自然保护特殊地域土地利用优先。

（三）综合协调的土地利用规划制度

日本的土地利用规划就其类型而言可分为国土综合开发规划、国土利用规划、土地利用基本规划及部门土地利用规划，各个不同层次规划之间的相互协调，有效促进了国土资源的综合利用。日本国土规划体系如图 4 所示。

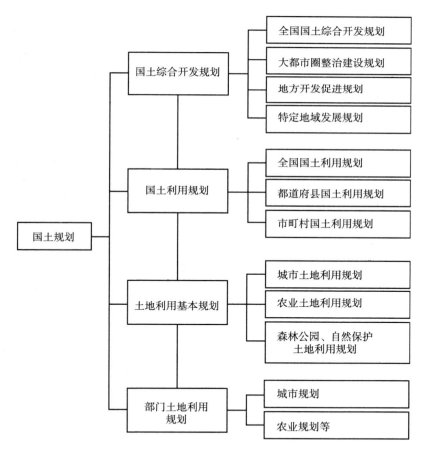

图 4　日本国土规划体系

（四）健全的土地规划实施保障措施

日本保障国土综合开发规划、国土利用规划、土地利用基本规划、部门土地利用规划实施的手段和措施主要包括以下几个方面。

（1）土地管理规划和实施一方面依靠中央政府和地方政府，另一方面广泛动员地方公共团体、民间团体和居民积极参与，动员全社会的力量推动规划的实施。日本的土地产权很明确，因此土地所有者很在乎其土地的保护和高效利用，也有对土地进行改良和进行基本建设投资的积极性，这在国土规划实施、资源管理和可持续利用中起到了重要作用。

（2）日本政府在制定、实施有关土地利用规划时，十分重视依据法律手段保障规划工作的顺利开展和规划内容的具体实施，如国土综合开发规划实施的依据是《国土综合开发法》，国土利用规划的实施依据是《国土利用规划法》，土地利用基本规划实施的依据是《城市计划法》《农振法》《森林法》《自然公园法》《自然环境保护法》等。

（3）为保障规划的实施，并使地方圈建设得以保证，财政部门在金融、税收方面给予优惠，以保障地方圈建设。有效利用民间力量，并保证公共投资适当分配。政府部门与民间部门密切合作，共同进行地方圈建设。

（4）国土管理部门在不断完善土地利用的法律，并不断协调国土综合开发规划、国土利用规划、土地利用基本规划、部门土地利用规划之间的关系，保证规划的有效实施。

三 日本土地流转制度

以1946年实施的农地制度改革为起点，日本的农地制度改革大致可划分为两个主要阶段。第一阶段从1946年10月《农地调整法修正案》及《自耕农创设特别法》的通过到1970年5月第二次修改《农地法》为止。日本农地政策和法律在这一阶段的重点是保护耕作者的利益，保证土地由农民所有，目的就是铲除农村中封建主义的经济关系，实现"耕者有其田"，为发展资本主义生产关系创造条件。第二阶段从1970年《农地法》第二次修改至今。农地法律和政策的重点发生了变化，突破了土地占有和使用方面的限额，以土地使用权转移为中心内容，鼓励土地的租借和流转，其目的在于促使土地向真正愿意从事农业生产且有能力的农民手中集中，扩大农户经营规模，改善农地的规模结构和经营结构，提高农地的使用效率。围绕这一目的，日本制定了一系列法律和政策。如1970年5月通过的修改后的《农地法》取消了取得农地上限，废除了对地租最高额的规定，使农地的租赁、借贷在法律上获得承认，从而为大规模借地农的形成提供了法律依据。

在城镇化快速发展的背景下，日本通过制定和实施《城乡规划法》，在法律框架与市场机制下实现了土地的有序流转。其土地流转有如下特点：

一是耕地流失同经济发展关系紧密，具有明显的周期性；

二是城市建成区土地利用效率高，城市人口密度高；

三是轨道交通发达，支持大都市带和高密度社区的发展；

四是日本在容积率限制上与中国不同；

五是在法律框架下建成区沿交通线发展，符合市场经济规律，实现城市土地资源的高效利用；

六是城市和农业规划协调发展，法律框架下允许规划调整，保证了城镇建设用地的有效供给。

日本在房地产价格出现暴涨后也曾出过一系列调控政策，为了控制资产价格，按顺序依次出现了如下政策。

（一）直接控制交易

日本政府出台了"土地交易监视区域制度"来对房地产交易实施直接控制，即土地交易规模达到一定规模以上时具有申报义务，一旦被定义为"监视区域"，那么在此区域参与一定规模以上土地交易的企业或个人都有义务把预先的交易价格等报告给市长等地方首脑（日本称为都道府县知事），知事如果觉得交易价格高得不合理，就有权进行劝告改正，有时哪怕土地交易规模在规定规模以下，知事也有权知道交易价格，实际就是让地方首脑来规范压制土地泡沫。当然除了"土地交易监视区域制度"外，日本还进行了对房地产业者及金融机构的彻底指导，甚至可以冻结国有、公有土地的出售等，但这些实际是"土地交易监视区域制度"的强化衍生。

（二）金融紧缩政策

具体措施是提高利率水平，并且实行对不动产业者融资的总量控制。对于融资的总量控制，限贷也属于其中之一，而对于房地产企业，银行之类在行政指导及风险意识下也已经对房地产行业收紧阀门，房企要融资日渐困难（可惜管不了央企和国企）。

（三）房地产税制调控

对超短期交易征重税，废除了居住用财产置换的优惠措施，后由于美日进行贸易谈判时，美方提出了对日本经济结构和土地政策的看法，认为税制改革才是调控的关键，至少需要通过提高资产保有税来弱化资产保有者的有利地位，受此启发，日本开始思考土地税制改革问题，提出征收地价税，强化了农地征税，促进城市化区域里的农地向宅基地转换。所谓地价税实际上跟我们如今在议论和进行试点的房产税差不多，由于日本资产保有税税率太低，所以希望通过地价税对等待升值的土地保有者进行经济惩罚，减少仅仅为等待土地升值而保有土地的这种现象，以促进土地的有效利用。

四　日本土地征收及补偿政策

日本是世界上极少采用土地所有权与建筑物所有权分离制度的国家。日本虽然实行土地私有制度，但其在土地利用过程中采取的是"租赁土地主义"（借地主义），也就是说，在日本，建筑物与土地的关系中，建筑物的所有人要租借土地所有人的土地，有关建筑物的负担由租借人承担。同时日本的法律是承认土地所有者的权利的。在中国土地使用权有一个有效期，一般居住用公寓为 70 年以下，商业用为 40 年以下。而在日本，一旦土地买卖成功，则土地的使用期限是没有规定的，可永久使用。

关于建筑物的用途，在中国必须取得国家政府的相应许可才可以建造相应的建筑物，用途单一。而日本的规定则较有余地，基本上都不会硬性规定为某种单一的用途，所以现在没有建设的土地将来也可以改建为办公楼或者其他商业设施。

此外，因为日本是实行土地私有制的国家，且国家所有的土地多为不能用于农业、工业或住宅的森林地和原野。因此，解决公用事业建设的用地问题，必然要通过征用私有土地解决。日本土地征用制度特点是：

一是日本为公共事业需要而征用土地时，必须经过管理部门的严格审批，同时必须在《土地征用法》的框架内严格把握，以确保土地的合理利用；

二是征用土地的价格是土地的经济价值，即按照市场价格支付费用；

三是除了支付土地的市场价格外，还必须对一些直接或间接的损失进行赔偿。

日本共有两种产权类型：永久产权和租借产权。其中租借产权又可细分为两种类型，即地面使用权和租借权。

永久产权（所有权）指业主拥有绝对的土地和建筑物的产权。拥有永久产权意味着您对您的独栋房子下的土地拥有永久产权或是对您公寓下的土地拥有相应比例的永久土地产权。对于公寓楼来说，每一个单元都拥有与其成比例的土地产权。这个数字常用百分比来表示（通常是指个体单元面积和整栋楼房面积的总和的比例）。在同一个公寓里，大单元房比起小单元房拥有更多的土地产权。

地面所有权（地上权）指土地是租借的，楼房业主和单元业主有权自由买卖。此种形式常见于公寓大楼的土地。

租借权（贷借权）也指土地是租借的，但楼房业主和单元业主在转让或是转租之前，必须取得土地业主的同意。同时，在改建之前，也必须取得土地业主的同意。此类房产主要是独栋楼房，在公寓楼房中比较少见。

对于特定的公寓，固定期限租借期从开发商和土地业主协议的日期开始，不是从购买楼房的某一单元的时候算起。在一些租赁合同中，当租期满了后，土地需要还原为初始状态以便归还给土地业主，这意味着楼房必须拆掉。

五　日本土地税收制度

按照日本国税和地方税的课税原则，课征房地产税要有非常充足的理由。房地产课税的对象非常明确，在保有和转移环节都容易控制和管理，而且房地产的价值较大，买卖双方及持有者都应具有相应的经济能力和税负承担能力，房地产税源比较稳定、广泛、可预测，因此课征房地产税可以为财政带来稳定、充足和可持续的收入。日本的国税以公平、中立、简单和国际协调为课税原则，地方税则以稳定、成长、普遍、分担作为课税原则。因此，日本现在的房地产税收入基本上归属地方政府，并实质成为地方财政收入稳定的重要支柱。日本房地产相关的课税类别涉及房地产的取得、保有和转让各个环节，仍然可分为国税和地方税两个层次，结果如表1所示。

在差别税收政策方面，为区分正常房产需求与投机性房地产需求，保护合理需求，在税收政策上实行差别对待。一是实行"差别化"的累进税率或比例税率，对出售第二套以上房产的卖主分别征收50%～60%的个人收益税和居民税。二是在房地产所有权转让环节，根据实际占有权属的时间长短进行征税，规定当发生房地产买卖等有偿转让时，应对转让收益增值部分课税。

表1　日本土地相关税收

环节	地方税	国税
取得阶段	房地产购置税4% 购置关联的特别土地保有税3%（停止） 地方消费税1%	登记税0.4%～2%（按取得方式） 印花税 消费税5% 遗产税、赠与税10%～50%的累进税率
保有阶段	物业税1.4% 都市计划税0.3% 持有关联的特别土地保有税1.4%（停止） 个人和法人的居民税 事业所税、事业税	所得税 法人税 地价税（停止）
转让阶段	个人和法人的居民税9%或5% 事业税	所得税30%或15% 法人税 登记税、印花税

从减免方面看，日本在不动产取得税、不动产转让税、物业税和都市规划税方面均有相应的减免制度，其主要目的是缓解社会矛盾和体现公平课税原则。

日本土地和住宅的不动产取得税税率为3%，非住宅类建筑取得税税率为4%。但根据不动产的具体情况，可享受相应的不动产取得税减免。登记许可税的税率按不动产取得方式的不同而有所不同，通过购买获得的房地产税率为2%，同时该项税收也有相关的减税和免税规定。

参考文献

1. 袁铖：《国外农村土地产权制度变迁及启示》，西部农研网，2012年5月28日。
2. 马跃成：《城镇化是中国特色的城市化之路》，搜狐博文，2013年4月27日。
3. 孙强、蔡运龙：《日本耕地保护与土地管理的历史经验及其对中国的启示》，《北京大学学报》2008年第2期。
4. 梁书民：《日本的土地制度与农业政策启示》，《农业经济问题》2011年第9期。
5. 董裕平、宣晓影：《日本的房地产税收制度与调控效应及其启示（上）》，上海发展改革信息网，2011年9月27日。

第三节　德国土地产权制度

一　德国土地所有制

德国国土面积35.7万平方公里，人口8241万，耕地1190万公顷，人均耕地约0.14公顷（2.16亩）。德国土地利用结构稳定，农业用地和林地占绝对优势，土地的生态安全性高。2000～2010 年，农用地面积大约占国土面积的 53%，林业用地面积占 30%，建设用地（包括建筑及邻近空地、休闲用地）面积占 13%。2010 年农业用地 1869.3 万公顷，占国土面积的 52.3%，其次是林业用地 1076.6 万公顷，占 30.1%。两者加起来占国土面积的 80% 以上（见图 5）。

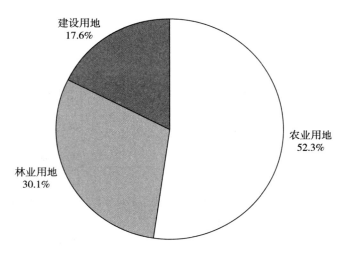

建设用地
17.6%

农业用地
52.3%

林业用地
30.1%

图 5　2010 年德国土地利用结构

德国《民法大典》第九十四条规定，土地上的房屋建筑是土地的组成部分，房屋建筑从属于土地，为土地所有权的拥有者所有。德国所有的土地（包括已建土地和非建土地，如农田、林地、绿地等）都实行土地登记，即地籍登记。地籍登记簿中的土地所有者是唯一受法律承认和保护的土地所有者。德国的土地所有权绝大部分归私人（自然人、法人）所有，也有一部分归公众所有，如归国家、州、市镇所有。1990 年，民主德国农用地面积占全国农用地面积的 96% 以上，私有土地仅占 2.5%。两德统一后，德国的国有土地和私有土地比例约为 3:7。

德国是世界上土地登记制度的创始国家。土地登记局一般设立在县一级，它们对所在地的一切土地登记事务具有管辖权。但是，由于德国是一个联邦制国家，经济主权在各州政府，而且各州的地方政府设置并不相同，有些州府只设立 1 个不动产登记局，有些则设立数个土地登记局。

二　德国土地管理模式

联邦德国的土地由许多部门管理，通过立法，形成各部门的分工合作制度。土地管理部门有州测量局、地方法院土地登记局、土地整理司。另外，国家财政部主管农业用地评价和地产价值评价。州发展规划与环保部主管各级土地利用规划工作。德国土地管理机构负责地籍资料的采集、编绘、保管、更新、统计和提供利用，以及土地登记、土地评价、土地利用规划和土地整理。德国土地管理重视土地立法，采用先进技术进行管理，重视对

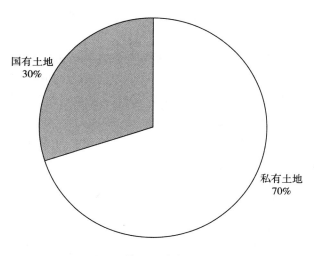

图 6　德国土地产权结构

土地信息的保存、利用和完善。

具体在农地管理方面，有以下特点。

一是对农地产权交易实行特殊管理。德国土地绝大部分属于私有，也有一部分实行公有，如国家、州、市镇所有。除法律另有规定外，土地所有者对该土地（包括地上和地下）享有占有、使用、收益、处分等权利，可以自由交易。但由于农地的特殊性和农业发展的需要，德国对农地所有权的自由交易实行严格限制，以防止农地细碎化，防止土地集中到非农民手中而使农业滑坡。自 1918 年以来，德国就对农地自由交易实行控制，并延续至今。《土地交易法》规定，出让农地所有权，应经地方农业局许可，对可能导致土地分散经营或者细碎、出让价格与土地价值严重背离、改变农地用途的不得批准出让。

二是对农地实行田亩重整。为解决"二战"后形成的农地地块分散细碎不便于机械化作业问题，从 1953 年开始至今，德国按照《田亩重整法》的规定，实施了田亩重整计划，由参与该计划的农地所有者组成共同体，在国家支持下，通过田亩重整程序，对不同所有者的农地进行互换、重新登记，并加以平整改造，使之连片成方，适合于机械化耕作，促进了农业集约化和规模化。1949～1994 年，平均农地经营规模由 8 公顷提高到 29.8 公顷；农地经营规模低于 10 公顷的农业企业由 140 万个减少到 28 万个。

三是加强农地租赁管理。在两德统一前的联邦德国，有 38% 的农地用于租赁经营，在全德国现有 53% 的农地用于租赁经营。为防止改变农地用途，实现农地的可持续利用，保护租赁双方当事人的合法权益，加强农地租赁管理，在《民法典》规定的基础上，1986 年联邦德国颁布实施了《农地用益租赁交易法》，规定农地租赁实行合同备案制度，租赁期限为 12～18 年，地租要符合国家规定，并由农业部门定期检查，重点检查租金是否适当、股东或者合伙人是否变动、用途是否改变、是否转租等，并根据检查结果对租赁合同作出调整。如果承租人两个季度未付租金，或者未经批准转租、改变用途，则要求当事双方解除合同。

四是畅通农地纠纷解决渠道。德国的农地租赁纠纷主要通过调解和农业法院解决。调解不是必经程序，主持人由经过考核的专业人士或者双方认可的调解人（如市长、教士、农业局官员等）担任。调解不成可向农业法院起诉。农业法院属于基层法院，由1名基层法官和2名名誉法官（如农地地主等）组成，依照《农业纠纷诉讼程序法》（1953年）规定审理。对农业法院判决不服可上诉到州中等法院。在与农庄主座谈时，他们表示，"调解协商的结果要比法院判决更容易接受"。

三　德国土地流转制度

在德国，联邦宪法规定德国的土地买卖是自由的，但不能影响公共利益，否则，德国地方政府可以通过买卖契约申请登记制度和行使先买权制度参与私人的土地交易。德国的登记制度是物权变动的有效条件，对于没有登记或登记申请遭拒的土地所有权便不能发生转移。所以必须办理好登记才能在土地市场上予以交易，登记机构在查明不存在先买权或不行使先买权后才能登记。

德国土地交易的形式主要有出售、出租、抵押三种。交易的内容主要包括：①完整产权，即土地所有权；②不完整产权，即部分所有权、使用权或最终处置权，如租地造屋权、抵押权等。

德国土地价格的评定以市场比较法、收益还原法等为主。在交易过程中，从契约的签订到最后的登记都有政府公证人的参与，以保证交易的公正、公平和价格的合理。从理论上讲，土地所有者的权利是绝对的，其所有的土地可以自由出售、出租、抵押和转让，但事实上土地所有者已不能享有完全的支配权，土地所有权已经向社会化转变。为了社会公共利益和保护他人的合法权益，在承认土地所有者的合法权益的同时，德国通过立法程序对其加以限制，要求公民服从国家的需要。

（一）农业用地方面

德国明令禁止农用耕地的产权转让方向以及经营方向的变更。只有在经营方向不变且买方具备一定的经营条件的情况下，才允许双方签订合同，同时报政府批准，变更登记后才有效。

（二）土地整理方面

土地整理区内的地产主在进行土地交易时，须申请土地整理主管部门审查批准，审查中如确认该土地交易不会影响土地征地规划方案的实施方允许交易。交易时买卖双方必须到登记局申请登记，土地整理部门在整理期间为大型项目工程用地或为村镇改造及整理中的公共设施用地进行土地交易时不需公证。

（三）建设用地方面

土地交易后的用途必须服从规划的需要。建设小区规划中的地产买卖必须服从建设小区规划的具体规定，如不能满足这一点，政府可行使优先购买权，如业主要价远高于当时的市场价或者不愿卖给政府，政府就可以依法按市场价格强行予以征购。这个市场价格由估价委员会定出，这样做的目的是保证建设规划实施和公共利益的需要。

（四）　租地造屋权方面

承租人在"租地造屋权"租赁期间，可将其权利作为财产进行买卖、转让、抵押，但这里买卖的是"租地造屋权"，因此再卖时必须征得出租人的同意。承租人在抵押时也必须经出租人同意，这主要是考虑出租人不希望承租人多抵押钱款，因为银行"认地不认人"。当租期届满时，出租人对承租人在地产上所建的房屋等地上物应付一些折价款，目的是促使承租人精心护理所建房屋。

四　德国土地征收及补偿政策

18世纪法国大革命之后，土地征收的补偿被列入宪法之内，《德国基本法》规定，征收的法律必须规定补偿条款，这就是在理论和实践中被广为引用的"唇齿条款"，形容征收与补偿的不可分性。德国法律认为，土地征收是特定少数人为社会公益被迫牺牲了自己的权益，因此，除非公共福利需要，且经与拟征收土地所有权人多次协商购买未果以外，一概不得动用征地权，即使动用征地权，也必须公平合理。虽然德国法律未对社会公共利益范围进行明确限定，但是，由于其他法律对私人土地或者财产给予了充分的保护，因而使公共利益的范围受到了严格限制。

德国土地征收补偿的范围和项目包括：①土地或其他标的物的权利损失补偿；②营业损失补偿，即原财产权人因营业或履行其应负的义务所受的暂时的或持续的损失；③征用标的物上的一切附带损失补偿。德国土地征收补偿的标准是：①土地或其他标的物的权利损失补偿标准为土地或其他标的物在征收机关裁定征收申请当日的移转价值或市场价值。②营业损失补偿标准为在其他土地投资中可获得的同等收益。

五　德国土地税收政策

德国土地税纳税额的计算分为三步：①首先确定单元价值。②根据联邦统一税率得出计税价值，农业生产用地（以下简称"农用地"）税率为6‰，非农业生产用地（以下简称"非农用地"）税率为3.5‰。独户住宅土地税率，价值在75000马克以内的税率为2.6‰，75000马克以上的税率为3.5‰，双户住宅税率为3.1‰。③根据市镇土地税税率乘以计税价值得出应缴纳税额。

（一）　单元价值、计税价值的确定

土地单元法将土地分为两类：农用地和建筑用地。对农用地征收土地税A，对建筑用地征收土地税B，不同土地类型的课税单元价值计算原理不同。

农用地计税价值依据为土地产出价值，农用地的单元价值是以国家统一的土地评估调查评定产值确定的。土地产出价值评估，根据土地的不同质量，将土地分为六等，一等为100%，六等为600%，即一等土地单位面积的纳税单元为1，六等土地的纳税单元为6。

1935年德国开始第一次使用以土地单元价值评估方法确定纳税价值，以后多年没有

变动，直到 1964 年才进行第二次评估。德国现在使用的农用地纳税地价以 1964 年评定的单元价值为依据，当时估计的产出价值为每公顷 420 马克，为了防止生产的不稳定风险，仅使用 50% 计算单元价值，农用地税率为 6‰。需要注意的是，德国是实行农业补贴的国家，但同时又征收农用地税，原因在于农业补贴不是由市镇财政支出，而对农用地征收的土地税属于市镇财政收入。同时，市镇也有保护本区内农用地和环境的责任。

建筑用地计税价值的理论依据为土地本身的价值，建筑用地的单元价值以市场价值为参考得出。建筑用地的土地市场价值评估，由州专家评审委员会进行。专家评审委员会的任务是收集成交土地的价格，根据成交土地的价格得出同类土地的纳税价值。由于建筑用地市场价值差别比农业生产用地大，评估系统确定的单元价值大大低于市场价值。由于农业产量增加幅度在现有技术条件下有极限，而非农用地市场价值随经济发展长期增长，因此随时间的推移，土地税 B 的市场价值和单元价值的差别将会不断扩大。

单元价值乘以土地面积，就是纳税土地的总价值。纳税土地总价值乘以联邦税率为土地的计税价值。

（二）土地税应纳税额的确定及征收

土地税应纳税额 = 土地的计税价值 × 土地税税率

德国土地税税率的确定权在市镇，各市镇在每年年初决定下一年度的税率。州可以对市镇土地税税率上限进行控制。土地税税率在各个市镇之间变动幅度相当大，说明市镇在土地税税率决策权方面具有相当大的活动空间。

2001 年土地税 A 的平均税率为 258%，土地税 B 的平均税率为 447%。

市镇土地税征收方法为：由市镇税务局根据计算机程序得出每块地应纳税额，并将应纳税额以书面形式通知土地所有者，纳税人照单纳税即可。

（三）土地税的优惠政策

德国对居民自有自用的第一套住宅（不包括度假村）不征收房产税，只对房基地征收土地税。有些市镇对第二套住宅征收土地税。从 1990 年起对居民购置的自有自用住宅，实行新的土地税优惠政策。对于一户 4 口人的标准家庭，税收优惠的面积为：独户住宅在 156 平方米以下、双户住宅在 240 平方米以下。德国是一个土地私有制国家，土地所有权是可以自由买卖的。长期以来，德国为促进居民拥有自有住宅，实行居民自有自用住宅与其他土地买卖和经营严格区分的税收政策。因此，对于普通居民购置住宅来说，房基税不是重要的考虑因素。房产总价值仅仅是在买卖房产时作为缴纳房产交易税的基础，一次性缴纳。房基价值单独评估，备注在房产证书中，作为每年缴纳房基税的依据。

参考文献

1. 王维洛：《德国土地使用权和中国土地使用权之比较——中国城市拆迁过程中赔偿问题分析》，

《当代中国研究》2004 年第 2 期。

2. http：//www. chinavalue. net/Finance/Blog/2012 - 12 - 6/945301. aspx.

3. http：//www. jgs. moa. gov. cn/gjjl/201009/t20100914_ 1656530. htm.

4. http：//www. maifangw. net/zhengce/535. html.

5. http：//www. 110. com/ziliao/article - 170160. html.

6. 郭洁：《土地资源保护与民事立法研究》，法律出版社，2002。

7. http：//news. 9ask. cn/caishui/tds/200903/161600. html.

第四节　俄罗斯土地产权制度

一　俄罗斯土地所有制

俄罗斯国土面积 1707. 54 万平方公里（世界第一，占地球陆地面积的 11. 4%），水域面积占 13%，是世界上面积最大的国家。东西最长为 9000 公里，横跨 11 个时区；南北最宽为 4000 公里，跨越 4 个气候带。截至 2010 年 1 月 1 日，俄罗斯土地所有权基本结构为：国有和市政组织所有土地份额约为 92. 2%，共计 1576. 3 万公顷；公民所有土地份额约为 7. 2%，共计 133. 2 万公顷；法人所有土地份额约为 0. 6%，共计 10. 3 万公顷（见图 7）。

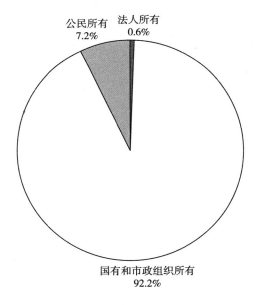

图 7　2010 年俄罗斯土地利用结构

二　俄罗斯土地管理模式

俄罗斯联邦的土地管理可分为国家管理、社会管理、自治地方管理和农场内部管理这四种类型。其中国家管理是主要的管理形式。国家在土地资源的管理中发挥着重要的作用。国家管理土地资源是国家管理职能的一部分内容。这是保证土地作为最基本的生产资料得到合理利用的客观需要。俄罗斯联邦的土地资源或它的一部分是国家管理的客体，为了保证分类管理和调整土地法律关系，《俄罗斯联邦土地法典》将土地按用途分为 8 个等级，即农业用地、居民区的土地、专业用途用地（工业用地、动力用地、交通用地、通信用地、无线电广播用地、电视信息用地、国防安全用地，保证宇航活动用地和其他专门用途用地）、特别保护区域土地和被保护客体所占的土地、森林资源用地、水资源用地和储备土地，涵盖了所有土地。在《俄罗斯联邦土地法典》中，分 5 章规定了上述土地的管理和保护制度，其中详细地规定了每一类土地的定义、划分的范围和方法、如何生态化地利用和保护该类土地。

例如，《俄罗斯联邦森林法典》将林地分有林地和无林地。凡被指定用作恢复森林植被的土地均为有林地，包括采伐迹地、死树地、疏林地、荒地、林中空地等。被指定用作森林经营的土地，如林间通道、道路所占地、农业用地、位于森林边缘的沼泽地以及石矿床地属无林地。在森林中从事建设、开矿、修路和其他工作需要有林业局颁发的许可证。其他工作是指非森林经营和不要求林地转化的工作。许可证上需标明从事项目的名称、期限、完成条件和环保要求。如果实施项目要砍伐树木，则需有林业局签发的森林砍伐许可证。国家进行森林资源统计、森林监测，制定森林志册、森林资源证明书，进行森林调查设计，为公民和法人提供有关森林资源信息。

俄罗斯联邦土地管理的模式是部门管理，从上至下形成管理体系。现在俄罗斯联邦的土地资源管理体系由国家土地政策委员会、州级土地政策委员会和自治地方土地政策委员会等构成。联邦与地方土地管理实行垂直领导，联邦土地政策委员会可以直接任命地方土地政策委员会主席，但须事先征得地方同意。在各级土地管理部门里，一般设有土地规划、土地利用管理、地籍管理、政策法规、科学教育等部门，负责管理有关土地的全部事务。俄罗斯联邦的这种对于土地的垂直管理体制，有效地保证了全国土地的统一管理和规划。土地规划方案一旦公布，所有部门都必须严格遵守。当然，由于俄罗斯联邦的土地所有制分为联邦所有、联邦主体所有和自治地方所有等几种形式，所以除了联邦委员会的土地管理体系外，各地方政府也有自己的土地管理部门，它们分别管理各辖区内相应级别的土地。

俄罗斯联邦国家土地资源和土地规划委员会作为被专门授权的国家环境保护管理机关的基本职责是：

（1）贯彻执行俄罗斯联邦关于合理利用和保护土地、保持和恢复土壤肥力以及改善自然环境方面的国家政策；

（2）编制国家土地登记册（又称"国家地籍簿"或"国家土地清册"）和对土地进行监测；

（3）制定合理利用和保护土地、恢复土壤肥力、改善自然环境的国家纲要及合理利用和保护土地的经济刺激措施；

（4）参加制定和按法定等程序提出关于防治土地污染和土壤质量恶化方面的建议；

（5）对土地利用规划、计划、方案实施国家土地规划鉴定；

（6）对企业、组织、机关遵守土地立法和土地利用制度的情况以及建设用地的情况进行监督。

三　俄罗斯土地流转制度

1990 年 2 月 28 日《俄罗斯及加盟共和国土地立法纲要》正式取消了国家对土地的垄断，实行土地终身继承占有，确认了土地的多主体所有原则，允许土地的租赁和有偿使用，允许买卖。土地终身继承占有从本质上说不过是掩饰私人所有的一种形式，是变相的私人所有。俄罗斯的改革者们注意吸收其他国家关于土地私人所有权的经验，学习西方国家建立家庭农场，希望通过出租、互换、转让、股份合作等形式流转土地，发展规模经营。从 1991 年《土地法》到 2001 年《土地法》实施的 10 年间，俄罗斯的土地改革迈开了很大的步伐，消灭了国家土地所有权的垄断，创造了 4500 万新的土地所有人阶层，1300 万公顷土地转交给公民和其他组织所有，这样做的目的是把土地变成商品，以充分的价格进行流通。现阶段，俄罗斯土地交易的主要形式是集体经济成员从集体经济中分离出来自己的土地份额，交易的主要对象是公共土地。

《俄罗斯农地流转法》确立了国家或市政组织所有的农地流转的条件，以及将农地征收为国有或市政组织所有的规则。该法规定，俄罗斯联邦、俄罗斯联邦各主体、市政组织、公民和法人是农地流转法律关系的主体。俄罗斯公民、法人所拥有的农地及土地份额依据《俄罗斯联邦土地法典》及其他相关法律可以自由出租、转让、抵押及出售。禁止联邦各主体制定有关限制农地流转的法律、法规。国家和市政组织所有的土地可以通过拍卖的方式提供给公民和法人。公民或法人出卖归其所有的农地或土地份额，俄罗斯联邦各主体或市政组织在价格相同的情况下具有优先购买权。《俄罗斯农地流转法》只允许俄罗斯公民、法人和俄罗斯政府机关购买农用土地和土地份额。外国公民、外国法人和无国籍者参股 50% 以上的法人不得购买俄罗斯农用地或份额。外国公民、法人及国外资本超过 50% 的法人在此法律生效前购得的农用土地或土地份额将在该法律生效之日起 1 年内被收归国有。对于这些应收归国有的土地或土地份额应通过法律程序进行拍卖。如果没有人竞买，俄罗斯政府应根据法律程序按拍卖的起价收购这些土地或土地份额。外国公民、外国法人及外国资本超过 50% 的法人使用俄罗斯土地可以租赁，租期不超过 49 年。

四　俄罗斯土地征收及补偿政策

《俄罗斯联邦民法典》对土地征收中私权保护的制度设计包括目的限制、法定程序的保障、充分补偿以及必要的司法救济制度。

（一）国家或自治地方需要的目的限制

私人财产权作为宪法权利应当受到法律保护，不能随意剥夺和侵犯。征收作为对私人财产权的强制性剥夺，必须严格限制其目的。各国往往规定为公共利益目的可以征收私人财产。公共利益泛指对象不确定的、为社会全体成员或者多数人享有的利益。《俄罗斯联邦宪法》第三十五条将征收目的表述为"为国家需要"，《俄罗斯联邦民法典》将征收目的扩大为"为国家或自治地方需要"。

（二）合法程序的保障

《俄罗斯联邦民法典》第二百七十九条至第二百八十八条对征收程序进行了具体规定。首先，征收土地的决议需要由俄罗斯联邦行政机关或俄罗斯联邦主体的行政机关作出。另外，立法明确决议机关的主体，在于避免其他行政机关行使和滥用征收权。其次，作出征收决议的机关须在征地1年前书面通知土地所有人，并经土地所有人同意才能进行征地。书面通知实现了土地所有人的知情权，土地所有人的同意体现了对私人财产权的保护，践行了新《俄罗斯联邦民法典》崇尚的私法自治精神。最后，应在土地权利登记机关进行国家登记。国家登记的进行，一方面公示了这块土地已经被列入征地范围，明确了被征土地在征地决议作出时的土地状况，为其后与土地所有人协商土地赎买价格提供了依据。另一方面也使土地所有人明了其在该土地上面临的风险。因为进行国家登记后，土地所有人仍然对该土地享有所有权，但当征地机关与土地所有人协商土地赎买价格时，只能按照国家登记时记载的土地状况确定赎买价，新建、扩建、改建所支出的费用则由土地所有人自己承担。

（三）充分补偿

基于公共利益目的可以依法强制性地将私人财产收归国有。但土地毕竟是私人重要且价值巨大的财产，无偿强制剥夺难谓公平。《俄罗斯联邦宪法》规定采用等值补偿方式。等值补偿在《俄罗斯联邦民法典》中具体通过赎买方式实现。而且，如前所述，俄罗斯在土地征收中充分尊重土地所有人的意愿，事先取得土地所有人的同意是土地征收的前提条件之一。在征收土地的赎买价格方面同样尊重土地所有人的意愿，赎买价格、赎买期限和其他条件都要与土地所有人进行协议，且协议中必须载明俄罗斯联邦、俄罗斯联邦主体或自治地方负有支付征地赎买价款的义务。在赎买价的确定上，以等值补偿为原则，并依据市场价确定被征收土地和土地上不动产的价值。因征收而给土地所有人造成的损失给予全部赔偿，其中包括土地所有人因提前终止对第三人的债务而受到的损失，包括预期的利益。此外，如果被征土地所有人不愿意采用现金赔偿方式，也可以和征地主体协商进行土地置换。如果两块土地价值不等，则在赎买价中扣除新提供土地的价值。这种等值补偿方式及与土地所有人协议达成的赎买价格，既尊重了土地所有人的意愿，贯彻和体现了民法私法自治的精神，又对土地所有人给予充分补偿，弥补了征收对私人财产权的损害，调整了个体利益和社会公共利益的失衡状态。

（四）司法程序的救济

在实际应用中，个体利益和公共利益的不一致是不可避免的，设计法律制度时必须为冲突的解决和民事权利的保护提供司法程序的救济。《俄罗斯联邦民法典》第八百八十二条对土地征收提供了司法程序的最后救济：如果土地所有人不同意征地机关作出的征地决议，则作出征地决议的机关可以向法院提起关于赎买土地的诉讼。如果双方就征地赎买价格或其他赎买条件无法达成协议，也可以通过司法程序解决。

五　俄罗斯土地税收政策

按《俄罗斯联邦税法典》的规定，土地税是地方税。但该税是在整个俄罗斯必须缴纳的税种。征收土地税的目的是促进土地的有效使用、保护和开发，提高土壤肥力，拉平在不同质量土地上经营的经济条件。以此为目的，土地税只能用于土地规划和整治、整理地籍簿、保护土地和提高土地肥力、开垦新土地等措施的拨款，用来补偿土地使用者用于上述目的的费用，以及偿还采取上述措施所使用的贷款及其利息。土地税包括三种形式：土地税、土地租金和土地标准价格。对土地所有者、土地占有者和土地使用者课征土地税；对出租的土地征收土地租金；对购置和赎买地块，以及对获得银行贷款作为土地抵押款，规定土地标准价格。

（一）俄罗斯土地税税率

在俄罗斯，征收土地税首先要考虑土地的使用性质，区分农业用地和非农业用地。根据土地的不同使用性质，规定不同的征税机制和税率。征收土地税时，将土地大致划分为农用土地、工业、林地和水面土地等若干类别。《俄罗斯联邦土地使用费法》对每类土地和每类地区规定了年均税率。

地方国家政权机关则根据该法所规定的平均税率来确定具体土地税税率，并按不同的地区制定出区别税率。在这种情况下，按平均税率计算的土地税总额，应等于按国家政权机关为每个价值区规定的具体税率计算的税额。土地税税率为农用土地和非农用土地单独规定。

在城乡结合部住宅占用的土地，其税额按市乡政权机构为该市乡有关地区规定的3%的土地税税率计征。在城乡结合部的别墅用地、合作社和个人的车库用地，其土地税按3%的税率计征。对位于市区和工人住宅区内的别墅用地、合作社和个人车库所占用的部分土地，按15%的税率计算税额，超过标准1倍的，按土地税的全额税率计税。

（二）俄罗斯土地税的缴纳方法

土地税的缴纳方法法人和自然人略有不同。法人应缴纳的土地税，由法人直接计算，每年在7月1日之前，法人应向课税对象所在地税务机关提交其当年应交税款的计算书。税务机关对法人正确计算税款情况进行监督检查。对新拨用地，法人须自土地提供之日的1个月内提交税款计算书。税款按提供给法人归其所有、占有或使用的每个地块单独计算，而住宅占用的土地则按每个房产单独计算。如果一个法人的课税对象位于不同税务机关的服务区内，应向每个税务机关提交位于该税务机关服务区内的课税对象的税款计算书。

公民应缴纳的土地税，由国家税务机关进行计算，并于每年的8月1日前向公民递交纳税付款通知书。法人和公民的土地税，均自提供土地之月的下个月开始计算。法人和公民每年9月15日和11月15日前分两次缴纳土地税，每次各缴纳一半。联邦主体立法权力机构和地方自治机构有权根据地方的实际情况规定另外的纳税期。

参考文献

1. 龚兵：《俄罗斯现代土地权利构成及发展走向》，《北方法学》2013 年第 2 期。
2. 贾雪池：《俄罗斯联邦土地管理制度的特点》，《林业经济》2006 年第 7 期。
3. 冯秋燕：《俄罗斯土地所有权改革初探》，《比较法研究》2009 年第 4 期。
4. 王春梅：《俄罗斯土地征用制度与私权保护》，《俄罗斯中亚东欧研究》2007 年第 5 期。
5. http：//baike. china. alibaba. com/doc/view – d1554074. html.

第五节 加拿大土地产权制度

一 加拿大土地所有制

加拿大领土面积 995 万多平方公里，领土面积居世界前列。人口近 3000 万，每平方公里约 3 人。地理条件优越，大多为平原。目前，已开垦（发）的耕地占领土面积的 5%，草地、牧草地占 3%，森林及林地占 35%，其他土地占 57%（见图 8）。

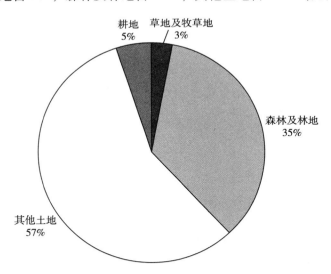

图 8　加拿大土地类型构成

加拿大土地所有制有三种形式：联邦公有、省公有和私人所有。其中，联邦和省公有土地又称皇家土地。联邦公有土地占全国土地的 39%，约 4 亿公顷，其中有近 9 万公顷在大城市，一般都是港口、机场和联邦办公机构及其他重要设施用地；省公有土地占全国土地的 48%，约 5 亿公顷；私人所有土地占全国土地的 13%，约 1 亿公顷，主要集中在各城市及乡镇居民居住地区（见图 9）。

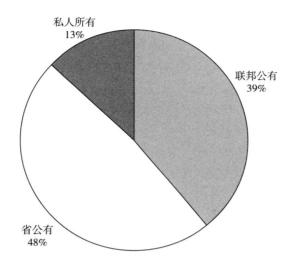

图9　加拿大土地所有权结构

二　加拿大土地管理模式

加拿大的土地管理体制是分权分级的：联邦政府负责管理联邦公有土地；省政府负责管理省公有土地；私人土地则由所有者自主经营管理。各级政府和业主对土地的开发、利用和保护，均根据联邦和省的有关土地法规行事。联邦政府对省公有土地和私人土地基本上不直接参加管理，主要是通过研究和建立土地信息系统强化科学管理手段，对全国的土地利用提供指导。

而土地利用规划权主要集中在省以下地方政府，大体分为省级、地区级和市（包括县和乡镇）级规划。

（一）省级规划

省级规划又称省级政策宣言，以白皮书形式下发。这是一种政策性和战略性文件，主要是划分城市和农村地区的界线，强调保护农业用地，增强土地管理的经济社会服务功能等等。如安大略省土地政策宣言主要坚持以下三条原则：一是确定一种能够促进经济强劲增长的土地利用模式；二是保护自然资源以确保其经济效益和环境效益，其中特别强调1、2类农用地不可用于非农业用途；三是通过引导存在公共健康和安全风险的开发项目远离居住区来减少潜在风险。

（二）地区级规划

地区级规划又称土地利用大纲或者总体规划方案。土地利用大纲由地方政府制定，省政府批准，是政策性文件。主要目的是把省级政策宣言变成自己的行动纲领，以指导地方政府以下几项工作：制定《土地分区管理法》；对分成小块出售的成片开发地产进行控制和管理；制订公共建设和基础设施计划。

（三）市级规划

市级规划又称《土地分区管理法》，由省政府授权市级政府制定。与省级政策宣言和地区级土地利用大纲不同，《土地分区管理法》是法律条文，非常详细和具体，具有强制性。主要内容包括用途（住宅、商业和工业）、密度、建筑体积等。

此外，自然资源部负责加拿大的能源、矿产和金属、森林及土地科学方面的管理事务，并明确规定其四个方面服务内容。

（1）向加拿大人提供最前沿的地球科学理论、知识和技术，引导和帮助加拿大人合理使用国家资源，减少成本，保护环境，开发新产品，提供完善的服务；

（2）建立和维护国家级的加拿大土地和资源方面的知识库，以便所有的加拿大人都能够很容易地得到最新的经济、环境和科学信息；

（3）执行和落实环境、贸易、经济、国土、科学和技术发展等方面的政策法规，确保加拿大自然资源对国民经济作出最大贡献，同时确保这些政策和法规可以保护环境，保障人的生命安全和身体健康；

（4）同国际机构及其他国家一起，提高加拿大的国际影响，帮助加拿大实现其与自然资源有关的承诺，为加拿大产品、服务和技术进入国际市场创造良好的通道。

三　加拿大土地退化防治政策

据估算，加拿大大草原种植地 50% 以上裸露在大风侵蚀之下，其土壤流失总量的 58% 是由风蚀引起的，仅大草原地区的 3 个省份每年因风蚀就造成至少 1.61 亿吨地表土流失，经济损失高达 2.49 亿加元。联合国粮农组织报告和美国地球探测卫星的数据显示，加拿大已经成为全球土地退化面积较大的国家之一。

加拿大是最早开始防治荒漠化的国家之一，成为全球防治土地退化的最佳案例之一。政府部门建立了专门的土壤保护机构和协调机制、土地资源管理机构与协调机制，成立了大草原地区农场复垦管理局，针对容易退化的林业用地、农业用地和矿区土地制定了全面有效的管理和保护政策，取得了良好效果。

（一）制定森林资源经营、管理和保护政策

各省对森林保护和采伐、更新造林都有一套严格的管理办法，包括制定森林法规，颁发森林经营执照，编制和审批采伐计划，严格检查、监督制度，查处违纪、违章、违法行为和推行森林认证等。

（二）制定农业环境保护政策

在农业生态环境保护方面，加拿大的主要举措包括：①加拿大农业部成立专门农业环境保护机构，不断强化政府对农业环境保护和可持续发展的职责，提高农业生产绩效，增强农业部门竞争力，提高农业在环境领域的领导地位。②建立由加拿大联邦政府与各省及相关部门共同合作的农业环境保护和可持续发展政策实施机制，通过发现问题、提供资金、引进技术、解决问题和影响评估等多环节联动，形成农业环境和土地保护政策实施的长效机制。③健全农业环境保护法律制度体系，涉及公民在农业环境保护方面的权利与义务、国家对自然资源与生态的保护、环境管理与监督、环境污染防治、特殊环境保护、环境科技与产业发展、环境保护教育与环境文化事业的发展、环境紧急事故和环境纠纷的处理、国际环境保护合作等多个方面，非常全面、系统，使农业生态环境保护有章可循、有法可依。④政府与许多非政府组织、私营公司、各种农民协会和一些金融机构（如加拿大农业信贷公司）以农业生态环境保护为重点，开展农业环境保护和可持续农业领域项目合作，提出切实可行的环境保护政策，组织开展环境保护技术研发、推广和信息服务，引导全社会广泛参与农业环境保护行动，强化公众的环保意识。

（三）制定矿区土地复垦治理政策

政府不断加强矿产资源开发的环境保护监管工作，通过制定大量的相关法律、法规和政策，对矿业活动进行约束和限制，对已经废弃的矿业用地进行恢复，防治土地退化。

四　加拿大土地征收及补偿政策

（一）土地征用的法律依据

加拿大联邦政府、省及市政府都拥有自己的土地，即国家所有的公有土地。各级政府对所辖范围的土地拥有处置权。但联邦政府为全国办事需要用地，有权征用省公有土地，但必须是有偿的。对于土地征用，联邦和各省都制定有相应的土地征用法，由专门机构依法执行。例如，联邦和安大略省制定有《联邦及安大略省土地征用法》，艾伯塔省制定有《艾伯塔省土地征用法》。

（二）土地征用的主体

土地征用的主体通常为国家或国家代理人、市政府，也可以是其他人（没有明确限定）。依据《联邦及安大略省土地征用法》规定，只要是为了公共利益，政府及各行业部门、机构组织，如自治市、医院、大学等为公共设施建设服务的机构可通过立法授权代表政府及团体享有征地权，即使是私人企业，也可以按照相关法律享有征地权，如私人拥有的管道公司，可以依据国家能源法或根据某些省立法规定享有征地权。

（三）土地征用的目的和范围

依据《联邦及安大略省土地征用法》规定，土地征用权是国家为了公共利益向私人收回土地的一种强制权，就是说征地的目的必须是为公共利益服务。征地的范围限制在为公众服务的交通、能源、水利、环境保护、市政建设及文化遗迹保护、学校、医院、社会福利等领域。

征用土地，通常不是单纯意义上征用土地所有权或使用权，征用的可以是不动产的全部权利，也可以是部分权利，如通行权、道路权等。通常情况下，征地机构不需要征用财产的绝对处理权，可以分别征用地役权、抵押权、租赁权等。但有些省的情况有所不同，按照《艾伯塔省土地征用法》规定，在依法得到土地征用的审批证明后，征用者可以得到授权土地中的任何资产。除非土地征用的审批证明另有说明，征用者可能在该土地地下、地上或由土地产生的利益、便利、权利、优惠等方面得到的利益将受到限制。另外，该法对土地征用中矿山和矿产的取得有特殊的规定，包括：

（1）除非土地征用审批证明明确授予了矿山或矿产的征用权，土地征用者没有资格根据该法和有关条款所规定的程序得到任何土地中的任何矿山和矿产。矿山和矿产所有权不受根据该法批准的征用证明在土地权办公室存档和登记的影响。

（2）当土地征用证明表明授予了矿山和矿产的征用权时，根据这一授权批准的征用证明上将指明在矿山和矿产上得到的资产和利益，否则就宣布在征用过程中将不能得到矿山和矿产方面的资产和利益。

（3）征用者由于其工作的要求可能会挖掘或以其他的方式损害土地（在此通过征用或协议或转让得到资产和利益）内的任何矿产，无须得到任何人允许，或仅赔偿除矿产损失以外的其他东西。

（四）审批机构

联邦和省政府征地法中都规定有专门的机构负责征地的审批事项，这些机构被称为征地权威机构。以艾伯塔为例，审批机构包括：

（1）国家或国家代理人的征用项目，由（省）司法部长负责；

（2）城市一级的土地征用项目由市议会负责；

（3）其他情况由土地赔偿委员会负责。土地赔偿委员会由副省长根据与该征地项目有关情况指定的成员组成，包括指定1人做主席，并指定1人或为奇数的多人为副主席。成员包括根据《公共服务法》指定的1个秘书、1个助理秘书、监察员和土地检查员以及其他进行委员会业务工作所需要的雇员。

（五）土地征用程序

通常的征地程序包括：征地者向征地审批机构提出申请—征地者通知将被征用地的所有者，并在当地媒体上按照规定的时间发布公告—审批机构派调查员调查—发给审批证明—土地所有者申请补偿—与征地者达成补偿协议—征地者进入土地等。

五 加拿大土地税收政策

在加拿大，土地税费种类较少，但覆盖面广。土地税是以财产税和所得税的形式征收，没有专门的土地税种。与土地资产有关的税种主要有以下几类。

一是财产税，在土地问题上，分为住宅地产税与商业地产税。住宅地产税课税对象是土地及其附着物。以财产税的形式，每年在省政府财产评估委员派驻各市政府的评估机构评估出市场公平价值后，以财产拥有者居住地市议会表决通过并公开实行的税率为依据计算应缴税额。其计算公式是：纳税额＝评估值×税率。商业地产税是针对公司（企业）拥有的经营性土地资产，每年根据评估的市场公平价值，再加上公司（企业）的其他资产，按资产总额向政府纳税，并规定总资产在100万加元内的不征税，超过100万加元的按累进税率征税。财产税由地方政府征收。

二是资本所得税（在土地上称地产所得税），该税的课税对象为财产出售时的增值部分。在地产权发生转移时，由原财产拥有者按交易总金额减去成本（资产原值＋翻新工程费）的增值部分按一定比例纳税。此税相当于我国的土地增值税。如果地主（土地拥有者）以土地作价入股，只有该股票转让时才征收资本所得税。这项税由联邦政府征收。

三是土地出租所得税（又称地产交易税）。以上所述的住宅地产税和商业地产税是土地资产的日常性税收种类，而地产交易税只有地产发生交易行为形成财产转移后才纳税，一般由财产拥有人按交易总额的一定比例缴纳。

表 2　加拿大主要土地相关税种

主要土地税种	土地相关收费	主要土地税种	土地相关收费
住宅地产税	地产开发费	地产所得税	土地产权登记费
商业地产税	建筑许可费	地产交易税	土地交易估价费

除上述三种税外，加拿大还规定，地产开发商在进行住宅地产开发时应向地区、市政府交纳地产开发费、建筑许可费，用于公共基础设施建设，费率高低取决于该开发地块的市政配套设施规模。开发的住宅出售后，购买者在向政府有关部门注册登记产权时，还要交纳注册登记费（土地产权登记费）。土地发生交易，或向银行申请抵押贷款需委托估价师进行土地评估时还应付估价费用。

加拿大实行分税制，联邦政府、省政府、地区政府、市政府都有征税的权力，国家以法律的形式将其严格界定，范围明确。地产税属于地区、市政府享有的税种，是市政府财政的主要收入来源，约占其收入的60%，另外40%的收入来自各种收费（证、照收费等）与罚款以及联邦政府的赠款。其税收程序是：注册登记产权—市场公平价值评估—税收部门发出税收通知—纳税人主动交税。

（一）产权注册登记

每宗地的产权发生转移后，新的财产拥有人必须持交易的有关文件到市政府财产登记部门（土地登记局）进行产权登记，将地产交易的时间，地产所在地区的图号、区号、次区号、宗地号、登记证号以及资产价值等方面的资料逐项登记清楚，并输入计算机，建立数据库，为税收的入库奠定了坚实的基础。

（二）评估资产价值

评估又分为两种。一种是省政府派往各市政府的财产评估机构定期组织的评估，它是按注册登记的财产（地产）所在地区的各种情况，评估出市场公平价值。评估方法一般采用收入法和成本还原法，评估完成后将评估结果通知地产拥有人，地产拥有人如果认为评估出的市场公平价值与本人所有财产价值不符，可以直接与评估人交涉。另一种是自我评估，是财产拥有人（个人或公司）在政府未评估时，根据自己的财产情况自行评估，向政府申报财产价值及纳税金额。个人申报时间为每年4月30日前，公司每年6月30日前申报，并缴纳税款。若自我评估与政府评估不符的，要按政府评估出的公平价值补交税款。

（三）税收通知

一般由政府税收部门委托银行按时发出。它是在评估价值无异议后，由市政府财政部门将年度财政预算按以支定收的办法提出千分率，报市议会讨论通过并公布执行。计算公式为：税额＝该项目财产的市场公平价值×税率。

参考文献

1. 何芳、肖宗仁、唐龙：《国外土地管理服务理念》，《资源导刊》2008 年第 11 期。
2. 曹克录：《加拿大土地税收征管简介》，《中国土地》1999 年第 7 期。
3. 崔向慧、卢琦、褚建民：《加拿大土地退化防治政策和措施及其对我国的启示》，《世界林业研究》2012 年第 1 期。
4. http：//www. lrn. cn/media/landnews/200604/t20060427_ 111394. htm.

第六节 印度土地产权制度

一 印度土地所有制

据印度农业部统计，2000 年全国耕地面积 1.41 亿公顷，占政府实际管理土地总面积的 46%；林地占 23%，非农业用地（主要为建设用地）占 8%，未利用土地只占 6%。

印度的土地所有制是国家公有与地主私有并存，但以地主私有为主。当前，印度的国有土地面积共 7000 平方公里，仅占总土地面积的 0.2%，而其中 80% 的土地为印度国防部所有（见图 10）。

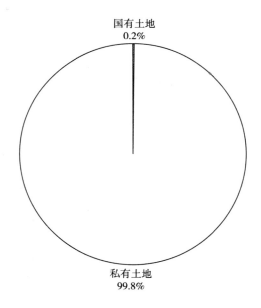

图 10 印度土地产权结构

土地制度改革后的印度农村，从全国范围来看，封建和半封建土地制度还占有主要地位，但各地发展不平衡，东部地区租佃仍较为普遍，在西北部地区形成了一些资本主义农场。

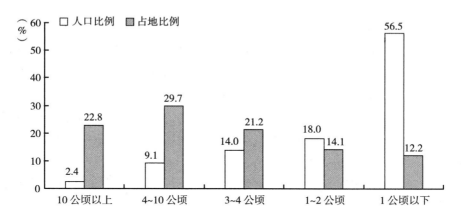

图 11 1981 年之后印度人口占有耕地情况

资料来源：唐忠：《农村土地制度比较研究》，中国农业科技出版社，1999，第 47 页。

二 印度土地管理模式

纵向上，在联邦制的框架结构下，印度的土地资源管理也呈现典型的联邦制特点：全国没有统一的土地立法，联邦政府只负责制定某些具有全国意义的政策与措施。国家土地资源保护与荒地开发委员会为负责印度土地利用与荒地开发的最高机构，根据总理提议设立，直接向总理负责，其设立初衷是保护和管理土地，根据土壤适宜性合理利用土地并制定国家政策和远景规划，进行荒地开发及一些复垦工作。该委员会后来改组为中央土地利用委员会，下设国家土地利用与保护局和国家荒地开发局。这两个机构就土地资源的规划和管理的方针进行调整，包括适当修改现有法规。这些机构的提案由各邦政府进行讨论。农业与合作部下的国家土地利用与保护局是负责国家土地资源的科学管理的政策规划、协调和监督机构。

横向上，各邦政府拥有土地的实际管理权、控制权和征税权，以及私有土地和邦有土地的最终审批权，同时负责制定本邦的基本土地法律政策，如土地法。所以，邦与邦之间的土地政策往往不甚相同。印度政府实行分散式土地资源管理体制。涉及土地资源管理的部门甚多且职能分割不清，不同部门之间的规划自成体系，缺乏沟通与交流，这些都对土地资源的利用与管理产生了严重影响。目前，农地转用审批的最终裁决权归邦土地利用局，具体由市级政府负责审批，执行机构各邦各不相同，有的是规划部门，有的是财政部门，有些邦关于农地转用审批的规定被包括在土地税法当中。

三 印度土地流转制度

极端突出的人地矛盾以及大量无地贫困人口的存在，使印度政府向来十分重视土地资源管理问题，对私人土地交易（主要在于防止土地过分集中）和土地类型转用（主要在于保证足够的农用地，以保障粮食安全）给予特殊重视，禁止与审批是印度政府通常采取的两种主要方式。

（一）私人土地交易

从1953年起，印度各邦政府通过了一系列有关租佃改革的法案，其主要内容是"公平租金"和"保障租佃关系"。法案规定，佃农对持续耕种6年的租地享有永佃权，地主不许驱逐佃户，地租不得超过收获量的1/3、1/4或1/5。

规定土地持有最高限额。1961年底，印度政府宣布各邦实行限额法，以便国家征收超过限额的剩余土地，并交给村评议会分配给无地和少地的农民或由农业合作社耕种，关于限额各邦规定不一，伸缩性很大。

为了加强对土地资源的有效和科学管理，制订了一项重要的计划——合并零星土地计划，但各邦的进展情况不同。

（二）土地类型转用

联邦的政策通常是有效保护优质的农业用地，这在《土地征用法》的指南中得到反映。农业用地向非农业用地的变更也在《土地税收法》中作了规定。为了有效地管理森林资源，中央政府也将森林资源纳入土地管理之列，制定了《森林保护法》（1998年）。《森林保护法》规定，任何森林用地的变更都要经中央政府批准。邦政府负责执行政策和制定法律，鼓励地方社区、乡村行政委员会和县政府保护和管理土地资源。邦政府在这方面已经受令制定相关法律。

印度独立后，为了应对严重的食物短缺，印度政府于1958年颁布了《土地利用法令》（1967年第一次修改），颁布该法令的主要目的在于保护用于粮食生产尤其是稻谷生产的土地。根据该法令，闲置土地将会被政府收回，但在实践中并没有得到很好的履行；根据该法令，土地用途转用需要得到地方政府的许可，但并没有提出任何既定和明确的土地利用原则。

印度农业研究委员会（ICAR）下属的国家土壤勘查和土地利用规划局在班加罗尔、加尔各答、德里、齐哈特、那格浦尔、瓦多达拉等地设有6个地区中心，是负责全印度土壤资源详细调查编目工作的主要机构。

（三）土地利用与耕地保护措施

（1）变革农村土地关系，改善农地经营情况。如消灭在外地主和中间人阶层，实现耕者有其田。

（2）采取多种措施，严格限制非农建设占用耕地。主要采取立法的形式。

（3）制定合理的土地利用和改良政策。明确提出了土地开发利用应以加强综合利用、提高地力和改善生态环境为基本准则。

（4）利用综合技术措施，加强土地改良和土地保护工作。1984～1985年度，投资约121.229亿卢比用于工程措施、农艺措施和造林等。

四　印度土地征收及补偿政策

印度现有的与征地相关的法律有《土地征用法》（1894 年）和《不动产请求与征用法》，将征地行为按目的分为"为公共利益"和"为公司的利益"两种。两者的不同是：为公共的利益征地必须取得政府的同意；为公司的利益征用的土地永远为公司所有。一般的征地程序如图 12 所示。

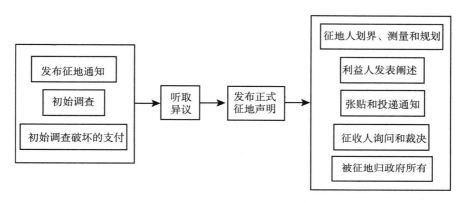

图 12　印度土地征用一般程序

印度还设立了征地仲裁制度，规定了征地补偿的决定程序，并且对征地补偿内容、征地补偿额的计算方法进行了一定说明，具体土地征用补偿原则如下。

（1）补偿对象原则。根据印度法定赔偿标准，只有对特定资产拥有正式法律授予权的授权人才能得到相关赔偿，这些人常常被称为"利益人"。在征地补偿中，"利益人"是指对土地拥有权利或者有法律认可的权利的主张权的当事人。此利益可无条件获得。或是土地所有者，或是部分拥有者，如承租人、执照持有人或地役权人，只要是对补偿金提出权益的人都被视为"利益人"，哪怕权益的提出最终不成立。对于那些对土地有物权的当事人，就算他们不对自己的利益进行主张，也同样被视为"利益人"。根据《土地征用法》，无地雇农、技工以及林地工作人员不属于"利益人"，无法根据被征收土地所造成的无收入而得到任何补偿金。

（2）补偿形式原则。《印度法定赔偿条例》允许但并不强迫以土地赔偿土地的赔偿形式。

（3）补偿估价原则。《印度法定赔偿条例》运用"市场价值"，而不是比其估算价值更低的其他方法进行赔偿金衡量。在印度，正在使用的《印度法定赔偿条例》除了规定"市场价值"法外，还特别要求附加一些条款，例如 30% 的额外费用（"赔偿费"）、利息、搬家费以及造成的其他直接损害赔偿。两者在标准方面的根本差异归结为对于前景的展望。

（4）补偿范围原则。《印度法定赔偿条例》没有对公共财产资源赔偿作出规定。在印度，特别是农村地区，这些公共财产资源对于当地居民特别是贫困人口的生计至关重要。鉴于这些资源取得的习惯性及非法性，《印度法定赔偿条例》在印度不适用于这类公共财产。

五 印度土地税收政策

印度税制以消费税为主体税，以关税、所得税和营业税等为辅助税种。这是由印度的农业经济结构特点决定的。土地税收在印度的税收体系中不占重要地位。独立的土地税种主要有对农耕地课征的土地税、对城市不动产课征的土地及建筑物价值税和土地税等。非独立的土地税包括所得税中对房地产价值的课税、遗产税与赠与税中对房地产价值的课税、富裕税中对城市房地产价值的课税等。从总体上来看，印度的土地税主要是对农耕地收益的课税。

表3　印度主要土地相关税种

国税	地方税
房地产资产所得税	农地收益税，土地及建筑价值税
房地产转让所得税	土地增值税，土地及建筑租金税，地价税
房地产遗产税	地方土地税，地价附加税
房地产赠与税，富裕税	财产转移税，富裕税附加，财产价值税

1. 国税中的土地税

（1）所得税性质的土地税。针对房地产的资产所得、房地产的转让所得的课税，构成了印度所得税的一个组成部分。因此，所得税性质的土地税并非独立土地税种。所得税属于印度国税。

（2）财产税性质的土地税。印度富裕税的课税对象是"纯财产"中对城市房地产价值的课税（而对农地、农用资产免税）；遗产税与赠与税中的税基也包含房地产的价值。因此，这两类财产税中均包含了对土地或土地改良物价值的课税，是土地税的组成部分。富裕税、遗产税和赠与税均属于印度国税。

2. 地方税中的土地税

地方税中的土地税是指州及州以下地方政府课征的土地税，有两类。

（1）所得税性质的土地税。这是对农地课征的土地税，即农地收益税。其课税权归州政府，联邦政府不征此税。农地收益税的课税对象各州不一，但主要是对耕地课税。对农地以外的土地及土地改良物课征另外的税收。地税的计税依据是以平均价计算的，在作物总收益额扣除地主负担的各项费用以后的"纯收益"。印度早期也曾以毛收益为计税依据，但因税负分配不均，现在大多数州已经改作以净收益为课税基础。地税的税率在每个课税年度决定以后予以公布。以纯收益作为计税依据的州，最高税率一般在25%～55%的范围内。其他所得税性质的土地税还有土地及建筑物租金税，由州以下的地方政府课征，以农耕地、农用地以外的土地及土地改良物为课税对象；土地增值税，亦属州以下地方土地税，对因城镇规划与地区基础设施的改良而导致的地价增值课税。

（2）财产税性质的土地税。包括州政府课征的土地及建筑物价值税、地价税，地方政府课征的土地捐（地价税的附加税）、财产转移税、富裕税附加（对大城市的富裕税纳税人，就其保有的土地及建筑物价值课征的附加税，实行三级超额累进税率，分别为 0、5%、7%）以及市政府在其辖区课征的财产价值税。

印度土地税制具有两个突出特点：一是联邦、州、地方三级政府均参与土地课税，但各有侧重，税权彼此独立。联邦政府对农地收益税以外的所得税性质的土地税、遗产税和赠与税中的土地税具有管理权，州政府主要课征农地收益税、土地及建筑物价值税，地方政府课征不动产租金税、土地增值税和一些附加性土地税。二是对农地课征以纯收益为计税依据的土地税，并作为州政府管辖下的主体税种。

参考文献

1. N. S. Randhawa 等：《新兴国家土地管理畅谈系列之一——印度的土地管理与保护利用》，《资源与人居环境》2009 年第 8 期。
2. 陈海滨、唐海萍、黄志凌：《印度征地制度研究及其对中国的借鉴》，载《中国土地资源可持续利用与新农村建设研究》，西南师范大学出版社，2008。
3. 胡玉婷：《农地制度变迁的国际经验及对完善我国农地产权的启示》，中国人民大学硕士学位论文，2007。
4. 陈多长：《土地税制的实践：国际比较与中国的借鉴》，《中州学刊》2002 年第 1 期。
5. 唐忠：《农村土地制度比较研究》，中国农业科技出版社，1999。

第七节　新加坡土地产权制度

一　新加坡土地所有制

新加坡是以私有制为基础的国家，其经济一般以自由放任的市场经济为原则，但是在土地市场，则是政府主导，政府广泛干预土地使用和城市规划。新加坡土地制度采用公有制和私有制共存的形式，但以公有制为主。新加坡经济最重要的特征之一就是其土地资源大部分是国有性质的。

新加坡现有国土面积 69366 公顷，政府拥有约 88% 的土地，其中，大约 29%（20300 公顷）由法定机构购买而拥有，约 59%（41000 公顷）归国家所有，直接由政府部门与律政部下属的法定机构——新加坡土地管理局（Singapore Land Authority，简称 SLA）来掌控，而其中各政府部门及国家机构掌控约 2/3 的土地，其余的 1/3 由 SLA 管理。新加坡政府一开始就采取以计划为主、市场为辅的定位，从而广泛地干预土地使用和城市规划。国有土地（包

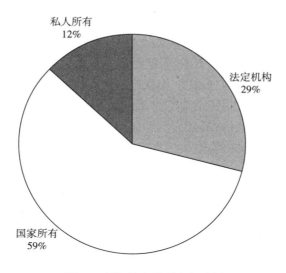

图13　新加坡土地所有权比例

括法定机构购买）和公有土地（政府部门直接掌控）的比重仍在上升，私人土地的比重还在下降。新加坡土地资源严重稀缺，节约集约用地是其经济社会可持续发展的唯一出路。新加坡是通过完善的法律制度保障节约集约用地政策的落实。值得注意的是，新加坡的土地所有权不具有宪法的权利，即公民的财产权利在宪法中没有被确立为公民的基本权利。这背后固然有着深刻的历史背景，但其根本原因在于新加坡土地资源的稀缺。

二　新加坡土地管理模式

普通法上的土地保有和地产制度是新加坡土地产权法律的基本制度。依照普通法的土地保有规则，一切土地属于国家所有，在此基础上有若干产权种类。总的来说，遵循普通法传统，新加坡的土地产权可以分为自由保有地产、租赁保有地产和永久地产。我们可以看到，从权益排他性的角度看，某些产权与通常所说的所有权并无二致。自由保有地产包括自由继承地产、限定继承地产和终身地产。自由继承地产属于产权人及其过世后的继承人。自由继承地产如转让，受让人具有同样的权利。限定继承地产只能由产权人及其亲生后代拥有。终身地产则可由占有人终身拥有和使用，但不得继承。在实际意义上，拥有自由保有地产就相当于拥有所有权。租赁保有地产可由承租人在向原产权人支付租金后，在固定期限内占有和使用，因而拥有的不是所有权，尽管期限可以非常长（如999年）。永久地产并不是普通法传统上的产权形式，而是新加坡自身制定法的创造，据此国家可在满足一定条件的情况下授予某个个人永久持有的地产权。

新加坡的土地规划权集中在中央政府，每5年修改、调整一次。中央政府在新加坡公共管理事务中起着主导作用，国家发展部主管形态发展和规划，具体的职能部门是城市重建局，地区政府不具有规划职能。新加坡的城市重建局有多重职能，负责住宅发展规划、征用土地、建造组屋、对外发包或承包工程、房屋出售和出租等。新加坡的土地管理局是政府土地的代理人，处理土地划分、地契、土地征用、租约与空地管理等事项。土地的拥有权仍属国家。《规划法》授权国家发展部部长行使与规划有关的各种职责，包括制定《规划法》的实施条例和细则以及任命规划机构的主管官员、审批总体规划等。城市重建局除了相关职能部门外，还设置了两个委员会，分别是总体规划委员会和开发控制委员会。总体规划委员会的委员包括主要公共建设部门的代表，其作用是协调各项公共建设计划的用地要求，使之尽快得以落实。开发控制委员会的成员包括有关专业组织和公用事业局、环境部等政府部门的代表，专门负责非公共部门的重大开发项目。作为举世闻名的世界花园城市，新加坡的城市规划分为概念规划蓝图和总规划蓝图两个层面。概念规划蓝图主要是制定土地和交通的规划蓝图，这个蓝图让人们可以想象 30～50 年后城市的样子。以此为总纲，再制定总体规划蓝图和控制性详规的法定文件。在这个蓝图当中，人口密集与非密集区域相关公共配套设施、交通网络、产业布局都有明晰的标记和详细的预算，蓝图垂直性考虑每一区域每年会发展到什么程度，在每个细分的小块，连容积率都有详细的规定。这个规划每 5 年会进行一次修改，届时将进行公示，专家和市民都可以提出自己的修改意见。在规划中，人口增长是必须考虑的，同时，新加坡政府部门特别关注一个小区域内人口密集与非密集地块之间的布局和平衡。城市土地的开发利用由政府控制。土地按照功能被划分为 5 类。新加坡土地资源非常有限，该国的一项基本措施就是推行合理的土地供应机制来维护土地的可持续发展。除少数历史遗留的私人永业权以外，城市土地的开发利用基本上由政府控制。

新加坡将所有土地划分为 900 多个小区，并在每一个小区内对土地使用进行详细的规划。按照功能，新加坡的土地分为 5 类：第一类是工业用地，通常以招标的形式供应；第二类是空白用地，主要用于为区域内的居民和出行者提供旅游和休闲活动空间；第三类是居住用地，有关方面通过规划将居民集中到不同的区域，并在每个区域内建立完整的配套服务措施，同时推行微型居住区计划，尽量缩小单一居住区规模，以控制区域内建筑的类型和密度；第四类是交通用地，优先考虑城市地下铁路系统用地；第五类是中心商业区用地，以优先发展金融和商业为主，鼓励建设高楼以促进土地资源的高度利用。政府可征用私人土地用于建设，这一政策限制了土地投机买卖。自 20 世纪 60 年代初，新加坡政府便开始大规模兴建低标准住房，1964 年政府又宣布实行"居者有其屋"计划，推行住房自有化政策，鼓励中低收入阶层以分期付款方式购买政府组屋。新加坡的《土地征用法规》强化了政府和政府机构的职能。政府可征用私人土地用于发展。这种征用土地政策限制了土地投机买卖，并使得大规模建造公共住宅成为可能。新加坡政府在建设住宅时，避开了密集的市中心，而是选择城市边缘的地块。这样做，一是便于把居民疏散出去，二是这些地区拆迁少，地价与基地处理费用比较便宜。随着地铁、快速路等交通设施的发展，住宅建设才由近及远向外延伸。在市区人口减少到一定程度、新区住宅充足的情况下，政府才集中力量改造旧城。在低造价住宅开发、合理利用有限空间的前提下，房屋的户型标准并不高。

三 新加坡土地流转制度

新加坡所有的土地属于国家所有。在上述普通法产权种类的基础上，国家可以将其土地通过一定方式转让或划拨给个人或企业。最常见的方式还是授予租赁保有地产，当然已经不会再出现999年这样长的租赁期限了，一般是99年或者30年（早期一般只是15年或者20年）。大多数商业或者住宅开发之产权基础都是此类地产。国家也可通过划拨方式将土地授予永久地产，但自由继承地产的方式已经不可能。除非是为了对现有的（殖民地时代授予的）自由继承地产作适当的修正。

新加坡重视规划，更重视规划的修订完善，使规划具有前瞻性。新加坡土地规划主要分为概念规划、总体规划、详细规划等。概念规划是对40～50年的展望，每10年要检查复核一次；总体规划是对未来10～15年的展望，一般每隔5年就要修订完善；详细规划一般周期5～10年，纳入实施计划。从概念规划到详细规划的落实，新加坡规划相关部门都是联系、沟通、协调的，市区重建局、土地管理局、陆路交通管理局等部门加强合作，综合考虑多方面需求，注重土地利用与环境、经济、社会发展的平衡。新加坡土地精细化管理，与宏观目标计划紧密结合。如通过推行组屋政策，有效地改善了居民的居住条件，提高了土地利用效率。目前，除了少数富人购买开发商建设的房屋外，其余的中低阶层收入人群全部居住在组屋内，基本实现了"居者有其屋"。新加坡制定了专门的法律《规划法》，保障了规划的实施。在未获政府或有关部门许可的情况下从事土地开发，《规划法》有明确的处罚规定，以经济处罚为主。

新加坡各种产业用地供应主要是通过国有土地租赁和厂房租赁两种方式。土地租赁期一般是30年，期满后可以再续租30年。厂房租赁是把裕廊镇管理局开发的单层或多层标准厂房，根据不同情况租赁给企业，最长也只有60年，租赁期满后厂房无偿归裕廊镇管理局所有。土地和厂房租赁期间，租金每隔几年都要调整一次。这种灵活的供地方式，为产业升级留下了发展空间，并在很大程度上避免了土地的闲置。同时，统一、高效的管理体制，单层管理模式，一站式服务和集中审批，也缩短了供地周期。新加坡高度重视土地利用的过程管理。通过源头把关、用途管制、绩效评估，并建立企业推出机制，有力地提高了产业用地的节约集约水平。首先，慎重选择入驻企业，并建立了一套严格的审核制度和标准，重点考察项目本身是否符合园区规划以及与企业间的关联情况。其次，通过经济手段对土地用途进行管制。新加坡实行发展税，相当于我国的增值税，当土地用途发生变化时，政府对增值收益征收高额发展税，降低了土地增值的预期，新加坡不存在囤地、炒地的现象。再次，加强土地利用的绩效评估，对入驻工业园区的企业满3年进行一次是否符合入园承诺指标的全面评估考核，综合评价土地容积率、投资、增加值、企业运营业绩。最后，建立企业淘汰机制，对企业实行合同管理，根据土地利用绩效评估情况，达不到要求的将被清退出园区。同时，实行差别化的租金调整，对鼓励类产业项目，实行较低的租金；对限制类产业项目，收取较高的租金。通过调高租金、到期不再续租等手段，引导一些不符合本国产业政策的工业项目从新加坡转移出去。新加坡每年基本上都有几十家企业被淘汰。

四　新加坡土地征收及补偿政策

1960 年，新加坡颁布法令，规定政府有权征用私人土地用于国家建设，只有国家才有权调整征用土地的价格，价格规定后，任何人不得随意抬价，价格不受市场影响。私人可以向政府购买土地，地价根据不同用途、容积率来确定。财政部设有土地估价师，先确定标准价格，然后由土地局公开拍卖。一般商业用地比住宅用地价格高 10 倍以上。用户若改变土地用途，政府将收取溢价费。为了排除私有权对土地开发和利用的影响，政府必须严格掌控土地的使用情况，私人土地所有权不具有宪法权利，即不属于公民的基本权利。土地私有权的保护体现在《土地征用法》中，通过这种专门的法律实现有效的法律救济。在土地征收中，法院不改变征地行为，主要是在当事人对土地征收的赔偿或补偿存有异议时，法院可以针对补偿或赔偿的方式、数额以及分配方法等作出最终裁决。

土地征用制度是新加坡国家土地政策的核心，全国国有土地的绝大多数是通过征购获得的。根据现行新加坡《土地征用法》的规定，所有以公共利益为目的的建设事业用地，都必须通过政府或法定机关进行征购，不存在任意收买的方式。"政府进行的道路建设等一切公共设施建设、军用设施建设，以及住宅开发在土地征用建议的提出和土地征用过程两个方面尤其如此。政府部门以及法定机构在提出土地征用建议前，必须进行充分的调查研究，并对建设项目进行必要性和合理性的论证，另外还得查清拟被征用土地的权属关系。提出的建议要呈报给规划委员会审核，委员会审核同意后，由国家发展部部长将建议呈给内阁和总理最终批准，最终批准后，征用土地的信息需要在征用土地的政府宪报上公布。厅（HDB）、工业区建设公司（JTC）、城市再开发局（URA）、新加坡港湾局等需用的土地都实行土地征购，其中 HDB 对住宅政策的贡献极大。为了城市建设，城市再开发局也可以进行土地征购。"新加坡的土地征用制度很有特点，具体表现为以下几点。

（1）为了防止土地征用权被滥用，政府规定了十分详尽的土地征用程序。

（2）通过严格的程序审核和批准之后，决定征购土地的，被征地者对征与不征不能提起诉讼，但对征用补偿数额不服的可以提起诉讼。

（3）新加坡政府在对征用土地的补偿和土地市场价格的计算方面有独到之处。在1985 年修改《土地征用法》之前，新加坡政府对于征用土地的赔偿价格计算是以 1973 年11 月 30 日该土地的价格和征用时的现时价格为参考，在这两者之间取较低的价格作为征地赔偿标准。但是 1985 年修改了《土地征用法》，新的《土地征用法》规定对于 1987 年11 月 30 日以前征用的土地，其赔偿费应考虑 1973 年 11 月 30 日该土地的价格；对于1987 年 11 月 30 日或以后征用的土地，赔偿费应考虑 1986 年 1 月 1 日该土地的价格。新加坡政府于 1995 年再次修改了征用土地赔偿费确定标准，按照法律规定 1995 年以后征用土地的赔偿标准将按征用时的市场价格计算。

（4）根据新加坡的相关法律，在一般情况下，赔偿费的支付方式为现金支付，但地税征收官员也可以与当事人进行协商，在当事人权益能够公平得到保障的前提下，用其他赔偿方式进行赔偿。

在新加坡土地征收补偿的依据是《土地取得法案》（1967年制定，1985年修订）。征地补偿包括：①土地的市场价值；②当事人其他因被征收土地产生的价值；③该土地服务其他土地而产生的损失；④该土地影响其他可移动或不可移动的财产的损失；⑤土地征收之后，当事人改变其居住或者商业地点而带来的合理的额外费用；⑥土地征收之后产权变更相关的各项费用，比如调查的费用和成本、产权注册、印花税等。而补偿的标准则按纳税申报价格，即以所有者纳税时的申报价格作为补偿费参考确定价格。

五 新加坡土地税收政策

在新加坡和中国香港，土地价值的获取路径主要有两种：一是收取租金和各种费用；二是对土地及不动产征税。这两种途径不仅使得政府能够获取土地的价值，同时也是实现政府土地用途规划和市场调控目标的工具。土地价值获取工具则是用来获取土地及不动产价值及其增量部分，如果缺乏这些土地价值获取工具，那么土地价值将被私人团体和个人获得。

（一）土地及不动产年税

在新加坡，土地及不动产年税的主要形式是财产税，其征税对象是新加坡境内所有的不动产，主要包括公屋、私人住宅、写字楼、工厂、商店和土地。所有者依据不动产的年值交付一定比例的财产税，而年值是指将该不动产出租后，除去维修费、保险费和财产税之后的租金收入。从2001年7月1日开始，除了私人拥有的住宅财产之外，其他所有不动产的财产税率统一设定为年值的10%。私人住宅实行特殊的财产税率，为年值的4%。如果私人住宅的年值低于10000新加坡元，将减免25~150元的财产税。

（二）租赁收入税

新加坡政府对于不动产的租赁收入也进行征税，名义是货物及服务税与收入税。无论是对于居住还是非居住的不动产，它们租赁净收入的22%将被作为收入税进行征收。商业不动产拥有者还需要支付货物及服务税。

（三）土地交易投机收入税

新加坡政府采取非常严厉的措施抑制不动产的投机行为。为了抑制投机交易，新加坡政府1996年宣布购买3年之内的任何不动产交易收入需要按照个人或企业所得缴纳收入税。这里的不动产包括所有的土地和建筑物，以及关于土地和建筑物的收入权、期权和其他任何的权利。新加坡政府2001年取消了这一法令，2001年10月31日之后的不动产交易收入将不再征收收入税。然而，无论不动产持有时间长短，不动产经纪人和开发商的交易收入仍将作为普通收入征收收入税。

（四）转让税与遗产税

新加坡政府还对土地及不动产征收印花税和遗产税。在新加坡，印花税是根据不动产的交易价格来征收的。新加坡政府详细规定了印花税的缴纳比例，不动产交易总额按照18万单位新加坡元分成若干区间，第一个区间缴纳1%的印花税，第二个区间缴纳2%的印花税，剩下的缴纳3%的印花税。遗产税则是根据已故人的净资产值超过规定门槛的多少来进行征收。当前，新加坡实行的累进财产税体系不仅增加了政府总收入，并且有利于财富的重新分配。

（五）租约修订费

在新加坡，和租约修订相关的税种主要包括开发费和差别费。新加坡的开发费可以视为一种改良税，其目的是获取超过规划许可而带来的额外收入。开发费适用于私人永久持有的土地和在公开市场上交易的土地。开发费是一种目的性很强的财富分配调节税。开发费的额度依据土地用途许可所带来的土地价值的增量而定，通常是土地价值增量的50%。在新加坡，还存在另外一种财富分布调节税——差别费，它适用于租赁土地，由土地专员来征收。租赁政府土地的承租人如果希望增加土地容积率，改变土地用途，延长土地租期，提高土地开发强度，都需要支付差别费。因此，差别费是针对原始租约之外新增权利而征收的费用。在操作过程中，差别费是依据权利增加前后土地价值的差额来决定的。

（六）土地拍卖收入

除了上述所讨论的开发费和差别费之外，新加坡政府还可以通过土地拍卖来获得大量土地收入。土地拍卖收入受交易数量以及市场竞争程度的影响巨大。不同时期，土地拍卖给政府所带来的收入变动较大。新加坡和中国香港的经验表明，在整个土地价值获取工具中，土地拍卖招标所消耗的交易成本最低。近期，随着城市区域扩展到一定程度，新加坡土地拍卖收入占土地总收入的比重有所下降。

参考文献

1. 郑美珍：《其他国家（地区）关于土地征收补偿的规定及借鉴》，《国土资源情报》2011年第10期。
2. 李三辉：《我国土地征收制度与失地农民权益保障研究——以平顶山市朱砂洞村为个案》，中南民族大学硕士学位论文，2011。
3. 宋国明：《新加坡：土地征用中的征用赔偿是如何做的？》，《河南国土资源》2006年第3期。
4. 曹端海：《从新加坡土地管理经验谈土地可持续利用》，《中国国土资源经济》2012年第6期。
5. 肖振生：《新加坡：在统一的规划下开放土地市场》，《河南国土资源》2006年第10期。
6. 张娟锋、贾生华：《新加坡、中国香港城市土地价值获取机制分析与经验借鉴》，《现代城市研究》2007年第11期。
7. 王江雨：《新加坡土地和房屋管理制度——私权、民生和国家利益之间的平衡》，《行政法论丛》2011年第00期。
8. 吕海峰、吕冬娟：《看新加坡如何出让土地》，《中国土地》2009年第11期。

第八节　我国台湾地区土地产权制度

一　我国台湾地区土地所有制

台湾当局本着"地尽其利，民广其生"的原则，将土地公有制和私有制结合发展，形成了台湾地区现行的土地制度，以"建立平均地权"为原则，构架了三大主要方面，即农地是宜于农有（农民私有）的，市地是宜于市有（市民公有）的，富源地是宜于"国有"（所有人公有）的。所谓农地农有，是指"农地归农民所有、所耕，耕作所获的成果归农民所享"，即"耕者有其田，不耕者不得有其田也"。市地市有，是"市地属于市民公有，而由'公法人'之市政府管理之"。但"既成都市之私有土地，如果一律收为公有，则手续既繁，财政上负担亦重，故除为公共建设——如公园、道路之修筑及其他合理的都市计划之实行，必须征用者外，无妨暂维现状，而运用土地税制，做到涨价归公可矣。至于新建都市或既成都市之扩展区域，则宜先将土地收归公有，按照都市计划加以重划改良后，租与需地者使用"。富源地"国有"，是指"富源地属于全体'国民'所公有"，而由"政府管理之"。在土地结构中，台湾的耕地和林地分别占46%和23%，非农业用地和未利用土地分别占8%和6%。

从土地产权来看，在台湾360余万公顷土地中，公有土地约占61.8%。其中，公用土地占公有土地的87%，分属5320个不同使用机关管理；非公用土地约占公有土地的13%，由"财产局"直接管理。另外38.2%的土地为私人所有（见图14）。

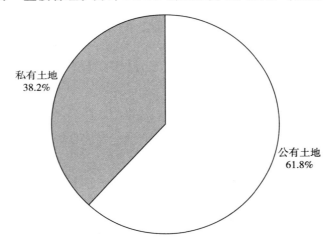

图14　台湾土地产权结构

二　台湾土地管理模式

台湾地区"都市计划法"第六条规定："直辖市及县（市）（局）政府对于都市计划范围内之土地，得限制其使用人为妨碍都市计划之使用。"都市计划对土地使用的管理，主要是采用土地使用分区管制，即对都市土地依现有特性及未来期望发展的模式，划分为不同的使用分区，再对分区内的土地及建筑物予以使用性质及使用强度的管制。对土地使用性质的管制，主要是规定土地的用途，以排除妨碍主要用途的其他使用形式。对土地使用强度的管制，主要是通过规定容积率和建蔽率（覆盖率）来实行。不同的用途和位置，一般规定有不同的容积率和建蔽率。同时，台湾实行私有土地面积最高额限制及农地保护政策，实施土地管制。对非都市土地，视当局的经济政策、地方需要及土地所能提供使用的性质，划定使用区，编订各种用地图实施管制，并配合各种自然环境的保护，谋求土地资源的合理使用。

土地管理工作在台湾依惯例被称作"地政工作"，台湾的地政工作由"内政部地政司"统一管理，有关土地利用的具体工作，分别由利用部门负责管理。因此，台湾地政主管部门的任务相对集中，主要负责土地使用中的权属管理和与权属相关的土地使用管理工作。目前台湾"内政部"下设"地政司"和"资讯中心"，"地政司"下设6个科，分管地籍、地权、地价、地用、测量和方域，人员编制不足百人。按照台湾地区"土地法"规定，台湾地政机关分为"中央"地政机关、省市级地政机关、县市级地政机关及地政事务所。地政事务所是不动产登记的专门主管机关。

台湾地政人员按工作性质，分为地政机关内一般行政人员、专业行政人员、专业技术人员、专业地政人员和土地事务代理人。土地事务代理人是指具备一定资格和能力，经政府主管机关核发许可执业证书，接受他人委托，办理特定土地事务而收取约定报酬的民间专业服务人员。土地事务代理人分为地籍测量专业代理人、土地登记专业代理人和土地估价师（不动产估价师）。

三 台湾土地流转制度

台湾共经历了3次土地改革，其土地制度是世界公认的学习典范。20世纪50年代台湾的第一次土地改革，主要是改革农村中的生产关系，解放农村生产力，提高农民的生产积极性；70~80年代的第二次土地改革，主要是为了摆脱以小土地私有制为基础的小农经营，实现农业专业化、企业化和机械化；90年代的第三次土地改革，主要是为了解决岛内农地市场化问题，以适应经济全球化和加入世界贸易组织的需要。

台湾农业生产经营早年属于小农生产形态，经营规模小成为农业持续发展的瓶颈。为此在20世纪70年代就强调扩大生产经营规模，放宽农地政策，减缓对农地继承与转移的限制。向愿意购地农户提供长期低息贷款，同时购买农地的农户还可免征土地税及扩大农场登记税。通过土地交换分合与区划整理，将零散田丘合并成标准田丘，并配合进行水利设施及农田道路等建设，便于机械化推广。此外，台湾自1990年开始实施"辅导农渔民转业第二专长训练计划"，通过各公共职训机构和职业学校举办各种训练班，帮助转让土地农民掌握一技之长。这些措施有助于土地所有制的转移和合并，在一定程度上扩大了自耕农的耕地面积。

鉴于小土地私有制限制农田经营面积扩大的情况，第二次土地改革的内容之一是推行农地重划，就是耕地转移与合并，农民之间以互换耕地的形式，把分散在多处的小土地集中在一起，以利于农事耕作和管理；或者以自愿结合的形式，将不规则的耕地连成一片，办成标准农场或综合利用。为了实现这一目标，一方面，台湾当局鼓励无耕种能力的自耕农出售土地，辅导其转业；另一方面，提供贷款，辅助有能力的小农户购买弃耕或厌耕的土地，以扩大耕地面积，达到适当的经营规模。这一措施将土地化零为整，扩大了农业经营规模，有效地实现了农业的集约化。

在台湾，农民有结社自由和成立农会的权利。因此有强大的农会组织，99%的农户都加入了农会，农会机构完善、自治性强，实行的是民主选举和管理。总干事由理事会聘任。农会以农民为主体，强调农民素质的提高和技能的增强，还包括农民政治地位和权益的保护等。台湾地区的农会是组织农民的核心，同时也是政府实施农村、农业政策的重要助手，在协调、沟通政府和农民的关系上扮演着重要角色。它接受政府的委托，宣传推广政府的政策计划，开展各项教育和生产培训，及时收集建议与意见，向政府反映农民的愿望，为政府决策作参考；同时经常进行农民间的调解、沟通，以减少相互间的分歧与误会，加强组织的团结和增进相互理解。台湾的农会制度，巩固了台湾的土改成果，打造了具有台湾特色的现代化"小农"农业模式。

四　台湾土地征收及补偿政策

台湾土地征收的补偿包括土地征用费和土地赔偿费。土地征用费即所征用土地的价值，土地赔偿费即因征用造成的经济损失及其他损失的补偿。台湾的土地征收补偿分为：被征收土地的地价补偿；土地改良物与土地一并征收时，对改良物的补偿；被征收土地的改良物由所有权人自行迁移的，对改良物的迁移费补偿；对因征收土地使相邻地受到损失而给予的损失补偿。同时，土地征收中地价补偿标准的合理与否关系到土地征收能否顺利实施。台湾土地征收多以低于市价之公告土地现值为地价补偿基础，以致引起民众抗争，造成取得土地困难。原因有以下方面。

一是现行的土地征收补偿规定不统一，分散规定于"土地法"（第二百三十九条、第二百四十条）和"土地施行法"、"平均地权条例"（第十条）、"都市计划法"（第四十九条）、"国民住宅条例"（第十条）、"促进产业升级条例"（第五十六条）、"科学工业园区设置管理条例"（第十一条）、"加工出口区设置条例"（第十一条）、"实施耕者有其田条例"（第十四条，该条例现已废止）等。

二是以往政府办理征收时，补偿价格按公告土地现值加四成计算，而公告现值又没有标准，往往公告现值低于市价，侵犯了被征收人的经济利益，同时又使毗邻的建设用地获得土地增值利益，涨价归公政策落空，且违反了社会公平正义。

为此，有关部门研究制定"土地征收条例"，统一了分散在各个法规中的9种不同土地征收地价补偿标准，以"合理价格"或以市价征收土地。"条例"对征收程序、征收补偿、区段征收、撤销征收等均有明确规定。对于地价补偿标准，以市价为准，不受法令公告现值加四成之限制，并将建立估价制度来拟定市价，与此配套的"土地估价师法"也将出台。

土地征收补偿费发给3年后，如果未依征收计划使用，未依核准计划征收原定兴办事业使用者，或依原征收计划开始使用后未满10年不继续依原计划使用，原土地所有权人得申请收回土地；此外，政府若因兴办临时性公共建设工程，得征用私有土地或土地改良物，征用期逾3年，所有权人得请求征收；至于部分公共建设可能穿越私有土地上空或地下，需用土地人得就需用之空间范围，依据征收规定取得地上权，而土地征收补偿价格，也不再受"加成不超过公告现值四成限制"，而规定征收补偿标准，由地价评议委员会评定，不受"都市计划法"加成不超过40%限制。

从修正法规、运用地政方法及善用民间资源三个方面着手解决土地困境。修正法规可尽快修正"土地法""水利法""都市计划法""区域计划法""平均地权条例""土地税法""新订土地征收条例""国土综合发展计划法"等相关法规；在运用地政方法上，除传统市地重划、区段征收外，省政府提出都市计划整体开发、跨区段征收、跨区市地重划、设定地上权和地役权、建筑容积转移、发展权转移、租用和公租土地交换、取得使用权代替取得所有权、合并共构等方式；善用民间资源，朝公办民营方向进行，奖励私人或团体兴办公用事业及相关公共设施。

（1）私人兴办公共事业申请征收土地问题。土地征收中国家为主体，需用土地人只有请求权，唯有国家方能行使土地征收权。这是"征收法"中明确规定的，因此，私人要兴办公共事业，虽然与公众利益有关、与公共事业性质相同，但仍不得申请征收土地，这是为了避免征收权的扩张与滥用。此外，私人不具备强制取得私人土地的权利，只能以协购方式取得土地。新研究审议完的"土地征收条例"草案对此有重大改革，私人兴办公共事业时可申请征收土地。该草案规定，私人为兴办公共事业，可向目的事业主管机关申请征收土地，以信托、联合开发、委托开发、委托经营、合作经营、地上权或出租方式，提供其投资建设。至于地价补偿虽仍以公告现值计价标准，但不再受四成的限制，可授权"标准地价评议委员会"调整加成数，以期接近市价。该草案的制定，使政府采取兴建、运营、移转方式，引进民间资金取得重大公共建设等土地有了法律依据。

（2）土地收回及照征收价额收回土地问题。土地征收中时有发生在征收土地后未按核准计划在规定的期限内使用或部分未按计划使用，也即改变了土地的使用目的和用途的现象。为了保障人民私有土地权益，限制某些部门和个人滥用征收权，可依法撤销征收原案，由原土地所有权人申请以征收价额收回土地。"土地法"第二百一十九条规定，征收后未依核准计划使用者，原土地所有权人得于征收补偿发给届满1年之次日起5年内，向地政机关申请照征收价额收回其土地。"都市计划法"第八十三条规定，不依核准计划期限使用者，原土地所有权人得照原征收价额收回其土地。

（3）区段征收土地上原设定抵押权的处置问题。政府机关实施强制征收时，特别是区段征收时，原土地所有权人可申请领取现金补偿，或在公告期间内以书面申请发给抵价地（征收后可供建设的土地折算抵付补偿地价）。征收后原土地所有权之一切他项权利负担均因征收而消失，原设定的抵押权不能登记于领回的抵价地。按"平均地权条例"第五十五条规定，区段征收的土地以抵价地抵付补偿地价者，其原有租赁关系及他项权利准用市地重划有关规定处理。

（4）区段征收抵价地面积的计算问题。区段征收是现行土地开发的重要手段之一，政府以区段征收办法整体开发，实施都市计划提高土地利用效率，使土地增值，该成果为政府所为，应为公众享有。根据人民私有财产受法律保障的原则，政府征收原土地所有权人的土地后应给予等值补偿，因此，原土地所有权人领回的抵价地的价值应不小于原所有土地价值。政府应根据"平均地权条例"第十条的规定补偿其地价，或以可供建设之用的土地折算抵付。抵价地总面积占征收总面积的 40% ~ 50%。但由于抵价地规划的位置不同，又缺少原土地所有权人个人权利价值的计算指标（没有对土地所有权人的原有所有权进行评价），领回的抵价地面积虽与原有土地面积相同，但价值有较大的差异。为了避免这种不公正、不合理现象，应建立计算权利价值的指标，即征收机关应根据征收前土地的使用情况、位置、交通、公共设施等影响地价因素，并参照市价估计征收前的路线价或区段价，同时对征收后的土地根据各种因素进行估价。将征收前后估计的价格经"标准地价评议委员会"评定后作为计算原土地所有权人的权益标准。

（5）私有既成道路的征收补偿问题。所谓私有既成道路，是指私有土地因公众通行而形成之道路。依法律规定，政府在私有土地征收时，如既成道路有公用地段权关系，也应依法征收，并给予补偿。但台湾"财政部"估计，如要全面办理征收补偿，所需经费规模庞大，因此"财政部"提出，各级政府因经费困难，可制定切实可行的期限，筹措财源逐年办理，或以"发行分期补偿债券、采取使用收费制度、抵税或以公有土地抵偿"等代替现金支付，用以补偿损失。但是，实际上各地方政府均以财政或经费不足为由不予补偿。

五　台湾土地税收政策

依据台湾土地税收的相关法规，在台湾，涉及土地的赋税共计有地价税、田赋、土地增值税、空地税、荒地税、契税、工程受益费、遗产税、赠与税、财产交易所得税及印花税等。台湾从 1946 年起对各类土地一律征收实物田赋。1954 年开征土地增值税，对城市列入规定地价区域的土地征收地价税，对区域以外的土地及区域内农用土地仍征收田赋。1977 年，台湾公布"土地税法"，将地价税、田赋及土地增值税统一纳入其中，后来又进行过多次修正。"土地税法"规定，为发展经济，促进土地利用，增进社会福利，对于政府机关、公共设施、研究机构、教育、交通、水利、给水、盐业、宗教、医疗、卫生、慈善或公益事业及合理的自用住宅等使用的土地，及重划、垦荒、改良土地者，给予适当减免，并据此制定了"土地税减免规则"对各税种减免标准及程序等作出了具体规定。

台湾土地税目划分为三大类：①"国税"，包括所得税、遗产及赠与税、关税、货物税、证券交易税、矿区税；②"省（市）税"，包括营业税、印花税、使用牌照税、港工捐；③"县（市）税"，包括地价税、田赋、土地增值税、房屋税、契税、屠宰税、娱乐税、教育捐。土地税以土地为征税对象，主要包括地价税、田赋及土地增值税 3 种税，为"省级"地方税。关于土地税收的法规有"土地法"（第四编：土地税）、"土地法施行法"（第四编：土地税）、"土地税法"、"平均地权条例"、"土地税减免规则"等，几乎覆盖了土地市场的各个环节，有力配合了台湾土地政策的推行。

（一）地价税

地价税是台湾最基本的土地税，是按土地价格征收的一种税。在台湾，有些土地规定有地价，有些土地尚未规定地价，而地价税只对已规定地价的土地征收。但规定地价的土地并不都征收地价税，如都市土地依都市计划编为农业区及保护区，限做农业用地使用时征收田赋。这在"土地税法"第二十二条与"平均地权条例"第二十二条中有详细规定。为征收地价税，台湾各地有专门的地价评议委员会负责评议有关地价事宜，并制定有"地价评议委员会组织规程"。地价税纳税义务人一般是土地所有权人，土地出典时是典权人，政府放领土地的是承领人以及承垦政府土地的人。若土地所有权属于公有或共同共有者，以管理机关或管理人为纳税义务人。若为分别共有者，则共有人各按其应有部分为纳税义务人。另外，在特殊情形下由土地使用人代缴。地价税运用累进税率及加征空地税的方法来调整土地分配，促进土地利用。它们是：①一般累进税率，共7级。未超过累进起点地价时按基本税率1.5%征税；超过累进起点地价在500%以上者，以每超过500%为一级距，每一级距内各就其超过部分逐级加征1%，以加至最高税率7%为止。②优惠税率。对自用住宅用地、工业用地、公共设保留地、公有土地采用优惠税率。③加重征收。对超过期限未建设使用的私用空地加征空地税。另外，对地价税、田赋、土地增值税的减免事项台湾制定有专门的"土地税减免规则"。

（二）田赋

台湾田赋制度的存在，已有长久的历史，在以后相当时期，仍将继续存在。台湾为使税法完整，人民查阅便利，乃将田赋之征收订入"土地税法"，正式定为土地税之一项目。田赋系土地做农业用地使用期间征收的一种赋税。征收田赋之土地一般是非都市土地，且要符合两个条件：一是限作农业用途使用，二是未规定地价。但都市土地（一般规定有地价）也有征收田赋之情形。田赋纳税义务人与地价税纳税人相同，另在特殊情形下，土地使用人为代缴义务人。田赋税率按稻谷土地、不产稻谷土地、出租耕地、废耕土地而有不同的征收办法，主要有实物征收和折征代金。废耕私有荒地逾期未复耕的，要按原税额加征1~3倍的荒地税。

（三）土地增值税

已规定地价之土地，于土地所有权移转时，其移转现值减除原规定地价或前次移转时申报之现值，再减除土地所有人为改良土地已支付之工程受益费、土地重划费用等全部费用后，就其余额，亦即土地自然涨价部分，课征土地增值税。政府出售之公有土地、因继承移转之私有土地及私有土地赠与政府供公共使用者，均不予课征。土地有偿移转时，以原所有人为纳税义务人；土地无偿移转时，以取得土地所有权人为纳税义务人；土地设定典权时，以出典人为纳税义务人。土地增值税税率有一般累进税率（共3档：40%、50%、60%）、自用住宅优惠税率、改良利用优惠税率（改良荒地与重划土地）、被征收土地优惠税率、另行购买土地退还原缴土地增值税及土地投机加重税率。

（四）其他土地税

空地税，顾名思义就是对空地课税，亦即对于空地，除了课征地价税之外，另行课征空地税。所谓空地，系指已完成道路、排水及电力设施建设，于有自来水地区并完成自来水系统，而仍未依法建设，或虽建设使用，但其建筑改良物价值不及所占基地申报地价10%，且经县（市）政府认定应予增建、改建或重建之私有建筑用地。应征空地税的土地，按该土地应纳地价税基本税率加征 2～5 倍的空地税。荒地税，顾名思义就是对荒地课税，亦即对于荒地，除了课征地价税（田赋）之外，另行课征荒地税。所谓荒地，指凡编为农业或其他直接生产用地，未依法使用者，为荒地。应征荒地税之土地，按该土地应纳田赋基本税额加征 3 倍的荒地税。另外，台湾还开征工程受益费、遗产税、赠与税、契税等。

参考文献

1. http：//house. focus. cn/news/2001 - 07 - 30/19317. html.
2. 台湾"土地法"第二百二十一条。
3. 陈铭福：《房地产税法实务》，五南图书出版公司，1981。
4. http：//news. 9ask. cn/caishui/tds/201105/1215067. shtml.
5. http：//news. 9ask. cn/caishui/tds/200903/161392. html.
6. 高永长：《现行税法概要》，三民书局，1981。
7. 台湾"土地税法"，第四条、第十六至二十三条。

课题组负责人：郭光磊　张秋锦
课题组组长：张英洪
课题组成员：樊汝明　张英洪　徐秀军
　　　　　　李一男　李　俊
执笔人：徐秀军　李一男　张英洪

第六章　北京市园林绿化促进农民
绿岗就业的调研报告

发展绿色经济、促进富民增收，是新时期北京市委、市政府对园林绿化提出的新要求。市委书记郭金龙同志在多个场合强调要发挥园林绿化的产业效应，实现绿色发展生态就业。当前，在园林绿化过程中，还存在一些需要解决的问题。其中最重要的就是农村集体土地流转为绿化用地后，农民安置、就业和增收问题。2012 年以来，百万亩平原造林工程和第二道绿隔建设在稳步推进的同时，我们发现由于体制机制尚不完善，绿色产业发展空间和潜力没有得到充分挖掘，农民在园林绿化建设中参与度不高。为此，市园林绿化局与市农研中心联合组成课题组，对全市园林绿化促进绿岗就业和农民增收问题进行专题调研。从 2013 年 4 月份至今，课题组选择 7 个典型区县进行实地走访和问卷调查，在摸清现状的基础上，分析存在的问题，并且提出了政策建议。

第一节　绿岗就业的概念与首都实践

"十二五"时期，是首都深入贯彻落实中央关于加快转变经济发展方式重大部署、全面推进"人文北京、科技北京、绿色北京"建设、加快向中国特色世界城市新目标迈进的重要时期。作为首都生态环境建设主体的园林绿化在生态文明建设中具有首要地位，在城乡建设中具有基础地位，在世界城市建设中具有重要地位，在应对气候变化、建设低碳社会中具有特殊地位。同时，发展绿色经济、促进富民增收，也是北京市委、市政府对园林绿化提出的新要求。正是在这一背景下，北京市提出了绿岗就业的概念。

所谓绿岗就业，就是围绕生态建设，通过发展森林旅游、林下经济、生物质能源等各种形式的绿色生态产业，实现农民就业。随着社会对园林绿化的需求日趋多样，传统上以发挥生态功能和改善人居环境为重点的园林绿化，正在向森林游憩、绿色食品、生物质能源等制高点迈进，向森林固碳、物种保护、康体休闲等新领域延伸。这些都使园林绿化的内涵和外延日益丰富，为发展绿色产业、推动农民绿岗就业开辟了更广阔的空间。

近年来，北京市各区县结合区域功能定位和发展阶段，有针对性地开展本地区的生态就业工作，做了很多有益的探索，总结起来大致分为以下四种模式。

（一）山区生态林补偿模式

2004 年，北京市投资约 2 亿元，率先在全国启动山区生态林补偿机制，给管护人员每月补偿 400 元，补偿资金由乡镇政府以直补方式发给护林员，实现山区农民由"靠山吃山"向"养山就业"的重大转变，农民直接得到了实惠，有了可靠的生活保障。目前，全市共有 4 万多名由山区农民担任的护林员，管护着京郊近千万亩的集体生态林。"生态就业"的实践和探索，不仅保护了森林资源、水资源，使北京的生态环境得到明显改善，而且切实解决了山区农民的就业问题，对促进北京经济社会协调发展具有重要意义。

（二）"一产就业员工化"模式

北京市鼓励通过"一产就业员工化"，实现农民就近就业。例如顺义区把生态建设、产业发展、农民就业紧密结合，通过生态修复、护林护水、环境整治等生态环境建设工作，开发出了大量"绿色岗位"，引导农民稳定就业，创新性地开展了"绿岗就业工程"，为 6000 多名农民提供了就业增收的新途径。"绿岗就业工程"采用了"一产就业员工化"新模式，依托国家现代农业科技城建设，开发农业、花卉业等绿色岗位，让农民在公司就业，实现了让农民"签合同、上保险、保工资，甚至分红"，让农民在生态发展中富裕起来。通过开展"绿岗就业工程"让农民就业增收的同时，顺义生态环境也大幅改善，仅2011 年就"增加绿色"3 万余亩，实现发展经济、保护环境、促进就业三者的协调发展。

（三）山区"沟域经济"带动模式

近几年，全市在农业区域经济、流域经济基础上结合山区农业发展提出了"沟域经济"发展模式，在怀柔、门头沟等多个区县试点进行了成功的探索和实践，并由此带动了一批山区农民依托生态资源，实现了就地就近就业。例如，怀柔区依托沟域内的山水资源优势，先后打造了不夜谷、夜渤海、水长城等 12 条沟域经济发展带，有效提升了沟域内 89 个村的山水自然资源价值，为山区 19000 余户农民提供了更加广阔的增收致富渠道。门头沟区依托丰富的旅游资源和特色农产品资源，积极推动休闲旅游和民俗旅游的发展，扶持一批旅游专业村和专业户，就地吸纳大量的农村富余劳动力就近从事旅游服务业，全区已发展民俗旅游接待村 54 个、民俗旅游接待户 1029 户。

（四）近郊都市型现代农业带动模式

一些近郊区县纷纷利用自身优势，依托发展都市型现代农业，推动生态就业，并取得了显著成效。昌平区以第七届世界草莓大会为契机，坚持"高端定位、科技支撑、紧扣市场"，积极探索都市型现代农业的发展方式、实现形式和运作模式，实施精品服务促进就业，大幅提升了草莓产业的发展水平和吸纳就业能力，实现了产业提质增效与农民就业增收的"双赢"。平谷区按照"一区三化五谷"发展总体思路，着力打造生态农业、特色农业、农产品加工业，特别是积极发挥龙头企业带动作用，打造精品蔬菜产业基地。大兴区促进产业加快转型，通过支持观光休闲农业和乡村旅游业发展，吸纳农村劳动力，形成了"政府主导＋园区带动＋农民支持"的生态就业模式，努力实现农村转移劳动力"有资产、有社保、有岗位、有收入"。朝阳区大力发展绿色生态农庄、现代休闲农业、特种养殖基地、绿色食品配送基地等都市型现代农业，提供了大量的生态就业岗位。

第二节　绿岗就业取得的成效

一　推动了生态环境的建设

通过采取多种方式促进农民生态就业，激发了他们看山养山、营林护林的热情，实现了全市生态资源保护与农民就业增收的统筹协调、良性互动。全市 4 万多名生态林管护员奋战在森林资源保护的第一线，成为林木培育、病虫害监测、森林防火、资源保护的重要力量。近年来全市盗砍滥伐林木的现象明显减少，林业刑事案件发案率逐年下降。2011年度，全市生态林管护员上报病虫害情况 728 次，参加森林病虫害防治 16 万人次；打造防火道 320 万米，清理可燃物 65 万亩，及时扑救初发火情 110 次；制止破坏森林资源的行为 240 次，制止林区违章用火 2320 次。林改后，全市森林火灾发生率、损失率比近 10年平均值分别下降了 30.6% 和 86.1%。

"十一五"以来，全市新增造林面积 10 万公顷，仅 2012 年北京市荒山荒（沙）地新增造林面积达到 3.58 万公顷，其中 3.4 万公顷为生态防护林（见图 1）。活立木蓄积量达到 1943.3 万立方米，比 2006 年增长 1.28 倍，林地面积达 106.23 万公顷。山区森林覆盖率达到了 50.97%，林木绿化率达到 71.35%，森林资源持续增长；全市森林资产总价值达 6600 亿元，生态服务总价值达到 5946 亿元，年固定二氧化碳 1065 万吨，释放氧气 777万吨，森林生态服务功能显著提升。

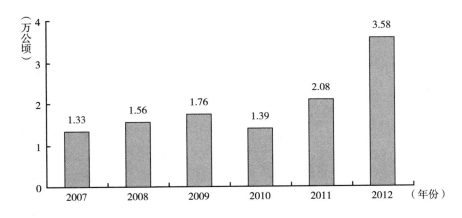

图 1　荒山荒（沙）地新增造林情况

平原地区通过实施国家"三北"防护林工程，全面推进平原治沙、水系林网、道路林网和农田林网为重点的平原绿化，实施了京平高速、京津高速、温榆河等 1870 公里通道绿化，形成了以绿色生态走廊为骨架的高标准的平原绿网。在主要指标方面，全市城市绿化覆盖率达到 46.2%，人均公共绿地面积达到 15.5 平方米。在资源总量方面，城市绿地面积达到 6.55 万公顷（见图 2）。

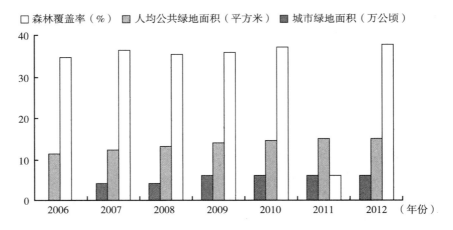

图 2　园林绿化资源主要指标情况

"十一五"期间，全市公园建设发展迅速，新建公园绿地达到 100 余处，共计 1700 余公顷，公园数量已经从 190 个增加到 348 个，城市公园总面积由 6300 公顷增加至 1 万余公顷，基本形成综合公园、专类公园、街区公园构成的公园管理体系。建成了南海子郊野公园、北二环城市公园、昆玉河水景观走廊、营城建都滨水绿道等一大批城市精品休闲公园。启动实施了一道绿化隔离地区"郊野公园环"建设，新建 52 个郊野公园并免费向社会开放，使"公园环"公园总数达到 81 个，总面积达到 8.1 万亩；实施了 11 个新城万亩滨河森林公园建设，总面积达 10.2 万亩，到 2013 年底将全部完成主体建设并对外开放。

二　提升以林为主的绿色产业

一是林下经济作为林业产业的创新内容，受到市委、市政府高度重视，2007 年、2008 年连续两年被北京市人民政府列入为民办实事内容，2009 年又被列入新农村建设"折子工程"。据调研，林下经济开展建设至今，全市以林药、林菌、林花、林桑、林粮、林禽等为主的林下经济产品有 50 余种，除桑饲料出口到日本、韩国等地外，其他产品主要靠订单、专卖店、超市、电视购物、旅游附属销售、配送、进入本市各批发市场和农贸市场等方式销售。初步形成了以林下仿野生食用菌、中草药、林缘玫瑰、芳香类植物为主要建设内容的林下经济产业体系。

二是传统林业向现代休闲林业转型。形成了"百万市民观光采摘游"、花卉业"三节一展"等一批特色文化活动，京郊采摘开放果园已达 1271 个，全年接待游客近 1000 万人次，采摘直接收入达 5.1 亿元，同比增长 14.7%。以各类主题公园、风景名胜区为依托，以森林旅游、观光旅游、休闲健身、科普教育为主要内容的绿色休闲产业发展势头良好，年旅游收入达到 22 亿元。

三是全市果品、花卉、种苗、蜂业等林业产业快速发展，年总产值达到78.5亿元，占全市种植业总产值的46.1%，带动京郊100多万农民就业，林业已逐步成为京郊农民就业增收的重要产业支撑。通过大力引进名特优新品种，强化特色果品基地建设，实现了果树产业优化升级，到2012年，全市果品年产量达到9.4亿公斤，销售收入达44亿元，30万户果农户均果品收入突破万元；花卉产业规模效益快速增长，生产面积达7万亩，实现产值15.5亿元；全市育苗面积达14.88万亩，总产苗量2.79亿株，实现产值29.7亿元，其中优质苗木产苗量2.51亿株，年销售收入达4亿元。

三　促进农民就近就地就业

2012年北京市有农村劳动力1868809人，其中就业人数1749019人。根据各区县初步统计，北京市农村劳动力绿岗就业人数422129人，即北京市大约24.14%的农民在绿色岗位上实现就业。图3显示，目前北京市有25.5%的农村劳动力从事农业与服务业，比重约为25.5%，其中农业与服务业中的绿色岗位①吸纳就业人数明显超过工业等其他部门吸纳就业人数，成为吸纳农民就业的最主要部门（见图3）。

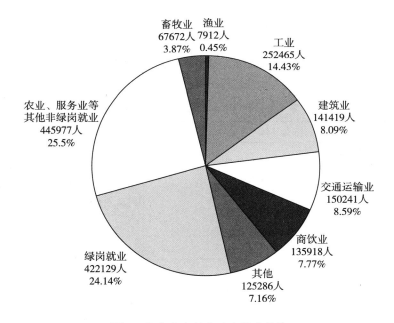

图3　北京市农村劳动力就业结构

从绿岗就业的结构来看，根据各区县初步统计，目前北京市农村劳动力绿岗就业合计422129人，其中平原造林及绿地养护实现农民就业164103人，经济林及林下经

---

① 目前北京市农村劳动力就业的绿色岗位主要集中在第一产业和第三产业，林业部门相关的加工制造业比重不高。

济实现农民就业 217748 人，生态林管护实现就业 40278 人，财政每月补贴 440 元，并缴纳意外伤害险。经济林及林下经济成为北京市农村劳动力主要就业途径（见图 4、表 1）。

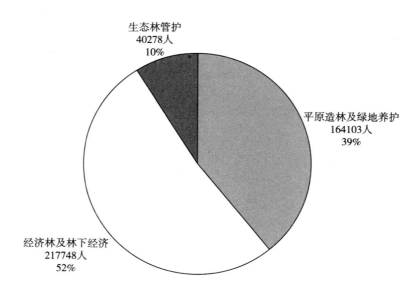

生态林管护
40278人
10%

平原造林及绿地养护
164103人
39%

经济林及林下经济
217748人
52%

图 4 北京市农村劳动力绿岗就业结构

表 1 北京市农村劳动力绿岗就业情况

	平原造林及绿地养护	经济林及林下经济	生态林	合计	绿岗就业的潜力
昌平	平原造林及绿地养护岗位共计增加 0.8 万人就业	"一花三果"直接带动了约 2.2 万户农民从业。而且吸纳了近 7 万名农民依托都市型现代农业及关联产业就业		共计吸纳农民绿岗就业 14.4 万人	预计 5 年的平原造林完成后，将新增森林资源养护管理工作岗位 9300 个，按照"养护管理吸纳本地区农民比例不低于 60%"计算，可吸纳当地 5580 多位农民就业
朝阳	平原造林参与人数 2033 人		生态林管护人员 2801 人	共计吸纳农民绿岗就业 4834 人	平原万亩造林建设工程计划再完成 3 万亩以上的造林任务。以每人管护面积 10~15 亩计算，已实现的平原造林管护可吸纳劳动力 732~1098 人
大兴	工程建设、绿地养护等实现 8.6 万农民就业	果树从业人员达 3 万人；花卉从业人员达 0.2 万人；种苗从业人员 0.7 万人	林下经济就业约 0.2 万人	共计吸纳农民绿岗就业 12.7 万人	预计至"十二五"末，可使 14.4 万人实现绿岗就业，其中：参与平原造林等绿化工程建设岗位 2 万人，养护管理岗位 7.8 万人，林产业 6.1 万人

续表

	平原造林及绿地养护	经济林及林下经济	生态林	合计	绿岗就业的潜力
房山	31万亩绿化造林安排3.1万人参与工程施工养护	育苗从业人员1300人,花卉种植从业人员700人,间接从业人员(包括季节工)1500人	生态林管护员6563人	共计吸纳农民绿岗就业41063人	
丰台				共计吸纳农民参与林木养护7374人	
海淀			生态林管护人员7518人	共计吸纳农民参与生态林养护7518人	
怀柔	2013年平原造林工程绿岗就业农民人数约为300人		山区生态林管护人员8776人	共计吸纳农民绿岗就业9076人	
门头沟	平原造林工程累计实现农民工就业340人	现有经济林直接带动果农16000余人	生态林管护员5662人	共计吸纳农民绿岗就业22002人	
平谷	平原造林工程吸纳管护人员2500人			共计吸纳农民绿岗就业2500人	
顺义	平原造林4600人。林木绿地管护5300人	果树生产10000人,种苗产业3600人,花卉产业3200人		共计吸纳农民绿岗就业约26700人	
延庆	平原造林工程吸纳20000名农民,管护员1030人	林下经济和花卉产业带动农民就业6000余人	生态林管护员1933人	共计吸纳农民绿岗就业约28963人	
密云	平原造林工程带动当地农民3000余人就业	花卉产业吸纳农民就业448人	山区生态林管护员5025人	共计吸纳农民绿岗就业约8473人	
全市	164103	217748	40278	422129	

注：生态经济林管护按人均8亩计算,可吸收2.2万人就业;花卉养护按人均2亩计算,可吸收0.7万人就业;林下经济管护按人均5亩计算,可吸收3万人就业;种苗养护按人均10亩计算,可吸收0.2万人就业。

资料来源：根据北京市各区县统计整理。

此外,结合生态建设、生态环境保护和新农村建设的需要,以市政、林业和新农村重点生态建设项目为依托,大力开发生态就业岗位。其中主要有：农村保洁员4.1万人,市级财政每月补贴500元,区县、镇、村按照市最低工资标准补足差额;管水员1.08万人,区县财政每月给予500元补助;全科农技员1039人,市级财政按照每月1500元进行补贴;等等。其他生态就业岗位还有乡村公路养护员、村镇保洁员、公路清扫员、环境监管员、垃圾分类指导员、花草维护员、渣土清运员、沼气站管理员、秸秆气站管理员等。并综合各工种劳务的种类和数量,科学设置了相应的岗位职责及标准,为农民生态就业提供了岗位保障。

四　增加了就业农民的收入

一是政策补助增加了政策性收入（见表2）。

表2　近几年北京市主要政策性补偿

政策性收入来源	政策文件	补助标准
退耕还林生活补助	2007年，北京市发布关于《北京市人民政府办公厅关于进一步完善退耕还林政策的通知》	退耕还林生活补助费20元/年·亩、第一轮补助原粮100公斤/亩、第二轮补助原粮50公斤/亩；生态林补助8年，经济林补助5年
集体林改生态公益林补偿	2010年《北京市人民政府关于建立山区生态公益林生态效益促进发展机制的通知》	从2010年，建立山区生态公益林生态效益促进发展资金，按照40元/年·亩的标准执行，其中包括24元/年·亩的生态补偿资金和16元/年·亩的森林健康经营管理资金。60%分配到具体有林地承包经营权的个人。并根据山区生态公益林的资源总量、生态服务价值、碳汇量的增长情况和全市国民经济社会发展水平，合理核定生态效益促进发展资金增加额度，每5年调整一次
一、二道绿隔补偿	2008年《关于进一步推进本市第一道绿化隔离地区建设意见》	将绿隔地区生态林占地补偿标准提高到每亩每年1000元，全部由市财政承担
一、二道绿隔补偿	参照《城市园林绿化养护管理标准》	绿隔地区中公园绿地的养护费用提高到每平方米4元，一般生态林提高到每平方米2元，养护费用由市、区财政按1:1比例负担
平原造林土地流转费用	《北京市人民政府关于2012年实施平原地区20万亩造林工程的意见》	生态涵养发展区补助1000元/亩，其他地区补助1500元/亩，补助期限暂定到2028年，并建立动态增长机制

（1）退耕还林生活补助。北京市退耕还林工程自2000年开始试点，2002年全面启动，实施范围涉及平谷、密云、怀柔、延庆、门头沟、房山等区县，共涵盖91个乡的2789个村，涉及19.2万农户61.2万人，到2004年共完成退耕还林任务105万亩。[①] 2007年，北京市发布《北京市人民政府办公厅关于进一步完善退耕还林政策的通知》，提出继续对退耕农户实行直接补助。现行退耕还林粮食和生活费补助期满后，继续对退耕农户给予适当的粮食和现金补助。其中：退耕还林生活补助费20元/年·亩、第一轮补助原粮100公斤/亩、第二轮补助原粮50公斤/亩；生态林补助8年，经济林补助5年。按照此补助标准，每年向农民发放生活补助2100万元，户均110元。

（2）集体林改生态公益林补偿。2010年北京市发布《北京市人民政府关于建立山区生态公益林生态效益促进发展机制的通知》，提出生态公益林的补偿标准，从2010年开始，本市建立山区生态公益林生态效益促进发展资金，按照600元/年·公顷（40元/年·亩）的标准执行，其中包括360元/年·公顷（24元/年·亩）的生态补偿资金（主要用于生态

---

① 根据园林绿化局统计数据。

补偿基金）和 240 元/年·公顷（16 元/年·亩）的森林健康经营管理资金（主要用于山区生态公益林林木优育、资源保护，以及生态用水保障、作业道路修建等林业建设）。其中，40% 用于集体统一管护费，60% 分配到具体有林地承包经营权的个人。根据山区生态公益林的资源总量、生态服务价值、碳汇量的增长情况和全市国民经济社会发展水平，合理核定生态效益促进发展资金增加额度，每 5 年调整一次。这项政策提高了农民的政策性收入，对于推进山区林权改革具有重要作用。实施范围是经区划界定的山区集体所有的生态公益林，截至 2012 年底，集体林地确权面积达到 1295.5 万亩，其中山区生态公益林勘界确权面积 1072.3 万亩。林地确权涉及北京 3274 个村的 109.2 万山区农民，2012 年向农民兑现生态补偿资金达 2.6 亿元，人均补偿 238 元。

（3）一、二道绿隔补偿。2008 年市发展改革委《关于进一步推进本市第一道绿化隔离地区建设意见》提到适当提高生态林占地补偿和绿地养护的标准。其中，一是提高生态林占地补偿费。将绿隔地区生态林占地补偿标准提高到每亩每年 1000 元，全部由市财政承担。二是提高绿地养护费。按照《城市园林绿化养护管理标准》，绿隔地区中公园绿地的养护费用提高到每平方米 4 元，一般生态林提高到每平方米 2 元，养护费用由市、区财政按 1∶1 比例负担。

（4）平原造林土地流转费用。《北京市人民政府关于 2012 年实施平原地区 20 万亩造林工程的意见》（京政发〔2012〕12 号）中规定了土地流转补助标准，即"实行种植结构调整用于造林绿化的土地，不改变承包关系，按照现行流转政策，市政府每年给予生态涵养发展区补助 1000 元/亩，其他地区补助 1500 元/亩，补助期限暂定到 2028 年，并建立动态增长机制"。如果按流转后每亩纯增 800 元的收入计算，2012 年全市 25 万亩用于平原造林的集体土地流转后纯增收入 2 亿元。

二是参与工程建设所得劳务费。

近年来，绿化造林群众参与意愿逐年提高，涉地村民积极参加京津风沙源治理、森林健康经营抚育工程、平原地区造林工程等营造林工程建设，获得相应的工资报酬。以密云县为例，目前日工资 120 元，京津风沙源治理人工造林、平原地区造林时间为 3 个月，人均收入达 10800 元；森林抚育 4 个月，人均收入 14400 元；工程后期管护收入，"五河十路"永久性绿化带管护费 200 元/亩·年，共 88.74 万元/年；平原地区造林工程 4 元/平方米·年，共 9366.3 万元/年。

三是工程建设用苗、水车、铲车等机械费用收入。

以密云县为例，近两年随着平原地区造林工程的开展，老百姓所有的铲车、水车等机械投入工程建设，约占总机械台班的 60%，机械费用在 800 ~ 1700 元/天，2012 年租用当地水车 50 辆，浇水 60 天，800 元/台·天，仅水车一项收入就达 240 万元。

四是发展林下经济实现增收。

截至 2012 年底，林下经济总产值近 20 亿元，带动农户 8 万多户，带动就业 30 余万人（见图 5），涉及林下经济建设的相关企业 173 家，成立农民林下经济专业合作社 163 个，其中，市级农业龙头企业 1 家，市级合作示范社 2 个。仅 2012 年，北京市林下经济就实现产值 2.26 亿元，直接受益农户 4000 余户，带动就业 8700 余人，参与企业及合作组织 60 个。参与农民户均收入由 2008 年的 8500 元增长到 2012 年的 1.36 万元（见图6）。同时，林下经济建设为首都市民提供了 100 余种林下仿野生食用菌、特色蔬菜、杂粮、茶及香草、林下特色养殖等特色产品，带动了旅游、采摘、特色民俗游等产业发展，乡村旅游人数同比增长 5.5%，乡村旅游收入同比增长 20.9%。

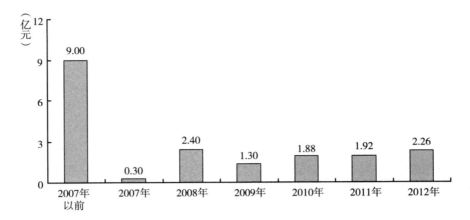

图 5　北京市历年林下经济总产值

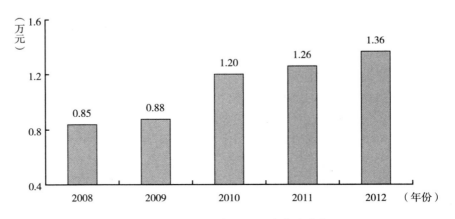

图 6　2008～2012 年林下经济户均增收

五是发展沟域经济实现增收。

在绿化工程建设中，不仅治理了风沙、保持了水土、涵养了水源、净化了水质、改善了生态环境，而且有效提升了山水自然资源价值，间接地促进了沟域经济的发展。在怀柔、门头沟等多个区县试点进行了成功的探索和实践，并由此带动了一批山区农民依托生态资源，发展民俗旅游、文化创意、生态观光休闲等产业，增收效果非常明显。例如，平谷挂甲峪村普通农户，仅农家乐接待一项，年均收入超过 4 万元。

第三节　存在的问题

一　劳动力不适应专业性要求

根据课题组调研情况，目前在绿岗就业人员年龄比较大，基本集中在 40～60 岁，而且文化程度较低，高中以下学历占绝大多数。课题组在门头沟、昌平等区县随机抽取了 10 个村，共计发放了 10 份村表和 100 份入户调查表。从回收的有效问卷统计情况来看，被调查村庄共有生态林管护员 684 人。其中 45 岁及以下共计 67 人，占到 9.8%；46～60 岁共计 352 人，占到 51.46%；61 岁及以上 265 人，占到 38.74%（见图 7）。

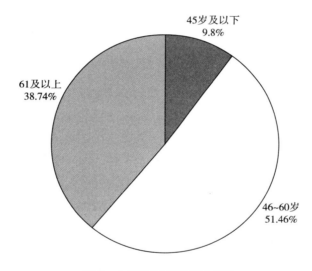

图 7　生态林管护员年龄结构

花卉产业从业人员共计 430 人。其中 30 岁以下共计 31 人，占 7.21%；30～39 岁共计 133 人，占 30.93%；40～49 岁共计 159 人，占 36.98%；50 岁及以上共计 107 人，占 24.88%（见图 8）。

从受教育程度来看，生态林管护员中，高中以下共计 580 人，占到 84.8%；高中及中专共计 96 人，占 14.04%；大专及以上 8 人，占 1.17%（见图 9）。花卉产业中，高中以下共计 262 人，占 61%；高中及中专共计 120 人，占 28%；大专及以上 47 人，占 11%（见图 10）。

目前京郊大部分区县从事农林产业人员中，多为 "40" "50" 人员，素质普遍偏低。专业技术人员、管理人员匮乏，人才储备利用机制尚未形成。劳动力结构与当前绿岗的专业性要求产生了矛盾，使得目前北京市的生态就业渠道相对单一，仅局限在护林护水、生态农业、低档农家乐等领域，诸如生态食品、花卉、种苗、文化旅游、林下经济绿色旅游

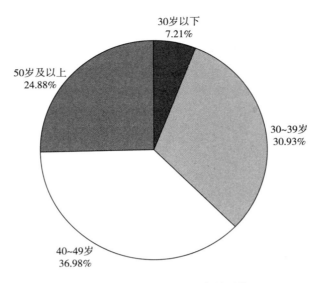

图 8　花卉产业从业人员年龄结构

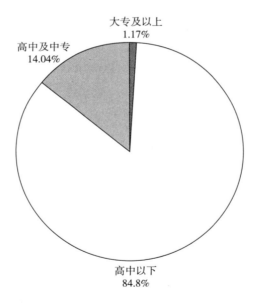

图 9　生态林管护员受教育结构

等领域的生态就业还有待开发。

　　在平原造林方面，部分绿化工作专业性较强，需要技能工种，但技术岗位从业人员大多年龄超过 45 岁，只具备初中以下文化程度，很少有人接受过专业培训，专业技能水平较低。在绿岗就业中，这些农民的竞争力不强。例如，平原造林工程设计标准高，施工技术相应要求也高，农民就业前往往不具备技术硬件，多以小工身份参与就业，小工每天工

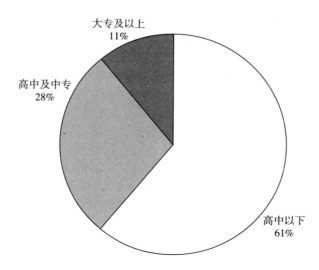

图 10　花卉产业从业人员受教育结构

资大概在 120～150 元，算上工期，每个月的收入不足 3000 元，积极性不高。

在绿色旅游产业发展方面，"40""50"人员显然不能适应产业发展的要求，只能从事附加值不高的农家乐。旅游观光农业开发的设计和经营管理人才严重缺乏，制约了旅游农业的开发和发展。旅游观光活动内容单一，区内的农业产业发展与旅游业的衔接形式单一，通常只是在景区周围销售农产品或供游客进行采摘，采摘园内缺少必要的硬件配套设施，建设档次多数偏低，没有突出的亮点，直接影响到观光农业的发展和相关农户的增收。

在发展林下经济方面，大部分农民转为绿岗就业者后，因专业性不强，导致绿色产品科技含量低。在林下经济的种植、养殖方面，由于技能培训与服务指导跟不上，农户在种养过程中大多数沿用传统的方式，缺乏科学的种养技术和管理方法，造成病虫害发生率较高，致使种养成本过高，经济效益不高；在苗圃培育方面，许多苗圃建立之后没有专业技术人员指导，尤其是中小型苗圃、个体户苗圃最为明显。由于对苗圃管理认识不足，出现了育苗密度不合理，苗木长势参差不齐、树形不好等现象，结果是高投入、低产出，造成严重损失；在林区养护管理方面，一些农民转化为养护管理者后，不能积极主动学习养护管理相关知识，容易造成苗木养护管理不当，降低成活率和保存率。

二　农民对绿岗就业认识不足

由于增收有限，广大农民对"绿岗就业，发家致富"的信心不足。在很多农民看来，从事种苗、花卉、蜂产品、林下经济、林木管护等林业工作，最多也就是"养家糊口""混口饭吃"，很难像从事餐饮、矿业等其他行业那样很快"发家致富"。他们对通过绿岗就业能够实现奔小康这一目标的信心不足。在课题组的问卷调查中，超过七成的受访农户反映，参与林业工作的收入比外出打工低很多，会选择回报高的其他工作机会。此外，相关部门对现有平原造林政策宣传力度不够，不少农民认为土地流转用于造林，不如种粮食踏实，他们克服不了失地的恐慌心理，担心生活保障问题。

三 绿岗就业增收政策不完善

目前北京市在园林绿化促进绿岗就业方面的政策主要是《北京市人民政府关于2012年实施平原地区20万亩造林工程的意见》《北京市山区生态公益林生态效益促进发展机制森林健康经营项目管理暂行办法》《北京市山区生态公益林生态效益促进发展资金管理暂行办法》。这些政策中明确提出了有关土地流转、补贴等方面的原则和标准，但是近几年园林绿化方面涉及的区县越来越多，各地又存在差异，因此在政策具体执行过程中存在一些问题。例如，在平原造林方面，昌平等区县认为1500元/亩的土地流转费用远高于务农收入，农民非常欢迎；有的区县则认为1500元的标准比较低，农民积极性不高，不愿意流转土地。具体来说，主要集中在以下几个方面。

（一）土地流转补偿政策不统一，影响了农民参与的积极性

北京市土地在2004年确权后，已有48.5%的土地进行了流转。其中，27.3%流转给了村集体，31.1%流转给了外部单位或个人，25.9%流转给了其他农户。这些流转土地都重新签订了承包（租赁）合同。2012年平原造林中有部分使用到这些土地，产生的突出矛盾是，土地流转补助是归土地承包经营权人（确权农民）所有，还是归土地的经营者所有。不少地区农民把土地流转给了村集体，由村集体经营，但是当时土地流转费用远远低于平原造林的流转补偿费用。在昌平、通州等地调研中，基层工作人员反映，早先流转出土地的农民感觉利益受损，不断要求提高补偿，而未流转土地的农民则处在"持地观望"的状态，再加上目前北京市对建设用地、工业用地、市政绿化用地、园林绿化用地等拆迁政策和补偿标准各不相同，绿化用地补偿标准相对较低，导致农民积极性不高，保留土地以期未来其他用途征地。

此外，课题组调研的昌平、大兴等区县不少种植果树的村普遍反映，经济林对北京的生态也作出了贡献，而且生态效益和生态林差不多，但是政策方面没有考虑对经济林进行补偿。不少村民认为不仅应该对此进行补偿，而且不能为了种植生态林而砍掉经济林。

（二）政策补贴标准偏低，而且缺少动态调整机制

一是山区生态林管护员补偿资金偏低，而且缺少后期管理费用。门头沟生态林管理部门反映，山区生态林管护员的管护任务重点是冬季森林防火，防火期从11月至翌年的5月，长达7个月。在此期间，管护员每月出勤20多天，每天工作8小时，与每月484元的补偿金极不对等，付出多、收入少，一个劳动力如果仅靠每月484元、全年5808元的补偿金，的确不能养家糊口，管理人员积极性普遍不高。

随着造林工程速度的加快，森林资源的不断增加，工程管护的工作量越来越大，部分项目现行的绿化补助标准只有新造林补助，没有后期管护经费。尤其是山区，以栽植生态防护林为主，全部是公益林，没有直接的经济效益，是一项公益性事业，当地政府拿不出相应的资金来补充管护资金，一定程度上影响了群众造林的积极性，使后期管护工作相对

滞后。

二是林下经济政策补贴不够。目前不少地区围绕林地因地制宜地发展林下经济，林下经济的发展已经成为农民增收的重要途径之一。例如昌平区的林花、林果等林产业促进农民绿岗就业、绿色增收。但是目前市区两级政府对林下经济、花卉产业发展的支持和引导投入不足，更多的是以初级生产为目的，缺乏深加工等后续产业链条，且发展思路和管理工作不能有效延续，无法形成规模化、产业化的发展模式。

（三）促进绿色就业政策城乡差别明显

目前，全市尚没有单独的促进绿色就业政策，就现行促进就业政策与绿色就业对接而言，促进就业政策有待城乡统筹。一是公益性就业政策。城镇失业人员以保洁保绿的公益性就业形式实现就业享受公益性专项补助，城镇公益性就业可享受最低工资和五险一金的就业保障，由县财政资金和市失业保险基金按照二八开的比例全额负担。而农民绿色就业的性质与城镇失业人员公益性就业基本上是一致的，但没有农村公益性就业政策。二是岗位补贴和社会保险补贴政策。城镇职工以任何形式实现就业，用人单位均能享受岗位补贴和社会保险补贴政策支持，而对用人单位招用农民工则限制单位性质，将机关、事业单位、个体工商户、合作社等单位排除在外。同时对就业形式加以限定，只对第二、第三产业转移就业予以补贴，第一产业就业不予补贴，使在第一产业就业的农民无法享受补贴。三是自谋职业（自主创业）、灵活就业社会保险补贴政策。城镇就业困难人员实现自谋职业、灵活就业可享受补贴支持，而农民在民俗旅游生态领域实现自谋职业和灵活就业不能享受政策。

（四）政策可持续性需要加强

除公益性政策外，每项政策均有补贴期限，对同一单位同一人一般为3年，相对绿色产业单位，3年期满后没有政策支持，企业和个人均很难维系，没有持续的稳定就业政策支持，不利于农民实现长期稳定的生态就业。就区县政策而言，护林员、水管员的补贴由市财政负担，例如延庆县仅生态保洁员一项支出，年均7200万元，财政负担过重，随着绿色生态就业规模的不断扩大和待遇的不断提高，区县政策的可持续性也面临较大压力。

四　相应的体制尚未理顺

（一）补贴资金落实缺少监督机制

以平原造林为例，目前540个使用农村确权地造林的村中，还有105个村没有填报资金情况。主要原因是，经管站不是平原造林工作领导机构的成员单位，难以取得资金拨付的相关材料，部分区县表示填报困难。而且目前农村土地的经营情况复杂，享受土地流转补助资金的主体有村集体、大户、外来企业或个人、农户，取得数据有一定的难度。根据市农委的调研报告，100个村在土地流转补助资金上存在未兑现差额兑现的现象。其中主要原因是资金未到位以及种树引发了一些承包纠纷，经营者不愿意退出土地，对补偿金标准又不满意，仍需要继续调解协商。

（二）集体林改健康经营资金实际使用中偏离农民群体

集体林改生态效益促进发展资金按照每亩地40元的标准发放，其中24元为生态公益林生态效益补偿资金，以股份的形式直接发放到农民手中；16元为健康经营资金，主要用于森林防火、病虫害防治和林木抚育管理等事项，以工程等其他形式间接发放到农民手中。目前生态林健康经营项目涉及资金主要是以工程形式落实，而百万元以上资金项目按照规定应该进行招投标，农民基本没有竞标资质，在招投标环节就被排除在用工范围之外。集体生态林补偿机制政策核心思想是"惠农"，但在实施过程中并没有落实到农民身上。

（三）大型园林绿化工程建设中农民工参与受阻

大型园林绿化工程均实行招投标制，当地的农民没有组织，无正规的具备投标资质的公司，不能参加大型园林绿化工程建设；而中标的专业公司携带大量的外地农民工到当地农民的土地上从事园林绿化工作，抢占了当地农民的就业机会。因此，当地百姓与中标公司之间易产生矛盾，矛盾突出的地方严重影响了工程建设进展，甚至造成了工程质量下降。

（四）现有林地的养护机制不利于农民就业增收

在平原造林工程养护机制上，市园林绿化局提出了市场化运作，农民参与就业的总体思路，标准定为4元/平方米，但未针对资金如何分配使用作出具体细化，提供合理的政策支撑。进行市场化运作，则要进行统一招投标，由专业公司提供养护管理，这一系列的手续将占用掉一部分养护资金，再扣除养护成本，农民的就业工资作为资金链末端，大受挤压。市场化运作虽然能够更好地实现管理保障，但也与更好地促进农民绿岗就业增收存在一定程度的矛盾，因此尽快出台合理的资金分配政策是迫在眉睫的关键一环。

五 绿岗就业的保障水平较低

农民绿岗就业岗位，不论是生态补偿政策还是各区县自有的生态就业岗位补贴政策，都只是每月500元的补贴，没有最低工资和社会保险的就业保障，处于一种广覆盖、低保障的状态，而北京市新的最低工资标准是每月1420元。现行绿岗就业政策的低保障水平，对于缩小当前的城乡收入差距助力有限。

第四节　政策建议

一 理顺绿岗就业的体制机制

一是建立造林绿色就业的市场化机制。北京在未来几年将完成平原地区百万亩绿化造林工程。据统计，平原地区百万亩绿化造林工程每年养护费用近27亿元，仅仅依靠政府推动，财政压力巨大。因此要积极探索森林"造血功能"。在工程建设以及后期管护方面，采取市场化运作、专业化管理、企业化运营的方式。林地养护工作专业性较强，以往依靠本地农民培训上岗参与林地养护工作，但受人员素质影响，养护水平参差不齐，影响了林地景观效果。将林地养护工作推向市场，制定养护单位准入机制，吸纳当地农民按区域就业，通过系统的专业技术培训，以区县为主体，统一标准、统一考核，组建有利于农民参与的管理和养护队伍。实行养护工作专业化管理，聘请第三方机构对养护工作进行监督检查。

二是建立健全山区生态林养护管理模式。①将补偿金直接下拨至村委会。按照各村生态林管护面积和管护员人数来确定生态林补偿金，由镇财政所按季度下拨至村委会，再由村委会统一发放，使补偿金发放做到公开透明、张榜公示，接受群众监督。②完善村级管理办法，严格村级管理。由村委会结合自身实际，制定具体的村级管理办法。管理办法第一要明确管护员的选拔条件；第二要划定管护员岗位和范围；第三要明确管护员的出勤标准；第四要依据管护职责明确管护任务；第五要制定管护规定和奖惩措施。③探索动态管理模式。由于全区县具体情况不同，一年四季管护员的职责、任务也不同，若按照同一个模式管理，即每月每人补偿484元，不能充分发挥管护员的主观能动性和作用。因此，要积极探索动态管理模式，创新管理方法，平衡管护员的付出和收入。④加强考核。各区县要把生态林管护纳入镇政府统一的年终考核内容，并建立严格的考核和责任追究制度。乡镇级也要把村级生态林管理纳入村级建设的重要内容，把生态林管护、管理与村干部的工资补贴紧密挂钩，严格兑现。

三是发展碳汇经济、森林水资源补偿，建立生态补偿机制。园林绿化对生态环境作出了巨大的贡献，北京市生态环境保护离不开农村地区的长期支持。下一步要积极通过市场化的方式，对生态环境作出贡献的地区进行补偿。目前，林业碳汇和森林水资源是相对容易计量的森林生态效益。国内外对这两类生态效益的认可度较高，其生态效益市场化也得到了一些有益尝试。森林生态效益市场化机制对农民绿岗就业增收具有重要作用，北京应该在借鉴吸收这些经验的基础上，努力探索适合本地区的森林生态效益市场化机制。

针对林业碳汇，一是要把森林碳汇效益长期监测放在首要位置，针对全市森林资源碳汇能力开展动态监测，逐步完善全市碳计量基础模型；二是要结合平原地区造林等重点工程开展碳汇计量监测，探索建立平原造林工程的多元化融资渠道；三是探索森林经营增汇的碳汇计量方法，充分挖掘北京市可计量的碳汇量。

针对水源地保护，一是要积极倡导水资源有偿使用，受益者对上游居民牺牲的发展机会要给予补偿。二是坚持生态补偿资金以政府投入为主，下游企业、个人等受益群体的付费、捐赠为辅，逐步推进受益者付费的市场化机制。需要指出的是，生态补偿资金只是对上游居民的一种补偿，仅靠补偿资金并不能维持体面的生活。上游居民需发展替代生计来提高生活质量，如生态旅游、有机果园、保护性耕作等。三是加强流域管理和保护技术研究，分享国内外流域保护信息，为流域居民提供森林保护、水源管理、生计改善等技术培训。四是吸收当地年轻人成立水源地保护和管理专业队，经培训后管理水源地森林和河流。

二　完善绿岗就业的相关政策

目前绿岗就业增收的政策尚待完善，从调研情况来看，普遍反映资金补偿标准偏低，流转政策不统一，相关社保政策不完善，等等。为此，我们建议：

一是进一步提高林地养护环节资金标准。结合林地所处地区特点，将林地按重要性划分等级，实行分级管理，并以管护资金的多少进行区分，适当情况下可参照城市绿地的养护标准和资金补助标准实施林地养护。

二是提高绿色就业岗位补贴。按照不低于北京市新的最低工资标准的原则，大幅提高绿色就业岗位补贴。增加补贴所需的资金，生态涵养区可以由市级财政纳入生态涵养发展区转移支付政策中增设专项资金予以统筹。同时，考虑经济和通货膨胀情况，建立绿岗就业岗位补贴动态增长机制。将从事养山护水、植树造林等绿色岗位的农民直接纳入就业困难群体帮扶范围，加大补贴标准，延长补贴年限。

三是完善社会保险补贴政策。①鼓励绿色企业招用农村就业困难人员在绿色岗位就业，实现第一产业从业人员员工化，与农村劳动力签合同并为其上保险、提供工资保障的企业享受岗位补贴和社会保险补贴政策。②积极探索将农民专业合作组织作为就业载体，由这些组织整合绿岗资源，吸纳农民就业，与人力社保部门对接，实现签合同、上保险、保工资，进一步提高农民绿岗就业的组织化和规模化程度，特别是政府出资开发的生态林管护、植树造林等绿岗就业岗位，要大力探索有效组织载体，努力做到就业和社保同步落实。③将从事养山护水、植树造林等生态岗位的农民直接纳入就业困难群体帮扶范围。建立优先安置农村就业困难群体的生态就业公益性组织，研究给予专项补贴政策。

四是完善土地流转政策，因地制宜地制定土地流转补贴标准。目前市政府制定的土地流转补偿标准主要是以区为单位，生态涵养区补偿1000元/亩，其他地区1500/亩。但是根据调研情况来看，即使在同一区县，土地流转的标准也需要进一步细化，有些种植果树的村的土地用于平原造林的成本太高。此外，针对2004年已经流转土地的农民，之前土地流转补偿资金低，一方面导致了这部分农民意见很大，甚至出现上访；另一方面导致尚未流转土地的农民产生了负面预期，认为一旦签订土地流转合同，收益固定，将来可能利益受损。因此，建议对已经流转土地的农民给予一定补偿，或者建立动态调整机制。

五是出台相关产业的扶持政策。①对林下经济进行扶持。按照国家相关规定，市、区（县）各级政府要制定合理的补贴政策，进一步完善林下经济补贴机制，通过设立专项资金、优惠贷款、实物补贴、税费减免等方式支持林下经济发展，保护农民发展林下经济的积极性和主动性。例如怀柔区，2012年观光果园达到270个，占地2万亩，其中规模化观光果园达到99个，占地1.4万亩，果品采摘综合收入5900万元，增加农民就业岗位2000余个。另外，随着传统林业向现代林业、都市林业、休闲林业的拓展和延伸，生态园林文化产业不断繁荣发展，为农民就业增收创造了新的发展空间。2012年接待游客1100万人次，观光休闲农业总收入达到27167.2万元，直接带动了民俗乡村游的发展，促进了农民增收。目前作为一种新型的产业建设形式，林下经济发展总体处于初级阶段，还存在规模化程度低、产业分散，科技转化率低、资源利用效率低，流通渠道不畅通、与市场对接不准确等问题。②要研究出台社会企业开发经营林业资源产业扶持政策，在项目审批、土地规划、建设用地、促进就业、旅游开发、国有资产管理等方面制定切实可行的政策措施，吸引社会企业参与林业资源管护，投资林业资源管理，从而丰富林业资源管护机制，增加绿色就业岗位的有效供给。③扶持林果产业，稳定就业途径。各级政府、集体加大对重点果园、重点品种、重点基地的资金投入，用于新品种引进、基础设施建设、品牌包装和引入市场机制建设等方面，鼓励公私合营、合作组织建设、个体承包等带动性的资金投入和建设。此外，可以考虑将新植和更新果树纳入平原造林项目范围内，在种植和管护方面给予政策扶持。将果树纳入生态林管护项目范围内，按照生态林管护标准给予政策支持。在果品的产前、产中、产后等生产环节，制定产业扶持政策，加大资金投入。

三　探索绿岗就业的产业模式

目前经济林、林下经济以及森林与旅游相结合的文化旅游产业已经成为北京市农民就业增收的重要途径。目前这些产业发展有点粗放，大部分农民在这些产业中就业，但是增收不明显。为此需要探索绿岗就业的产业模式，对这些产业进行提档升级，真正发挥带动农民就业增收的作用。要积极探索利用农村集体用地引入高端产业的模式，促进中央企业、重大项目与区县、乡镇发展对接，促进高端要素向郊区转移、聚集。建立大项目带动生态就业机制，着力储备、开发一批符合首都郊区发展实际的高质量项目，特别是林业、生态农业、籽种业等项目，形成郊区农民就业的新途径。综合运用就业、产业、环保、财税、金融等相关政策，推进生态产业发展。特别是要扶持生态经济实体发展，推行第一产业企业化，大力提升其市场生存力、竞争力。

四　鼓励绿岗就业的创新模式

各区县应根据自身功能定位，大胆创新生态就业模式，进一步搞好生态就业，促进首都绿色发展。首都功能核心区，重点开发适宜困难人员就业的园林绿化、物业保洁等生活服务型绿色生态岗位。城市功能拓展区，一方面重点开发新能源、高效节能技术、环境保护技术等高新技术类绿色生态岗位；另一方面，在城乡结合部，要抓住 50 个重点村改造的契机，在平原地区百万亩绿化造林、转移就业、绿地回建等工作上探索生态就业的新路子。城市发展新区，围绕新城建设、公共基础设施建设，在新建项目、新城绿化美化等方面开发就业岗位；"三高"退出企业集中的地区，积极发展沟域经济、替代产业等项目安置企业职工。生态涵养发展区，进一步完善生态林补偿机制，提高农民组织化程度，完善相关就业政策，稳定并提升养山护水等岗位就业水平，开发都市型现代农业、民俗休闲旅游等新型生态就业岗位。

五　成立绿岗就业的农民组织

充分发挥农民专业合作组织促进就业的作用，探索将村集体经济组织、农民专业合作组织作为就业载体，由这些组织整合生态岗位资源，吸纳农民就业，与人力社保部门对接，实现签合同、上保险、保工资，进一步提高农民生态就业的组织化和规模化程度。

一是成立林下经济农民联合体。要想让林下经济成为农民就业增收的重要渠道，政府就要进行扶持和指导，并在政策上进行适当倾斜。从北京林下经济发展的情况来看，必须由一个规模大的企业将农民组织起来，农民单干面临资金、信息等方面的制约，建议成立"林下经济农民联合社"或者合作社。农民只负责养殖，由龙头企业负责市场销售和技术引进，同时建立利润分成机制。随着平原造林规模的不断扩大，建议成立相应的林下经济领导部门，对全市有林地资源的乡镇进行规划、管理、指导、协调和服务，让百万亩林地既有生态效益，更有经济效益和社会效益，从而带动农民就业增收。

二是成立绿岗专业合作社。目前在造林工程中，农民基本处在打零工环节，不仅工资低，而且社保也不完善。在调研过程中发现，大型园林绿化工程均实行招投标制，当地的农民没有组织，无正规的具备投标资质的公司，不能参加大型园林绿化工程建设。森林健康经营项目也是同样情况，主要以工程形式落实，百万元以上资金项目按照规定应该进行招投标，农民基本没有竞标资质，在招投标环节就被排除在用工范围之外。因此建议积极落实市委、市政府"新三起来"的要求，成立绿岗专业合作社，相关部门在专业资质申请等方面应该予以指导和协助，使得农民也能够承担大型工程项目建设，扩大当地农民的就业面。

六 强化绿岗就业的管理服务

一是针对乡级绿化管理机构缺位的问题，建议研究符合全市整体发展的有效对策，同时兼顾各区县具体情况，重新建立乡级绿化管理机构，研究制定相关优惠扶持政策，明确上下级隶属关系，完善管理制度，建立长效管理机制。

二是强化林木资源管护管理。出台完善的林木资源养护管理办法，将现有区、乡、村三级管理体制改为区、乡二级管理体制。减少管理环节，专门设定管理机构，配备各专职管理人员建立专业养护队伍，解决农民从事林木资源养护等工作中所出现的问题。

三是强化补偿资金监督管理。明确补偿资金的管理部门，将土地流转补助资金纳入"三资监管"的范围。随着平原造林绿化工程的不断推进，将会有更多的土地流转补助资金发放到村集体和农民的手中。2012年，仅435个村的填报数据就已达到2.43亿元，地上物补偿资金还没有纳入统计范围。今后，可以考虑将这部分资金纳入"三资监管"的范围中，加强对资金的事前、事中、事后监管，规范基层权力运行，防止资金被挪用、平调、拖欠，保护农民的土地流转收益，提高农民的流转积极性。在山区生态林管护方面，可以考虑将补偿金直接下拨至村委会。按照各村生态林管护面积和管护员人数来确定生态林补偿金，由镇财政所按季度下拨至村委会，再由村委会统一发放，使补偿金发放做到公开透明、张榜公示，接受群众监督。

四是简化程序、加强组织，为农民就业开设绿色通道。建议在工程施工费中单独核算一项农民工费，此费用主要用于当年农民工工资的支出，让工人当年劳动，当年获得收入。尽快出台合理养护资金分配机制，简化程序并降低市场化运作过程中造成的资金流失，为促进农民绿岗就业增收创造有利的环境。增加绿化工程的招投标力度，争取在农闲时节让农民工外出就业。组织当地农民成立专业施工、养护队伍，加强技术指导和政策扶持。

五是进一步加强和完善生态就业岗位信息的收集和发布制度，为首都农民就业和绿色企业选人用人搭建平台。

七　加强绿岗就业的技能培训

针对目前劳动力结构与园林绿化岗位专业性要求出现的矛盾，建议相关部门加强对农民的技能培训，提高其就业能力。一是加强对农村园林绿化从业人员的基本技能培训，例如平原造林后的管护环节。课题组在昌平调研时，管护公司反映，由于当地农民基本技能缺乏，公司不得不雇用外地具有专业技能的人员进行后期管护。因此，人力社保等相关部门要定期开展对从业人员的基本技能培训，提高其专业知识。二是以职业技能培训为中心，推进农民绿岗就业技能化。果林等经济林岗位对职业技能要求很高，下一步需要围绕绿色产业发展、绿色岗位的开发，整合各类教育培训资源，借助免费培训政策，面向农民大力开展绿色岗位提升工程；开展护林员、花卉工、果树工等职业工种的职业技能培训和岗位技能培训，提升农民绿岗就业的职业技能，增强就业能力，以培训为支撑，实现农民劳动力向更高端、更稳定的绿色岗位就业。三是积极组织农技专家下乡。通过"专家下乡到地头，农民学技进课堂"的方式推广园林绿化产业技术，提高园林绿化绿岗就业者的综合素质，用科技武装绿岗就业人员，为其增收保驾护航。同时，搭建产学研平台，为基层园林绿化从业人员与科研机构、高校提供交流平台。

八　加大绿岗就业的宣传力度

目前不少地区农民对绿岗就业认识不够，信心不足，除了相关政策尚待完善之外，农民传统的就业观念仍然是从事农业，对绿岗就业缺少安全感，担心生活得不到保障。因此，我们建议在下一步的工作中，要加强宣传引导，提高农民对园林绿化的认识，利用政府网站、地方电视媒体等介绍新时期北京市委、市政府对园林绿化工作新的战略定位，对发展林业产业的重要意义、技术、模式及成功典型进行全面、深入、广泛的宣传，让农民清楚地认识到园林绿化带来的生态效益以及给农民带来的绿岗就业的机遇，并让农民清楚地认识到绿岗就业可以使他们增收。同时，可以组织相关管理部门，总结介绍北京市绿岗就业的典型案例，带动全市农民树立"绿岗就业奔小康"的信念。

第七章　北京休闲农业与乡村旅游市场新需求调查研究

前　言

2007 年，由北京市农委、北京观光休闲农业行业协会组织，北京观光休闲农业行业协会和中国旅游与休闲经济研究中心成立项目工作组，进行过一次市场新需求调研。该新需求调研项目反映良好，得到了北京市政府主管领导的肯定。现在已过去 6 年，有必要对上一次的调研成果进行一次追踪性的调查。

另外，随着生活水平的不断提高，国民消费观念与消费需求也在急剧发生变化，如对食品安全的要求、对绿色低碳的追求、对亲子教育的需求、对"乡下有我一分田"的需求及对养老的需求，等等；另外，信息技术的进步，尤其是网络与智能手机的开发与普及，也深刻地改变着市民的消费模式。因此，有必要对市场新需求进行追踪调查。

通过对调研结果的分析与研究，制定出适应新形势的新政策与新措施，指导休闲农业与乡村旅游产业的改造与升级。

一　项目解释

（一）验证性调研和追踪调研

延续 2007 年新需求调研的总体框架，将新需求界定为三个层面，即差异性需求、潜在性需求和预测性需求。对 2007 年的问卷进行修订与再调查，通过新的调查分析，与2007 年的调查结论进行对比研究，以求更加准确地掌握近年北京市民对乡村旅游需求的变化。

（二）舆情调研

（1）使用目前流行的社交媒体分析工具，进行网络舆情分析、潜在市场分析。

（2）使用相关数据库，对地面主流媒体（新闻、杂志为主）进行舆情分析、潜在市场分析。

二　项目目标

本项目的主要任务是对北京休闲农业和乡村旅游市场需求进行调研，通过与 2007 年的调研结果、现行政策法规、休闲农业和乡村旅游市场经营现状等进行对比研究和探索性分析，发现北京市民在需求方面的新动向与新发展。

（1）通过城市普调和相关企业抽调，在对比分析的基础上找出北京休闲农业与乡村旅游的差异性需求；

（2）通过后期数据分析和计量经济技术捕捉北京乡村旅游的潜在性需求；

（3）利用较为复杂的经济环境分析技术和预测分析工具，初步预测出北京乡村旅游的需求；

（4）对本次北京休闲农业和乡村旅游新需求调研结果进行梳理，与 2007 年调研结果进行全面的对照研究，对上述分析产生的新需求进行甄别与分析，最终确认北京休闲农业和乡村旅游的新需求，并提供相应的政策建议。

三　项目调研

（一）北京市居民问卷调查

本次调研时间为 6 月 26 日~7 月 20 日。分别在东城区、西城区、朝阳区、海淀区以及丰台区、昌平区、延庆县、密云县的城区对北京市民进行问卷调研。本次调研共向居民发放问卷 850 份，收回 809 份，有效问卷 800 份，有效率约为 98.89%。本次调研时间较为充裕，所以对调查员发放问卷做了比较严格的要求，并给出了部分无效问卷的判定办法，要求调查员在回收问卷前进行自查，回收后由调研组人员再次进行检查，所以比较成功地完成了 800 份有效问卷的回收计划。

运用 SPSS 17.0 将有效问卷进行分析，得出被调查居民的年龄、受教育程度、收入、性别、婚姻状况的基本情况，如表 1 至表 6 所示。

表 1　被调查者年龄结构

	年龄结构	频数（人）	百分比（%）	有效百分比（%）
有效	25 岁以下	307	38.4	38.6
	25~44 岁	321	40.1	40.3
	45~59 岁	134	16.8	16.8
	60 岁	34	4.3	4.3
	合　计	796	99.5	100.0
缺失	—	4	0.5	
合　计		800	100.0	

表 2　被调查者性别分布

	性别	频数（人）	百分比（%）	有效百分比（%）
有效	男性	351	43.9	43.9
	女性	449	56.1	56.1
	合 计	800	100.0	100.0

表 3　被调查者家庭结构

	家庭结构	频数（人）	百分比（%）	有效百分比（%）
有效	无巢	209	26.1	26.1
	空巢	25	3.1	3.1
	单巢	32	4.0	4.0
	满巢	266	33.3	33.3
	还巢	149	18.6	18.6
	三明治家庭	119	14.9	14.9
	合 计	800	100.0	100.0

表 4　被调查者受教育程度

	受教育程度	频数（人）	百分比（%）	有效百分比（%）
有效	未上过学	7	0.9	0.9
	小学	15	1.9	1.9
	初中	53	6.6	6.6
	高中（中专中职）	130	16.3	16.3
	专科	184	23.0	23.0
	本科	355	44.4	44.4
	硕士	52	6.5	6.5
	博士	4	0.5	0.5
	合 计	800	100.0	100.0

表 5　被调查者职业结构

	职业结构	频数（人）	百分比（%）	有效百分比（%）
有效	0	233	29.1	29.2
	私营企业	136	17.0	17.0
	外资或三资企业	59	7.4	7.4
	事业单位	157	19.6	19.6
	个体户	53	6.6	6.6
	地方国有企业	73	9.1	9.1
	中央国有企业	35	4.4	4.4
	公务员系统	53	6.6	6.6
	小 计	799	99.9	100.0
缺失	—	1	0.1	
	合 计	800	100.0	

注：0代表失业或无业。

表6　被调查者年收入状况

	收入状况	频数(人)	百分比(%)	有效百分比(%)
有效	1 万元以下	248	31.0	31.0
	1 万~3 万元	89	11.1	11.1
	3 万~5 万元	177	22.1	22.1
	5 万~10 万元	180	22.5	22.5
	10 万~30 万元	85	10.6	10.6
	30 万~100 万元	11	1.4	1.4
	100 万元以上	10	1.3	1.3
	合　计	800	100.0	100.0

通过数据可以看出，本样本各年龄段均有分布，以青年为主，年龄结构比较合理；同时性别分布较平均，各家庭结构亦有分布；受教育程度在本科/大专段较为集中，学历相对较高。由于年轻学生群体占比较大，所以年收入一题中，选择1 万元以下的比例相对较高。

在 800 份问卷中对是否参加过乡村旅游没有作出回答仅 1 份，参加过乡村旅游的约占75.3%，没有参加过乡村旅游的约占 24.7%。由此可见参加过乡村旅游的超过 3/4，与 2007年调研结果相比，也体现出北京市休闲农业和乡村旅游的市场空间得到了一定的扩展。

（二）经营者新需求调研

本部分的调研形式为调查问卷，通过北京观光休闲农业行业协会向各区县休闲农业园区进行问卷发放和回收，由调研组进行数据录入、数据分析的方式完成。休闲农业园区样本特征如表 7 至表 9 所示。

表7　园区经营类型

	经营类型	频数(人)	百分比(%)	有效百分比(%)	累计百分比(%)
有效	民俗旅游接待户	2	6.9	6.9	6.9
	采摘果园	7	24.1	24.1	31.0
	乡村餐厅/生态餐厅	1	3.4	3.4	34.5
	观光垂钓园	2	6.9	6.9	41.4
	观光花卉园	1	3.4	3.4	44.8
	综合性乡村度假园	16	55.2	55.2	100.0
	合　计	29	100.0	100.0	

表8　接待游客数量

	游客数量	频数(人)	百分比(%)	有效百分比(%)	累计百分比(%)
有效	100~500 人	4	13.8	14.3	14.3
	500~1000 人	5	17.2	17.9	32.1
	1000~3000 人	4	13.8	14.3	46.4
	3000 人以上	15	51.7	53.6	100.0
缺　失		1	3.4	—	
合　计		29	100.0	100.0	

表9 园区占地面积

	占地面积	频数（人）	百分比（%）	有效百分比（%）	累计百分比（%）
有效	100亩以下	5	17.2	17.2	17.2
	100～500亩	7	24.1	24.1	41.4
	500～2000亩	9	31.0	31.0	72.4
	2000亩以上	8	27.6	27.6	100.0
	合　计	29	100.0	100.0	

样本中综合性乡村度假园经营者约占半数，采摘果园经营者约占总数的1/4，民俗游、垂钓园及花卉园等有少量分布。经营规模从游客数量和占地面积方面看则各不相同。

由于时间所限，回收问卷29份，样本数量不多，但基本保证覆盖各区县，可供新需求分析时进行对比参考。

四　项目研究方法

本项目采用定性分析和定量分析相结合的研究方法。

定性分析：对国内外相关文献和近一年来的北京市场上的大众媒体相关信息进行分析，同时对经营者和行业管理者访谈记录进行分析，归纳出市场需求状况。

定量分析：主要采用SPSS 13.0分析软件对调查问卷进行数据分析。其中运用了频数分析、回归分析、相关分析、因子分析、聚类分析、交叉分析等数据统计分析方法。

五　项目不足

（一）问卷设计

为达到对比验证的目的，本次问卷基本延续了2007年调研项目问卷框架，内容改动较少。由于时间安排问题，没有在前期进行试调研，导致没能发现问卷的结构性漏洞，造成了样本质量的降低；随着北京市休闲农业与乡村旅游的发展，一部分内容较为陈旧，已经不具备前瞻性，因此，根据此次调研而得出的潜在性需求和预测性需求可能存在一定的局限性；另外，为了提高答题质量而压缩篇幅，问卷内容中关于市场细分的题目设计较少。

（二）数据分析

本次调研获得的样本中，学生群体数量偏多，年收入数据不能反映其真实的消费水平，为数据分析带来了困难；高收入样本量较少，数据分析结果仅供参考，经营者问卷样本也存在同样问题；另外，在数据分析方法上仍然存在很多不足。

（三）未展开基本面调研、深度访谈等

由于时间安排问题，本次调研以新需求问卷调查为主，分析时辅以网络舆情调研结果、二手资料进行分析，缺乏基本面的调研和针对消费者及经营主体的深度访谈。

第一节　北京市休闲农业与乡村旅游发展现状回顾

一　北京市休闲农业与乡村旅游的发展态势

近年来，京郊休闲农业已取得长足的发展，成为郊区农民特别是山区农民就业增收的重要来源，成为郊区农村经济新的增长点，成为市民休闲和乡村旅游的重要场所。

面对城乡经济社会发展的新形势，以及北京人均 GDP 超过 1 万美元的新阶段，休闲农业与乡村旅游产业作为北京都市型现代农业四大重要方向之一，需要在北京建设中国特色国际城市的背景下作出相应的调整，加快产业升级，走上区域一体化的道路。

随着《国民休闲旅游纲要（2013～2020 年）》的颁布与实施，2020 年前将基本实现国民的带薪休假制度。近年来黄金周、节假日北京市民出行人数屡创新高，更说明民众对于休闲旅游的热情，也证明了北京市休闲农业与乡村旅游市场潜在客源市场巨大，产业发展升级大有可为。

（一）区域功能划分

在北京建设中国特色世界城市目标下，按照区域功能划分标准，北京市 16 个区县共分为首都功能核心区（东城区、西城区）、城市功能拓展区、城市发展新区和生态涵养发展区 4 个区域。除首都功能核心区以外各区域均基于各个区域的区位、自然资源等条件发展休闲观光农业。

城市功能拓展区：朝阳、海淀、丰台、石景山。4 个区交通便利，更接近城市消费群体，发展农业时侧重园艺农业与高档次果菜，并着重发展以观赏游览/体验农作为主的休闲观光农业。其代表包括朝阳区的蟹岛度假村、海淀区的樱桃观光园、丰台区的世界花卉大观园、石景山区的神农庄园等。

城市发展新区：大兴、通州、顺义、昌平、房山。随着城市化的推进和轨道交通的发展，中郊交通便利性有了大的提升。而 5 个区农业资源丰富，景观特征明显，是北京粮、菜及储蓄水产品的主要生产基地，休闲观光农业颇具规模。其代表有：大兴西瓜节、通州番茄联合国、顺义潮白河沿岸、昌平小汤山温泉、房山十渡风景区等。

生态涵养发展区：门头沟、延庆、怀柔、密云、平谷。远郊 5 个区县自然景观优美，森林资源丰富，山水生态为休闲农业与乡村旅游的主题。其中具有代表性的有以门头沟潭柘寺、妙峰山等景点为依托的观光项目以及薄皮核桃和白梨、樱桃等为代表的特色农产品；怀柔慕田峪长城林区、红螺寺大兴牡丹园、鹿鸣乐园；密云县成为国际绿色休闲旅游产业综合示范区，2012 年被评为全国休闲农业与乡村旅游示范县，张裕爱斐堡国际酒庄、港中旅房车营地等精品突出；平谷桃花节、金海湖风景区等。

（二）产业发展规划

北京市休闲农业与乡村旅游相关的规划主要有《北京"十二五"都市型现代农业服务体系建设总体规划（2011）》《北京市旅游标准发展规划（2011）》等。

《北京"十二五"时期旅游产业发展规划》提出，要"全面提升乡村旅游。坚持一区（县）一色、一沟（村）一品的乡村旅游发展道路，大力发展新型乡村生态旅游，引导乡村旅游国际化发展。推出一批主题村落、乡村旅游新业态聚集区和生态休闲度假区，带动民俗旅游户向京郊人家升级，民俗旅游村向京郊村落升级。鼓励发展汽车/房车营地、国际驿站、葡萄酒庄、创意农园、教育农园等新业态。加强乡村旅游公共服务配套建设，推动新农村建设和旅游功能化改造的有机结合，推进乡村旅游设施的标准化、服务的规范化、要素的特色化。挖掘、利用和保护乡村非物质文化遗产，推进乡村生态、文化景观保护和合理利用"，对各个区县提出了各富特色、互补互利、以区域旅游一体化为目标的发展规划，并制定相应的保障措施。

以此为指导，北京市进行了33条"一沟一品"乡村旅游沟域带区的规划和77个市级民俗旅游村"一村一品"的创意策划，持续多年开展了乡村旅游进社区活动。为贯彻落实国家旅游局"和谐城乡游"的宣传促销主题，组织城八区旅游局、街道办和相关社区以及10个郊区县旅游局，连续4年开展了"乡村旅游进社区、城乡和谐手拉手"的政府公关活动，推进乡村旅游进社区。2009年，将城乡社区、网络虚拟社区、主题社区、目的地社区、客源社区等确定为目标市场，与旅行社合作开展了一系列的精准营销活动；2010年，组织汇编全市150多个乡村的节庆活动手册，免费在城区发放。

在此基础上北京市旅游局总结推出了8种全新乡村旅游业态，分别是乡村酒店、国际驿站、采摘篱园、生态渔村、休闲农庄、山水人家、养生山吧、民族风苑，并制定了《北京市乡村旅游特色业态标准及评定》。该标准已于2009年11月1日开始正式实施，此标准推出属全国首创。

（三）相关政策法规与行业标准

休闲农业与乡村旅游的规范发展对加快转变农业生产方式、优化调整农业产业结构、促进农民就业增收、改善农业与农村发展环境、提升城乡居民的生活质量和幸福指数具有重要意义。实施标准化是休闲农业与乡村旅游实现规范发展、提升水平、完善管理的内在要求和重要手段，既能促进产业的健康发展，又能保证消费者的权益。现行的国家、北京市地方法规标准如表10所示。

表10　乡村旅游与休闲农业相关全国、行业、地方（北京市）标准列表

标准号	标准名称	实施时间
GB/T 18973 – 2003	旅游厕所质量等级的划分与评定	2003 – 05 – 01
GB/T 10001.1 – 2006	标志用公共信息图形符号 第1部分：通用符号	2006 – 11 – 01
GB/T 10001.2 – 2006	标志用公共信息图形符号 第2部分：旅游休闲符号	2006 – 11 – 01
GB/T 18168 – 2008	水上游乐设施通用技术条件	2009 – 05 – 01
DB11/ 666 – 2009	游船码头安全设置规范	2010 – 09 – 01
GB/T 16767 – 2010	游乐园（场）服务质量	2011 – 06 – 01
GB/T 26355 – 2010	旅游景区服务指南	2011 – 06 – 01

续表

标准号	标准名称	实施时间
GB/T 26356 – 2010	旅游购物场所服务质量要求	2011 – 06 – 01
GB/T 15566.9 – 2012	公共信息导向系统 设置原则与要求 第 9 部分:旅游景区	2013 – 02 – 15
LB/T 007 – 2006	绿色旅游饭店标准	2006 – 03 – 23
LB/T 013 – 2011	旅游景区公共信息导向系统设置规范	2011 – 06 – 01
LB/T 015 – 2011	绿色旅游景区	2011 – 06 – 01
DB11/T 342 – 2006	观光果园建设规范	2006 – 06 – 01
DB11/T 350 – 2006	乡村民俗旅游村等级划分与评定	2006 – 06 – 01(被替代)
DB11/T 351 – 2006	乡村民俗旅游户等级划分与评定	2006 – 06 – 01(被替代)
DB11/T 652.1 – 2009	乡村旅游特色业态标准及评定 第 1 部分:通则	2009 – 11 – 01
DB11/T 652.2 – 2009	乡村旅游特色业态标准及评定 第 2 部分:国际驿站	2009 – 11 – 01
DB11/T 652.3 – 2009	乡村旅游特色业态标准及评定 第 3 部分:采摘篱园	2009 – 11 – 01
DB11/T 652.4 – 2009	乡村旅游特色业态标准及评定 第 4 部分:乡村酒店	2009 – 11 – 01
DB11/T 652.5 – 2009	乡村旅游特色业态标准及评定 第 5 部分:养生山吧	2009 – 11 – 01
DB11/T 652.6 – 2009	乡村旅游特色业态标准及评定 第 6 部分:休闲农庄	2009 – 11 – 01
DB11/T 652.7 – 2009	乡村旅游特色业态标准及评定 第 7 部分:生态渔家	2009 – 11 – 01
DB11/T 652.8 – 2009	乡村旅游特色业态标准及评定 第 8 部分:山水人家	2009 – 11 – 01
DB11/T 652.9 – 2009	乡村旅游特色业态标准及评定 第 9 部分:民族风苑	2009 – 11 – 01
DB11/T 732 – 2010	"北京人家"服务标准与评定	2010 – 12 – 01
DB11/T 1016 – 2013	登山旅游步道设置与服务规范	2014 – 02 – 01
DB11/T 350 – 2014	乡村民俗旅游村等级划分与评定	2014 – 09 – 01(即将实施)
DB11/T 351 – 2014	乡村民俗旅游户等级划分与评定	2014 – 09 – 01(即将实施)
—	北京市旅游业安全标准化规范	2013 – 11 – 19
—	北京智慧旅游乡村建设规范(试行)	2012
—	北京市生态休闲旅游区评定规范	2009
—	北京市乡村民俗旅游户餐饮服务食品安全监督管理办法	2014 – 02 – 08
—	北京市乡村旅游景观保护公约	2008
—	全国休闲农业与乡村旅游星级企业(园区)评定标准	2010
—	北京市观光休闲农业示范园评定标准(试行)	2004(被替代)
—	北京市休闲农业星级园区(企业)评定标准(试行)	2012

注：GB 为国家标准，LB 为旅游行业标准，DB11 为北京市地方标准，无标准编号者为行业性的其他规范。

资料来源：北京市质量技术监督局网站 http://www.bjtsb.gov.cn。

北京市旅游发展委员会网站 http://www.bjta.gov.cn。

首都标准网 http://www.capital－std.com。

北京乡村旅游网 http://ly.bjnw.gov.cn。

（四）经营主体

当前北京休闲农业与乡村旅游主要的经营模式包括：个体农户经营模式、农户＋公司模式、政府主导的乡村旅游协会＋公司模式、农户＋农户的专业合作社模式等。

个体农户经营模式是最简单和初级的模式，以农民为经营主体，农民自主经营，通过对自己经营的农牧果场进行改造和旅游项目建设，使之成为一个完整意义上的旅游景点，能完成旅游接待和服务工作。通常呈现规模小、功能单一、产品初级、盲目无序等缺点，但同时个体农户的探索性发展也使得休闲农业与乡村旅游经营形式愈趋丰富，可以灵活地满足消费者多样化的个性化需求。通过个体农庄的发展，吸纳附近闲散劳动力，通过手工艺、表演、服务、生产等形式加入服务业，具有以点带面的功能。

农户＋公司模式主要特点是公司开发、经营与管理，农户参与，公司直接与农户联系与合作。在发展实践中，由公司引进专业技术和规范管理，在开发乡村旅游资源时，充分利用社区农户闲置资产、富余劳动力，增加了农户收入。同时对接待服务的规范管理，能够避免不良竞争损害游客利益。然而，这种经营模式的缺点在于公司经营时追求利润最大化而做出的短期改造行为会对乡村生态环境、人文环境带来不良影响。另外，农民并非经营主体，而是替强势外来资本打工，权益难以得到有效保障。

政府主导的乡村旅游协会＋公司模式下，政府、协会拥有丰富的信息和资源，在规划发展时一定程度上能够避免盲目无序开发的问题。然而行政主体介入市场竞争，且成为旅游业开发的强势群体，很难引导产业向市场经济健康发展，同样，农民的权益并不能得到有效保障。

农户＋农户的专业合作社模式被认为具有五大好处：一是推动了乡村旅游市场秩序的优化，构建了和谐的乡村社区；二是有利于乡村旅游的组织化建设和产业化经营；三是有利于乡村旅游的品牌化建设和规范化经营；四是增强了乡村旅游融资和吸引投资的能力；五是提升了农民参与乡村旅游的积极性和能力。但同样需要注意的是，农民专业合作社成立条件较为宽松，内部管理制度不健全、不规范，面临资金少且融资困难等困境，不少乡村旅游合作社名存实亡。

2013年中央一号文件指出，农民合作社是带动农户进入市场的基本主体，是发展农村集体经济的新型实体，是创新农村社会管理的有效载体。要打破农家乐长期以来"小、散、低"的状态，改变成熟的社会化服务难以进入农村、农民只能低层次发展的僵局，只有依靠农民积极组织起来，抱团合作，通过逐步规范，向标准化、组织化、网络化迈进，才能真正推进产业的发展。2007年，北京市第一家民俗旅游合作社在怀柔区雁栖镇官地村成立。而近年来北京市密云县以"一个民俗村就是一个乡村酒店，每一个农家乐接待户就是一个房间"为目标，大力发展乡村旅游合作社，实现农家的"六统一"，即统一床上用品洗涤配送、统一采购主要外购食材、统一订立服务标准和规范、统一主要菜品和住宿价格、统一指路牌和门头牌匾、统一形象宣传。截至目前，密云全县已经有25个民俗村建立了乡村旅游合作社。

在发展农民专业合作社和股份合作社，培育新型经营主体的同时，应鼓励发展多样化的经营模式。在控制开发强度、严格耕地保护制度的前提下，允许多样化的经营主体进行多方面、多层次的农业功能拓展，提升农产品的附加值，促进农民增收；在制定细化的指导意见、管理规范的基础上，建立专门的信息服务机构，以扶持、保障功能为主，政府机构逐步减少作为市场主体的行为。

（五）产业规模

据 2013 年《北京市统计年鉴》数据（见表 11），截至 2012 年年底，北京市共有农业观光园 1283 个，接待游客 1939.9 万人次，经营总收入 26.88 亿元，同比增长 23.8%，而其中采摘收入达 8 亿元，同比增长 56.7%；民俗旅游接待 8367 户，接待游客 1695.8 万人次，经营总收入约为 9.05 亿元。与 2007 年相比，北京市的休闲农业与乡村旅游经营总收入翻番。但值得注意的是，农业观光园和民俗旅游实际接待户数量上稳中有降，而生产高峰期从业人员都在 2010 年度出现低谷后有所回升，但 2012 年度从事农业观光园和民俗旅游接待的总人数都较 2007 年有一定幅度下降。

表 11　农业观光园、民俗旅游（2007～2012 年）

项　目	2007 年	2008 年	2009 年	2010 年	2011 年	2012 年
农业观光园						
农业观光园个数（个）	1302	1332	1294	1303	1300	1283
生产高峰期从业人员（人）	51392	49366	49504	42561	46038	48906
接待人次（万人次）	1446.8	1498.2	1597.4	1774.9	1842.9	1939.9
经营总收入（亿元）	13.15	13.58	15.24	17.80	21.72	26.88
民俗旅游						
从事民俗旅游实际经营接待户（户）	10323	9151	8705	7979	8396	8367
从事民俗旅游接待的人数（人）	20750	19421	19790	16856	18232	18705
民俗旅游接待人次（万人次）	1167.6	1205.6	1393.1	1553.6	1668.9	1695.8
民俗旅游总收入（亿元）	4.96	5.29	6.09	7.35	8.68	9.05

然而，2013 年春节假期结束后，北京市农研中心和北京观光休闲农业行业协会联系管理的 51 个动态监测点数据统计显示，14 个休闲农业与乡村旅游重点乡镇节庆期间共接待游客 97343 人，收入为 1214.4225 万元，同比分别减少 63% 和 54%。重点监测乡镇的人均消费额为 100 元，与上年同期持平。而监测休闲农园中人均消费额平均为 141.13 元，较上年同期减少 12%。重点监测民俗旅游村人均消费额虽略有上升，但还是处于较低水平。

（六）竞争环境

京郊的休闲农业与乡村旅游产业虽然坐拥巨大的消费市场，区位优势明显，但面临土地资源短缺、水资源短缺、水质污染等难题。随着城市交通越发便利，周边地区的发展对北京市发展休闲观光农业造成一定威胁。较近的秦皇岛、张北草原，以及稍远的内蒙古都逐渐开始吸引北京市民前去。

（七）发展特点

在经历了萌芽自发发展时期、政府引导成长时期、规范管理启动时期，以及自 2006 年起进入品质提升发展时期后，京郊旅游品质不断提升，形成了京郊旅游"政府主导、部门联动、区域分工、定位清晰、基础完善、规范管理"的工作机制；初步构建了京郊旅游产业集群；开发出系列化的京郊旅游产品体系，打造了京郊旅游的系列品牌；坚持保护性开发、环境治理与旅游开发相结合，取得了显著的生态效益。当前北京市休闲农业与乡村旅游已经呈现区域特色化、产业融合化、档次分层化、文化创意化、农园租赁化以及产业国际化六个特点。

二　北京市休闲农业与乡村旅游现存的问题

（一）规划层面

为改变目前同质性过高的发展现状，推进休闲农业与乡村旅游的产业升级，深入推进城乡一体化，适应北京建设中国特色世界城市的目标，以及休闲农业与乡村旅游作为都市型现代农业支柱之一的要求，北京市在市、区（县）总规划的基础上，因地制宜，制定了"一区一特色""一村一品"等详细规划，并下发和推行一系列行业规范和标准以指导休闲农业与乡村旅游的健康发展。

但从目前来看，首先，"三农"发展的多重功能定位导致同一地区不同职能和层级的政府部门，以及各旅游开发主体对乡村旅游的认识存在一定差异，休闲农业与乡村旅游规划的政策执行、行业管理、职能协调等工作仍存在障碍。其次，自上而下的规划方式，重功能、重形象、重休闲农业和旅游资源本身的开发。现有的行业标准规范大多针对建筑、设备等硬件设施，而对消费者愈加重视的服务等软件设施缺乏规定性条例，缺乏对相关行业动态及不断变化的市场需求的重视，存在比市场慢一拍的现象，且部分标准已不符合发展实际情况。再次，发展规划、政策扶持及行业标准等有向行业龙头企业倾斜的趋势，对中小型休闲农业园或民俗接待户的发展规划和指导较为欠缺。最后，行政规划在多样化的人才引进、培训及商业营销方面考虑不足，与其他行业的互动与融合在可操作性和具体实施方向上没有较细致的规划。

（二）产品层面

从总体上看，北京市休闲农业与乡村旅游主要分为两大类，即农业观光园和民俗旅游。从过去的"吃、住、游"到现在的"吃、住、游、采摘"，部分规模较大的园区、度假村还引进了一些娱乐设施，乡村旅游产品的结构层次得到了丰富。然而，问卷调查与舆情调研却显示出，北京市民对于乡村旅游产品的满意度并不高，而同质化的问题并未得到真正解决。

1. 休闲农业与乡村旅游产品缺少"农味"和"乡村性"

农业是发展休闲农业与乡村旅游的产业根基，然而许多农家乐、休闲农庄在不断扩大规模的同时，却渐渐在失去"农味"，最终沦为廉价餐馆、低档休闲场所或摇身变为度假酒店。一部分经营主体希望通过增加现代娱乐设施来吸引游客，丰富游客的娱乐项目，这是无可厚非的。然而，从根本上说，无论是霍华德的"田园城市"构想，还是根植于中国传统文化中的"采菊东篱下，悠然见南山"的田园梦都是游客对乡村的期望，对食品安全和空气污染的担忧才是游客愿意驱车出行至乡村寻找清洁空气、绿色食品的动因，城市的繁忙喧嚣才使得游客钟情于宁静祥和的乡村。"农委"和"乡村性"才是休闲农业的核心竞争力。一方面，适度增加游玩性，并使其自然地嵌入乡村的大环境中，使之不显得突兀，而非仅仅是城市娱乐设施的空间平移，才能避免一味追逐消费者的猎奇心理而最终失去核心竞争力。另一方面，游乐设施资金需求大、安全维护责任大，游乐场行业尚存竞争风险，盲目引进此类设施将会增加运营风险。

2. 休闲农业与乡村旅游产品不重质量、服务水平较低，游客体验较差

许多休闲农业园与民俗接待户重视通过更多的活动、特色农产品和更优惠的价格来吸引游客，却忽视了最基本的品质保证。在舆情调研中，我们发现北京市民对于这一问题较为集中。特色餐饮特色不突出，就餐环境不好；住房条件差，达不到卫生标准；管理混乱，重视团体、忽视散客；服务水平较低，尤其是节假日期间更是突出反映出体验度较差的问题。在一些旅游攻略网站和点评网，这些体验度差的印象可能会直接影响到口碑和重游率。

3. 休闲农业与乡村旅游产品附加值低，赢利能力有待提高

"吃农家饭、住农家院、干农家活"老三样功能单一，缺乏对农耕文化的深入开发，缺乏对农产品的深加工与特色营销，缺乏对农业景观的提升改造，创意和特色明显欠缺。部分经营主体无法通过产品满足消费者诸如农业知识研修、保健养生、食品安全、乡村情调等多样化需求，而商品停留在较原始或粗劣包装的层面，服务不到位等，使得游客体验差、满意度低，不愿意为休闲农业与乡村旅游产品支付溢价，导致部分经营主体陷入低价竞争。从 2013 年春节期间各监测点反映出的情况看，部分乡镇所接待游客的平均消费低至 30 元，且半数乡镇人均消费额低于 100 元。各监测点总收入同比减少 54%，其中有一定天候原因导致草莓等采摘收入减少。另外，赢利能力也有待提高。

4. 同质化问题仍然突出，横纵向竞争激烈

虽然北京休闲农业与乡村旅游业态不断丰富，但由于地理、历史、社会因素所限，文化特色区别不明显，产品开发深度不够，体验性活动较少且相似度极高，同质化问题突出。部分景区、农产品产地依托的农家乐陷入横向恶性竞争。而随着北京市民收入水平的不断提高，服务水平不高、特色不突出导致客源流失，在一些节假日还形成与其他中远途旅游项目的纵向竞争。

（三）基础设施层面

随着北京公路交通、轨道交通的不断发展，不论是自驾游还是利用公共交通工具出行至郊区游玩都变得更加便利。然而，从舆情调研和经营者问卷反映出的问题看，道路交通标志不足仍然是一个短板。在经营者问卷调查表中约 80% 的人表示希望政府相关部门对路标及指示牌进行改善，而有约三成北京市民表示交通不便使其不愿意选择乡村旅游。

另外，随着互联网及移动互联网普及度不断提高，许多休闲农业与乡村旅游的经营主体都增加了宽带服务或提供 WiFi 信号等，但在舆情调研中，北京市民明确反映在怀柔、顺义等部分地区 3G 信号不佳或完全收不到。相关研究报告结果显示，目前，是否免费提供网络服务已成为许多游客选择住宿的首要考虑因素。因此，是否能延长游客停留时间，为增加住宿需求提供可能，网络基础设施应当纳入考虑之中。

（四）环境层面

1. 游客数量巨大，容量过载现象突出

部分园区、度假村或景区在节假日期间人满为患，游客量超出环境容量却缺乏相应的预警、限流措施，长时间过载对景区旅游资源、环境质量产生了极大的压力。游客留下的大量生活垃圾的无害化处理成为问题。一方面，休闲农业与乡村旅游所严重依赖的环境遭到破坏；另一方面，游客的游玩体验受到严重影响。在本次调研中约有三成北京市民表示乡村卫生条件不佳，约有七成的经营者希望能够对环保设施进行改善。这也说明基础设施的改进并不应仅仅停留在道路、停车场、卫生设施等层面，更应从生态保护、可持续发展层面对基础设施的改善做整体性的推进。

2. 经营主体的行为造成的环境问题

规模较小的农家乐、民俗接待户在废弃物处理方面较为随意，而发展较好、规模较大的地区大量废弃物没有进行无害化处理，存在先污染再治污的现象。另外，经营主体在设施建设等方面存在破坏景观，建筑、设施没有考虑到与周边环境保持一致等问题。

（五）资金层面

虽然休闲农业与乡村旅游的重要性得到强调，各级财政的资金投入力度有所加大，社会资本引进也在推进之中，另外北京市土地流转、农村金融、小额贷款方面的政策性保障都较前几年有所推进，但在本次调研中，超过65%的经营者表示资金已经成为制约其发展的首要因素，远远高于诸如接待设施、管理能力等其他选项。资金缺乏导致产品、服务、设施改善的缓慢，而整体环境得不到改善又进一步影响到对客源市场的吸引力，形成恶性循环。另外，部分乡村旅游合作社也存在注册资金偏少且融资渠道严重不足的问题，这严重制约了自主扩大生产经营规模的能力，影响乡村旅游合作社快速而规范化地发展。如此一来，资金问题无法保证，很多乡村旅游合作社的内部管理也存在较多问题，对外营销不力、对内服务缺乏，最终导致农民对合作社失去信心。

（六）营销层面

北京策划并组织实施了较为丰富的乡村旅游及农业休闲营销活动。包括城乡社区互动营销，如开展"乡村旅游进社区、城乡和谐手拉手"等形式多样的政府公关活动；目的地社区品牌营销，如举办"寻找美丽乡村"评选活动，打造鲜明的品牌形象，启动《京郊旅游手册》110万册免费发放工作；虚拟社区网络营销，如将远郊旅游景区门票通过网络公开免费发放给市民；舞台社区节庆营销，如举办北京旅游文化节及各区的节庆等150多项节事活动推广北京乡村旅游及农业休闲等。但面对多样化、个性化且快速变化的需求市场，这些活动收到的效果有限。

1. 缺乏成熟的营销理念，营销效果不佳

休闲农业与乡村旅游虽然以农业为根基，但其在外在形式上是面向客源市场的休闲旅游产业，在目的地营销、农产品营销、活动营销、事件营销、情感营销等方面均缺乏成熟的营销理念。行政主体、乡村旅游经营者偏重于从自身出发考虑营销手段，而缺乏对客源市场状况的关注。失败的营销宣传使消费者很难从日常生活中接触到休闲农业与乡村旅游的相关信息，导致宣传活动没有收到应有的效果。此外，在积极融入在线旅游方面比较滞后，北京乡村旅游网等官方推介及经营者自主构建的网站、微信二维码、微博营销等虽然体现了一定网络营销的意识，但因为其知名度有限、更新缓慢而被湮没在海量信息中，达不到营销的目的。

2. 缺乏营销专业人才

在经营者问卷中，29个园区中仅有3位经营者表示将外聘职业经理列入近期改善计划中。而据相关统计，南方某省在休闲农业与乡村旅游产业就职的专业经理人流失率惊人，少有能供职满1年的。这种现象与社会风气、个人追求有密不可分的关系，同时也与当前休闲农业与乡村旅游总体营销手段落后、宣传方式单一有密不可分的关系。

3. 缺乏与相关行业、产业的互动，单打独斗

现代电视剧经常有商品的嵌入式广告，通过电视剧热播进行商品宣传，带动商品销售。这一做法虽然遭受消费者诟病，但从宣传效果来说，确实达到了宣传的目的。但当前北京休闲农业与乡村旅游缺乏类似这样的与其他行业的互动，例如较少同大型超市的生鲜部门进行联合活动宣传，没有与一些知名餐饮企业、特色餐厅联合进行推广活动，合作活动也较少见。这样一来，无法借鉴其他行业成熟的营销理念，也无法分享其营销渠道。缺乏与移动互联网等高科技的互动，无法获取最直接最广泛的消费群体的信息，常常落后于多变的市场需求。如此，单打独斗导致对市场把握不准确和效率的低下。

（七）人才层面

1. 高学历年轻人群、专业人才缺乏

年轻人群和专业人才的缺乏将是制约休闲农业与乡村旅游发展的重要因素。年轻人群能为行业、产业带来新的理念、科技、创意；技术纯熟的厨师或工艺匠人能帮助开发特色餐饮、农产品等；文化方向人才则能帮助挖掘商品、活动的文化内涵，赋予商品、活动新的文化创意，提升品位；专业的管理、财会、营销人才则能通过丰富的经验帮助休闲农业与乡村旅游借鉴其他行业的发展经验，避开发展可能遇到的陷阱，规范管理，帮助实现长远的健康发展。由于一定的社会风气和个人追求的因素，许多年轻人不愿到农村工作。但随着城市生活环境的恶化，城市人对乡村生活的追求、思维方式的转变，以及农村收入水平的提高，一部分有知识、有意愿的年轻人开始到农村工作。清华大学博士后、分享收获CSA项目创始者石嫣就是其中一例。可以看到，有理念、有个性的人才加入也会成为最好的宣传方式。

2. 普通从业人员培训较少

近年来，北京市农委与观光休闲农业行业协会多次召开北京休闲农业与乡村旅游培训班，学员均为京郊农业观光相关机关、企业负责人和营销负责人。这样的培训无疑有利于推动行业的科学发展。然而更多的小规模经营者和总数约5万人的从业人员整体素质的提高仍然是一个艰巨的任务。据不完全统计，农家乐员工文化水平大多数为初中或初中以下，而大专、本科以上从业人员比例低于10%。但从业人员的服务水平往往跟游客的直接体验息息相关，服务水平低会直接影响到口碑及重游率，从而影响到经营整体。

三 结论

政策的利好、消费主体强烈的休闲意愿、居民收入水平的不断提高以及国民休闲时间的保障给北京市的休闲农业与乡村旅游产业带来了新一轮的发展机遇，同时也带来了相应的挑战。已进入品质提升阶段的北京休闲农业与乡村旅游产业，在北京大力发展中国特色世界城市，大力推进都市型现代农业的大框架下，配合经济建设、政治建设、文化建设、生态文明建设的过程，政府相关主管部门加强科学规划，制定特色突出、更为细化的指导意见，改善基础设施建设，鼓励采取以农民合作社为市场主体的经营模式，推动产业发展。

尽管如此，在当前复杂多变的市场环境中市场需求多样化、个性化趋势明显，前文所分析的种种问题仍然制约着北京市休闲农业与乡村旅游产业的发展。因此，通过实际的市场调研，获得第一手数据，结合经营者问卷的反馈、大量二手资料，课题组对当前北京市休闲农业与乡村旅游客源市场的需求作了较为全面的分析与预测，系统性地将现实性需求、潜在性需求和预测性需求进行分类整理，通过与2007年的调研结果进行对照分析以及通过对其他行业的成熟理论进行借鉴和对照研究，梳理出北京市休闲农业与乡村旅游产业的发展方向，以期对政府制定政策、经营者制定发展战略提供科学而有效的指导。

第二节 差异性需求分析

一 问题引出及调研目的

随着生活水平的不断提高，国民消费观念与消费需求也在急剧发生变化，如对食品安全的需求、对绿色低碳的追求、对亲子教育的需求、对"乡下有我一分田"的需求及对养老的需求，等等；另外，信息技术的进步，尤其是网络与智能手机的开发与普及，也深刻地改变着市民的消费模式。因此，有必要对市场新需求进行追踪调查。

差异性需求是指在最近一期内（实践中通常界定为最近2年），与之前一期的需求状况有所不同的需求状况。本调研重点在于与2007年的调研结果进行对比，以求对北京市休闲农业和乡村旅游的差异性需求有一个更明晰的认识，本课题组主要通过问卷的方式进行调研。

本节通过调研结果来研究北京市城市居民近期到郊区旅游休闲的差异性需求。主要考察了人们参加乡村旅游的目的、对乡村旅游各方面指标的满意程度、在乡村旅游点的停留时间和参加乡村旅游的活动几方面。

二 差异性需求对比统计描述与分析

差异性需求对比统计描述是通过2013年调研所得的北京市休闲农业和乡村旅游现实性需求最近数据分析结果与2007年的结果相对比，归纳总结出现阶段北京市休闲农业与乡村旅游现实性需求的新特点。

（一）参加乡村旅游的目的差异性需求

1. 参加乡村旅游目的频数分析

通过多选项分析得出旅游者选择参加乡村旅游的目的，结果如下。从表 12、图 1 可以看出，人们参加乡村旅游的目的最多的是"娱乐放松"，达 52.0%；紧随其后的选项为"远离城市喧嚣"，有 49.3% 的被调查者选择此项；"体验乡村生活"以 38.9% 排在第三位；排在第四位的是"交际需要"，选择人数占 28.4%；选择"学习乡村知识"、"商务需要"以及"其他目的"的相对较少，分别为 10.9%、7.5% 和 2.5%。

表 12　乡村旅游目的

		频数（人）	百分比（%）	个案百分比（%）
乡村旅游目的	远离城市喧嚣	380	26.0	49.3
	体验乡村生活	300	20.5	38.9
	交际需要	219	15.0	28.4
	商务需要	58	4.0	7.5
	娱乐放松	401	27.4	52.0
	学习乡村知识	84	5.7	10.9
	其他目的	19	1.4	2.5
总　　计		1461	100.0	—

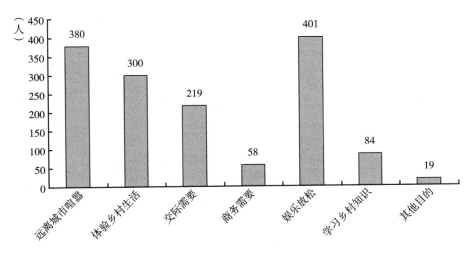

图 1　乡村旅游目的统计图

与 2007 年乡村旅游现实性需求的频数相比，"娱乐放松"、"远离城市喧嚣"和"体验乡村生活"仍然依次排在前三位，所占比例有正常的浮动。"交际需要"排序位次不变，但所占比例增长较为突出，从 2007 的 6.5% 增至 2013 年的 15.0%。

选择"娱乐放松"、"远离城市喧嚣"和"体验乡村生活"的人群仍然占多数的原因在于城市生活节奏快、压力大。北京尤以高房价、常拥堵、生活成本高等大城市病俱全被不断指摘。加之近来环境污染日趋严重，人们渴望通过优美的自然环境与慢节奏的休闲氛围缓解身心压力。这是人们选择乡村旅游的重要原因之一。这一点，与2007年调研所得出的结论是一致的。

2. 细分市场分析

（1）考察年龄细分市场。各年龄段基于不同的乡村旅游目的的选择比例交叉分析结果如表13所示。

表13　年龄与乡村旅游目的交叉列表

			乡村旅游目的							总计
			远离城市喧嚣	体验乡村生活	交际需要	商务需要	娱乐放松	学习乡村知识	其他目的	
年龄	25岁以下	计数（人）	138	109	91	18	144	32	4	536
		年龄组内占比（%）	25.7	20.3	17.0	3.4	26.9	6.0	0.7	
		总计占比（%）	9.5	7.5	6.3	1.2	9.9	2.2	0.3	36.9
	25~44岁	计数（人）	155	119	95	33	164	35	14	615
		年龄组内占比（%）	25.2	19.3	15.4	5.4	26.7	5.7	2.3	
		总计占比（%）	10.7	8.2	6.5	2.3	11.3	2.4	1.0	42.4
	45~59岁	计数（人）	74	60	25	7	79	13	0	258
		年龄组内占比（%）	28.7	23.3	9.7	2.7	30.6	5.0	0.0	
		总计占比（%）	5.1	4.1	1.7	0.5	5.4	0.9	0.0	17.7
	60岁以上	计数（人）	10	10	8	0	13	4	1	46
		年龄组内占比（%）	21.7	21.7	17.0	0.0	28.3	8.7	2.2	
		总计占比（%）	0.7	0.7	0.5	0.0	0.9	0.3	0.1	3.2
总计		计数（人）	377	298	219	58	400	84	19	1455
		总计占比（%）	25.9	20.5	15.1	4.0	27.5	5.8	1.3	100.0

参加乡村旅游的目的在各年龄段的排位与总量一致，这说明"娱乐放松"、"远离城市喧嚣"和"体验乡村生活"仍然是各年龄层乡村旅游者的主要目的。

值得注意的是，45~59岁人群选择"娱乐放松"的比例是各年龄层中最高的，而选择"交际需要"的比例却相较其他年龄层偏低。而25~44岁年龄段（社会主要工作人群）样本对"商务需要"的选择比例高于其他各年龄段。

（2）考察学历细分市场。乡村旅游目的基于被调查者受教育程度的选择比例交叉分析结果如表14所示。

受教育程度为高中以上的样本中，"娱乐放松"、"远离城市喧嚣"及"体验乡村生活"仍然依次排在乡村旅游目的前三位。但受教育程度为初中的样本中"远离城市喧嚣"却超过"娱乐放松"上升至首位。其他选项则没有因受教育程度不同而显示出太大的差别。

表 14　受教育程度与乡村旅游目的交叉列表

			乡村旅游目的							总计
			远离城市喧嚣	体验乡村生活	交际需要	商务需要	娱乐放松	学习乡村知识	其他目的	
受教育程度	未上过学	计数（人）	3	1	1	1	0	0	1	7
		受教育程度组内占比（%）	42.9	14.3	14.3	14.3	0.0	0.0	14.3	
		总计占比（%）	0.2	0.1	0.1	0.1	0.0	0.0	0.1	0.6
	小学	计数（人）	10	9	2	1	11	0	0	33
		受教育程度组内占比（%）	30.3	27.3	6.1	3.0	33.3	0.0	0.0	
		总计占比（%）	0.7	0.6	0.1	0.1	0.8	0.0	0.0	2.3
	初中	计数（人）	26	21	12	1	23	6	0	89
		受教育程度组内占比（%）	29.2	23.6	13.5	1.1	25.8	6.7	0.0	
		总计占比（%）	1.8	1.4	0.8	0.1	1.6	0.4	0.0	6.1
	高中（中专、中职）	计数（人）	58	33	24	4	59	13	2	193
		受教育程度组内占比（%）	30.1	17.1	12.4	2.1	30.6	6.7	1.0	
		总计占比（%）	4.0	2.3	1.6	0.3	4.0	0.9	0.1	13.2
	专科	计数（人）	80	71	50	15	96	26	13	351
		受教育程度组内占比（%）	22.8	20.2	14.2	4.3	27.4	7.4	3.7	
		总计占比（%）	5.5	4.9	3.4	1.0	6.6	1.8	0.9	24.1
	本科	计数（人）	170	137	115	32	177	34	2	667
		受教育程度组内占比（%）	25.5	20.5	17.2	4.8	26.5	5.1	0.3	
		总计占比（%）	11.7	9.4	7.9	2.2	12.1	2.3	0.1	45.7
	硕士	计数（人）	29	25	13	4	32	5	2	110
		受教育程度组内占比（%）	26.4	22.7	11.8	3.6	29.1	4.5	1.8	
		总计占比（%）	2.0	1.7	0.9	0.3	2.2	0.3	0.1	7.5
	博士	计数（人）	3	2	1	0	3	0	0	9
		受教育程度组内占比（%）	33.3	22.2	11.1	0.0	33.3	0.0	0.0	
		总计占比（%）	0.2	0.1	0.1	0.0	0.2	0.0	0.0	0.6
总　计		计数（人）	379	299	218	58	401	84	20	1459
		总计占比（%）	26.0	20.5	14.9	4.0	27.5	5.8	1.4	100.0

（3）考察收入细分市场。不同收入人群的乡村旅游目的选择比例交叉分析结果如表15 所示。本次被调查者年收入在 1 万元以下及 100 万元以上的两个群体选择"远离城市喧嚣"的人数超过选择"娱乐放松"的人数，居相应收入人群乡村旅游目的的首位，而其他收入层选择乡村旅游目的则基本与总排位保持一致。由于被调查者中学生比例约占三成，所以年收入选择 1 万元以下的较多，而 100 万元以上群体样本数量较少，考虑此题不能完全反映出其真实消费水平，年收入数据仅供参考。

表15 年收入与乡村旅游目的交叉列表

			乡村旅游目的							总计
			远离城市喧嚣	体验乡村生活	交际需要	商务需要	娱乐放松	学习乡村知识	其他目的	
年收入	1万元以下	计数（人）	108	86	67	11	99	26	4	401
		年收入组内占比（%）	26.9	21.4	16.7	2.7	24.7	6.5	1.0	
		总体占比（%）	7.5	6.0	4.6	0.8	6.9	1.8	0.3	27.9
	1~3万元	计数（人）	42	31	17	3	48	7	0	148
		年收入组内占比（%）	28.4	20.9	11.5	2.0	32.4	4.7	0.0	
		总计占比（%）	2.9	2.1	1.2	0.2	3.3	0.5	0.0	10.2
	3~5万元	计数（人）	83	45	41	12	86	20	11	298
		年收入组内占比（%）	27.9	15.1	13.8	4.0	28.9	6.7	3.7	
		总计占比（%）	5.7	3.1	2.8	0.8	6.0	1.4	0.8	20.6
	5万~10万元	计数（人）	92	91	54	23	99	4	5	368
		年收入组内占比（%）	25.0	24.7	14.7	6.3	26.9	1.1	1.4	
		总计占比（%）	6.4	6.3	3.7	1.6	6.9	0.3	0.3	25.5
	10万~30万元	计数（人）	38	30	26	5	58	16	0	173
		年收入组内占比（%）	22.0	17.3	15.0	2.9	33.5	9.2	0.0	
		总计占比（%）	2.6	2.1	1.8	0.3	4.0	1.1	0.0	11.9
	30万~100万元	计数（人）	2	4	4	3	5	2	0	20
		年收入组内占比（%）	10.0	20.0	20.0	15.0	25.0	10.0	0	
		总计占比（%）	0.1	0.3	0.3	0.2	0.3	0.1	0.0	1.3
	100万元以上	计数（人）	10	9	8	0	1	8	0	36
		年收入组内占比（%）	27.8	25.0	22.2	0.0	2.8	22.2	0.0	
		总计占比（%）	0.7	0.6	0.6	0.0	0.1	0.6	0.0	2.6
总　计		计数（人）	375	296	217	57	396	83	20	1444
		总计占比（%）	26.0	20.5	15.0	3.9	27.4	5.7	1.4	100.0

（二）影响乡村旅游停留时间相关差异性需求

1. 参加乡村旅游停留时间频数分析

对北京市民选择参加乡村旅游停留时间进行多选项分析，我们发现：在乡村停留1天的游客占11.0%，停留2天的占40.2%，停留3~7天的占44.0%，停留8~30天的占4.5%，停留30天以上的占0.3%。乡村旅游者具体停留天数频数分布如图2所示。

在被调查者中，停留时间为3~7天的占44.0%，停留时间为2天的占40.2%，居前两位。选择停留1天者相较于2007年调研结果的22.4%有较大幅度的下滑。停留8天以上人群则非常少。

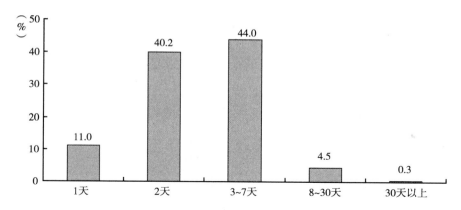

图2　乡村旅游停留时间统计图

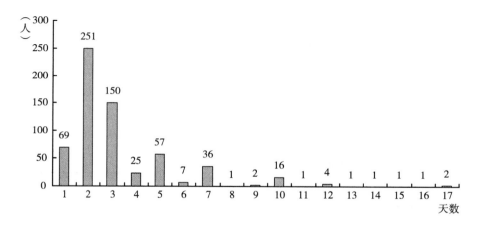

图3　乡村旅游者停留天数日别频数统计图

从图3可知,停留时间为2天者最多,可以看出旅游者参加城市周边的乡村旅游可能多为周末;停留1天者减少,即当天往返者减少,则可能跟旅游者对旅游质量重视度的提高以及乡村旅游设施的完善相关;而停留3天以上者则可能出现于节假日连休或游客个人的长假期间,停留时间3~7天的人群增多也可以与近来黄金周期间旅游市场的繁荣及黄金周必然出现的城市拥堵相联系。

图3中除了1、2、3天的停留时间占主流外,4、5、7、10天出现小高峰。本次调研的结果与2007年的调研结果呈现惊人的一致性。

2. 细分市场分析

(1) 基于年龄细分的乡村旅游停留时间分析如表16所示。

25岁以下乡村旅游者过半数选择停留2天,而25~44岁、45~59岁、60岁以上乡村旅游者选择停留3~7天者最多,分别为48.1%、53.9%、59.1%,呈现微弱的上升趋势。

从各年龄段平均停留天数看,25岁以下人群平均停留2.33天,25~44岁人群平均停留2.58天,45~59岁人群平均停留3.29天,60岁以上人群平均停留天数则达到了3.44

表 16　年龄与乡村旅游停留时间交叉表

			停留时间段					总计
			1 天	2 天	3～7 天	8～30 天	30 天以上	
年龄	25 岁以下	计数（人）	26	122	82	11	0	241
		年龄组内占比（%）	10.8	50.6	34.0	4.6	0.0	
		停留时间段组内占比（%）	37.7	49.2	29.9	39.3	0.0	
		总计占比（%）	4.2	19.6	13.2	1.8	0.0	38.8
	25～44 岁	计数（人）	33	81	117	11	1	243
		年龄组内占比（%）	13.6	33.3	48.1	4.5	0.4	
		停留时间段组内占比（%）	47.8	32.7	42.7	39.3	50.0	
		总计占比（%）	5.3	13.0	18.8	1.8	0.2	39.1
	45～59 岁	计数（人）	7	42	62	3	1	115
		年龄组内占比（%）	6.1	36.5	53.9	2.6	0.9	
		停留时间段组内占比（%）	10.1	16.9	22.6	10.7	50.0	
		总计占比（%）	1.1	6.8	10.0	0.5	0.2	18.6
	60 岁以上	计数（人）	3	3	13	3	0	22
		年龄组内占比（%）	13.6	13.6	59.1	13.6	0.0	
		停留时间段组内占比（%）	4.3	1.2	4.7	10.7	0.0	
		总计占比（%）	0.5	0.5	2.1	0.5	0.0	3.6
总　计		计数（人）	69	248	274	28	2	621
		总计占比（%）	11.1	39.9	44.1	4.5	0.3	100.0

天。被调查者参加乡村游停留天数总体上呈现增加的趋势。这说明北京市居民的乡村旅游休闲与住宿需求处于上升状态。

（2）学历、职业、收入与乡村旅游停留时间的交叉分析没有显示出明显的规律，体现出多样化的特征，与 2007 年一致。

3. 影响乡村旅游停留时间满意度分析

本次调研延续 2007 年调研中乡村旅游满意度问题设计，对"获得乡村旅游信息的便利性的满意程度""对交通便利性的满意程度""对接待设施的满意程度""对乡村旅游活动的满意程度""对乡村旅游安全的满意程度""对乡村旅游服务的满意程度""对乡村旅游卫生的满意程度"七个方面进行了考察。具体来说，获得乡村旅游信息的便利性主要指旅游者是否能够很方便地获得关于乡村旅游点分布、特色、交通、服务等方面的信息，如该信息能够直接通过报纸、电视、互联网等大众传媒得到；到达乡村旅游地的便利性主要是从交通方面来考虑，如乡村旅游点的路是否好走，交通标志是否清楚等；乡村旅游的接待设施主要包括涉及旅游者吃、住、行、游、购、娱的各方面设施；乡村旅游活动包括乡村旅游点根据消费者需求和自身的条件开发的旅游活动（详述请见下文）；乡村旅游的安全表现在人身安全、食品安全、财产安全等方面。经过统计各选项得分平均值如表 17 所示。

表 17　乡村旅游满意度均值

	对获得乡村旅游信息的便利性的满意程度	对交通便利性的满意程度	对接待设施的满意程度	对乡村旅游活动的满意程度	对乡村旅游安全的满意程度	对乡村旅游服务的满意程度	对乡村旅游卫生的满意程度
有效	641	641	641	641	641	641	641
缺失	159	159	159	159	159	159	159
均值	3.70	3.63	3.68	3.76	3.75	3.67	3.30

参加过京郊休闲农业与乡村旅游的北京市民共有 641 位对满意度一题作答。单从北京市民的满意度来看，整体处在"一般"（3 分）到"满意"（4 分）之间，即基本满意。对信息便利性、活动、安全性都偏向于满意，对交通便利性、接待设施、服务偏向于"一般"，而对休闲农业与乡村旅游的卫生状况偏向于"不太满意"。旅游目的地的卫生状况往往会给游客非常直观的感受，随着消费者对食品安全、环境污染等问题日益关注，卫生状况将会成为影响乡村旅游对消费群体吸引力的重要因素。从另一方面讲，保持环境卫生、设施卫生也是对经营主体健康发展的基本要求。

据中国旅游研究院发布的 2013 年第二季度全国游客满意度调查报告，北京市排全国第四位，得分处于基本满意水平，与本次调研结果是基本一致的。

4. 影响乡村旅游停留时间线性回归分析

我们通过线性回归分析方法来考察旅游者的满意度与旅游者参加乡村旅游的停留时间之间的关系。这里，被解释变量为乡村旅游者的停留时间（y）；解释变量为对获得乡村旅游信息的便利性的满意程度（x_1）、对交通便利性的满意程度（x_2）、对接待设施的满意程度（x_3）、对乡村旅游活动的满意程度（x_4）、对乡村旅游安全的满意程度（x_5）、对乡村旅游服务的满意程度（x_6）、对乡村旅游卫生的满意程度（x_7）。建立线性回归模型，即回归方程式为：$y = b + ax_1 + bx_2 + cx_3 + dx_4 + ex_5 + fx_6 + gx_7$（b 为常数项）。

由表 18 可知，利用向后筛选策略共经过三步完成回归方程的建立，最终模型为第三个模型。最终保留在方程中的变量是对获得乡村旅游信息便利性的满意程度、对交通便利性的满意度、对乡村旅游安全的满意程度、对乡村旅游卫生状况的满意程度和对乡村旅游服务的满意程度。各列数据项分别为被解释变量和解释变量的复相关系数、判定系数、调整的判定系数。可以看到，随着方程的建立，方程的拟合优度上升，调整的判定系数为 0.449，解释变量解释的部分不是很多，即解释变量只是从一方面反映出被解释变量的特征。

从表 19 中，通过分析我们可以发现，经过两轮变量的筛选之后，最终得到的方程整体的显著性较好。如果显著性水平为 0.05，由于回归方程显著性检验的 P 值小于显著性水平，因此，模型整体是显著的，建立线性模型是恰当的。

表 20 的第三个模型是最终的方程。如果显著性水平为 0.05，则第三个模型 P 值小于显著水平，被解释变量与解释变量之间的线性关系显著。

最终的线性回归方程是：

乡村旅游者的停留时间 ＝ － 3.359 ＋ 0.386 × 对获得乡村旅游信息便利性的满意程度 ＋ 0.429 × 对交通便利性的满意程度 ＋ 0.36 × 对乡村旅游安全的满意程度 ＋ 0.308 × 对乡村旅游服务的满意程度 ＋ 0.614 × 对乡村旅游卫生的满意程度

定量的线性回归分析的结果显示，在乡村旅游停留时间相关因素中，北京市民最期望干净卫生的设施环境，其次希望去往旅游目的地的交通足够便利，另外对于获取休闲观光信息的便利程度、游玩的安全性、服务水平都有诉求。与 2007 年的调研结果对比分析，我们发现，北京市民对休闲农业和乡村旅游的差异性需求主要表现在干净卫生的设施环境、乡村旅游目的地的交通便利性及服务水平的提高上（见表 18、表 19、表 20）。

表 18　停留时间多元线性回归分析结果（一）

模型汇总				
模型	R	R^2	调理 R^2	标准估计的误差
1	0.685[a]	0.470	0.450	1.631
2	0.685[b]	0.469	0.452	1.627
3	0.680[c]	0.463	0.449	1.633

注：a. 预测变量（常量），对获得乡村旅游信息便利性的满意程度，对交通便利性的满意程度，对接待设施的满意程度，对乡村旅游活动的满意程度，对乡村旅游安全的满意程度，对乡村旅游服务的满意程度，对乡村旅游卫生的满意程度。

b.（常量），对获得乡村旅游信息便利性的满意程度，对交通便利性的满意程度，对接待设施的满意程度，对乡村旅游安全的满意程度，对乡村旅游服务的满意程度，对乡村旅游卫生的满意程度。

c.（常量），对获得乡村旅游信息便利性的满意程度，对交通便利性的满意程度，对乡村旅游安全的满意程度，对乡村旅游服务的满意程度，对乡村旅游卫生的满意程度。

表 19　停留时间多元线性回归分析结果（二）

Anova[d]					
模型		平方和	df	均方	F	Sig
1	回归	442.630	7	63.233	23.770	0.000[a]
	残差	500.120	188	2.660		
	总计	942.750	195			
2	回归	422.205	6	73.701	27.829	0.000[b]
	残差	500.545	189	2.648		
	总计	942.750	195			
3	回归	436.240	5	87.248	32.728	0.000[c]
	残差	506.510	190	2.666		
	总计	942.750	195			

注：d. 因变量：停留时间（天）。

表 20　停留时间多元线性回归分析结果（三）

模型		非标准化系数	标准误差	标准系数	t	Sig
		B		Beta		
1	（常量）	−3.701	0.628		−5.892	0.000
	对获得乡村旅游信息便利性的满意程度	0.394	0.123	0.200	3.193	0.002
	对交通便利性的满意程度	0.388	0.157	0.168	2.471	0.014
	对接待设施的满意程度	0.186	0.157	0.081	1.184	0.238
	对乡村旅游活动的满意程度	0.072	0.181	0.028	0.400	0.690
	对乡村旅游安全的满意程度	0.307	0.146	0.136	2.100	0.037
	对乡村旅游服务的满意程度	0.264	0.154	0.114	1.715	0.88
	对乡村旅游卫生的满意程度	0.581	0.135	0.287	4.291	0.000
2	（常量）	−3.626	0.598		−6.064	0.000
	对获得乡村旅游信息便利性的满意程度	0.400	0.122	0.203	3.276	0.001
	对交通便利性的满意程度	0.385	0.156	0.167	2.458	0.015
	对接待设施的满意程度	0.213	0.142	0.092	1.501	0.135
	对乡村旅游安全的满意程度	0.322	0.141	0.142	2.279	0.024
	对乡村旅游服务的满意程度	0.268	0.154	0.116	1.748	0.082
	对乡村旅游卫生的满意程度	0.587	0.134	0.290	4.370	0.000
3	（常量）	−3.359	0.573		−5.865	0.000
	对获得乡村旅游信息便利性的满意程度	0.386	0.122	0.196	3.158	0.002
	对交通便利性的满意程度	0.429	0.154	0.186	2.787	0.006
	对乡村旅游安全的满意程度	0.360	0.139	0.159	2.583	0.011
	对乡村旅游服务的满意程度	0.308	0.152	0.133	2.029	0.044
	对乡村旅游卫生的满意程度	0.614	0.134	0.304	4.596	0.000

注：a. 因变量：停留时间。

（三）乡村旅游活动差异性需求

1. 乡村旅游活动频数分析

乡村旅游活动分为吃农家饭、住农家院、干农家活、民俗娱乐活动、购买特色农产品、游览周边美景、休闲活动和其他 8 种。

旅游者参加的乡村旅游活动中，最多的是吃农家饭（25.6%），其次是住农家院（21.3%）、游览周边美景（19.9%），然后依次为干农家活（9.3%）、购买特色农产品（9.2%）、民俗娱乐活动（8.2%）、休闲活动（5.8%）、其他（0.7%）。

本次调研样本中"住农家院"超过了"游览周边美景"，成为仅次于"吃农家饭"的需求。这与 2007 年调研结果相比发生了变化，说明北京市居民对于乡村旅游住宿的需求在增长。

另外，"干农家活"、"购买特色农产品"以及"民俗娱乐活动"超过"休闲活动"也说明被调查者对于有乡村特色的体验性活动的需求强于其他具有一定可替代性的休闲活动。

参加乡村旅游活动各选项所占比例如图 4 所示。

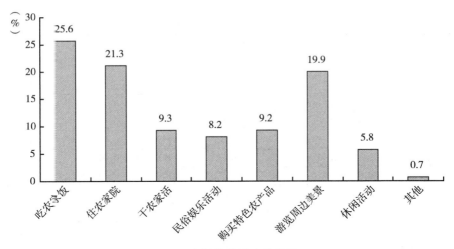

图4 乡村旅游活动分类图

2. 乡村旅游活动聚类分析

"吃农家饭"、"住农家院"和"游览周边美景"可以分为一类，取名为"观光游览"。

"干农家活"与"民俗娱乐活动"、"购买特色农产品"、"休闲活动"聚成另一类，取名为"体验休闲"。

我们发现，在聚类的第一步"吃农家饭"和"住农家院"首先聚为一类，第二步"休闲活动"与"民俗娱乐活动"聚为一类，第三步"休闲活动"同"干农家活"聚为一类，第四步"购买特色农产品"与"休闲活动"聚为一类，第五步"游览周边美景"与"住农家院"聚为一类，第六步所有活动聚为一类。

也就是说，要分为两类的话，一类为"吃农家饭"、"住农家院"和"游览周边美景"，另一类为'休闲活动"、"民俗娱乐活动"、"购买特色农产品"和"干农家活"。

如果分为三类的话，"游览周边美景"从第一类中分离出来，成为独立的一类。

3. 乡村旅游活动因子分析

为了有效地降低变量维数，将原有变量综合成几个较少的综合指标，试图用因子分析的方法对旅游者参加乡村旅游的活动进行进一步分析。具体步骤如下所示。

表21 参与乡村旅游活动的聚类表

聚类数	活动												
	购买特色农产品		休闲活动		民俗娱乐活动		干农家活		游览周边美景		住农家院		吃农家饭
1	X	X	X	X	X	X	X	X	X	X	X	X	X
2	X	X	X	X	X	X	X		X	X	X	X	X
3	X	X	X		X	X	X		X		X	X	X
4	X		X		X	X	X		X		X	X	X
5	X		X		X		X		X		X	X	X
6	X		X		X		X		X		X	X	X

表 22　原有变量的相关系数矩阵

相关矩阵

		吃农家饭	住农家院	干农家活	民俗娱乐活动	购买特色农产品	游览周边美景	休闲活动
相关矩阵	吃农家饭	1.000	0.489	0.086	0.008	0.119	0.166	-0.002
	住农家院	0.489	1.000	0.169	0.029	0.106	0.124	0.019
	干农家活	0.086	0.169	1.000	0.074	0.085	0.075	0.167
	民俗娱乐活动	0.008	0.029	0.074	1.000	0.041	0.032	0.106
	购买特色农产品	0.119	0.106	0.085	0.041	1.000	0.092	0.054
	游览周边美景	0.166	0.124	0.075	0.032	0.092	1.000	0.126
	休闲活动	-0.002	0.019	0.167	0.106	0.054	0.126	1.000

各个变量之间的相关系数较低，不存在较强的相关性，不适合做因子分析。

表 23　巴特利特球度检验和 KMO 检验

KMO 和 Bartlett 的检验	
取样足够度的 Kaiser - Meyer - Olkin 度量	0.574
Barltlett 的球形度检验近似卡方	301.657
df	21
Sig.	0.000

由表 23 可知，巴特利特球度检验统计量的观测值为 301.657，相应的 P 值接近 0，如果显著性水平为 0.05，P 小于显著性水平，应拒绝零假设，认为相关系数矩阵与单位阵有显著差异。同时 KMO 值为 0.574，根据度量标准知原有变量适合进行因子分析。

如表 24 所示，反映像相关矩阵中对角线上的元素值比较接近于 1，各个变量之间相关性较强。

对原有变量采用主成分分析方法按系统默认指定条件提取所有特征根，原有变量绝大部分信息无法得到较好解释，因此，我们考虑重新指定提取特征根的标准，指定提取 4 个因子。分析结果如表 25、表 26 所示。

此时，大部分变量的共同度较高，信息缺失较少，因此本次因子提取的总体效果较为理想。

在初始解中，由于提取了 7 个因子，因此原有变量的总方差均被解释掉。由于指定了 4 个因子，4 个因子一共解释了原有变量总方差的 68.669%。总体上，原有变量的信息丢失较少，因子分析的效果较理想（见表 27）。

表 24　因子解释原有变量总方差的情况

反映像矩阵

		吃农家饭	住农家院	干农家活	民俗娱乐活动	购买特色农产品	游览周边美景	休闲活动
反映像 协方差	吃农家饭	0.745	-0.349	0.001	0.008	-0.060	-0.100	0.025
	住农家院	-0.349	0.742	-0.115	-0.014	-0.036	-0.032	0.008
	干农家活	0.001	-0.115	0.938	-0.049	-0.054	-0.028	-0.144
	民俗娱乐活动	0.008	-0.014	-0.049	0.984	-0.029	-0.013	-0.089
	购买特色农产品	-0.060	-0.036	-0.054	-0.029	0.972	-0.061	-0.031
	游览周边美景	-0.100	-0.032	-0.028	-0.013	-0.061	0.949	-0.110
	休闲活动	0.025	0.008	-0.144	-0.089	-0.031	-0.110	0.949
反映像 相关	吃农家饭	0.545	-0.469	0.001	0.010	-0.070	-0.119	0.030
	住农家院	-0.469	0.549	-0.138	-0.016	-0.042	-0.039	0.010
	干农家活	0.001	-0.138	0.625	-0.051	-0.056	-0.030	-0.153
	民俗娱乐活动	0.010	-0.016	-0.051	0.619	-0.030	-0.013	-0.092
	购买特色农产品	-0.070	-0.042	-0.056	-0.030	0.744	-0.063	-0.032
	游览周边美景	-0.119	-0.039	-0.030	-0.013	-0.063	0.683[a]	-0.116
	休闲活动	0.030	0.010	-0.153	-0.092	-0.032	-0.116	0.552[a]

表 25　因子分析初始解

公因子方差

	初始	提取
吃农家饭	1.000	0.702
住农家院	1.000	0.675
干农家活	1.000	0.351
民俗娱乐活动	1.000	0.152
购买特色农产品	1.000	0.152
游览周边美景	1.000	0.229
休闲活动	1.000	0.543

表 26　因子分析初始解

公因子方差

	初始	提取
吃农家饭	1.000	0.715
住农家院	1.000	0.737
干农家活	1.000	0.473
民俗娱乐活动	1.000	0.772
购买特色农产品	1.000	0.868
游览周边美景	1.000	0.593
休闲活动	1.000	0.649

表 27 因子解释原有变量总方差的情况

单位：%

| 成分 | 解释的总方差 | | | | | | | | |
| | 初始特征值 | | | 提取平方和载入 | | | 旋转平方和载入 | | |
	合计	方差	累积	合计	方差	累积	合计	方差	累积
1	1.713	24.473	24.473	1.713	24.473	24.473	1.539	21.992	21.992
2	1.205	17.210	41.683	1.205	17.210	41.683	1.241	17.731	39.723
3	0.954	13.626	55.309	0.954	13.626	55.309	1.038	14.825	54.547
4	0.935	13.360	68.669	0.935	13.360	68.669	0.989	14.122	68.669
5	0.915	13.068	81.937						
6	0.777	11.105	92.842						
7	0.501	7.158	100.000						

根据表 28 因子载荷矩阵，可以写出因子分析模型：

住农家院 $= 0.75f1 - 0.337f2 + 0.231f3 - 0.088f4$
吃农家饭 $= 0.733f1 - 0.408f2 + 0.103f3 - 0.03f4$
干农家活 $= 0.434f1 + 0.402f2 + 0.217f3 - 0.276f4$
休闲活动 $= 0.251f1 + 0.692f2 - 0.146f3 - 0.294f4$
游览周边美景 $= 0.445f1 + 0.173f2 - 0.585f3 - 0.149f4$
民俗娱乐活动 $= 0.163f1 + 0.489f2 + 0.579f3 + 0.413f4$
购买特色农产品 $= 0.371f1 + 0.127f2 - 0.379f3 + 0.756f4$

表 28 因子载荷矩阵

| 成分矩阵[a] | | | | |
| | 成分 | | | |
	1	2	3	4
住农家院	0.750	− 0.337	0.231	0.088
吃农家饭	0.733	− 0.408	0.103	− 0.030
干农家活	0.434	0.402	0.217	− 0.276
休闲活动	0.251	0.692	− 0.146	− 0.294
游览周边美景	0.445	0.173	− 0.585	− 0.149
民俗娱乐活动	0.163	0.489	0.579	0.413
购买特色农产品	0.371	0.127	− 0.379	0.756

注：a. 已提取了 4 个成分。

　　使用方差最大法对因子载荷矩阵实施正交旋转使因子具有命名解释性，指定按第一因子载荷降序的顺序输出旋转的因子载荷及旋转后的因子载荷如表 29 所示。

表29　旋转后的因子载荷矩阵

旋转成分矩阵[a]			
成分			
1	2	3	4
住农家院	0.855	0.072	0.014	0.038
吃农家饭	0.836	0.001	0.109	−0.067
休闲活动	−0.130	0.793	0.047	0.025
干农家活	0.252	0.591	−0.113	0.217
游览周边美景	0.154	0.472	0.374	−0.455
购买特色农产品	0.078	−0.028	0.922	0.104
民俗娱乐活动	0.010	0.184	0.143	0.847

提取方法：主成分分析法。

旋转法：具有 Kaiser 标准化的正交旋转法。

a. 旋转在 8 次迭代后收敛。

第一个因子主要解释了"住农家院"和"吃农家饭"；第二个因子主要解释了"休闲活动"、"干农家活"和"游览周边美景"；第三个因子主要解释了"购买特色农产品"；第四个因子主要解释了"民俗娱乐活动"。根据各个因子的特点，给 4 个因子分别命名为传统因子、休闲因子、消费因子及风俗因子。

根据表30 因子得分系数矩阵可以写出因子得分函数：

$$f1 = 0.55 \times 吃农家饭 + 0.57 \times 住农家院 + 0.138 \times 干农家活 - 0.003 \times 民俗娱乐活动 - 0.051 \times 购买特色农产品 + 0.007 \times 游览周边美景 - 0.161 \times 休闲活动$$

$$f2 = -0.077 \times 吃农家饭 - 0.018 \times 住农家院 + 0.468 \times 干农家活 + 0.074 \times 民俗娱乐活动 - 0.132 \times 购买特色农产品 + 0.378 \times 游览周边美景 + 0.668 \times 休闲活动$$

$$f3 = 0.011 \times 吃农家饭 - 0.094 \times 住农家院 - 0.205 \times 干农家活 + 0.114 \times 民俗娱乐活动 + 0.916 \times 购买特色产品 + 0.313 \times 游览周边景色 - 0.019 \times 参与休闲活动$$

$$f4 = -0.046 \times 吃农家饭 + 0.56 \times 住农家院 + 0.185 \times 干农家活 + 0.848 \times 民俗娱乐活动 + 0.1 \times 购买特色产品 - 0.499 \times 游览周边美景 - 0.039 \times 休闲活动$$

4. 细分市场分析

（1）考察年龄细分市场。年龄与参加乡村旅游活动交叉表如表31 所示。

从表31 可以看出，各年龄层对于"吃农家饭"需求稳定。而另外值得注意的是，年龄为 25 岁以下及 60 岁以上的人群对"住农家院"的需求明显强于其他活动（"吃农家饭"除外），同时高于其他年龄层；除 25～44 岁的被调查者以外的各年龄层对于"购买特色农产品"需求均略强于"干农家活"。这与 2007 年调研结果相比有较大的不同，这说明北京市乡村旅游农产品及旅游住宿需求具有可拓展空间，是值得继续深耕的市场。

表 30　因子得分系数矩阵

	成分			
	1	2	3	4
吃农家饭	0.550	−0.077	0.011	−0.046
住农家院	0.570	−0.018	−0.094	0.056
干农家活	0.138	0.468	−0.205	0.185
民俗娱乐活动	−0.003	0.074	0.114	0.848
购买特色农产品	−0.051	−0.132	0.916	0.100
游览周边美景	0.007	0.378	0.313	−0.499
休闲活动	−0.161	0.668	−0.019	−0.039

提取方法：主成分分析法。

旋转法：具有 Kaiser 标准化的正交旋转法。

构成得分。

表 31　年龄与参加乡村旅游活动交叉列表

		参加活动								总计
		吃农家饭	住农家院	干农家活	民俗娱乐活动	购买特色农产品	游览周边美景	休闲活动	其他	
年龄	25 岁以下									
	计数（人）	215	193	61	57	78	166	56	2	828
	年龄组内占比（%）	26.0	23.3	7.4	6.9	9.4	20.0	6.8	0.2	
	参加活动组内占比（%）	40.0	43.1	31.4	33.3	40.2	39.7	45.5	15.4	
	总计占比（%）	10.2	9.2	2.9	2.7	3.7	7.9	2.7	0.1	39.4
	25~44 岁									
	计数（人）	219	171	94	85	71	179	47	9	875
	年龄组内占比（%）	25.0	19.5	10.7	9.7	8.1	20.5	5.4	1.0	
	参加活动组内占比（%）	40.7	38.2	48.5	49.7	36.6	42.8	38.2	69.2	
	总计占比（%）	10.4	8.1	4.5	4.0	3.4	8.5	2.2	0.4	41.5
	45~59 岁									
	计数（人）	81	64	32	26	36	58	19	2	318
	年龄组内占比（%）	25.5	20.1	10.1	8.2	11.3	18.2	6.0	0.6	
	参加活动组内占比（%）	15.1	14.3	16.5	15.2	18.6	13.9	15.4	15.4	
	总计占比（%）	3.9	3.0	1.5	1.2	1.7	2.8	0.9	0.1	15.1
	60 岁									
	计数（人）	23	20	7	3	9	15	1	0	78
	年龄组内占比（%）	29.5	25.6	9.0	3.8	11.5	19.2	1.3	0.0	
	参加活动组内占比（%）	4.3	4.5	3.6	1.8	4.6	3.6	0.8	0.0	
	总计占比（%）	1.1	1.0	0.3	0.1	0.4	0.7	0.0	0.0	3.6
总　计	计数（人）	538	448	194	171	194	418	123	13	2099
	总计占比（%）	25.6	21.3	9.2	8.1	9.2	19.9	5.9	0.6	100.0

（2）考察学历细分市场。受教育程度与乡村旅游活动交叉分析结果如表32所示。

表32 受教育程度与参加乡村旅游活动交叉列表

			乡村旅游活动								总计
			吃农家饭	住农家院	干农家活	民俗娱乐活动	购买特色农产品	游览周边美景	休闲活动	其他	
受教育区间段	初中及以下	计数（人）	52	41	14	8	25	17	10	0	69
		受教育区间段组内占比（%）	75.4	59.4	20.3	11.6	36.2	24.6	14.5	0.0	
		乡村旅游活动组内占比（%）	9.5	9.0	7.1	4.6	12.8	4.0	8.1	0.0	
		总计占比（%）	7.3	5.8	2.0	1.1	3.5	2.4	1.4	0.0	9.7
	高中/中专	计数（人）	83	69	30	11	31	61	14	1	117
		受教育区间段组内占比（%）	70.9	59.0	25.6	9.4	26.5	52.1	12.0	0.9	
		乡村旅游活动组内占比（%）	15.2	15.2	15.2	6.3	15.8	14.5	11.4	7.1	
		总计占比（%）	11.7	9.7	4.2	1.5	4.4	8.6	2.0	0.1	16.5
	专科/本科	计数（人）	374	311	135	135	122	318	94	13	477
		受教育区间段组内占比（%）	78.4	65.2	28.3	28.3	25.6	66.7	19.7	2.7	
		乡村旅游活动组内占比（%）	68.5	68.5	68.2	77.6	62.2	75.4	76.4	92.9	
		总计占比（%）	52.7	43.8	19.0	19.0	17.2	44.8	13.2	1.8	67.2
	硕士/博士	计数（人）	37	33	19	20	18	26	5	0	47
		受教育区间段组内占比（%）	78.7	70.2	40.4	42.6	38.3	55.3	10.6	0.0	
		乡村旅游活动组内占比（%）	6.8	7.3	9.6	11.5	9.2	6.2	4.1	0.0	
		总计占比（%）	5.2	4.6	2.7	2.8	2.5	3.7	0.7	0.0	6.6
总 计		计数（人）	546	454	198	174	196	422	123	14	710
		总计占比（%）	76.9	63.9	27.9	24.5	27.6	59.4	17.3	2.0	100.0

在"吃农家饭"的选择上，教育背景几乎没有影响；仅有专科/本科学历的北京市民选择"住农家院"比例低于"游览周边美景"，其他学历人群则相反，"住农家院"的比例明显较"游览周边美景"的比例高。专科/本科学历人群选择"休闲活动"比例较高，硕士/博士学历相较其他学历人群对"民俗娱乐活动"显示较大兴趣。

（3）考察收入细分市场。年收入与参加乡村旅游活动的交叉列表如表33所示。

我们发现，年收入对于北京市民选择乡村旅游活动的影响没有明显的规律性。仅年收入100万元以上的人显示出对民俗活动的强烈偏好，但考虑到其样本绝对数量较少，不具有代表意义。

产生本次分析结果可能有如下两个原因。

其一，北京市休闲农业和乡村旅游在针对不同收入人群分层次设计旅游活动方面做得不够。根据实际调研我们也发现，休闲农业与乡村旅游的经营者多数从自身角度出发采取

表33　收入与参加乡村旅游活动交叉列表

		参加活动								总计
		吃农家饭	住农家院	干农家活	民俗娱乐活动	购买特色农产品	游览周边美景	休闲活动	其他	
年收入	**1万元以下**									
	计数（%）	163	141	48	27	68	119	51	1	618
	年收入组内占比（%）	26.8	23.2	7.9	4.4	11.2	19.6	6.7	0.2	
	参加活动组内占比（%）	30.4	31.5	24.5	16.0	35.4	28.6	33.9	7.7	
	总计占比（%）	7.8	6.7	2.3	1.3	3.3	5.7	2.0	0.0	29.1
	1万~3万元									
	计数（%）	60	52	17	26	16	45	14	0	230
	年收入组内占比（%）	26.1	22.6	7.4	11.3	7.0	19.6	6.1	0.0	
	参加活动组内占比（%）	11.2	11.6	8.7	15.4	8.3	10.8	11.6	0.0	
	总计占比（%）	2.9	2.5	0.9	1.2	0.8	2.2	0.7	0.0	11.1
	3万~5万元									
	计数（人）	124	105	49	31	31	93	28	10	471
	年收入组内占比（%）	26.3	22.3	10.4	6.6	6.6	19.7	5.9	2.1	
	参加活动组内占比（%）	23.1	23.4	25.0	18.3	16.1	22.4	23.1	76.9	
	总计占比（%）	5.9	5.0	2.3	1.5	1.5	4.4	1.3	0.5	22.4
	5万~10万元									
	计数（人）	123	101	56	49	53	103	25	1	511
	年收入组内占比（%）	24.1	19.8	11.0	9.6	10.4	20.2	4.9	0.2	
	参加活动组内占比（%）	22.9	22.5	28.6	29.0	27.6	24.8	20.7	7.7	
	总计占比（%）	5.9	4.8	2.7	2.3	2.5	4.9	1.2	0.0	24.3
	10万~30万元									
	计数（人）	59	44	20	24	22	53	12	1	235
	年收入组内占比（%）	25.1	18.7	8.5	10.2	9.4	22.6	4.1	0.4	
	参加活动组内占比（%）	11.0	9.8	10.2	14.2	11.5	12.7	9.9	7.7	
	总计占比（%）	2.8	2.1	1.0	1.1	1.1	2.5	0.6	0.0	11.2
	30万~100万元									
	计数（人）	6	4	5	3	2	3	1	0	24
	年收入组内占比（%）	25.0	16.7	20.8	12.5	8.3	12.5	4.2	0.0	
	参加活动组内占比（%）	1.1	0.9	2.6	1.8	1.0	0.7	0.8	0.0	
	总计占比（%）	0.3	0.2	0.2	0.1	0.1	0.1	0.0	0.0	1.0
	100万元以上									
	计数（人）	1	1	1	9	0.0	0.0	0.0	0	12
	年收入组内占比（%）	8.3	8.3	8.3	75.0	0.0	0.0	0.0	0.0	
	参加活动组内占比（%）	0.2	0.2	0.5	5.3	0.0	0.0	0.0	0.0	
	总计占比（%）	0.0	0.0	0.0	0.4	0.0	0.0	0.0	0.0	0.4

因地制宜战略，而并非从市民的需求出发来设计乡村旅游活动。而更值得注意的是，同质化现象严重，活动设计单一。这说明出经营者与消费者需求之间可能还没有建立起畅通的信息沟通渠道。

其二，问卷设计基本延续2007年框架，为了对照研究而没有做大的改动，在细化分类方面做得不够。被调查者没有从问卷中得到信息提示，因而作答不能很好地反映实际的情况。

三　差异性需求结论

（1）从参加乡村旅游目的看，娱乐放松、远离城市喧嚣、体验乡村生活仍然为北京市民的主要出游目的，与2007的调研结果对照分析后，没有表现出明显的差异性。"交际需要"排序位次不变，但所占比例增长较为突出，从2007的6.5%增至2013年的15.0%。值得注意的是，45~59岁人群选择"娱乐放松"的比例是各年龄层中最高的，而选择"交际需要"的比例却相较其他年龄层偏低。而25~44岁年龄段（社会主要工作人群）样本对"商务需要"的选择比例高于其他各年龄段。另外，学历较低人群、收入两极人群对远离城市喧嚣的诉求是比较强烈的。

（2）在游客满意程度相关的需求方面，与2007年调研结果相比，市民对北京市休闲农业和乡村旅游各方面的满意度有了较大的提升，均值都在3以上，达到基本满意。

（3）在乡村旅游的停留时间方面，与2007年调研结果对照分析显示，停留时间3~7天的人群上升至比例最高的44.0%；而在具体的停留时间日别频数分析中，停留时间为2天的比例较高，但选择停留3天的市民比例增长明显，而选择停留1天的市民比例则呈现下降的趋势。从总体上看，北京市民乡村旅游的停留时间显示出明显的延长趋势。

在与乡村旅游者停留时间相关的因素中，北京市民对于干净卫生的设施环境、乡村旅游目的地的交通便利性及服务水平的提高的需求成为与2007年调研结果不同的差异性需求。

（4）在乡村旅游活动方面，"吃农家饭"为最强烈的现实性需求，与2007年调研结果一致。但"住农家院"的需求超过"游览周边美景"成为仅次于"吃农家饭"的强需求选项，也就是说，住宿需求成为增长明显的差异性需求，而这与上一点结论——北京市民乡村旅游停留时间有明显延长趋势——有内在一致性。

对各细分市场来说，除25~44岁的被调查者以外的各年龄层对于"购买特色农产品"需求均略强于"干农家活"。专科/本科学历人群选择"休闲活动"比例较高，硕士/博士学历人群相较其他学历人群对"民俗娱乐活动"显示较大兴趣。这些与2007年调研结果相比有较大的不同。

第三节　潜在性需求分析

一　问题的提出及分析方法

潜在性需求是指在当前的调研中已经出现，但并不处于高频状态的需求状况，这些需求处于萌芽状态，经过引导可能在未来发展为常规性的高涨需求。

北京市休闲农业和乡村旅游自2006年进入品质提升期以来，休闲农业内涵不断丰富，休闲农业产品创新层出不穷，形成了一批充满艺术创造力、想象力和感染力的创意精品。在推动乡村旅游从初级观光向高级休闲、从同质开发向差异化发展、从单体经营向集群布局转变的过程中，北京市旅游局总结推出了 8 种全新乡村旅游业态，并制定了《北京市乡村旅游特色业态标准及评定》，以促进产业升级和精品化发展。可以说，北京市休闲农业和乡村旅游在实现自身发展方面走在了全国都市型现代休闲农业的前列。

然而随着市民收入与生活水平的不断提高，互联网日新月异的发展所带来的社会信息化程度的不断提高，市民的消费习惯、消费理念都在发生着巨大的变化，对个性化商品及服务的需求也在不断加强，任何一项处于萌芽状态的潜在性需求都有可能成为未来支撑一个市场的中坚力量，当前移动终端行业的繁荣正有力地反映着这一点。

本章将延续 2007 年的分析框架，从当前需求中找出低频次需求以后确定这一需求是否为潜在性需求，通过对二手资料的归纳整理并结合访谈结果去判别这一需求到底是一直处于低频状态，并不代表未来发展方向的需求，还是在最近几年刚刚产生，并且有可能成为未来主流需求，在对 2007 年潜在性需求分析得出的结论进行验证和评价的基础上，对未来休闲农业和乡村旅游的发展方向作出评判。

二　2007 年潜在性需求结论验证

对潜在性需求的验证主要依据标准：其一，经过一个时期的发展，该需求是否已成为高频次的现实性需求；其二，该需求虽仍为低频次需求，但是否已呈现明显的上升趋势。依据这个标准，我们对 2007 年潜在性需求结论进行逐一的分析验证。

2007 年调研结果中，潜在性需求结论分为四个层次，分别如下所示：

（1）从现实性需求中低频次角度来看，潜在性需求为休闲活动、民俗娱乐活动。

（2）从期望参加乡村旅游活动方面来看，潜在性需求为体验性餐饮。体验乡村生活、乡村闲住也是高频期望活动。

（3）从设施需求来看，潜在性需求为乡村旅游基础设施为中高档。商务活动将成为高收入商务人士的主要乡村旅游需求。

（4）从目前北京市乡村旅游现状来看，潜在性需求为乡村旅游购物。

而比照前一章差异性需求分析，我们发现：

（1）"娱乐放松"作为北京市民最主要的出游目的，确实反映出对休闲娱乐活动的需求。然而在实际参与乡村旅游活动频次统计中，"休闲活动"和"民俗娱乐活动"没有成为高频的现实需求，也未表现出明显的增长，仅保持与 2007 年差不多的水平。

（2）参与旅游活动频次统计中，"吃农家饭"仍然是最主要的高频需求，"住农家院"紧随其后，成为北京市民主要的活动需求之一，而北京市民乡村旅游停留时间呈现延长趋势也证明此点。在 2013 年调研中，在"乡村旅游目的"一题中，体验乡村生活是第三高频选项。本项结论基本正确。

（3）2013 年调研中，以"商务需要"为目的出游的北京市民仍保持在一个较低比例的水平。由于高收入样本数量所限，已有样本并未能体现出这一项需求的准确情况。而随着国家宏观政策的出台，公务差旅类需求可能会出现走低趋势。

（4）在乡村旅游活动方面，除 22～45 岁以外的各年龄层对"购买特色农产品"显示出较大兴趣，虽然仍未成为常规高频次需求，但正呈现不断上升的态势。而通过我们的实际调研也发现，许多精品特色农产品的销售情况是比较好的，这也符合 2007 年调研潜在性需求结论。从另一方面，也说明在开发特色农产品、创意商品方面，仍有深耕的必要及大展拳脚的市场空间。

三　2013 年潜在性需求分析

（一）现实性需求中的低频次需求

1. 乡村旅游活动频数分析（见表 34）

表 34　现实性活动频数分析

		响应		个案百分比（%）
		频数（人）	百分比（%）	
参加活动[a]	吃农家饭	544	25.7	76.7
	住农家院	453	21.4	63.9
	干农家活	196	9.2	27.6
	民俗娱乐活动	173	8.2	24.4
	购买特色农产品	196	9.2	27.6
	游览周边美景	422	19.9	59.5
	休闲活动	123	5.8	17.3
	其他	13	0.6	1.8
总　计		2120	100.0	—

注：a. 值为 1 时制表的二分组。

所有 800 名被调查者共有 2099 人次选择了问卷中所列的 8 项选择，其中排位靠后的分别是"民俗娱乐活动"和"休闲活动"，各自对应的人次为 173 人次、123 人次，分别占总人次的 8.2%、5.8%，都处于较低频次状态。与 2007 年调研结果进行比照分析后，我们发现"民俗娱乐活动"与"休闲活动"在近几年并没能实现增长。在某种意义上，这与"娱乐放松为北京市民选择乡村旅游首要目的"的结论产生了不一致。究其原因，很可能是因为京郊休闲农业与乡村旅游所提供的活动同质化现象严重，严重依赖节庆假日的活动安排缺乏文化内涵的深度挖掘、缺乏科技含量与创意，对于游客而言已经缺乏新意。

"干农家活"与"购买特色农产品"频数相同，处于中等水平。其中选择"购买特色农产品"比例较 2007 年调研结果有了一定程度的增长。参加乡村旅游活动差异性需求分析也表明，多个年龄段人群选择"购买特色农产品"比例超过"干农家活"的比例。通过对二手资料的分析，我们发现"干农家活"在现实中多为瓜果采摘等活动，部分亲子教育类型休闲农园则涵盖垒砖墙等活动，并没有开发更多体验性的农家活，而许多农家活具有"一次性"的特点，无法留存，也不具备多次参与的吸引力。

2. 乡村旅游活动聚类分析

为了进一步分析这些低频次需求活动与其他活动的关系，我们对现实性活动进行了聚类分析。

我们发现，第一步"吃农家饭"和"住农家院"首先聚为一类，第二步"休闲活动"与"民俗娱乐活动"聚为一类，第三步"休闲活动"同"干农家活"聚为一类，第四步"购买特色农产品"与"休闲活动"聚为一类，第五步"游览周边美景"聚入"住农家院"一类，第六步所有活动聚为一类。

也就是说要分为两类的话，一类为"吃农家饭"、"住农家院"和"游览周边美景"，另一类为"休闲活动"、"民俗娱乐活动"、"购买特色农产品"和"干农活"；如果分为三类的话，"游览周边美景"从第一类中分离出来，成为独立的一类（见表35）。

表35　参与乡村旅游活动聚类分析

聚类数	活动												
	购买特色农产品		参与休闲活动		民俗娱乐活动		干农家活		游览周边美景		住农家院		吃农家饭
1	X	X	X	X	X	X	X	X	X	X	X	X	X
2	X	X	X	X	X	X	X		X	X	X	X	X
3	X	X	X	X	X	X	X		X		X	X	X
4	X		X	X	X	X	X		X		X	X	X
5	X		X	X	X		X		X		X	X	X
6	X		X		X		X		X		X	X	X

3. 小结

从现实性需求中的低频次选项看，"购买特色农产品"、"干农家活"、"休闲活动"和"民俗娱乐活动"可能属于潜在性需求。但是均存在各地区各经营主体间同质化严重的问题。特色农产品无特色，农家活种类单一、低层次化，"休闲活动"和"民俗娱乐活动"则存在无农味或者无新意等问题。对比2007年调研结果我们发现，以上4个选项都长期处于低频次状态，并没能从潜在需求上升至主流的现实性需求，仅"购买特色农产品"出现了一定程度的增长。但这并不能说明，这几项需求今后不可能成为主流。结合前文参与休闲农业与乡村旅游的目的来看，"购买特色农产品"和"干农家活"、"休闲娱乐活动"之所以仍处于低频状态，是因为消费者的需求没有得到满足，商品和活动的开发没有获得正确的引导。

单就"购买特色农产品"而言，因为物流的发达、商业的便利，人们在超市也能买到品质新鲜、包装精致的农产品。在这样的背景下，开发具有不可替代性、具有独特性的产品，与市面流通的普通农产品进行层次区分，加强乡村体验活动与特色农产品之间的内在关系，深入发掘农产品在现场体验的美感、文化内涵，开发品质佳、易携带的伴手礼式农产品，那么这个潜在需求应该具有较好的前景。

（二）北京居民期望参与的乡村旅游活动

1. 期望参与乡村旅游活动频数分析

期望参与乡村旅游活动频数分析结果如表 36 所示。

表 36　期望参与乡村活动频数分析表

		响应		个案百分比（%）
		频数（人）	百分比（%）	
期望参与活动[a]	体验性餐饮	438	26.6	54.8
	农业研修活动	113	6.9	14.1
	商务活动	78	4.7	9.8
	感受浓郁的乡村文化	265	16.1	33.1
	体验旧时期农村生活	83	5.0	10.4
	时尚娱乐活动	356	21.6	44.5
	乡村闲住	294	17.9	36.8
	其他	19	1.2	2.4
总　　计		1646	100.0	—

注：a. 值为 1 时制表的二分组。

被调查者最期望参加的乡村旅游活动前两位分别是"体验性餐饮"与"时尚娱乐活动"，对应分别为 438 人和 356 人，分别占总人数的 54.8% 和 44.5%，分别占期望参与乡村旅游活动总频数的 26.6% 和 21.6%。这个结果与参与乡村旅游活动现实性需求的调研结果中"吃农家饭"是频次最高的活动以及乡村旅游的目的调研结果中"娱乐放松"为频次最高的目的是一致的。

其中，"时尚娱乐活动"与现实性需求中参与活动的频数分析出现了较大的不一致，可以看出，北京市民在时尚娱乐活动方面具有较高的期望，而当下的休闲农业与乡村旅游经营主体没能很好地满足这一需求，可以说，"时尚娱乐活动"是一项潜在性需求。

另外值得注意的是，被调查者希望参加的乡村旅游活动中"乡村闲住"排在第三位。选择该选项的共 294 人，占总人数的 36.8%，占希望参与乡村旅游活动总频数的 17.9%，较 2007 年调研结果中排第五位有较大的上升。这与现实性需求分析结果中被调查者对住宿需求的上升具有一致性。

"感受浓郁的乡村文化"一项被选择频数为 265 人，占总人数的 33.1%，占期望参与乡村旅游活动总频数的 16.1%，排在第四位，与 2007 调研结果的第三位比相差不大。而相对的，2007 调研结果中排在期望参与活动第四位的"体验旧时期农村生活"则在 2013 年的调研结果中降至第六位。

乡村旅游目的调研结果显示，"体验乡村生活"是较多人群选择乡村游的目的。同样是体验性乡村旅游活动，但被调查者在其中作出了选择，这给出一个市场信号：随着城市居民生活水平的提高，尤其随着年青一代消费者的成长，"忆苦思甜"类型的乡村旅游产品正在渐渐失去吸引力。对现阶段的北京市民尤其是年轻人群而言，"乡村"代表的是美好的自然生态环境、慢节奏的休闲生活，是美好的田园梦，是包含着文化传统在内的地方，并非仅仅等同于"旧时期"及"落后"的刻板形象。

休闲农业和乡村旅游经营者需要做的是，深入挖掘乡村与农业的文化内涵，并让游客在活动中亲身体验、切身感受到这种文化。只有良好的体验才会给能游客留下良好的印象，才能切实提高游客的重游意愿。

2. 期望参与乡村旅游活动聚类分析

对北京市居民所期望参加的休闲活动进行聚类分析发现，"商务活动"和"体验旧时期农村生活"首先聚为一类，在后面几步"农业研修活动"、"乡村闲住"、"感受浓郁的乡村文化"和"时尚娱乐活动"分别聚入这一类。"体验性餐饮"同其他活动的差别最大，到第六步才与其他活动聚为一个大类（见表37、表38）。

表 37　期望参与乡村旅游活动聚类表

阶	群集组合		系数	首次出现阶群集		下一阶
	群集 1	群集 2		群集 1	群集 2	
1	3	5	137.000	0	0	2
2	2	3	151.500	0	1	3
3	2	7	323.333	2	0	4
4	2	4	328.000	3	0	5
5	2	6	389.400	4	0	6
6	1	2	420.833	0	5	0

表 38　期望参与活动聚类分析

Number of Clusters	Case													
	商务活动		体验旧时期农村生活		农业研修活动		乡村闲住		感受浓郁的乡村文化		时尚娱乐活动		体验性餐饮	
1	X	X	X	X	X	X	X	X	X	X	X	X	X	
2	X	X	X	X	X	X	X	X	X	X		X	X	
3	X	X	X	X	X	X	X	X	X			X	X	
4	X	X	X	X	X	X	X					X	X	
5	X	X	X	X	X		X					X	X	
6	X	X	X		X		X		X		X		X	

3. 小结

通过以上分析说明，首先，北京市居民对休闲农业与乡村旅游的潜在性需求中"体验性餐饮"是一种最为旺盛的需求。"吃农家饭"这项最高频次的现实性需求，在被调查者期望参与的活动里被高频选择的原因在于，游客对于当下的"食"有着更高层次和体验性方向的追求，这种需求一直稳健存在，相当于旅游过程中的刚性需求。

其次，北京市民对参与"时尚娱乐活动"有着较高的期望，这一点符合当前旅游消费市场由传统观光向休闲度假的转变。消费群体开始明显表现出娱乐、休闲的倾向。而从现实性需求中参与活动的低频性看，经营主体需要继续结合市场需求开发更多创意农味体验活动，注意时尚感、体验性。

再次，"乡村闲住"的需求增长幅度较大的结果与乡村旅游停留时间上升趋势保持一致，表明被调查者对于乡村旅游的"住"一项有着稳步上升的趋势。随着《国民旅游休闲纲要（2013～2020年）》的颁布，人们的带薪休假时间进一步得到保障，这一需求仍有上升的空间。

最后，结合参加乡村旅游的目的进行分析，"时尚娱乐活动"、"乡村闲住"和"感受浓郁的乡村文化"都反映出被调查者希望通过在远离城市喧嚣的自然环境中参与合适的、具有吸引力的娱乐项目放松身心，感受休闲气氛，体验一种慢节奏的乡村生活方式。被调查者希望这种体验是愉悦的、时尚的、有乡村文化特色的，而目前对"商务活动"、"农业研修"和"体验旧时期农村生活"这样的功能性、教育性活动的需求并非大众主流。

（三）对于设施档次的未来偏好

问卷设计之初考虑到北京市乡村旅游设施住宿等条件已基本能达到二、三星级的要求，所以对设施档次偏好一题的选项表述进行了微调。调整之后的调查结果与2007年相比有较大的不同。

选择"经适当科学改造，基础设施条件好"的人最多，为299人，占被调查者总人数的37.9%，占总频数的26.4%；紧随其后的是"根据城市人的生活习惯，稍加改造各方面设施"，选择该项的有279人，占被调查者总人数的35.4%；"各方面设施无须改造，保留乡村原貌"排在第三位，选择该项的有253人，占被调查者总人数的32.1%；"住宿、餐饮达四星级宾馆标准"及"野奢，以高档度假村、乡村会所为载体"排在最后，分别有170人和130人选择，占被调查总人数的21.5%和16.5%。具体对设施档次未来偏好的频数分析结果如表39所示。

在2007年调研中被调查者对设施档次偏好的排序依次是："无须改造，保留原貌"、"根据城市人习惯，稍加改造"、"住宿、餐饮达二、三星级宾馆标准"、"住宿、餐饮达四星级宾馆标准"和"高档野奢"。相对的，从2013年调研结果看，"各方面设施无须改造，保留乡村原貌"仅排第三位，选择该选项的人数比例也有较大幅度的下降。对乡村旅游高档设施的需求一直处于低频次状态，这与消费人群收入水平以及大众对休闲农业与乡村旅游的心理限度有很大的关系。

表39 对设施档次偏好的频数分析

		响应		个案百分比（%）
		频数（人）	百分比（%）	
对设施档次偏好[a]	各方面设施无须改造,保留乡村原貌	253	22.4	32.1
	根据城市人的生活习惯,稍加改造各方面设施	279	24.7	35.4
	经适当改造,基础设施条件好	299	26.4	37.9
	住宿、餐饮达到四星级宾馆标准	170	15.0	21.5
	野奢,以高档度假村、乡村会所为载体	130	11.5	16.5
总　计		1131	100.0	—

注：a. 值为1时制表的二分组。

从总体上看，休闲旅游消费市场呈现大众化的特点，但被调查者对于设施档次的偏好是处于一种向上的趋势的，人们希望乡村旅游的设施档次能够经过科学改造有所提升，这与居民收入水平增长、消费习惯的变化有着密切的关系。

通过经营者问卷分析，我们发现 29 个休闲农业园区中有 13 个表示接待设施已成为乡村旅游发展的制约因素。考虑到部分园区经营时间较长，可能存在设施老化的现象，这就涉及设施应当如何改造升级的问题。而其关键在于准确的市场细分和对不同市场需求的准确把握，这需要更加细致的市场调查分析，不论资金充裕与否，经营主体都不宜不经前期科学评估而盲目投入改造高档设施。

（四）乡村旅游目的地类型偏好分析

乡村旅游目的地类型偏好频数分析如表 40 所示。

表 40　乡村旅游目的地类型偏好频数表

		响应		个案百分比（%）
		频数（人）	百分比（%）	
对旅游类型偏好[a]	田园风光型	422	22.2	53.1
	生态农业型	204	10.7	25.7
	生产农庄型	189	9.9	23.8
	民族风情型	262	13.8	33.0
	古老村落型	264	13.9	33.2
	神秘古堡型	179	9.4	22.5
	古朴别墅型	237	12.5	29.8
	主题文化型	127	6.7	16.0
	其他	18	0.9	2.3
总　计		1902	100.0	—

注：a. 值为 1 时制表的二分组。

通过分析发现，有 422 人选择"田园风光型"，选择该项的被调查者占总人数的 53.1%，排在第一位，田园风光成为最受欢迎的类型；"古老村落型"与"民族风情型"紧随其后，分别有 33.2% 和 33.0% 的被调查者选择该项，不分伯仲；选择"古朴别墅型"、"生态农业型"、"生产农庄型"、"神秘古堡型"和"主题文化型"的人分别占被调查者总数的 29.8%、25.7%、23.8%、22.5%、16.0%。

"田园"是根植于中国传统文化中的对农业、乡村的印象，或者说意象。这一意象中不仅包含了对山水风光、绿色景观等外在环境的追求，更蕴藏着历代诗人、文人宁静淡泊、远离喧嚣的情操。田园是诗意的，是具有深刻文化内涵的情境。从调研我们可以看出，超过半数北京市民选择"田园风光型"，从消费心理学上讲，这种选择几乎是下意识的，它代表着中国人的田园梦。

而"古老村落型"（以丽江和周庄为代表的历史悠久的村庄）与"民族风情型"（以民族风情和地方风俗为特色）紧随其后则反映出消费者对旅游目的地历史感、人情观、特色风情习俗的兴趣。而深沉的历史积淀、特色的人情风俗正是京郊乡村具有的特点，是核心竞争力。

选择"古朴别墅型"、"生态农业型"和"生产农庄型"则分别反映出消费者休闲度假、环保意识的增强以及对学习研修、购买特色农产品的兴趣。与2007年调研结果对比分析显示，这几项选择比重都有了一定程度的增长，这与近几年来北京休闲农业与乡村旅游业态的丰富，以及这几种模式的发展不无关系。比如"古朴别墅型"一项的代表"树屋"即在市场上表现良好，需求火爆。

"神秘古堡型"与"主题文化型"并非京郊自有经营模式。前者带有一定猎奇性，而后者则定位模糊，不彰显特色。

（五）潜在性需求与年龄、职业、收入、受教育程度的相关性分析

为了研究年龄、职业、收入和受教育程度对潜在性需求的影响，分别控制了其他3个变量，检验年龄、职业、收入、受教育程度之中的任何一个因素与潜在需求的偏相关关系（见表41）。

表41　年龄、职业、收入、受教育程度与潜在需求的偏相关关系

控制变量	活动	系数	收入	年龄	职业	受教育程度
年龄、职业、收入、受教育程度	民俗娱乐活动	偏相关系数	0.177	-0.052	-0.013	0.125
		显著性系数	0.000	0.169	0.723	0.001
	购买特色农产品	偏相关系数	-0.038	0.023	0.007	0.011
		显著性系数	0.307	0.539	0.855	0.779
	休闲活动	偏相关系数	-0.027	-0.075	0.032	-0.019
		显著性系数	0.472	0.047	0.388	0.609

从表41可以看出，年龄、职业、收入和受教育程度与各项现实性需求活动基本没有太大的线性相关关系。也就是说，在目前已经出现的三项潜在性需求基本不受年龄、职业、收入和受教育程度的影响。但是，民俗活动的参与度与收入之间存在一定的正相关关系，即收入越高，参与度越高。

由表42看出，"感受乡村浓郁文化"与受教育程度呈弱的正相关关系，说明人们受教育程度越高，对乡村文化的需求就越大。"乡村闲住"也与受教育程度呈弱的正相关关系，受教育程度越高越期望在乡村闲住。同时，"体验旧时期乡村生活"与收入之间存在一定的弱的正相关关系，收入越高，人们越是期望体验旧时期的乡村生活。

（六）不同人群的潜在性需求比较

通过不同收入阶层在参与休闲活动、购买特色农产品、参加民俗娱乐活动和干农家活方面的单因素方差分析，我们发现：年收入不同对参与休闲活动和购买特色农产品没有显

表 42　年龄、职业、收入、受教育程度与潜在需求的偏相关关系

控制变量	期望活动	系数	收入	年龄	职业	受教育程度
年龄、职业、收入、受教育程度	体验性餐饮	偏相关系数	0.073	− 0.044	0.029	0.034
		显著性系数	0.041	0.217	0.411	0.334
	农业研修活动	偏相关系数	− 0.006	− 0.070	− 0.020	− 0.068
		显著性系数	0.866	0.49	0.569	0.058
	商务活动	偏相关系数	− 0.020	− 0.007	0.007	− 0.047
		显著性系数	0.57	0.847	0.839	0.191
	感受乡村浓郁文化	偏相关系数	− 0.04	0.038	0.094	0.116
		显著性系数	0.266	0.284	0.009	0.001
	体验旧时期乡村生活	偏相关系数	0.111	− 0.021	− 0.097	0.019
		显著性系数	0.002	0.56	0.007	0.588
	时尚娱乐活动	偏相关系数	− 0.024	− 0.085	− 0.011	0.066
		显著性系数	0.509	0.017	0.755	0.065
	乡村闲住	偏相关系数	0.056	0.089	− 0.019	0.106
		显著性系数	0.115	0.013	0.603	0.003

著的影响，而年收入水平对北京市民参与民俗娱乐活动方面有较为显著的影响。具体分析如表 43 所示。

我们发现：

年收入水平在 1 万元以下的居民在参加民俗娱乐活动方面与年收入在 1 万 ~ 3 万元、5 万 ~ 10 万元、10 万 ~ 30 万元、100 万元以上的居民存在显著差异。

年收入水平在 1 万 ~ 3 万元的居民在参加民俗娱乐活动方面与年收入在 1 万元以下、100 万元以上的居民存在显著差异。

年收入水平在 3 万 ~ 5 万元的居民在参加民俗娱乐活动方面与年收入在 100 万元以上的居民存在显著差异。

年收入水平在 5 万 ~ 10 万元的居民在参加民俗娱乐活动方面与年收入在 1 万元以下、100 万元以上的居民存在显著差异。

年收入水平在 10 万 ~ 30 万元的居民在参加民俗娱乐活动方面与年收入在 1 万元以下、100 万元以上的居民存在显著差异。

年收入水平在 30 万 ~ 100 万元的居民在参加民俗娱乐活动方面与年收入在 100 万元以上的居民存在显著差异。

需要说明的是，本分析结果不排除因潜在性需求为低频选项，样本量较小，被调查者对题目选项理解标准不同而引起的结果扭曲。但这些细微的差别与 2007 年的分析结果具有相对一致性。

表 43 潜在性需求的单因素方差分析

（I）年收入	（J）年收入	均值差（I−J）	标准误	显著性	95% 置信区间	
					下限	上限
1 万元以下	1 万 ~ 3 万元	− 0.189 *	0.054	0.000	− 0.30	− 0.08
	3 万 ~ 5 万元	− 0.073	0.044	0.095	− 0.16	0.01
	5 万 ~ 10 万元	− 0.160 *	0.042	0.000	− 0.24	− 0.08
	10 万 ~ 30 万元	− 0.184 *	0.055	0.001	− 0.29	− 0.08
	30 万 ~ 100 万元	− 0.164	0.134	0.223	− 0.43	0.10
	100 万元以上	− 0.764 *	0.134	0.000	− 1.03	− 0.50
1 万 ~ 3 万元	1 万元以下	0.189 *	0.054	0.000	0.08	0.30
	3 万 ~ 5 万元	0.116 *	0.058	0.046	0.00	0.23
	5 万 ~ 10 万元	0.029	0.056	0.606	− 0.08	0.14
	10 万 ~ 30 万元	0.005	0.067	0.940	− 0.13	0.14
	30 万 ~ 100 万元	0.025	0.140	0.858	0.25	0.30
	100 万元以上	− 0.575 *	0.140	0.000	0.85	0.30
3 万 ~ 5 万元	1 万元以下	0.073	0.044	0.095	− 0.01	0.16
	1 万 ~ 3 万元	− 0.116 *	0.058	0.046	− 0.23	0.00
	5 万 ~ 10 万元	− 0.086	0.047	0.065	0.18	0.01
	10 万 ~ 30 万元	0.111	0.059	0.061	0.23	0.01
	30 万 ~ 100 万元	0.091	0.136	0.506	0.36	0.18
	100 万元以上	− 0.691 *	0.136	0.000	− 0.96	0.42
5 万 ~ 10 万元	1 万元以下	0.160 *	0.042	0.000	0.08	0.24
	1 万 ~ 3 万元	− 0.029	0.056	0.606	− 0.14	0.08
	3 万 ~ 5 万元	0.086	0.047	0.065	0.00	0.18
	10 万 ~ 30 万元	− 0.024	0.058	0.676	− 0.14	0.09
	30 万 ~ 100 万元	− 0.004	0.135	0.976	− 0.27	0.26
	100 万元以上	− 0.604 *	0.135	0.000	− 0.87	0.34
10 万 ~ 30 万元	1 万元以下	0.184 *	0.055	0.001	0.08	0.29
	1 万 ~ 3 万元	− 0.005	0.067	0.940	− 0.14	0.13
	3 万 ~ 5 万元	0.111	0.059	0.061	0.00	0.23
	5 万 ~ 10 万元	0.024	0.058	0.676	− 0.09	0.14
	30 万 ~ 100 万元	0.020	0.140	0.886	− 0.25	0.29
	100 万元以上	− 0.580 *	0.140	0.000	− 0.85	0.31
30 万 ~ 100 万元	1 万元以下	0.164	0.134	0.223	− 0.10	0.43
	1 万 ~ 3 万元	− 0.25	0.140	0.858	− 0.30	0.25
	3 万 ~ 5 万元	0.091	0.136	0.506	− 0.18	0.36
	5 万 ~ 10 万元	0.004	0.135	0.976	− 0.26	0.27
	10 万 ~ 30 万元	− 0.020	0.140	0.886	− 0.29	0.25
	100 万元以上	− 0.600 *	0.186	0.001	− 0.97	− 0.23
100 万元以上	1 万元以下	0.764 *	0.134	0.000	0.50	1.03
	1 万 ~ 3 万元	0.575 *	0.140	0.000	0.30	0.85
	3 万 ~ 5 万元	0.691 *	0.136	0.000	0.42	0.96
	5 万 ~ 10 万元	0.604 *	0.135	0.000	0.34	0.87
	10 万 ~ 30 万元	0.580 *	0.140	0.000	0.31	0.85
	30 万 ~ 100 万元	0.600 *	0.186	0.001	0.23	0.97

* 均值差的显著性水平为 0.05。

四　结论

北京休闲农业与乡村旅游的潜在需求主要表现在购买特色农产品、干农家活以及参与休闲和民俗娱乐活动上。北京市民更期望在一个具有田园诗意但经过适当改造的干净便利的环境中参与休闲活动，体验愉悦的、慢节奏的乡村情调，感受特色人文风情。

（一）"特色"农产品去特色化——实现差异化，提升附加值

旅游七要素——吃、喝、住、行、游、购、娱，购是非常重要的一环。在本次调研中购买特色农产品选择频次虽仍处于中等水平，但已经呈现明显的上升趋势。这与调研组通过实际调研与研读二手资料所得的预判是一致的。虽然现阶段许多经营者已经开始有品牌意识，对农产品进行开发、加工和包装，但许多由农产品加工生产的糕点、小食品质量参差不齐，难以吸引回头客。开发的手工艺品则缺乏流行的"萌"点，市场有限。与市面上种类繁多且越发精致的商品相比，这种开发的水平仍然处于较低阶段。而随着物流的便利，许多特色农产品都可以在城区的生鲜超市中买到，难以实现根本的差异化。要解决这样的难题，除了从自身资源出发外，还应该更多从百货业等类似商品同质化的行业借鉴商品开发的经验，结合乡村游真正的核心竞争力——体验性，不只关注农产品本身的特色，不仅以农产品本身的特色为卖点，更重要的是，以大众期望度较高的体验性餐饮为切入口和契机，赋予农产品及其加工品以故事性、情境性、独特的个性，提升其附加值，做到真正的差异化。

（二）农家活、休闲活动、民俗娱乐活动的时尚感、文化内涵提升

目前，北京多数休闲农园、民俗接待村都有采摘项目，且采摘是市民可参与的主要农家活。同时，除节庆活动中一些具有文化内涵的娱乐活动外，多数休闲娱乐活动都仅仅为城区休闲娱乐设施的空间平移，并不具备强有力的竞争力，难以真正吸引回头客。而时尚感的提升不需完全依赖新设施设备的引进，利用特殊的纪念日、非传统假日，结合适当的营销手段设计不同层次不同类别的活动即可提升娱乐性和时尚性，增强对消费群体的吸引力。感受浓郁的乡村文化是不断高涨的需求，是市场表现出来的与前一期有明显差异的信号，值得引起注意。

（三）基础设施经过适当改造且保持安全卫生将会是最主流的档次偏好

随着京郊休闲农业与乡村旅游的不断发展，当前目的地的硬件设施已经能基本满足市民的需求。虽然居民收入水平不断提高，但大多数市民希望保留真实的乡村味。结合现实性需求分析，游客希望硬件设施能保证安全、卫生、便利，相应地，服务水平也需要有所提高。

第四节　预测性需求分析

一　问题的提出及分析方法

乡村旅游的"预测性需求"是指某些需求在历史数据和当期调研中并没有发现其现

实数据，但利用现有资料的相关性分析和探索性分析，并结合对外部社会经济环境的规范分析，可以预测到未来一期内（通常指未来 2 ~ 3 年）将会出现的需求。

居民收入水平不断提高，以及国家法律出台使得居民带薪休假制度得到保障，高速公路节假日的免费通行和小长假"拼假潮"的出现，这些催生了一大批自驾游游客，掀起周边游和短途游热潮，休闲农业和乡村旅游市场迎来了新一轮利好期。而随着国民消费观念转变、消费者出游预订的效率空前提升，旅游需求已经呈现多样化、个性化、多变性等特征。只有准确把握市场需求的新发展、新动向，并结合其他地区、其他行业的发展经验和教训，立足于北京市休闲农业与乡村旅游自身的特点，制定具有方向性、前瞻性的发展规划，出台细化的产业发展指导意见，才能够避免盲目性、无序性地重复建设，才能有效推动产业的快速发展。由此，通过对预测性需求作出准确的把握，指导经营主体发展，并在此基础上为提出科学的政策建议打下基础。

二　2013 年预测性需求分析

（一）关于"基础设施如何改造"的频数分析

在对乡村旅游设施档次如何改造的调研中，仅有 22.4%（2007 年为 36%）的北京市民期望乡村旅游设施保持原貌，无须改造。其余 77.6% 的游客期望设施档次有所提升。其中，期望"稍加改造"和"适当科学改造"的占多数，希望朝高端化发展的约占作答总人数的 1/4。虽然当前许多经营主体所能提供的住宿设施都达到了二、三星级水平，但从舆情调研的分析看，仍存在对住宿环境、卫生条件的不满。这说明，北京市民不仅希望硬件设施经过改造达到较好的水平，还对其干净程度、便利性、周到服务等软件要素有着较高的期待。同时，由于对乡村情调的偏好及价格等因素的限制，又不希望设施被过分改造。

具体设施改造偏好频数分析如表 39 所示。

（二）乡村旅游基础设施的预测性需求相关及偏相关分析

1. 乡村旅游卫生状况频数分析

在本节，利用 SPSS 17.0 对调查的数据做相关性分析，以此来推断未来影响乡村旅游的发展方向。

卫生状况满意度频数分析表明，没感觉到满意的游客达到 362 人，约占作答总人数的 56.9%，不满意和非常不满意的游客为 143 人，占作答总人数的 22.5%（见图 5）。与 2007 年调研结果对比分析可以发现，京郊有的卫生设施已经有了一定的提升。通过在微博、点评、旅游攻略网站的舆情调研，据不完全统计，超过六成有过乡村旅游经历的消费者在记录中会涉及卫生状况的描述，约有四成游客对卫生状况表达了不满或担忧。观光环境尤其是卫生状况，是游客在参与休闲农业和乡村旅游过程中能最直接感受到的部分，在这一点上部分地方仍需要继续加强对基础接待设施的改善。

2. 收入和乡村旅游基础设施的相关性分析（见表 44）

收入相关性分析说明，收入水平和设施是否需要改造之间不存在明显的相关性。（考

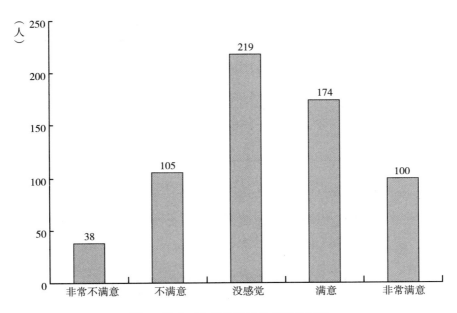

图 5　游客对乡村旅游卫生状况的评价

虑到样本存在的问题，此结论仅供参考）

　　3. 受教育程度和乡村旅游基础设施的相关性分析（见表 45）

　　教育程度相关性分析说明，越是高学历的人越是喜欢高级别的乡村旅游设施，比如住宿、餐饮达到四星级宾馆标准，以"野奢"为代表的高档度假村、乡村会所等高档消费场所。

　　4. 收入和乡村旅游基础设施的偏相关分析（见表 46）

表 44　收入和乡村旅游基础设施的相关性分析

		各方面设施无须改造，保留乡村原貌	根据城市人的生活习惯，稍加改造各方面设施	经过适当改造，基础设施条件好	住宿、餐饮达到四星级宾馆标准	野奢，以高档度假村、乡村会所为载体
收入	Pearson Correlation	－ 0.23	－ 0.008	－ 0.003	0.099	－ 0.022
	Sig.（2 － tailed）	0.513	0.815	0.939	0.005	0.537
	N	798	798	797	798	798

表 45　受教育程度和乡村旅游基础设施的相关性分析

Control Variables			各方面设施无须改造，保留乡村原貌	根据城市人的生活习惯，稍加改造各方面设施	经过适当改造，基础设施条件好	住宿、餐饮达到四星级宾馆标准	野奢，以高档度假村、乡村会所为载体
受教育程度	收入	Correlation	－ 0.16	－ 0.016	－ 0.006	0.094	－ 0.27
		Significance（2 － tailed）	0.645	0.645	0.75	0.008	0.444
		df	794	794	749	794	794

表46　收入和乡村旅游基础设施的偏相关分析

Control Variables			各方面设施无须改造，保留乡村原貌	根据城市人的生活习惯，稍加改造各方面设施	经过适当改造，基础设施条件好	住宿、餐饮达到四星级宾馆标准	野奢，以高档度假村、乡村会所为载体
受教育程度	收入	Correlation	− 0.16	− 0.016	− 0.006	0.094	− 0.27
		Significance（2 − tailed）	0.645	0.645	0.75	0.008	0.444
		df	794	794	749	794	794

5. 受教育程度和乡村旅游基础设施的偏相关分析（见表47）

收入和乡村旅游基础设施的偏相关分析表明，在受教育程度一定的情况下，收入水平和设施是否需要改造之间不存在明显的相关性。

表47　受教育程度和乡村旅游基础设施偏相关分析

Control Variables			各方面设施无须改造，保留乡村原貌	根据城市人的生活习惯，稍加改造各方面设施	经过适当改造，基础设施条件好	住宿、餐饮达到四星级宾馆标准	野奢，以高档度假村、乡村会所为载体
受教育程度	收入	Correlation	− 0.072	0.018	0.033	0.032	0.046
		Significance（2 − tailed）	0.041	0.609	0.359	0.361	0.198
		df	794	794	794	794	794

受教育程度和乡村旅游基础设施偏相关分析表明，在收入一定的情况下，受教育程度越高的人越倾向于"野奢，以高档度假村、乡村会所为载体"，各方面设施达到五星级标准或以上，包含高尔夫球场等高档消费场所。

6. 年龄和乡村旅游基础设施的相关分析

年龄和乡村旅游基础设施的相关性分析（见表48）表明，年龄和"各方面设施无须改造，保留乡村原貌"呈现负相关，也就是说，年龄越高的人越要求改变乡村旅游现状，并且这部分人群希望改造可以达到四星级、五星级水平。其他3个选项都和年龄呈正相关，也就是说，年龄越高的人越希望乡村旅游的环境有所改善，但是是有限度地改善。

表48　年龄和乡村旅游基础设施的相关性分析

		各方面设施无须改造，保留乡村原貌	根据城市人的生活习惯，稍加改造各方面设施	经过适当改造，基础设施条件好	住宿、餐饮达到四星级宾馆标准	野奢，以高档度假村、乡村会所为载体
年龄	Pearson Correlation	0.046	− 0.027	− 0.117	0.023	0.024
	Sig.（2 − tailed）	0.199	0.449	0.001	0.527	0.500
	N	794	794	793	794	794

7. 小结

京郊休闲农业和乡村旅游的基础设施较上一期已经有了一定的提升，但从游客的满意度分析看，仍有继续改善的空间。收入水平与对乡村旅游设施改善的需求没有明显规律性，呈现多样化的特点。受教育程度越高的消费群体表现出一定程度的对高档次设施的偏好，而年龄越高的群体越希望对乡村旅游的环境进行适度的改善。从总体而言，在保留乡村性的基础上，经过适当规划改造的类型是最受欢迎的。

（三）参与乡村旅游目的分析

旅游者参加乡村旅游活动的目的可以从一个比较宽泛的角度反映旅游者需求的大方向，从而可以对未来需求分析起到辅助作用。由表 49 可知，娱乐放松、远离城市喧嚣和体验乡村生活为被调查者参与乡村旅游活动的主要目的。这基本与前面有关现实需求活动和期望活动的分析结果吻合。

表 49　参加乡村旅游目的的频数分析

		响应		个案百分比（%）
		频数（人）	百分比（%）	
乡村旅游的目的[a]	远离喧嚣	380	26.0	49.3
	体验乡村生活	300	20.5	38.9
	交际需要	219	15.0	28.4
	商务需要	58	4.0	7.5
	娱乐放松	401	27.4	52.0
	学习乡村知识	84	5.7	10.9
	其他	19	1.3	2.5
总　计		1461	100.0	—

注：a. 值为 1 时制表的二分组。

值得注意的是，"交际需要"排序位次不变，但所占比例增长较为突出，从 2007 的 6.5% 增至 2013 年的 15.0%。不过与"娱乐放松"、"远离喧嚣"和"体验乡村生活"等高频选项相比，"交际需要"仍处于偏低水平。通过实际调研我们发现，绝大多数参与乡村旅游的市民多以家庭为单位或亲友结伴、单位组织等方式参与，独自出游的消费者较少。然而在本次调研中明确表示出交际需要的仅占 15.0%，这说明没有明确交际需要，因种种因素不选择独自出游的占大多数。可见"单人行"是一个尚未被开发的市场。

据日本《产经新闻》报道，在 2012 年度以 20～79 岁男女为对象的调查中，日本出游者选择"单人行"旅游方式的人数在不断增加，尤其是 20～24 岁男性中，这一方式更是越来越受到青睐。在日本"单人行"式旅游所占比例从 2005 年开始连续 7 年呈现上升态势，平均占比为 10.5%，而 2012 年度"单人行"更是占到整体的 14.1%。国内对女性群体旅游行为模式研究的论文也显示，女性独自出游已成趋势，尤其年轻人群中，学历越高者相比较低学历者更倾向于选择"单人行"，而随着家庭的组建，选择"单人行"的比例就有所下降。调研组在国内主流社交网站上进行的舆情调研也显示，"独自旅行""一个人上路"等关键词搜索量巨大，以文学、音乐、影视作品为宣传载体，独自旅行的概念在年轻人群中接受度高、拥趸者众。年轻人群"单人行"的目的包括无伴、享受单身时刻、追求精神放逐等，具有多样化的特点。

在各种因素下，当前北京休闲农业与乡村旅游经营主体并没有"单人行"产品提供。而通过对经营者问卷进行分析，我们发现29个休闲农业园区中有22个更希望接待团队旅客，仅有4位经营者明确表示更倾向于接待"散客"。其中"散客"还包括人数较少的家庭，由此可见，"单人行"确实是并不受经营主体重视的市场。

综合以上分析可以看出，"单人行"是尚未被开发也较少被研究的现实需求。通过适当的营销手段、活动策划就有可能引导这一需求转变成为北京休闲农业与乡村旅游的现实性需求，而通过团购、组织活动等方式就有可能变"散客"为"团体"，方便经营主体为其提供服务。总之，"单人行"是具有较大灵活性和相当潜力的消费市场，值得关注。

（四）休闲农业与乡村旅游要开发具有社交性质的产品

1. 产品开发策略制定的参照系选择

在休闲农业和乡村旅游研究中，分析欧洲、日本等发达国家和地区的发展经验和模式比较多见。经济发展具有一定规律性，不同地区相同产业的不同发展阶段可有互为借鉴之处，这是非常正确的。然而文化传统、生活习惯、知识结构以及相关法规政策存在差异，以及国内消费主体的需求越发呈现多样化、个性化和多变性的特征，仅依循发达国家产业发展轨迹来指导本国产业的发展已经表现出明显的不足。尤其处于全国休闲农业和乡村旅游行业发展领先地位的北京，已经在高端技术引进、产品多样化、软硬件设施改造方面有了很大的提升，业态丰富程度甚至已不输于国外。在这样的背景下，拥有良好区位优势、背靠巨大消费潜力市场而自身资源较为丰富的北京休闲农业和乡村旅游应该从何处寻找灵感，从而将自身优势与消费需求进行对接呢？

应该从以互联网产品、百货等为代表的国内其他行业着眼。我们基于如下理由给出此结论。

其一，消费主体一致。虽然不同行业之间具有各自不同的特性，但消费主体是一致的。而消费者又往往具有一定消费习惯，挖掘不同层次人群的需求可以从消费者在其他行业表现出的消费习惯获得启示，例如传统百货业的主要消费群体就是本地居民，看重区位地段、配套设施等。

其二，理论相对成熟。国内旅游尤其是休闲农业和乡村旅游是产生于20世纪80年代，在近10年内才获得大幅度提升的朝阳产业，借鉴其他成熟行业的发展经验有利于避免陷入一些盲目扩张或恶性竞争的陷阱。

其三，促进产业融合。休闲农业和乡村旅游是一项立足于农业、内容为观光体验、目的为休闲的产业，主动实现第一、第二、第三产业融合是实现产业升级与优化的内在要求。可以看到，当前科技发展带来巨大的社会变革，且深入影响各行业的发展与消费者的消费习惯。北京的休闲农业和乡村旅游不应也不能独立于世，更应跟上科技发展的脚步，并与其他产业进行主动的交流与融合。

2. 社交产品需求强劲

所谓"无社交不互联",在当前互联网不断深刻改变着国人生活方式的同时,社交产品品种繁多,需求强劲。据相关统计数据显示,在中国活跃的社交网络用户约为5.97亿,仅在2012年中国的社交共享数量就增长了60%。其中据8月份各大公司发表的数据,QQ空间月活跃用户6.03亿人;微信月活跃账户2.36亿人,同比增长177%;新浪微博日均活跃账户5400万人,估值达60亿美元,规模惊人且发展迅速。

此外,受电视相亲节目的影响,当前线上线下交友主题的活动盛行;而在国内男女人口比例失衡以及其他复杂的社会因素的综合作用下,这类社交需求受到了较大的刺激。

3. 开发社交性质的休闲农业与乡村旅游产品

当前北京市休闲农业与乡村旅游市场面临着严重的产品同质化现象,在有限的资源条件下,经营者苦于策划更多新奇的产品以增加对游客的吸引力;同时,北京市民则对缺乏创意的乡村游逐渐失去兴趣,转而选择周边地区或者中长途的旅游目的地,或直接选择城区内的休闲娱乐场所。可见,单从休闲农业与乡村旅游本身所可以提供的资源出发,难以满足游客多样化的猎奇需求。

但反过来,从游客自身的需求出发,在现有条件上,进行一定的产品开发、活动策划就大有可为。例如,针对前文分析中提到的"单人行"目标市场,将体验特色餐饮、游览优美风光、体验采摘乐趣、开展智力游戏等时尚活动和乡村闲住等串联成完整的主题社交活动,采取团购或自主报名预约的方式,并事先告知活动规则。由于是社交性质,具有一定人数规模,且活动流程和规则由经营主体制定,方便其进行事前准备和服务;而成功进行的社交活动有助于培养参与者愉悦的心情,即使参与的是较为平常的活动,也会因为与陌生人的社交接触、互助、竞赛等因素而有截然不同的新奇感受。当然,在整个流程中经营主体应注意组织与服务,保证主题活动的顺利进行和社交氛围的营造,使参与者都能获得较好的体验。

4. 小结

通过对偏好的活动、设施档次、旅游模式进行分析,我们发现北京市民对休闲农业和乡村旅游的需求表现出了比前一期更明显的多样化、个性化的趋势。而同样的趋势体现在当下商业的各个方面,因此借鉴各领域所表现出来的市场需求特点就有相当的必要。在准确把握客源市场需求的基础上,将"社交"这一特性与原有的产品相碰撞,开发出具有社交性质的休闲农业和乡村旅游产品。用目标市场的需求吸引目标市场,相信这将会成为未来乡村旅游产品的发展方向之一。

(五) 引入"用户体验"理论的预测性需求分析

在休闲农业与乡村旅游产品开发中,"体验性活动"是备受关注的高频词。然而体验性并不仅仅来自休闲农业与乡村旅游所具有的资源本身。当下,以消费者需求为中心的商业理论中,最耳熟能详的就是"用户体验"了。

1. 重视"用户体验"的时代

"体验经济"的概念提出相对较早。早在1999年4月,美国哈佛商学院出版社出版的《体验经济》一书中提到，可以将到目前为止的社会经济形态区分为产品经济、商品经济和服务经济三种基本类型，经济社会的发展，是沿着产品经济—商品经济—服务经济的过程进化的，而"体验经济"则是更高、更新的经济形态。体验是一种"有意识地以服务为舞台，以商品为道具来使消费者融入其中"的新产出，这种产出是"当一个人达到情绪、体力、智力甚至是精神的某一种特定水平时，他意识中所产生的美好感觉"，这种感觉带给消费者的是难忘的记忆。而美国著名商业演说家 Scott Mckain 更是以 *All Business is Show Business* 一书提出所有行业都应像娱乐业一样，最重要的不是销售产品，而是销售"用户体验"。

在中国，"用户体验"一词是随着近年互联网、移动终端等高科技产业的繁荣而被反复提出和强调的。而将"用户体验"做到极致而获得巨大成功的苹果公司在中国拥有相当数量的忠实"果粉"，在建立了品牌忠诚度的同时获得了巨大的经济效益。这个典型案例成为"用户体验创造价值"的良好范例。而"2013 年中国互联网用户体验高峰论坛"的召开则更是说明了这是一个体验为王的时代。有了好的产品，还需要好的用户体验。旅游本身即是一种体验。旅游产品的开发、旅游行业的发展需注重游客体验是内在的要求，也将成为必然的趋势。从休闲农业和乡村旅游的角度出发，除了保持良好的乡村环境、提供齐全的配套措施、发展丰富的经营业态、开发多样化的产品之外，还需提升服务水平，保证游客的良好体验。

根据国际上普遍认定的标准，人均 GDP 在 3000～6999 美元时，乡村旅游以采摘、观光为主；在 7000～13000 美元时，以体验、休闲为主；超过 13000 美元时，以租赁、度假为主。而北京地区在 2012 年人均 GDP 已达到 1.2 万美元，体验的需求表现出明显增强的趋势也说明了这一点。但值得注意的是，"体验"应当是与以"采摘"为代表的"体验性活动"相区别的概念。"体验性活动"是外在的、表观的，是通过四肢五官发生的身体运动或劳动；而"体验"则是一种"主观的感受"，受产品、服务、环境、文化氛围、自我特性与参与度等多种因素综合影响产生。从根本上讲，"体验性活动"是为了让人从活动中获得良好"体验"而存在的活动，是组成游客良好体验的必不可少的一部分。但在前面的分析中我们可以发现，京郊的休闲农业和乡村旅游经营者往往混淆这二者的概念，仅提供可参与的活动，却没有做到真正重视游客的体验，陷入了舍本逐末的怪圈。

2. 以"用户体验"理论指导北京休闲农业与乡村旅游发展

用户体验要素从抽象到具体分为五个层次：战略层、范围层、结构层、框架层、表现层。依据这一较为完整的框架，可分别梳理出休闲农业与乡村旅游产业的各个对应环节，在研究中避免有所疏漏。而各层次的平衡发展，才能保证产业链的完整性，保证其健康发展。

（1）战略层。战略层决定产业目标及客源市场。产业的发展不仅需要符合地区整体目标，更要符合市场需求。学会换位思考，体会客源市场的立场和感受，理解客源市场的行为特点和行为差异，才能准确把握市场需求，并以此为依据结合自身资源制定适当的目标。

（2）范围层。范围层根据战略决定产业该有和不该有的功能，即业态划分。市场需求多样化且变化迅速，休闲农业与乡村旅游发展不可能完全满足市场表现出的所有需求。划定范围、规格，做好市场细分，并以此为依据制定详细的发展规划和计划，既可避免徒增资金压力和运营风险，又可促进产业内协同合作，避免因同质化问题陷入恶性竞争。

（3）结构层。根据制定的战略及划定的市场范围，确保土地、资金、人力资源、经营模式等结构基础。不同的发展战略对于土地、资金、人力的需求大有不同。如果定位于规模化经营，则在规划之初应考虑到土地集约、发展多样化融资渠道、建立完善的人力资源体系等问题；如果定位于小众特色的经营，就要在土地、资金、人力资源的要求上具有一定的灵活性。但不当的经营模式可能造成内部管理混乱。

（4）框架层。框架层决定软硬件设施、产品开发、营销渠道构建等。在保护乡村自然环境的基础上，通过适当的设施规划，营造良好的休闲观光环境和住宿条件，为游客的赏玩提供便利性和愉悦感；以农业产品为基础，开发富有文化创意、科技含量和人情味的活动及商品，提升其附加值，促进消费；营销渠道的构建跟第一、第二、第三产业融合和多行业互利合作密切相关，构筑多层次、多样化的营销渠道，可以加强信息沟通往来，准确把握不断变化的市场需求状况，提升产业的前瞻性和灵活性，提高赢利能力与抵御风险的能力。

（5）表现层。好的体验从细节开始，并贯穿于每一个细节。同时，要能够让游客有所感知。有了设施、产品，更要有干净卫生的环境、轻松宁静的氛围以及周到的服务。同时，增强与游客的互动，想游客之所想，挖掘其情感共鸣点，提升游客黏性以及重游率。好的项目，还需要通过适当的宣传手段，利用多种媒体、多样化的渠道进行宣传，扩大影响力，激发潜在客源市场的需求。

3. 良好的体验对休闲农业和乡村发展的重要性

通过与其他行业情况进行分析对比我们发现，在游客需求多样化、个人化的背景下，只有借助良好的体验才能实现差异化，这对当下困扰于市场同质化现象的休闲农业和乡村旅游而言是非常重要的。具体而言，其重要性体现在以下四个方面。

第一，良好的体验直接影响到目的地及经营主体的口碑。

如今消费者话语权越来越强。体验好，满意度高，容易名声远播；如果体验差，满意度低，不久则会批评声一片。这在过去是不可想象的。但随着互联网的飞速发展，每个人都可发声，每个人的声音即使弱小，也总能被别人听到。过去的口口相传，演变为在线攻略、点评等。另据数字营销公司 Text 100 所发布的旅游业数字指数调查报告，约44%的亚太地区休闲旅行者使用社交媒体平台寻求旅游目的地相关建议和获取灵感；超过 1/3 的亚太地区休闲旅行者使用社交媒体平台获得景点、度假活动和酒店等的相关想法。以大众点评为例，截至 2013 年 6 月份，大众点评月活跃用户数超过 7000 万人，点评数量更是超过 2600 万条；月综合浏览量（网站＋移动设备）超过 20 亿条，移动客户端独立用户数累计超过 7500 万人。可以说，游客出行前上网查询目的地信息、游玩攻略、他人点评以制订个人出行计划，甚至在线预订交通工具和住宿已成为常态。游客任何不愉快的体验都有可能对旅游经营者的口碑造成不良影响；反之，良好的体验亦容易形成好的口碑，并迅速在消费群体间传播开来。而良好的口碑是拓展消费市场、帮助京郊休闲农业和乡村旅游改善形象、建立品牌的基础。

第二，良好的体验有助于提高京郊休闲农业和乡村旅游的重游率。

前文提到，市民消费能力提高、休闲意识提高、出行意愿增强既是京郊休闲农业和乡村旅游的利好条件，也带来了相应的挑战。由于可替代选择较多，休闲旅游产品与消费者之间实际上是一种弱关系，这也注定了旅游产品的"一期一会"性质。但休闲农业和乡村旅游应避免走入"一锤子买卖"的陷阱，这就要求京郊的休闲农业和乡村旅游扎实做好本地市场细分，注重产品细节，提高服务质量，提升游客体验，增强游客黏性，切实提高重游率。可以预见，旅游业逐步散客化和休闲化的背景下，充分利用分割的碎片化时间的"微旅游"将会成为今后京郊休闲农业和乡村旅游的发展方向。同时，"微旅游"也是有效推行错峰旅游缓解景区压力的一种解决方案，避免出现景区超载而导致的体验性下降和环境破坏等问题。

第三，良好的体验有助于提高京郊休闲农业和乡村旅游的赢利能力。

在京郊的实地调研中，不难看到国庆黄金周等旺季里传统农家院虽价格低廉却生意平平，而与之百米之遥的"树屋"旅馆，却因建筑极具创意，内部装修充满浓郁的乡村风情，室外环境优美，简约不失品位，虽价格稍高却人气超高的例子。如同《体验经济》一书中举出的咖啡提供物价格的例子所讲，咖啡豆市场价格战激烈异常，毛利率跌至谷底，然而普通餐馆、五星级酒店或蒸汽加压咖啡店等处售卖的咖啡价格却能飞升几个台阶。而能够让消费者心甘情愿支付 300% 溢价的根本奥秘，无外乎其提供了不同的体验。因为优雅的格调和舒适的氛围使最初的商品得到了价值的提升，从而提高了价格。

从舆情调研结果也反映出，价格虽然是多数游客制订出行计划的重要考量因素，但游客的满意度往往更可能建立良好的体验上。即使价格低廉，但服务不佳、住宿条件不好，甚至采摘完水果后没处洗手等细节也会给游客留下"性价比不高"或"不值得"的印象；反之，如"树屋"旅馆的例子一样，市民仍能够从良好的体验中得到"满足"或"值得"的回忆，愿意为其支付相应的溢价。只有真正用良好的体验吸引住游客，并使得游客心甘情愿为体验而掏钱包，才能真正有助于"三农"增收，切实提高农民的生活水平。而具有良好的赢利能力，才能使一个行业、一个产业真正自力更生、良性发展，而不仅仅是依赖政策扶持或者财政补贴。

第四，基于游客体验的反馈可以促进休闲农业和乡村旅游的改善。

"用户体验"理论中还有非常重要一点：与用户的互动。重视体验，并主动吸收意见反馈来进行产品改进，首先就是在向顾客传达诚意，容易获得其好感；其次，顾客的意见反馈是对其自身需求的直接反映，建立良好的信息反馈机制有助于避免产品开发、市场拓展的盲目性；顾客参与产品改进的过程中，获得了自我实现的满足感，忠实度进一步提高，这也是一种提升游客黏性的方式。

4. 小结

总之，与"体验性活动"不同，"体验"是一个宽泛的概念，其中不仅包含游客对于休闲农业与乡村旅游目的地的景观环境、基础设施的感受，还包含对经营主体所提供的产品、服务等一系列要素的综合考量。这是一种主观的、细化的却直接影响到市场需求的重要评判标准。而引入"用户体验"理论的根本目的在于提供一种与政府、行业龙头企业主导制定的行业标准不同的基于消费市场需求的评价标准。这一标准来自其他实现高速发展的产业，也比较真实地反映出客源市场的消费习惯和行为特点。

综合以上分析，我们认为"重视体验"将会成为未来休闲农业与乡村旅游市场需求的主流，且这种需求不局限于档次高低。而"微旅游"的形式将会成为京郊休闲农业与乡村旅游的发展方向之一。

三　结论

在定量分析的基础上，参考二手资料，引入"用户体验"理论，我们得出的京郊乡村旅游预测性需求有以下几点。

（1）对休闲农业与乡村旅游基础设施的预测性需求为：在保护乡村生态环境、保持乡村情调的基础上，进行适度的规划改造，使其具有便利性、清洁卫生。

（2）对休闲农业与乡村旅游参与方式的预测性需求为："单人行"是当前旅游市场的一个明显趋势，开发"单人行"旅游商品，通过适当的组织化"单"为"团"，有利于拓宽市场，具有相当的开发潜力。

（3）对休闲农业与乡村旅游产品的预测性需求为：开发具有社交性质的产品。社交是消费者最热门的需求，通过合理的营销手段，将这一强劲的需求移植到休闲农业与乡村旅游产品上，以其自身需求增强休闲农业与乡村旅游产品的消费黏性，同时还可以避免经营主体为满足市场猎奇心理而进行盲目的设施改造和产品开发，避免资源浪费。

（4）对休闲农业与乡村旅游整体的预测性需求为："重视体验"。"重视体验"的市场需求决定了京郊休闲农业与乡村旅游不仅需要加强设施改造、产品开发、营销宣传，更要从整体出发，关注目标市场的需求，落实到细节，用优质的服务、真诚的态度、浪漫的情调、率直的个性去创造良好的环境，树立健康的品牌形象。要做到这一点，需要借鉴、吸取其他行业的经验教训，避开自身发展可能遇到的陷阱，制定切实可行的发展规划，在充分挖掘、移植、培养客源群体的消费习惯的同时，通过开发多样化的产品、服务，改善自身环境、配套设施并融入文化创意，通过周到的服务提升游客的体验，赢得良好的口碑，提升游客的黏性和重游率，有助于建立京郊休闲农业和乡村旅游的品牌，从而实现产业的成熟与升级。

第五节　2013 年新需求的总结

随着居民收入的不断增加，休闲意识的不断增强，北京市休闲农业与乡村旅游的市场需求呈现明显的多样化、个性化的倾向。产业的发展应始终以市场需求为导向，合理利用资源，促进产业的发展、成熟、升级。本课题通过对北京市民的休闲农业与乡村旅游新需

求进行调研，发现需求方面的新动向和新发展，并对这些新需求进行了探索性分析。概括
地讲：

一　差异性需求

（1）从游客参与休闲农业与乡村旅游的目的看，"娱乐放松""远离喧嚣"仍然是最
主要的目的，没有表现出明显的差异性；但"交际需要"的增长比较突出。

（2）从游客对乡村旅游满意度来看，差异性需求表现为：干净卫生的设施环境、乡
村旅游目的地的交通便利性、良好的服务水平。

（3）从休闲农业与乡村旅游活动方面来看，差异性需求为：设施条件较好、具有乡
村风情的住宿。

二　潜在性需求

（1）从参与休闲农业与乡村旅游活动看，潜在性需求为：购买特色农产品以及参与
具有时尚娱乐性质的休闲或民俗娱乐活动。

（2）从设施需求看，潜在性需求为：经过科学规划和适当改造，保证安全卫生的基础设
施。

三　预测性需求

（1）对休闲农业与乡村旅游基础设施的预测性需求为：在保护乡村生态环境、保持
乡村情调的基础上，进行适度的规划改造，使其具有便利性并且清洁卫生。

（2）对休闲农业与乡村旅游参与方式的预测性需求为："单人行"市场具有相当的开
发潜力。

（3）对休闲农业与乡村旅游产品的预测性需求为：开发具有社交性质的产品。

（4）对休闲农业与乡村旅游整体的预测性需求为："重视体验"。

四　与 2007 年调研结论对比（见表 50）

表 50　2011 年 1~8 月中国大宗商品表观消费情况

类型	2007 年	2013 年
差异性需求	1. 目的:娱乐放松、远离喧嚣为主,商务需求异军突起 2. 活动:体验休闲类活动 3. 满意度:便利性、提高设施档次、安全性	1. 目的:娱乐放松、远离喧嚣为主,交际需要上升 2. 活动:乡村闲住 3. 满意度:设施环境卫生、交通便利、良好的服务
潜在性需求	1. 活动:休闲与民俗娱乐活动、体验性餐饮、乡村闲住 2. 设施:中高档。商务级别成为高收入商务人士的主要需求	1. 活动:购买特色农产品、参与具有时尚娱乐性质的休闲或民俗娱乐活动 2. 设施:经过科学规划和适当改造,保证安全卫生的基础设施

续表

	2007 年	2013 年
预测性需求	1. 活动:参与性和互动性增强 2. 设施:在不改变乡村旅游本色的基础上进行改造,达到二、三星级酒店的水平 3. 模式类型:休闲度假型	1. 产品:社交性质产品 2. 设施:在保护乡村生态环境、保持乡村情调的基础上,进行适度的规划和改造,使其具有便利性并且清洁卫生 3. 参与方式:单人行 4. 整体:重视体验

第六节　政策建议

一　细化法规，完善标准

随着北京市休闲农业与乡村旅游产业的迅速发展，标准化日渐成为规范行业行为、加强行业管理、提高服务水平的重要手段。在北京市休闲农业与乡村旅游产业的发展过程中，其基础作用还远未得到充分显现和发挥，还存在缺乏首都特色和大都市旅游特点、导向性强的地方性标准，而且现有的部分标准内容陈旧，已不符合企业发展实际情况。为进一步提高旅游服务质量，提升休闲农业与乡村旅游业的竞争力，有必要继续推进北京市休闲农业与乡村旅游产业标准化工作，细化相关法规、完善行业标准。

（1）将已有规范性管理文件予以标准化和制度化，使之上升到标准层面，成为规范和推进农业发展的重要标准；

（2）加速缺失标准的补充和制定，制定和细化农民合作社的管理规范等，完善标准体系；

（3）及时追踪产业发展，瞄准产业的标准化需求，对标准体系及时进行调整和补充；

（4）密切跟踪国家标准、行业标准等上位标准发展，促进北京市休闲农业与乡村旅游产业标准体系的完善；

（5）鼓励以市场需求为导向，积极引导公众参与，充分利用现代化、高科技手段，建立产业评价的软性标准体系，以作为政府主导制定的规范性标准体系的补充，引导产业在竞争性市场空间中良性发展。

二　公共服务，加大扶持

（一）基础设施

随着经济的不断发展以及城市化的不断推进，近几年来对基础设施的数百亿投资使得京郊的"三起来"工程初见成效，不仅改变了农村地区的面貌，美化了农村环境，同时也给农民带来了实惠，促进了经济发展，实现农民增收。但结合经营者问卷及二手资料分析，我们认为夯实基础设施的重点有：

（1）在不断改善交通条件的同时，继续推进道路交通指示牌、路标的安装工作，为游客提供便利。

（2）增加环保设施投入，落实农村的垃圾无害化处理措施。在现有环保法规的基础上，制定细化的实施细则，督促各层次经营主体严格遵守。同时针对游客进行垃圾处理、保护环境的宣传。

（3）继续推进水电、通信网络设施的完善，拓宽3G网络、WiFi的覆盖范围。

（二）资金扶持

资金短缺、融资难、贷款难已经成为制约北京休闲农业与乡村旅游发展的重要因素。各级应设立休闲农业与乡村旅游发展专项资金，有针对性地对具有突出地方代表性、未来导向性且符合消费需求变化趋势、具有广阔发展空间的产品经营主体进行扶持；建立多元化的融资渠道，鼓励农户以土地使用权、固定资产、资金、技术、劳动力等多种生产要素投资休闲农业项目，以互助联保实现小额融资，鼓励金融机构对信用状况好、资源优势明显的休闲农业项目适当放宽担保抵押条件，并在贷款利率上给予优惠；鼓励外来资本与本地农户积极合作，投资开发经营休闲农业与乡村旅游景点，开办休闲农业与乡村旅游项目。

（三）加强培训

目前北京市农委与观光休闲农业行业协会多次召开相关培训班，但均针对相关机关、园区经营主等。而针对农户开展的田间学校、田间指导等大多针对农业种植养殖技术且覆盖面窄，而在企业化、市场化、营销、服务等方面，对于其他小规模经营者及普通农户、乡村旅游从业人员缺乏广泛而专业的培训和指导，使得法律法规、战略规划、行业标准的实施在不同层次不同规模的经营主体间存在明显的不平衡，难以实现综合有效的把握和管理。

所以在今后的工作中，政府更要侧重于扩大培训班的覆盖面，落实法律法规、行业规范标准的宣传实施；发挥自身资源优势，牵头专业的咨询培训公司、研究院和研究所的专家教授开办培训班或者讲座，针对经营者的市场营销、金融财务、人力资源管理知识需求，针对普通从业人员的职业道德、安全卫生知识、服务意识进行培训。并且鼓励经营者外出考察学习，对普通从业者进行培训，鼓励龙头企业与普通经营户进行经验交流。同时设立专项资金，有针对性地对一部分培训进行补贴，激励经营主体提高自身综合素质，促进休闲农业与乡村旅游的科学化经营、规范化服务。

（四）引进专业人才

技术纯熟的厨师或工艺匠人能帮助开发特色餐饮、农产品等；年轻人群能为行业、产业带来新的理念、科技、创意；文化方向的专家人才则能帮助挖掘商品、活动的文化内涵，赋予其新的文化创意，提升品位；专业的管理、财会、营销人才则能通过丰富的经验帮助休闲农业与乡村旅游行业借鉴其他行业的发展经验，避开发展可能遇到的陷阱，规范管理，帮助实现长远的健康发展。但当前京郊休闲农业与乡村旅游经营主体整体文化素质偏低，可见专业人才的缺乏将是制约休闲农业与乡村旅游发展的重要因素。由于一定的社会因素，目前高素质的专业人才、年轻人群无意到农村工作，同时当前大学毕业生也存在就业难的问题。政府应积极宣传号召并为经营主体和专业人才搭桥牵线，通过引进专业人才提升京郊休闲农业与乡村旅游经营主体的知识水平，通过引进创新理念、成熟的管理模式，促进产业健康发展。

（五）促进产业间交流融合

当前北京休闲农业与乡村旅游缺乏与其他行业的交流融合，无法借鉴其他行业成熟的营销理念，分享其营销渠道。缺乏与互联网等高科技产业的互动，无法利用海量的数据获取最直接且广泛的消费群体的信息，常常落后于多变的市场需求。单打独斗导致对市场把握不准确和效率的低下。政府应充分利用广泛的资源，通过不同产业间的经验交流会、产业合作等方式推动不同产业间信息共享、交流融合。

（六）推进产学研一体化

在知识经济时代，科技和教育成为推动经济发展的主导力量，由此而产生的产学研一体化模式可以充分发挥各个主体之间的优势，产生良好的经济效益和社会效益。休闲农业与乡村旅游仍是一个朝阳产业，复杂多变的市场环境以及其在北京市发展规划中所占的重要地位都显示，有必要进行理念创新的、知识密集型的探索。CSA 模式（社区支持农户模式）的尝试获得成功就是一个例子。而北京拥有丰富的教育科技资源以及优越的创新环境，是非常利于产学研一体化实验的。

三　积极营销，拓宽市场

有了好的产品，还需要积极营销。产业的提高升级需要通过适当的营销手段让客源市场有所感知，通过多层次、多渠道的营销渠道，留住回头客，招徕新客源。被充分激发的潜在市场需求，才是休闲农业与乡村旅游规模扩大、产业升级的保障。

（一）建立品牌，整合营销

以京郊休闲农业与乡村旅游产业为统一的主体，以与市场沟通满足市场需求为取向，确定统一的营销策略，充分利用政府丰富的资源，协调使用各种不同的传播手段，发挥不同传播工具的优势。通过话题、事件、活动的组合运动、持续展开，依托多种渠道进行宣传推广，尽可能树立产业整体形象，扩大品牌和产品信息的目标受众范围，加深受众群体对产品的印象，与目标受众沟通，使其对产业品牌产生信任、对产品产生兴趣并形成出游意向，促成出游行为。

（二）鼓励经营主体开展多样化的营销

在符合整体品牌形象的基础上，鼓励各经营主体开展有市场针对性的多样化、个性化的营销；鼓励各经营主体利用现有的优质平台，通过不同行业间合作、行业内合作共享市场信息和营销渠道；通过积极组织营销培训、引进专业营销人才等促进经营主体营销水平的提升。

（三）引导与互联网、大数据行业的合作

互联网是营销的重要平台和渠道，利用其所拥有的海量数据信息，可以对不断变动的消费市场有准确的把握，对于制定发展规划、营销战略都有前瞻性的意义。政府应引导产业与互联网信息科技公司、大数据行业的合作，在充分把握市场信息的基础上，制定合理的营销规划，重视营销效果反馈以便随时进行调整。

四　引导社会，共建产业生态

产业生态建立、"三农"发展、环境保护都离不开社会的支持。一方面，政府主管部门要制定合理的产业发展规划、出台细化的行业规范标准，使产业走上健康发展之路；另一方面，也要鼓励全社会参与共建产业生态，使产业具有活力、自力更生的能力和良好的生态环境。如此，才能实现经济发展、环境保护，推动北京的都市型现代农业发展，为北京建设中国特色世界城市打下基础。

（一）引导消费意识，鼓励社会参与构建产业生态

推动带薪休假制度的确立与执行，保障基本条件，培养公众树立绿色休闲、生态休闲的观念，鼓励和引导"微旅游""本地休闲"等，激活和诱导新的市场需求，运用活动宣传、新理念的推广等手段，鼓励社会参与构建良好的产业生态。

（二）促进城乡互动，加速推进城乡一体化

鼓励诸如 CSA 等模式的发展，促进城乡互动，将生产与需求直接挂钩，避免发展的盲目性，共同承担风险、增加农民收入、调动农民参与绿色生产的积极性，在满足城市需求的同时，实现"城市反哺农村"，促进产业发展的同时，推动城乡一体化进程。

（三）增强环境保护意识，实现产业可持续发展

本次调研结果显示，过半数经营者明确表示希望游客注意环保卫生、保护当地的自然景观和公共设施。营造良好的生态环境、保持设施卫生不仅是行政单位、经营主体的责任，更依赖于市民环保意识的增强以及公共道德水平、生活卫生习惯的提升。休闲农业与乡村旅游对良好的环境具有较高的依赖性，只有保护好生态环境，才有可能实现产业的可持续发展。

五　部门协调，合理规划管理

北京市休闲农业与乡村旅游受多个部门管理，在发展过程中形成了较大的机构性制约，影响了发展规划的科学制定。管理部门多而降低办事效率，成为休闲农业与乡村旅游发展的阻碍。而协调发展休闲农业与乡村旅游与建设都市型现代农业的目标的关系，实现跨行业、跨产业的融合联动，引导社会参与共同构建产业生态，维护生态环境以实现可持续发展无一不需要政府各部门之间协调统一。充分发挥休闲观光农业行业协会的桥梁作用，促进审批程序简化、政策适当放宽。制定发展规划、政策法规需与时俱进，部门间协调共促，不应使生硬的政策法规和管理成为抑制产业活力、限制产业发展的瓶颈。

课题负责人：蒋洪昉　贺东升
课题组组长：冯建国　魏　翔
课题组成员：陈奕捷　杨玉山　虞义华　李　伟　陈　倩
　　　　　　乔　通　赵　晨　甘甜甜　田亚静　李　康
　　　　　　王华哲

第八章　北京生态文明沟域建设战略研究

第一节　研究背景

一　开展首都山区生态文明沟域建设是转型发展的内在需求

当前北京已经完成了从工业为主导的现代产业体系向现代服务业为主导的新型现代产业体系的转型，能耗大幅下降，在节能减排方面全国领先。北京转型发展中把现代化建设和生态文明建设相结合，构建世界级绿色现代化的大都市，其核心就是要实现经济、社会、环境之间的和谐共生。北京山区包含房山区、门头沟区、昌平区、平谷区、怀柔区、密云县、延庆县 7 个区县的 83 个山区和半山区乡镇，占北京土地面积 60% 以上，均处于北京的上风上水地区，是北京的生态屏障和水源保护地，也是自然人文景观荟萃之地，是保障北京市可持续发展的关键区域。因此，北京山区生态文明沟域的建设不仅对山区自身的发展至关重要，而且是北京转型发展的内在需求。

二　北京山区已经具备开展生态文明建设的基础

从地理格局上看，北京主要可以分为山区和平原两大地理单元，同时山区随着多年来生态环境保护措施的实施，生态和文化背景得到较好的保护和恢复，具备了建设生态文明的基础；从城市发展功能定位上，北京市把山区定位为"生态涵养发展区"，提出要在强化山区的生态保育和水源涵养功能基础上，利用自然和人文景观资源，因地制宜发展农、林、牧、果业等，重点发挥土地的生态服务功能，发展生态型产业，通过产业布局调整促进山区农民致富和农村发展。近年来，随北京城乡一体化进程逐渐加快，山区生态和经济都得到了长足发展，具备了建设生态文明的基础。

三　生态文明沟域建设是当前北京山区发展的迫切需求

沟域经济是在山区农业经济、流域经济基础上结合山区发展基础与特点提出的崭新概念，山区沟域经济发展的核心是将山区生态治理、种植养殖、民俗旅游、观光农业、乡村发展和新农村建设等进行有效的空间耦合，以"实现生态主导下的经济社会等综合要素的全面发展"为目标，其实质就是山区生态经济。沟域经济对促进山区综合开发、实现山区资源优势互补、缩小山区乡村发展差距、实现山区统筹协调发展以及保护山区生态环境都起到巨大作用。未来几年，北京市政府将按照"一沟多元，点状布局，以点连线，以线带面"的发展模式，进一步重点推进沟域经济的深度发展。在首都沟域经济跨越发展来临之际，坚持生态文明建设，统筹兼顾不同区域的特色和各方面利益，因地制宜地引导山区产业转型和生态文明意识的培育，必须以开展生态文明沟域建设为前提。

四 生态文明沟域建设是沟域经济发展转型的内在需要

生态文明沟域战略研究以山村一体化、镇景一体化为主线，在沟域区域联网、产业整合基础上进行生态文明沟域的综合体系研究。沟域经济发展离不开生态建设，通过提出北京生态文明沟域建设的理论基础，构建生态文明沟域建设的评价体系，总结生态文明沟域建设的进展、成效和典型示范，结合中央、北京对生态文明建设的新要求，从理论基础、评价体系、重点任务、示范工程、政策配套、推进保障等几方面提出生态文明沟域建设的战略框架，为今后北京尤其山区的生态文明建设工作提供决策参考。

第二节　理论基础

一 生态文明建设与经济发展的辩证统一

党的十八大报告提出要"把生态文明建设放在突出地位，融入到经济建设、政治建设、文化建设、社会建设各方面和全过程"，从而构建了社会主义社会"五位一体"的总体布局。党的十八大报告在总结实践的基础上，将推进生态文明建设独立成篇集中论述，系统提出了今后五年大力推进生态文明建设的总体要求，强调要把生态文明建设放在突出地位，强调要大力推进生态文明建设，这是对发展实践的一次深刻的总结，是认识自然规律和人与自然关系的一个崭新成果，这不仅有利于增强全民的生态危机意识，妥善解决既要生产发展又要生态良好的现实难题，而且必将有力推动全社会牢固树立尊重自然、顺应自然、保护自然的生态文明理念，实现中华民族的永续发展。

（一）生态文明建设涉及生产方式和生活方式根本性变革的战略任务

生产方式是人类社会赖以建立的基础，没有物质资料的生产活动，就谈不上人们的生活活动。生产方式是社会发展的决定力量，决定文明形态的形成。现代社会，以生态技术、循环利用技术、系统管理科学和复杂系统工程、清洁能源和环保技术等为特色的科学技术进步方兴未艾，日益成为生产力发展和生产方式转变的决定性因素，直接催生和引发了生态文明这种新型文明形态的兴起与实践。对于我国来说，形成新型的生活方式是中国特色生态文明建设的价值目标和效益体现，它对于实现人与自然、社会与自然和谐发展，提高人们的生态素养有着极为重要的意义。党的十八大报告提出要按照人口资源环境相均衡、经济社会生态效益相统一的原则，控制开发强度，调整空间结构，促进生产空间集约高效、生活空间宜居适度、生态空间山清水秀，给自然留下更多修复空间，给农业留下更多良田，给子孙后代留下天蓝、地绿、水净的美好家园。所以，无论是在宏观的生产方式、经济发展方式转变上，还是在微观的生活方式转变上，努力的方向要有一个根本性的变革，要变到符合生态文明建设要求上来。

（二）生态文明建设决定着产业结构发展的方向和目标

农业、工业和第三产业要协调可持续发展，重点就是要实现产业结构的协调发展、优化产业结构和产业发展的可持续。发达国家200多年工业化进程中分阶段出现的人与自然不协调、生态危机等问题，也在我国集中凸显，由环境问题引发的群体性事件不断增多，我们国家面临着资源约束收紧、环境污染严重、生态系统退化等严峻形势。应当按照生态产业体系建设目标，实施国家促进资源能源节约和有利于环境保护的经济政策，鼓励发展低能耗、高附加值的高新技术产业、现代生态农业、现代服务业、生态旅游业和节能环保产业，推进发展循环经济，实施清洁生产和传统产业升级改造，转变发展方式，优化产业结构。

（三）生态文明建设将影响人们的消费观念和消费行为

人类生产的目的是消费，消费观念和消费行为又影响着生产的形式、内容和数量。随着人们生活水平的不断提高，人民群众对产品质量、环境质量、生存健康的关注程度越来越高，呈现从"求温饱"到"盼环保"、从"谋生计"到"要生态"的新趋势。着力推进绿色发展、循环发展、低碳发展，形成节约资源和保护环境的空间格局、产业结构、生产方式、生活方式，从源头上扭转生态环境恶化趋势，为人民创造良好的生产生活环境，为全球生态安全作出贡献。努力建设美丽中国，实现中华民族永续发展；给自然留下更多修复空间，给农业留下更多良田，给子孙后代留下天蓝、地绿、水净的美好家园。在全面促进资源节约中，要推进资源利用方式根本转变，推动能源生产和消费革命，确保国家能源安全。

（四）建设生态文明促进经济发展方式的转变

建设生态文明，需要采取健康文明的经济发展方式，这种经济发展方式就是积极发挥经济发展对社会的正向作用的方式。它不仅注重经济数量的扩展，更注重经济质量的提高；不仅注重经济指标的单项增长，更注重经济社会的综合协调发展。采取这样一种经济发展方式，就必须以对旧的经济发展方式的"转变"为前提，即要把以往经济增长与生态环境保护脱节甚至对立的发展方式转变过来，在经济发展中，正确处理好经济增长速度与提高发展质量的关系；处理好追求当前利益与谋划长远发展的关系，其中包括经济结构的改进与转变，包括制度结构的改进与转变，包括资源结构、生态结构和环境结构的改进与转变。应该说，这种改进与转变是生态文明建设的重要内容，是建设生态文明的自然过程。一方面，它们所体现的基本精神是一致的，都体现了科学发展、协调发展的精神；另一方面，它们所要达到的目的也是一致的，都是为了提高经济发展的质量和效益，为了使经济运行走上科学发展的轨道，实现国家经济又快又好的发展。建设生态文明，在具体措施上，就是要把推进经济发展方式转变放在突出位置，把优化产业结构放在突出位置，以转变经济发展方式和优化经济结构来减轻资源和环境的压力，从源头上遏制对生态环境的破坏。所以，它们在手段和措施上也基本是一致的。如果我们能从这个角度来认识建设生态文明，就能够使我们的生态文明建设有了明确的立足点，有了可操作性。当然，转变经济发展方式是一项复杂的任务，由于我国经济增长长期受粗放惯性的影响，转变经济发展方式要受到来自体制、机制、科技进步及管理水平等方面的制约，这种转变绝不可能一蹴而就，因此，建设生态文明同样也必然是一项复杂而艰巨的任务。

二　生态文明发展的系统论

（一）生态文明理念的系统性：生态世界观、价值观和伦理观的统一

生态文明在理念的层面上，首先需要确立"天人合一"的世界观，生态文明在理念上与工业文明的世界观不同，工业文明的世界观认为，人定胜天，人是万物之灵，人要征服自然，其结果必然导致天灾以人祸的形式呈现。生态价值观是一种互利型的价值观。这种价值观所寻求的是人与自然的共同持续稳定协调发展，这种价值观要求生态化的生产方式和生活方式，要求一种可持续的发展模式，以期实现人类社会与自然系统的互惠互利、共生共荣和协调平衡。生态伦理观不仅关注人与人、人与社会的关系，而且关注人与自然的关系，关注人与自然关系的道德研究和实践。生态世界观、价值观和伦理观具有内在的统一性，三者相辅相成、协同作用，共同构成了人类生态文明的理念。这种理念要求人们在"天人合一"世界观的视域中，确立人与自然之间互利型的价值观，在这种价值观的作用下，关注人与自然之间关系的道德研究和实践。同时，这种研究不能仅仅停留在形而上学的层面，要付诸实践，在实践中发挥作用、产生影响。只有这样，才是在真正意义上确立了生态文明的理念。

（二）生态文明内容的系统性：生态化发展方式、消费方式与生态化人格的统一

生态文明建设是伟大的系统工程，在生态化核心价值理念构建的基础上，在具体推进的过程中，生态文明建设的具体内容不可或缺的三个方面是经济发展方式的生态化、消费方式的生态化和人格的生态化，这三个方面紧密相连，是一个有机的整体。在建设生态文明的过程中，如果说核心价值理念的构建居于灵魂的地位，那么经济发展方式的生态化居于基础的地位，消费方式的生态化居于牵引的地位，人格的生态化则是归宿。总之，生态文明建设是一个复杂的系统工程，也是一个长期的历史过程，其实现任重而道远。生态文明建设在建设内容方面除了发展方式的生态化、消费方式的生态化与人格的生态化外，还包括科学技术发展的生态化，以及城乡建设的生态化和区域建设的生态化等，但最为关键的和最为核心的是发展方式的生态化、消费方式的生态化和人格的生态化的实现。这些方面之间相互作用、相互联系，是一个有机的整体，只有全面实现，才是真正实现生态文明。

（三）生态文明实现的系统性：物质文明、精神文明、政治文明和生态文明四位一体

生态文明建设是人的生存之本、发展之基。生态文明建设是关乎社会发展和人民福祉的大事，因此，它不只是经济问题和发展问题，更是政治问题和民生问题。但同时，必须意识到，生态文明建设是一个任重而道远的过程，而在生态文明建设方面，在当下，首先

值得关注的事情就是威胁人类生存安全的三大污染问题，即水污染、大气污染和土壤污染，究其原因，主要来源于工业污染物的排放、生活垃圾排放和森林植被的破坏。针对这威胁人类生存的三大污染问题，加强水、大气和土壤等污染防治以改善城乡人居环境是一个系统工程，需要物质文明、精神文明、政治文明和生态文明四位一体才能实现。没有良好的生态文明建设，物质文明、精神文明与政治文明终将成为一句空话。生态文明建设是一个系统工程，需要各方面的协调配合。建设生态文明，建设"资源节约型"与"环境友好型"双型社会，本身就是一个巨大的变革，它要求政治文明、物质文明和精神文明共同建设，协同起作用，才能在现实中真正实现生态文明、物质文明、精神文明和政治文明四位一体。

三　生态文明建设的复杂论

（一）生态系统是典型的复杂系统

生态复杂性是指生态系统内不同层次上的结构和功能的多样性、自组织性、适应性和有序性。生态系统是典型的复杂系统，系统层次繁多，内部机制相互缠绕，各个子系统、组成部分之间关系错综复杂，各种反馈交互影响。生态文明作为人类文明的新形式，以生态系统复杂性这一内在的特征和规律为依据，以复杂适应系统理论为指导，使经济社会的发展并行于生态系统的良性循环，才能有效地协调人类经济社会活动的长期需求与生态环境系统供给，实现人类社会的可持续发展，延续人与自然的协同进化。传统理论在进行生态系统分析时，多数基于还原论的观点，忽略了生物的多样化和空间的异质性，难以描述系统中各组成部分自主的应变性和自适应性对系统宏观行为特征的影响，从而无法从根本上解释生态系统的涌现行为。与此不同，强调多样性、异质性及适应性对系统宏观行为特征的影响是复杂适应系统理论的主体内容，这一理论观点为研究非线性动态系统的结构、功能和动态演变提供了一个新途径。

（二）生态复杂性的研究思维

复杂性特征有以下几个方面：第一，生态系统中存在大量的不确定性因素、非线性因素，宏观上表现出复杂的演化特征，相干效应、临界效应并存，涌现、多重均衡、弹性、突变、不可逆性等复杂性突出。第二，生态系统的高度非线性、非结构化导致系统演化具有高度不确定性，如何在不确定性条件下确保生态环境可持续发展是一个核心问题，这就需要破除传统的确定性理论模式和线性思维惯性，用复杂适应系统理论解决生态系统出现的问题。第三，生态系统的演化是时变的、动态的，具有显著时滞作用，不同时空截面的系统的运行方式和运行机制都千差万别。

生态复杂性已经成为生态文明建设面临的最大挑战。目前，不仅在生物复杂性和生态系统功能方面研究极为缺乏，而且管理工作者还没有意识到生态方面的复杂程度远远超出了当前对生态系统的认识，对于生态退化的根源所在、生态系统的功能与结构的关系及其和自然界的关系、和人类活动的关系等都缺乏了解，因此在实施管理时，手段未免过于简单和武断，意识不到生物系统的复杂性，没有充分尊重生态系统的生存发展原则，忽视生物链群的交互影响，从而致使管理出现真空状态甚至陷入误区，例如，在退耕还林过程中推行极为简单的单一物种（或简单几种）种植方式，并不利于生态的恢复。同时没有意识到结合生物复杂性的管理手段可能给经济发展带来的收益，例如运用符合生物复杂性的生态农业技术手段，摒弃过去简单的头痛医头、脚痛医脚的方法（有虫就用杀虫剂、缺肥就施用化肥等方法），将有效提高生产水平并减少污染。

生态学的科学研究思维必须从简单性范式向复杂性范式转变。我们要以复杂性科学范式创新思维和研究，一是要把生态系统看成一个复杂系统。一方面，把人类与自然耦合成一个复杂系统，加强人类与自然之间的关系和相互作用的研究；另一方面，把生态系统作为一个复杂系统来对待，将思维的重心从"单个要素"聚焦到"系统整体"，关注生态系统的重要部位和关节点。二是确立起复杂性思维，包括整体思维、非线性思维和过程思维等，主要是形成以下观点：生态系统是有机的系统整体，具有整体涌现性；生态系统各组成部分间存在复杂的因果关系，如一因多果、一果多因；生态系统与生物圈行为不可分离，包括人在内的生物与环境、生命个体与相同和不同生命群体之间不断地进行物质、能量和信息交换等。三是复杂性思维在生态文明建设中应用前景广阔，目前急需从多个学科入手，联手开展生态复杂性方面的研究，并将这些概念引入相关部门的管理之中。

四 生态文明建设的研究框架

生态文明建设是一项长期的、复杂的、系统的工程，涉及经济、环境、人居、文化、制度等多个方面，需要全社会的共同参与。它要求人类在实践过程中既要改变思维方式又要改变行为方式，既要改变生产方式又要改变生活方式，既要改变道德和观念又要改变法律和制度。通过对生态文明理论的系统研究，借鉴其他城镇生态文明建设经验，结合不老屯镇生态建设实际，将不老屯镇生态文明建设体系划分为生态文化、生态经济、生态环境、生态人居和生态制度五个方面。

（一）生态文化是生态文明建设的思想引领

生态文化就是指从人类统治自然、征服自然的文化过渡到人与自然和谐相处的文化，这是从以人为中心的价值取向向人与自然和谐发展的重要转变。先进的生态文化是建设生态文明的前提，强调在尊重自然的前提下利用和保护自然，给生态环境以平等态度和人文关怀，生态意识在全社会牢固树立。认识社会活动的主体，要想实现发展方式的转变，除了外在协调人与自然的关系，转变人类利用与改造自然的方式外，还要从思想观念上改变人类的价值观，尊重自然规律，树立生态文化、生态意识、生态道德等生态文明理念，倡导生态文明，营造全社会关心、支持、参与环境保护的文化氛围，以多种形式，多方位、多层面宣传环境保护知识、政策和法律规范，弘扬生态文化。

（二）生态经济是生态文明建设的基本动力

生态经济是按生态经济原理和知识经济规律组织起来的基于生态系统承载能力，具有高效的生态过程及和谐的生态功能的集团性产业。在维护自然生态系统结构和功能的基础上，按照降低能耗、物耗、污染物排放量和提高效率的原则，对传统产业进行生态化改造，大力发展节能环保等战略性新兴产业，使绿色经济、循环经济和低碳技术在整个经济结构中占较大比重；大力推广无公害、绿色和有机农业种植面积；大力倡导生态旅游，繁荣文化产业。逐步形成绿色、低碳和可循环的生态产业发展模式。

（三）生态环境为生态文明建设提供了物质支撑

生态环境是人类生存的根本介质，必须保障可靠的生态安全。人类取之于自然，用之于自然，生态安全支撑着生态文明建设的稳步发展。人类社会的发展不能超过生态环境的承受底线，一旦生态环境不能提供安全的生态保障，人类的和谐发展也就无从谈起。稳定的生态安全格局、优质的环境质量和高效的环境管理是城市可持续发展的重要保障，是城市生态文明建设的重要载体。应有效防范环境风险，及时妥善处置突发资源环境事件和自然灾害，维护生态环境状况稳定，避免生态危机。

（四）生态人居提升了生态文明建设的生活品质

随着社会的不断向前发展，人们对高品质生活的需求越来越迫切，提升人居环境的工作势在必行。绿色生活、和谐人居的理念既是文明发展的趋势，又为生活环境保护提供了理论保障。城市整体的绿化环境、低碳社区、生态村落建设的配套设施对生态文明的构建起支撑作用。人们只有在和谐、静谧、舒适的生态家园中，才能逐步形成低碳的生活理念，有意识地采取绿色行为，自觉履行自己的责任和义务，共同呵护人类的地球家园。

（五）生态制度是生态文明建设的重要保障

生态制度建设是落实科学发展观、实现生态文明的可靠保障。从激励与约束机制看，必须建立完善的生态制度，把环境公平正义的要求体现到经济社会决策和管理中，加大制度创新力度，建立健全法律、政策和体制机制。生态制度的建设要求建立一套完善的有利于保护生态环境、节约资源能源的政治制度和法规体系，用以规范社会成员的行为，确保整个社会步入经济高效发达、人民生活安康富裕、自然生态和谐良好的文明发展道路。生态制度的建立依赖于政府、企业、公众三位一体的参与，形成所有成员的共同意识和全社会普遍遵守、长期坚持的行为规范，保障不同群体之间的公平正义，促进生态文明建设的有序稳定发展。

第三节 评价指标体系

通过构建生态文明沟域评价量化指标，能够准确和明晰地描述生态文明目标，把抽象的目标具体化，提高可操作性；能够比较科学地度量沟域生态文明建设的进度，比较不同沟域的生态文明建设状况；能够找出生态文明沟域建设进程中的薄弱环节及存在的问题和不足，从而为制定有关对策、措施提供科学依据。

一 指标体系构建的原则

1. 注重指标的区域性和地域特色原则

指标的选取要充分考虑区域性原则，充分体现沟域的独特性和代表性。

2. 指标的定量化原则

指标的选取要充分考虑其定量性，尽量规避定性指标，采取量化指标利于评价，而且更加直观可行，避免误差。

3. 指标的时效性和代表性原则

指标的选取要充分注重时效性，尽量选取最新、最近和最具有代表性的指标。

4. 注重公众的理解度和参与度原则

指标的选取充分注重公众的参与度和理解度，尽量选取普适化的指标，充分体现全民参与的原则。

二 指标体系构建

本研究的评价指标体系在国家环保部 2013 年《国家生态文明建设试点示范区指标（试行）》中的《生态文明试点示范县（含县级市、区）建设指标》基础上进行提升，从生态经济、生态环境、生态人居、生态制度和生态文化五个层面构建。

1. 生态经济层面

生态经济层面更重要的是从经济运行的质量方面进行指标的选择，重点选择资源产出增加率、再生资源循环利用率、碳排放强度、单位 GDP 能耗、农业灌溉水有效利用系数、节能环保产业增加值占 GDP 比重、主要农产品中有机和绿色食品种植面积的比重和第三产业占 GDP 比重 8 项指标。

2. 生态环境层面

环境支撑层面是生态文明建设的基础，重点选择了主要污染物（COD、SO_2、NH_3-N、NO）排放强度、受保护地占国土面积比例、林草覆盖率、污染土壤修复率、农业面源污染防治率和生态恢复治理率 6 项指标。

3. 生态人居层面

生态人居是生态文明建设的细胞工程，重点选择新建绿色建筑比例、农村环境综合整治率、生态用地比例、公众对环境质量的满意度和生态环保投资占财政收入比例 5 项指标。

4. 生态制度层面

制度层面指标的选取主要是针对城镇的政府工作，选取生态文明建设工作占党政实绩考核的比例、政府采购节能环保产品和环境标志产品所占比例、环境影响评价率及环保竣工验收通过率、环境信息公开率、党政干部参加生态文明培训比例、生态文明知识普及率 6 项指标。

5. 生态文化层面

生态文化重点考察生态文化教育的生态文明普及率和村镇居民的生态文明行为，因此选取生态环境教育课时比例和公众节能、节水、公共交通出行的比例 2 项指标。

三 指标解析

1. 资源产出增加率

指标解释：资源产出率指的是消耗一次资源（包括煤、石油、铁矿石、有色金属稀土矿、磷矿、石灰石、沙石等）所产生的国内生产总值。它在一定程度上反映了自然资源消费增长与经济发展间的客观规律。若资源产出率低，则一个区域经济增长所需资源更多的是依靠资源量的投入，表明该区域资源利用效率较低。

计算方法：

$$资源产出率 = \frac{地区生产总值（万元）}{主要资源消耗总量（吨）}$$

考虑到区域间经济发展不平衡，各地资源禀赋、城镇化、工业化差异明显，考核资源产出率的绝对值意义不大，因此，本指标体系采用资源产出增加率，即某一地区创建目标年度资源产出率与基准年度资源产出率的差值与基准年度资源产出率的比值。

计算方法：

$$资源产出增加率 = \frac{目标年度资源产出率 - 基准年度资源产出率}{基准年度资源产出率} \times 100\%$$

2. 再生资源循环利用率

指标解释：指废旧金属、报废电子产品、报废机电设备及其零部件、废造纸原料（如废纸、废棉等）、废轻化工原料（如橡胶、塑料、农药包装物、动物杂骨、毛发等）、废玻璃等再生资源的循环利用程度。

计算方法：

$$再生资源循环利用率 = \frac{再生资源循环量（吨）}{再生资源量（吨）} \times 100\%$$

3. 碳排放强度

指标解释：指辖区内某年度单位 GDP 二氧化碳排放量。

计算方法：

$$碳排放强度 = \frac{当年二氧化碳排放总量（千克）}{当年 GDP 总量（万元）}$$

二氧化碳排放总量：根据发展改革委发布的《省级温室气体清单编制指南（试行）》，二氧化碳排放总量计算公式为：

$$二氧化碳排放量 = [燃料消费量（热量单位）\times 单位热值燃料含碳量 - 固碳量] \times 燃料燃烧过程中的碳氧化率$$

其中，燃料消费量 = 生产量 + 进口量 - 出口量 - 国际航海（航空）加油 - 库存变化；燃料消费量（热量单位）= 燃料消费量 × 换算系数（燃料单位热值）；燃料含碳量 = 燃料消费量（热量单位）× 单位燃料含碳量（燃料的单位热值含碳量）；固碳量 = 固碳产品产量 × 单位产品含碳量 × 固碳率；净碳排放量 = 燃料总的含碳量 - 固碳量；实际碳排放量 = 净碳排放量 × 燃料燃烧过程中的碳氧化率。

4. 单位 GDP 能耗

指标解释：指辖区内地区生产总值所消耗的能源，是反映能源消费水平和节能降耗状况的主要指标。

计算方法：

$$单位 GDP 能耗 = \frac{能源消费总量（吨标煤）}{地区生产总值（万元）}$$

能源消费总量是指一个国家（地区）国民经济各行业和居民家庭在一定时间内消费的各种能源的总和。

标准煤：能源的种类很多，所含的热量也各不相同，为了便于相互对比和在总量上进行研究，我国把含热值 7000 千卡（折合 29307.6 千焦，为计算方便，仍采用行业惯例，以千卡为单位——笔者注）的能源定义为 1 千克标准煤，也称标煤。另外，我国还经常将各种能源折合成标准煤的吨数来表示。能源折合标准煤系数 = 某种能源实际热值（千卡/千克）/7000（千卡/千克）。在各种能源折算标准煤之前，首先测算各种能源的实际平均热值，再折算标准煤。平均热值也称平均发热量，是指不同种类或品种的能源实测发热量的加权平均值。

计算公式为：

$$平均热值（千卡/千克）= \Sigma（某种能源实测低位发热量）（千卡/千克）\times 该能源数量（吨）/能源总量（吨）$$

5. 农业灌溉水有效利用系数

指标解释：指田间实际净灌溉用水总量与毛灌溉用水总量的比值。

计算方法：

$$农业灌溉水有效利用系数 = \frac{净灌溉用水总量（立方米）}{毛灌溉用水总量（立方米）}$$

毛灌溉用水总量：指灌区全年从水源地等灌溉系统取用的用于农田灌溉的总水量，其值等于取水总量中扣除工程保护、防洪除险等需要的渠道（管路）弃水量、向灌区外的退水量以及非农业灌溉水量等。年毛灌溉用水总量应根据灌区从水源地等灌溉系统实际取水测量值统计分析取得。在一些利用塘堰坝或其他水源与灌溉水源联合灌溉供水的灌区，塘堰坝蓄水和其他水源用于灌溉的供水量等根据实际情况采取合理方法进行分析后计入灌区毛灌溉用水总量中。

净灌溉用水量：同一时间段进入田间的灌溉用水量。其分析计算针对旱作充分灌溉、旱作非充分灌溉、水稻常规灌溉和水稻节水灌溉等几种主要灌溉方式分别采取典型观测与相应计算分析方法等合理确定不同作物的净灌溉定额，根据不同作物灌溉面积进而得到净灌溉用水量。如果灌区范围较大，不同区域之间气候气象条件、灌溉用水情况等差异明显，则在灌区内分区域进行典型分析测算，再以分区结果为依据汇总分析整个灌区净灌溉用水量。对于非充分灌溉、有洗盐要求和作物套种等情况分别采取相应方法进行分析计算。

对于井渠结合的灌区，如果井灌区和渠灌区交错重叠，无法明确区分，则将灌溉系统作为一个整体进行考虑,分别统计井灌提水量和渠灌引水量,以两者之和作为灌区总的灌溉用水量。有些渠灌区中虽包含有井灌面积,但两者相对独立,这种情况下井灌和渠灌作为两种类型分别单独计算。

6. 主要农产品中有机和绿色食品种植面积的比重

指标解释:指辖区内有机和绿色食品种植面积与农作物播种总面积的比例。

计算方法:

$$主要农产品中有机和绿色食品种植面积的比重 = \frac{有机和绿色食品种植面积}{农作物种植总面积}$$

注:有机和绿色食品种植面积不能重复统计。

有机食品:指根据有机农业原则和有机产品生产方式及国家《有机产品》(GB/T 19630 – 2005)标准生产、加工出来的,并通过合法的有机产品认证机构认证并颁发证书的一切农产品。有机食品在生产过程中不使用化学合成的农药、化肥、生产调节剂、饲料添加剂等物质,以及基因工程生物及其产物,而是遵循自然规律和生态学原理,采取可持续发展的有机农业技术进行有机食品生产。

绿色食品:在无污染的生态环境中种植及全过程标准化生产或加工的农产品,严格控制其有毒有害物质含量,使之符合国家健康安全食品标准,并经专门机构认定,许可使用绿色食品标志的产品。

有机、绿色食品的产地环境状况应达到《食用农产品产地环境质量评价标准》(HJ – 332 – 2006)、《温室蔬菜产地环境质量评价标准》(HJ – 333 – 2006)等国家环境保护标准和管理规范要求。

7. 节能环保产业增加值占 GDP 比重

指标解释:指辖区节能环保产业增加值占 GDP 的比例。

计算方法:

$$节能环保产业增加值占 GDP 比重 = \frac{节能环保产业增加值}{GDP}$$

节能环保产业:指为节约能源资源、发展循环经济、保护环境提供技术基础和装备保障的产业,主要包括节能产业、资源循环利用产业和环保装备产业,涉及节能环保技术与装备、节能产品和服务等;其五大领域包括:节能技术和装备、高效节能产品、节能服务产业、先进环保技术和装备、环保产品与环保服务。相关标准及要求参考《国务院关于印发"十二五"节能环保产业发展规划的通知》(国发〔2012〕19 号)。

8. 第三产业占 GDP 比重

指标解释:指辖区第三产业产值占 GDP 的比例。

计算方法:

$$第三产业占 GDP 比重 = \frac{第三产业产值}{GDP}$$

9. 主要污染物排放强度

指标解释：指单位土地面积所产生的主要污染物数量，反映了辖区内环境负荷的大小。按照节能减排的总体要求，本指标计算化学需氧量（COD）、二氧化硫（SO_2）、氨氮（NH_3-N）、氮氧化物（NO_x）的排放强度。

计算方法：

$$主要污染物排放强度 = \frac{全年\ COD\ 或\ SO_2\ 或\ NH_3-N\ 或\ NO_x\ 排放总量（吨）}{辖区面积（平方公里）}$$

注：主要污染物的种类随着国家相关政策实时调整。

环境统计污染物排放量包括工业污染源、城镇生活污染源及机动车、农业污染源和集中式污染治理设施排放量。化学需氧量和氨氮的排放量为工业污染源、城镇生活污染源、农业污染源和集中式污染治理设施排放量之和。二氧化硫排放量为工业污染源、城镇生活污染源和集中式污染治理设施排放量之和。氮氧化物排放量为工业污染源、城镇生活污染源、集中式污染治理设施和机动车排放量之和。

10. 受保护地占国土面积比例

指标解释：指辖区内各类（级）自然保护区、风景名胜区、森林公园、地质公园、生态功能保护区、水源保护区、封山育林地、基本农田等面积占全部陆地（湿地）面积的百分比，上述区域面积不得重复计算。

11. 林草覆盖率

指标解释：指区内林地、草地面积之和与土地总面积的百分比。

计算公式为：

$$林草覆盖率 = \frac{林地、草地面积之和}{土地总面积} \times 100\%$$

12. 污染土壤修复率

指标解释：指辖区内受污染农田开展修复和被二次开发（改变用途）的面积占辖区受污染农田总面积的比例。

计算方法：

$$污染土壤修复率 = \frac{污染农田的修复面积 + 受污染农田被二次开发的面积}{污染农田总面积} \times 100\%$$

土壤污染：指人为活动产生的污染物进入土壤并积累到一定程度，引起土壤质量恶化，并进而造成农作物中某些指标超过《土壤环境质量标准》（GB 15618-1995）。

污染土壤修复：指通过植物修复、微生物修复、物理修复、化学修复及其联合修复技术，将污染物（特别是有机污染物）从土壤中去除或分离，使修复后土壤达到《土壤环境质量标准》（GB 15618-1995）或当地划定的土壤功能区标准。

13. 农业面源污染防治率

指标解释：指辖区内通过减量化、资源化和无害化处理对畜禽养殖粪便、化肥、农膜和农药等处置利用不当造成的农业面源污染进行防治的程度。

计算方法：

$$农业面源污染防治率 = \frac{畜禽粪便综合利用率 + 测土配方施肥率 + 农膜处理率 + 病虫害生态防治率}{4} \times 100\%$$

畜禽粪便综合利用率指通过还田、沼气、堆肥等方式利用的畜禽粪便量与畜禽粪便产生总量的比例。有关标准按照《畜禽养殖业污染排放标准》（GB 18596－2001）和《畜禽养殖污染防治管理办法》执行。

测土配方施肥率指采取测土配方施肥的农田面积占播种总面积的比例。

农膜处理率指农作物收获后残留农膜的收集处理量占残留农膜总量的比例。

病虫害生态防治率指采取生物和物理防治等非农药方式进行病虫害生态化防治农田的面积占农田总面积的比例。

14. 生态恢复治理率

指标解释：指辖区通过人为、自然等修复手段得到恢复治理的生态系统面积占在经济建设过程中受到破坏的生态系统面积的比例。

计算方法：

$$生态恢复治理率 = \frac{恢复治理的生态系统面积（平方公里）}{受到破坏的生态系统总面积（平方公里）} \times 100\%$$

生态恢复是指对生态系统停止人为干扰，以减轻负荷，依靠生态系统的自我调节能力与自我组织能力使其向有序的方向进行演化，或者利用生态系统的这种自我恢复能力，辅以人工措施，使遭到破坏的生态系统逐步恢复或使生态系统向良性循环方向发展。生态恢复的目标是创造良好的条件，促进一个群落发展成为由当地物种组成的完整生态系统，或为当地的各种动物提供相应的栖息环境。

15. 新建绿色建筑比例

指标解释：指达到建设部颁发的《绿色建筑评价标准》（GB/T 50378－2006），并获有关部门认证的新建绿色建筑占新建总建筑面积的比例。

计算方法：

$$新建绿色建筑比例 = \frac{新建绿色建筑面积}{新建建筑总面积} \times 100\%$$

绿色建筑：指在建筑的全寿命周期内，最大限度地节约资源（节能、节地、节水、节材）、保护环境和减少污染，为人们提供健康、适用和高效的使用空间，与自然和谐共生的建筑。相关评价标准参考《绿色建筑评价标准》（GB/T 50378－2006）和《绿色建筑评价技术细则（试行）》（建科〔2007〕205号）。

16. 农村环境综合整治率

指标解释：指辖区内开展农村环境综合整治的行政村数量占辖区所有行政村数量的比例。

计算方法：

$$农村环境综合整治率 = \frac{开展农村环境综合整治的行政村数量（个）}{所辖行政村总数（个）} \times 100\%$$

农村环境综合整治：指按照"生产发展，生活宽裕，乡风文明，村容整洁，管理民主"的社会主义新农村建设目标，以建设适宜人居环境为宗旨，妥善处理"农村环境保护与农村经济社会发展的关系、城市环境保护与农村环境保护的关系、主动预防和被动治理的关系"三大关系，着力做好"全力保障农村饮用水安全、严格控制农村地区工业污染、加强畜禽养殖污染防治监管、积极防治农村土壤污染、加快推进农村生活污染治理、深化农村生态示范创建活动、强化农村环境监管体系建设、加大农村环保宣传教育力度"八大工作，开创农村环境保护工作新局面。

17. 生态用地比例

指标解释：指辖区内生态用地面积占辖区土地总面积的比例。

计算方法：

$$生态用地比例 = \frac{辖区内生态用地面积（平方公里）}{辖区土地总面积（平方公里）} \times 100\%$$

生态用地：指为了保障城乡基本生态安全，维护生态系统的完整性所需要的土地。包括林地、草地、湿地等具有水源涵养、防风固沙、土壤保持等生态功能的区域。上述区域面积不得重复计算。

18. 公众对环境质量的满意度

指标解释：指公众对生态环境质量的满意程度。该指标值的获取采用国家生态文明考核组现场随机发放问卷与委托独立的权威民意调查机构抽样调查相结合的方法，以现场调查与独立调查机构所获指标值的平均值为考核依据，现场抽查总人数不少于辖区人口的千分之一。参加问卷调查人员应涵盖不同年龄、不同学历、不同职业人群，充分考虑代表性。

生态环境质量：指生态环境的优劣程度，它以生态学理论为基础，在特定的时间和空间范围内，从生态系统层次上，反映生态环境对人类生存及社会经济持续发展的适宜程度，是根据人类的具体要求对生态环境的性质及变化状态的结果进行评定。

19. 生态环保投资占财政收入比例

指标解释：指用于环境污染防治、生态环境保护和建设投资占当年财政收入的比例。三年内污染治理和生态环境保护与恢复投资占财政收入比重不降低或持续提高。

计算公式为：

$$生态环保投资占财政收入比例 = \frac{生态环保投资（万元）}{财政收入（万元）} \times 100\%$$

20. 生态文明建设工作占党政实绩考核的比例

指标解释：指地方政府党政干部实绩考核评分标准中生态文明建设工作所占的比例。该指标考核的目的是推动创建地区将生态文明建设纳入党政实绩考核范畴，通过强化考核，把生态文明建设工作任务落到实处。

$$生态文明建设工作占党政实绩考核的比例 = \frac{党政实绩考核工作中生态、文明建设工作数量}{党政实绩考核工作总数量} \times 100\%$$

21. 政府采购节能环保产品和环境标志产品所占比例

指标解释：指按照财务部和环保部联合发布的《关于调整环境标志产品政府采购清单的通知》（财库〔2008〕50 号），辖区内政府采购清单中有"中国环境标志"的产品数量占政府采购产品总数量的比例。

计算方法：

$$政府采购节能环保产品和环境标志产品所占比例 = \frac{政府采购节能环保产品和环境标志认证产品数量（个）}{政府采购产品总数量（个）} \times 100\%$$

22. 环境影响评价率及环保竣工验收通过率

指标解释：环境影响评价率是指政府在辖区内制定的经济社会发展决策，包括五年计划、经济类和社会类发展规划、地方重大经济政策和建设项目（不包括违规审批的项目）等开展环境影响评价的比例。

计算方法：

$$环境影响评价率 = \frac{开展环境影响评价的数量（不包括违规审批的项目）}{应开展环评的数量（个）} \times 100\%$$

政府经济社会发展决策环境影响评价：指对拟议中的经济社会发展决策（包括五年计划、经济类、社会类发展规划、地方重大经济政策等）实施后可能对环境产生的影响（后果）进行系统性识别、预测和评估。环境影响评价的根本目的是鼓励在规划和决策中考虑环境因素，使人类活动与环境具有相容性。

23. 环境信息①公开率

指标解释：指政府主动信息公开和企业强制性信息公开的比例。

政府环境信息指环保部门在履行环境保护职责中制作或者获取的，以一定形式记录、保存的信息。环保部门应当遵循公正、公平、便民、客观的原则，及时、准确地公开政府环境信息。

企业环境信息指企业以一定形式记录、保存的，与企业经营活动产生的环境影响和企业环境行为有关的信息。企业应当按照自愿公开与强制性公开相结合的原则，及时、准确地公开企业环境信息。

环境信息公开标准参照 2007 年原国家环保总局颁发的《环境信息公开办法（试行）》的管理规定执行。

24. 党政干部参加生态文明培训比例

指标解释：指创建过程中参加生态文明专题培训的党政干部人数与总人数的比例。

计算方法：

---

① 环境信息包括政府环境信息和企业环境信息。

$$党政干部参加生态文明培训比例 = \frac{参加生态文明专题培训的人数（人）}{干部总人数（人）} \times 100\%$$

25. 生态文明知识普及率

指标解释：公众对生态环境保护、生态伦理道德、生态经济文化等生态文明相关知识的掌握情况，由国家生态文明考核组依据相关统计方法组织人员通过问卷调查或委托独立的权威民意调查机构获取的指标值，以知晓人员数量占调查总人数的比例表示。抽查总人数不少于辖区人口的千分之一。

26. 生态环境教育课时比例

指标解释：指辖区内义务教育（小学、初中）每学期生态环境保护教育课时占学期全部课时比例与领导干部培训（党校、行政学院）每学期生态环境保护教育课时占学期全部课时比例的平均值。

计算方法：

$$生态环境教育课时比例 = \frac{\frac{小学、初中每学期生态环保课时}{小学、初中每学期全部课时} \times 100\% + \frac{党校、行政学院每学期生态环保课时}{党校、行政学院每学期全部课时} \times 100\%}{2}$$

生态环境教育：指以人类与环境的关系为核心，以提高人类的环境意识和有效参与能力、普及环境保护知识与技能、培养环境保护人才为任务，以教育为手段而展开的一种社会实践活动过程。

生态环境教育的内容应包括环境与环境问题的基本概念、可持续发展思想，生态系统与生物多样性保护，环境污染及防治，人口与环境，资源与环境，全球环境问题等方面。目前根据我国的实际情况，可以在初中、小学阶段采取渗透—结合型环境教育，在小学"自然"、初中"地理"等课程中纳入资源、生态、环境和可持续发展内容，并探索开展生态环保科普类课外活动，普及生态环境科学知识；党校、行政学院定期举办生态环境教育培训，或在培训中设置生态环境保护课程，较深入地理解环境与发展问题，树立可持续发展理念，提高有效应对环境问题的能力。

27. 公众节能、节水、公共交通出行的比例

（1）节能电器普及率。

指标解释：指辖区范围内销售的具有节能认证（能效标识为一、二级，或具有"中国节能认证"标识）的电器数量与同类电器销售总数量的比例。

计算方法：

$$节能电器普及率 = \frac{辖区内节能型电器销售数量（个）}{辖区内用电器具销售总量（个）} \times 100\%$$

节能认证由中国质量认证中心负责组织实施，并接受国家质检总局的监督和指导，经确认并通过颁布认证证书和能效标识。

节能产品判别标准参照2004年国家发改委、国家质检总局和国家认监委联合发布的《能源效率标识管理办法》（国家发改委和国家质检总局第17号令）和《中华人民共和国

实行能源效率标识的产品目录》等相关规定执行。

（2）节水器具普及率。

指标解释：指辖区范围内销售的具有"节水产品认证"标识的用水器具数量与同类用水器具销售总数量的比例。

计算方法：

$$节水器具普及率 = \frac{辖区内节水型用水器具销售数量（个）}{辖区内用水器具销售总数量（个）} \times 100\%$$

节水产品认证参考《中国节水产品认证规则》（CQC 32 - 036041 - 2009），由中国标准化认证中心（原中国节能产品认证中心）负责实施。节水产品认证属于强制认证，凡列入《实施节水认证的产品目录》的产品必须获得认证才能进入市场。

节水产品判别标准参照国务院办公厅下发的《国务院办公厅关于开展资源节约活动的通知》（国办发〔2004〕30号）和《实施节水认证的产品目录》（中标节能认证中心公布，目前共两批62类产品）等相关规定执行。

（3）公共交通出行比例。

指标解释：公共交通出行比例是指辖区内乘坐地铁、公共巴士、专营的士等公共交通工具出行人次占该区以机动车形式出行人次的比例。

计算方法：

$$公共交通出行比例 = \frac{公共交通出行人次}{机动车出行总人次} \times 100\%$$

第四节　不老屯镇生态文明沟域建设实证研究

十七大首次提出生态文明建设以来，国内众多城市对于生态文明建设进行了初步探索，包括贵阳市、成都市温江区、沈阳市和平区、西安市浐灞区、苏州市相城区等一批城市和区县进行了生态文明建设规划的实践，并取得了一系列重要研究成果。十八大再次把生态文明建设纳入社会经济发展的重要方面，并提出尊重自然、顺应自然和保护自然的发展理念。北京市作为全国的政治、文化中心，在建设世界城市的大背景下，更应该重视生态文明建设，转变经济发展方式，塑造健康、持续的社会经济运行模式。而北京山区在生态文明建设中应该承担起生态涵养、绿色发展的责任，沟域作为山区生态建设的"血脉"和经济建设的"通道"无疑成为生态文明建设的聚焦点和新视角。在北京山区选择具有代表性的沟域作为研究单元，对其生态文明建设进行研究，目的有三：一是打造一个北京市生态文明建设的典型；二是打造一个具有代表性的山区沟域生态文明建设的样本，为北京市乃至全国山区生态文明建设提供指导；三是将生态文明建设的理念引入沟域这一地理单元，在中、微观背景下进行生态文明建设规划实践，也是对生态文明建设的促进。密云县不老屯镇位于燕山山脉，镇域内沟域众多，生态本底优良，具备建设生态文明沟域的条件和优势。

表1　生态文明建设指标体系

系统		指标	指标分类	生态文明考核标准	指标属性
生态经济	1	资源产出增加率（%）	限制开发区	≥20	参考
	2	再生资源循环利用率（%）	限制开发区	≥80	约束
	3	碳排放强度（kg/万元）	限制开发区	≤300	约束
	4	单位GDP能耗（吨标煤/万元）	限制开发区	≤0.35	约束
	5	农业灌溉水有效利用系数（立方米/万元）		≥0.6	参考
	6	节能环保产业增加值占GDP比重（%）		≥6	参考
	7	主要农产品中有机和绿色食品种植面积的比重（%）		≥60	约束
	8	第三产业占GDP比重（%）		≥45	特色参考
生态环境	9	主要污染物排放强度（吨/平方公里）	化学需氧量COD	≤4.5	约束
			二氧化硫SO₂	≤3.5	
			氨氮NH₃-N	≤0.5	
			氮氧化物	≤4.0	
	10	受保护地占国土面积比例（%）	山区、丘陵区	≥25	约束
			平原地区	≥20	
	11	林草覆盖率（%）	山区	≥80	约束
			丘陵区	≥50	
			平原地区	≥20	
	12	污染土壤修复率（%）		≥80	约束
	13	农业面源污染防治率（%）		≥98	约束
	14	生态恢复治理率（%）	限制开发区	≥90	约束
			禁止开发区	100	
生态人居	15	新建绿色建筑比例（%）		≥75	参考
	16	农村环境综合整治率（%）	限制开发区	≥95	约束
			禁止开发区	≥100	
	17	生态用地比例（%）	限制开发区	≥65	约束
			禁止开发区	≥95	
	18	公众对环境质量的满意度（%）		≥85	约束
	19	生态环保投资占财政收入比例（%）		≥15	约束
生态制度	20	生态文明建设工作占党政实绩考核的比例（%）		≥22	参考
	21	政府采购节能环保产品和环境标志产品所占比例（%）		100	参考
	22	环境影响评价率及环保竣工验收通过率（%）		100	约束
	23	环境信息公开率（%）		100	约束
	24	党政干部参加生态文明培训比例（%）		100	参考
	25	生态文明知识普及率（%）		≥95	参考
生态文化	26	生态环境教育课时比例（%）		≥10	参考
	27	公众节能、节水、公共交通出行的比例（%）	节能电器普及率	≥95	参考
			节水器具普及率	≥95	参考
			公共交通出行比例	≥70	参考

一　镇域概况

1. 地理位置

不老屯镇地处密云县北部地区，是北京东北部的远郊镇，其坐标东经116°31′~116°59′，北纬40°13′~40°48′。位于平原和山地交接地带，即燕山山脉南麓和华北平原北缘，华北平原与内蒙古高原过渡地带，是华北通往东北、内蒙古的重要门户。不老屯镇北部是绵延秀丽的燕山山脉，南部紧临密云水库，东部与高岭镇接壤，西部与冯家峪相邻。全镇处于密云水库上游水源保护区内。

2. 地形地貌

不老屯镇地处燕山山脉南麓，属中山丘陵地带，地势西北高、东南低，依山面水。镇域兼有中山、低山、丘陵和平原四种土地类型，环湖丘陵、平原地带开阔，丘陵面积占山区面积60%以上，以片麻岩为主，适宜林木生长。镇域内中山分布于北部地区，海拔高度约800米，北端为境内最高山歪驼山，主峰海拔1180.4米；低山分布于中西部地区，海拔高度约500米，柏岔山、云峰山东西横贯20余里，柏岔山主峰海拔860米，云峰山主峰海拔674米；丘陵分布于中东部；平原分布于镇域南部，沿密云水库北岸，地势平展，土地肥沃。

3. 气候特征

不老屯镇属暖温带大陆性季风半湿润半干旱气候，年平均降水量约620毫米，多集中在汛期（6~9月），尤其是7月、8月降水量约占年降水量的75%。年均蒸发量1783.2毫米，全年日照2700小时以上，无霜期180天左右，地面稳定冻结深度为40~70厘米，最大冻土深度70~90厘米。因受地形的影响，冬季多东北风和西北风，夏季多东南风，全年的主导风向为东北风。年日平均气温8℃~10℃，寒暑交替，四季分明。春季干旱多风，十年九旱，降水量约为50毫米，仅占年降水量的8%。夏季炎热多雨，降水量为500毫米左右，约占年降水量的80%。受地形影响，局部多暴雨，山地易受洪水冲淤影响，此外还受冰雹、连阴雨等灾害性天气影响。秋季冷暖适宜，但受冷空气影响，降温很快。冬季严寒少雪，在西伯利亚冷高压控制下，整个冬天多晴天，干冷多风，最冷的1月份平均气温为-6.3℃，极端最低气温达-27.3℃。

4. 土壤矿藏

镇域基岩以花岗岩为主，属于酸性岩类，易物理风化，形成松散的沙质堆积物，多为粗骨土。由于地形复杂，岩石种类较多，造成土壤类型、土层厚度区内差异明显。土壤类型主要是山地褐土，土层厚度20~60厘米，分布在镇域大多数区域；其次为棕壤，潮土只是在沿湖冲积平原有零星分布。受成土母质的影响，区域内土壤的物理性质存在较大的差异，不同岩石风化物形成的土壤，矿物颗粒和土壤黏粒含量、土壤密度、总孔隙度、有效水分含量都不同。不老屯镇土壤钾含量较高，氮和磷含量较少，中山地区土壤有机质含量较高，而低山丘陵地区受人为干扰较大，土壤比较贫瘠。该地区冬、春季土壤水分含量明显低于夏、秋季。镇域内现已查明的矿藏主要有花岗岩、金矿、铁矿以及麦饭石矿，储量丰富，但受水源重点保护区限制，禁止开采利用。

5. 水文水系

不老屯镇紧临华北地区最大的人工湖——密云水库。该水库位于密云县中部，面积188 平方公里，约占全县面积的 10%，总库容 43.75 亿立方米。不老屯镇属于潮白河水系，镇域内河流属山区季节性河流，河水 6~9 月较多，其余时间水流甚少，主要有发源于歪驼山南麓的牤牛河，全长 26 公里，自北向南经半城子、车道岭、兵马营等 9 个村流入密云水库，流域面积 127.8 平方公里，多年平均径流量 2700 万立方米。不老湖、转山子等 6 座中小型水库，与密云水库遥相呼应，形成大、中、小三级水域明珠。地表水资源充沛，达到国家二级饮用水标准。麦饭石储量大，矿泉水丰富优质。由于镇域内地质条件复杂，山区、丘陵地区地下水主要埋藏在基岩裂隙和山间河谷第四系地层中，随季节变化起伏。

6. 植被动物

不老屯地区属山地针阔混交林森林植被带，现存植被为次生林植被类型。地表自然植被发育较好，有林地面积约 25 万亩，林木覆盖率平均达 70% 以上，以侧柏和油松纯林为主。天然次生林主要分布于中、低山人为活动干扰较少的地方，以山杨、蒙古栎和椴树为主；人工林则主要包括油松、侧柏、刺槐、华北落叶松和板栗、鸭梨等经济树种。灌木层主要种类有荆条、孩儿拳头、六道木等，草本层主要种类有中华卷柏、荩蒿、白羊草等。镇内具有华北地区保存最完整的大面积天然油松林，树龄最长的有 300 多年；长期的封山育林和管护使林区蕴藏有多种野生动植物。从物种濒危程度来分析，不老屯镇内有多种国家级保护植物，其中有国际一级保护植物 2 种，国际二级保护植物 21 种。调查发现，有将近 900 种植物和 210 种脊椎动物。昆虫资源也很丰富，专家估计有昆虫 2500~3000 种。

7. 资源综述

不老屯镇内旅游资源的原生态气息浓郁，保留较多自然景观和文化遗产，生态观光资源丰富，山地及水库区域度假条件较好，是北京环城游憩带的重要组成部分。其主要特色是：一是生态优势明显。镇域地处水源保护区，具有"山净、水净、土净、气净"的特点，林牧产品无公害、无污染，发展生态观光及度假休闲条件极佳。二是自然景观突出。山岳型、水景型、生物型、造景岩石等旅游资源丰富，紧临密云水库，境内有歪驼山、柏岔山和云峰山、万亩天然次生油松林等自然景观，湖光山色，风景旖旎。三是人文景观丰富。有超胜庵等古庙宇、古城、明长城、摩崖石刻、古崖居和民间传说等。本镇的名称"不老"两字就来源于关于长寿的故事传说。四是地域组合紧密。自然景观和人文景观互为依托，青山绿水之间，悠久的历史和丰富的民间传说显示深厚的文化积淀，典型如云峰山的奇峰异石与千年古刹和摩崖石刻等的融合，歪驼山的险、奇、秀与明长城的交相辉映。

表 2　不老屯镇旅游资源表

景观类型	分类	名称
自然景观	山岳景观	云峰山、歪驼山
	水景景观	不老湖、转山子等 6 座中小型水库
	生物景观	万亩油松林、板栗园、黄土坎鸭梨园
	造景岩石	遇仙石、棋盘石、石壶
人文景观	历史遗迹	明长城、兵营、古崖居
	庙宇寺观	超胜庵、吉祥寺、古佛道场
	石刻碑碣	摩崖石刻
	民间传说	王志遇仙

不老屯镇镇域面积 18880 公顷，其中住宅集体建设用地有 294.18 公顷，非住宅集体建设用地仅有 140.18 公顷，山场面积较大，适宜开发建设用地较少。成规模村落大部分集中在镇域南部的密云水库沿岸，因为人多地少，加之水源保护一级圈内无法开展任何产业活动，镇域南部已经没有规模的产业用地；镇域北部多为深山区，适宜建设用地量极少，基础设施建设成本大。

表 3　不老屯镇土地利用情况

单位：公顷，%

土地类型	面积	所占比例
耕地	803.47	4.89
果园地	967.2	5.88
林地	12935.8	78.65
牧草地	820	4.99
城乡建设用地	533.93	3.25
水域	223.11	1.36
未利用土地	163.63	0.99
总　计	16447.14	100.00

注：耕地、果园地、林地数据为 2012 年数据，其他采用 2008 年数据。

由表 3 可以看出，耕地面积为 803.47 公顷，占土地总面积的 4.89%；果园地面积为 967.2 公顷，占土地总面积的 5.88%；林地面积为 12935.8 公顷，所占比例最大，占土地总面积的 78.65%；牧草地面积为 820 公顷，占土地总面积的 4.99%；城乡建设用地面积为 533.93 公顷，占土地总面积的 3.25%；水域面积为 223.11 公顷，占土地总面积的 1.36%；未利用地面积为 163.63 公顷，占土地总面积的 0.99%。可以看出，不老屯镇土地利用类型以林地、耕地、牧草地和果园地为主，其他土地利用类型所占比例较小，缺乏可利用土地，未来发展空间受限严重。

二 环境质量现状与问题分析

（一）水环境质量现状与问题分析

1. 水环境污染源与处理现状

目前，不老屯镇各村共有污水处理站37座，分布于19个行政村。一级保护区内各村均已配置污水处理站，二级保护区内仅白土沟村尚未设立。三级保护区由于地处山区且人口居住分散，污水处理设施建设相对落后，北香峪、陈家峪、香水峪、阳坡地、古石峪、西陀古6个村庄尚未建立污水处理站。各村污水处理站建设情况见表4。

表4 不老屯镇各村污水处理设施建设情况汇总表

序号	村名	圈层	常住人口（人）	污水处理设施
1	永乐村	一级圈	510	3座,1座50吨,2座10吨
2	大窝铺村	一级圈	300	3座,1座15吨,2座5吨
3	学各庄	一级圈	1000	1座
4	燕落村	一级圈	4146	6座,已建设6年
5	董各庄	一级圈	300	2座
6	黄土坎	一级圈	1100	4座,1座50吨,3座25吨
7	不老屯	一级圈	1400	2座,1座50吨,1座80吨
8	杨各庄	一级圈	170	1座
9	柳树沟	一级、二级圈	800	1座,原设计2座
10	沙峪里	一级、二级圈	400	1座
11	边庄子	二级圈	220	2座
12	白土沟	二级圈	460	无
13	学艺厂	二级圈	190	1座,30吨
14	转山子	二级圈	500	1座,50吨估计
15	兵马营	二级圈	2000	2座,运行不佳
16	丑山子	二级圈	560	只有挂甲峪、殿成峪
17	车道岭	二级圈	230	1座,2011年建设,运行不佳
18	半城子	二级圈	430	3座,2009年建设
19	南香峪	三级圈	336	1座,2008年建设,15吨
20	香水峪	三级圈	525	无
21	北香峪	三级圈	387	无
22	阳坡地	三级圈	300	无
23	西陀古	三级圈	300	无
24	陈家峪	三级圈	260	无
25	史庄子	三级圈	280	2座,1座15吨,1座20吨
26	古石峪	三级圈	170	无

除生活污水外，农业面源和养殖业污水也是水环境的主要污染源。由于地处密云水库保护区，不老屯农田农药、化肥施加受到限制。但在农业生产过程中仍然存在施加化肥、

农药等农用化学品的现象，产生的废弃物进入当地环境中，存在一定的污染。为了保护水源地水质，不老屯养殖业发展也受到限制，但目前养殖业仍是不老屯镇的基础产业之一，以养蜂、肉鸡养殖、养羊为主，养殖业发展较粗放，可能对水源造成一定污染。

2. 水环境质量

不老屯镇最主要的地表水体为密云水库，该镇全境位于密云水库水源保护区内，26个行政村中10个村位于水库一级保护区以内。目前，水库一级、二级保护区内规模养殖业已基本迁出，水库周边消落区仅允许农业种植。在各项措施的作用下，密云水库水质得到了有效保护。镇域内地表麦饭石储量大，地下水水质属于优质矿泉水。

根据《北京市环境状况公报》，2012年密云水库水质符合饮用水源水质标准，营养级别属于中营养。除密云水库外，牤牛河的代表站点是半城子水库，规划类别为《地表水环境质量标准》（GB 3838 – 2002）Ⅱ类水质，根据《北京市密云县"十二五"时期水资源节约利用和保护规划》，半城子水库站点除枯水期为Ⅲ类水质外，其余时段均符合Ⅱ类水质要求。不老屯镇在天文台和黄土坎村设置了两个地下水水质监测井点，水质类别为《地下水质量标准》（GB/T 14848 – 93）Ⅲ类。根据《北京市密云县"十二五"时期水资源节约利用和保护规划》评价结果该两个井点水质均属良好级别。

3. 存在问题

密云水库三级圈内污水处理设施还需继续建设和完善。此外，一些已建设的污水处理设施运行效率偏低。污水处理站建设运营3年后交给各村管理维护，而污水处理站运行费用较高，各村无力负担，故目前已建成的污水处理设施多处于停运状态。

近年来，不老屯镇旅游业发展迅速，民俗村、民俗户逐年增加。截至2012年底，全镇共形成乡村民俗旅游村14个，旅游专业合作社12个，乡村民俗旅游户156户。2012年全镇旅游接待24.891万人次。随着不老屯镇大力打造"休闲养生特色镇"目标的推进以及各旅游区、风景区的不断开发，未来全镇的旅游人数将会显著增加，生活污水排放将会增加，相应的处理压力增大，为环境污染埋下了隐患。

（二）大气环境质量现状与问题分析

1. 大气污染源

不老屯镇污染型工业企业较少，车流量不多，对环境造成的影响很小。根据实地踏勘，当地对大气质量造成影响的污染源主要是农村生活中燃烧秸秆、煤炭、柴火，以及羊群养殖等，但由于居住分散，大气扩散条件良好，农村生活源对大气环境的影响也很小。

2. 大气环境质量

2011年密云县达到和好于二级的天数为298天，达到81.6%，圆满完成了市政府下达的空气质量（二级及好于二级天数达296天）目标，名列北京市第三位。根据《密云县国民经济和社会发展统计公报》，2012年全县环境空气质量达到二级和好于二级的天数达315天，占全年总天数的86.3%。根据《北京市环境状况公报》，2011年密云县空气中二氧化硫年均值为0.027毫克/立方米，二氧化氮年均值为0.039毫克/立方米，可吸入颗粒物年均值为0.097毫克/立方米；2012年密云县空气中二氧化硫年均值为0.029毫克/

立方米，二氧化氮年均值为 0.040 毫克/立方米，可吸入颗粒物年均值为 0.085 毫克/立方米。

2011 年和 2012 年密云县与全市平均大气环境质量对比情况见表 5。

表 5　密云县与全市平均大气环境质量对比表

指标			密云	全市平均
二级和好于二级天数（天）	2011 年		298	286
	2012 年		315	—
主要污染物年均浓度值（毫克/立方米）	2011 年	二氧化硫	0.027	0.028
		二氧化氮	0.039	0.055
		可吸入颗粒物	0.097	0.114
	2012 年	二氧化硫	0.029	0.028
		二氧化氮	0.040	0.052
		可吸入颗粒物	0.085	0.109

注：自 2012 年起，北京市考核指标不再以"蓝天数"为主，而改为以主要污染物浓度评价。

由表 5 可以看出，除 2012 年密云县二氧化硫年平均浓度值略高于全市平均水平外，其余指标均优于全市平均水平。总体而言，密云县大气环境质量优于全市平均水平。

3. 存在问题

虽然引入了天然气，但柴火与煤仍然是镇区内农村住户生活的重要能源。而且，农村没有集中供暖设施，分户采暖，在冬季可能会对大气环境造成一定影响。此外，随着当地旅游业的发展，进入当地的人流和车流量也会随之增加，将导致交通污染物排放增加，而且游客烧烤等活动也会产生新的污染。

（三）声环境质量现状与问题分析

1. 声环境质量现状

不老屯镇以农业经济为主，居住区分散、人口密度低，由于商业不发达，车流量少，且大型工业和在建工程较少，现状声环境质量良好。由于缺少不老屯镇的声环境质量监测数据，在此主要分析北京市远郊区县的声环境质量。根据《北京市环境状况公报》，2012年北京市远郊区县建成区区域环境噪声平均值为 53.1 分贝，远郊区县建成区道路交通噪声平均值为 67.8 分贝，声环境质量达到国家考核标准。

2. 存在问题

随着旅游业发展，服务业也将随之快速发展，生活噪声将有所增加，同时进出车流量的增加也会对道路两侧的声环境造成一定影响。

（四）固体废物处置现状与问题分析

1. 固废处置现状

不老屯镇的固体废弃物主要是建筑垃圾和生活垃圾，根据统计 2012 年全镇各村建筑垃圾总产生量为 2519 吨，生活垃圾总产生量为 2428 吨。各村固体废物产生情况见表 6。

表 6　不老屯镇各村垃圾处理情况汇总表

村　名	年产垃圾数（吨）		大箱个数（个）	垃圾桶数（个）	垃圾管理方式	公厕数量（个）	保洁员人数（人）
	建筑垃圾	生活垃圾					
杨 各 庄	40	34	1	0	分　类	2	2
董 各 庄	38	35	1	0	分　类	2	2
沙 峪 里	105	98	3	0	分　类	3	3
学 艺 厂	15	26	1	0	分　类	1	1
转 山 子	88	110	2	20	分　类	3	3
黄 土 坎	230	210	4	10	分　类	3	3
燕 落	460	397	15	15	分　类	4	4
不 老 屯	208	199	11	10	分　类	3	3
白 土 沟	55	61	3	0	分　类	3	3
丑 山 子	49	82	3	15	分　类	2	2
边 庄 子	25	23	1	6	分　类	2	2
车 道 岭	30	27	1	0	分　类	1	1
学 各 庄	130	114	3	0	分　类	2	2
柳 树 沟	120	95	2	0	分　类	2	2
大 窝 铺	88	56	1	0	分　类	2	2
永 乐	36	56	1	0	分　类	2	2
兵 马 营	310	309	4	0	分　类	3	3
半 城 子	66	79	2	0	分　类	2	2
南 香 峪	45	37	1	0	分　类	2	2
北 香 峪	48	46	1	0	分　类	2	2
香 水 峪	89	73	2	0	分　类	1	1
陈 家 峪	58	36	0	13	分　类	2	2
阳 坡 地	49	68	0	17	分　类	2	2
史 庄 子	22	35	2	13	分　类	2	2
古 石 峪	35	47	0	15	分　类	1	1
西 坨 古	80	75	0	26	分　类	2	2
合　　计	2519	2428	65	160		56	56

不老屯镇目前所采取的是"村收集→镇运输→县处理"的垃圾处理模式。为了更好地保护村内环境，使村容更加整洁，镇环卫所为各村购置了垃圾桶，摆放在公路沿线及村

庄街道两边，全镇共有约 65 个垃圾大箱与 160 个垃圾大桶，并为各村配齐了农村卫生保洁员（共 56 人），负责村内公共场所清扫卫生，做到垃圾全部入桶，可以做到日产日清；桶内垃圾由乡镇政府统一清运、统一付费，按时将各村垃圾清运到县指定垃圾填埋场进行处理。

2. 存在问题

由于山区村民居住分散，少数三级圈自然村的垃圾尚未实现集中运输。根据 2012 年不老屯统计资料汇编，全镇 26 个行政村中有 23 个村实现所有自然村垃圾收集集中运输。古石峪、陈家峪、阳坡地 3 个村分别有 4 个、1 个、4 个自然村垃圾尚未实施集中运输。此外，虽然全镇也在积极提倡垃圾分类制度，但是实施效果并不明显。

三 生态文明建设基础分析评价

（一）生态系统健康评价

根据不老屯土地利用图将不老屯土地利用类型分为林地、草地、水域湿地、耕地、建筑用地。其中，林地细分为有林地及灌木林地，草地分为高覆盖度草地、中覆盖度草地、低覆盖度草地。各种土地利用类型的面积见表 7。

表 7 不老屯镇土地利用类型

单位：平方公里

土地类型	细类	面积
林地	有林地	145.7
	灌木林地	29.1
草地	高覆盖度草地	3.0
	中覆盖度草地	1.1
	低覆盖度草地	0.2
水域湿地	湖泊、河流	26.3
	滩涂、湿地	0.8
耕地		8.8
建筑用地		3.8
总 计		218.8

注：不老屯镇内密云水库面积按水库实际面积的 1/7 计。

按照环境保护行业标准《生态环境状况评价技术规范（试行）》（HJ/T - 2006）中的方法对不老屯镇生态环境健康状况进行综合评价，包括生物丰度指数、植被覆盖指数、水网密度指数、土地退化指数、环境质量指数 5 项指标。

1. 生物丰度指数

各类型土地利用类型的生物丰度指数分权重见表 8。

表8 生物丰度指数分权重

分类	权重	结构类型	分权重
林地	0.35	有林地	0.6
		灌木林地	0.25
		疏林地和其他林地	0.15
草地	0.21	高覆盖度草地	0.6
		中覆盖度草地	0.3
		低覆盖度草地	0.1
水域湿地	0.28	河流、湖泊	0.4
		滩涂、湿地	0.6
耕地	0.11	水田、旱田	1
建筑用地	0.04	城镇建设用地、农村居民点及其他	1
未利用地	0.01	沙地、裸土地等	1

$$生物丰度指数 = A_{bio} \times (0.35 \times 林地 + 0.21 \times 草地 + 0.28 \times 水域湿地 + 0.11 \times 耕地 + 0.04 \times 建设用地 + 0.01 \times 未利用地) / 区域面积$$

其中，A_{bio}，生物丰度指数的归一化系数。

2. 植被覆盖指数

各类型土地的植被覆盖度指数分权重见表9。

表9 植被覆盖指数分权重

分类	权重	结构类型	分权重
林地	0.38	有林地	0.6
		灌木林地	0.25
		疏林地和其他林地	0.15
草地	0.34	高覆盖度草地	0.6
		中覆盖度草地	0.3
		低覆盖度草地	0.1
耕地	0.19	水田、旱田	1
建筑用地	0.07	城镇建设用地、农村居民点及其他	1
未利用地	0.02	沙地、裸土地等	1

$$植被覆盖指数 = A_{veg} \times (0.38 \times 林地面积 + 0.34 \times 草地面积 + 0.19 \times 耕地面积 + 0.07 \times 建设用地面积 + 0.02 \times 未利用地面积) / 区域面积$$

其中，A_{veg}为植被覆盖指数的归一化系数。

3. 水网密度指数

$$水网密度指数 = A_{riv} \times 河流长度 / 区域面积 + A_{lak} \times 湖库面积 / 区域面积 + A_{res} \times 水资源量 / 区域面积$$

其中，A_{riv}为河流长度的归一化系数，A_{lak}为湖库面积的归一化系数，A_{res}为水资源量的归一化系数。

4. 土地退化指数

土地退化分为三种类型，即轻度侵蚀、中度侵蚀、重度侵蚀，其土地退化指数分权重分别为0.7、0.25、0.05。由于不老屯镇植被覆盖率高，土地退化不严重，我们将不老屯镇土地划为轻度侵蚀区。

$$土地退化指数 = A_{ero} \times (0.7 \times 轻度侵蚀面积 + 0.25 \times 中度侵蚀面积 + 0.05 \times 重度侵蚀面积)／区域面积$$

其中，A_{ero}为土地退化指数的归一化系数。

5. 环境质量指数

环境质量指数见表10。

表10 环境质量指数分权重

类型	二氧化硫	化学需氧量	固体废物
权重	0.4	0.4	0.2

$$环境质量指数 = 0.4 \times (100 - A_{SO_2} \times SO_2 排放量／区域面积) + 0.4 \times (100 - A_{COD} 排放量／区域年均降雨量) + 0.2 \times (100 - A_{sol} \times 固体废物排放量／区域面积)$$

其中，A_{SO_2}为SO_2的归一化系数，A_{COD}为COD的归一化系数，A_{sol}为固体废物的归一化系数。

6. 生态环境状况指数计算

各项指标的归一化系数采用中国环境监测总站取得的全国生态环境状况评价归一化系数，具体见表11。

表11 生态环境状况评价归一化系数

项目		归一化系数
生物丰度（A_{bio}）		400.62
植被覆盖（A_{veg}）		355.24
水网密度	水资源量（A_{res}）	62.42
	河流长度（A_{riv}）	46.43
	湖泊、水库面积（A_{lak}）	17.88
土地退化（A_{ero}）		146.33
环境质量	二氧化硫（A_{SO_2}）	0.06
	COD（A_{COD}）	0.33
	固体废弃物（A_{sol}）	0.07

得到各项指数如表 12 所示。

表 12　各项评价指标

	生物丰度 指数	植被覆盖 指数	水网密度 指数	土地退化 指数	环境质量 指数
指标	69.2	62.76	8.63	90.12	99.62

生态环境指数 EI = 0.25 × 生物丰度指数 + 0.2 × 植被覆盖指数 + 0.2 × 水网密度指数 +
　　　0.2 × 土地退化指数 + 0.15 × 环境质量指数
　　　= 64.54

通过上述计算得到不老屯镇生态环境指数为 64.54，根据表 13 生态环境状况分级标准，说明不老屯镇生态环境质量良好。

表 13　生态环境状况分级标准

级别	指数	状态
优	EI ≥ 75	植被覆盖度高，生物多样性丰富，生态系统稳定，最适合人类生存
良	55 ≤ EI < 75	植被覆盖度较高，生物多样性较丰富，基本适合人类生存
一般	35 ≤ EI < 55	植被覆盖度中等，生物多样性处于一般水平，但有不适合人类生存的制约性因子出现
较差	20 ≤ EI < 35	植被覆盖度较差，严重干旱少雨，物种较少，存在明显限制人类生存的因素
差	EI < 20	条件较恶劣，人类生存环境恶劣

（二）生境敏感性评价

1. 水库一级保护区

不老屯镇密云水库沿岸受到强烈的人为干扰，为高敏感区。根据《北京市密云水库怀柔水库和京密引水渠水源保护管理条例》，密云水库一级保护区密云水库环库公路以内，包括内湖区及环库公路以外由市人民政府划定的近水地带。在一级保护区内：①禁止直接或者间接向水体排放污水、废液，倾倒垃圾、渣土和其他固体废弃物；②禁止在滩地和岸坡堆放、存储垃圾、渣土和其他固体废弃物；③禁止在两库一渠水面游泳、进行水上训练以及其他水上体育、娱乐活动；④禁止设置禽畜养殖场，直接在水体内放养禽畜；⑤禁止直接在水体内洗刷车辆、衣物和其他器具等；⑥禁止毒鱼、炸鱼、电鱼及在非指定的水域钓鱼；⑦禁止施用对人体有害的鱼药和高毒、高残留的农药，禁止露营、野炊等污染水质的旅游活动；⑧禁止未经市水利局批准的车辆上坝；⑨禁止未经市环境保护局批准的船只下水或者将批准下水的船只改变用途；⑩禁止违反法律、法规的其他污染水质的行为。

2. 万亩油松次生林自然保护区

不老屯镇万亩天然油松次生林是大量珍稀、濒危动植物的集中分布地，也应属于高敏感区。应该对进入次生林核心区的活动加以限制，减轻人类活动对天然状态生态系统的干扰。

3. 其他区域

水库二级保护区为一级保护区之外至水库的向水坡范围以内以及水库调节池的汇水范围以内，三级保护区为二级保护区以外上游河道的流域。在一级保护区及自然保护区以外的二、三级圈，生态环境敏感性降低，除了禁止发展化工、造纸、制药、制革、印染、电镀、冶金以及其他对水质有严重污染的项目外，可适当培育旅游、休闲、康体、文化创意等产业，推进新农村建设。

（三）　环境承载力评价

1. 水环境承载力

不老屯镇水体环境承载力参考"密云一级水源保护区水环境承载力研究"分析结果。从表14可以看出，三种污染物的实际排放量均低于其水环境容量，有一定的剩余环境容量存在。剩余环境容量COD＞氨氮＞总磷，说明总磷的污染风险最大。

虽然尚有一定的水环境容量，但由于近年来气候干旱，密云水库入库水量明显减少，水库水面面积不断缩小，该区域的生态安全承载力不断发生变化。而且随着旅游业的发展和人口的增长，旅游和生活废水所带来的COD污染物负荷也会加重。因此，依然要重视水环境保护，将污染物排放控制在水环境容量以内，实现密云水库水质长期保持在国家地表水环境质量标准的Ⅱ类水体水质标准的目标。

表14　密云一级水源保护区水环境容量分析

单位：t/a

指标	环境容量	实际排放量	剩余环境容量
COD	3170.36	292.10	2878.26
氨氮	128.20	26.31	101.89
总磷	25.27	23.21	2.06

2. 大气环境承载力

由于不老屯镇位于密云水库北岸，大气质量良好，密云县大气环境质量优于全市平均水平，根据《北京市环境状况公报》，2012年密云县二氧化硫、二氧化氮、可吸入颗粒物年均浓度值均满足《环境空气质量标准》（GB 3095 - 1996）的二级标准要求。

但随着《环境空气质量标准》（GB 3095 - 2012）的发布，2012年密云县可吸入颗粒物年均浓度值已经超过新标准的要求，同时为积极应对区域性大气污染问题已将细颗粒物（PM 2.5）纳入监测体系，未来不老屯镇改善大气环境质量的压力依然很大。

（四）　环境与经济协调性评价

不老屯镇承担着保护密云水库水质的重要职责，农业和工业发展都受到了一定的制约。多年来，不老屯镇积极落实北京市和密云县的相关政策，规模养殖、工业基本迁出了水库一级、二级保护区，农业以干鲜果品收入为主，农药、化肥施加量小。这造成了不老屯镇农业占主导、工业发展滞后的经济发展现状。

另外，不老屯镇水质优良、大气环境质量良好、森林覆盖率高、风景秀丽，拥有得天独厚的旅游资源，近年来全镇旅游业的快速发展也是得益于此。这与不老屯镇政府转变发展思路，实现绿色、低碳、环保快速发展不谋而合。

四　养生宜居条件分析评价

（一）水、土、气质量

世界卫生组织确认的人体必需的14种微量元素为铁、铜、锌、钴、锰、铬、硒、碘、镍、氟、钼、钒、硅、锡。人体中的必需微量元素都有一个安全和适宜摄入的范围（量），在此范围以外，都会对机体产生不利影响，即摄入不足会出现缺乏症状，摄入过多又会出现中毒反应。除必需微量元素外，其余的则称为非必需微量元素。非必需的惰性微量元素很多，主要有铝、铷、锆等，它们对人体无明显特异作用。毒性微量元素主要是指汞、铅、砷、镉、铍等一类毒性很强的元素。非必需微量元素不存在缺乏时的生物效应问题，应注意其过量时的毒害作用，在一定含量时，生物是耐受的，但稍过量其毒性即增加，最终会导致生物死亡。由此可见，人们赖以生存的水、土壤环境中微量元素的含量对人体健康产生重要的影响。

《生活饮用水卫生标准》规定了生活饮用水水质卫生要求，其中毒理指标规定了砷、镉、铬、铅、汞、硒等的限值，表15分别列出各指标的限值及不老屯一级、二级、三级圈水样含量。

表15　不老屯镇水样毒理指标现值分析

单位：mg/L

常规毒理指标	限值	一级圈	二级圈	三级圈	麦饭石	非麦饭石	不老屯
砷	0.01	0.0004	0.0002	0.0007	0.0003	0.0005	0.0004
镉	0.005	0.000016	0.000015	0.000021	0.00001	0.00002	0.000017
铬	0.05	0.01	0.008	0.006	0.010	0.007	0.008
铅	0.01	0.00003	0.000004	0.000006	0.00003	0.000003	0.00001
汞	0.001						
硒	0.01	0.005	0.015	0.020	0.008	0.016	0.013

有害重金属砷、镉、铬、铅各圈层均低于限值1~3个数量级，砷一级圈＞三级圈＞二级圈，镉三级圈＞一级圈＞二级圈，铬一级圈＞二级圈＞三级圈，铅一级圈＞三级圈＞二级圈，除铅和铬外其他有害元素非麦饭石区均高于麦饭石区；硒为人体必需元素，一级圈＜二级圈＜三级圈。不老屯水中有害物质少，有利于人类健康长寿的元素含量相对较高，为养生提供优质水源，相对来讲二级圈水质好于一级、三级圈，其他指标如表16所示。

表 16　不老屯镇土壤采样中微量金属元素分析

单位：mg/L

其他指标	限制	一级圈	二级圈	三级圈	不老屯
钡	0.7	0.072	0.0866	0.0998	0.0850
硼	0.5	0.0092	0.0121	0.0209	0.0137
钼	0.07	0	0.0002	0.0003	0.0001
镍	0.02	0.0001	0.0009	0.0006	0.0005
铝	0.2	0.741×10^{-3}	0.402×10^{-3}	0.659×10^{-3}	0.611×10^{-3}
铁	0.3	0	0.0189	0.0005	0.0060
锰	0.1	0.0007	0.0052	0.0004	0.0020
铜	1	0.005	0.02	0.02	0.01
锌	1	0.1041	0.0741	0.0118	0.0665

《土壤环境质量标准》第二级标准规定了土壤重金属环境质量标准值，不同种类、不同 pH 值的土壤其标准值不同，根据土壤应用功能将其划分为四类：农业用地土壤，居住用地土壤，商业用地土壤，工业用地土壤。本次采样主要为 pH 值为 7.7 左右的旱田，具体指标二级标准限值、背景值及各采样点测得值如表 17 所示。

表 17　不老屯镇土壤重金属环境质量标准值

单位：mg/L

指标（ppm）	镉	铬	铅	铜	镍	锌	钴	钒
背景值	0.074	68.1	25.4	23.6	29	102.6	15.6	79.2
二级标准	0.80	250	80	100	100	300	40	130
董各庄	0.194	95.28	15.50	59.22	34.69	95.05	23.08	111.39
学各庄（村耕地）	0.162	184.35	15.80	41.62	34.50	73.88	22.48	108.54
学各庄（生态园）	0.081	112.91	5.30	68.14	58.62	116.36	30.01	176.48
燕落（麦饭石）	0.186	58.71	19.96	30.69	25.34	114.77	18.44	93.59
燕落（梨园）	0.107	85.90	16.81	48.81	34.75	135.33	26.76	114.39
北香峪	0.132	142.86	10.86	53.28	52.97	97.68	26.18	117.64
西坨古	0.261	97.18	19.75	38.76	33.67	94.68	19.59	86.28

不老屯镇地处麦饭石矿带，麦饭石别名长寿石，是一种天然的药物矿石，含有人体所必需的钾、钠、钙、镁、磷等常量元素和锌、铁、硒、铜、锶、碘、氟、偏硅酸等 18 种微量元素，数据显示本区土壤和水中硒、锌、铜等人体必需元素均较丰富。另外由于其吸附性强，具有净化、改善水质的功能。对采取水样的分析表明不老屯镇各村饮用水中有害元素砷、镉、铬基本不存在，而铅的含量亦极低，对人体有利的硒、锌、硼等微量元素则相对其他地区较高，尤其硒与长寿息息相关，具有抗氧化，抵抗镉、汞、砷毒性，促进生长，保护视觉器官及抗肿瘤的功效；对采集的土样分析表明土壤中有害元素镉、铬、铅亦

低于土壤二级标准，尤其是燕落麦饭石样品中有害元素低于或接近背景值，土壤质量良好。麦饭石主要分布在一级圈的杨各庄、董各庄、黄土坎、燕落、不老屯、沙峪里及二级圈的学艺厂、转山子、白土沟、丑山子、转山子，这些区域土样、水样质量亦较好：毒性元素含量低，硒、锌等有利微量元素含量较高；从圈层上来说水质二级圈要优于一级、三级圈。

不老屯镇植被覆盖率达 70% 以上，二级、三级圈高达 90% 以上，空气清新舒爽，负氧离子含量高，堪称天然氧吧。优良的生态环境、丰富的自然资源、甘甜的水体、洁净的空气、便捷的交通使不老屯镇成为城市居民休闲、养生度假的理想场所。

（二）长寿人口、年龄结构

正所谓"一方水土养一方人"，由于不老屯镇优越的自然地理环境，其人口具有"不老"、长寿的特点，这里所谓"不老"即看起来比同龄人年轻。统计资料显示，全镇 2.4 万人口中，有 80~89 岁的老人 558 位，90~99 岁的老人 85 位，还有九位百岁健康老人，年龄最大的已达到 104 岁。根据联合国长寿地区的划定标准，每百万人口中百岁老人达到 75 位即为长寿地区，而不老屯镇远远高于这个标准，成为京郊有名的长寿镇，从另一个侧面反映了该地区的养生宜居环境。

表 18　不老屯镇年龄结构分析

单位：人，%

	村名	80~89 岁	90~99 岁	100 岁以上	80 岁以上人口比例
一级圈	永乐	12	1	无	2.5
	大窝铺	10	2	无	2.1
	柳树沟	5	无	无	0.5
	学各庄	14	5	近七八年有 1 人	1.7
	沙峪里	15	11	无	3
	燕落	104	13	1	3.2
	董各庄	7	1	无	2.2
	不老屯	42	6	1	3
	杨各庄	7	1	1	3.5
	黄土坎	30	5	无	1.7
合　计		246	45	4	2.7
二级圈	边庄子	5	无	最大 98 岁，已过世	2.5
	白土沟	15	2	无	3
	学艺厂	6	无	无	2.5
	转山子	10	5	无	1.3
	兵马营	78	3	1	3.4
	丑山子	32	6	无	4.3
	车道岭	5	3	无	2.5
	半城子	26	2	无	3.9
合　计		177	21	1	3.1

续表

	村名	80～89岁	90～99岁	100岁以上	80岁以上人口比例
三级圈	香水峪	13	3	无	2.2
	南香峪	16	2	无	3.8
	北香峪	10	2	无	2.4
	史庄子	23	5	无	8.8
	古石峪	20	2	无	5
	陈家峪	13	2	1（2008年去世）	4.8
	阳坡地	15	2	无	2.9
	西坨古	25	1	无	3.2
合　计		135	19	1	3.7

由人口年龄结构看，有百岁老人的村庄为学各庄、燕落、不老屯、杨各庄、兵马营、陈家峪，一级圈、二级圈、三级圈80岁以上老人比例分别是2.7%、3.1%、3.7%，百岁老人分别为4人、1人、1人。但一级圈为禁止开发区，更适宜养老。适宜养生的区域为三级圈，其次是二级圈，其中较好的村庄为史庄子、古石峪、陈家峪、丑山子、半城子。

（三）宜居条件综合评价

养老、养生休闲区域评价应综合考虑多种自然、社会、经济因素，选取指标并对其进行全面分析。

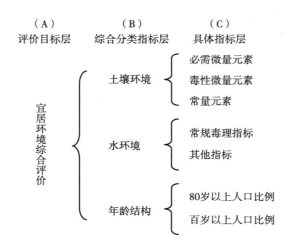

图1　宜居条件综合评价指标体系

首先对指标值进行无量纲化处理，公式为：$P = \dfrac{M_i - N_0}{M_h - N_0} \times 100$

式中：P——指标值；M_i——评价指标值；N_0——各指标最低值；M_h——各指标最高

值。指标值从 0 到 100，0 代表最低值，100 为最高值。对人体健康有利、宜于居住的指标，指标值为上列公式计算结果值；对人体健康有负面影响的指标，其指标值为 100 减去上述计算结果值所得的余数。指标值越高，表示宜居环境状况越好。各个评价指标对城市居民健康的影响程度不同，采用专家打分法确定各指标权重 W_j，然后用公式 $H_i = \sum\limits_{j=1}^{14} P_j \times W_j$ 计算出各村综合评价值。

由于本次采用抽样调查，未完全采集各村水样、土样，在进行综合评价时只能在已有数据定量评价基础上加入定性主观评价。总体来说，二级圈水土条件、区位优势较好；三级圈年龄结构显示其 80 岁以上人口比例较大，森林生态环境优美更利于长寿；从功能定位上看，三级圈尤其是史庄子、古石峪、陈家峪村更适合养老、养生休闲；另外二级圈中处于麦饭石矿带的丑山子、白土沟亦定位于养老、养生休闲区域，而转山子、学艺厂、边庄子既位于麦饭石矿带又具有景点、度假山庄等旅游产品，可定位为养生度假区域。

五　生态文明沟域建设

（一）沟域基本情况

燕山山脉水系发达，加之流水冲刷、跌水、涡流和重力崩塌等因素，不老屯境内沟域众多，随着低端资源型产业的退出，沟域生态环境建设的力度不断加大，水土流失基本排除，植被较好。主要沟域分布如表 19 所示。

表 19　不老屯镇主要沟域基本情况

单位：公里

沟域名称	所属行政村	主要物种	长度
药王峪沟	黄土坎	梨树	—
米子峪沟	黄土坎	梨树	—
何宝峪沟	黄土坎	梨树	—
西郝家峪沟	燕落	鸭梨	—
戴家沟	燕落	鸭梨	—
杨家峪	燕落	鸭梨	—
不老湖沟域	古石峪—史庄子	油松	—
古石峪沟	古石峪	油松	5
西石门沟峪	古石峪	林果	3
二道沟	古石峪	林果	3
头甸子沟	古石峪	林果、杂粮	4
黄草峪	古石峪	—	1
苍房峪沟	半城子	杨松	3
龙潭沟	半城子	—	1.5
招儿峪	半城子	—	1.5
西沟	半城子	—	1.5

续表

沟域名称	所属行政村	主要物种	长度
后沟	半城子	—	1.1
秀才峪	转山子	—	5
郑宝峪	转山子	—	5
柳家沟	转山子	—	2
东坨古沟	西坨古	—	8
烟家峪沟	西坨古	—	4
大河峪沟	西坨古	—	3
大南峪	西坨古	—	4
西台子沟	陈家峪	—	12
果子峪沟	陈家峪	—	5
里苍峪沟	陈家峪	—	3
大西沟	边庄子	—	2.5
边庄子主沟	边庄子	—	5.5
分脊梁沟	学艺厂	—	3
车排峪沟	学艺厂	—	2

同时也存在问题如下：生态建设还存在短板，水源涵养区植被遭到破坏，固持水土能力下降，并且存在水资源严重不足、开发利用过量、水文环境恶化等现象，尤其对转山子、半城子水库上游的几条沟保护力度不够，沟域普遍面临生态保护与开发利用的矛盾。

（二）生态文明沟域指标体系评价

结合前文构建的指标体系，对不老屯镇沟域的生态文明建设情况进行评价。

1. 已达标指标分析

农业灌溉水有效利用系数、节能环保产业增加值占 GDP 比重、主要污染物排放强度、受保护地占国土面积比例、林草覆盖率、禁止开发区生态恢复治理率、禁止开发区农村环境综合整治率、限制开发区生态用地比例、公众对环境质量的满意度、生态环保投资占财政收入比例、环境影响评价率及环保竣工验收通过率以及公共交通出行比例 12 项指标现已达到生态文明建设标准。

2. 易达标指标分析

碳排放强度、单位 GDP 能耗、主要农产品中有机和绿色食品种植面积的比重、污染土壤修复率、农村面源污染防治率、生态文明建设工作占党政实绩考核的比例、政府采购节能环保产品和环境标志产品所占比例、环境信息公开率、党政干部参加生态文明培训比例、生态文明知识普及率、生态环境教育课时比例、节能电器普及率和节水电器普及率等 13 项指标现在虽未达标，但是可以预见经过两期沟域容易达到生态文明建设的标准，因

图 2　沟域生态环境遭到破坏

此属于易达标指标。

3. 难达标指标分析

资源产出增加率、再生资源循环利用率、第三产业占 GDP 比重和新建绿色建筑比例 4 项指标属于难达标指标，需要在域建设中加大力度，争取在规划期内达到生态文明建设标准。

（三）沟域生态文明建设分区

为了实现沟域生态安全的良性可持续发展，对沟域进行生态文明建设分区，在对不老屯进行实地调查的前提下，在分析资源禀赋空间分异规律、区域生态特征、生态功能的完整性、产业基础与项目布设的基础上，确定不同沟域单元的生态主体功能。主要对生态保育区、生态发展区、生态涵养区三个分区进行管理。

1. 生态保育区

生态保育区主要是在不老屯水源保护区的一级保护区。

（1）生态保育区。生态保育区主要是指天文台及不老生态园所在区域，这部分区域承载着供人们游览欣赏、休憩娱乐或进行科学文化活动的特定功能。保护培育就是使风景资源不仅能满足当代人们游憩、科教的需要，同时维持其风景品质与资源潜力以满足未来世代的需要。

（2）禁止发展区。这一区域以矿坑恢复治理区、地质灾害易发区为主，主要包括学各庄、董各庄、杨各庄、永乐村，其中学各庄饮水问题严重，第一要务要保水，在此基础上建立学各庄土地复垦区。应对以上区域进行相关强制性保护，控制人为因素对自然生态的干扰。将这些禁止开发区域建成保护自然文化资源的重要区域、珍贵动植物基因资源和生物多样性的保护地以及生态安全的保障地。对禁止开发区域，主要对生态环境保护进行评价。

表 20　生态文明沟域指标体系

系统	序号	指标	指标分类	生态文明考核标准	指标属性	现状值 2012 年	现状值 水平	目标值 近期 2015 年	目标值 远期 2020 年
生态经济	1	资源产出增加率（%）	限制开发区	≥20	参考	/	/	15	20
	2	再生资源循环利用率（%）	限制开发区	≥80	约束	/	/	65	80
	3	碳排放强度（kg/万元）	限制开发区	≤300	约束	650	不达标	≤500	≤300
	4	单位 GDP 能耗（吨标煤/万元）	限制开发区	≤0.35	约束	0.56	不达标	≤0.45	≤0.35
	5	农业灌溉水有效利用系数（立方米/万元）		≥0.6	参考	0.58	已达标	≥0.50	≥0.45
	6	节能环保产业增加值占 GDP 比重（%）		≥6	参考	7	已达标	≥9	≥10
	7	主要农产品中有机和绿色食品种植面积的比重（%）		≥60	约束	45	不达标	≥55	≥60
	8	第三产业占 GDP 比重（%）		≥45	特色参考	39	不达标	≥42	≥45
生态环境	9	主要污染物排放强度（吨/平方公里）	化学需氧量 COD	≤4.5	约束	2.2	已达标	≤2.0	≤1.5
			二氧化硫 SO$_2$	≤3.5		1.75	已达标	≤1.5	≤1.0
			氨氮 NH$_3$－N	≤0.5		0.32	已达标	≤0.3	≤0.2
			氮氧化物	≤4.0		1.26	已达标	≤1.2	≤1.0
	10	受保护地占国土面积比例（%）	山区、丘陵区	≥25	约束	56	已达标	60	65
			平原地区	≥20		30	已达标	35	40
	11	林草覆盖率（%）	山区	≥80	约束	95	已达标	≥95	100
			丘陵区	≥50		80	已达标	≥90	≥95
			平原地区	≥20		50	已达标	≥55	≥60
	12	污染土壤修复率（%）		≥80	约束	/	/	≥80	≥90
	13	农业面源污染防治率（%）		≥98	约束	90	不达标	≥95	100
	14	生态恢复治理率（%）	限制开发区	≥90	约束	85	不达标	≥90	100
			禁止开发区	100		100	已达标	100	100
生态人居	15	新建绿色建筑比例（%）		≥75	参考	/	/	≥60	≥75
	16	农村环境综合整治率（%）	限制开发区	≥95	约束	80	不达标	≥90	≥95
			禁止开发区	≥100		100	已达标	100	100
	17	生态用地比例（%）	限制开发区	≥65	约束	80	已达标	≥85	≥90
			禁止开发区	≥95		90	不达标	≥92	≥95
	18	公众对环境质量的满意度（%）		≥85	约束	90	已达标	≥92	≥95
	19	生态环保投资占财政收入比例（%）		≥15	约束	22.5	已达标	≥25	≥30
生态制度	20	生态文明建设工作占党政实绩考核的比例（%）		≥22	参考	/	/	≥15	≥22
	21	政府采购节能环保产品和环境标志产品所占比例（%）		100	参考	/	/	≥85	≥100

续表

系统		指标	指标分类	生态文明考核标准	指标属性	现状值		目标值	
						2012年	水平	近期 2015年	远期 2020年
生态制度	22	环境影响评价率及环保竣工验收通过率(%)		100	约束	100	已达标	100	100
	23	环境信息公开率(%)		100	约束	90	不达标	≥95	100
	24	党政干部参加生态文明培训比例(%)		100	参考	/	/	100	100
	25	生态文明知识普及率(%)		≥95	参考	80	不达标	≥90	≥95
生态文化	26	生态环境教育课时比例(%)		≥10	参考	5.5	不达标	≥7	≥10
	27	公众节能、节水、公共交通出行的比例(%)	节能电器普及率	≥95	参考	85	不达标	≥90	≥95
			节水器具普及率	≥95	参考	90	不达标	≥90	≥95
			公共交通出行比例	≥70	参考	80	已达标	≥85	≥90

图3 生态文明建设分区

2. 生态发展区

生态发展区主要是在不老屯水源保护区的二级保护区。

图4　生态脆弱区分布

（1）浅丘生态发展区。浅丘生态发展区是边庄子、车道岭、南香峪、白土沟、丑山子、转山子（包括转山子水库、云峰山）、沙峪里、学艺厂等所在区域。

（2）平原生态发展区。平原生态发展区是黄土坎、燕落（包括燕落水库）、不老屯、柳树沟、大窝铺、兵马营所在区域。

3. 生态涵养区

生态涵养区主要是在不老屯水源保护区的三级保护区。该区域是环境友好型产业基地，是保证可持续发展的支撑区域，也是村民休闲游憩的理想空间。在该区域关键要解决保护生态环境与经济发展之间的矛盾，建立生态建设利益补偿机制；全面提升生态资源质量，加快产业结构调整优化，不断提高城镇化水平；进一步加强规划指导，统筹兼顾近期和长远发展，留足绿色空间和未来产业发展空间；统筹兼顾生态涵养和生态经济发展，增强区域发展后劲；统筹兼顾政府推动和发挥市场机制作用，拓宽社会力量参与渠道，实现生态涵养区的协调可持续发展，将生态涵养区建设成为山川秀美、社会和谐的生态文明示范区和产业友好、人民富裕的生态经济发展区。首先要坚持生态优先发展，坚持把生态建设和保护作为首要任务，不断增强生态屏障和生态服务功能；其次要大力发展生态服务型经济，充分发挥生态资源效益；再次要实现生态与经济融合发展，坚持把融合化发展作为产业优化升级的重要途径，实现生态保护和经济发展的融合互促；最后要加强区域合作发展，加强与周边地区的生态保护协作，共同增强生态屏障功能。主要包括以下两部分：

（1）森林与水库涵养区。森林与水库涵养区是史庄子、古石峪（包括森林保护区、黑圈水库、不老湖水库）所在区域。

（2）山岳与沟域涵养区。山岳与沟域涵养区是西坨古、阳坡地、陈家峪、半城子、香水峪、北香峪所在区域。

（四）沟域主体功能定位

不老屯众多沟域并不是都完全具备发展条件，依据增长极理论，在考虑产业、人口、文化、资源禀赋、地理区位和生态经济发展潜力的基础上，选出重点发展沟域10条，并明确7种主体功能定位，即生态农业沟域、生态湿地沟域、生态度假沟域、生态休闲沟域、生态养生沟域、生态美丽沟域和生态文化沟域。

表21　生态文明沟域主体功能定位

主体功能定位	沟域名称
生态农业沟域	药王峪
生态湿地沟域	秀才峪
生态度假沟域	圣水峪
生态休闲沟域	郑宝峪、不老湖沟
生态养生沟域	边庄子沟
生态美丽沟域	苍房峪沟
生态文化沟域	长城文化：西台子沟、西坨古沟
	地质文化：东坨古沟

（五）生态文明沟域建设路径

沟域是生态文明建设的"经脉"，对生态系统的维护和美丽风光的塑造有着不可或缺的重要作用。

1. 提升生态涵养功能，夯实生态文明建设基础

生态沟域建设中，建设"生态修复、生态治理、生态保护"三道防线，做到既能满足沟域上段生态涵养建设和乡村防洪需求，又能与绿化美化结合；沟域内水土资源得到有效保护、合理配置和高效利用，沟道基本保持自然生态状态，行洪安全；人类活动对自然的扰动在生态系统承载能力之内，生态系统良性循环、人与自然和谐，人口、资源、环境协调发展。

2. 耦合主体功能，联动错位发展生态文明沟域

不老屯山水条件俱佳，衍生众多沟域，随着地势由浅山到深山的变化，从一级圈到三级圈的沟域呈现不同的自然生态景象，加之不同村域的功能定位和主导产业的差异，每条沟域的发展定位和主体功能应体现差异化、关联性，最终达到区域联动错位发展。

3. 农业与旅游相融合，生态与文化相交融

众多生态沟域中分布着国家级文物古迹，如陈家峪城堡遗址、半城子村城堡遗址和乍儿峪城堡遗址、西坨古城堡和共工城等，有吉祥寺、圣水寺、娘娘庙、超胜庵、老爷庙、七山顶庙等宗教场所，更有众多风景如画的美丽景观。生态文明沟域的建设和发展，应以沟域为"通道"和"纽带"，连接不老屯镇众多自然名胜、文物古迹，做好民俗展示，深挖文化历史，融合农业与旅游、生态与文化，带来组合的美丽感知。

第五节　生态文明沟域建设战略

一　战略路径

（一）生态文化引领战略

在北京山区，沟域以其独特的自然地貌和独有的历史文化现象，形成了一山一石皆有历史、一沟一水皆有传说、处处皆有风情的独特魅力。丰厚的人文资源、自然资源和生态资源，是沟域的宝贵财富，已经被挖掘和正在被挖掘的文化元素，积淀出丰厚的文化底蕴，形成历史文化厚重、自然风光秀美的沟域文化基本特征。用生态文化建设生态文明沟域，这不是一句口号，而是一个持之以恒的过程，必须转变思想观念，积极探索合适的建设路径。就目前北京山区的实际而言，用生态文化建设生态文明沟域的战略路径问题，主要是要抓好四个环节：一是要切实提高全民的生态文化意识；二是要坚定不移地发展低碳经济；三是要全面普及绿色消费；四是要大力发展生态文化产业。

1. 切实提高全民的生态文化意识

提高全民的生态文化意识，就是要加强生态文化教育。加强全民的生态文化教育，最重要的举措表现在两个方面：一方面要加强民众的生态知识教育，用生态和谐思想教育民众；另一方面要求社会各个部门相互配合，共同努力，把生态文化教育作为终身教育来抓。生态文化教育的内容选择要突出主题，这个主题就是为了人类的发展就必须协调好人与自然以及社会的和谐发展。生态知识的教育还要求突出重点，特别是要突出自然生态知识中的重点内容。

2. 坚定不移地发展低碳经济

一定的文化总是在一定的经济基础上发展起来的。从历史唯物主义的角度去考察，既然文化是对社会和经济发展状况的反映，那么生态文化也是一种文化形态，它的最大特点就是强调人们既要关注自然，又要尊重自然。要坚定不移地发展低碳经济，因为发展低碳经济能够确保生态文化价值目标的实现。党的十八大报告特别强调，要控制能源消费总量，加强节能降耗，支持节能低碳产业和新能源、可再生能源发展，确保国家能源安全，这实际上就是提出了发展低碳经济的要求。我们一定要按照十八大报告的要求，坚定不移地发展低碳经济，这是建设生态文化的有效路径。

3. 全面普及绿色消费

生态文化建设不仅要求发展低碳经济，而且还要求全面普及绿色消费。生态文化建设的终极目标是人的全面发展。人们具有多层次的需要，既有维持自身的新陈代谢的需要，也有自我创造、发展和完善的需要。绿色消费对人们的过度的物质需求进行了适度的限制，它大力倡导节俭的生活方式和消费方式，主要标志是在满足人的基本物质需求的基础上，更多满足人的精神层面的需求，以实现人的全面发展为目标。

4. 大力发展生态文化产业

生态文化产业是生态文化体系的重要支撑，大力发展生态文化产业，丰富生态文化产品是用生态文化建设生态文明沟域的必由之路。一方面，用生态文化建设生态文明沟域必须有相应的产业结构，大力发展生态文化产业。这既顺应了社会经济发展转型的要求，顺应了建设资源节约型、环境友好型社会的要求，又能凸显文化产业具有资源消耗低、环境污染少、生态负面影响小等鲜明特征和优势。另一方面，用生态文化建设生态文明沟域必须确保生态文化产品不断丰富。结合沟域的地域特点和资源优势及生态条件，提供丰富多样的生态文化产品。

（二）生态优先发展战略

生态是沟域经济得以产生、发展的基础，更是北京山区重要的功能定位，因此建设生态文明沟域要在确保生态优先的前提下进行开发。

1. 建立生态红线保护制度

按照沟域所在区域的生态功能分区和具体沟域的生态功能定位，优化生态、生活、生产的空间布局，明确不同沟域的环境目标、发展方向和标准，实行分类指导、分区管理。制定和完善具有不同沟域特色的严格的水、大气、林地、耕地等各项管理办法。建立生态红线保护制度，将对区域和沟域有重要影响的生态资源纳入生态红线保护范围，明确生态红线范围内发展项目准入以及生态资源保护要求。

2. 建立最严格的水资源保护制度

水资源是沟域的独特优势资源，但同时也是在生态建设方面容易出现问题的关键环节。建立基于生态、生产、生活用水平衡的沟域取水总量控制指标体系，严格实行重大项目节水评估，建立严格的节水制度，完善节水器具认证体系，研发雨洪利用技术、农业灌溉节水技术等，并对污水处理、再生水利用等制定相应的实施办法。

（三）区域和沟域统筹发展战略

1. 区域和沟域一体化发展

要走"一沟一品"专业化分工、规模化经营的路子，突出发展的差异性，把每个沟域的经济发展建立在一种或两三种特色产品的专业化生产优势上。沟域打造要和区域发展紧密结合起来，沟域的主导产业要和区域的功能定位基本保持一致，和区域共享基础设施，将工业、农业、商贸、文化、教育、生活、娱乐、水电路气以及排污、绿化等基础设施作为一个完整的系统来考虑。以沟域为通道，打造独具特色，集生态秀美、村落整洁、产业富民、乡风文明于一体的美丽乡村综合示范带。

2. 完善生态补偿制度

生态补偿是以保护和可持续利用生态系统服务价值为目的，以经济手段为主，调节利益相关者之间关系的制度安排，包括四个方面的内容：一是对生态系统本身保护（破坏）的成本进行补偿；二是通过经济手段将经济效益的外部性内部化；三是对个人或区域保护生态系统和环境的投入或放弃发展机会的损失的经济补偿；四是对具有重大生态价值的区域或对象进行保护性投入。一方面，从产业发展方面进行补偿，制定具有吸引力的产业补偿机制，优先向沟域招引和转移旅游休闲产业、文化创意产业、节能环保产业；优先审批沟域产业发展用地指标；优先扶持实施科教创新和人才引进活动。另一方面，从设施建设方面进行补偿，制定基础设施补偿机制，优先提供垃圾处理、生活污水处理、农村环境连片整治等生态环保工程的建设资金；优先批准旅游公交、游憩绿道、滨河观光道、智慧旅游管理系统等旅游休闲产业基础设施项目。

（四）幸福导向型战略

目前，无论是首都城市居民还是山区乡村农民，对幸福的诉求日趋呈现多元化趋势，特别是对于沟域内的村民来讲，既有物质生活层面的基本需求，也有期盼社会价值感和责任感的社会尊重层面的诉求。专家组针对北京山区沟域经济率先提出发展幸福导向型产业，瞄准生态文明和沟域建设的新趋势，结合沟域既要养山护水又要养人的生态发展战略，加快镇域经济转型升级，这是建设生态文明沟域的必由之路。对于生态文明沟域建设来讲，不与别人比发展的总量，要比发展的质量；不与别人比GDP的增速，要比老百姓的幸福指数；不与别人比发展的规模，要比发展的特色。这种理念的提出体现的是在指导观念上更加重视经济发展的质量和效益，表明沟域经济今后不仅是发展产业，还要在发展中带来物质享受，让老百姓普遍体会到幸福。无疑这对北京山区生态产业发展具有重要的示范意义。

生态文明沟域建设从传统历史、人文积淀、资源禀赋、地形地貌等特色出发，通过"缮民居、强公建、美景观"，着力向"宜居、宜业、宜游"目标迈进，最终建设成环境优美、生活富美、社会和美的幸福不老屯，达到既"美丽于形"，又"魅力于心"，使田野更晴朗、空气更清新、溪水更清澈、乡情更浓郁、文化更深厚。以建设美丽中国和美丽乡村为指导，以全面实现生态美、环境美、产业美、生活美和文化美"五位一体"的美丽建设为发展目标，建设"生态自然、境态和谐、业态丰厚、心态满足和文态多样"的不老屯，走生态建设（生态沟域）—美丽规划（美丽沟域）—幸福指向（幸福沟域）的三级稳步上升的可持续发展路径。

二 战略措施

（一）强化建设的组织领导

1. 成立组织，加强领导

生态文明沟域建设是全社会广泛参与的系统性和综合性建设，面临诸多重要任务，需要党委、政府成立由一把手任组长，国土、发改、财政、环保、农委、旅游等部门负责人为成员的领导小组，建立联席会议制度，全面负责生态文明沟域建设工作的组织、领导、协调和督察工作。建议抽调各成员单位业务骨干，并聘请部分专家组建"生态文明沟域建设咨询委员会"，做到"三固定"（固定办公场所、固定工作人员、固定办公经费），负责解释、监督、指导生态文明沟域建设工作。切实做到领导到位、组织到位、措施到位、投入到位，为生态文明沟域建设规划的顺利完成提供有力的领导保障和组织保障。

2. 制订实施方案，周密部署

按照有关要求，结合区域发展实际，制订下发《生态文明沟域建设实施方案》，明确生态文明沟域建设的指导思想、方法、步骤，对相应的任务目标进行细化和量化。定时召开由有关部门主要负责人参加的动员会议，对生态文明沟域建设工作进行全面安排部署，落实各自参与生态文明沟域建设管理职责。

3. 分级负责，落实责任与目标

实行目标管理、绩效考核、奖惩兑现，增强各级政府执行生态文明沟域建设的责任心和使命感。制订生态文明沟域建设的年度计划，分解落实生态文明沟域建设任务，由政府牵头与相关责任单位签订目标责任书，确保生态文明沟域建设各项工程和任务的组织落实、任务落实、措施落实和管理落实。

4. 建章立制，规范行为

结合工作实际，建立健全推进规划实施的工作制度，主要包括下面几方面：①工作快报制度。及时掌握生态文明沟域建设工作动态，及时报告重要信息。②联络员制度。加强联络与沟通，建立联络员网络，确保政令畅通。③政绩考核制度。按照科学发展观的要求建立和完善对各级政府和官员的政绩考核制度，将生态建设、民生保障、成果共享等纳入考核内容，并加大生态文明沟域建设考核指标的权重，切实落实科学发展观，保证生态和民生优先发展。针对生态文明建设考核要求，依据各沟域生态文明建设的不同定位和有侧重的工作重点，设立科学的、差异化的生态文明沟域建设考核体系，并将目标考核、领导干部考评及社会评价纳入综合考评体系。健全生态环境质量综合考评奖惩机制，根据镇年度生态环境质量综合考评指数优劣状况，对其实施经济奖励或处罚。

（二）加强政府管理和引导

加强政府对生态文明沟域建设的管理和引导是生态文明沟域建设能够顺利推进的重要保证。需要充分发挥政府在规划管理与组织中的积极作用，积极推进生态文明沟域建设的实施，并需要建立相应的监督约束机制，完善生态文明沟域建设的相关法律法规建设，增强政府对生态文明沟域建设的管理和引导，促进建设有序健康地开展。

1. 建立监督约束机制

健全生态文明沟域建设的监督约束机制。加强对生态文明沟域建设的监督工作，加强对生态环保预算的审查监督，加强对环保及生态建设执法的检查和监督，大力推行交叉执法、即时执法、告知执法、联合执法等新型执法手段；纪检监察机关要切实加强对生态文明沟域建设各项政策、措施贯彻落实情况的监督检查，确保决策部署落到实处。

2. 加强生态文明法制建设，提高依法行政能力

严格遵守国家、市、县有关环境保护、生态建设的一系列法律法规，建立保护环境、节约能源资源、促进生态经济发展等方面法规，制定出台《生态文明沟域建设条例》及实施细则；加大执法力度，创新执法方式，充实基层环保执法力量；依法严厉查处破坏生态、污染环境的案件；提高依法行政能力，努力做到规范执法、公正执法、文明执法。加快建立健全决策、执行、监督相互制约又相互协调的行政运行机制。

（三）建立规划体系，强化规划执行

1. 建立完善生态文明沟域规划和标准体系

以生态文明沟域建设规划为总指导，编制生态文明沟域专项规划，各相关部门要遵循生态文明理念编制和调整相关部门规划。建立河道水质改善的地方标准和评价体系，提高河道整治工作的积极性。加快建立与生态文明沟域建设相关的生态村、生态园区、生态企业、生态社区和生态家庭的认证标准和考核指标体系。

2. 点面结合，系统推进生态文明沟域建设

建立生态文明考核体系、生态文明地图、生态文明讲堂、生态道德法庭、生态教育网络及生态技术平台等，强力提升建设管理者的生态文明素质、科学认知水平、统筹管理能力和适应创新精神，明确各部门、各单位、各时段生态文明沟域建设的任务。统筹安排工程项目，精心规划建设生态文明沟域的生态产业发展体系、生态环境支撑体系、生态人居建设体系、生态文化建设体系和体制机制保障体系。发挥重大工程项目的示范作用，以点带面，系统地推进生态文明沟域建设。

（四）建立投资保障机制

建立生态文明沟域建设的资金投入保障体系。一是加大政府对生态文明沟域建设的投入，设立生态文明沟域建设专项资金，将生态文明沟域建设专项资金纳入财政预算，优先安排、逐年增加，重点用于在生态文明沟域建设中的基础设施建设、生态环境保护、生态文化建设、生态产业培育，特别是要用于产业结构调整等，例如发展生态旅游，加强生态旅游的推广、生态旅游产品的设计和营销以及人才的培养等。二是发挥财政资源配置功能和引导作用，建立"政府引导、社会参与、市场运作"的多元化投融资体系。通过加大招商引资力度，鼓励民间资本投入生态文明沟域建设，引进农业企业与旅游龙头企业的投资，吸引社会力量加大对生态文明沟域建设与生态资源保护开发的投资。三是调动农村既有的资源、资本，让农民积极参与生态文明沟域建设，并通过发展生态产业分享生态文明沟域建设的成果。四是有效加强建设资金监管，建立有效的资金使用和监管制度，严格落实专款专用、先审后拨和项目公开招投标制度。对资金的使用全过程加强监督，严格执行投资问效、追踪管理。提高资金的使用绩效，对资金使用中出现的违规违纪行为进行责任追究。

总之，创新探索生态建设投融资机制，积极吸引各路投资，动员全社会的力量参与生态文明沟域建设，保护好生态环境，有序开发生态资源，培育良好的生态文明意识，形成生态文明建设文化，并通过举办节庆、民俗展等多种形式的活动实现对生态文明沟域建设

成果的展示与开发。另外，政府和有关部门、企业通过申办国内外大型商务、生态文明沟域建设交流展览等活动或有关会议，推出相应的生态文明沟域建设与生态旅游项目，扩大生态产业的影响，建立生态产业品牌。

北京农研沟域经济发展促进中心

第二篇

新型城镇化

第一章 推进首都新型城镇化建设的思考与建议

城镇化是劳动、土地等生产要素从传统农业向制造业和服务业转移，以提高资源要素配置效率的过程，是一个国家或地区发展水平的重要标志。党的十八届三中全会提出完善城镇化健康发展体制机制，坚持走中国特色新型城镇化道路。2013年市政府工作报告指出"坚持把新型城镇化作为治理'城市病'、实现城乡一体化的重要抓手"。习近平总书记在北京考察时的重要讲话，为我们做好首都新时期新型城镇化建设工作指明了前进方向。准确把握首都走新型城镇化道路的工作思路，明确未来北京走新型城镇化道路的战略和政策，对于北京率先形成城乡发展一体化新格局，实现经济社会健康、和谐、可持续发展具有重大现实意义。

第一节 首都新型城镇化研究进展

城镇化牵涉内容广泛，有产业发展问题、空间布局问题、组织体制建设问题，还有农民市民化为主要内容的社会结构转型等诸多问题。2010年以来，市农研中心围绕新型城镇化发展这个主题，有计划、有重点、有步骤地开展了调查研究，从框架性研究到专题性研究，再到具体问题研究，取得了一批重要研究成果。

一 北京市新型城镇化道路框架性认识的初步形成

2010年针对城乡结合部、小城镇、山区等不同类型地区的城镇化进程进行了分类研究，提出了新型城镇化的内涵，形成了新型城镇化道路研究的框架性认识。完成了"走以人为本的新型城镇化道路——北京城乡结合部经济社会发展问题研究""城镇化发展战略的资本要素配置与资本化运作研究""北京郊区城镇化进程中产业发展问题研究""沟域经济发展中社会资本引入问题研究"等。城乡结合部研究课题围绕50个重点村城镇化改造这一工作重点，对城乡结合部的基本情况、主要建设改造模式、存在的问题与挑战进行了调研总结，对新型城镇化的内涵作了思考与提炼，提出了推进城乡结合部城乡建设的政策建议。资本要素配置与资本化运作研究课题提出了基于农民收入增长的城镇化战略。沟域经济课题提出了在山区发展中的土地政策、开发规划、项目审批、基础设施和农民利益等对策建议。

二　北京市新型城镇化道路专题性研究的深入展开

2011 年进行了新型城镇化相关的专题性研究。从不同角度对国内不同地区城镇化路径进行了比较研究，从新型城镇体系建设、社会结构转型、公共服务、产业布局、农民收入增长等不同角度对新型城镇化道路进行了专题性研究，新型城镇化问题研究的领域和范围得到进一步扩展。完成了"新型城镇化发展路径比较研究""北京市绿化隔离地区发展问题研究""关于北京市征地农转非问题的调查""北京市郊区重点镇功能提升的有效途径研究""北京郊区新型农村社区建设与管理研究""北京市城乡基本公共服务均等化研究""北京城乡一体化发展的产业布局优化研究""城乡一体化进程中促进农民收入较快增长分析研究"等。其中，"新型城镇化发展路径比较研究"考察和比较了北京、天津、上海、重庆、成都、广州等大城市在土地政策创新、集体资产处置、户籍制度改革、社会保障制度改革等方面的主要做法和经验，对新型城镇化发展作了深度思考，提出了相关政策建议。"北京市郊区重点镇功能提升的有效途径研究"建议探索灵活的集体土地用地政策和多元化的投融资机制，主动承接城市功能转移，积极推进镇级管理体制改革等。"北京市郊区新型农村社区建设与管理研究"提出要走以农民为主体的自我改造道路，应当依托村级组织建设，形成节约用地的机制及可持续产业支撑，搭建与企事业单位的合作平台，及时完善社会管理与服务。

三　首都新型城镇化道路分析框架的建立

2012 年，在宏观和微观的两个层面展开了深入研究，通过对户籍制度改革、集体经济实现形式、乡镇统筹、集体建设用地利用等一系列问题的深入研究，提出农民市民化、农村社区化与农业现代化的农村社会结构转型的基本路径，形成了北京走新型城镇化道路的较成熟的分析框架与政策机制设计。完成"北京市新型城市化中农民土地权益发展研究""北京市新型城市化中农村集体建设用地政策研究""北京市集体经济有效实现形式研究""城乡一体化背景中北京户籍制度改革研究""北京市城乡一体化进程中乡镇统筹发展方式研究"。"北京市新型城市化中农民土地权益发展研究"总结了北京市探索新型城镇化的两种基本模式，即政府主导的新型城镇化和农民主导的新型城镇化，提出了维护和发展农民土地财产权的政策建议。"北京市集体经济有效实现形式研究"重点分析了城镇化背景下深化农村产权制度改革的基础条件、重大意义、基本类型、主要问题、理论基础以及总体思路，并提出了相应的政策建议。"城乡一体化背景中北京户籍制度改革研究"着重研究了北京市推进农民工市民化政策演变与现实困境，提出了实现农民工市民化的政策建议。

四　首都新型城镇化研究工作的梳理总结与不断推进

2013 年，在三个层面推进新型城镇化研究工作。一是对近年来新型城镇化问题研究工作成果进行了梳理和总结。出版了《北京市新型城镇化问题研究》，提交市相关部门领导审阅，在乡镇书记乡镇长培训会、中国城郊经济研究会等不同类型会议上进行了介绍宣传，产生了广泛影响。明确提出了新型城镇化的科学内涵，即新的理念、适应新技术革命的要求、市场化制度创新、中国特色的特殊国情等四个方面。二是在实践层面上，扎实开展二道绿隔地区调研与试点工作，把研究工作与实践紧密结合起来。从 5 月份开始，按照林克庆副市长的安排和部署，与市规划院组成联合调研组先后与 9 个区县的规划、国土、农口、园林等部门和 40 多个乡镇（含功能区）开展专题调研。多次召开专题报告、总报告集中研讨会。完成空间布局、生态文明、产业布局、集体经济、社会管理与财政金融等6 份专题报告，并在此基础上形成课题总报告。10 月初，启动 5 区 6 镇的乡镇统筹利用集体建设用地试点工作，探索这一地区实现城乡统筹发展的几种路径或方式。乡镇试点项目已经列入市委、市政府 2013 年重点工作。目前，各试点乡镇已形成总体思路，进入具体实施方案编制阶段。三是在政策研究层面，细化专题研究工作。开展了"深化农村产权制度改革路径研究""北京郊区小城镇科学发展实践研究""平谷区农地委托流转试点研究""平谷区农民专业合作社财务管理规范化问题研究""农村集体资产信托法律问题研究"等，从宏观与微观两个层面，将新型城镇化问题研究的领域进一步深化和拓宽。

通过近年来新型城镇化问题研究，我们转变了传统城镇化的思维方式，提出了一系列重要创新观点，有力推进了首都新型城镇化建设工作。

第二节　推进首都新型城镇化建设的基本思路

一　农村社会结构转型是首都新型城镇化建设的主题

人口是区域经济社会发展的基础，统筹解决人的问题，既是走新型城镇化道路，建设和谐宜居之都的前提条件，也是完成社会结构转型的重要举措。在为首都提供优美生态环境的同时，农村要走"以人为本"的新型城镇化道路，建设和谐宜居的新农村，顺利完成农村社会结构转型。主要任务是农民市民化、农村社区化、农业现代化。

首先，要实现农民市民化。一方面，实现基本公共服务均等化，对附着在现有户籍上的社会保障、劳动就业、教育卫生、城市建设等城乡差别政策进行调整，逐步缩小城乡差异；另一方面，深化农村产权制度改革，让农民带着资产进城，成为拥有集体资产的市民。实现农民市民化的具体改革有如下三项。

一是推进户籍制度改革，实现城乡居民身份一体化。市委、市政府已经明确提出北京的农民是拥有集体资产的新市民。户籍制度改革必须体现这一根本要求。要积极探索取消传统的农业与非农户籍划分，将北京郊区 200 多万农民逐步转为市民身份，实现城乡统一平等的居民身份制度。

二是深化农村产权制度改革，切实保障农民集体资产权益。市委、市政府也已经明确提出让农民带着集体资产进城。推进新型城镇化，必须保障农民原有的土地财产权和集体资产权益，户籍制度改革和城镇化发展不得剥夺农民原有的农村财产权利。农村集体产权制度改革既要界定农民的集体财产权份额，又要保障农民按股分红等集体资产收益权，还要建立农民自愿退出原集体产权的市场机制。

三是加快基本公共服务体制改革，实现城乡基本公共服务均等化。要按照城乡发展一体化的要求，不断提高城乡基本公共服务水平，率先实现城乡基本公共服务均等化，使城乡居民在就业、就学、就医、社会保障等方面享有大致均等的基本公共服务。

其次，要实现农村社区化。要实现城乡基础设施全覆盖，环境优美和谐，让农村地区共同享受城市文明的成果，就是要按照城乡发展一体化的要求，打破传统的城乡分割的社会管理体制，建立新型的农村社区化管理体制。

一是创新农村社会管理体制。打破传统的以不同的户籍人口进行区别化管理的旧体制，农村社区人口不再区分为农民、市民、流动人口，统一称为农村社区居民，农村社区管理要以全部常住居民为基础，推进社会服务管理观念和方式创新，强化农村基层民主法治建设。

二是统一推进城乡基础设施和公共服务设施建设。要将农村社区统一纳入城乡社区发展规划作为新时期新农村建设新的突破口和着力点，继续改革和完善公共财政体制，将农村社区基础设施和公共服务设施建设统一纳入公共财政保障范围。

三是实行农村政经分离。将农村集体经济组织与农村党组织以及村民自治组织分离，进一步厘清各自的职责范围。通过深化农村集体产权改革，建立健全农村新型集体经济组织，完善法人治理结构，使农村集体经济组织成为市场经济中的独立法人，依法、独立从事生产经营。村党支部和村委会依法履行各自的职责，不干预新型集体经济组织的正常经济运行。

最后，要实现农业现代化。就是要在新的发展形势下，促进工业化、信息化、城镇化、农业现代化同步发展，实现农业产出率和农业经营效益不断提高，在新的起点上推进都市型现代农业发展再上新台阶。"拉美陷阱"产生的根本原因是没有实现好农业现代化。拉美地区的农村实行的主要是大地主庄园经济，缺乏自耕农。随着土地经营的垄断加强，农业劳动力需求减少，大量失业农民只能涌入城市，造成过度城市化。实际上，长期以来我们对农业现代化认识也存在很多偏差，把郊区农业当作"粮菜农业"，把农业现代化定位在良种、技术、大棚这些看得到的农业现代化上面，其实，更核心的农业现代化应该体现在一整套制度体系上，让农业领域资源和产品进入社会化流通渠道。因此，农业现代化不仅体现在技术效率上，还应该体现在配置效率上，实现农业经营体制的现代化，各方利益得到充分保障。

一是着力创新农业生产经营体制机制。结合北京郊区发展实际，加快构建集约化、专业化、组织化、社会化相结合的新型农业经营体系。

二是着力培育新型经营主体，大力发展农民合作社。要适应郊区都市型现代农业发展的新形势、新要求，切实把大力支持发展农民合作社作为培育新型农业经营主体的重中之重，鼓励和支持农民兴办专业合作和股份合作等多元化、多类型的合作社，解决"谁来种地，谁来养猪"的问题。

三是着力发展农业多元服务主体。坚持主体多元化、服务专业化、运行市场化的方向，加快构建完善与都市型现代农业发展相适应的新型农业社会化服务体系，在强化农业公益性服务体系建设的同时，加快培育和发展农业经营性服务组织，特别是要发挥农民合作组织在农业经营性服务中的主力军作用，不断创新服务方式，提高服务质量和水平。

四是着力增强对农业的保护支持力度。继续加大对农业的保护支持力度，加强对农业的投入，提高农业补贴水平，完善强农惠农富农政策体系，让农民务农获得合理的利润。

五是着力培育新型职业农民。发展现代农业必须培育现代职业农民。要根据农村人口老龄化、青壮年农业劳动力紧缺的新情况，把培育现代职业农民提上发展现代农业的重要日程，出台相关政策措施和优惠政策，吸引青壮年农业劳动力从事农业，加强对农业从事者的职业培训，全力造就一支能够担当农业现代化重任的职业农民队伍。

六是着力推进农村生态文明建设。要创新思维方式，跳出"粮菜农业"的思维，树立"生态农业"的意识。紧紧围绕现代农业的生产、生活、生态的多功能特性，深入发展乡村旅游和休闲观光农业，进一步加强农村生态文明建设，着力建设美丽乡村。

二 传统城镇化发展模式转型是推进首都新型城镇化建设的主线

成功的城镇化转型必须首先对传统城镇化的旧机制进行深入透彻的分析，否则，新型城镇化建设的深层次机制传导链条和内在特征就不能清晰地展现在我们面前。推进城镇化模式转型应成为首都新型城镇化建设的一条主线。我们对传统城镇化进行了反思和总结，提出了新型城镇化的三个核心理念。

第一，传统城镇化的基本逻辑是尽量压低城镇化成本，新型城镇化则是要实现利益统筹兼顾。在传统城镇化条件下，通过"甩包袱"方式降低城镇化的经济成本，转化为大量社会成本，新型城镇化要实现利益关系兼顾和平衡，科学界定经济成本，追求社会和谐红利。低成本的传统城镇化集中体现为"吃肉留骨头"：一是为加快项目建设的进度，尽量降低开发成本（安置成本、土地补偿等），损害了农民短期一次性利益；二是一次性征地拆迁，农民集中上楼，但产业用地无法保障，使农民缺乏长期发展利益依托。从16号文到148号文，逐渐提高了对农民的补偿，拆迁征地成本也在不断上升，但仍然是解决局部性问题，未能形成有效的顶层设计性质的政策机制。走新型城镇化道路的基本逻辑就是要实现土地平权，实现各方面利益关系的平衡，既要看到农民短期利益，又要看到长期利益，既要保护农民局部利益，也要统筹农民整体利益，而不是一味提高农民的一次性补偿水平。关键是把农民和产业捆绑在一起；变"杀鸡取蛋"为"保鸡生蛋"，让农民有可持续的产业支撑，主动融入城镇化进程，实现农民收入持久增长与农村社会结构的稳步和谐转型。

第二，传统城镇化的基本特点是分割式发展，新型城镇化要整体规划，统筹发展。分割式发展集中表现为城乡之间、地区之间、部门之间的相互分割，形成"户自为政""村自为政"的发展格局。如房地产开发不能带动旧村改造，土地开发上市了，旧村还没有拆，旧村拆迁、农民社保不能归入一级开发成本等。大型交通基础设施建设只管直接占用的地区，不管相邻边角地，放弃了代拆代建的义务。再如148号文只是提出部分转居，部分社保成本列入一级开发成本。朝阳区金盏乡一些村宅基地都拆了，但是也只能转部分甚至几个农民，而不能实现整建制转居。城中村大多是在这种分割发展方式下形成的。分割发展造成地区发展中的"四缺"：一是缺空间。实质是规划制约。为保证新城或重大项目建设所需要指标，进行指标的空间转移集中，导致一些乡镇一半以上村都成为规划复绿村庄，企业厂房无法升级改造，旧村也无法改造更新。二是缺产业。产业园区封闭运行，与周边村的产业发展不能有效整合。未来产业园区发展应向"城市综合体"发展，在园区周边做好多功能配套，产业之间有效衔接、相互补充。三是缺体制。项目越来越大，土地资源越来越少，需要集中优化资源配置。但是，"村自为政"的小核算体制影响了资源的集中优化配置。目前，区域统筹发展的体制机制，如跨村、跨乡的组织体制建设等，已经取得了一些重要的经验。卢沟桥乡C9地块开发、小额贷款公司、大兴区西红门镇工业大院整体改造、海淀区东升科技园区的开发实践提供了重要的思路借鉴。四是缺政策。政策机制不健全，规划蓝图难以落实。二元市场分割条件下，集体土地难以直接进入市场，农村的宅基地缺乏统筹运用，农民集体经济组织不能成为市场主体以及集体土地上发展产业面临重重制约等。如集体土地建设园区里的房产证、三高企业改造、农民小产权房治理、平原造林后期维护机制等问题不能很好解决，政策机制上缺乏顶层设计。新型城镇化的基本特点应该是整体规划，统筹发展，实现城乡之间、地区之间、部门之间的空间统筹、产业统筹、体制统筹与政策统筹。

第三，传统城镇化的运行机制主要是依靠"三重软约束"，透支未来发展空间，新型城镇化的最主要目标是追求和谐、渐进、可持续的城镇化。传统城镇化的"三重软约束"包括：一是预算软约束，如政府融资平台提供银行信贷支持，降低拆迁成本、转居成本等；二是市场软约束，如政府垄断土地市场造成供给紧张情况下，房地产项目市场约束变软；三是资源软约束，如建设用地指标的短缺反映了资源约束的加强。但一些地区为保障项目建设，通过转移、集中其他地区指标来满足本地区发展的需要，形成了资源的软约束。2013年中央经济工作会议提出清理地方债，控制经济运行风险，信贷可能会进一步紧缩。而且，随着农民财产意识的觉醒，拆迁成本逐渐提高，预算约束的刚性会不断加强。随着未来集体经营性建设用地、农地和宅基地的逐步入市，市场约束将不断加强。而生态功能定位的逐步强化，也会使得资源约束条件不断加强。因此，传统城镇化实质是一种政府与市场错位条件下的不可持续的城镇化。新型城镇化的核心机制是走可持续的城镇化道路，条件是发挥市场对资源配置的决定性作用，由"三重软约束"变为"三重硬约束"，形成有效的预算约束、市场约束和资源约束。

三 深化农村土地制度改革是推进首都新型城镇化建设的主动力

城乡二元结构体制与传统农村集体所有制是当前造成市场分割、影响要素资源集中优化配置的根本原因，土地制度是这两项基本制度的交叉点，成为深化农村改革的焦点。长期以来，在城乡二元的土地规划管理和传统集体所有制条件下，催生了一系列经营性建设用地矛盾、宅基地矛盾、违法建设矛盾以及各类衍生社会矛盾。深化土地制度改革，让土地这一农村最丰沛的资源进入市场定价，实现农村集体土地的同地同权同价，有效释放土地资源潜能，建立新型城镇化的投融资模式，将成为推进首都新型城镇化建设的主要动力源。

第一，推进农村集体经营性建设用地进入市场。进入市场不等于就是出售集体土地所有权，也可以转让集体土地的各类用益物权。但是，现实中集体建设用地缺乏出路，缺乏审批途径，或审批程序繁复，或受规划制约，造成大量集体建设用地或闲置，或低效率运营，或违规操作，或违法建设。一是集体建设用地流转途径单一。往往是简单地以村集体为主体对外出租，缺少一个合法的流转平台使集体土地按市场价格合理流通。其后果是土地租期长、租金低。一些地方的村主任，由于任期短，急于短时间收取更多的地租，于是合同期长、单价低、一次性交若干年地租。二是当前集体建设用地受规划影响无法继续使用。由于当前集体建设用地指标集中使用，在规划图上大量村庄以及集体建设用地被"抹绿"，规划意义上被列入复垦范围。复垦区当前的建设用地只能按现状使用，即使成为危房，也不能申请翻改扩建。一些工业大院、养殖小区改扩建需求很大，但"不符合规划"。三是"总规"与"控规"的土地性质不一致导致房屋无法改扩建。四是既符合"两规"又依法申请的也容易掉入繁杂的审批迷宫。一些地方即使是一些公益绿通项目，也往往是办理了若干年手续也未办理完全。

第二，加快农村宅基地管理体制改革。社区聚居是亚洲一些国家或地区的一个重要特点，在城镇化过程中存在一个如何处理转移人口与原社区之间财产关系的问题，转移人口留在农村的宅基地及附着其上的房产是其中一个重点。根据我们最近关于农民市民化的一项问卷调查，农民转居后能否拥有宅基地申请权是影响农民对转居的满意度评价的最重要因素之一。考虑到我国长期的二元经济体制和传统集体土地所有制的固化，农村宅基地管理体制多年不变，无论是审批制度、日常管理制度还是宅基地流转制度均已不适应城镇化发展的现实需要，造成目前宅基地管理上混乱的局面。一是宅基地自我流转渠道缺失。由于近年来拆迁补偿水平不断提高，近郊农民已经不再卖房子。对宅基地有刚性需求的农民只能申请新的宅基地：一方面，存在大量闲置宅基地（主人不用或对外出租）；另一方面，有刚性需求的农民得不到政府审批的新宅基地。《土地管理法》规定，举家迁出本经济组织的，原有宅基地由村集体收回，地上物作价。但在实际操作过程中大量已经转居、在城市工作，已经不属于村集体的人员以"继承"的形式零成本占有农村宅基地，造成空置或出租，而其未来预期收益巨大。二是宅基地审批门槛低，管理粗放。一户农民申请一块新的宅基地，限制条件有三：本集体经济组织成员、子女已到结婚年龄、原有宅基地无法分割。按照这样低的标准审批将导致村庄急速膨胀。一户一宅的规定也缺乏细则。三是宅基地日常管理粗放。试点乡镇反映，自20世纪90年代初宅基地登记发证以来，无论是登记使用人死亡还是宅基地易主，无论买房者是本村村民还是外来人，均无法办理变更手续；民房甚至危房的翻建难以得到审批；宅基地登记发证时的误差引发纠纷；对于面积偏大的宅基地缺乏规划调整实施的细则等。为此，需要变"懒政"为"勤政"，制定有效的收回制度遏制村庄膨胀，以人均面积或容积率来规范宅基地的面积和使用，而不是简单地执行"一户一宅"等。

第三，创新农用地运作手段。一是农业政策不能前后有效衔接。如一些地方 2000 年扶持养殖，2004 年不再鼓励养殖。确权确地的地块转变为确权确利，操作上缺乏政策依据。二是土地确权 30 年不变政策产生种种弊端，或导致地块分散，或使一部分把地流转出去的农民回来重新要地，引发社会矛盾。三是耕地保护政策有待于进一步完善。随着城市产业和功能的扩散和转移，耕地保护政策与一些地区的功能定位和资源条件不相适宜。

总之，要通过改革解决农用地、宅基地、集体建设用地的问题，让农村借以实现经济发展的转型。目前，我们正在筹备进行全市农村集体土地的资源清查工作，摸清农村各类集体土地的底数，把集体土地的归属情况、运作情况、效益情况等梳理清楚。

四　"农民主体、市地重划、土地平权、乡镇统筹"是推进首都新型城镇化建设的主要实现路径

推进首都新型城镇化建设，要按照十八届三中全会提出的建立城乡统筹的建设用地市场的精神和要求，真正依靠农民，依靠体制机制创新与土地开发方式创新，明确推进新型城镇化发展的基本路径。

首先，农民主体。一是要让农民成为融资主体，利用资本经营手段，培育各类产权工具，突破资金瓶颈，降低城市化改造成本。二是要让农民成为投资主体，掌握开发建设的主导权，维护农民的长远发展利益，夯实永续发展的基础。三是要让农民成为收益主体，通过产权制度改革、产权交易、资产的委托经营与信托经营等现代市场手段获取相应的收益，建立健全农民增收的长效机制。可参照门头沟区永定镇经营性物业信托方案的思路。四是要让农民成为决策主体，由"被拆迁"改为"我要拆"。在试点过程中，一些工作小组在规划方案编制过程中，对于村庄是否要拆迁详细问计于民，把决定权留给村民。

其次，市地重划。台湾地区将市地重划作为促进都市脱胎换骨的重要手段。市地重划的基本原理是"交换分合""受益者负担"，基本工作内容是"土地分配"与"工程施工"，即我们常说的"规划引领"。20 世纪 80 年代末，台湾地区公办市地重划的案件大幅增加，近年来，自办市地重划得到快速的发展。农村地区的发展，需要参照台湾地区的经验，更多发挥农民的主体作用，使其参与到规划调整工作中来，自主决定地区的土地资源分配。在满足国家大的土地用途管制的基础上，建立起城乡统筹、协同治理的土地用途管制体系，打破城乡土地二元结构体制。关键是摆脱土地财政和土地金融的困局，要依靠产业培育维持发展，而不能靠传统的拆迁卖地方式维持发展。

再次，土地平权。土地增值来源于区位，而不是个人的劳动和资本投入。需要制定相关政策，按不同区段征收不同的土地基金，依靠一整套的土地平权机制，落实"涨价归公"，实现"涨价归农"和"涨价归公"的统一，建立城乡之间、地区之间的利益统筹机

制。如在一个乡镇范围内，一个村的地规划为工业用地，另一个村的地规划为绿地或农业用地。在区段征收的利益统筹机制下，涨价的部分要惠及全部村。可以让农民通过土地入股的形式建立农民分享增值收益的科学合理分配机制。在跨村的重大项目开发建设上，可以乡级土地资源股份经济合作社为主体，采取以集体土地使用权入股方式参与开发。全市范围内，也要落实土地平权机制，保障全市农民分享土地增值收益。

最后，乡镇统筹。在大都市郊区，城乡统筹发展的要求更为迫切，需要打破过去"村自为战"的发展格局，加强乡镇统筹，实现经济健康快速可持续发展。一是统筹空间布局。引导资源实现空间上的集中优化布局。二是统筹产业布局。按照所在地区的功能定位，合理布局产业园区，培育一、二、三产业等各种新型产业和推进产业升级，实现产业有序健康发展。特别是考虑通过为园区配套适合农村集体经济组织从事的产业形态，带动农民稳定就业。三是统筹组织体制架构。建立健全组织体制机制，将其作为规划平台、组织平台、融资平台、信息平台、项目申报平台，支撑各项跨村域重大项目建设的快速推进。在此基础上，落实农民的财产收益分配权，规避集体经济组织"内部人控制"。四是统筹政策资源。集成新农村建设、土储以及重大项目等各项政策，形成合力。五是统筹项目实施与旧村改造。把项目开发、绿化建设、农民上楼与旧村拆迁统筹考虑，同步推进，防止一些开发商"只吃肉，不啃骨头"，部分乡村干部一味"要政策、调规划"的倾向。可参照海淀区东升镇建设东升科技园区过程中盘活集体经营性建设用地、推进产业升级、深化产权制度改革的经验。

第三节　推进首都新型城镇化建设的政策建议

"政策"是目标实现的保障，只有政策机制完善，规划有效落实，首都新型城镇化建设的各项目标才能有效实现。

一　土地政策建议

目前面临的最主要政策制约来自二元体制下的土地政策及制度安排。

（一）建立稳定的土地用益物权产权体系，稳定收益预期，为谋求长期发展奠定稳定的制度基础

加快农村集体建设用地使用权、农村土地承包经营权、农村宅基地使用权以及集体土地上房屋权属的确权颁证工作，实现土地产权关系清晰化，稳定市场主体对土地资源的收益预期，避免由于产权不清晰、不稳定产生"公地悲剧"以及由此导致的大量开发中的挑肥拣瘦、瓦片经济中的私搭乱建、地方政府主导的投资冲动等投机行为。通过现代土地产权制度建设，如出台《北京市农村宅基地管理办法》，使土地产权关系成为解决纠纷和冲突的手段，而不是冲突产生的根源，为市场经济健康运行奠定可靠的制度基础。

（二）推进乡镇统筹利用集体建设用地试点

仿照台湾地区市地重划办法，进行土地利用的区片整治，成立相应的区域统筹的新型集体经济联合组织，建立健全不同村之间发挥资源优势与资金优势的互补机制，促进集体土地资源的集约高效利用。采用类似西红门镇集体土地上建设产业园区的形式，确保各村的土地指标入股，规避区位和圈内外差异造成的不公平。政府可以"民办公助"的形式给予基础设施配套等项目支持。

（三）出台专门的"留地安置"政策

参照回龙观镇北店村、西红门镇等地实践经验以及台湾区段征收与市地重划的理念与实践，结合本地地价水平确定留地比例，通过绿化用地与建设用地按适宜比例进行置换开发的方式，从按"人头"补偿改为按"地头"补偿，增强集体经济发展后劲，建立绿化隔离地区发展的长效机制。

（四）推广房地分离经验，建立社会资本投资的产权激励机制

加快研究集体土地使用新政策，完善集体建设用地房屋建设审批制度。加快集体土地和房屋产权登记，明确产权权能，理清产权关系。

（五）探索建立土地增值收益共享基金

按照增加农民土地增值收益与土地涨价归公相结合的原则，形成土地增值收益的区域性分享机制。保障农民获得绝对地租和部分级差地租Ⅱ，政府获得增值收益中的级差地租Ⅰ、部分级差地租Ⅱ和垄断地租，开发商获得市场正常利润。

（六）加大代征代拆力度，把旧村改造纳入开发成本

分类划分实施单元，统筹城乡用地利用，单元内部城乡用地统筹规划、整体算账、综合平衡。要加大代征代拆力度，将重大项目、功能区建设与开发红线外的旧村改造结合起来，实现地区的整体发展。

二 规划建议

（一）创新规划理念

地区发展规划编制应符合城乡发展实际，着眼规划落实，立足城乡发展的阶段性特征，尊重农村经济社会发展的内在规律性，寻找规划有效实施的路径。

（二）实现多规统筹

一是对已经完成的规划要实现相互有机衔接。建立健全城镇规划、村庄体系规划、土地利用规划、产业布局规划等多规划统筹机制，规划之间相互衔接，使郊区与城区连为一个整体。二是对一些地区规划工作不平衡的情况，如只有片区规划而无区域整体规划或产业发展等专项规划的，要积极推进镇域总体规划编制和审批工作。如丰台河西、海淀山后以及温榆河功能区（朝阳东三乡）、黑庄户等重点区域规划编制及审批工作。

（三）部门之间协同编制规划

发改、规划、农口、国土、住建等政府部门之间协同编制规划，建立从项目立项、土地确权、土地审批到规划审批等程序之间的衔接机制。

（四）建立规划编制的基层广泛参与机制

在规划编制中发挥当地居民、社会团体等各类组织的积极作用，将规划目标与不同群

体的目标结合起来，扩大公众参与的广度和深度。

（五）实现规划与政策有机整合

总结一道绿隔建设经验，提高规划可行性，同步推进规划编制与政策设计，使规划编制实现由单纯技术手段向综合政策的转变。

（六）依托社区机制落实规划监管

对违法建设，首先要在科学标准和基础上进行甄别，以部门规章为基础，以经济效益、社会效益和生态效益"三效合一"为标准，确定不同类型的违章建筑。对符合规划的违章建筑通过补办手续方式予以认可，对不符合规划的违章建筑进行拆除。

（七）增加投融资规划，建立保障规划落实的资金平衡机制

改变传统规划不作经济核算，而主要以人口为基数圈定用地结构及空间布局的做法，因为其忽视了规划实施中的市场和资金问题。在城乡规划与城乡建设中间，增加一个投融资规划，将系统工程的思维方法运用于社会系统和管理系统，实现土地、资金与产业的综合平衡。

（八）立足实际，合理进行规划调整

以坚持规划的严肃性和城市总体规划实施为前提，对于不违反政策和规划要求，通过土地整合可以实现绿化，规划调整具有合理性、合法性和可调性，能够通过个案处理保障村民拆迁上楼安置和促进绿化实施的，可适度合理增加建设规模进行个案处理。规划调整要以区政府为责任主体，镇政府为实施主体，主要应采取启动剩余建设用地、新增剩余用地、提高容积率以及可由区政府统筹协调安排可能用于异地资金平衡的相关用地的方法。

三 措施建议

（一）推进地区生态文明建设与服务功能体系构建

一是凸显生态文明功能，培育稳定的生态安全体系。加强生态分区的建设，优化河路生态廊道，完善区域生态节点。二是尊重生态规律，深化和谐的人地共生体系。优化人居景观风貌，完善绿色交通网络，建设秀美的生态乡村。三是整治生态环境，营造良好的环境支撑体系。稳步提升水环境质量，持续改善空气环境，稳定降低噪声污染，妥善处置固体废物，加强土壤污染防治，构筑生态产业支撑。四是提升理念，培育先进的意识生态体系，广泛开展生态宣传教育。五是加强政府自我约束，构建高效的生态制度体系。建立和加强领导保障机制，建立绿隔地区功能区生态文明建设任务差别化制度，建立绿色行政绩效考核与激励制度。

（二）扶持重点产业园区建设，拓展绿色产业内涵

一是制定重点区域产业发展规划，面向城市群构建一体化的产业链。二是加快两类产业园区建设，发展软件、通信、设计等高科技类生态产业园区，配备农民上楼为主的城镇化社区，推动都市型现代农业产业园区建设，建设一户一宅为主的新农村社区。三是明确行业准入范围，提升重点产业项目质量。四是建立功能区产业发展绿色通道制度。五是明确相应的产业支持政策。

（三）探索"政经分离"，推进农村综合体制改革

一是借鉴广东南海政经分离经验，稳步推进农村综合体制改革。通过选民资格分离、组织功能分离、干部管理分离、账目资产分离、议事决策分离等手段使集体经济组织逐渐与社区组织分离开来并得到发展，形成行政事务、自治事务和集体经济组织经营事务三分离，逐步把传统的农村社区集体经济组织改革成城镇股份合作组织。二是加强乡联社及部分村之间联合组织建设，并支持其作为跨村的项目开发与投资主体，打破村庄的产权封闭，形成区域统筹发展体制机制。三是完善新型集体经济组织法人治理结构，引入社会评估机制，建立健全经理人聘任制度，完善相应的股权、薪酬等激励机制与约束机制。实施投资项目的股东代表大会审议制度。四是推进产权交易、信托化经营试点以及多村联合的小额贷款公司试点等农村集体资金资产资源的经营模式创新。

（四）推进农民就业与整建制转居工作

把农民就业工作纳入城镇公共就业服务体系，鼓励社会企业，特别是征地企业，把合适的工作岗位优先安排给被征地的农民。对吸纳本地区农民就业占企业员工总数15%以上且就业时间超过3年的企业，其缴纳所得税地方分享部分给予部分返还。对解决本乡镇或本村农民就业30%以上的乡村集体经济组织给予所得税税收减免优惠，对分红税给予全额返还。同时，加快农民整建制转居工作。在完成资产产权制度改革基础上，以村或乡镇为单位，推进整建制完成农转居工作。

（五）加大财政倾斜力度，推进城乡基本公共服务均等化

一是由乡村自己实施建设的大市政，即"自建"部分，新村建设的商品房所缴纳市财政的土地出让金给予返还。二是水、电、路、气、暖等配套基础设施项目由市区两级统筹，基础设施管网向农村地区主动延伸。三是推进城乡基本公共服务均等化，落实公共服务事业配套。凡20万人以上城镇地区要配备三甲医院及幼儿园等医疗、教育服务设施。

（六）推进金融工具创新

发挥金融工具的特殊功能，让农村资源进入市场。一是由财政建立支持"绿隔"建设专项基金，建立公共利益补偿机制。二是搭建以乡联社或村合作社为基础的投融资平台。三是制定优惠政策，推动银行等商业金融机构进入农村地区，为新村建设和产业发展提供资金支持。四是开展社区资金互助社等各类农村内部社区金融试点。可以探索与商业银行合作，委托其保管资金，将财政扶持资金和社员自愿交纳资金作为互助资金，入社社员通过低息的方式周转使用互助资金发展生产。

（七）稳步推进社会管理体制改革

一是稳步推进撤村建居。在农民转居全部完成之前，不轻易撤村，村与社区居委会在过渡期并轨运行。二是探索"镇管社区"模式，完善乡镇与地区办事处解决城市化过渡期各类社会问题的社会管理体制新模式。三是加强社区党建工作，加强党的领导。四是发挥社会性组织的社会公共事务管理职能，并提供相应的制度环境。五是注意城镇型社区与新农村社区社会管理模式的差异性。前者在城市化过程中村民自治组织逐渐让位于城镇社区组织，原来的村集体经济组织与社区组织分离；后者社会组织结构和治理方式仍以村民自治为主。

四　执行建议

（一）明确实施时序，确保执行进度

对于工业大院拆迁改造、新产业园区建设、旧村拆迁、绿化实施等工作要统筹考虑资金、产业、土地的综合平衡，安排好建设实施的先后次序。一般是按照"先生产，后生活"的原则，旧村改造和农民上楼放在后，工业大院拆迁放在前。

（二）加强组织领导，确保执行力度

由市政府统一组织，相关部门按照职责分工"定人定责"抓好此项工作。各级各部门要牢固树立"一盘棋"思想，既要各司其职，又要密切配合、通力协作，做到工作程序无缝对接、工作责任有效衔接、工作成果应用共享。

（三）强化督察考核，确保执行法度

市政府各部门要按照职责分工，将地区发展确定的相关任务纳入本部门年度计划和"折子工程"，明确责任人和进度要求，切实抓好落实，并及时将进展情况向市政府报告。改进考核方法，完善评价机制。加强对集体产业项目的监管机制建设，防止农民集体建设用地资源流失。建立健全工程建设、审批、运营、分配等系列行政监督管理机制，杜绝违法、违规现象的出现。

作者系北京市农经办（农研中心）党组书记、主任　郭光磊

第二章 北京市城乡结合部集体建设用地集约利用乡镇统筹经验研究

城乡结合部是北京城市化进程的最前沿。近年来城乡结合部改造中，一些地方结合自身实际，创造了乡镇统筹的经验，即在充分保障和尊重农民集体资产所有权和收益权的前提下，运用市场机制建立土地统筹平台，形成乡镇域内全部或一定规模集体土地的利益分享机制，不仅可以实现集体土地的集约利用，而且有助于落实城乡规划，推进和发展城乡一体化，还能够发展农村集体经济和提高农民收入。按照郭金龙书记和王安顺市长有关指示的精神，市农研中心与台盟北京市委围绕乡镇统筹集体建设用地开展了调研。

第一节 乡镇统筹的几种模式

城乡结合部创造出乡镇统筹实践经验有必然性。由于规划编制通常是以乡镇或者更广区域为单位，按照集中连片安排建设用地，容易导致各村建设用地资源不均。这一现象在城乡结合部尤为突出，尤其是该地区大部分还承担着绿化隔离带的建设任务，甚至出现了一些村全为绿化用地、另一些村全为建设用地的情况，村庄发展空间与资源严重不均。从村集体来看，为获得发展空间，争取用地指标，有在集体土地上发展产业的动力，但由于资源有限，直接导致村村点火、户户冒烟，私搭乱建现象严重，用地粗放分散，产业发展低端雷同，外地人口大量聚居，基础设施和公共服务严重不足，最终形成了城镇规划难以落实、城市化发展无序的局面。破解这一难题的重点，也是乡镇统筹机制的核心，就是构建集体土地利益分享机制，以市场化手段，平衡村庄因规划导致的利益差距，从而实现该规划区域的共同发展。从实践来看，主要有以下几种模式。

一 大兴区西红门镇级统筹工业大院改造模式

西红门镇位于大兴区最北部，镇域面积31.5平方公里，其中70%在五环以内，是典型的城乡结合部地区。全镇共27个行政村，常住人口约17万，其中本地户籍人口2.6万。目前有工业大院27个，总占地面积近10平方公里，建筑面积960万平方米，内有企业3000余家，主要从事小服装等行业，其中小企业约2850家，约占90%。聚居流动人口7万余人。

该镇统筹工业大院改造主要做法有三点。一是调整规划。将工业大院应腾退土地中的20%由绿化用地调整为产业用地，各村用地指标统筹使用，集中连片规划，用于集体经济可持续发展，解决改造资金的问题。腾退之后剩余的80%土地用于拆违还绿。二是建立统筹平台。各村集体以集体土地使用权入股，由镇里组建北京市盛世宏祥资产管理公司，负责工业大院拆除和全镇集体产业用地经营管理。各村股份份额按照各地块面积及所处的区位等以一定价格折算。集体经济组织和农民可以拿闲置资金入股。在收益分配上，为确保农民收入稳中有增，采取保底收益与浮动分配相结合的方式。三是农民自主腾退。改造是以村级组织为实施主体，由农民自主进行拆除腾退。

二　海淀区东升镇镇级统筹产业用地建设模式

东升镇位于海淀区东北部，处于中关村科学城的核心位置，辖区面积54.6平方公里，户籍人口17922人，其中农业人口5011人，非农业人口12911人。

该镇统筹产业用地建设东升科技园区，实现腾笼换鸟，采取了以下方式。一是调整规划定位。该区域以前是镇老工业企业的所在地，众多外来人口聚集在这里，垃圾遍地、污水横流。东升镇原规划该片地区为工业小区，拟将分散在城区内的东升镇乡镇企业全部搬迁至此。2009年，重新定位园区项目规划，由"安置原工业企业"调整为"高科技园区"。二是充分利用集体建设土地。园区规划总占地面积约1000亩，规划总建筑面积约120万平方公里，所用土地均为集体建设用地。一期项目占地300亩，建筑面积16万平方米，保持集体建设用地产权性质不变。三是集体经济组织自主建设运营。东升镇采取的是乡镇级核算方式，科技园区建设资金约5亿元来源于乡镇农村集体经济积累。该镇开展产权制度改革，成立了博展股份经济合作社，负责开发建设科技园区。为加强自主运营，该合作社还成立了东升博展科技发展有限公司来管理和运营科技园区。经济合作社是农民与园区利益连接的载体，集体资产股份量化到人，使农民真正成为园区的股东。农民既可获得园区股权分红收入，又能在园区从事基础性劳动获得第二份收入。

三　朝阳区崔各庄乡乡级联社模式

崔各庄乡位于第二道绿化隔离地区和温榆河绿色生态产业发展带，全乡纳入绿化隔离地区和温榆河绿色生态建设总体规划。总面积31平方公里，集体土地21.4平方公里，下辖15个行政村，辖区户籍人口2.1万人，流动人口超过12万人。

该乡统筹运营集体建设用地的做法主要有两方面。一是建立统筹运营平台。该乡成立资源资产股份合作联社，辖区内所有的村经济合作社为团体社员，以集体经济土地使用权入股。联社注册总资本为100万元，原始股为100万股。各村按照土地面积占全乡土地面积份额确定持股比例，并以此确定各村出资额。分配采取统筹分配和定向分配相结合的方式，土地增值收益按照各团体社员持股比例分配到各股份经济合作社，合作社再按照社员持股比例将土地增值收益最终分配给社员。二是统筹管理集体土地。组成联社不改变农村集体土地所有权，联社统筹运营分别属于各团体社员所有的集体土地，协调乡集体下属的各相关经营单位争取各类经营项目。如要开发某地块，联社通过与地块所在村集体经济组织签订土地承包合同取得使用权，并按不低于该地块原来的租金标准和递增幅度向该集体经济组织支付租金。全乡集体土地被征用占用的补偿事宜由联社统一协调，如果某村土地被征占，所获得的土地补偿费由联社统筹，该村在联社中所占股份份额不变。

四　丰台区卢沟桥乡产业项目带动 C9 模式

丰台区卢沟桥乡位于市区西南部，为典型的城乡结合部地区。面积为 56 平方公里，辖区内有 9 个居民小区、4 个街道办事处、20 个村委会；有农业户籍人口 3.6 万人、城镇户籍人口 3.55 万人、流动人口 15.7 万人。

C9 项目位于该乡周庄子村，总用地面积 5.7 公顷，规划为商业金融用地，其中建设用地面积 3.3 公顷。该项目基本实现了资源、资产、收益、监管的全方位统筹。一是统一规划布局。根据丰台区新的产业布局，要以丽泽金融商务区核心区高端配套项目为载体，将涉及的几个村打造成利益共同体。二是整理置换绿地指标。处于东部丽泽核心地带的原 C9 地块有 14.39 公顷绿地指标，与西部郭庄子、大瓦窑两个村部分产业用地、市政道路用地约 16.1 公顷进行了置换，同时以实物、资金补偿了后者。三是打造统一的经营主体。由资金较雄厚的村庄与有建设用地指标的村庄共同成立股份公司整体运营。在政府的推动下，由集体经济实力雄厚又有地产开发经验的拆迁村三路居村、东管头村按照 6∶4 出资比例，成立了北京金石联合置地房地产开发有限公司，获取 C9 公建项目二级开发权。项目建成后，由项目用地所属村（西局、六里桥、周庄子 3 个行政村及北京卢沟桥中都投资有限公司）与三路居、东管头共 6 家乡属单位组成的股份制公司共管，并实施统一物业管理和整体持有运营，确保集体经济组织的利益。

从乡镇统筹的实践来看，目前进展顺利，并取得了较好成效，基本上达到了预期目标。一是有效落实了既定规划目标。如西红门镇原有的规划绿地由于工业大院占地，违法非法建设较多，未能实现绿化建设。在镇级统筹集体土地后，12000 余亩的绿化任务将由镇政府采取多种保障措施确保完成，并同时跟进绿化设施和一级开发、建设郊野公园等，将很好地实现规划目标。二是优化了镇域内的产业布局，实现了产业结构升级。各乡镇通过产业用地的统筹利用，在集体产业用地上，规划建设集体产业园区，将小、散、低的产业转变为高、精、尖的产业，拓展了首都经济的发展空间。三是促进了集体经济发展和农民收入增长。海淀区东升镇乡镇级统筹自办科技园区，发展集体经济。2010 年度劳均分配达 4 万余元，而且每年以 10% 左右的速度递增。

第二节　乡镇统筹集体建设用地中存在的困难和问题

乡镇统筹是个系统工程，涉及的各方面情况较为复杂，遇到困难在所难免。并且，作为在实践中不断创新的具有开拓意义的探索，其不完善之处仍然较多。

一　原有规划编制方式不能适应乡镇统筹的需要

现行城镇规划大多是多年前编制的，基本着眼点是土地的功能布局，规划实施方式基本是按照征地拆迁来考虑的。暂时不能征地的区域、有利可图的地方，农村集体不能开发，而无利可图的地方，农村集体又不愿意建设，这就出现非征地不能实施规划的局面，进而导致一些地方的规划难以落实。实施乡镇统筹，本质上是通过经济利益的带动，促使农村集体实施规划。这就需要划出一定区域供农民开发建设，既增加统筹集体土地的总量，也为农民自主开发提供合法合规的依据。而现有的规划基本上都是多年前完成的，在编制时没有进行这样的安排，因此乡镇统筹的前提通常都是调整规划。

二　乡镇统筹调整利益格局难度较大

乡镇统筹实际上是利益的重新分配和统筹，最大的难题就是如何对原有利益格局重新进行调整。在长期发展的过程中，各村建设用地比例及份额不均等的整体分配格局已经形成。要实施统筹、均衡利益，就需要现有集体建设用地占比较多的村庄作出一定牺牲。尽管在规划设计时，建设用地指标是按照乡镇区域统一分配，但各村拿到指标后都发展了自己的产业，一旦需要作出调整，难免会出现不被理解的情况，因此此项工作任务艰巨。并且，在不同历史时期，城乡结合部地区已经形成了很多违规建筑，聚居了大量外来人口，聚集了大量低端产业，造成拆除腾退难度加大，统筹更加困难。

三　乡镇统筹机制需要进一步研究完善

从实践来看，乡镇统筹机制仍然存在一些问题。一是部分乡镇统筹模式中采用股份公司制为统筹手段存在一定风险。以乡镇政府为主导组建和管理乡镇级股份公司，操作简便，协调各村关系优势明显，确实有利于拆迁改造快速推进。但股份公司与村之间是资产关系，乡镇政府与村实质上存在一定程度的行政隶属关系。从历史来看，这种关系对土地权益的实现有所影响。如果操作不当土地统筹有可能会导致资产统筹，甚至转向权力统筹。在市场经济条件下，组建企业应对经营主体权益予以充分尊重和保障，夹杂了行政权力就有可能会损害到其他主体的利益。而且公司形式下，如经营中出现法律、经济纠纷，在现行法律框架下难以妥善解决。

二是股权设置方法还需进一步研究。现有模式基本都设置股份，多以土地为基础，部分乡镇还设立了资金股。一方面要肯定资金股作为融资方式有利于维持平台运转，另一方面也需要警惕在土地作价与资金同时入股的情况下，造成资金购买土地的实质。以发展的眼光来看，土地将不断升值，基于土地的股份将被不断稀释，有可能对农民土地权益造成损害。同时，设置土地股时，要制定出符合各方面利益需求的方案也有一定难度。

四　集体建设土地利用的政策限制较多

乡镇统筹集体建设用地面临的主要问题之一，就是现行土地政策对于集体建设土地利用的限制较多、较严。一是集体建设用地在政策上与国有建设用地差别较大。根据现行政策，集体建设土地利用只能通过征地转变为国有建设用地，才能进入二级市场流转。尤其是城乡结合部地区，征地的压力更大，一方面农村集体征地补偿较低，失地农民安置可能出现问题；另一方面集体建设土地使用受限，村集体难以发展，"守着金山要饭吃"。二是集体建设用地政策已取得的创新与突破没有在实际工作中落实到位。小城镇、绿化隔离带等建设中，集体建设土地利用都作为政策重点在不断地发展。但从实际来看，由于缺乏职能部门明确具体的配套操作细则，这些政策难以在实践中发挥作用、推动工作。如《北京市人民政府关于加快本市第二道绿化隔离地区绿化建设的意见》（京政发〔2003〕15 号）提出，"对按规划实施绿化的新建绿地和原有绿地，按绿化面积的 3% 给予建设单位配套开发建设项目用地指标"，但在实际工作中并没有将这一指标配套落实，导致二道绿隔区域没有足够的集体建设用地用于统筹开发，资金难以平衡，规划无法实施。

第三节 推广乡镇统筹经验，集约节约利用集体建设用地的建议

一 乡镇统筹开展需要适当调整规划

规划对于各项建设发挥重要的引领作用，在一定范围内统筹规划，能够提高集体建设用地利用效率。实践证明，通过调整规划，适度增加建设用地，可以实现腾退改造、拆违还绿的资金平衡，带动该区域城乡规划的全面实施，同时为集体经济发展和农民收入增长提供长期保障。

一是全面统筹规划。涉及村镇的规划较多，如各乡镇镇域规划、村庄体系规划等。要确保规划之间的衔接，并能以整体发展为考量，全面统筹规划，为乡镇统筹打下良好的基础。二是适当调整现有规划。应在镇域范围较大、具有一定规模的区域里，重新规划土地用地性质、产业发展、农民居住和公共服务，盘活试点乡镇的集体建设用地，推动集体经济发展。三是适度增加产业用地。产业用地是促进集体经济发展和农民增收的关键，也是平衡建设改造资金的核心。按照尊重历史、正视现实的原则，适当增加产业用地，达到土地利用、产业发展、资金筹措平衡。四是鼓励土地整理和置换。鼓励对现有村级工业大院、区县或乡镇工业小区、原有村镇企业占地进行土地整理和置换，集中安排产业用地，提高土地利用效率。

二 应以农民为主体开展集体建设用地乡镇统筹集约利用

在规划调整的基础上，需进一步摸索出低成本的城乡结合部改造办法和途径。充分发挥农民的主体作用，由农民自主改造腾退、拆违还绿，是成本低、效益高、可持续发展的

好路子。

一是允许符合条件的村庄自征自用集体建设用地。鼓励和引导区位优势较好、集体经济实力强的村庄自主改造，允许村集体经济组织对城市规划范围内现有集体土地自征自用，用于产业发展和安置农民就业，不得转让。尽快开通自征自用行政审批通道。逐步清除在集体建设用地上经营的工商企业在企业注册等方面的制度障碍。

二是鼓励留地安置等征地补偿方式，留给村集体自主开发的空间。建立健全多元化征地补偿的实施细则，鼓励发展留地安置、实物补偿、合作分成等补偿方式。农村集体经济组织应分得的权属在项目建成后，按定向出让方式交给村集体经济组织，依据《北京市农村集体资产管理条例》进行管理。

三　要因地制宜地建立健全乡镇统筹机制

建立合理的利益分享机制是顺利实施规划的基本保证。各试点要综合考虑自身条件和发展环境，因地制宜地建立乡镇统筹机制。

一要建立乡镇统筹平台。统筹平台由各村集体经济组织联合建立，以土地货币化为基础，综合考虑参加统筹的集体土地面积、现状利用和规划性质等折算股份。统筹平台负责建设和运营入股的集体土地和资金。经营收益以股份为主要依据进行分配。如需引入社会资本，应采用市场化合作方式。统筹过程必须严格遵循民主程序。村集体经济组织应就集约利用集体建设用地方案的主要内容经村民代表大会或村民大会等民主程序形成书面决议。

二要充分处理好乡镇政府与农村集体的关系。一方面，乡镇政府作为牵头单位，为各村建立联社，联社委托资产经营公司等协调各方面关系，监督各环节合法合规运行。另一方面，要充分尊重农民的主体地位。尽管土地纳入了乡镇统筹，但这些土地仍然为农民而不是乡镇所有。乡镇可以而且应当对土地股份公司或者联合社的经营管理发挥指导作用，但其还是应当在各村股东代表组成的董事会的领导下开展工作。重大决策要在董事会表决通过，并由乡镇政府审批。要建立监事会进行监管。

四　应大力发展符合首都功能定位的产业

农村是产业升级的重要区域。通过腾笼换鸟，开展产业升级，能够促进农村集体建设用地集约使用、提高效益，实现农民、集体和产业发展的多赢。

一要建立低端产业退出机制。坚决查处违法经营和违法建设，建立清理无证照经营的长效机制，开展合同规范和清理工作，打击"小散低劣"企业。做好违法建设的查处和控制工作，严格落实区县属地责任和部门责任，坚决杜绝新增违法建设，依法逐步拆除既有违法建设。

二要引导高端产业发展。各区县要建立引入高端产业项目的准入机制，加强区县的引导作用。乡镇土地统筹平台要在本区县、乡镇的指导下，依据地区发展中长期规划，引入发展前景好、带动能力强、低碳环保、集约高效的高端产业项目，引导项目向园区集中。

三要优化产业发展环境。各乡镇政府要对乡镇土地统筹平台在集体建设用地范围内开展的基础设施和公共服务设施建设给予支持和引导，推进安全、高效、完善的现代化基础设施和公共服务设施建设，推进城乡生态环境综合整治工作。

五　应创新集体建设用地经营方式

以开发为着眼点，以招商为切入点，以增收为落脚点，实现土地资源的高效利用。引导基层创新，探索新型集体建设用地经营方式，有助于增加农民在土地增值收益分配中的比例。

一是对于符合条件的乡镇，农民及村集体有强烈意愿的，可探索经营性物业信托经营模式，将资产委托给专业的信托公司运营，按物业面积确定股权。村集体内部依据按份共有的原则设置物业收益权单位，发放受益凭证作为分配依据。确认受益凭证的财产性质，可以继承，但不能抵押和交易。

二是在符合土地利用总体规划、乡镇规划的前提下，可参照国有土地上公共租赁住房的模式，试行在农村集体建设用地上建设部分公共租赁房，确权给集体经济组织持有，同时限定不得销售、转让。

三是进一步探索集体建设用地使用权与地上物产权分离的土地政策。为进一步提升招商引资企业质量，在保证农民不丧失土地所有权和使用权的前提下，在具备试点条件的地方，可探索将集体建设用地使用权按照一定程序，确权给统筹平台。投资者在办理完租赁地上物相关手续后，可将产权登记在名下，并可争取集体建设用地享受和国有土地同等待遇，投资企业可用房产证抵押贷款。目前大兴区西红门镇正在进行试点。

六　乡镇统筹可以逐渐向更大范围拓展

乡镇统筹实质是一种市场化的制度安排，不仅适用于城乡结合部，而且其他地域也同样适用。

一是统筹的区域可以从现有的城乡结合部向小城镇、新型农村社区等城镇化发展重点区域拓展。北京市城镇化的潜力在农村，尤其是小城镇和新型农村社区，都需要统筹平衡、集约高效地利用建设用地。小城镇基本都是以乡镇为单位编制规划，具备开展乡镇统筹的条件，适合在此区域进行探索。新型农村社区建设中，为了使村民向村庄集中，会面临村庄合并的情况，也需要由乡镇政府协调关系，实现建设目标。因此，现有的42个重点镇、12个新型农村社区试点、未建成的绿化隔离地区以及亟须改造的城乡结合部地区，都可以采用乡镇统筹的方式推进建设。

二是统筹的区域可以从现有的乡镇或者乡镇以内一定规模的范围向相邻几个乡镇或者更大范围拓展，关键在于规划范围与统筹范围相协调。比如朝阳区的温榆河功能区规划，突破了乡镇界线，涵盖了崔各庄、金盏、孙河3个乡全域。对于这样的村庄，应借鉴乡镇统筹以市场化手段实现利益统筹的实质，以区域统筹的整体观念，解决该地域规划建设用地规划较少且分布不均的问题，统一平衡资金、安置村民、建设回迁、发展产业。

课题负责人：张秋锦

课题责任人：季　虹

课题组成员：郭玉生　贺　潇　王丽红　阎　骏　景春艳

　　　　　　纪绍军　刘儒鹏　严瑞河

执笔人：贺　潇　王丽红

第三章　北京小城镇科学发展实践研究

第一节　北京小城镇科学发展实践研究

十八大以来，中央对新型城镇化形成渐趋完整的战略表述，定调"要增强中小城市和小城镇产业发展、公共服务、吸纳就业、人口集聚功能"，并提出"构建科学合理的城市格局，大中小城市和小城镇、城市群要科学布局"等重大决策，为中小城镇的发展提供了崭新的机遇，开辟了广阔的空间。对于饱受"大城市病"之困的北京而言，小城镇与新城都是重构城市体系、优化城市化空间战略布局的关键抓手，承担着资源要素的集聚和优化配置，促进经济发展和社会公正的双重转型使命。本章将按照以人为本、质量发展的新型城镇化理念，以 42 个重点小城镇为主，以普通乡镇为辅，总结其科学发展实践活动，探讨郊区小城镇良性发展的战略、规律。

一　北京小城镇发展中的典型实践

产业发展、开发与治理、基本公共服务是小城镇的核心，本章主要从这三个方面对郊区小城镇发展典型实践予以总结。

（一）北京郊区小城镇产业发展典型实践

1. 山区小城镇的产业发展典型

北京山区是保障本市生态安全和水资源涵养的重要区域，在大规模高强度工业化开发方面受到限制，小城镇产业重点一般放在旅游、休闲、康体、文化创意、沟域等方面。以下几种产业发展典型实践在该类小城镇中具有代表性。

（1）沟域经济。以山区沟域为载体，集种养殖、生态治理、农村建设、旅游观光、创意文化等为一体的沟域产业带，具体有以下两种主要模式。

一是特色种养模式。通过培育特色种养支柱产业，注入科技、绿色、健康内涵，配套发展环境友好型生态产业，延伸产业链，提升产业整体竞争力。典型的如军庄京白梨沟域，通过在沟域内统一规划、连片发展孟悟村、新村、东山村、香峪村，形成了东五村京白梨产业带，拥有东山、孟悟两个千亩京白梨国家示范园区，京白梨成为在全国范围都有一定知名度的特色果品。其主要举措有三点。

其一，创品牌。2005 年，取得了商标局颁发的"门头沟京白梨"商标批准文件，成为获得门头沟京白梨证明商标使用权的第一家原产地单位。

其二，建协会。2006 年，军庄镇牵头注册成立了门头沟区京白梨产业协会，进一步提升了京白梨产业化发展水平，为京白梨组织生产、加工销售、产品包装、技术指导、知识产权保护等提供了有力的保障和组织支持。

其三，强服务。依托京白梨这一优质果品，启动京白梨产业的深度开发。例如孟悟村，将支部建在产业链上，通过举办京白梨文化采摘节、开展名家名人进梨园、手机发布信息、参加全国农产品展销会等方式，提高了京白梨品牌的知名度和美誉度。既推动了京白梨核心产业的腾飞，又带动了林下经济的发展，还解决了全村所有劳动力在家门口就业问题。2010 年，该村农民人均劳动所得居全镇之首。

二是乡村旅游模式。依托区域龙头自然景观或者传统民居、宗教寺庙等人文景观，发展乡村旅游，并带动周边地区产业发展，形成辐射面较大的经济区域。如斋堂镇爨柏沟域，通过发挥爨底下等名村优势，重组柏峪、爨底下、黄岭西、双石头等 6 个村的资源，包装推出精品旅游线路。2011 年，该沟域被树立为北京民俗文化展示沟域的典范，成为北京市重点发展支持的沟域之一。爨柏沟域很好地体现了聚合发展效果。

其一，村庄定位精确。中国历史文化名村爨底下村完整体现了京西古村落文化的内容及内涵，是创意、体验、摄影、绘画、书法、写生的理想场所；青龙涧旧村建成了访客中心、换乘中心和商品销售中心；黄岭西村则着重品味民俗文化，体验山村生活，追忆百年历史；双石头村突出"双石文化"；柏峪村燕歌戏已被评为北京市非物质文化遗产；黄草梁被评为户外运动基地，举办了多届国际、国内赛事活动。

其二，基础设施建设科学。该沟域以政府投资、注入社会资本和农民出资三结合的方式，实施了水电路工程、绿化美化工程，完成了道路安保工程、太阳能仿古宫灯照明工程、景区标识系统、监控系统，剧场进行了改造，新建景区旅游访客中心、售票处、商业中心、中巴车换乘中心，改造了户厕、旅游公厕、乡村民俗旅游专业村。

（2）劳动密集型加工业。针对山区农村剩余劳动力多，且素质较低，而资金、技术等要素相对稀缺的实际情况，发展劳动密集型加工业，促进山区农村工业化发展，为大量的农村剩余劳动力就业找出路。如太师屯镇，具有悠久的服装加工历史，存在大量的技术熟练工人，把招商引资的重点放在无污染、劳动密集型的服装加工上，逐渐形成了环境优美、特色突出的绿色农民就业产业基地，解决了全镇 1/3 劳动力就业问题，成衣远销 30 多个国家和地区，对实现工业强镇发挥了积极的促进作用。该镇在产业扶持政策上有非常明确的举措。

一是在财政、融资、土地使用、证照办理等方面给予优惠并提供一条龙服务。

二是在厂房建设上，镇政府根据企业要求由政府投入建起厂房，采取租赁、以租代买、买断等不同形式提供给企业使用，解决企业先期投入资金不足问题。

三是采取政企合作的方式，建设职工公寓，从而加强配套服务。

（3）现代化农业。所谓现代化农业，即以现代工业、科技改造传统农业，以现代管理理论和方法经营农业，实现农业科学化、集约化、商品化和市场化。如峪口镇，依托亚洲最大的现代化蛋种鸡企业——北京华都峪口禽业有限责任公司，不断壮大规模，推出了具有自主知识产权的优秀蛋鸡品种，几年来安排劳动力就业1740人。该镇正大300万只蛋鸡养殖项目，首创了政府、银行、龙头企业、合作组织"四位一体"的现代农业产业模式，建成后将成为具有世界一流管理水平的亚洲最大的蛋鸡养殖基地。

2. 平原区小城镇的产业发展典型

（1）以现代工业为引领的远郊平原小城镇发展方式。远郊平原重点镇一般是区域中心枢纽，地理区位重要，承担引领郊区农村发展的重要任务。这些镇一般以镇中心区的产业园区为依托，集中发展工业和建筑业，并适当拓展第一产业和第三产业，典型如采育镇、高丽营镇。

采育经济开发区是北京市重点建设的汽车零部件产业基地，基本建立了以新能源汽车、汽车零部件为主导的产业格局，产业集群框架初步形成，已经成为全市汽车工业发展的重要战略组成部分。2010年，开发区实现工业产值14.8亿元，同比增长59%，占全镇工业总产值的80.4%。

高丽营镇按照加强与空港核心区和中心城区的功能互动，着力优化现代制造、临空服务、都市农业功能要求，努力打造临空产业强镇。该镇以北京天竺空港经济开发区金马工业园为主要空间载体，先后引进了宝德强科技、华江文化、艾莱发喜等知名企业，拥有"八喜""金路易""胡同坊""恒慧"4个北京市著名商标，形成了食品加工、电子信息、生物制药和物流配送等主导产业。目前，入区企业达64家，提供就业岗位8600个。2010年实现销售收入42亿元，税收1.66亿元。

（2）以高端产业为引领的城市近郊小城镇发展方式。距离主城或者新城较近的小城镇容易受到城市的直接辐射带动，并且无论是主城还是新城在规划上都考虑了这些镇的定位和功能，使其在战略上更容易融入城市发展，产业高端化非常明显。典型如台湖镇、小汤山镇、北七家镇。

台湖镇镇域北侧地处通州新城规划范围之内，镇域西侧与朝阳区、大兴区接壤。依托良好的地缘优势，该镇强力推进总部型经济战略，重点培育战略型新兴产业。镇域主要企业有摩比斯、比亚迪等。城镇形态上，努力打造"多功能总部商务模式"新格局，提供集现代建筑、现代办公、现代生活于一体的新商务模型，主要企业有李宁（中国）体育用品有限公司、北京出版发行物流中心有限责任公司等。

小汤山镇充分挖掘镇域特色旅游资源，重点支持九华山庄等旗舰型企业发展，不断延伸吃、住、行、游、购、娱六位一体的旅游产业链，打造温泉之乡、会展之都。依托小汤山现代农业科技示范园，大力发展都市型现代农业，形成了小汤山特菜等一批优势产业。努力打造华都肉鸡、金盛福等品牌，做大农副产品深加工及物流业，打造都市型现代农业。

北七家镇随着未来科技城的建设、中关村国家自主创新示范区核心区的推进，中央戏剧学院、北京邮电大学分校等为代表的一大批高等院校和科研院所落成，镇域内七北路成为高科技产业最密集的区域。该镇在七北路沿线，以北七家工业园、宏福创业园为龙头的产业分布格局逐步完善，培育发展了一批以生物医药、新型材料、电子信息等为主导的企业。发挥镇域温都水城和拉斐特城堡的龙头带动作用，旅游会展继续成为全镇发展亮点，成为首都商务、会展、休闲和娱乐的首选目的地之一。

（二）北京郊区小城镇开发与治理的典型实践

1. 小城镇开发与建设方式

北京郊区小城镇开发建设方式主要有两种类型：镇企合作与自主开发。

（1）镇企合作，如穆家峪镇。多年来，农民人均收入低，外出务工比重高，空巢现象明显。为了实现"住房根本改善，土地集约入股，环境整体提升，产业融合发展，民生保障加强"的目标，该镇与华润集团签订了希望小镇建设合作协议，通过华润集团资本注入、产业引入、市场准入、人才加入、管理植入，提升新农村建设水平。

希望小镇建设分为两期进行，其中一期阁老峪村建设项目由居住、农业和休闲3个领域的示范区构成，采取将5个自然村迁村并点、原址改造的方式改善农民居住条件，加强村内市政基础设施建设。二期涉及的5个行政村采取集中建设新社区、集中上楼的形式，实现农民"居住在社区，工作在园区"，实现农民就地城市化。社区内，建立大型文化广场和集村务办公、商业服务于一体的公共服务区，让百姓足不出村就能享受到医疗、社保、司法等"一站式"公共服务。同时，他们将成立多元化农村经济组织，发展生态、休闲、观光产业，帮助农民通过就业培训实现家门口就业。

（2）自主开发，如宋庄镇。该镇于2005年投资设立宋庄小城镇投资开发有限公司，注册资金1亿元人民币。公司承担宋庄镇域内47个村116平方公里的土地综合整理和市政基础公用设施建设的任务。公司下设8个区域性的土地一级开发公司以及房地产开发公司、资产运营公司、拆迁公司等多家控股或者全资子公司。

2. 小城镇投融资方式

小城镇基础设施建设、产业发展具有巨大的投资需求。目前北京小城镇建设投融资模式仍然是以传统的政府投融资模式为主，资金瓶颈问题在实践中非常突出，探索有效的投融资方式，拓宽投融资渠道非常重要。东小口镇的实践具有借鉴意义。

东小口镇坚持依托政府、市场运作、吐纳股权、融资发展的原则，尝试建立以政府主导、市场化运作为主要方式的新体制，积极探索资源转化为资产、资产转化为资本、资本转化为资金再投入的有效途径。该镇与国家开发银行合作，针对三个关键问题，即土地一级开发过程中资金回流缓慢，缺乏可供抵押和质押担保的土地、房产等有效资产，镇政府筹措贷款所需的自有资金投入存在困难，探索和创新融资模式：一是比照棚户区改造贷款模式，利用较长的贷款期限解决土地拆迁改造与贷款期限错配问题；二是提出借款人股东股权质押担保和土地开发成本返还抵押相结合，解决借款人抵押和质押品不足的困境；三是提出以村集体现金入股开发企业的方式，解决自有资金筹措问题。此外，该镇积极探索了村民入股土地开发方式，以分红作为农民长期收入来源，从而解决农村拆迁后的可持续发展问题。

3. 小城镇治理方式

随着小城镇持续发展，流动人口不断增多，城市治理问题日益凸显。较为典型的如后沙峪镇。该镇为应对人口增多、城市管理机构缺乏统一协调指挥、城市秩序管理不规范等问题，成立城镇管理运营中心。该中心集市容市貌、环境卫生、公共秩序三大职能，资金保障、部门协调、监督考评、社会参与四项机制保障为一体，加大管理力度，导入市场运作机制，形成社会专业队伍负责具体实施，政府负责组织、协调、监督的运作体系。

该中心设置两室三科，即中心办公室负责中心日常工作的总协调；环境督察室负责建立各口的监督考评体系并检查，同时接办市民举报和热线电话；市容景观管理科负责对建筑物外观、夜景照明等的维护和管理；环境建设管理科负责镇主要街道和各村的整洁管理工作；公共秩序管理科负责对马路市场、黑车摩的、流动商贩、店外经营等干扰公共秩序的行为进行治理。

（三）北京郊区小城镇基本公共服务的典型实践

就业、教育和社会保障涉及基本生活问题，是民生之本，本章从这三个角度总结郊区小城镇的基本公共服务典型实践。

1. 小城镇促进就业典型实践

郊区小城镇通过依托产业布局、设置就业补贴或奖励、开设招聘会、加强培训等多种方式力促农民就业。较为典型的如魏善庄镇、马坡镇。

大兴区魏善庄镇促就业举措有四点：一是在13个农业园区开发绿色就业岗位865个，实现"40""50"就业困难人员就业3000人次；二是设置就业安置补贴，奖励吸纳本地劳动力就业比重较高的企业；三是开办园林绿化技能培训班，优化平原造林自主管护后备力量结构，已有340余人在绿化队上岗；四是开展"就业援助月""春风行动"等主题招聘会，达成就业意向1600人。

顺义区马坡镇则使用三项措施规范企业劳动用工行为：一是健全劳动用工备案制度。做实劳动用工和工资支付台账，督促建筑用工企业以项目为单位向相关部门报备劳动用工、工资支付等基本信息。二是建立专项检查机制。将劳动合同签订、依法征缴社会保险费和按时足额支付农民工工资作为执法检查的重点，通过明确合同期限、工作内容、违约责任等，约束劳资双方行为，发现问题限时整改。三是完善劳动争议调解机制。

2. 小城镇教育培训典型实践

郊区小城镇教育培训典型实践集中于农村实用人才领域，这在不少小城镇发展中受到重视，较为典型的如台湖镇、八达岭镇。

台湖镇以"依托基地、集中培养、学用结合、促进致富"作为农村实用人才工作方向，制定了较为系统的办法：一是整合资源，严格选评。以工作实绩、技术水平、业务能力、实践经验、带动作用为依据，坚持"三不选""三公示"。"三不选"指技术封闭、保守的人不选，不关心公益事业的人不选，科技含量低的不选。"三公示"即评选前公示参评人员范围、要求、方法、时间，评选期间公示参评人员的科技成果、优秀事迹，评选后公示评定人员名单。二是依托产业，良性互动。以星湖园、台湖第五生产队、金福艺农公司和次二村设施农业为依托，建立农村实用人才技术培训基地，分期分批组织观摩学习；对专业生产大户和示范户进行新品种、新技术开发和运用知识培训，促使其上规模、上档次，提高产品科技含量。三是建立纽带，传播科技。以农村专业合作社和协会为载体，创建示范基地，发展示范项目，培育示范户，发挥农村实用人才在科技传播、科技推广方面的作用。四是加大宣传，激励引导。开办"台湖之窗"专栏，加大对实用人才成就和贡献的宣传报道；建立健全激励引导机制，对示范帮带成效明显、有突出贡献的优秀实用人才进行表彰并给予一定物质奖励。

延庆县八达岭镇延伸拓展了农村实用人才培训内容，对镇域百余名农民开设了"农村经纪人"培训班。围绕农村经纪人基础知识、职责和素质要求，农村、农业方面自然灾害的预防，农村经纪人所需的法律知识及相关法规应用，农村经纪人的资金筹集、管理与财务知识，市场认知、商机发现以及市场信息的收集、整理、分析、对接等方面进行详细的阐述和讲解。培训采用授课、答疑、交流等互动方式，将理论与实践有机结合，并借助鲜活的实例，为大家提供成功的经验和做法，以便于新经纪人更快地进入角色，掌握市场动态，抓住发展机遇。

3. 小城镇完善社会保障典型实践

郊区小城镇在完善社会保障方面有很多举措，成效也颇明显，本章选取较有新意的典型小城镇，如大孙各庄镇、庞各庄镇。

顺义区大孙各庄镇推出"四心工程"温暖群众：一是聚心成合力。深入各村摸底调查，对全镇城乡低保户登记造册。联合镇村干部、基层党员建立结对帮扶机制，及时解决困难群众的生活问题；鼓励开展邻里互助、志愿帮助，健全多层次帮扶网络。二是安心促平安。加强安全检查，重点对空巢老人、重残家庭等困难群体用电、取暖情况进行排查，免费为需要低保救助等困难人员安装、检修一氧化碳报警器，确保安全取暖。三是爱心添温暖。储备物资，制订春节走访慰问计划，积极开展慈善救助行动。四是暖心保民生。落实各项惠民政策。

大兴区庞各庄镇重点抓好农村社会养老成效显著。该镇是农业大镇，农民老有所养是该镇社会保障工作的重中之重。2012年，庞各庄镇城乡居民养老保险参保工作改进经办方式，试用城乡居民养老保险缴费主动扣款业务流程，不仅减少了村级经办人员的工作量，提高了工作效率，更进一步增强了基金的安全性，同时使参保人员的系统信息更加准确，各项业务台账更加规范。目前庞各庄镇城乡居民养老保险覆盖率、续保率、大龄续保率等位居全区、全市之首。

二　北京小城镇发展中的主要问题与根源

北京郊区小城镇从1995年左右起步试点以来，经历了较大发展，在规模、质量上都有一定进展，但发展中的问题同样突出。

（一）主要问题

1. 人口集聚水平低

与朝阳、海淀、丰台3个区之外的所有乡镇相比较，2008～2012年42个重点镇常住人口占总人口比重一直稍多于30%，变动幅度很小，人口集聚水平低，如表1所示。

表1 北京郊区42个重点镇人口集聚情况

年份	42个重点镇常住人口（人）	135个乡镇总人口（人）	前者占后者比重（%）
2008	1513258	4974338	30.42
2009	1583073	5046156	31.37
2010	1603578	5189939	30.90
2011	1587631	5264058	30.16
2012	1652202	5440462	30.37

资料来源：北京市统计局乡卡（2008～2012年）。

从42个重点镇内部看，镇均人口目前为4.0万人，镇区则仅有1.4万人，与3万～5万人的理想规模差距太大。从人口变化情况看，小城镇对本地户籍人口缺乏吸引力，人口持续流出。5年间，42个重点镇常住人口共增长138944人，外来人口则增长143001人，外来人口所占比重也逐年上升，从23%上升到30%，同时也表明本地户籍人口在逐年流出。

2. 产业发展不足

（1）产业总量不够。与朝阳、海淀、丰台3个区之外的所有乡镇相比较，2008～2012年42个重点镇企业总收入所占比重增长缓慢，如表2所示。

表2 北京郊区42个重点镇企业收入情况

年份	42个重点镇企业总收入（万元）	135个乡镇企业总收入（万元）	前者占后者比重（%）
2008	6169277	25419994	24.27
2009	8613253	30251972	28.47
2010	10062090	35690930	28.19
2011	11913444	41198350	28.92
2012	12899926	44009295	29.31

资料来源：北京市统计局乡卡（2008～2012年）。

从42个重点镇企业数量上看，同样增长不明显。2008～2012年，郊区42个重点镇企业数量从11598个增长到12028个，仅增长3.7%。

（2）产业特色匮乏。42个重点镇产业园区具有明显特色的、发展较好的仅6～7处。

如杨镇和采育镇的汽车零部件产业、斋堂镇和八达岭镇的旅游服务业、高丽营镇和安定镇的食品加工业。其余产业结构趋同明显，基本上都囊括农业、工业并涉及服务业，门类齐全，各自独立，不仅协同互补性差，而且彼此还存在竞争，没有通过产业园区找到一条适合自身的特色化道路。

3. 地域差距过大

从镇均和人均水平上看，山区（含半山区）重点镇在经济水平、产业发展、基础设施配套等几个关键方面与平原地区相比差距很大。如按照北京市农委 2010 年对郊区重点镇监测评价，山区在上述三个方面得分要明显低于平原区。

表3　2010 年北京市农委对郊区重点镇监测评价

重点镇类型	经济发展	园区建设	基础设施建设
平原区（19 个）	8.93	10.65	4.21
山 区（23 个）	8.31	4.29	3.84

资料来源：北京市农委关于北京市 42 个重点小城镇 2010 年监测评价情况的通报。

（二）根源探讨

造成郊区小城镇发展中的问题，原因是多方面的。结合实践情况，本章认为集中在以下几点。

1. 规划的科学性不够

总体上表现为：

（1）重点小城镇数量偏多。目前北京郊区小城镇建设与维护资金主要依靠上级财政拨款，因此小城镇数量在市级、区县财力允许范围内才具备可行性。按照顺义 4 个重点镇估算，建成相对完备的基础设施需 20 亿~30 亿元/镇，42 个重点镇需要 1000 亿元以上。市级、区县级根本没有充足的扶持资金。重点小城镇数量多则影响大，政策突破不容易，出现问题很难纠正，尤其是土地政策等。重点小城镇内部现状差距非常大，不少镇综合情况不佳，其重点小城镇资格有待商榷。此外，还存在局部布局过密情况，如一些重点小城镇首尾相连，一些则在同一交通枢纽上，相互之间容易造成恶性竞争。

（2）规划水平不足。一是小城镇普遍缺乏特色，在建设上模仿城市或者相互模仿，造成小城镇雷同。二是规划跟不上实际需要或者过于超前，并且没有进行持续、认真的反馈、研究、修改，造成可操作性较差。

（3）规划控制、约束作用发挥不足。尤其是上级对小城镇规划存在指导、协调、监督的职能缺位，造成执行力度不够，如典型的小产权房现象等；规划也常常受到领导意志、政策环境等影响，说变就变。此外，镇级统筹职能严重不足，许多小城镇规划目标难以实现。

2. 基础设施建设配套不足

交通、水电、通信、学校、医院、商场和文化娱乐场所已经是人们生产和生活不可缺少的基础性设施与公共服务设施，这些设施的齐全与便利是吸引企业、人口向城镇集中的必要条件。郊区小城镇基础设施配套水平尚有不足。其中，山区与平原区小城镇情况有明显差异。

（1）山区小城镇基础设施建设配套严重不足，特别是水、电、路、通信、天然气等。如延庆县是北京唯一的关外县，交通条件差，京藏高速的拥堵一度令世界瞩目，小城镇历来工业基础薄弱，没有优势，永宁镇农产品加工基地和旧县镇产业园区土地大量闲置。河北镇至今缺乏连通中心城区、京石高速等重要公路的主干道网。穆家峪镇就业基地基础设施建设只限于三通一平（即通水、通电、通信和路面硬化）等，与全市小城镇园区建设水平差距太大。

（2）平原小城镇基础设施建设配套跟不上发展需要。资金不足是影响平原区小城镇基础设施建设的主要因素。如通州经济开发区东区，为满足项目投产要求和吸引更多高质量项目入驻，加快高端现代制造业集聚区建设速度，下一步需要配套电站、开闭站、供热中心等基础设施。仅配套设施本身，其所涉及的土地一级开发和区内村庄的转居、搬迁安置等均需投入巨额资金，园区现有财政体系无力承担。

据房山区统计，小城镇要想将生地做熟，达到七通一平，每亩投资至少在35万元左右，全靠镇里拿出这部分资金很困难。据调查，目前除发改委给予工业项目贷款贴息50%的政策外，基本上没有什么针对产业园区建设而给予的优惠政策。而且由于工业项目见效益慢，无法纳入市区联储，也在一定程度上影响了园区的建设速度。

3. 体制与机制障碍

（1）土地利用的障碍。实践显示，严格的土地政策影响到了几乎所有小城镇的发展，表现在几个方面。一是集体土地合法性问题。不少小城镇园区内的土地为集体土地，尚未转换为国有土地，因此在招商过程中形成了"优质项目看不上，普通项目不能上"的局面。如安定镇，由于工业发展起步较晚，但是企业为了抓住市场机遇、避免长时间资金滞留，加快生产，因而提前开工建设，造成手续无法正常办理并停滞，17家企业都没有土地使用证，严重影响了企业的工程建设和投产销售，使企业难以在近期内形成效益。再如小汤山工业园区自建设以来，土地未进行一级开发，企业入区多以土地租赁方式，没有土地、房屋手续，招商引资、企业发展、建设、融资等都有局限性。

二是产业用地匮乏问题。这一问题在发展较快的平原区小城镇最为明显。如赵全营镇兆丰产业基地，近年来众多投资总量大、科技含量高、节能环保强的好项目相继入区，工业用地非常紧缺，特别是与空港开发区合作开发的地块缺乏用地指标，现存的产业用地难以支撑重点镇总体发展需要。再如通州经济开发区东区，随着北汽动力总成、诺思兰德等一批符合园区功能定位、带动性强的项目相继落户并开工建设，开发区产业集聚效应已初步显现，但主要发展瓶颈就是开发区产业发展空间不足。

三是土地权属问题。如南口镇，由于历史的原因，用地缺乏规划，布局混乱，土地产权关系复杂。南口作为历史上的工业重镇、军事重镇，中央、市属、区属单位多，军事区域密集，镇内驻有海陆空军部队 20 支。从土地产权关系上看，既有中央和市区直属单位的国有划拨地，又有部队用地。布局混乱，城乡混杂，国有土地、集体土地与个人占地交错，加大了拆迁安置管理的难度。

（2）管理体制的障碍。在市级层面，小城镇建设有发改委、经信委、规划委、财政局、农委、国土局分头负责，一直未形成有效的部门联动与政策集成体系，小城镇建设资金使用分散。在区县层面，小城镇建设管理也缺乏统一安排，非常薄弱。区县小城镇建设主管部门有 5 个设在区县农委、4 个设在区县建委、1 个设在区新农办，而且多是安排一两个科技干部负责，一岗多职，主要协调、联络小城镇建设一般事宜，对小城镇建设的指导、管理作用非常有限。在镇级层面，小城镇管理能力不足。目前镇级层面只有职权薄弱的镇政府，而没有能够成为独立市场主体的经济组织，无法面对复杂多变的市场环境。随着村级集体经济产权改革即将完成，村级自治得到强化，镇一级容易被架空，财政收入又不足，根本无法承担小城镇统筹发展的重任。

三　推进北京郊区小城镇科学发展的措施建议

（一）北京郊区小城镇实践总结与科学发展的方向

综合郊区小城镇实践中的典型与问题，参考相关的理论与经验，在政府操作层面上需要先把握以下几个方向。

1. 市场导向

郊区小城镇发展一直在政府的强势主导下进行。历史上郊区小城镇发展最快的时期是 2001～2005 年，由政府强大政策、资金推动，实践表明可持续性差。从国际经验上看，城镇化发生更多来自市场主体的自发选择，随着市场交易的繁荣，人口和资源向城市聚集，自然产生，先有"市"后有"城"。未来郊区小城镇发展中要实现政府的归政府，市场的归市场。要强调在公平竞争下让人口和生产要素在城乡之间自由流动。政府能够发挥的作用是确保这些自由与提供保护，帮助实现规模效益与效率提升，重点是在城镇规划、公共服务、秩序维护等公共服务方面发挥作用，将小城镇建设、产业发展等主要交给市场。

2. 规划控制

当前小城镇发展中的问题大部分与规划缺乏有关。第一要把郊区小城镇发展放在北京城镇化整体进程中进行战略部署、科学规划。第二要有前瞻性。用发展的眼光筹划未来，为未来留出足够的余地和空间，为可持续发展做好准备。第三要有科学性。规划内容要能正确地反映小城镇建设的客观要求，从而制定出科学、全面、可操作性强的办法。第四要突出独特性。小城镇绝不是模仿城市，应该成为既有自身特色又体现时代气息的新型城镇。第五要强调权威性。规划控制作为小城镇发展和建设的重要宏观调控手段，与规划不符的发展方式一律要严肃查处，确保过程可控。

3. 以人为本

一方面，小城镇发展与建设要把满足人的全面需求、促进人的全面发展作为出发点和立足点。小城镇发展建设不仅要考虑本地户籍人口的生产生活需求，还要考虑外来流动人口的生产生活需求；不仅要满足现在人口的生产生活需求，更要注重小城镇未来人口的生产生活需求。另一方面，小城镇发展与建设要注重居民的参与。尤其在小城镇规划工作中，不仅需要专家的参与，更重要的是让居民充分参与，共同推动小城镇发展与建设也要注重企业的参与，倾听企业的意见，了解小城镇产业发展中存在的问题、挖掘潜在的产业、寻求改善投资环境的途径。

4. 协调发展

一是小城镇与新城、主城要协调发展。小城镇首先要积极与主城展开分工与合作，分担中心城外迁企业或者产业链的延伸重任，促进区域整体协调和产业布局优化，从而为当地提供大量就业岗位，既分流城市人口，又增加财政收入，提升当地经济发展水平和城镇化速度。其次要借助城市消费需求拉动，大力发展相关产业，包括民俗生态旅游、农副产品加工等等，并逐步建立产业化经营体系。最后要借助城市基础设施溢出效应强化发展优势。二是产业与城镇建设协调发展。小城镇也应从建立功能完整的城镇的高度来统筹安排，使得产城融合，让当地居民能够稳定地生产、生活。三是城镇建设与生态环境协调发展。坚持绿色发展、循环发展、低碳发展，使得城镇建设与生态环境相协调，与资源承载力相适应，为首都创造良好的生产、生活环境。

（二）推进北京郊区小城镇科学发展的措施和建议

遵循以上原则，结合郊区小城镇实践中的典型做法和问题，本章提出推进北京郊区小城镇科学发展的措施和建议。

1. 坚持科学、严谨的规划引导

建议成立独立的市级专家规划委员会，形成综合性、多学科专家学者与政府官员共同研究决策机制，以统领小城镇规划。

（1）压缩小城镇数量。建议脚踏实地，按照"成熟一批、发展一批"的原则，远郊每个区县只定 1 个，封闭试点，从而集成市级、区县政策和资金优势打造成集聚与辐射带动能力强劲的小城镇，为全市探索成熟的发展办法。试点镇可 5 年或 10 年为一个周期进行调整。此外，要预留 3~5 个试点镇机动名额以备临时调整，并对一般乡镇起到激励作用。

（2）提高规划高度。借鉴国际先进经验，全方位考虑各区县与小城镇的关系、定位与发展，通过平衡各方利益，整合各方力量，统筹各类规划使小城镇能够横向联动建设、纵向差异发展；建立持续的研究机构和队伍，保持足够的规划弹性。

2. 拓宽投融资渠道，提升基础设施与公共服务水平

（1）立足于金融创新，建立政府主导、政企分开、社会参与、市场化运作的新型城镇建设投融资体制和规范有效的城镇建设投融资平台，解决小城镇基础设施建设与公共服务资金难题。

一是拓展融资主体。除政府以外，只要有投资愿望，具备相应的投资能力，符合投资条件的个人和集体，都可以成为投资主体。主要包括：①个人投资。小城镇中的住宅和商

业用房由政府统一规划，私人投资，集中建房，还可积极鼓励私人投资涌向教育、卫生、文化、体育等社会事业。②集体投资。由政府统一规划后，鼓励发动村集体和企业投资，如各类市场的建设，公共交通设施、商业街的建设。③联合投资。就是政府统筹规划，整体布局，吸纳不同地区、不同单位共同开发建设，可以以周边土地开发为补偿。④社会捐资。引导域内外资金流向农村。

二是创新融资方式。采取更开明、更大胆的政策，对小城镇建设项目赋予更大的控制权、经营权，提高地方民营企业将资金投入小城镇建设的积极性。融资方式可采用以下方式：一是项目融资（BOT、TOT等）。政府通过提供特许经营、市场保障等优惠条件来组织融资，从而保证项目相对稳定的收益水平以吸收民间资本的参与。二是发行债券。加快金融工具的创新，如发行小城镇建设债券，为城镇建设开辟新的融资渠道。三是银行信贷融资。政府加大金融政策倾斜力度，鼓励金融机构积极支持小城镇建设。四是建立小城镇基础设施投资基金，统一调度、有偿使用、保值增值。

（2）提升建设水平。优先推进小城镇产业基地建设，完善园区主要配套设施建设，提高产业集聚能力。基础设施应遵循以需定建原则。郊区小城镇从平原到山区，生产生活差异巨大，基础设施应按需建设。水、电、路等建设既要按需投入，避免浪费，也要体现城乡公平、区域公平，逐步消除差距。基本公共服务应以规划人口为依据，按照均等化要求实现全覆盖。此外，要鼓励高等院校、公立医院与小城镇牵手帮扶。

3. 大力推进体制机制改革

（1）大力创新，实现同地同权。落实十八届三中全会决议精神，积极试点，勇于创新，早日建立城乡一体化的土地市场，对国有土地、集体土地利用方式、供应数量、土地交易价格、土地交易结果统一管理，早日实现土地资源的市场化配置。

（2）积极试点，创新小城镇管理体制。市级层面要建立健全小城镇领导组织与管理机构，理顺职能、理清责任，从而加强对小城镇规划编制、产业培育、建设模式等各项工作的指导，真正发挥其在小城镇建设中的统筹协调、组织管理作用。重点是整合农委、国土、建委、发改委等涉农部门的政策和资金，确保政令一致，资金捆绑使用。对小城镇要建立"绿色通道"，减少手续，提高效率，如土地审批。区县层面要按照市级安排同步跟进，这将成为新一轮的小城镇发展的开端。

乡镇级建议按照以下三种思路试点探索：一是以市场为引领，项目为核心，由乡镇级统筹协调，村级自由自建股份制经济实体，实现资金、资源、人才的跨村流动组合。二是进行乡镇产权改革。在乡镇层次建立强有力的经济组织，并使之成为小城镇发展建设的市场主体。在村级产权改革的基础上向乡镇一级延伸，在乡镇级组建以村为股东的股份制公司化经济实体，形成农民是村级股份合作社股东、村级股份合作社是乡镇级开发公司股东的体制格局。可以先以土地股份合作制进行尝试，进而推行全面改革。三是大镇扩权。建议压缩乡镇数量，扩大部分重点乡镇，并给予其区县级行政管理权限，逐步形成由乡镇统一领导下的各部门协调配合的新型条块关系，彻底改变那种"看得见的管不着，管得着的看不见"的现象，从而有利于减少重复建设和投入，集中足够的财力用于小城镇的建设和管理，并巩固乡镇基层政权。

课题负责人：郭光磊　张秋锦
课题责任人：季　虹
课题参加人：郭玉生　贺　潇　王丽红　阎　骏
　　　　　　景春艳　纪绍军　刘儒鹏　严瑞河
课题执笔人：纪绍军　严瑞河

第四章　顺义区推进新型城镇化的实践与思考

党的十八大在深刻反思国内外城镇化发展经验与教训的基础上，提出了要走"四化"同步、以人为本的新型城镇化道路。改革开放以来，顺义区坚持"城市化引领、工业化带动、一体化推动"，坚持业城双轮驱动，坚持新城建设与新农村建设双轮驱动，以"建设绿色国际港，打造首都国际航空中心核心区"为目标，走出了一条业城融合、以人为本、城乡一体、环境优美、和谐稳定的城镇化道路，基本符合十八大关于新型城镇化的要求。2012 年，顺义区农村城镇化实现程度达到 83%，进入高级发展阶段。然而，顺义区作为首都重点新城和现代农业大区，在经历了快速城镇化和工业化的几十年之后，也积累了一些矛盾，给规划落实带来了障碍。特别是在顺义区经济、城市、社会建设转型升级的背景下，城镇化如何突破瓶颈加快转型发展，是当前区委、区政府亟须破解的重大课题。

本章在区相关部门座谈、典型乡镇走访和农民意愿调查的基础上，梳理了新型城镇化理论，分析了改革开放以来顺义区城镇化的发展历程与特征、主要做法与成效，总结和反思了顺义区城镇化的主要经验和存在的问题，并提出了顺义区推进新型城镇化的对策措施。

第一节　关于新型城镇化的理论探讨

一　新型城镇化新在哪里

城镇化（或城市化）是一个涉及多方面内容的社会经济演进过程。[1] 一般认为，城镇化包括人口城镇化、地域城镇化、经济活动城镇化和生活方式城镇化四个方面。新型城镇化是在深刻反思国内外城镇化发展的经验与教训的基础上提出来的，重点是转变城镇化发展模式，即从土地城镇化向人的城镇化转变，从以城市建设为中心向制度创新转变，从掠夺式发展向可持续发展转变。市农研中心郭光磊[2]指出，新型城镇化新在理念创新、新在适应技术创新要求、新在制度创新、新在中国特色社会主义国情。

---

[1] 〔美〕赫茨勒：《世界人口的危机》，何新译，商务印书馆，1963，第 52 页。

[2] 郭光磊：《新型城镇化新在哪里——北京市走新型化道路的思考》，北京市农研中心调查研究报告第 5 号，2013。

二 中央对新型城镇化的基本要求

党的十八大提出了城镇化、工业化、农业现代化和信息化同步发展，提出"要积极稳妥推进城镇化，着力提高城镇化质量"，具体提出了三方面要求：一是构建科学合理的城市格局，大中小城市和小城镇、城市群要科学布局，与区域经济发展和产业布局紧密衔接，与资源环境承载能力相适应。二是把有序推进农业转移人口市民化作为重要任务抓实抓好。三是把生态文明理念和原则全面融入城镇化全过程，走集约、智能、绿色、低碳的新型城镇化道路。

三 北京市推进新型城镇化的主要战略

北京市着眼解决"三农"问题来推动新型城镇化，2013 年，《北京市政府工作报告》对新型城镇化发展做了重要部署，北京市农村工作会议提出要加快探索以城镇化促进城乡发展一体化的新路径。郭光磊[①]在《新型城镇化，新在哪里？》中指出，推进新型城镇化的基本要求是落实以人为本的发展理念，推进人口、资源与环境的协调可持续发展，发挥市场配置资源的基础性作用，破除城乡二元结构体制和转变农村集体经济发展方式；在新型城镇化实现途径方面，2013 年北京市农村工作会议提出了推进"新三起来"工程，即资产经营起来、土地流转起来、农民组织起来。

四 多年来顺义区推进城镇化的基本思路

顺义区是北京东部发展带的重要节点和重点建设的新城之一，是首都国际航空中心的核心区，是服务全国、面向世界的临空产业中心和现代制造业基地，"十二五"时期将建设成为北京东北部面向区域、具有核心辐射带动作用的现代化综合新城。多年来，顺义区按照新城的功能定位，紧紧围绕"将新城建设成为现代繁荣、人口适度、田园风光的城市"，确立了"一港、两河、三区、四镇"的城市空间布局，坚持"城市化引领、工业化带动、一体化推动"，坚持业城双轮驱动，坚持新城建设与新农村建设双轮驱动，走出了一条业城融合、以人为本、城乡一体、环境优美、和谐稳定的城镇化道路。

第二节 顺义区城镇化的发展阶段及特征

美国城市历史学家诺瑟姆[②]提出了著名的 S 形曲线，将城镇化分为初级（城市化率在 30% 以下）、中级（城市化率在 30% ~ 70%）、高级（城市化率在 70% ~ 90%）三个阶段。按照这一理论划分，改革开放以来，以 2003 年为界，顺义区城镇化划分为初级阶段和中级阶段（见图 1）。

---

① 郭光磊：《新型城镇化新在哪里——北京市走新型城镇化道路的思考》，北京市农研中心调查研究报告第 5 号，2013。
② 邹德慈主编《城市规划导论》，中国建筑工业出版社，2002。

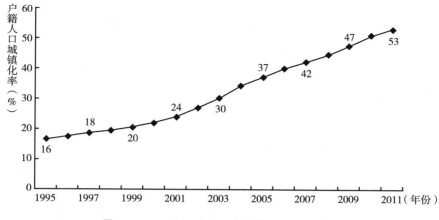

图1　1995~2011年顺义区户籍人口城镇化率

资料来源：1996~2012年《北京市统计年鉴》。

　　北京市依据农村城镇化综合实现程度将城镇化分为三个阶段：农村城镇化综合实现程度40%以下为初级阶段，40%~80%为中级阶段，80%以上为高级阶段。按照农村城镇化综合实现程度来划分，可将顺义区城镇化细分为初级、中级和高级三个阶段（见图2）。

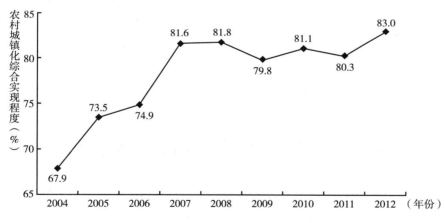

图2　2004~2012年顺义区农村城镇化综合实现程度

　　说明：北京市统计局2009年对农村城镇化综合实现程度的评价指标进行了调整，导致2009年顺义区城镇化实现程度得分略有下降。

　　资料来源：北京市统计局。

　　综合考虑诺瑟姆对城镇化的划分标准和北京市对农村城镇化综合实现程度的划分标准，结合顺义区实际，将顺义区新型城镇化分为产业带动的初级阶段、以城载业能力明显增强的中级阶段、业城融合发展的高级阶段。这三个阶段与顺义区"以业兴城、以城载业和业城融合"发展脉络基本契合。

一 产业带动的初级阶段

改革开放到 2002 年，着力推进农村非农产业大发展与农业规模化经营，深化国有企业改革，实施"以工业化带动城镇化"的发展战略，实现主导产业由第一产业快速向第二产业转移，乡镇企业快速发展，实现了农业现代化与工业化同步加快推进。2002 年顺义区农业人口为 39.9 万人，户籍人口城镇化率为 26.8%。

二 以城载业能力明显增强的中级阶段

2002～2006 年，顺义区抓住新城规划调整机遇，以临空经济推动城镇化。实现了经济实力再度飞跃，二、三产业快速发展，农村产业结构快速调整，农业劳动力大量转移，农民市民化步伐加快，初步形成了由卫星城、空港城、中心镇和建制镇组成的城镇空间布局，城市发展对产业的承载能力逐步增强。至 2006 年底，顺义区户籍人口 56.2 万人，非农业人口达到 22.3 万人，人口城镇化率达到 39.7%，比 2002 年提升了近 13 个百分点，农村城镇化综合实现程度达到 74.9%。

三 业城融合发展的高级阶段

2007 年以来，顺义区围绕临空经济布局建设空港城，围绕空港调整产业结构和空间布局，确立了"一港、两河、三区、四镇"的空间布局，开始形成了业城融合的发展态势。实现了一、二、三产业进一步融合，临空经济圈基本形成，高端服务业崛起。

然而，2012 年顺义区常住人口城镇化率为 54.6%，这与顺义区建设"绿色国际港"的目标还有一定的距离；进入"十二五"时期，顺义区经济、城市、社会建设进入全面转型升级的阶段，顺义区城镇化也面临着能源与资源紧缺、人口城镇化相对滞后等矛盾，需要加快城镇化的转型发展。

第三节 顺义区推进新型城镇化的主要做法与成效

改革开放以来，顺义区坚持以维护群众利益为核心，通过业城融合实现人口的集聚，通过城乡统筹实现农村居民生活条件、生活方式、思维方式的全面转变，通过改善生态环境、调节人口资源，实现人口与自然、经济、社会的和谐发展，走出了一条具有顺义特色的新型城镇化道路。

一 培育临空产业体系，推进业城融合发展

有城无业是睡城，有业无城则是空城。多年来，顺义区坚持业城双轮驱动，按照"工作在园区、居住在社区、生活在城区"的目标，以首都机场为核心，积极推动现代农业、高端制造业、临空经济与重点新城建设的不断融合。高端产业功能区建设为新城提供产业支撑，为农村劳动力向二、三产业转移就业创造了出口推力和入口拉力的充要条件，

也为新型城镇化提供了"原始资本"积累。空港和新城组团建设进一步提升了区域产业发展承载能力和综合服务能力，实现了产业与城市互促互荣、业强城优、宜居宜业。

（1）着力打造以实体经济和优势产业为主体的现代临空产业体系。顺义区以重大项目为抓手，以临空产业和现代制造业为先导，着力优化一产、做强二产、做大三产，建立了三次产业融合发展的现代产业体系。一是优化一产。改革开放以来，顺义区始终将农业作为经济社会发展的基础保障，推进农业从传统走向现代，按照"农业生产规模化、都市农业工厂化、农民合作组织化"的发展思路，坚持"高端、高效、高辐射"的发展方向，积极推进土地适度规模经营和农业专业化分工，打造"绿色农产品大区、农产品加工大区、籽种产业大区、花卉产业大区"，加快了顺义区传统农业向专业化、商品化和现代化方向的转变。二是做强二产。顺义区充分利用空港优势，不断改善投资环境，增强对高端产业的吸附能力，深入挖掘临空经济发展空间，推进新型制造业向高端化发展。"九五"时期，顺义区推动工业结构调整，促进产业产品升级，形成了乡镇企业规模化发展、村办企业集团化发展、三资企业和国有企业活力增强的良好发展态势。"十五"时期，顺义区以空港为依托大力发展临空经济，实现了农业现代化的进一步发展和由农业大区向工业大区的飞跃，为顺义区农业劳动力向非农转移提供了有效的人口拉力。2012年，顺义区工业总产值完成2295.2亿元，1998年以来年均增长24%。三是做大三产。"十一五"以来，顺义区进一步提升临空经济发展内涵，把加快发展现代服务业作为新一轮产业发展的主攻方向，集中发展航空服务业、特色金融业、文化创意产业等高端生产性服务业，现代服务业比重提高到53.5%，比1998年提高了19.6个百分点。临空经济区聚集了一批航空管理、航空运营、航空服务及与航空相关的信息、培训等航空企业，推进以航空物流、航空信息、航空保障为重点的航空枢纽服务业快速发展；建设了北京天竺综合保税区、国门商务区、潮白河生态走廊，推进以产业金融、离岸金融和功能性总部金融为重点的特色金融业快速发展；依托雄厚的现代制造业发展基础，推进工业设计服务产业发展，形成了汽车创意工业设计、都市创意工业设计、新材料创意工业设计、装备制造创意工业设计和电子信息创意工业设计五大主导行业齐头并进的良好格局。"十一五"末期，顺义区非农产业产值占地区生产总值的比重达到97.4%。

（2）高端产业发展为农民转移就业提供了内生动力。顺义区依托空港优势，做足临空经济文章，推动了高端服务业的发展，进一步吸纳了农业剩余劳动力，为顺义区新型城镇化提供了持续发展动力（见图3）。目前，顺义区城乡劳动力非农就业率达到97%。

（3）高端产业发展为城镇化提供了资金支持。高端产业发展有效解决了城镇化过程中"钱从哪儿出"的问题。1998年以来，顺义区地区生产总值年均增长21.9%；2012年，顺义区地区生产总值达到1103.2亿元，人均地区总产值达到11.91万元（1.93万美元），仅次于西城区和东城区，位居全市第三，是全市人均地区总产值的1.4倍。顺义区财政收入保持快速增长，2012年实现130亿元，比2008年增长了76.3%，其中，公共预算财政收入实现了86.2亿元，比2008年增长了114.7%（见图4）。2012年，顺义区公共财政预算收入占地方财政收入的比重达到66.3%，比2008年提高了11.8个百分点（见图5）。

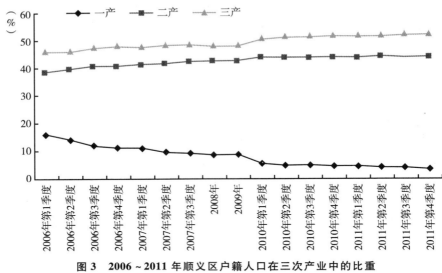

图3 2006~2011年顺义区户籍人口在三次产业中的比重

资料来源：秦士友：《顺义区2011年人口发展状况调查报告》，《顺义调研》2012年第22期。

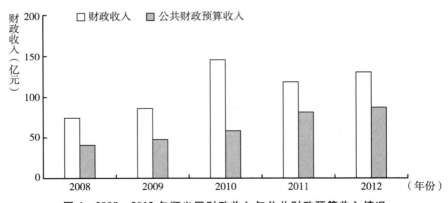

图4 2008~2012年顺义区财政收入与公共财政预算收入情况

资料来源：顺义区财政局。

雄厚的财政资金为农民市民化提供了有力保障，2012年顺义区将公共预算财政支出的20%用于城乡居民的社会保障和就业，是2008年的2.4倍（见表1）。

表1 2008~2012年顺义区在社会保障和就业领域的财政支出情况

年份	社会保障和就业总支出（亿元）	常住人口的年人均支出（元）	总支出占公共财政预算支出比重（%）
2008	10.9	1501.9	17.0
2009	15.2	2074.8	18.6
2010	19.5	2224.5	20.5
2011	24.1	2634.0	19.4
2012	26.1	2741.9	20.0

资料来源：顺义区财政局。其中包括医疗卫生支出。

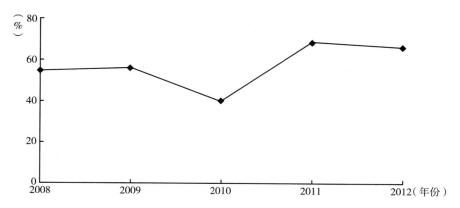

图 5　2008~2012 年顺义区公共财政预算收入占地方财政收入的比重

资料来源：顺义区财政局。

20 世纪 80 年代，顺义区曾经依靠干部职工捐款筹备教育资金，现在雄厚的财政资金为顺义区发展教育均等化、保障农民发展权益提供了有力支撑。2008~2012 年顺义区用于推动教育事业发展的财政支出达到顺义区公共预算财政支出的 13.8%，金额累计达到 68.4 亿元，5 年来顺义区人均教育的财政支出持续增加，2012 年顺义区常住人口的人均教育财政支出达到 1983.5 元（见表 2），比 2008 年增加了 61%。

表 2　2008~2012 年顺义区在教育财政支出情况

年份	教育财政总支出（亿元）	常住人口的年人均支出（元）	教育财政支出占公共财政预算支出比重（%）
2008	8.9	1228.6	13.9
2009	10.1	1386.4	12.4
2010	14.5	1652.6	15.2
2011	16.0	1753.0	12.9
2012	18.9	1983.5	14.5

资料来源：顺义区财政局。

（4）高端产业发展促进农村土地集约高效利用。城镇化是资源和要素在空间上优化的过程，关键需要解决"地从哪里来"，核心是土地资源的集约利用、高效配置。顺义区通过推进农业现代化，加快工业化和发展高端服务业，实现了土地集约发展和有序发展。顺义区从 20 世纪 80 年代初开始推进农业规模化、集约化经营，调整产业结构，优化土地资源配置，1993 年，顺义区集体农场人均耕地达 147 亩、承包到劳动者的人均耕地达到 37 亩，[①] 实现了粮食生产全程机械化、灌溉喷灌化、种植区域化和管理规范化。2011 年，顺义区农用地产出效率为 1079 万元/平方公里（7193 元/亩），是全市农用地产出效率的

① 中共顺义县农工部：《顺义县农业适度规模经营的情况和做法》，《南方农村》1995 年第 1 期。

3.3 倍。顺义区推进新型工业化，实现了顺义区乡镇二、三产业基地入驻企业的规模化、集团化、名牌化的组团式发展，临空经济向高端化发展，推动了集体产业用地的高效集约利用。在推进新型工业化进程中，顺义区通过抓重大项目和发展高端产业园区，完成了区域总体规划、重点功能区以及重点镇等规划的编制工作和建设用地调整工作，优化土地资源配置，加大土地储备力度，为高端产业发展留足空间。李桥镇为引进重点项目，加快了任李路北侧 55.4 公顷镇工业区组团建设；在首钢项目南侧和月牙河东岸预留 3000 亩土地，为首钢冷轧相关上下游企业发展预留充足发展空间；为加快国门商务区及航空指向型高端产业的建设，调整出 38.26 公顷土地，解决项目用地问题；同时，顺义区还采取多种途径盘活土地存量，提高投资强度和容积率，2011 年，林河经济开发区和天竺空港经济开发区的单位面积工业总产值仅次于中关村国家自主创新示范区的单位面积总产值，分别达到 59.38 亿元/平方公里和 53.54 亿元/平方公里，分别居全市第 2 位和第 3 位（见图 6）。2012 年，牛栏山镇二、三产业基地单位面积产值达到 37.9 亿元/平方公里，是全市乡镇工业小区与农民就业基地单位面积产值的 4 倍。

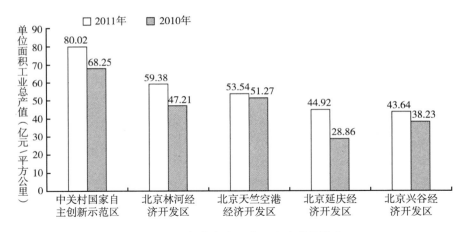

图 6 2011 年北京市开发区土地利用效率

资料来源：2012 年《北京区域统计年鉴》。

二 以"见人见物"为导向，推进农民市民化

顺义区在临空经济和现代制造业的带动下，加强城乡统筹发展，整体推进城乡"六个一体化"，农民就业、社会保障、教育、住房、城乡基础设施等关系民生的重大问题得到了较好的解决，在城镇化过程中提高了农民生活质量，坚持"见人见物"导向，积极完善农转非政策，保护了农民的合法权益。

（1）保障农民充分就业，推进农民融入城市生活。农村劳动力充分稳定就业既是解决"三农"问题的核心，也是推进人的城镇化的核心，是保护农民在工业化、城镇化进程中不被边缘化的现实要求。在这一认识的指引下，顺义区逐步确立了"一统双驱五推

动"就业模式，即坚持就业产业统筹发展，强化"就业优先、人才强区"双轮驱动，以"大产业、大就业、大政策、大服务、大开发"五力推动，实现了农村劳动力在二、三产业的充分就业和稳定就业。一是实行属地责任制。多年来，顺义区实行乡镇农民非农就业的属地责任制，每年下发就业再就业重点工作目标责任书，加大对全区各系统、各部门、各单位促进农村劳动力向二、三产业转移工作的考核力度。二是明确企业入区责任。在制定经济功能区建设项目控制指标和产业项目入区标准时，将招商引资项目每公顷安置劳动力人数作为项目落地的重要指标，如要求电子信息产业每公顷解决就业 200人，汽车与交通设备产业每公顷解决就业 100 人等。三是不断提升农民素质。针对不同年龄段劳动力开展多层次、多形式的技能培训，深化技能人才队伍建设，优化区域劳动力技能结构。经过多年的探索和实践，顺义区形成了一套行之有效的城乡劳动力"一免双促三提升"免费培训模式。2006～2011 年，全区累计投入资金 8000 万元，培训城乡劳动力 9.4 万人，培训合格率达到 92%，培训后就业率达 84%。四是制度保障就业。2009 年，顺义区彻底打破城乡就业二元体制界限，从加大对困难群体的扶持力度、鼓励用人单位招用就业困难人员、鼓励职业介绍机构推荐就业等多方面引导城乡劳动力实现充分就业，全区城乡劳动力可享受均等的促进就业政策，实现了就业政策普惠化。五是解决好拆迁群众的就业问题。不让他们拿着拆迁补偿款坐吃山空。顺义区在实施村庄拆迁时提出了确保科学集约用地，确保群众得到实惠，确保农民充分就业，确保社会和谐稳定。1998 年以来，顺义整建制拆迁村庄 58 个，7.8 万农民融入城市。目前，顺义区农村户籍劳动力有 13.7 万人，其中在二、三产业就业的农村劳动力达到 12.7 万人，占农村户籍劳动力总数的 93%。

（2）保障农民财产权益，推进农民带资进城。为了适应城镇化和工业化形势下农民转变就业和生活方式等实际需要，顺义区本着"加强宣传引导、尊重农民意愿、分类分步推进"的原则，坚持"见人见物"导向，积极完善农转非政策，加快农转非步伐，推进征地转非，整建制拆迁转非，二、三产业就业农民工转非。在就业转非方面，通过"政府补一点，企业出一点，农民拿一点"，帮助二、三产业就业农民工转非补缴社会保险后，纳入城镇职工社会保障体系，从根本上解决农民工的后顾之忧，享受到与城市居民同质的生活。2007～2009 年有 35948 名农民转为城镇居民，到 2011 年顺义区实现 75453名农民转为城镇居民，其中，整建制转非达到 6.2 万人，转非农民占农业户籍人口的55%，顺义区户籍人口城镇化率从 2005 年的 37% 提高到 2011 年的 53%。

（3）保障农民生活权益，提升农民生活质量。顺义区协调推进居住、养老、医疗和社会救助等保障的城乡一体化，逐步实现了城乡全覆盖的社会保障制度。一是改善农民居住条件。坚持村庄拆迁与定向安置相结合，通过建设"三定三限"安置房，把回迁安置房和保障性住房建设作为重点民生工程，过去 5 年累计开复工回迁安置房和保障性住房 62563 套 728 万平方米，竣工回迁安置房 23000 套 300 万平方米，竣工保障性住房2292 套 18 万平方米。2008 年开始实施农宅抗震节能暖房工程，2011 年全面推进农宅抗震节能暖房工程，推进农宅新建翻建工程，到 2012 年底，已对全区 5 万余户农宅进行了单项改造或新建翻建。二是建立城乡全覆盖的养老和医疗保障制度。建立了由城镇职工基本养老保险、新农保、老年保障以及机关事业单位退休金制度组成的养老保障体系，制定出台了养老保险关系跨省转移接续办法，为促进人力资源合理流动搭建了平台；建立了城乡居民医疗保险，将在校生、学龄前儿童及城镇其他未纳入城镇医疗保险体系的老年人、劳动年龄内无业人员、重残人员一同纳入医疗保障范围，2012年，顺义区新型农村合作医疗覆盖面达到99.9%。三是建立了城乡低保一体化制度，在全市率先建立、完善了城乡社会救助体系，构建起了以最低生活保障为基础，医疗、教育、住房、救灾等专项救助相配套，临时救助、社会互助为补充的社会救助体系框架。在保障标准方面，农村居民社会保障的总体水平逐步提高，城乡差距逐步缩小，农村最低生活保障标准由2004年的1500元提高到2012年的6240元，实现了与城市居民最低生活保障一体化（见图7）。

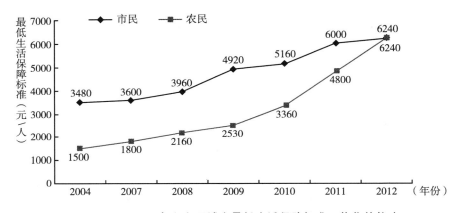

图7　2004～2012年顺义区城乡最低生活保障标准一体化的轨迹

资料来源：历年顺义区政府工作报告。

（4）保障农民教育权益，提升农民发展能力。顺义区始终非常重视农村地区教育事业发展，深入推进素质教育，推动农民以家庭为单位的生活观念和生活方式的城镇化和现代化。一是推进教育资源在城乡的均衡布局，1978年以来，顺义区实施了3次中小学布局结构调整，近几年，实现了顺义一中、顺义二中和顺义三中等高中学校外迁，并在城区周边新建了两所寄宿制初中学校，新城周边和重点镇拥有7所寄宿或半寄宿制初中学校。高度重视学前教育资源的城乡统筹，实现了农村每30平方公里有1所中心幼儿园，面积大的镇还附设分园，全区适龄幼儿入园率达到100%。二是建立健全了农村教育投入保障机制，加大对农村中小学校的投入，加强农村学校硬件配备，先后实施了农村中小学校舍安全改造、操场改造、消防系统改造、供暖系统改造等工程，改善了农村地区教育基础设施条件。2002年全面启动了中小学"校校通"工程，制定了《顺义区教育信息网络方案》，建成了中小学信息技术传播中心。三是实施人力资源共享策略，制定了《教育系统教师交流管理办法（试行）》，要求农村学校招聘的新教师入职第一年到城区学校参加学习实践培训，建立了城乡学校共享、交流平台，将城乡中小学组成 3 个城乡学校教育联盟。

三　围绕绿色生态滨水，建设绿色国际港

生态环境是影响城镇化质量的重要因素，更是未来城市发展的软实力、潜在生产力和核心竞争力。生态环境对于绿色国际空港城和国际航空中心核心区来说更具有特别重要的意义。从顺义区城镇化起步发展阶段，顺义区就提出了建设"绿色国际港"的发展方向，顺义区历届区委、区政府领导都始终坚持将保护环境、优化生态环境作为发展的重要任务来抓，广大干部群众始终把优化生态环境作为生命线。

（1）建设"绿色花园"的新市镇。顺义区确定了"城市园林化、农村森林化、道路林荫化、农田林网化、庭院花园化"的发展方向。20 世纪 80 年代，顺义区率先实施了百米绿化带工程，并专门成立了处级绿化公司。2004 年，顺义区先后启动实施了潮白河（顺义段）森林公园建设、第二道绿化隔离带建设、"每个乡镇建设一处万米绿地"等绿化工程，营造了彩虹桥、永久桥等绿化亮点，累计完成造林面积 2.2 万亩，植树 178 万株，全区绿化覆盖率达到 33.7%。2011 年底全区城镇绿化覆盖率达到 46.33%，人均公共绿地达到 26.63 平方米，被评为"全国绿化模范城市"。

（2）建设"整洁低碳"的新市镇。顺义区加强市容、村容综合整治，坚决打击"违法建设、违法生产、违法经营"。2009 年，拆除破旧建筑和私搭乱建 12 万平方米。2010年，拆除违法建设 77 万平方米，取缔无证无照经营 1067 户，规范出租房屋 24652 户，消除脏乱死角 28 万处。加强污染治理，累计实施了 140 多项治理措施，完成了 1000 多个污染源的治理工作，关闭"高污染、高能耗、高耗水"企业 100 余家，一票否决不符合顺义区功能发展定位的"三高"企业 500 多家。提升垃圾无害化处理水平，建设了日处理规模 600 吨的生活垃圾综合处理中心，实行垃圾管理规范化和卫生保洁专业化，采用镇村、城管、全区三级检查考核方式，综合考评保洁公司、环卫中心垃圾收集运输、保洁工作。2012 年，全区垃圾无害化处理率达到 96%。

（3）建设"滨水生态"的新市镇。顺义区着力构建以潮白河和温榆河为骨架的区域绿色生态屏障。为改善生态水系，20 世纪 90 年代，顺义区采取全县总动员，先后挖了小中河全线、城北减河、月牙河，治理河道 52.37 公里，修筑了潮白河两岸 64.5 公里堤路，建成了河南村到通州交界处 12 公里的防洪堤，建成了潮白河 107 座穿堤桥涵等水利建筑物。保护和治理以潮白河、温榆河为主的河湖水系，实施潮白河综合整治、滨河森林公园建设、"引温入潮"、汉石桥湿地恢复等生态工程，使主要河流水质综合达标率达到 82.7%。

总之，顺义区长期持续地开展绿化建设、加强污染治理、发展低碳绿色产业、加强绿化美化、加强生态水系建设，整治人居环境，成效明显，私搭乱建的现象比较少见，"滨水、生态、活力、国际、宜居"的城市魅力日益彰显。

四 坚持推进以产引人，合理调节人口规模

引导人口有序流动是避免拉美"中等收入陷阱"的重要途径，也是城镇化过程中处理好人口、资源与环境关系的客观要求。2005 年区委、区政府认识到顺义新城作为北京重点新城既承担着疏散中心城区人口的职责，同时也对外来人口具有超强吸引力，在正确分析人口发展形势的基础上，分析人口与经济发展的内在联系，对顺义区城市功能定位下的人口承载能力作出较为准确的判断，在人口扩张初期，及时采取"以产引人、以业控人、以房管人"的人口控制措施，实现了人口资源的合理调节。一是全市最早建立了流动人口管理办公室，实施流动人口管理和服务，推行"以产引人、以业控人、以房管人"的人口控制措施，为外来流动人口入区设定了经济"软门槛"，实现了既吸引高端人才入区，又引导外来人口流动。二是形成了"三为主"的人口工作方针，即新增城市人口以农转居为主、区内人口转移以农村向城市转移为主、引进流动人口以发展急需的高素质人才为主。2012 年，顺义区外来人口 25.8 万人，比 2005 年底增加 8.7 万人，年均增加近 1.2 万人，年均增长率为 6%。其中，各经济功能区共引进中高级专业技术人员 3.5 万人，占技术人员总数的 13.5%。三是重视外来人口对本地经济社会发展的重要贡献，善待外来人口，为外来人口营造了良好的生存和发展环境。推广"四集中、村企联管、网格化"等管理，提升了外来流动人口的居住品质。完善流动人口公共服务，在各村、居委会，建立了流动人口服务站，对 500 人以上的村进行了规范，提高对外来流动人口的居住、计生、教育、医疗卫生、法律咨询等的服务质量。

五 深化农村体制改革，较早推进"新三起来"

在新型城镇化进程中，要尊重农民的市场主体地位，建立起小农户与大工业、大社会、大市场的沟通桥梁，保护农民在城镇化的利益重组过程中的切实利益，这些都迫切要求深化农村体制改革。顺义区积极探索农村综合体制改革，较早推进了土地流转起来、资产经营起来和农民组织起来，推进村庄管理的社区化。一是推进农村土地承包经营权流转制度化。按照"依法、自愿、有偿"的原则，通过完善集体土地流转政策，建立土地流转指导性价格机制，规范土地承包经营权流转程序，强化承包合同管理，建设土地流转信息平台，建立农村土地承包经营纠纷调解仲裁体系等措施，不断推进规模化土地经营。二是推进全面的农村集体产权制度改革。顺义区于 2005 年全面启动了农村集体经济产权制度改革工作。按照"资产变股权、农民当股东"的改革方向，围绕"宜宽不宜严"的改革思路，遵循"公开、公平、公正"的改革原则，深入推进"因村制宜、一村一策"的改革模式。截至 2011 年底，全区 426 个行政村中已有 414 个村完成了改革任务，占行政村总数的 97.2%。经过产权制度改革，414 个村累计量化村级总资产 16.6 亿元，净资产 11.7 亿元，农民持股总金额 8.4 亿元，占净资产的 71.8%。目前，全区产权制度改革股份分红年均 422 元/人，真正做到了还权于民、还利于民。三是推进农民合作组织的联合发展。较早推动农民专业合作社规范发展，鼓励合作向二、三产业延伸，使合作社形成农

产品生产、质量追溯、购销和超市销售等环节的全产业体系。逐步推进合作社走向联合，鼓励合作社采取"合作社＋合作社"、"科研院所＋合作社"以及"龙头企业＋合作社"等形式，走联合发展之路，推进合作社联合开展产品市场营销。截至 2011 年，全区农民专业合作社达到 165 家，入社社员 1.8 万户，占全区从事第一产业农户的 81％。多家合作社与农产品加工龙头企业实现对接，形成了长期合作关系。

第四节　顺义区推进新型城镇化的主要体会

城镇化是现代化的重要载体，是一个漫长的历程，需要政策的一脉相承。多年来，顺义区始终坚持继承创新的工作方式，全区上下一盘棋，各部门密切配合，这是顺义区坚持新型城镇化道路的重要因素。顺义区历届区委、区政府坚持"研究问题—统一思想—解决问题"的工作方法，形成了发展共识和发展合力。在城镇化进程中，始终坚持规划引领，坚持整体推进城镇化，坚持维护农民利益，坚持人口、资源与环境协调发展，这四个坚持是顺义区今后推进新型城镇化过程中必须继承和深化的。

一　必须坚持规划引领不动摇

城镇化是一个农村向城市转变、人口向城市集聚的复杂的社会转型过程，需要具有先进性、延续性、带动性和可操作性的规划来引领。

一是保持规划的先进性。2005 年以来，顺义区紧密结合本区作为"面向国际的首都枢纽空港，是带动区域发展的临空产业中心和先进制造业基地"的功能定位，围绕新城、重点镇、一般镇和新农村的城镇体系，加大规划编制力度，按照高标准、高水平、高起点的要求，编制完成了《顺义新城规划 2005～2020 年》、19 个镇域规划和 32 个街区控规深化方案，以及所有村庄发展规划。其中，《顺义新城规划 2005～2020 年》获得了全国优秀规划奖。

二是保持规划的延续性。2005 年以来，顺义区每个五年规划都始终以《顺义新城规划 2005～2020 年》为依据，从"九五"时期的发展空港口岸经济、"十五"时期"打造绿色国际港"、"十一五"时期的建设临空经济区，到"十二五"时期"打造临空经济区，建设世界空港城"，都体现了"一张蓝图绘到底"。从贯彻执行上保持严格遵守既定的发展规划，不轻易变更规划，保持发展方向的一贯性、延续性，严格按照规划执行，从规划的理念上保持一脉相承。

三是提升规划的带动性。顺义区在编制规划的同时，引入落实相应规划的大项目，编制和审批了一批重大项目，提升了当地发展能力。积极承接北京市城市功能，争取到了奥运会、花博会、新国展等重大国家级项目落地顺义，为国际空港、新城组团、重点小城镇、一般建制镇以及新农村建设带来发展机遇；近几年审批了 200 多个项目，总建筑规模达到 2300 万平方米，为规划落实争取到了政策支持。

四是坚持规划的可操作性。经过 30 多年的城镇化发展，顺义区城镇化之所以能够沿着新型城镇化发展道路推进，在很大程度上是由于顺义区较好地落实了规划。按照"看不准的，不准建"的要求，顺义区在发展过程中不盲目上项目，为今后的发展留出了空间。在打击违法建设、清退小散低劣企业、关闭污染企业等方面，态度坚决、执行有力，效果也比较明显，为转变发展方式、改善生态环境、提升城镇化质量提供了保障。

二 必须坚持整体推进城镇化

党的十大提出了"四化"同步，大中小城市协调发展，这正体现了整体推进城镇化的理念。多年来，顺义区始终坚持将本区发展置于全市整体发展之中，始终坚持全区上下一盘棋，全区经济、社会、政治、文化、生态五位一体整体推进，任何一项工作都是从顺义区整体发展来考虑。同样，顺义区将农村城镇化问题作为全区发展战略的有机组成部分，保持了区域整体发展战略的稳定性、延续性。一方面，顺义区城镇化是在建设首都东北部中心城的定位下推进的。依托自身地理区位和自然资源优势，顺义区明确了"打造临空经济区，建设世界空港城"的战略目标，主动承接首都城市功能，着力提升新城的经济、社会、环境等多方面带动能力，辐射周边区县。另一方面，顺义区城镇化是与农业现代化、工业化和信息化同步推进的。从顺义区城镇化发展进程可以看到，顺义区城镇化是以农业现代化为原始动力，工业化与农业现代化同步推进吸纳了农村劳动力转移就业，工业信息化、服务业高端化为城镇化奠定了基础。

三 必须以农民为主体，解决好"三农"问题，维护好群众利益

城镇化的核心，不是把农村建成城市，也不是城镇功能向农村延伸，而是在重视和解决"三农"问题的基础上，实现产业发展、资源环境、社会管理的综合平衡。从顺义区城镇化进程来看，顺义区城镇化道路的指导思想与党的十八大提出的新型城镇化理念基本吻合。顺义区走出这条城镇化道路的关键在于区委、区政府对顺义区老百姓的利益考虑得比较多，一切工作都首先从本地区广大农民的利益出发。在城镇化进程中，顺义区兼顾了城市居民和农村居民的利益，真正让改革发展成果惠及全体农村群众。农民的核心问题是就业增收，顺义区将农村劳动力就业工作纳入城乡一体的就业服务体系，促进农民向二、三产业转移，实现农民就业增收；农民问题的根本在于社会保障，只有转变身份才能共享发展成果，在转非过程中，应该尊重农民的意愿，明确农民转非后不搞"三放弃"，即允许农民不放弃集体权益、不放弃宅基地、不放弃土地承包权，切实保障确权村民的各项合法权益，从根本上解决农民转非的后顾之忧。

四 必须始终坚持人口、资源与环境协调发展

新型城镇化必须坚持全面、协调和可持续的原则，走资源节约与环境友好的发展道路。新型城镇化要由高耗能城镇化向低耗能城镇化转变、数量增长型转变为质量提高型、高环境冲击转变为低环境冲击，走集约高效的可持续发展之路。顺义区坚持绿色、低碳、可持续的发展理念，不断转变发展方式，加大对城乡生态环境和人居环境的治理和保护力度，优化人口资源结构，实现了资源节约型、环境友好型的城镇化。顺义区站在北京整体

发展的大视角下，坚持"建设绿色国际港，打造航空中心核心区"的功能定位，统筹优化人口、资源与环境，尊重人口与经济社会之间的内在联系，通过"以产引人、以业控人、以房管人"，实现了合理调节人口资源，缓解了城镇化带来的资源环境压力和社会管理压力，有效避免了交通拥堵、就业压力、社会安全隐患大等不和谐音符。

第五节　顺义区推进新型城镇化存在的问题

一　农民市民化滞后于高端产业和空港发展

首先，农民市民化滞后于农村劳动力非农化进程。北京市统计局监测数据显示，2011年，顺义区小城镇地区人口城镇化率为23%，分别比二、三产业增加值所占比重（97.6%）和非农产业从业人员所占比重（86%）低74.6和63个百分点。当前顺义区农民市民化落后于农民非农化，还存在历史遗留下来的征占地农民未转非、非农就业农民未转非等情况。农转居步伐缓慢的核心问题是农转居后的利益保障，对123名农民的城镇化意愿调查结果显示，55.3%的农民认为城市比农村生活幸福，但是55.4%的农民不愿放弃农业户口，这与农民对土地的依赖有很大关系。其次，农民的生活方式相对滞后。这主要由于顺义区在土地、户籍、社会管理、居民收入、公共服务、基础设施建设等方面与城市居民仍然存在比较明显的差距。特别是在社会管理方面，社会转型时期出现治理方式的缺位，大量搬迁农民回迁新居后，村委会与居民委员会如何对接的问题日益紧迫。最后，农民的思想观念转变相对滞后于城镇化步伐。主要是由于农民的知识水平相对较低，思维习惯转换相对困难，应该借鉴大兴区开展"农民观念提升工程"的经验，加强对农民思想观念、道德修养、生活方式和理财观念的提升教育。

二　城与业还需要进一步融合

一方面，顺义区城市建设的现代化水平相对滞后于高端产业发展水平，主要表现为基础设施和公共服务的相对滞后。从基础设施方面来看，在新城地区，随着城镇化推进，人口集聚效应不断增强，顺义区中心城区交通拥堵等问题日益凸显，存在城乡联络不足、组团间联络道路负荷较大，微循环路网建设不足等问题；在农村地区，目前顺义区农村地区污水处理还是短板，2012年顺义区农村地区污水处理率只有1.66%，低于全市平均水平。这与顺义区建设首都航空中心核心区的高端产业定位存在较大差距。从公共服务方面来看，顺义区公共医疗事业发展相对缓慢，目前空港地区还没有一家三级医院，重点小城镇内尚没有二级医院，农村地区卫生条件差，医疗公共服务设施和服务能力不足。2011年，顺义区每千人拥有床位2.86张，仅为北京市平均水平的66%（北京市每千人拥有床位4.34张）；每千人拥有执业（助理）医师2.47人，仅为北京市平均水平的71%［北京市每千人拥有执业（助理）医师3.46人］，难以满足顺义区高端产业从业者在本地就医的需求，与顺义区建设国际化新城的目标不匹配，直接影响城镇化发展质量。另一方面，高端产业内部结构与城市功能定位还有一定差距，主要表现为高端消费服务业发展不足。2012 年全区实现社会消费品零售额 254 亿元，消费仅为投资的 60% 左右，投资与消费"双轮"协调拉动经济增长的格局还需加快形成。这与顺义区作为首都东北部中心城的功能定位不相称，与顺义区生产性服务业发展水平也不相称。从区域产业发展角度来看，如果不高度重视这一问题，很容易诱发服务业成本病，即大量就业人口集聚，但产业遇到升级调整的瓶颈，导致经济发展后劲不足。因此，需要加快推进顺义区高端消费服务产业发展。

三　东西部地区城镇化发展不平衡

从空间上来看，顺义区城镇化存在河东与河西发展不平衡、小城镇与新城组团之间发展不平衡，以及农村地区城镇化相对滞后等问题。一是河东地区城镇化滞后于河西地区。由于历史和区位的原因，顺义区潮白河以东地区城镇化进程较慢，城镇化率偏低，河东地区户籍人口为 25.24 万人，城市化率为 35.15%，河西地区城镇化率达到 66.47%。河东地区城镇化率低于全区 15 个百分点。河东地区产业发展相对滞后，以农业为主，二、三产业发展相对滞后；河东地区经济总量、地方财政收入、人均 GDP 均相对滞后于河西地区。河东地区基础设施建设相对落后，公共服务设施明显不足，高速公路里程仅为河西地区的 1/4，供电和供水能力仅为河西地区的 1/2，燃气供应能力仅为河西地区的 1/10。二是小城镇发展相对缓慢。北京市统计局对农村城镇化实现程度的监测数据显示，顺义区小城镇地区人口城镇化率为 24.7%，比全区人口城镇化率低了近 30 个百分点。重点小城镇的基础设施、公共服务、社会管理等方面都相对滞后于新城组团地区。三是农村地区发展相对滞后。新农村建设在一定程度上提升了农村地区基础设施和公共服务设施水平，然而，多数村庄城乡建设用地制度的二元结构，不利于农村集体建设用地集约利用，也阻碍了农民获得集体建设用地开发收益，如何充分发挥市场机制作用，保障农民对土地、集体资产的长久收益权，还需要在政策上有所创新和突破。

第六节　推进顺义区新型城镇化的对策措施

《北京市"十二五"时期重点新城建设实施规划》[①] 进一步明确了顺义区的功能定位：北京东部发展带的重要节点、重点发展新城之一；是首都国际航空中心核心区，是服务全国、面向世界的临空产业中心和现代制造业基地。顺义区"十二五"规划确定的发展目标是力争建设成为"北京面向东北部区域、具有核心辐射带动作用的现代化综合新城"。围绕这一发展目标，顺义区提出了推进"四个转型升级"的战略任务，即临空经济区向首都国际航空中心核心区转型升级，现代制造业向现代创新创造业转型升级，经济发展方式向投资、消费协调拉动转型升级，城乡发展向城乡一体化转型升级。新型城镇化是推进各项深层改革、破解"三农"问题和推进城乡一体化的有效途径，是扩大内需的最

---

① 北京市规划委员会官网，发布于 2013 年 12 月 12 日。

大潜力，是实现现代化的重大战略选择。因此，顺义区要围绕发展中的矛盾和问题，采取切实有力的措施，促进城镇化转型升级。

一　提升全域城镇化水平，优化城市空间布局

深入贯彻"建设绿色国际港，打造首都国际航空中心核心区"发展战略，围绕"一港、两河、三区、四镇"的城市空间布局，进一步落实新城、重点镇、一般镇、新型农村社区四个梯度发展的战略，继续坚持业城融合、新城建设与新农村建设双轮驱动，提升全域城镇化水平，打造具有"滨水、生态、活力、国际"特征的现代化新市镇。一是继续提升新城组团地区发展水平。着力将新城组团的空港核心区打造成为"首都国际航空中心核心区"的CPU。以"四个转型升级"为引领，推动天竺综合保税区向空港型自由贸易区转型升级。继续提升新城基础设施和公共服务设施水平，加快推进文化中心、体育中心等十大工程建设，推动和吸引北京市教育、医疗等优势资源向顺义新城地区布局，提升顺义区作为北京东北部核心区城的带动辐射能力。二是加快推进河东地区城镇化进程。以浅山区为重点，打造"五彩浅山"品牌形象，推进空港生态化。以"五彩浅山国际休闲度假产业发展带"项目建设为引领，明确浅山区五镇的定位，整体推进浅山区北石槽镇、木林镇、龙湾屯镇、张镇和大孙各庄镇五镇发展。三是以重点镇为核心，加快各镇核心区的城镇化步伐，提升小城镇建设水平。重点镇建设要紧密围绕各重点镇功能定位，积极承接绿色国际港和首都国际航空中心核心区的产业和城市功能，坚持城乡一体、工农融合，镇域之间协调兼顾，全区一盘棋整体推进。一般镇要提升基础设施和公共服务水平，加强生态环境建设，提升产业承载能力。四是农村地区要坚持新型城镇化与新农村建设双轮驱动。加强规划引领、分类推进，明确村庄未来发展规划定位。对保留村加大新农村建设力度，加快推进新型农村社区试点建设，深入推进新民居建设，确保基础设施、公共服务到位。对未来要纳入城镇化的村要重点加强农村社区化管理，加快推进农民到二、三产业稳定就业，推进农民市民化，推进就业转非、征地转非和新生儿转非工作。

二　推进高端产业发展，优化产业内部结构

进一步夯实城镇化发展的经济基础，推动经济总量与质量齐头并进。继续深化临空经济发展内涵，贯彻"空港国际化、全区空港化、发展融合化"的发展理念，坚持高端化、国际化，做强三产；坚持创新引领、集群发展，做强二产；坚持规模化、产业化，优化一产；加速产业集聚，培育新的城镇发展极。一是提升高端生活性服务业品质和水平，推动经济向消费拉动型转变。打造北京东北部商业服务中心，加快地铁15号线周边可开发土地的整理与入市，加快沿线周边行政办公资源的腾退与置换，促进商业资源入驻。围绕新城西单、国泰、新世界商圈，加快顺鑫环宇等商业项目建设，将现有的18万平方米商圈扩大到52万平方米的商业综合规模，使顺义区商业服务辐射能力有较大幅度提升，辐射带动怀柔、密云、平谷等区县。充分挖掘区内旅游资源，依托浅山区优势，开发"国际化、高端化、时尚化"的旅游产品，促进休闲服务业发展。进一步发挥好首都国际机场拉动

消费增长的作用，打造高端消费、特色消费聚集地。二是增强科技创新能力，带动高端制造业向高端创造业转变。加快推进科技创新和文化创新双轮驱动的发展战略，充分发挥中关村顺义园的产业化平台优势和先行先试政策优势，加快形成"研发创新在中关村、转化和产业化在顺义"的跨区域产业链。促进战略性新兴产业、高新技术产业集群化、高端化发展，不断打造新的千亿元产业集群。三是进一步提升农业现代化水平，着力促进传统产业转型发展，推进三次产业融合发展。更加注重农业的生态景观功能和休闲服务功能，着力推进食品、饮料、服装等传统产业升级改造，延伸和完善汽车、航空两大产业集群的产业链条，进一步提升金融和文化创意产业对全区经济增长的贡献，促进三次产业融合发展。

三 加快推进农民市民化，转变农民思想观念

新型城镇化是以人为本、城乡一体的城镇化，因此，一要引导农村人口有序转移，让转移就业的农民工真正成为市民，融入城镇生活；二要提高农村居民的生活水平，让留在农村的居民享受到与城市居民均等的基础设施、公共服务，均等的就业、教育机会；三要加强农民生活方式、思想观念转变提升教育培训。一是推进农民融入城镇。继续坚持以"见人见物"为导向，按照"农村人口城市化，外来人口本地化"的人口工作改革方针，以"拓宽进城渠道，落实权利保障，简化办理手续"为突破口，重点推进征地转居，加大二、三产业就业农民工转居力度，争取更多地实行整建制拆迁转居，鼓励新生儿、大专毕业生转居。做好农转居人员的居住、就业和社会保障工作。积极稳妥地解决好农转居人员计划生育、宅基地、集体经济分红等有关权益的转换、衔接问题。二是推进农民享受均等城市生活。要继续坚持新城建设与新农村建设双轮驱动，深入推进"六个城乡一体化"建设工作。重点加快4个重点小城镇、一般镇和新农村地区水、电、燃气、道路交通等基础设施建设和公共服务设施建设，继续推进农村地区抗震节能改造，继续改善和保护农村地区生态环境，提高教育、医疗、社保、社会救助、文化体育等公共服务水平，推动公共财政向农村地区转移。要以浅山区开发为契机，提升一般镇和浅山保留村基础设施和公共服务水平，加强生态环境建设，提升产业承载能力。按照国际城市标准建设一般镇和保留村的市政基础设施，推进园林绿化，构建"望山、临湖、穿河、美景"的五彩浅山景观体系；实施唐指山水库、龙湾屯水库、金鸡河等生态水系治理，全面建设水、电、燃气等市政配套工程。三是加强农民的文化、思想道德等方面的教育，提高农民对社会转型的适应能力，改变传统的思维模式。

四 继续改善发展环境，推进人与自然和谐发展

继续坚决执行严厉打击"违法建设、违法生产、违法经营"，继续坚持"以产引人、以业控人、以房管人"，将人口、资源与环境协调发展作为顺义区推进新型城镇化的长远战略，常抓不懈。一是继续转变发展方式，深入推进节能减排。坚持"优化结构、工程改造和强化监管"，促进节能减排，完善农村新能源利用体系，鼓励风能、太阳能、沼气、地热、生物质能等可再生新能源在农村生产生活中的应用。二是强化污染控制和治

理，全面提升大气质量，全面治理水污染，统筹固体废弃物收集与处理，提高垃圾无害化处理率。"十二五"期末，空气质量二级和好于二级天数比例达到78%，城区污水处理率提高至98.7%，村镇污水处理率提高至60%，全区粪污综合处理利用率达到95%左右，主要河流水质综合达标率提高至80%。三是继续加强生态环境建设，完善绿色生态网络，打造以河为基、以水为魂、以林为韵、以路为骨，林水相映、河城相衬、景色相宜的绿色生态网络。实施潮白河绿色生态发展带景观提升工程、东部浅山区发展带景观建设工程、重点镇和村景观建设工程等生态景观建设重点工程，全面提升全区生态景观水平。重点加强东部浅山区产业发展带的环境建设，推进城市园林绿化和公共绿地建设，打造特色景观绿廊，推进以顺平路为试点的总长度为400公里的道路两侧景观带建设。"十二五"期末，创建全国环境优美镇16个，市级环境优美镇19个，各级生态村达到270个。四是继续加强人口资源调节，围绕建立与经济社会发展相适应的人口综合调控体制，着力塑造有序流动的人口格局。坚持"以产引人、以业控人、以房管人"，坚持"三为主"方针，进一步优化流动人口服务管理。强化外来人口的居住服务和对出租房屋的管理，推广"四集中"服务管理模式，促进流动人口集中居住、集中管理、集中服务、集中宣教。推广企业和产业园区职工"公寓式管理"，对企业自身不具备集中居住条件的实行"村企联管"，对农村分散性的出租房屋实行"网格化管理"，引导村（居）民实行"自治管理"，切实加强流动人口属地化管理、市民化服务，保障流动人口合法居住、体面生活。

五　积极争取改革试点，破解农村改革难题

农村城镇化最终是农民的城镇化，因此要建立政府引导、农民主导和社会参与的新型农村经济社会体制，充分发挥农民和社会多元主体的积极性，推动新型城镇化健康发展。顺义区具备较好的农村改革基础，存在的改革难题在全市具有典型性，因此，要积极争取北京市将顺义区作为全市新型城镇化改革试验区，着力破解当前农村改革面临的深层问题。一是深化农村土地制度改革。对于耕地，要进一步规范农户土地承包经营权流转，鼓励农业适度规模经营。对于集体产业用地，要合理规划、有效利用城乡建设用地；围绕城乡结合部改造、重点经济功能组团开发、重点镇建设和重大项目落地加快村庄拆迁，置换建设用地；优化统筹城乡土地资源配置，推动集体建设用地集约利用，促使土地利用效率低下的工业企业腾退土地资源，鼓励企业适当提高容积率；整合闲置和低效用地，鼓励工业企业向已有工业开发区集中。对于宅基地，要积极制定农村居民点撤并措施，通过旧村改造和土地整理，提高农村居民点用地效率。同时，要研究将土地增值收益还给农民的机制，明确集体土地出让金主要用于农业、农村的详细内容。二是深化农村集体经济产权制度改革。重点在两个方面：一方面，开展整建制拆迁村集体资产处置试点；研究部分征地拆迁村剩余土地经营管理和产权制度改革等问题。另一方面，实行农村政经分离，建立健全农村新型集体经济组织，完善法人治理结构，使农村集体经济组织成为市场经济中的独立法人，依法、独立从事生产经营；村党支部和村委会依法履行各自的职责，不再干预新型集体经济组织的内部事务。三是继续壮大农民合作组织规模，提高农民组织化程度；通

过培育农民专业合作示范社，发展一批带动能力强、规范程度高、发展劲头足的合作社。四是创新农村社会管理体制。对于未拆迁村，探索一种能够打破城乡分割的社会管理体制，建立新型农村社区化管理体制，以及农村管理体制与城市能够较好衔接的农村管理体制；打破传统的以不同的户籍人口进行区别化管理的模式，以全部常住居民为基础，推进社会服务管理观念和方式创新，加快农村基层民主法治建设，农村社区人口不再区分为农民、市民、流动人口，统一称为农村社区居民。对于已经拆迁的村，需要加快研究建立村社对接办法，加快农村社区社会管理向城镇居民社区社会管理转型。

课题负责人：郭光磊　张秋锦
课题总顾问：焦守田
课题协调人：葛继新　柳亚辉　张中茂
课题责任人：季　虹
课题组成员：田小丹　王丽红　贺　潇
　　　　　　纪绍军　严瑞河　刘儒鹏
课题主笔人：王丽红

第五章　东升科技园集体建设用地开发案

——北京市城乡结合部农民就地城镇化的路径选择与机制设计

国家"十五"规划中提出"实施城镇化战略，促进城乡共同进步"，把城镇化上升为国家战略。党的十八大进一步提出"走中国特色新型城镇化道路"，"有序推进农业转移人口市民化"。城乡结合部地区农民城镇化问题尤为突出，由于自身就业技能的缺乏，农民丧失土地后就业和收入来源不稳定，难以融入城镇，对社会和谐形成了挑战。积极探索一条农民就地城镇化的道路，对于该类地区经济社会的可持续发展具有重要的现实意义。海淀区东升镇以集体经济组织为主体自主开发集体建设用地，建设中关村东升科技园，统筹解决农民安置、产业发展、土地开发、环境改善等问题，实现了北京市"十二五"规划中提出的"率先形成城乡经济社会发展一体化新格局，率先形成创新驱动格局"的"两个率先"的有机统一，对于探索农民就地城镇化的路径与机制设计提供了可贵的实践经验。

第一节　案情介绍

东升镇位于海淀区东部，整个乡域南至西直门，北至西三旗，东与朝阳区相连，西以中关村大街为界，镇域总面积 54.6 平方公里。全镇现有集体土地约 14400 亩，仅占镇域面积的 17.6%。东升镇（原东升乡，2012 年更名）股份经济合作总社下辖塔院、八家、清河、马坊、小营、大钟寺、太平庄 7 家村级分社和新东源、博展、海升 3 个乡级分社。东升科技园位于海淀、朝阳和昌平三地交界的小营村，由东升博展股份经济合作社为主体开发建设。具体做法如下。

（1）自主开发集体建设用地。东升科技园建设项目是在原首都规划委员会批准的"东升乡小营搬迁企业工程"项目基础上，按照建设高科技园区的要求重新规划、改建的。园区一期项目用地过去是东升镇锅炉厂、印刷厂、拔丝厂等乡镇老工业企业的所在地，原规划该片地区为工业小区，拟将分散的城区内的东升镇乡镇企业全部搬迁至此。随着中关村核心区建设步伐的加快，高投入、高能耗、高污染、低产出的传统乡镇老工业企业已不再符合区域发展定位。2009 年，东升镇重新定位该地区发展远景规划，关闭乡镇老工业企业，先期腾退、整合出产业用地 120 多亩，利用上述集体自有用地规划建设高科技产业园。东升科技园保留集体建设用地产权性质不变，形成了"自主投资、自主建设、自主管理"的发展模式。园区规划总占地面积约 1000 亩，规划总建筑面积约 120 万平方米，所用土地均为东升镇集体建设用地，最初规划分两期建设。一期占地面积 300 亩（其中，经过规划调整，将园区周边 200 亩垃圾堆放场统筹纳入科技园建设范围），建筑面积 16 万平方米。目前，一期工程已建设完成，由集体经济组织投资 5 亿元，于 2010 年投入使用；二期规划项目共有回迁安置房、集体产业园、土地一级开发 3 个子项目，现已完成拆迁任务，正处于项目立项审批阶段。2012 年 7 月 31 日，中关村国家自主创新示范区领导小组正式批准成立"中关村东升科技园"，规划进一步调整为三期进行开发建设，三期预计于 2016 年建设完成。

（2）建立农民与园区的利益连接机制。从 2002 年起，东升镇开始启动集体资产改制工作，并采取了"先村后乡"的改制程序。截止到 2008 年，东升镇陆续完成了小营村等 7 个村级集体经济组织产权制度改革工作。2009 年，东升镇对乡级直属企业进行产权制度改革，在 3 个新组建专业公司的基础上，成立了 3 个股份合作社，确立了股份社对乡集体资产的所有者代表地位，并将集体资产量化到农民个人。其中，东升博展股份经济合作社主要从事科技物业产业，采用集体开发、自主运营的开发模式，投资建设东升科技园，成为农民与园区的利益连接载体。科技园解决了本地农村劳动力 200 余人的就业问题，安置超过 280 名乡镇企业职工。2011 年，园区总产值 30 亿元，上缴地方税收达 3 亿元，为集体经济组织创收 6700 多万元，农民分红达 1400 万元，人均分红达 1.7 万元。

（3）政府部门给予了重要支持。东升科技园的发展模式得到市主要领导的充分肯定。2011 年，时任市委书记刘淇同志先后指示："在城乡结合部产业发展方面东升乡的做法应推广"，"各区县也要积极试点"。时任市长郭金龙同志指示，"对所提建议，市政府有关部门认真研究，积极支持"。面对乡镇建设科技园缺乏经验、服务专业化水平较低，特别是法律制度等方面的限制，东升镇"借助外力"，向发改委、海淀园、投促局等政府部门请教科技政策；在技术平台搭建方面，借助海淀区孵化共同体共享全区的公共技术平台，与清华工业开发研究院合作建设科研成果展示平台等。市、区特别乡镇一级党委及政府部门，在东升科技园建设过程中发挥了积极有效的推动作用，实现了一系列政策上的突破和创新，如在二期建设规划中，土地征为国有的同时，采用定向招标方式仍由集体经济组织掌握土地开发权等。

第二节　案例分析

（1）通过集体土地开发参与城镇建设具有一般性意义。由于社会保障、就业等一系列制度尚不完善，农民"农转非"后的户籍身份改变不能代表城镇化的最终实现，让农民牢牢掌握住集体土地资源，不断扩大集体经济规模来解决失地农民就业问题，筹措转工留用人员的工资、保险、福利等费用，是农民就地城镇化的关键。农民作为主体参与园区建设，一是有利于增加土地供给。可以缓解城市土地资源紧缺矛盾，提高集体建设用地使用效率。二是有利于降低开发成本。可以减少传统产业关停、下岗人员安置、房屋土地腾退、周边环境整治过程中的种种矛盾，缩短建设周期，降低建设成本。三是有利于维护社会稳定。土地保持集体产权不变，农民可以长期分享土地增值收益，减少城市建设中的征地拆迁争端引发的各类社会矛盾。从东升科技园的建设发展来看，在符合城市规划和产业政策的前提下，利用农民自主开发集体建设用地参与城市建设是可行的。海淀区四季青镇的玉泉慧谷科技园区、大兴区西红门镇的工业园区改造等，采取了与东升科技园相同的建设模式，反映了农民依托集体土地主动参与城镇建设的共性要求，具有一般性意义。

（2）农村产权制度改革明确了农民与集体的关系。农村产权制度改革完成后，让农民带着股权参与工业化、城镇化，保障了农民土地非农化后对土地收益的分享，使农民的土地财产权利得到了切实的尊重和保护。通过"资产变股权，农民当股东"，实现了集体资产由共同共有到按份共有的历史性变革，明确了集体经济组织内部的产权关系，健全了法人治理结构，为扩大基层民主、实施监督制约、防止集体资产流失、维护农民权益提供了机制保证。

（3）乡镇产业园区发展仍然面临着法律障碍。东升科技园的建设已经取得初步成效，是对城乡二元结构体制与传统的农村集体土地所有制的突破，但其发展仍然面临法律上的障碍，当前矛盾焦点在于不能办理正式的房产证。按照目前法律规定，集体建设用地必须转为国有才能进入二级市场流转。在没有进行土地变性的情况下，集体土地没有国有土地使用权证，拿不到房产证，在企业经营、工商登记、税收管理、融资抵押以及公共服务等方面会产生一系列问题，既限制了入园企业的质量提升，又限制了园区周边土地建设的综合配套。此外，由于集体土地性质的局限，园区二期立项审批进展缓慢。随着园区的进一步发展，集体土地不能与国有土地获得同等待遇的问题将日益突出。

第三节　案例启示

城乡二元结构体制和传统的农村集体所有制是中国特色城镇化道路具有的两大制度特征，也是城镇化进程中所面临的最主要的两个制度性约束：一方面，城乡二元结构体制导致了要素市场的城乡分割，形成了城乡之间的矛盾。另一方面，进城农民与村集体的产权关系无法厘清，无法有效处置农村的集体资产，形成了农民与集体之间的矛盾。破解以上两个制度约束，需要深化经济体制改革，而法制化进程滞后又带来了改革与法制建设之间的矛盾。东升科技园的实践经验集中折射出了农民就地城镇化进程中需要破解的以上三类矛盾，为我们探索农民就地城镇化的路径与机制设计提供了重要启示。

（1）破除城乡二元结构体制是探索农民就地城镇化道路的基本路径选择。构建新型城乡关系，根本是解决农民与乡村集体经济组织的土地发展权问题。党的十八大提出城乡发展一体化是解决"三农"问题的根本途径，提出要发展壮大集体经济实力。农民就地城镇化的基本路径就是利用集体土地参与城镇建设。现行制度是土地市场上农民集体土地无法直接入市、金融市场上集体土地无法抵押融资、劳动力市场上农业户籍人口无法充分享受城镇社保等公共服务。建议按照城乡要素市场一体化的方向和要求，在征用集体土地时，留出一定比例的建设用地，由农村集体经济组织自主开发，支持农民在自有产业用地上进行项目建设，以出租或自营等方式使用，实现同地、同权、同价。

（2）农村产权制度改革是推进农民就地城镇化的重要机制设计。长期以来传统集体经济组织由于产权不清晰容易被内部人控制，导致集体资产流失、农民利益受损。农民就地城镇化不仅需要解决集体经济发展问题，还需要解决农民如何分享集体经济发展成果的问题，实质是要实现农民的利益主体地位。方向是探索集体经济新的有效实现形式，加快推进农村产权制度改革，扩大农村集体资产产权权能，让农民带资进城。具体措施是按照股份合作制原则，建立产权清晰的新型农村集体经济组织。

（3）要实现改革与法制化进程的同步性。改革是突破城乡二元结构体制和传统农村集体所有制，推进农民就地城镇化的基本手段。但是，改革由于受到更加滞后的法制化的限制而滞后于形势的发展，改革若单兵突进，容易陷入违法式改革的尴尬境地。在呼吁加快改革的同时，更应强调加快法制化进程。建议重点解决两个法制问题：一是全国人大尽快完成《土地管理法》修正案草案审议工作，允许农村集体建设用地入市，实现城乡土地同地、同权、同价。二是出台全国性的《农村集体经济组织法》。参照浙江、广东各地颁布的农村集体经济组织的专门法律文件，为集体经济快速健康可持续发展提供有力的法律保障。北京可分三步走：第一步，先在《集体资产管理条例》中明确集体经济组织的主体地位；第二步，参照其他先行省市的经验，先从地方立法角度，出台《北京市农村集体经济组织条例》；第三步，待出台全国性的集体经济组织法律时，对本市条例做进一步的修改和完善。

执笔人：陈雪原　郑艳丽　毕德凯　周秋民

第六章　郑各庄农民自主城市化的成功实践和周边几个村的乱象与困局

——兼论村域城市化的路径选择与土地制度改革*

　　郑各庄的农民经过 18 年的不懈奋斗，在集体土地上建成了一个现代城市社区和产业集群，受到了国内外各界人士的广泛赞誉。王岐山、贾庆林、刘淇都去视察过，并给予肯定和支持。北京城里人许多虽并不知道郑各庄，但大多知道有个适宜休闲度假的"温都水城"。2008 年第八届全国村长论坛在郑各庄成功举办。村党总支书记、村委会主任，宏福集团董事长黄福水，当选为中国村社发展促进会副会长、中国乡镇企业协会副会长、全国劳动模范和北京市人民代表大会代表。2012 年郑各庄的事迹被美国哈佛大学肯尼迪政府学院选定为"中国案例"，黄福水到哈佛大学作了《创新解难题，求变促发展》和《主动城市化引领郑各庄农民走向富裕路》两次演讲与对话，受到师生的欢迎。然而在一片赞誉声中，争议也不断出现，特别是小产权房问题常使他们陷入尴尬处境。

　　围绕郑各庄自主城市化的争论，我们召开了基层干部和专家座谈会，并对郑各庄的成功实践和周边几个村庄的乱象与困局作了一次对比调查。现将实际情况和我们的看法报告如下。

第一节　郑各庄自主城市化的成功实践

　　郑各庄是北京昌平区北七家镇的一个行政村。有 711 户 1502 人，其中农业户籍 1100 人，村域面积 2.9 平方公里。郑各庄南距天安门 22 公里，是典型的城乡结合部。1990 年，黄福水带领村里几十个壮劳力在北京亚运村工地做工程，一位规划专家问他："你们农民总是在为城里人建设城市，能不能为自己造城呢？"他回答说："能！一定能！"但在当时，"为自己造城"不过是刚刚萌生的一个愿望而已。真正下决心走主动城市化的路是在 1995 年。

---

　　* 这里说的村域城市化指的是在北京市城乡结合部的村庄的城市化改造，这些村庄的农地大部分甚至全部被政府征用，村域面积主要由村庄占地和乡镇企业用地等集体建设用地构成。

一 郑各庄为什么要主动城市化？

因为当时他们面临着四大困惑。

一是集体经济弱化，农民收入差距加大，农民弃地问题突出。

1985 年初郑各庄农地分包到户，集体资产全部拍卖给个人。一小部分有本事的人搞起个体运输或从事家庭养殖，80% 的农民依赖承包的 1 亩多农地营生，收入差距过大的矛盾日益突出。

由于土里刨食收入微薄，一年种地收成抵不上打一个月工的报酬，很多人弃地外出做工，大部分农地撂荒。

二是土地资源配置不合理，人居环境恶劣。

郑各庄于明代成村，总面积 4432 亩。由于民居分布散落，有 394 户人家，村庄占地多达 1050 亩，占村域面积的 23.7%；还有约 1200 亩的公共墓地、河套、坑塘、河滩，占 27.1%；人均拥有耕地不到 1 亩半。

由于集体经济薄弱，无力治理村庄，大街小巷坑洼不平，刮风满身土、下雨难出门；农民的宅院处在既让人厌恶又无法割舍的柴草垛、粪堆、厕所、猪圈的包围之中；教育、文化、商业以及水、电等基础设施严重缺失。

三是农民饱受攀比盖房的困扰。

受乡村传统居住观念的影响，谁也不愿意自家的房子比别人家的矮，所有的积蓄全部用在折腾房子上，甚至不惜借钱翻建，导致一些农户债台高筑甚至返贫。攀比盖房又诱发了挤街占道、宅基地纠纷、邻里矛盾、家庭不和等问题。无力翻盖房子的家庭，只能无奈地蜗居在整日见不到阳光的夹缝中。

四是了解到周边农民被动城市化的痛苦。

房地产开发商打着农村城市化的招牌，征占了与郑各庄毗邻的村庄大面积农地，建设商品住宅区；但只圈地不改村，失地的农民不但无业可从，而且生活居住环境与一栋栋高楼、别墅形成天壤之别，严重损害了农民的利益和尊严。

为了化解这些困惑，让村民过上舒心的日子，经过广泛征求村民的意愿，他们决心自己动手，建设一个美好的城市家园。

二 郑各庄主动城市化的基本做法和成果

郑各庄人从 1995 年起步，经过 18 年的坚持，以超前的胆识破天荒地做成了五件大事。

一是完成了村庄整体规划、控制性详规和土地置换。

1995 年他们请来专家，编制了名为《郑各庄村 21 世纪生态庄园》的建设规划，把辖区划分为生活居住、教育科研、科技产业、旅游休闲产业四大功能板块，力争 15～20 年把郑各庄打造成现代城市化社区。同时，遵循农地与建设用地增减挂钩、占补平衡的政策，由本村企业出资，帮助村镇将废弃的建设用地整理复垦为农地，把本村的农地置换为集体建设用地。到 2001 年，除了保留 75 亩的农地外，其余的农地全部置换为建设用地。2005 年 5 月，以上述规划为蓝本的《郑各庄片区控制性详细规划》获得了北京市规划委员会的正式批准。这就从规划和用地两个方面为自主城市化奠定了基础。

二是完成了农民上楼工程，并节约出土地 800 亩。

1998 年 3 月，以自主投资、设计，自主建设、管理的村民自治方式，启动了旧村改造工程。到 2004 年底，98% 的村民搬迁上楼，彻底改变了农民的生活方式。村民人均住房由原来的 23 平方米增加到 70 平方米，除自住外还可出租。2012 年村民人均房屋租赁收入 12258 元。而且新住宅区仅占地 250 亩，节约出土地 800 亩，为郑各庄发展现代产业、解决职工和外来人口住房问题腾出了新空间。

三是改革产权制度和运行机制，坚持诚信包容，增强凝聚力，提高吸引力，为转型发展构造动力源。

1996 年北京宏福集团成立，随即创立了"以企带村""村企合一"的发展机制。1999 年又完成了集团公司产权改革，公司法人控股 66.6%，村委会和村民（即自然人）各持 16.6% 的股权。宏福集团成为农民参与投资、效益成果共享的新型集体企业。目前，村民人均持有股份 12 万元，2012 年股东收益 21173 元，股份分红成为村民重要的收入来源。

1999 年，推出了"确权、确利、保收益"的土地流转经营机制。农民以委托经营方式将承包土地使用权有偿流转给企业；企业不论盈亏，都要将土地租金足额支付给农民，农民毫无顾虑地进入企业，成为离土不失地的产业工人。2012 年村民人均土地承包收益为 3116 元。

在改革产权制度的同时，党总支依靠村民自治推行民主法制建设。凡属村庄的重大问题均提交村民大会或村民代表会议讨论决定，属于经济发展问题授权集团公司处理，属于社会管理问题由村委会和居委会处理。制定了规范翔实的《村民自治章程》，明确干部和村民的权利义务，使经济和社会管理方面的各种实际问题的处置都有章可循，有效地调节了各种矛盾和纠纷，做到了公平合理、秩序井然。

创业者牢记"诚信、包容"四个字，对村民的诚信，使他们获得了内聚力；对外来投资者、就业者、居住者的包容，使他们获得了外聚力。凭着他们的诚信和包容，宏福集团引进了一大批高素质的专业人才，投身公司的经营管理和村庄建设。现在公司的高管，80% 是引进的职业经理人。依靠诚信和包容，解决了村庄封闭性与企业发展开放性之间的矛盾，营造了"亲商、富商、安商"的投资环境，会聚了几十家合作企业和 3 所著名高校，并把产业发展到市外乃至国外。

这种朴实而真切的内力和外力紧紧地凝聚在一起，形成了巨大的合力，让他们实现了今天的跨越，成就着明天的希望。

四是推动传统产业走向新型工业化和现代服务业。

在集体土地上成长起来的村办企业宏福集团，以开发建设促转型发展，实现了产业优化升级，大大提高了集体土地集约利用的水平。黄福水创建的建筑队 1986 年从土石方工程起家，经过二十几年的奋斗，完成了从基础工程、主体施工到市政工程、建材加工、周转材料供应以及设备租赁等关联产业配套的跨越，成为集团的骨干企业，在国内外（利比亚、伊拉克）承包工程，2012 年营业收入达 20 多亿元。

他们从开发工业园，以参股、控股等合作方式引进几十家科技型企业入手，顺应为首都城市服务的趋势，大力发展现代服务业，引进北京邮电大学、中央戏剧学院、北京电影学院等高等院校；发展了影、视、剧、动漫、游戏等文化创意产业；打造了集高档酒店、商务会展、温泉养生、休闲娱乐于一体的旅游休闲产业——温都水城，并把这一品牌输出到黑龙江五大连池、海南博鳌等地；在村内兴建拥有 800 个床位的新安贞医院（三级甲等），开发了国际老年公寓，以会员制形式面向海内外老年人提供一条龙的养老服务，并推出了北京、黑龙江五大连池、海南博鳌"三地候鸟型"养老。

传统产业与现代产业共同发展、独资与合作并存、技术密集型与劳动密集型优势互补的产业格局在郑各庄全面铺开。

五是社区基础设施和公共服务基本配套。

村累计投资 20 多亿元，翻修道路，兴建 1 个变电站、12 个电力开闭站以及供热和供水中心、垃圾分类站、污水处理厂、中水再利用和雨水回收系统等基础设施；改造了中小学校、幼儿园；引进了公交专线以及银行、邮局，完善了文化娱乐、休闲健身、购物、餐饮等服务设施；开发了地热资源；实现了互联网、温泉水、天然气联网入户；等等。其中，做了一些本应该由政府投资或政府想做还没来得及做的事情。

三 成效卓著，成本低廉，农民共享，多方受益

郑各庄的自主城市化极大地解放了生产力，促进了经济的高速发展和社会、文化、生态建设的全面进步。从 1998 年启动旧村改造起到 2012 年，15 年发生了巨大变化。

（一）经济发展

村自营实体公司由 1 个发展为 23 个，引进企业由 3 个增加到 76 个。产业工人规模由 300 多人扩大到 13000 多人，增长 42 倍。

集体资产由 3600 万元滚动到 60 亿元，增长 165.7 倍。村营经济总收入从 3500 万元增加到 39 亿元，增长 110 倍，可支配利润为 4.5 亿元。加上引进企业，总产值达到 95 亿元。上缴税金 2.6 亿元。

（二）文化进步

原来只有 1 个容纳几十个孩子的幼儿园、1 所 6 个班的小学和 1 个简陋的医务室，如今形成了幼儿园、小学、中学到大学的教育体系。北京邮电大学、中央戏剧学院和北京电影学院继续教育分院在校大学生达到 1.1 万人。大力发展成人教育，使本村农民劳动年龄人口平均受教育年限由不足 7 年提高到 11.5 年。合作建设的新安贞医院已投入 6 亿元，即将全面建成。原有以"康熙行宫"为代表的古迹文化也得到了保护和发扬。

（三）环境改善

他们不仅按照城市标准配套建设各种基础设施，而且重视生态建设。2000 年以来投入 5000 多万元进行绿化美化，在道路两旁、水系两岸、楼宇之间见缝插绿，绿化率达到

35%。2003 年投入 1633 万元兴建的污水处理站，日处理能力 2400 吨，通过水循环系统，生活用水处理后补充到人工湖、护城河水系，实现水景观光、水产养殖、绿地喷灌的梯级利用，并具有雨水回收、补充地下水的功能。

（四）社会转型

原来贫穷落后封闭的农村社会，如今转型成为城乡融合、四通八达的现代城市社区和产业集群。聚集在这里生活、工作、学习的村民 1500 人，非本村的外来人口 4 万多人。就业岗位 13000 个，其中村属企事业职工 4300 人，入驻企事业职工 8000 人，超市、商铺等从业人员 700 人。温都水城不仅有各种休闲娱乐健身设施，而且拥有 4 座宾馆，共2000 多套客房、100 多个会议室、20 多个不同风味的餐厅，一年接待 60 万～70 万人次来这里消费、开会。一年举办 300 人以上的会展上百次。呈现一派车水马龙、生机勃勃、文明有序的城市景象。

特别值得称道的是，这些发展成果做到了资源节约，村民共享，多方受益。

（1）在资源节约方面。郑各庄村域面积 4432 亩，其中村民居住、产业配套用房和商品房用地 1050 亩，商住小区（"壹千栋"）494 亩，农地 75 亩，工业用地 390 亩，教育用地 681 亩，商业服务与公共管理用地 831 亩，道路用地 680 亩，水系 231 亩。从土地所有制看，除 4 个项目（"壹千栋"、中央戏剧学院、修正药业、新安贞医院）用地 930 余亩征为国有外，其余约 3500 亩仍为集体土地，除自用、共用外则用于出租。土地租金首先用于保证集体福利，其余村民按人头分配，2012 年人均土地租金收入 1.1 万元。他们一般坚持"租地不卖地"，这样做，不仅保证了农民持续不断的土地收入，而且降低了企事业的运营成本。就是这种在集体土地上农民自主的城市化，创造了土地产出低成本、高效益。2012 年全部土地创产值 95 亿元，纳税 2.6 亿元；亩均产值 214.35 万元，创税 5.87万元。

（2）在村民共享方面。农民的收入来源由过去单一的劳动报酬，扩展到"劳动报酬 + 福利保障 + 股东收益 + 土地收益 + 房屋租金"这样多元化的收入结构。2012 年村民人均纯收入 5.98 万元。其中人均劳动报酬 15327 元，占 25.6%；人均非劳动性收入44160 元，占 74%。农民实现了共同富裕。

在农民福利保障上，特别重视"一老一小"。实现了社会保障与城市接轨，2007 年又推出了双重保障机制，农民退休后，既享受村里农民的各项福利，又享受与城镇居民同等的保障。他们还实行了从幼儿园到大学全程教育补贴，学费和书本费全部由村里报销。现在家家都有了大学生。

（3）在多方受益方面。一是带动了周边发展。邻近的村庄有 900 多名农民在郑各庄就业，基础设施和公共服务设施周边村民与本村村民共享，并帮助西沙各庄盘活土地 400亩，发展现代产业。二是为社会慈善与公益事业作出了贡献，2001 年以来，支持教育 3100万元，承办大型公益活动支出 3269 万元，对口扶贫和赈灾捐款 146 万元。三是在为政府提供税收（15 年累计纳税 12.2 亿元）的同时，减轻了政府负担。仅以村庄改造为例，他们用村民自治的方式推进拆迁上楼，没有动用过政府的一兵一卒，没有发生一起上访告状事件。

更为重要的是分担了城市功能，分流了外来人口，避免了农村凋敝。

"郑各庄现象"对于城市更重要的价值在于：该村以 1000 多人口，通过自主城市化和新型工业化建设，改善了农村地区的生产和生活条件，至今已为全市截留了超过本村人口 10 倍的外来人口，留住了当地的农村人口，为缓解城市的多种压力作出很大贡献，同时也避免了城市工业化当中普遍出现的农村老龄化、空心化问题，使乡村地区充满了发展活力，成为新型工业化和城镇化的一个好典型。

总之，郑各庄农民自主就地城市化的优势在于：①节约建设成本。土地是自己的或租赁的，运用自己的建设施工力量，建设的土地成本和投入成本大大降低。②新型社区以亲情和自治为基础的人际关系，有利于协调内部矛盾，降低运行成本。③干部把城市化当成自己毕生的事业，生于此，长于此，贡献于此，死也埋在这里，能够对事业负责到底。④符合产业与社会转型的渐进式成长的规律。城市化不能靠运动式突击，一口吃不成胖子。他们在 20 多年的探索中前行，在百折不挠的创新中发展，在坚持不懈的实践中锻炼学习、逐步成长，避免了急剧转轨带来的许多不适应和挫折与失误。这样的成功实践和宝贵经验值得借鉴。

四 制约村庄发展的瓶颈

在我国城乡二元体制下，农村集体建设用地与国有土地享有不同的待遇。国有土地及其建筑、设施，可以取得产权，可以有偿转让；而农民集体建设用地，包括宅基地上的房产，即使符合规划也不能立项，拿不到产权证书。即使政府帮助协调，也很难跨过这道门槛，使他们几十亿的资产既无法上市，又不能抵押贷款，制约了郑各庄的后续发展。

第二节　周边几个村的乱象与困局

与郑各庄自主城市化带来的兴旺发达、和谐有序形成鲜明对照的是周边几个村的种种乱象和困局，也让我们吃惊和深思。

一是政府征地，开发商操办，农民被动城市化带来的困局。

这个地区的农民被动城市化，早在 1994 年就在郑各庄东面的白庙村、平坊村、东沙各庄村发生了。当时，房地产开发商打着农村城市化的招牌，以每亩 15 万元的低价（镇政府和北郊农场截留后，村里实得 5 万元左右），把上千亩区位最好、最平整的耕地征走，开发建设了王府花园、王府公寓、王府家庭农场、温馨花园、温泉花园等高中档住宅小区；他们对农民村庄的改造建设则不闻不问。失地失业的农民只能在宅基地上建房出租，开始建两层小楼就很满足了，后来随着外来农民工的涌入，又将房子加到四五层；没有条件翻盖的家庭只能蜗居在整日不见阳光的夹缝中。农民的居住环境与相邻的高档商住小区相比，与邻村郑各庄相比已是天壤之别，村民的幸福感严重缺失。

到了 21 世纪，政府征地已经推进到吞没村庄。一些开发商只顾企业赢利，不认真履行安置农民的义务，以致农民长期无家可归。霍营村就是突出的一个例子。该村位于郑各庄南面，属于东小口镇，有 280 余户，2007 年拆迁 250 户，剩余 30 户未拆迁。拆迁时开发商承诺最迟 2009 年底回迁楼建成入住。但第一批安置楼建成后，被开发商当成商品房卖了。2008 年奥运会前夕和 2009 年 11 月先后两次举行回迁楼奠基仪式。第一次开工，由于村里一部分人反对，工程一度停工。第二次开工，计划 2011 年建成。2010 年初开建，到 2012 年初又因为质量问题被叫停，成了烂尾楼。至今过去了 7 年，村民依然无家可归，过着流离失所的生活，有些老人已经病死他乡。

两个实例都说明，如果政府与开发商都以拿地生财为目的来推进城市化，农民难以得到平等的谈判权利，农民权益是很难得到保障的。

二是本地农民与流动人口互动成就的半拉子城市化出现的乱象。

伴随着城市化的扩张，农民失去土地，只能靠出租房屋生活；同时，这一地区又不断涌入大量的流动人口，产生了巨大的租房需求，于是农民就在自己的宅基地上盖起楼来。由二层、三层加高到四层、五层甚至六层。基层干部形容有的农民"自己有 1 万块钱，就敢借 99 万块钱建房"，有的村子创下了"87 户农民拥有 83 栋楼"的纪录。

在郑各庄南大门的对面，就是平西府村。这里也是明代就建立的村庄，有着和郑各庄一样的大牌楼，主街也宽。但是，这里聚集了 5 万外来人口，是本地户籍人口（2000 人）的 25 倍。满街都是摆摊做小生意的，小发廊、小饭馆、小作坊、黑网吧、黑诊所充斥其间，上下班时连人都难行，汽车更不能进了。农户在宅基地上盖小楼，楼与楼间的胡同极窄，自行车也难行。变压器由 1 台扩充到 14 台，水井由 1 眼增至 4 眼，村集体的钱都花在增加公共设施上，仍然时常停水断电。安全隐患多，人心烦躁。打架斗殴、溜门撬锁的治安案件高发。村党支部书记说："现在的形势是，随时可能出事。我最担心的是一旦发生群体事件，出现打砸抢，怎么办？"他认为："郑各庄的主动城市化好，可我们做不到了，只能靠政府推动，通过拆迁买断解决问题。"

东三旗村有村民 2700 人，聚集了 6 万流动人口。平均每户租房收入三四十万元，多则上百万元，少则一二十万元，95% 的农户出租房屋，租金收入是农民的主要收入。尽管有较为满意的房租收入，但是激增的人口给资源、环境和管理带来了巨大压力。基础设施和公共服务不堪重负，原先村庄 2000 多人使用的基础设施，现在承载着 6 万多人运转，日产垃圾 70 吨，运都运不过来。资源紧张，环境恶化；治安案件频发。老百姓中流行着这样的说法："买得起好酒，喝不上好水。开得起好车，走不上好路。养得起胃，养不起肺。"于是有的村民干脆到外面买房住，白天回到村里收租金。

北七家镇有 17 个村，共有本地户籍人口 3.7 万人，如今加上小区人口和流动人口，常住人口已达 27 万人。镇党委书记刘长永反映：最近政府出台两个新政策，一是外来人口只要有暂住证、有收入来源、有房住，子女上小学一年级就可入北京市学籍；二是 65 岁以上的外来人口，和本市居民一样，乘公交车不花钱，逛公园免费。这吸引大量外来人口把子女和老人都带到北京来了。如果把地铁再往北修到兴寿，那里也会很快变成外来人口聚集区。北京人口越聚越多，恐怕难以承受，需要适当控制。

北七家镇现已被列为推进北京市新型城镇化试点单位。当地镇村干部也强烈希望加快城镇化步伐，通过城镇化解决这一地区存在的诸多问题。但是，在路径选择上仍有分歧，需要进一步探讨。

第三节 村域城市化的路径选择与土地制度改革

一 从城乡结合部村庄改造的历史看，最近20年已经相继出现了四种村域城市化的路径，各具不同的优势、贡献、难题和前途

（一）政府征地，开发商操办，农民被动城市化模式

这是符合现行法律的通行做法，对于城市扩张、基础设施建设和产业发展发挥了重要作用。但是，政府低价征地，高价转让给开发商利用，而且往往"圈地不改村""吃肉留骨头"，农民失地失业失保障，难以完成由农民到市民的转化。这种路径，产生大量遗留问题。

现在，农民被动城市化之路已经很难行得通了。因为它损害农民的现实利益，并使农民丧失长远的生计，也难以完成农民到市民的转化。所谓"城市土地归国家所有"，并非现实，也难以实现。必须允许农民带着资产（主要是土地）进入城市，实现国有土地与农民集体土地"同地同权同利"，才能调动农民参与城市化的积极性和主动性，并使城市化的成本大大降低。

（二）规划指导，农民自主的城市化模式

大多是利用政府征地留下的集体建设用地，特别是宅基地和乡镇企业用地，依靠集体的力量进行开发建设，与开放引进相结合，完成旧村改造和产业重构与社会转型，实现了低成本的城市化。突出的典型有：昌平区郑各庄村、丰台区果园村、朝阳区南磨房乡和高碑店村、通州大稿村等。但是，他们在城乡和土地的二元体制夹缝中生存发展，其建造的楼房往往得不到有关部门的承认，拿不到产权证，不能进行抵押贷款。

现在，与郑各庄、果园等在20世纪90年代启动的自主城市化比较，当今的环境条件更困难一些，但是仍然具有发展余地。近两年，海淀区东升镇在原有乡镇企业用地上自主建设的东升科技园区取得了成功，证明了城中村仍然拥有相当数量的集体建设用地，主要是乡镇企业用地和农民宅基地，集体拥有较强的经济实力和大量的管理人才，并且能够就近招商，吸引高端的科技人才和项目入驻，因而具备了自主推进城市化的条件。关键是当地政府能否给予规划和政策法规上的支持和帮助。

（三）本地农民与流动人口结合互动，成就的自发无序的城市化模式

其功绩是，解决了大量流动人口的居住问题，降低了农民工进城务工经商的成本，为城市和产业的发展作出了重要贡献；同时增加了本市农民的收入，且这些收入成为失地失业农民的主要生活来源。但是，这种自发无序的半拉子城市化，也带来了日益严重的社会和环境问题：建筑安全难保证，基础设施不配套，公共服务跟不上，环境脏乱差，安全事故频发。从中可以看出，市场调节固然重要，但离开集体组织的管理和政府的宏观调控也不行。

（四）政府主导，农民主体，城乡共赢的城市化模式

这是北京市 2011 年开始在 50 个重点城中村进行全面改造获得的经验。这些重点村，过去深受农民被动城市化之苦，乱象丛生，困局难解，推动政府改弦更张、出面化解。坚持把保护和发展农民利益放在第一位，通过调整土地利用规划和政策，拆迁上楼，保留集体建设用地，解决社保资金，实行集体产权制度改革，同时改善基础设施，回建绿地，腾出城市发展空间，达到了城乡双赢的目的。这种模式的难点在于村域城市化是一个渐进的过程，不能操之过急；否则可能出现农民难以适应、政府难以承受、资金链断裂等问题。

尽管对于这个做法存在多种看法，但是这种以维护和发展农民权益、减少转型矛盾和代价、取得城乡共赢为出发点的模式，在城乡结合部重点村改造中已经取得很大成功。在那些外来人口大量聚集、集体经济薄弱、社会矛盾尖锐的地方，尤其需要政府发挥主导作用，支持农民和集体自主改造家园，发展新的产业，实现城乡协调、合作共赢的目标。

二　在新型城镇化的背景下，村域城市化的路径如何选择

（一）新型城镇化"新"在哪里？

党的十八大提出了新"四化"，即新型工业化、信息化、城镇化、农业现代化。2012 年的中央经济工作会议提出新型城镇化的"四个要"：要围绕提高城镇化质量，引导城镇化健康发展；要构建科学合理的城市布局，大中小城市和小城镇、城市群要合理布局，与区域经济发展和产业布局紧密衔接，与资源环境承载能力相适应；要把有序推进农业转移人口市民化作为重要任务抓实抓好；要把生态文明理念和原则全面融入城镇化全过程，走集约、智能、绿色、低碳的新型城镇化道路。

这里已经对新型城镇化新在哪里做了全面的说明和部署。

对于新型城镇化，专家学者也有不少解读。

韩俊（国务院发展研究中心副主任）认为，所谓新型城镇化，最根本就是农民可以共享城镇化成果的城镇化，这才是真正的城镇化。新型城镇化为解决"三农"问题提供了新的机遇。但是，新型城镇化推进过程中遇到的问题比前 20 年要多得多、难得多。核心就是人的问题、地的问题、权的问题。如果这三个问题不解决好，农民还要继续为快速城镇化付出更高的代价，我们的期待是：农民不单是以劳动和就业，更多的是用资产和权益来共享中国城镇化的成果。[1]

袁以星（上海市人大财经委主任）认为，大都市推进新型城镇化建设，应该走新城、新市镇、新农村"三新"联动、协调发展的道路。韩红根（上海市法学会农村法制研究会会长）指出，"推进城中村和城乡结合部改造"已经列入国家"十二五"规划，要探讨城中村改造的新模式。他认为，城中村改造有政府主导、镇级集体经济组织主导、房产开发商主导三条路径，其中由集体经济组织主导或参与的"以地富村"模式不失为优选。

---

[1]　韩俊在"新型城镇化高峰论坛"上的讲话，2013 年 8 月 31 日。

但需要在政策法律上有所突破，一是除公益性征用外，经营性建设用地发展权归属本集体经济组织成员；二是对原城中村拆除的土地，支持集体经济组织继续发展其优势产业；三是在征地时，将对被征地农民的部分补偿转化为国有土地出让的招牌挂条件，保证当地农民在日后开发建设中获得一定比例的商业用房和土地增值收益。①

顾益康（浙江省农经学会名誉会长）主张，在县域城市化加速背景下，应该"联动推进田园城市与美丽乡村建设，提升城乡一体化发展水平"。②

张强（首都经贸大学城市学院教授）认为，我国的城镇化发展阶段，正在超越人口向大城市集中的阶段，逐步到达以就地城镇化为主的阶段。如果这个判断不错，那么我国其实已经进入了以农民就地城镇化为主的阶段。在这个阶段，一方面应大力解决农民"转移后"问题；另一方面应大力解决留守农民问题，千方百计地重新焕发乡村的活力。实现了自主城镇化的那些村庄，顺应了中国现阶段的大趋势，留住了一批年轻劳动者，避免了农村的老龄化、空心化和凋敝衰落。这是一件大好事。这是中国农村未来的活力所在，代表着中国乡村未来走向。新型城镇化的战略与政策设计，就应为他们创造更加有利的机遇和条件。帮助农民清除这个问题，就帮助农民消除了致富路上一个最大的障碍。农民造城的这个伟大创造，已经到了应该得到认可的时候。

张强强调，要抓住"城乡发展一体化"这个关键词，这是理解新型城镇化的一把钥匙。他认为，新型城镇化需要解决的基本问题是对农民和农村的公共服务问题。城镇化不仅是"农民进城"，更重要的是逐步让"进城"或"没有进城"的农民都能够享受到与城镇居民均等化的基本公共服务，逐步消除因户籍不同而存在的公共服务差距。它的最终目标或结果就是逐步缩小或消除城乡多方面的差距，从而根本解决"三农"问题。这是城乡一体化背景下新型城镇化要完成的历史任务。③

（二）村域城镇化的路径如何选择？

中央关于新型城镇化的指示和专家学者的解读，为城乡结合部推进村域城镇化指明了方向和路径。我们应该联系北京的实际，认真学习，深入思考。

北京市城市化已高度发展，2012 年人口城市化率达到 86.2%，提高城市化质量成为最突出的任务。城市化质量不高的突出表现是城乡发展不平衡，农民与市民待遇不平等；农民就地城镇化没有受到应有的重视。因此，推进城乡一体化发展成为难以回避的迫切的任务。完成这一历史任务，需要各方共同努力、通力合作、互利共赢。然而，实际执行起来，往往只要一个积极性，不要两个积极性。1978 年十一届三中全会总结我党处理农民问题的经验教训，提出"必须在经济上充分关心他们的物质利益，在政治上切实保障他们的民主权利"。2006 年提出对农民、农村要实行"多予、少取、放活"的方针，然而实际执行起来，有时往往变成了"多取、少予、管死"。究其原因，往往与官员追求 GDP 的

---

① 摘自《上海城镇化深度发展与法制建设研讨会论文专辑》，2013 年 7 月 16 日。
② 摘自《上海农村经济》2013 年第 5 期。
③ 摘自张强《在集体土地上实现自主城镇化》和《怎样认识以城乡发展一体化为背景的新型城镇化》。

政绩观和政府垄断经营土地出让的制度有关。北京市城乡结合部城中村改造相继出现的四种模式，就是政府、开发商与农民相互博弈的结果。它证明了政府的规划指导和宏观调控是必要的，农民的自主参与也不可少。离开了"一切为了群众，一切依靠群众"的群众路线，好事也办不好。

三　农民在集体土地上实行自主城镇化，受到土地产权制度和规划审批的严格限制，必须有所突破

现行《土地管理法》规定："任何单位和个人进行建设，需要使用土地的，必须依法申请国有土地"；[①] "农民集体所有的土地的使用权不得出让、转让或者出租用于非农业建设"；[②]《城市房地产管理法》规定："城市规划区内的集体所有的土地，经依法征用转为国有土地后，该幅国有土地的使用权方可有偿出让。"[③] 国家的上述法律，把农民利用集体土地主动参与村域城市化的大门关得紧紧的，虽然《土地管理法》有4个"除外"开了一点小缝，不过是承认占有现状而已，但是《城市房地产管理法》的上述规定又把小缝给堵上了。农民在自己的集体土地上只有务农和居住的权利，土地的转让权、发展权和保障权，都被国家严格控制了。政府垄断土地一级市场，低价征地，高价转让，剥夺农民土地的级差收益，视为合法；农民利用自己的土地参与城市化，变成了违法、违规、违章。除了土地制度的限制外，还有规划审批的制约。农民集体要在集体土地上开发建设一个项目，有关部门经常以"违法违规""不符合规划"为由将其拒之门外，往往跑几十次甚至几年也难以立项。

现在改革土地制度的呼声甚高，但障碍重重。其中一个主要难题是土地财政和土地金融。有关专家指出：10年内地方政府从征地出让中拿到5万多亿元土地出让金，成为地方财政的一个主要来源，许多公共支出要从这里出；还有2.5万亿元地方债务要靠土地出让金来还。"一下缩小征地范围，提高土地补偿费，土地出让金没了，地方政府垮台，银行也会破产。"[④] 因此，许多专家建议，要进行财税体制的配套改革，改征房产税、土地增值税，使地方政府有经常的收入来源。郑各庄黄福水也赞成这个办法，村集体用自己的土地进行商品开发，取得产权，可以合理纳税，小产权房也可以这样处理。在规划审批上的困难，也希望在简政放权的行政体制改革中能够得到解决。

四　我们建议：北京市委在群众路线教育实践活动中，就如何推进城乡结合部村域城市化问题进行专题调研

解决城乡结合部的村域城市化问题，是建设现代化首都和世界城市的题中应有之义，

---

① 见2004年《土地管理法》第四十三条，此条规定了3个"除外"，即"兴办乡镇企业"，"村民建设住宅"，以及"或者乡（镇）村公共设施和公益事业建设经依法批准使用农民集体所有的土地的除外"。
② 见《土地管理法》第六十三条，此条规定了一个"除外"，即"符合土地利用总体规划并依法取得建设用地的企业，因破产、兼并等情形致使土地使用权依法发生转移的除外"。
③ 见2007年《城市房地产管理法》第九条。
④ 郑振源（国土资源部原法规司司长）：《改革征地制度》，《南方周末》2013年7月11日第31版。

是首都城市发展应该抓紧解决的大课题；必须按照我党"一切为了群众，一切依靠群众"的群众路线加以实施。

在这个问题上，目前北京市已经取得不少成绩和经验，也面临诸多矛盾和争议。这些矛盾和争议的核心问题是对农民自主城市化路径能否予以认可。农民造田、造厂两大创举已经得到了国家法律的认可，农民造城目前尚未得到这样的承认，因此，出现了这个领导来了赞赏支持、那个领导来了批评查禁的摇摆，使农民自主城市化步履蹒跚，严重挫伤了农民在改革中的创新心气。尤其是，当前对于农村集体土地上进行的建设，不问青红皂白一律扣上"小产权房"的帽子予以查处，不是科学的态度，不是有利于改革的做法。有的专家从长期对郑各庄的跟踪调研中得出的结论是：郑各庄的建设是按照规划和政策循序渐进、合规合法的，是实现村庄发展规划的一个步骤，同以卖地、卖房为捞钱手段的短期行为有根本的不同；如果按照对付所谓"小产权房"的处理方法，很可能有违新型城镇化的方向。

鉴于此，我们建议，在当前群众路线教育实践活动中，市委、市人大、市政府应就如何推进城乡结合部村域城市化问题开展专题调研，主要领导亲自到基层了解实际情况，倾听干部群众的呼声，并组织相关部门和专家学者研究推进村域城市化的经验教训，统一思想认识，推动法律创新，提出改进办法。在《土地管理法》修改以前，建议市政府在城乡结合部有条件自主推进村域城市化的地方，允许他们进行重点村改造，进行土地政策创新和规划调整。

黄小虎、刘守英、张强、李凌、柴浩放、张秋锦、陈雪原参与座谈、调查和报告修改；赵树枫、杨秋玲整理

第三篇

土地流转起来

第一章　北京市集体建设用地流转的现状、问题和对策

农村集体建设用地指农村集体所有的用于建造建筑物、构筑物的土地，包括现有的建设用地和经批准办理农用地转用手续的农用地。按照《土地管理法》中的相关解释，通常指农村非农建设用地，主要包括农村居民住宅建设用地、乡（镇）村企业建设用地及乡（镇）村公共设施、公益事业建设用地等。所谓农村集体建设用地流转，是指农村集体经济组织或其他集体建设用地使用者通过出让、出租、转让、作价（出资）入股、转租等形式，将集体建设用地的使用权有偿转让给其他经济主体使用的行为；它既包括初次流转，也包括再次流转。由于农民宅基地的流转受到政策的严格限制，流转数量相对较少，因此，本章主要探讨农村产业用地的流转。

第一节　北京市农村集体建设用地流转概况

北京市农村集体建设用地经历了从农村集体经济组织自用为主转向以流转为主的变迁过程。之所以会产生这种变迁，一方面是由于 20 世纪 90 年代以来，多数乡镇企业效益下降、经营亏损，农村集体经济组织将原乡镇企业用地出租、转让以直接获取土地级差收益，从而规避企业经营风险。另一方面，由于国家建设用地指标有限，且征地手续复杂，价格又高，地方政府也鼓励农村集体经济组织以集体建设用地流转的形式兴办工业园区，加快本地区经济发展。根据实际调查，随着城市化进程的加快，农村集体建设用地的商品或资产属性逐渐显现，并呈现强烈的市场需求特征。各种形式的自发流转农村集体建设用地使用权现象已成为普遍现象，客观上讲，集体建设用地隐形市场已经形成。目前北京市郊区各乡镇集体建设用地流转面积占农村产业用地总面积的比重在 80%左右。

一　农村集体建设用地流转的主要形式

北京市农村集体建设用地流转形式主要分为三类：一是农村存量建设用地流转；二是各类开发区和工业园区建设；三是农村住宅开发（见表 1）。根据北京市国土局对部分集体建设用地流转情况的调查统计，在各种流转形式中，以出租为主，其流转金额占流转总

额的 82%；转让为辅，其流转金额占流转总额的 8.5%；联营、作价入股、抵押等形式较少，其流转金额约占流转总额的 9.5%。

表 1　北京市农村集体建设用地流转形式

类　型	特　点
农村存量建设用地流转	集体企业以拍卖、租赁、联营、承包等形式实施重组改制,其使用的建设用地随之流转
各类开发区和工业园区建设（多数采取流转的形式）	一是土地出租：①在土地整理和基础设施配套建设完成后,直接出租土地,例如,昌平区郑各庄村、平谷区东鹿角村；②出租标准厂房,例如,怀柔区大中富乐村；③土地出租和厂房出租并存,由企业自行选择,例如,通州区小堡村
	二是土地入股,即农民以土地作价入股,不参与企业经营,不承担经营风险,每年获得分红。例如,通州区光机电一体化产业基地,门头沟区永定镇经营性物业项目
	三是土地转让,即部分乡镇、村集体将开发后的土地一次性转让给企业,收取转让费,转让期限一般是 10～30 年
	四是建立土地基金会。例如,大兴区榆垡镇建立土地基金会,用地单位以土地补偿金入会,村集体以土地入会,由基金会统一进行土地开发和招商引资,并按年付给农民土地租金
农村住宅开发	在旧村改造过程中,通过自筹资金或与开发商合作的方式进行新村建设,并将一部分剩余房屋出售,以平衡旧村改造建设资金的不足,例如,昌平区郑各庄村等

二　农村集体建设用地流转的法律空间

目前在法律法规中仍然可以看出对农村集体建设用地的流转留有活动空间，例如《土地管理法》第六十条规定，"农村集体经济组织使用乡（镇）土地利用总体规划确定的建设用地兴办企业或者与其他单位、个人以土地使用权入股、联营等形式共同举办企业的，应当持有关批准文件，向县级以上地方人民政府土地行政主管部门提出申请，按照省、自治区、直辖市规定的批准权限，由县级以上地方人民政府批准"。由此可知，农村集体经济组织可以以土地使用权作为联营条件，与其他单位或个人共同投资兴办联营企业。同时第六十三条也规定，"农民集体所有的土地的使用权不得出让、转让或者出租用于非农业建设；但是，符合土地利用总体规划并依法取得建设用地的企业，因破产、兼并等情形致使土地使用权依法发生转移的除外"。这也说明农村集体建设用地的禁止流转不是绝对的，对于以土地使用权入股、联营或破产、兼并等情况，是允许进行流转的，只不过流转的对象、条件、范围、方式有所限制。

三　农村集体建设用地流转的主体

集体建设用地流转的主体是乡镇政府和村集体经济组织（以下简称村集体）。一般由乡镇政府或村集体与用地单位签订土地流转协议，也有少数集体企业将承包的厂房相互之间进行流转。由于北京市城郊各区的土地承包方式不同，流转土地的取得方式也不同。第一类是村集体经济组织利用集体预留的机动地或原有的乡镇企业用地进行流转，不涉及农民土地承包权。第二类是村集体与农民签订协议，将农民承包的土地收回后进行流转，例如通州区小堡村。第三类是以乡镇政府为主体进行土地流转。一般由乡镇政府先与村集体签订协议，将土地集中，统一进行开发和流转，村集体再与农民签订协议，例如大兴区榆垡镇、平谷区马昌营镇等。

从土地流转的主体看，以村集体为主的土地流转宗数较多，但规模较小，每宗流转面积在几十亩到数百亩左右；以乡镇政府为流转主体，往往能集中较多的土地，统一建设乡镇工业园区，每宗占地多数在千亩以上，例如大兴区榆垡镇，平谷区马昌营镇、峪口镇等。

四　农村集体建设用地流转的用途

目前，农村集体建设用地流转的用途主要可分为工业用地、商业服务业用地、旅游休闲用地、住宅建设用地等多种类型。在各类用地中，工业用地比重较大，但也因区位而异，例如，近郊区县农村集体建设用地已经从以工业用地为主转向以商贸仓储用地为主，而远郊区县仍以工业用地为主。近年来，山区乡镇的土地流转多数用于旅游景点开发、休闲娱乐设施修建等。一些交通便利、区位条件较好的集体经济组织以新村建设的名义搞房地产开发的情况也大量存在。此外，随着城乡交流加快，市民下乡购房的情况也较多。2008 年，根据一项针对全市不同区域 12 个村庄 3730 户农户的调查，住房出租和宅基地买卖的有 917 户，约占调查总户数的 24.6%。

五　农村集体建设用地流转的价格

土地流转价格主要包括年租金和一次性流转费两种形式。土地流转价格因区域和用途的不同而差异较大。工业用地年租金在每亩 500~1500 元，高的可以达到每亩 5000~10000 元，例如，昌平区郑各庄村土地年租金达到每亩 5000~10000 元，通州区小堡村、里二泗村的土地年租金在每亩 4000~5000 元，而平谷区马昌营镇的土地年租金仅为每亩 500 元左右；商业用地年租金在每亩 1 万~3 万元。工业用地一次性流转费约为每亩 3 万~10 万元，流转期为 30~50 年。土地租金有的采用固定年租，一般 5~10 年不变，例如，通州区小堡村土地年租金每亩 4000 元左右；有些采取年递增方式，例如通州区光机电一体化产业基地，土地租金标准从第一年每亩 800 元起每年递增 8%。总的来看，北京市集体建设用地的流转价格呈上涨的趋势。

六　农民取得集体建设用地流转收益的形式

目前，北京市农民取得集体建设用地流转收益的形式主要有：①村集体与农民签订土地流转协议，确定农户土地收益，并颁发土地收益证，每年按协议将土地租金直接返还到农户，例如通州区小堡村。②实行土地股份合作制，土地租金每年按股分红。③乡镇政府统一进行土地开发流转的，大多由乡镇一次性提取土地转让补偿费，然后以每年支付租金的形式拨付到村，例如，大兴区榆垡镇土地基金会按每年每亩 1550 元对入会农民支付租金。④少数村集体的土地流转收益不直接分配给农民，主要用于扩大再生产和集体福利，例如，怀柔区大中富乐村；而平谷区马昌营镇与农民签订土地租赁协议后，按每年每亩500元将租金拨入村集体的专门账户，主要用于为村民购买养老保险等社会福利事业。⑤有些农民还可获得一些其他收益，例如，通州区小堡、里二泗等村的农民集资建厂房出租，按6年收回厂房投资提取折旧，每年可获得一定的投资回报。平谷区马昌营镇开发区采取固定补偿基数与镇级财政收入按比例分红相结合的办法，对占用的村集体土地除每年付给固定租金外，还承诺在入区企业实现税收后，镇级所得这部分税收由镇村两级以7∶3的比例分享。

第二节 农村集体建设用地流转的重要作用

农村集体建设用地流转，对推动北京市郊区工业化、城镇化进程，促进全市产业结构升级和经济社会发展都作出了重要贡献，也有利于提高农民收入，保护农民的土地财产权利。

一 农村集体建设用地已成为北京经济发展和城市建设用地的重要组成部分

近10多年来，北京工业化、城镇化进展迅速，首都经济结构和产业布局进行了重大调整，城市产业和人口加快向郊区转移。郊区第二、第三产业不断发展，产值从2001年的约350亿元增加到2011年的860亿元左右，郊区成为首都经济发展新的增长点；郊区常住人口规模明显扩大，户籍人口增加了100多万，并容纳了300多万外来流动人口，郊区成为吸纳城区人口转移和城市新增人口的主要区域。

但是，现行的国家建设征地制度和现有的用地规模，远远不能适应首都经济快速发展和城市不断扩张的需要，农村集体建设用地数量增加和使用范围扩大，正好补充了国家建设征地的不足。目前，农村集体建设用地的数量已经接近于全市建设用地总量的40%左右。可以说，农村集体建设用地已经突破了农民自用的范围，成为全市经济发展和城市建设用地的重要组成部分，对推动土地资源合理配置，促进全市空间布局和产业结构调整，实现城乡协调发展，起到了积极作用。

二 农村集体建设用地流转保障了农民以土地参与工业化、城镇化的权利

目前，农民参与工业化、城市化的途径主要是农村劳动力转移到非农产业就业和农村土地转为建设用地。在当前农民非农就业困难的情况下，保障农民以土地权利参与工业化、城镇化的重要性就更加突出。现行的国家强制征地制度，仅仅按照被征用土地的原用途给予农民包括土地补偿费、安置补助费以及地上附着物和青苗补偿费在内的产值补偿，不仅补偿水平低，而且经常被层层截留，侵害了农民本应享有的土地增值收益。例如，门头沟区长安街延长线两侧的农地，征收部门以修建磁悬浮城铁等公共设施为名大面积强制征收农民集体土地，基本上是每亩30万元左右，从中拿出15万元作为转居费用，剩下15万元集体和个人分配三七开，征收部门将用于建设公共设施以外的多余土地一转手每亩1000万元。

相对于国家征地来说，集体建设用地流转减少了因征地而导致的政府与农民之间的矛盾，降低了农村工业化的门槛，并且把土地非农化的级差收益更多地留在村集体和农民手中，使农民一次性获得的土地补偿变成长期、稳定的收益，让农民得以凭借土地权利参与到工业化、城镇化之中，实现了政府、用地企业、村集体和农民的共赢，农民也分享到了城市建设和经济发展的成果。

三　集体建设用地流转对农民增收和壮大集体经济力量发挥了主要作用

对农民来说，从集体土地流转中获得的收益增加了他们的收入，改善了他们的生活。首先，农民获得的土地流转补偿一般高于其种地收入，而且比较稳定，在农业比较效益不断下降的情况下，土地租金成为农民收入的重要来源。其次，利用集体建设用地兴办企业，本村农民可以优先到企业就业，获得工资性收入。据统计，1990 年，北京市郊区农民人均纯收入 1297 元，其中，来自第二、第三产业的收入仅占 40%，工资性收入不足 1/4。2011 年，郊区农民人均纯收入达到 14736 元，其中，来自第二、第三产业的收入比例增加到 78.5%，工资性收入比例达到 65%，成为农民增收致富的主要来源。此外，流转方的土地运营收入，除了用于兑现农民的土地经营权补偿、资金入股红利和用于工业区基础设施建设外，主要用于村集体公共事业，农民还能够获得福利性收入。

从村集体的收入看，在乡镇企业重组改制和农村税费改革后，村集体收入的主要来源也是农村土地流转收益。由于区位条件和发展环境不同，农村集体经济组织的土地流转收益差异很大，少的每年有几万元，较多的每年可达到几十万元甚至几百万元。集体土地流转收益已成为一些基层政府和基层组织筹集建设和发展资金的主要渠道。

四　农村集体建设用地流转降低了企业成本，促进了地方经济发展

使用集体土地流转方式发展经济与采用国家征地方式发展经济相比，具有供地方式灵活、企业投资成本低、办事手续简便、建设周期短和见效快等优点。流转方从农户手中集中土地后，统一进行土地经营和招商引资。利用农村集体建设用地发展第二、第三产业，其成本低于国家征地的成本，受到企业的青睐，这也促进了农村产业结构的调整、农村基础设施的改善和农村经济的全面发展。

第三节　农村集体建设用地流转中存在的主要问题

当前北京市农村集体建设用地流转过程中存在许多迫切需要解决的问题。

一　农村集体建设用地流转中的违法、违规问题比较严重

适用于农村集体建设用地管理的法律法规主要是修订于 2004 年的《土地管理法》。该法严格限制集体土地用于非农建设的使用范围，只允许农村集体经济组织自用，即集体经济组织成员可以使用本集体经济组织的土地办企业或建住房，但不得出让、转让或出租

集体土地使用权，也就是说，集体建设用地向本村镇以外的企业和个人的流转行为在目前是被法律禁止的。但是，实践已经走到了法律的前面，集体建设用地早已突破了原有的使用范围，通过出租、转让、合作、入股等形式流转到集体经济组织以外的企事业单位和个人。这种做法与农村工业化、城镇化和农业现代化的趋势相符，却与现行的法律法规发生明显的冲突，适时修改法律法规已经迫在眉睫。

此外，在集体建设用地流转和利用中，违反现行用途管制、规划控制等国家土地管理制度的情况也比较严重。主要有这样几种情况：①符合村镇建设规划和土地利用总体规划的集体土地，未办理农地转为建设用地的审批手续；②不符合规划要求，也未办理任何手续，直接占用农地进行土地开发经营；③一些农村集体经济组织和村民未经规划和土地部门批准，私自在集体土地上违章搭盖建筑用于出租或自用。目前，违法、违规使用集体建设用地的现象比较普遍，问题十分突出。据北京市国土资源局统计，目前北京市没有合法用地批准手续的集体建设用地，有50.24%已经自发流转。在国土部门审批征地以外的新增建设用地中，除少部分办理了农地转用手续外，大部分属于不规范用地或非法用地。

二 集体建设用地规模大，但产业发展不足

目前，北京市农村集体建设用地供给总量很大。2011年，全市农村集体建设用地大约为246.9万亩，约占当年全市建设用地总量的47%。但是，与此同时，郊区产业发展不足，经济总量小，没有形成产业集群和强有力的块状经济，这些问题仍很突出。

从集体建设用地的增长数量和吸纳农村劳动力的情况看，1992年以来，农村集体建设用地增长了2倍多，但农村劳动力中从事第二、第三产业的比重仅从62%增长到2011年的70%，仅增加了8个百分点。尽管外来务工人员挤占了部分新增就业岗位，但农村集体建设用地大量增加而吸纳农民就业能力不足的问题仍然很突出。

三 农村集体建设用地利用分散，不符合节约和集约利用的要求

集体建设用地利用分散主要表现在以下几个方面。

（1）农村居民点布局分散，建设无序，占地面积大，利用率低。2011年，农村户籍人口264.2万人，占全市户籍人口的20.67%，但农村居民点占地面积171.15万亩，约占全市城乡居民居住用地总量的60%。农村人均建设用地256平方米，大大超过国家标准人均150平方米的上限。农村住宅建设的容积率也很低，仅为0.15~0.30，部分村庄还有较多的闲置地和空置的住宅。

（2）各类开发区、工业园布点多，土地投入量大。2004年开展土地市场治理整顿时查明，北京市共有各类开发区（包括园区、工业大院）470个，规划面积131.41万亩。由于布点过多，相互竞争，造成各开发区、工业园区普遍存在企业入驻率低、投资不足、土地闲置、基础设施建设滞后、厂房建设容积率低、土地利用效率低等问题。尽管在土地市场治理整顿中撤销了442个开发区，但是，大部分被撤销的工业园区的建成区域仍在继

续使用。分散的园区建设不仅加大了基础设施建设成本，而且难以形成合理的产业布局并实现集聚效益。

（3）重点小城镇布点多、规模小。20世纪90年代中期以来，政府有关部门对33个中心镇在政策、资金和土地投入等方面给予了很多支持。但是，由于小城镇布点多、定位不明确、缺乏特色，以及中心城区和卫星城辐射能力强等因素，一些小城镇引进企业少，人口规模小，园区土地、商品房闲置较多，对郊区经济发展的带动能力有限，造成土地资源浪费和利用率低等问题。

四　集体建设用地流转收益分配缺乏规范，农民权益得不到有效保障

当前，在农村集体建设用地流转过程中缺乏保护农民权益的机制，这是集体建设用地流转中的突出问题，也是造成农民集体上访频发、影响农村社会稳定的重要因素。

首先，在农村集体土地产权主体不清晰的情况下，农村集体土地流转的支配权主要集中在乡镇政府和村集体手中。大多数集体建设用地流转的去向、用途、收益、年限等事项，未按程序经村民大会或村民代表大会讨论通过，农民的知情权、参与权、决策权得不到保障。土地流转收益由少数乡镇干部和村干部支配的现象比较普遍，农民的权益难以得到保障。一部分农民在土地流转后，既失去了土地，也找不到合适的工作，陷入失地、失业，也没有社会保障的困境。

其次，典型调查显示，集体建设用地流转收益的分配关系比较混乱。在不少区县，集体建设用地流转收益的大部分，被乡镇政府、村集体主要用于发展经济和各项社会公益事业，小部分用于对农民的土地补偿。还有少数村集体把土地收益主要用于发展经济和各项建设，不对农民进行土地收益分配，仅给予一定的粮油补贴和公共福利。

最后，集体建设用地流转收益缺乏保障。一些工业开发区或用地企业，与农民签订了长期的土地租赁协议，约定按年支付租金，但由于现有集体土地流转大多属于私下交易，既没有规范的合同文本，也没有经过报批，因此，这种协议缺乏必要的法律法规支持，执行协议没有保障。一旦发生拖欠租金等利益纠纷，法院将视原来所签订的合同为无效合同，不能保障出租方的利益。一旦发生法律纠纷，最终的受害者只能是农民。此外，由于目前大多数土地流转仍属私下交易，没有任何报批手续，在土地流转收益中，也没有向国家缴纳各项税费。

五　集体建设用地流转的管理有待进一步加强

目前，由于政府各部门对全市农村集体建设用地流转没有统一、规范的管理措施和办法，集体建设用地流转处于自发和无序的状态，带来了很多问题。

（1）流转管理的主体不确定，规范措施缺乏。由于法律上对农村集体建设用地流转未作具体规定，更没有涉及流转的管理方式、程序等，一些乡村基层组织为了能够从流转中获取更多的利益而热衷于集体建设用地流转。但由于缺乏规划指导和用地指标，大量农村集体建设用地自发、盲目地进入土地市场，造成违规项目不断出现，规划指标屡遭突

破，建设用地供应总量很难得到有效控制，正常的土地市场秩序受到干扰。

（2）相关职能部门在推进集体建设用地使用权制度改革工作上，缺乏政策配套和工作协调。例如，城市总体规划和土地利用总体规划缺乏衔接；各个部门在农村集体建设用地审批上政策不协调，造成审批周期长、制约因素多、项目难以落实等问题。

（3）集体土地的权属管理工作需要加强。集体建设用地的权属登记、四至划分、发证等管理工作尚未完成。而权属管理不到位，导致无法合理利用存量集体建设用地，流转交易也存在隐患。另外，目前，有关全市集体建设用地的基础数据比较缺乏，政府不能及时掌握集体建设用地使用的情况，导致无法对其流转和使用进行有效的管理和规范。

第四节　农村集体建设用地流转制度改革的思路与对策

按照城乡发展一体化的要求，应进一步深化农村集体建设用地使用权制度改革，推动农村集体建设用地在符合规划和土地用途管制的前提下进入市场，进一步完善法律制度，实现集体建设用地与国有建设用地"同地、同价、同权"，达到"两种产权、一个市场、同等权利"的目标，打破土地制度上的城乡二元结构，保障农民的土地财产权利，促进农村经济发展和加快工业化、城镇化进程。

一　深化农村土地产权制度，加快土地制度创新，积极探索集体建设用地流转制度改革

一是完善农村土地产权制度。保护农民的土地财产权是农村集体建设用地流转的关键。要使土地产权的各项权能权责明确、流转顺畅，构造一个合理的土地产权结构。产权的明确界定是集体建设用地成功流转的前提。针对北京市存在的隐形流转市场的实际情况，厘清产权关系，尽快制定合理补偿制度，逐步合法化，允许农村存量集体建设用地通过流转进入市场。二是探索集体建设用地流转制度改革，在增量层面赋予农村集体建设用地流转合法地位，赋予其与国有建设用地同等的流转权利。对新增经营性项目的农地转用，应允许农村集体土地在保留所有权不变和符合土地用途管制的前提下，通过流转进入市场。

二　加强规划指导，严格集体建设用地的总量控制和流转用途，提高集体建设用地效益

政府规划和土地管理部门应逐步完善区（县）和村镇的建设规划和土地利用规划。集体建设用地使用权流转，必须符合土地利用总体规划，在城市、村镇规划区内的，还必须符合城市规划和村镇建设规划。不符合土地利用总体规划确定用途的建筑物、构筑物，不得重建、扩建，集体建设用地使用权也不得流转。同时，加强对集体建设用地的总量控制，将集体建设用地流转数量纳入新增建设用地总量控制和土地年度供应计划的范围，防止集体土地大量无序地进入市场。限制农村集体建设用地流转用途，特别应当对集体建设

用地用于小产权房开发加以限制，用于商品住宅开发的必须征为国有。

针对集体建设用地效益低的问题，北京市相关部门，一是应该尽快做好相关产业园区的规划布局。对重点发展地区、城乡结合部、远郊区县的集体建设用地，应该制定差别化的土地指导政策。例如，对于高新技术产业园区，集体建设用地可以试点城乡同权、城乡同价。二是规划小城镇建设。小城镇主要分布在远郊区县，布点多、规模小，建议尽快对这些地区集体建设用地的情况进行摸底，加强集体土地流转监管，严格规范流转用途，不建议发展工业，鼓励发展生态环保产业。三是对于宅基地集约利用，可以开展前期的基础研究工作，例如，农村居民特别是城乡结合部和远郊区县居民居住点调查统计工作，根据实际情况探索差别化的宅基地集约利用模式。

三 发挥市场配置资源作用，积极探索集体建设用地开发模式

目前集体建设用地开发使用主要有三种模式，即"政府主导开发模式""村镇自主开发模式""社会资本参与开发模式"，这些模式都有优势和问题。结合中央对集体建设用地的政策导向，专业化经营和市场化运作是未来集体建设用地开发模式的主要方向。门头沟区永定镇在成功进行集体资产信托化经营管理试点的基础上，又在集体建设用地集约化开发过程中，积极探索农村经营性物业信托化开发运营模式，不断提高集体建设用地的经营管理水平和综合效益。同时，在社会资本参与过程中，政府必须加强监管，完善相关制度，保证农民利益不受社会资本侵占。例如，在实践中建立农民"按份共有"为基础的经营机制和分配机制；保护农村集体建设用地所有权，探索村集体与开发企业在集体土地所有权结构中的制度设计。

四 规范土地流转收益分配关系，切实保护农民合法利益

进一步推动乡村两级农村集体经济组织股份制改革，将目前产权主体不明晰的土地集体所有制明确界定为农民按份共有的新型产权制度。收益分配必须坚持公平与效率兼顾以及依法原则，首次分配应当是基于产权，即首次流转中的土地收益绝大部分应归土地所有者。针对不同类型的建设用地，制定相应的分配制度，同时加强分配监管，保障集体建设用地所有者、使用者、经营者和政府等多个主体的合法权益。

五 完善法律制度，加强政府对集体建设用地流转的监管

针对现行不完备的法律法规，要适应农村市场经济发展的新形势，加快农村集体建设用地使用权流转市场的法规建设。以法规形式对参与农村集体建设用地使用权流转的市场主体、流转原则、条件、范围、程序、形式、违约责任、利益调节等重要问题作出明确的法律规定，以保证农村集体建设用地流转市场运作的健康有序。当前，可考虑制定《集体建设用地使用权流转管理办法》，使集体建设用地使用权流转有法可依、有章可循。

北京市农村经济研究中心培训部

第二章　农村集体建设用地使用的
相关法律问题研究

—— 兼及集体建设用地开发使用模式的探讨

第一节　关于农村集体建设用地使用的相关法律规定

一　关于集体建设用地的产权问题

（一）集体建设用地的所有权

根据我国《宪法》《物权法》《土地管理法》等法律法规，我国农村集体建设用地为当地农民集体所有，即本村、镇集体经济组织代表农民集体拥有本村集体建设用地所有权。

这在集体建设用地的登记确权工作过程中得到了充分的体现，《确定土地所有权和使用权的若干规定》第十九条规定："土地改革时分给农民并颁发了土地所有证的土地，属于农民集体所有；实施《六十条》时确定为集体所有的土地，属农民集体所有。"此后出台的国土资源部 2001 年第 359 号文和 2011 年第 60 号文和第 178 号文等，都明确规定将农村集体土地所有权赋予相应的集体经济组织，并颁发所有权证。

北京市在确权工作的具体推行过程中严格落实了上述中央精神，2010 年出台的《北京市确认农村土地所有权和集体建设用地使用权办法（试行）》第二十三条规定："农村及城市郊区的土地除由法律规定以及按本办法确认为国家所有的以外，属于农民集体所有。"并具体规定了所有权行使主体："属于村农民集体所有的土地，由村集体经济组织或村民委员会作为代表，行使集体所有权。属于乡镇农民集体所有的土地，由乡镇集体经济组织或者乡镇人民政府作为代表，行使集体所有权。"

（二）集体建设用地的使用权

目前我国集体建设用地的使用权一般是附着在所有权之上，随着所有权主体确认为农村集体经济组织，使用权一般也随之赋予集体经济组织或者其举办的企业及单位。如《北京市确认农村土地所有权和集体建设用地使用权办法（试行）》第三十二条规定："集体所有土地有下列情形之一的，确认集体建设用地使用权：（一）农村集体经济组织兴办企业或者与其他单位、个人以土地使用权入股、联营等形式共同举办企业，经依法批准使用的集体建设用地；（二）乡镇村公共设施、公益事业建设，经依法批准使用的集体建设用地。"第三十八条规定："利用农民集体土地依法兴办的农村中小学、幼儿园等教育设施，可为学校或幼儿园等用地单位确认集体建设用地使用权。"

关于宅基地使用权的确认，国家也专门作出了规定，国土资源部 2011 年第 178 号文第六条规定："宅基地使用权应该按照当地省级人民政府规定的面积标准，依法确认给本农民集体成员。"同时又规定"非本农民集体的农民，因地质灾害防治、新农村建设、移民安置等集中迁建，在符合当地规划的前提下，经本农民集体大多数成员同意并经有权机关批准异地建房的，可按规定确权登记发证"。这为镇域集体建设用地集约统筹提供了法律依据。

二　关于规划管理与用途管制制度

《土地管理法》第四条规定："国家实行土地用途管制制度"，"使用土地的单位和个人必须严格按照土地利用总体规划确定的用途使用土地"。据此，我国农村集体建设用地在使用之前必须经过严格的规划审批程序，并且严格按照规划的用途进行使用。

关于规划的制定，国务院 1993 年颁布的《村庄和集镇规划建设管理条例》第十四条作出了明确的规定："村庄、集镇总体规划和集镇建设规划，须经乡级人民代表大会审查同意，由乡级人民政府报县级人民政府批准。村庄建设规划，须经村民会议讨论同意，由乡级人民政府报县级人民政府批准。"该条例第十五条对于规划的调整也作出了规定："根据社会经济发展需要，依照本条例第十四条的规定，经乡级人民代表大会或者村民会议同意，乡级人民政府可以对村庄、集镇规划进行局部调整，并报县级人民政府备案。"

关于土地的用途管制，《国务院办公厅关于严格执行有关农村集体建设用地法律和政策的通知》（国办发〔2007〕71 号）强调："土地用途管制制度是最严格土地管理制度的核心。"《土地管理法》也规定："国家实行土地用途管制制度"，"使用土地的单位和个人必须严格按照土地利用总体规划确定的用途使用土地"。其中第六十三条对集体土地的使用进行了严格的限制，"农民集体所有的土地的使用权不得出让、转让或者出租用于非农业建设"。按照这一规定，集体土地如果作为建设用地，只能本村村民自用以及有限地与他人合作使用，如以土地使用权入股、联营等形式共同联办企业。

三　关于集体建设用地使用权流转方面的规定

对于集体建设用地使用权流转，目前我国的法律体系予以严格的限制。《土地管理法》第六十三条规定，"农民集体所有的土地的使用权不得出让、转让或者出租用于非农业建设"。《国务院办公厅关于严格执行有关农村集体建设用地法律和政策的通知》（国办发〔2007〕71 号）明确规定："严格控制农民集体所有建设用地使用权流转范围。农民集体所有的土地使用权不得出让、转让或者出租用于非农业建设。"事实上，北京乃至全国农村普遍存在的集体建设用地使用权的二次流转大部分都处于非法状态。

随着我国经济社会的迅速发展，特别是城市化进程的加快，农村集体建设用地的流转成为城市化发展的客观需求。在各地，农村集体建设用地的使用权自发流转的行为已经大量存在，特别是在一些经济发达的地区，如珠江三角洲、长江三角洲、京津地区以及其他大中城市的郊区等，集体建设用地流转已经成为普遍现象。鉴于此，为了规范集体建设用地的流转，2001 年 2 月和 6 月，国土资源部分别在苏州、安阳召开了两次土地制度创新试点工作座谈会，设立了河南新乡、安阳，江苏苏州、昆山，安徽芜湖，上海南汇，浙江湖州，福建古田，广东东莞、深圳等多个集体建设用地流转试点地区。其中广东在开展集体土地流转方面在全国走在前列，广东省政府以政府令形式颁发了《广东省集体建设用地使用权流转管理办法》，按"同地、同价、同权"的原则，将农村集体土地与国有土地纳入统一的土地市场，其方式可以是出让、出租、转让（含土地使用权作价出资、入股、联营、兼并和置换等）、转租和抵押。

2013 年中央一号文件明确提出："严格规范城乡建设用地增减挂钩试点和集体经营性建设用地流转。"可以预见，未来我国将在集约利用土地资源、保护耕地、充分维护农民权益的前提下，逐步规范集体建设用地使用权流转，使之能够和国有土地一起共同参与和支撑新型城镇化。

四 关于集体建设用地区域统筹和集约利用的政策

我国作为一个人口众多、土地资源相对紧张的国家，历来强调集约利用土地资源。《宪法》第十条就明确规定："一切使用土地的组织和个人必须合理地利用土地。"《土地管理法》第三条也强调："十分珍惜、合理利用土地和切实保护耕地是我国的基本国策。"

这种集约利用土地的思想在新农村建设和集体土地开发方面得到了很好的落实。2010 年《国土资源部关于进一步完善农村宅基地管理制度切实维护农民权益的通知》提出："各地要结合新农村建设，本着提高村庄建设用地利用效率、改善农民生产生活条件和维护农民合法权益的原则，指导有条件的地方积极稳妥地开展'空心村'治理和旧村改造，完善基础设施和公共设施。……在留足村民必需的居住用地（宅基地）前提下，其他土地可依法用于发展二、三产业，但不得用于商品住宅开发。"

关于北京农村集体建设用地集约利用，目前村镇依托的政策机制主要包括新农村建设政策、旧村改造政策、绿隔政策等。如 2010 年 12 月市规划委、市国土局、市住房城乡建设委、市农委制定的《北京市村庄规划建设管理指导意见（试行）》中提出："……引导乡村企业向规划产业园区集中发展，引导集中使用宅基地，统筹建设村民住宅。"北京市农委等 9 家单位联合制定的 2005 年《北京市远郊区旧村改造试点指导意见》中提出："要节约并集约利用土地，大力发展二、三产业，提高土地的利用效益。"该指导意见还提出了"先行试点，科学规划"的思路，并提出"试点村可以依法占用集体土地，也可以依法将集体土地征为国有后由本村集体经济组织使用。旧村改造节约出的土地，可以在依法办理用地手续后，由集体经济组织用于乡镇村公共设施、公益事业和企业发展用地"。

第二节　中央对于农村集体建设用地使用的政策导向

近年来，中央对于农村集体建设用地的使用和流转给予了高度关注，多次强调维护农民"三权"、统筹城乡发展，并对许多典型案例进行了处理或表态。综合我国关于农村集体建设用地的相关法律的规定，结合中央近年来对于农村集体建设用地的各种文件、规定的精神，以及对一系列案例的处理和表态，可以确定，中央近期对于农村集体建设用地的使用有以下政策导向。

一　推动集体建设用地合理参与城镇化是方向

在加快推进新型城镇化的大背景下，城乡土地市场的对接已经成为趋势。虽然近年来中央对小产权房等问题的态度依然严厉，也没有扩大城乡土地增减挂钩和集体建设用地流转的试点，但对于推动集体建设用地合理参与城镇化，逐步破除二元结构的态度还是明确的。特别是在当前城镇化速度加快，城市用地需求急剧扩大的情况下，推动集体建设用地合理地参与城镇化，促进农村地区的发展，让农民分享更多的城乡发展成果，对于我国新型城镇化的成败乃至经济社会发展的质量而言，都具有决定性的意义。从中央历次相关会议和文件的精神来看，推动集体建设用地合理参与城镇化代表着未来农村集体土地制度改革创新的方向。

二　维护农民的长远利益是目的

通过对近年来全国各地集体建设用地利用的正反两方面典型案例的分析，结合中央相关表态和批示，可以认为，凡是得到中央认可的实践，都充分维护和保障了农民的长远利益；凡是被中央批评或叫停的，都损害了农民的长远利益。从中央批评诸如"逼农民上楼""卖地"等做法中可以看出，是否维护了农民的长远利益是中央判断相关实践成败的一贯标准，即集体建设用地作为农民最具经济价值的财富，其开发利用不能变成对农民利益的侵蚀和掠夺，不能通过压缩农民的利益来谋求地区的发展，也不能只顾追求一时的短期利益，而不考虑农民的未来发展，必须全面考虑农民未来的安居乐业和区域的长治久安。

三　不得改变土地性质和用途是前提

农村土地的集体所有制是与我国基本经济制度相联系的农村根本经济制度，是被写入宪法的制度安排，其形成有着深刻的社会历史背景和复杂的经济关系，关系着农民的根本利益，不仅是农村发展的制度前提，也是农村稳定的重要基石。与此同时，土地用途管制是我国最严格土地管理制度的核心，也是城乡土地利用必须遵循的制度。因此集体建设用地的使用过程中必须充分尊重现有的集体所有制和我国的土地用途管制，绝不能为了眼前的利益而改变土地的集体所有性质和规划限定的用途。从中央对近期一些违法、违规案件的处理和批示精神来看，绝大多数都是改变了土地的性质和用途，造成了集体资产的流失和耕地资源被侵占。

四 不得改变土地的产权结构是要求

根据我国宪法，农村所有的土地资源属于本村集体经济组织所有，即包括农村集体建设用地在内的本村集体土地是由全体集体经济组织成员所共有。这种制度安排奠定了我国农村的基本经济结构，从根本上保障农村社会经济的稳定运行，同时也从根本决定了集体产权结构的封闭性，即外部人员尤其是城市居民是绝对不能进入所有人群体中的，否则将会导致产权结构和产权关系的混乱，从而影响农村的经济乃至社会的稳定。中央严厉查处小产权房、叫停城乡增减挂钩试点，正是出于这样的原因。

五 保护耕地资源是原则

我国人多地少，集约利用土地资源、保护耕地是我们必须严格遵循的原则。《国务院关于促进节约集约用地的通知》（国发〔2008〕3号）提到，"切实保护耕地，大力促进节约集约用地，走出一条建设占地少、利用效率高的符合我国国情的土地利用新路子，是关系民族生存根基和国家长远利益的大计，是全面贯彻落实科学发展观的具体要求，是我国必须长期坚持的一条根本方针"。近年来，随着城乡发展，耕地资源被逐步侵蚀，为保障我国的粮食安全，国家提出了18亿亩耕地红线，然而在实践中不断遭受各地违规建设行为的挑战。对此中央予以坚决的处理，不仅对各地的开发区热进行了整顿，还对城乡土地增减挂钩、耕地占补平衡的执行情况进行了严格的检查，特别是对于一些地方打着新农村建设和发展产业园区的旗号乱占耕地的行为进行了严厉的处置，充分表明了中央捍卫18亿亩耕地红线的坚定决心。

第三节 关于目前几种集体建设用地开发使用模式的探讨

目前，集体建设用地开发使用主要有以下三种模式。

（一）关于政府主导开发集体建设用地模式

政府主导开发集体建设用地模式在全国较为普遍，出现的问题也比较多。主要表现为一些地方政府为促进当地发展，出于建设产业园区、推动招商引资和项目落地等目的，利用小城镇建设等政策通道，以政府为主导推进集体建设用地的开发。

这种模式的优势在于：一是整体统筹，空间利用率较高；二是规模比较大，有利于大项目展开；三是项目落地快，能够迅速见效；四是与国有土地的开发模式相近，便于利用一些成熟机制。

这种模式的缺点主要有：一是农民意愿没有得到充分体现，农民利益很难得到充分保护，政府和农民的关系较难协调，甚至容易演化为对立的双方；二是相关开发和利用很难保证集体建设用地不变性，也很难遵循用途管制和土地利用规划，违规风险很高；三是政府兜底，一旦开发失败或者进展不理想，政府将会承担巨大的责任；四是政府地位过于强势，基层执行尺度很难控制，容易演变为"逼农民上楼"，甚至引发极端事件；五是开发建设资金一般由政府和企业垫付，往往需要出售一部分土地平衡资金，导致农民集体的资产流失。

（二）关于村镇自主开发集体建设用地模式

村镇自主开发集体建设用地模式是在城镇化背景下，由基层农村探索出的一种模式，目前在全国有很多的案例，北京通州的西总屯村、朝阳区的白家楼村、大兴西红门镇等都是采取这种模式。主要是一些村镇为促进本地发展，同时充分保护自身利益，由村镇集体自行主导和推动，以建设产业园区、房地产开发、旅游开发和招商引资为主要内容，对其所拥有的集体建设用地进行开发建设和利用。

这种模式的优势在于：一是充分保障了村镇集体在开发建设过程中的主导权，有利于充分维护农民的权益；二是由村镇集体自己开发自有土地，有效避免了社会资本参与带来的违规风险；三是有利于充分调动本村镇农民的积极性，从而获得农民的支持，相关拆迁工作阻力相对较小；四是相关开发经营收益全部归于村镇集体，同时能够保障农民就业，农民成为最大的受益主体。

这种模式的缺点在于：一是开发建设资金全部由村镇集体负担，对于本村镇集体的自有资金实力要求很高，普通村镇如采用这种模式，一般需采用出售土地、建房出售等方式筹集建设资金，往往最终难以摆脱卖地卖房、搞小产权房经济的结局；二是相关开发建设往往需动用甚至耗尽全村资源，一旦经营失败，村集体经济将一蹶不振甚至濒临破产；三是村镇干部自身能力有限，缺乏必要的专业知识和经营管理技能，相关项目很难充分开展专业化经营和市场化运作，经营管理水平普遍较低，往往是不顾市场需求的低水平重复建设；四是相关开发运营管理往往由少数村干部负责，容易导致干部经济、家族经济，农民利益容易被少数人侵占；五是容易造成"大锅饭"，企业负担过重。

（三）关于社会资本参与集体建设用地开发模式

社会资本参与集体建设用地开发模式，是在上述两种模式的基础上发展起来的，一般是作为开发主导方的政府或者村集体与社会资本合作，由其负责相关土地的开发建设。在这方面北京已有实践，如昌平回龙观二拨子村、平谷白各庄村等。其主要做法一般是由村集体以土地作为投资或入股，政府或村集体与企业（一般为开发商）签署合作或代建协议，由其负责物业开发和项目建设，建成后根据 BOT 或 BT 模式向村集体移交物业或由村集体回购这些物业，购买方式一般是向开发商转让一部分物业。

这种模式的优势在于：一是由专业企业负责建设，解决了项目建设的开发建设资金问题以及专业化建设问题，因此项目建设进度快、质量高；二是便于企业根据市场需求规划相关项目建设，相关物业市场前景较好；三是专业企业负责项目运营，解决了专业化经营和市场化运作问题，经营效率和管理运作水平比较高；四是企业获得一定的主导权和获利机会，参与积极性高。

这种模式存在的问题在于：一是项目开发建设由企业主导，由于信息不对称，农民权益难以维护，企业往往会通过侵害农民的利益来使自身利益最大化，而对此村集体又缺乏足够的监督应对机制与能力；二是企业为平衡资金和获得收益，一般需要获得一部分土地或项目所有权，以供其开发出售，导致集体土地流失，与中央精神不符；三是企业出于自身利益和开发成本考量，一般会选择优质地块和可获得较多盈利的项目优先开发，而对于经济价值不大的地块和公益性、服务性基础设施等项目往往将其推给政府和集体，导致土地开发厚薄不均、基础设施配套不完善等一系列遗留问题；四是这种模式往往需要由开发企业和村集体组建股份公司，这就造成了社会资本作为地上项目的所有者之一介入集体土地的所有权结构中，由于地上项目作为永久性设施与土地难以分割，从而导致本地集体建设用地所有权结构的混乱，这极有可能触碰中央政策红线；五是由于社会资本作为出资方，不可能让集体控股，而集体自己建又没有资金，只能放弃控股权进而放弃主导权，从而在制度设计方面造成了村集体的天然弱势。总体来看，依据我国各项法律规定和中央相关精神，结合各地实践中暴露出的问题，可以得出一个结论：在没有完善的制度保障前提下，贸然将社会资本引入集体建设用地的开发经营中，将会演变成社会资本对农民利益的侵夺和蚕食。

综合对上述三种模式的分析，在充分尊重现有制度、充分维护农民长远利益的前提下，推动集体建设用地合理地参与城镇化，同时解决好集体土地的开发建设资金问题、专业化经营与市场化运作问题、农民集体的所有权问题和经营收益的公平分配问题，应该是集体建设用地使用方式改革和发展的方向。

基于农民在市场利益博弈中的天然弱势和地方谋求发展的急切心态，加之社会资本的逐利本性以及村镇干部的能力不足，在实践中务必要避免对农民或集体利益的出卖乃至掠夺，务必避免土地变性及搞小产权房经济。从所谓集体建设用地使用方式改革在一些地区的实践来看，地方之所以大力推动，就是打着新农村建设、集约利用土地资源和维护农民土地权益等旗号推动土地变性或搞小产权房经济，其核心就是通过侵占或出卖农民的集体土地来换取当地发展建设所需的资金甚至一时的政绩，这也是这些模式大行其道的主要原因。究其根源，则在于基层干部头脑中的"以地生财"和"土地财政"的旧思维在作祟。

第四节　启示

通过上述对我国法律制度的相关规定、中央的政策导向以及当前几种主要的集体建设用地开发利用模式的分析和探讨，结合未来推进新型城镇化发展的方向和要求，我们认为，在未来推进新型城镇化过程中，农村集体建设用地的开发和利用应当把握好以下两点。

一　必须弄清我们所要解决的核心问题是什么

一是如何最大限度地利用现有制度的弹性，挖潜制度潜力。现有的农村集体所有制以及统分结合的双层经营体制是农村经济社会稳定的基石，其建立和延续有深刻的社会历史背景，同时其制度本身仍然存在一定的弹性，其潜力也有待深入发掘，因此当前农村集体建设用地的开发利用面临的首要问题不是如何去改变现有的制度，而是如何充分地利用好现有的制度，如何最大限度地利用现有制度的弹性，挖掘制度潜力，为推进新型城镇创造条件，既适应新型城镇化的要求，又充分尊重现有的农村土地制度。

二是如何公平地实现农民的土地权益。集体建设用地的所有者是农民集体，农民理应成为开发经营的最大受益者，这是农民的土地权益；同时，每一个农民作为土地所有权主体的组成成员，都有享受集体建设用地经营收益的权利，这就要求我们必须公平地实现和分配农民的收益。而如何建立一种科学合理的制度，在按份共有的基础上，确保集体建设用地既能充分适应市场经济的要求满足开发经营的条件，又能充分保证农民公平地获得收益，是开发利用集体建设用地之前必须解决的问题。

三是怎样发现集体建设用地的价值。集体建设用地作为农业现代化与新型农村社区建设的载体，是农民最具经济价值的资产，充分发掘其价值对于"三农"发展具有重要的战略价值。而要发掘集体建设用地的价值，第一个问题就是怎样发现集体建设用地的价值。这归根结底就是一个评价体系问题，即集体建设用地的价值应该由谁来评价，是政府评价，还是市场来评价；评价依据什么样的标准和指标，是行政导向的，还是市场导向的；评价过程中需要引入什么样的手段、采取什么样的方式来评价，是行政化的，还是市场化的；等等。

四是怎样在当前形势下实现集体建设用地的高效集约利用。我国历来强调节约土地资源，作为农村土地中唯一可以合法开展非农产业建设的土地资源，农村集体建设用地更加需要集约利用。然而在当前市场经济日趋成熟、城镇化不断推进以及信息化、高科技化的趋势日益明显的条件下，农村集体建设用地的开发利用面临严峻的挑战，传统的农民自我管理、政府管理、能人管理等旧模式已经无法适应市场的要求，如何在科学规划的前提下，引入新的市场机制，全面提高农村集体建设用地开发经营管理的专业化水平和整体效率，从而适应市场经济发展的形势和要求，实现集体建设用地的高效集约利用，需要用改革的思维和创新的手段来解决。

五是城乡土地二元结构如何破题。当前城乡二元结构是束缚城乡一体化的根源，而城乡土地的二元结构则是其中最关键的核心问题。农村集体建设用地与国有土地在规划用途和利用现状方面最为接近，这是推进城乡土地市场对接的最佳切入点。如能在这方面取得突破，将不仅有利于发掘集体建设用地自身的价值，还将为破解城乡土地二元结构创造可能性。这就需要我们必须有长远的规划，从一开始就注意逐步规划部署推动农民土地权益的标准化、指标化，逐步推动农村土地资源的证券化，从而最终促成城乡土地二元结构的破题。

二　必须坚持的几个原则

一是依法合规原则，即要充分尊重现有的法律法规和制度体系，在法律法规和中央政策允许的范围内开展改革创新实践，在规划指导之下进行开发利用，绝不无视国情实际，盲目挑战冲击现有的制度。

二是市场化导向原则，即要充分适应市场经济的要求，充分尊重市场规律，以市场化为导向，借助市场的手段和途径，推动农村集体建设用地的专业化、高端化和高效集约利用，让市场发现集体建设用地的价值。

三是维护农民长远利益原则，即要以维护农民长远利益为出发点和落脚点，在进行各项规划和制度设计之初，就要充分考虑是否能够充分维护和保障农民的长远利益，绝不为谋求一时的发展而牺牲农民的利益，绝不为了眼前的短期利益而损害农民的长远利益。

四是可操作性原则，即必须充分尊重中国国情和农村实际，必须充分符合各项法规制度的规定，必须充分适应当前市场经济发展形势的要求，必须充分考虑当前基层干部的管理能力和农民的认知能力，绝不能脱离农村实际，盲目推行理念化、虚浮化的空洞设计，绝不能无视国情农情，盲目照搬外国经验和城市开发模式。

五是稳步推进原则，即必须统筹规划、科学设计，对于一些好的制度创新和开发运营模式，要分步骤实施，先行试点，以点带面，逐步推开。要在此过程中不断探索、完善相关制度模式，稳步推进。绝不急功近利，在一种制度模式尚未得到实践检验的情况下仓促推开。

六是因地制宜原则，即必须充分尊重中国各地区之间、各不同村镇之间的客观差异，鼓励各地立足自身实际，开展创新实践和模式探索，鼓励各地结合自身实际对成熟模式进行改进，绝不在大行政尺度范围内盲目搞"一刀切"，逐步形成因地制宜、百花齐放的改革创新氛围。

在当前的形势下，农村集体建设用地如何用、怎么用已经成为一个关系到全面推进新型城镇化全局的战略问题，如何在现有制度框架内，充分利用成熟的市场机制，同时科学、合理地进行制度设计，在确保农民充分受益的前提下，有效发现集体建设用地市场价值，需要各地、各部门进一步解放思想、大胆探索。

作者系北京市农经办（农研中心）党组书记、主任　郭光磊

第三章 集体建设用地发展公租房的探索

——北京市昌平区海鹋落村的调查与启示

2011 年 9 月国务院办公厅发布的《关于保障房建设和管理的指导意见》，要求重点发展公共租赁住房后，国土资源部于 2012 年 1 月批复北京市、上海市成为集体建设用地建设公租房首批先行试点城市。2012 年 6 月，进展较快的北京市昌平区海鹋落村公租房第一期项目，9 栋高层楼房中有 6 栋已经封顶，近期就可以投入运营。为了了解集体建设用地发展公租房情况，国务院发展研究中心农村经济研究部"农村集体土地确权与流转问题研究"课题组对北七家镇海鹋落村进行了调研。

第一节 海鹋落村集体建设用地发展公租房的背景

一 集体建设用地长期闲置

海鹋落村除了耕地、农民宅基地之外，尚有集体建设用地 1995.6 亩，大部分土地长期闲置，小部分栽植了果树，但无人管理，经济收益很低。海鹋落村地理位置优越，处于昌平区新城产业聚集区，是中关村北部研发服务和高新技术产业聚集区的核心区域，经济发展很快。但集体建设用地长期闲置，利用效率很低，相比于周边的羊各庄、东小口等经过旧村改造的村庄，海鹋落村村民收入较低、增收乏力。

二 周边租房需求大

海鹋落村处于北七家镇南部核心地带，南距地铁 5 号线只有 3 公里，距大型生活社区天通苑仅 5.9 公里，交通便捷。而北七家镇地处北京市北部城乡接合部，经济发展很快，外来人口很多。据第六次人口普查数据显示，本地户籍人口近 5 万人，而外来人口已达 27 万人，已成为重要的外来人口聚居区，这部分人群已在当地形成较大的租房需求规模。据当地统计，集体经济收入的 90% 来自房屋和土地出租，农民经济收入的 70% 来自农宅出租收益。距海鹋落村 3 公里的国家级高新科技研发基地——未来科技城已经于 2009 年 7 月开始建设，有望在 2015 年建成。目前，第一批落户未来科技城的 15 家央企项目已全面开工，预计 2015 年将全部投入运营。将吸引至少 2 万名科研及相关人员入住，在当地创造新的中高档租房需求。

三 村民迫切要求获得长期、稳定、可持续性的收入

海鹊落村在2003年某房地产开发项目和2009年未来科技城项目大规模征地之后，产生大量失地农民。村民拿到一次性征地补偿金后，没有好的投资渠道，容易"坐吃山空"，产生了获得长期、稳定、可持续收入的强烈愿望。2010年3月15日、16日（在国务院办公厅发布《关于保障房建设和管理的指导意见》的1年前），根据北京市研究制定的公租房发展政策，海鹊落村分别召开村"两委会"和村民代表大会，皆全票通过"利用部分集体建设用地发展公租房，获取土地收益"的决议。海鹊落村村民代表大会决议中明确：公租房建成后属村集体资产，只用于出租，不对外出售。公租房只租不卖，不违反国家土地政策。由村民自主入股筹集部分资金，加上征地拆迁款和集体资产积累，全力发展公租房项目。公租房形成的大部分收益每年以股份分红的形式分给村民，农民就可以获得长期、稳定、可持续的收入。

第二节 集体建设用地发展公租房利国利民

一 农民集体土地收益和财产性收入大幅度提高

相比征地补偿，农民集体发展公租房的土地收益提高73.6倍。2009年未来科技城项目中，海鹊落村被征地1530亩，总计补偿33120万元，平均每亩征地补偿21.6万元。而发展公租房土地净收益预计达到1611万元/亩。海鹊落村第一期公租房占地90亩，建成后总建筑面积约14.68万平方米，共1837套，总投入为5.5亿元。从收益看，根据北京市相关规定，公租房租金标准暂定为当地市场价下调二至三成，预计为每月28元/平方米。按照出租率为70%计算，年租金收入现值约为3500万元，预计16年左右全部收回投资。若按照公租房使用年限70年，16年之后的54年收取租金，收益为18.9亿元，除去资金成本4.4亿元，净收益达14.5亿元，摊在90亩土地上，每亩收益达到1611万元，比征地补偿提高73.6倍。相应地，海鹊落村村民人均收入迅速提高。第一期公租房年收益3500万元，除去分摊的成本，每年净收入为2714万元，该村人口只有1219人，年人均收入可增加2.2万元。

二 农民实现有工作、有产业、有资本

一是有工作。公租房项目日常运营需要一定的物业管理人员，如经理、会计、营销人员等；小区基础设施建设维护也需要大量的装修、绿化、保洁、水电维修等人员；将满足当地不同年龄和文化层次农民的就业需求。二是有产业。集体建设用地公租房项目建成之后，大量人口入住，将有力促进洗衣、餐饮、网络等服务业发展。农民有了自己的产业，长期发展有了保障。三是有资本。根据集体产权制度改革的要求，分配给村民的公租房股份可继承、转让、赠与，真正消除了村民从农民转换为居民后失去农村资产的后顾之忧，农民实现了带着资产进城。

三　有效解决地方政府建设公租房缺土地、缺资金问题，拓宽公租房供应渠道

一是解决了公租房建设的土地供应不足问题。根据北京市《2012年度国有建设用地供应计划》，昌平区2012年计划供应公租房用地只有210亩，土地供应很少。而海鹠落村公租房项目第一期用地90亩，第二期规划建设用地面积71.4亩，合计161.4亩，仅一村就可为昌平区增加76.9%的公租房土地供应，有效解决了公租房的土地供应紧张问题。

二是缓解地方政府资金投入压力。公租房产权无法转让、租金回报较低、投资回收期长（长达10～20年），很难吸引社会资金，主要由政府投资。据住建部数据，截至2012年6月，财政部下拨专项资金达到977亿元；2012年全国有200多万套公租房需要政府直接投资，总额达1500亿元，仍存在较大的资金缺口。而海鹠落村公租房建设项目一期投资5.5亿元，资金全部由村集体自筹，有效缓解了当地政府公租房建设的资金压力。

三是拓宽公租房供应渠道，缓解城市住房压力。据第六次人口普查数据，昌平区常住人口166.05万人，其中外来人口超过100万人，是户籍人口的两倍多。外来人口迅速增长，住房压力巨大。但在未来两三年内，昌平区计划投入使用的公租房也只有8000套左右，供需缺口很大。海鹠落村第一、二期公租房建成之后，将会增加4000套左右的公租房，很大程度上缓解了外来人口的住房压力。

第三节　目前面临的问题

一　与现行《土地管理法》相关规定不符

《土地管理法》第四十三条规定："任何单位和个人进行建设，需要使用土地的，必须依法申请使用国有土地；但是，兴办乡镇企业和村民建设住宅经依法批准使用本集体经济组织农民集体所有的土地的，或者乡（镇）村公共设施和公益事业建设经依法批准使用农民集体所有的土地的除外。"可见，农村集体建设用地用途被严格限定在兴办乡镇企业、乡村公共设施、公益事业和建设农民住宅上，范围有限，而其他建设项目占用土地，包括公租房建设用地，都应该是国有用地。尽管国土资源部在北京市、上海市开展试点，但在《土地管理法》没有修订的情况下，集体建设用地建设公租房缺乏合法性。

二　具体配套政策没有落实

海鹠落村集体建设用地发展公租房项目，在2010年7月被确立为"北京市利用集体土地建设公租房"试点项目，但在项目审批、立项、建设过程中，遇到了一系列配套政策缺位的问题。

一是控规（控制性详细规划）整合难以批复。昌平区规划条例里没有集体建设用地建公租房的编号。在实际操作中，农村集体建设用地原来规划为乡村产业用地，而公租房实际上属于居住用途，在控制性详细规划中需要确定建筑密度、建筑高度、容积率、绿地率等，以及水、电、交通等市政公用设施，便民服务、文体基础设施配套等，涉及部门多、手续繁杂，导致海鹃落村公租房项目的控规整合迟迟得不到批复。

二是难以通过国土部门的审批。北京市、区国土部门没有利用农村集体用地建设公租房的专项指标，而按照以往的规定，公租房应建在国有土地上。此外，北京市每年建设用地供应总体指标有限，若把集体建设用地指标加进去，势必挤占国有建设用地指标。因此，该项目用地在国土部门难以审批通过。

三是无法在发改委立项。北京市、区两级政府没有针对集体建设用地建公租房的立项指导意见，导致海鹃落村公租房项目无法在区发改委办理立项手续。

三 项目投入大、回收期长

村集体公租房建设投资巨大，全靠农民通过各种途径自筹资金，加上村集体资产积累进行投资。集体建设用地无法抵押，不能以公租房项目向银行申请贷款，难以获得金融支持。公租房租金较低、投资回收期长，也很难吸引社会资金参与。这些因素使得村集体建设公租房蕴藏很大风险。海鹃落村经过两次征地之后，获得了一定的征地补偿，村集体也有一定的资产积累，经济实力较强，但承担的风险仍然很大。

四 收益分配机制有待建立

公租房建成之后，将产生巨额收益，如何在村集体和村民之间进行分配，是海鹃落村面临的重要挑战。海鹃落村已经完成集体产权制度改革，把集体建设土地、集体资产积累和征地补偿金等转化为股份，其中30%的股份留给集体，70%的股份量化给村民。而海鹃落村第一、二期公租房建成之后，海鹃落村年纯收益将增加6000万元，若每年把30%的收益留给村集体，村集体的年收益将达到1800万元。如何规范使用、合理分配留给村集体的巨额收益，将是海鹃落村面临的重要挑战。

五 公租房经营管理面临挑战

如何提升管理人员素质，引入市场化的经营管理方式，确保村经营性集体资产的保值增值，保障村民权益也是农村村集体经营公租房面临的挑战之一。海鹃落村公租房项目运行主要由村"三套班子"，实际上是"一套人马"负责。"三套班子"，即村委会、村支部和村董事会，其实全部是由包括村支书、村主任在内的5人组成，缺乏项目管理、运行、营销等专业团队。公租房项目建设投入巨大、周期很长、经营内容多元，对海鹃落村管理人员素质、管理方式等提出了挑战。

第四节　几点启示

一　集体建设用地发展公租房值得继续探索

当前征地制度下，尽管农民集体对土地享有所有权，但难以享受定价议价的权利，极大地损害了农民的利益。允许农民在集体建设用地发展公租房，盘活农村集体建设用地，本质上是赋予农民土地发展权利，让农民获得长期、稳定、可持续性的收入，有力地保障农民的土地财产权益。这有助于集体建设用地享有同国有土地平等的权益，逐步建立城乡统一的建设用地市场。

二　《土地管理法》修订中应把"集体建设用地发展公租房"纳入考虑范畴

现行《土地管理法》对农村集体建设用地四种用途的限制，实际上是限制了农民集体土地财产权的实现。为巩固农村集体建设用地发展公租房试点成果，以法律的形式保障农民土地开发权利，在《土地管理法》修订中，应考虑增加"允许集体建设用地建设公租房"的条款。从长远来看，《土地管理法》还需放宽对农民集体利用建设用地进行经营性开发的限制。

三　完善配套政策措施

一要尽快出台集体建设用地发展公租房的总体指导意见。规划、国土、发改等部门要相应出台具体政策，对集体建设用地发展公租房的规划、用地、项目立项等进行规范和指导；对建成后的公租房市政公用设施、交通基础设施、文化体育设施等予以支持。

二要加强公租房建设管理。根据对昌平区其他村庄的调查，很多城乡接合部的村庄具有利用集体建设用地发展公租房的强烈需求。在考虑扩大试点范围时，应满足两个条件：一是在二线以上的大城市郊区；二是已有城乡统一的建设用地规划。同时，还要对当地的公租房需求情况做详细的市场调查，确保有需求才审批、才立项、才建设，防止盲目上项目，避免公租房建成后大量空置而损害村民利益。

三要加强公租房项目运营指导。要把公租房建设好、经营好、管理好，发展配套商业设施，做大做强集体经济，增加村民收入，就需要指导村集体运用现代企业经营管理理念聘请专业经营管理团队对公租房项目进行经营管理，确保集体资产保值增值。

四要给予财政、金融支持。村集体自主筹资建设公租房过程中，需要投入大量的财力、物力，风险很大。在集体建设用地发展公租房取得合法性之后，建议地方政府一是出台支持集体建设用地公租房进行贷款抵押的指导意见，鼓励金融机构对公租房项目提供贷款支持，降低其资金供应不足的风险。二是地方财政给予贷款贴息支持，降低公租房建设成本。

五要深化集体产权制度改革，完善收益分配机制。要想使发展公租房的巨额收益在村集体、村民之间分配好，就必须深化公租房集体制度改革，进一步完善收益分配机制。公租房建成之后，将产生巨额收益，从长远来看，村干部工资、用车支出、保洁、绿化、联防人员劳务费、村水电费用支出以及招待费用等不应由村民承担，所以，理论上可以大幅度减除公租房收益在这方面的投入。因此，要进一步深化集体产权制度改革，完善村集体、村民之间的收益分配机制。

执笔人：伍振军　张云华　张英洪　冯效岩

第四篇

资产经营起来

第一章　农村集体资产信托法律问题研究

第一节　导论

一　研究背景及其意义

2012 年，北京市农经办（市农研中心）立足首都农村发展实际，充分发挥经管职能作用，从促进农村集体资产保值增值、维护农民长远利益的角度出发，积极创新集体资产管理模式，选择北京国际信托有限公司（以下简称北京信托）作为受托方，在近年来拆迁村资金补偿比较多的门头沟区，开展信托化经营管理试点，增强了北京市农村集体经济发展活力。

2012 年 9 月 28 日，北京信托为门头沟区拆迁村集体资金经营管理量身设计信托产品"富民 1 号"信托计划正式实施。该区永定镇白庄子、东辛称两村各自投入资金 8000 万元，总计 1.6 亿元用于信托化经营管理，由两村通过产权制度改革后新成立的股份经济合作社代表村集体经济组织分别与北京信托签订信托合同，约定年预期收益率为 10%。2013 年 2 月 2 日，北京信托按约进行首次收益返还，白庄子、东辛称两村各获 3 个月信托收益 200 万元。今后，按每年获得信托资金 10% 收益计算，可为两村每年增加收益1600 万元，5 年信托计划期总收益 8000 万元，农民人均年增收上万元。

在"富民 1 号"试点稳步推进的前提下，2013 年 5 月 2 日，门头沟区进一步扩大农村集体资产信托化经营管理试点工作的范围，将永定镇 10 个村和王平镇 6 个村同时纳入信托化经营管理范围，16 个村共筹集信托资金 7.206 亿元，用于购买"富民 2 号"信托产品，北京市农村集体资产信托化经营管理试点工作面进一步扩大。

集体资产信托，作为集体资产的重要实现形式，促进产业资本与金融资本的结合，既是坚持集体所有权行使方式创新与金融创新实现良性互动的必然要求，又是实现金融信托自由与效率价值的统一和集体资产经济效率与社会效益的统一之间有机协调的根本途径。对于集体经济组织而言，集体资产信托是其科学经营和管理集体资产，实现集体资产保值增值的有效渠道；而对于信托公司而言，集体资产信托则是其扩大发展空间，开发新型信托产品，促进产业发展与信托经营有机结合的一项重要业务。

在加快集体资产管理体制改革的新形势下，面对经过六次清理整顿后信托业取得的长足进步，我们深深感到相对于集体资产信托实务的创新发展，信托法律制度建设和研究大大滞后，深入、系统、全面研究这一课题，不仅可以为我国经济体制改革的深化探索出一条农村集体资产运营和管理的新路子，而且可以为建立和完善集体资产管理新体制、维护和保障金融信托安全提供法理支持。合理构建农村集体资产信托法律制度，利用信托方式经营集体资产是符合我国的制度创新，无论在理论上还是在实践上都具有可行性，并对推动集体资产信托管理工作的开展，实现经营性集体资产保值增值的目标，巩固和发展我国基本经济制度具有十分重要的现实意义。

二　问题的提出

近年来，北京市在巩固和发展集体经济，推进集体经济产权制度改革和集体资产管理体制改革，建立和完善集体资产出资人制度及经营模式等方面取得了可喜进步。应该看到，在市农经管理部门的指导下，现代集体资产管理已经不再单纯地以一般会计计量的保值增值为目标，而是转变为以最大限度地满足集体经济组织成员的公共需要和最大限度地节省社会资源为目标。这一转变标志着我国正从传统的追求简单集体经济增长的思维模式向经济效益与社会效益相结合的可持续发展思维模式转变，同时也标志着对集体资产管理关系进行法律调整的经济法化。

从理论上讲，研究集体资产信托法律问题，制定一部符合国情的《集体资产信托条例》，对于集体财产所有权行使方式的创新和集体资产形态转换的法律监管，对于促进和保障我国信托公司业务创新和信托业的健康发展意义重大。深入研究这一课题，既可以为北京市集体经济体制改革的深化探索出一条集体资产运营和管理的新路子，进一步加强理论创新，也可以为建立和完善集体资产管理新体制、维护和保障金融信托安全提供法理支持。

从现实情况看，2007 年新《信托公司管理办法》颁行后，信托公司可以根据市场需要，按照信托目的、信托财产的种类或者对信托财产管理方式的不同设置信托业务品种，从而进一步适应了信托业创新和发展的新形势。然而，《信托法》条文的天然"缺陷"、信托登记制度和信托税收制度的缺失、信托业顶层设计的迟缓、信托研究不足导致的信托"误读"等，均严重制约着信托应有的社会功能的发挥，集体资产能否通过信托机制有效实现保值增值、集体资产信托面临哪些制度性障碍、集体资产管理与信托监管如何实现有机协调等，这些都是当前集体资产管理和信托实践无法回避而又亟待解决的根本性问题。

本课题是北京市农研中心 2013 年重点课题，作为课题的负责人，笔者更多地从经济法专业的视角思考问题，其中虽然融有民法的集体所有权制度理论，但核心是经济法中的财政与金融信托法以及《集体资产管理条例》的内容，具有综合性、经济性、政府主导性以及社会性等特征。

三　研究中所要突破的难题

从严格意义上讲，集体资产信托的表述并不严谨，因为在信托的各种分类研究中，很少有人从私有财产、集体财产与国有财产的角度去展开。然而课题组认为，这种分类研究并非没有意义，尤其在我国更是如此。我国是一个社会主义国家，坚持公有制为主体、多种所有制经济共同发展的基本经济制度。而社会主义经济制度的基础是生产资料的社会主义公有制，即全民所有制和劳动群众集体所有制；在国民经济发展中，集体经济是其中的重要组成部分，国家保护城乡集体经济组织的合法权益，鼓励、指导和帮助集体经济的发展。集体资产信托充分彰显了信托所具有的长期融资性、多面服务性以及方式灵活性等经济特征，集体资产信托凭借其独特的法律机制，在集体资产形态转换中必将受到越来越多的重视。然而由于制度不够健全和完善，集体资产信托在实践中陆续暴露出一些问题，因此在创新过程中必须着力解决。

（1）在社会主义市场经济条件下，集体所有权的行使主体和行使方式如何适应市场的结构性调整？

（2）集体资产信托是否实现集体资产形态转换的一种有效形式？

（3）集体资产信托属于私益信托还是公益信托？在签订集体资产信托合同时，能否全面贯彻意思自治原则？

（4）集体资产信托财产是否受信托财产独立性原则的制约？

（5）集体资产信托的委托人如何确定？

（6）集体企业能否成为集体资产信托受托人？如果能，是否又会回到原集体企业所有者的缺位状态？

（7）国家对集体资产信托应否征税？应怎样征税？

（8）集体资产信托的监督和管理是单轨制还是双轨制？集体资产管理部门和信托业监管部门在管理和监督集体资产信托的过程中如何实现有机协调？

四　研究特色和创新之处

（一）研究特色

我国《信托法》的制定，在法律上建立了以信托方式进行财产管理活动的统一规则。但是，《信托法》本身非常简约（只有74条），多是一些原则性规定，远不能满足信托实践和司法审判的要求。本章拟在考察集体所有权的行使与集体资产形态转换的制度创新基础上，深入、系统、全面地研究集体资产信托法律机理和各项具体法律制度及相关配套制度。

（二）创新之处

目前，我国集体经济的实现形式还不完善，在制度变迁方面创新的机会还很多。在集体经济实现形式的转换过程中，首先要立足于制度创新，探索符合社会主义市场经济竞争要求的集体经济实现形式。通过制度创新和理论创新，实现集体资产经营管理体制的有效运行，是广大农村经济持续、稳定增长的重要基础之一。

本研究的创新之处表现在：

首先，在理论层面上提出了以下观点：①在我国，集体所有权是指一个集体内部所有成员共同拥有某项资产，每个人的权利都是平等和相同的，不经全体同意，单个人无法决定财产的使用和转让，集体所有是公有制的重要组成部分。②对集体所有权行使方式的创新是在新型集体资产管理体制之下促进集体所有权有效实现，发挥集体经济重要作用，实现集体资产保值增值的动力和源泉。集体所有权行使方式创新必须坚持符合集体资产管理的基本宗旨原则、合法原则、原则性与灵活性相结合的原则、区别对待原则、效用原则。③集体所有权行使方式创新可以与金融创新实现互动，完全可以与金融工具创新尤其是信托工具的创新实现结合和互动，进一步发展信托市场，促进产业资本和金融资本的结合，推动集体经济结构和布局的战略性调整，发挥集体资产的效用。④在市场经济条件下，保障集体财产所有权的行使，必须以法定授权等间接方式为主，坚持社区公共管理职能和集体资产出资人职能分开。其中，信托在集体资产形态转换中可以大有作为，集体资产信托是集体资产形态转换能够利用的重要方式。信托的基本价值取向在于扩张自由并进而提升效率，因而集体资产信托的价值取向应与集体资产的具体类型相联系。⑤利用信托方式经营集体资产，是将信托灵活运用的根本体现，无论在理论上还是在实践上都具有可行性。其不但可以有效防范集体资产的流失，而且对发挥我国集体经济的重要作用具有积极意义。⑥建立以政府监管、行业自律与市场约束为特征的三位一体的监管主体体系，是实现市场风险识别和风险责任承担的合理分散和匹配，促进集体资产信托市场健康稳步发展的重要保障。

其次，在制度层面上提出建立和完善以下制度：①建立集体资产信托的委托人资格审查制度，这是强化对内部人行为的监督制约，避免集体资产被少数人利用信托方式蚕食、侵吞的重要途径。②建立集体资产信托的受托人选任制度，这是确保集体资产信托财产安全的根本性要求，也是集体资产信托成败的关键。课题组认为，该制度应明确集体资产信托的受托人选任范围、选任标准、选任程序以及选任结果公示等问题，该制度必须给予明确规定。③目前我国尚缺乏与《信托法》规定相配套的集体资产信托合同管理规定，因此建立集体资产信托合同的登记备案制度具有重要意义。④建立集体资产信托的受托人破产隔离制度，这是保护集体资产信托受益人和委托人利益的必然要求，从根本上看，是有效保护集体资产安全，防止集体资产流失的重要措施。⑤在集体资产信托中，还应进一步完善监督管理制度，包括资产评估、产权登记、税务监督、风险管理等，并注意发挥其相互之间的协调和配合作用。

五　研究方法

创新是农村集体经济管理经营的主旋律。农村社区和集体经济的活力在很大程度上取决于其创新的能力，因而创新活动历来深受农研中心上至领导、下至职工的特别关注。因此，本章力求揭示对于集体资产信托所作创新的设计机理，激励更多的人在这一方面发挥想象力并进一步创新，使方法、秩序以及现代性实现有机统一。由于本研究理论性、政策性、实践性和实用性都很强，因此在研究方法上注重规范研究与实证研究、传统研究和现代研究方法的结合，广泛采用逻辑分析方法、比较分析方法、历史分析方法和经济分析方法等。

六 课题架构

本课题共分为 6 个章节。

第一节"导论",主要介绍课题研究的背景及其意义、研究的特色和创新之处、研究方法以及课题报告的架构。

第二节"农村集体资产管理相关法律问题探讨"是本研究撰写的基础。课题组认为,首先,应在法律上明确农村集体经济组织作为农村集体资产的管理主体并明确其管理职能,使农村集体经济组织实名化、实体化、法人化。其次,探讨了农村集体资产产权归属及享有该集体资产的成员资格问题。我们认为,对农村集体资产的产权归属应与宪法表述相一致。农村集体经济组织成员的资格认定是为了确定集体财产的归属和利用。成员资格的界定应充分尊重农村集体经济组织的自主权,遵循"依据法律、尊重历史、照顾现实、实事求是"的原则。再次,探索集体资产的管理模式和产权制度问题,鼓励集体经济组织健全法人治理结构,完善监督管理制度。最后,着重论述农村集体资产管理体制和市场化经营管理问题。应建立集体资产统一管理和分部门协调管理的管理体制。

第三节"集体资产信托的法律原理透视"是本研究的重心。该部分首先导入信托的起源,分析信托观念的发展和演变,论证从作为工具的信托到作为产业的信托的发展与演化。然后深入剖析信托的三大确定性及其基本特征,提出利用信托方式经营集体资产,是将信托灵活运用的根本体现。通过对集体资产信托在理论和实践上的可行性分析,重点解析集体资产信托的重要功能以及集体资产信托法律关系。最后集中对集体资产信托与集体资产委托代理制度进行比较研究,论证信托与委托代理制度在集体资产经营管理中的作用空间。

第四节"集体资产信托的主体制度探讨"对作为集体资产信托法律关系构成要素之一的主体制度进行深入考察。该部分从信托当事人与信托关系人概念的辨析入手,首先分析集体资产信托当事人的主体资格,强调具有权利能力和行为能力是判断集体资产信托当事人主体资格时必须坚持的法律标准。然后探讨集体资产信托主体的权利义务及其制衡,提出集体组织既可以设立以自己为受益人的自益信托,也可以设立公益信托。最后论证了对集体资产信托的受益人资格应作的必要限制以及集体资产信托受益人欠缺的信托法律后果。

第五节"集体资产信托的信托财产独立性探讨"是对集体资产信托法律关系客体的专门研究。该部分首先直接对集体资产信托关系的核心——信托财产的法律含义进行比较分析,对集体资产信托财产权的法律性质进行深入辨析。在此基础上,又研究了集体资产信托财产的范围和种类。然后分析集体资产信托财产独立性的表现及其政治与经济基础。最后通过对华融不良资产处置优先受益权信托项目进行实证分析,论证我国信托产品创新的现状及其思考,以及信托实务中集体资产信托产品的设计原则,即灵活性原则、低风险原则以及流动性原则。

第六节"集体资产信托的法律规制"则从动态角度探讨了集体资产信托的法律规制问题。该部分首先阐述集体资产信托行为成立与生效的法律问题,然后专门探讨集体资产信托合同制度，论述集体资产信托合同的性质和内容、无效集体资产信托合同与集体资产信托合同的法律适用。接着分析和探讨集体资产信托变更和终止过程中的法律问题；由于现行税制已成为信托业发展的重要障碍，因此本节又将集体资产信托与信托税制的构建作为一个专题进行探讨，在此基础上，提出构建我国信托税制的基本原则以及完善我国信托税制的具体对策。最后，集中探讨集体资产信托的监管体制问题。

第二节　农村集体资产管理相关法律问题探讨

随着北京市农村改革的不断深化和城市化进程加快，农村经济社会发生了很大变化。一方面，大量城郊土地被征用，"村改居"、"城中村"改造、"并村并镇"引起的农村集体资产归属和管理问题日益凸显；另一方面，由于农村集体资产管理主体混乱，部分地方弱化了管理，导致农村集体资产被贪污、挪用、侵占、损坏、挥霍浪费、随意非法改变权属、无偿调拨占用、低价承包、变卖处置等。因此，必须对涉及农村集体资产管理的有关法律问题进行研究，明确农村集体资产管理对象和内容，明确城镇化农村（社区）集体资产的监管主体和运行机制。

在现实生活中，农村集体资产管理涉及农村集体资产的所有人问题，包括所有人的认定，以及代表所有人对集体资产进行管理的主体，还涉及对于集体资产使用、收益和处分问题，因此它具有民事法律关系中财产权和身份权的内容和特性。本节将《宪法》《民法通则》《村民委员会组织法》《农业法》《土地管理法》《农村土地承包法》《物权法》《信托法》作为准绳，以农村集体资产的相关法律问题为研究视角，对当前农村集体资产管理和处理中敏感的法律问题进行探讨，并提出有关建议和对策，从中探索出信托这一符合市场化集体资产管理的有效实现途径。

一　关于农村集体资产的管理主体问题

目前，法律对农村集体资产管理主体的规定不相一致。经过梳理，主要有两种。

第一种：农村集体经济组织是集体资产管理的主体。主要体现在《宪法》及相关政策文件规定之中，如《宪法》第八条第一款和第十七条规定，都明确了农村集体经济组织和农户都是农业生产与收益分配的基本单位。

第二种：村民委员会是集体资产管理的主体。《村民委员会组织法》第二条和第八条规定，村民委员会有两方面职能：一是实施村民自治；二是经营管理集体资产，即发包集体土地，以及对土地等集体资产进行出资、租赁、联营、合伙等经营活动。《民法通则》第七十四条规定："集体所有的土地依照法律属于农民集体所有，由村农业生产合作社等集体经济组织或者村民委员会经营、管理。"《土地管理法》第十条规定："农民集体所有的土地依法属于村农民集体所有的，由村集体经济组织或者村民委员会经营、管理……"由此，村民委员会代行农村集体经济组织的职能已经法律化，并且法律在原先规定的尊重农村集体经济组织依法独立经营自主权的基础上，又规定村民委员会对集体资产的管理权，显然出现了矛盾。

由于法律对于农村集体资产管理的主体规定不明确，使农村集体经济组织与村民委员会的职能出现了交叉。这是当前影响农村集体资产管理主体法定地位的重要因素。对待这一法律问题，本研究认为：

首先，应在法律上明确农村集体资产的管理主体。解决这一法律问题的首选是推动国家立法，为集体资产的经营管理创设一个法律主体。在国家现有立法尚没有对农村集体资产管理主体法律地位予以明确的情况下，按照已有的地方经验，也可探索进行地方立法。

其次，应明确农村集体资产管理主体的职能。必须使村社会管理职能与农村集体经济组织的经济职能分离。可通过国家立法，明确农村集体经济组织的成员范围、组织形式、组织机构、议事规则、责任财产范围和责任形式等内容，使农村集体经济组织实名化、实体化、法人化。

二　关于农村集体资产的产权归属问题

1995 年《国务院关于加强农村集体资产管理工作的通知》规定，农村集体资产是指归乡、村集体经济组织全体成员集体所有的资产。属于组（原生产队）集体所有的资产，仍归该组成员集体所有。我国《宪法》第十条规定，"农村和城市郊区的土地，除由法律规定属于国家所有的以外，属于集体所有"。

但在法律上关于"集体所有"到底属于集体所有制"组织"所有，还是属于集体组织内的"成员"所有，有关解释是互相矛盾的。《民法通则》第七十四条第一款规定："劳动群众集体组织的财产属于劳动群众集体所有"（即集体组织成员所有），《物权法》也作了类似的规定。不论集体资产属于集体"成员"还是属于集体"组织"，将集体资产归属追踪到个人时，集体资产应属于集体组织全体成员所有。虽然集体资产集体所有，但并没有规定集体资产属于哪些具体成员，因此有人形象地描述村民与集体资产的关系是"人人所有，人人没有"，"玻璃箱子，看得见、摸不着"。

从农村集体经济当初产生的实际情形看，它是"按份共有"所有权。因为当初实行"合作化"，讲的是"入社自愿，退社自由"。这是一种典型的"按份共有"所有权。但是后来这个"按份共有"所有权在实践中发生了变化。首先，在合作化的操作中对农民实行强制是普遍现象。其次，退社自由实际上并未实行，农民不可能将土地从集体中带出而变成私人业主。现行《土地管理法》依然是这样规定的。于是，集体经济的"按份共有"也逐渐变成了特殊的"共同共有"。

依据目前我国物权法理论通说，共同共有关系仅包括夫妻共同共有、家庭共同共有、继承分割前继承人之间对遗产的共同共有三种共有关系。根据《物权法》第九十五条的规定，"共同共有人对共有的不动产或者动产共同享有所有权"。该法第一百条规定，"共有人可以协商确定分割方式。达不成协议，共有的不动产或者动产可以分割并且不会因分割减损价值的，应当对实物予以分割"。而《物权法》第五章中有关"集体所有权"的规定，处分"集体所有"与处分"共同共有"不动产或者动产的方式并不相同。《物权法》

第五十九条规定："农民集体所有的不动产和动产，属于本集体成员集体所有。下列事项应当依照法定程序经本集体成员决定：（一）土地承包方案以及将土地发包给本集体以外的单位或者个人承包；（二）个别土地承包经营权人之间承包地的调整；（三）土地补偿费等费用的使用、分配办法；（四）集体出资的企业的所有权变动等事项；（五）法律规定的其他事项。"而根据《土地管理法》和《农村土地承包法》，关于农村集体所有土地承包只需要村民会议2/3以上成员或者2/3以上村民代表的同意，并报乡（镇）人民政府和县级人民政府农业行政主管部门批准，并不需要全体村民一致同意。另外，农村集体所有的不动产或者动产，其集体成员也不能通过协商一致的方式予以分割，如村民并不能通过协商一致的方式对集体所有土地进行分割。因此，目前的农村集体所有关系既不是按份共有也不是共同共有，而是一种特殊的共有关系。

本研究认为应在国家立法上予以明确，农村集体资产的产权归属应与《宪法》表述相一致。农村集体资产是指归乡、村集体经济组织全体成员集体所有的资产，强调全体成员的集体所有，并按照这一原则具体操作实施。因为只有这样的立法思路，才能避免在农村集体资产管理操作中的大面积"翻烧饼"问题。

三 关于享受农村集体资产的成员资格问题

农村集体经济组织成员的资格认定是为了确定集体财产的归属和利用。农村集体财产是一种特殊的财产，既凝聚着集体组织的整体利益，也凝聚着集体成员的个人利益，而且集体组织的整体利益说到底也就是集体成员的共同利益，因此，集体财产的问题总是与集体成员的身份联系在一起的。在落实具体政策过程中，如何界定集体经济组织成员，即如何界定集体资产"谁有份"，成为农村集体资产管理工作中最棘手的问题。

在实际工作中，农村集体经济组织成员的身份认定各不相同。但归纳起来，主要是以户籍作为界定集体经济组织成员的标准。农村集体经济组织大多只能以婴儿出生、嫁入本村的媳妇（或丈夫）取得本村户籍作为成为集体成员的标准。这是一种惯例，但并不表明其合理。嫁出本村的女子（或男子）、考上大学的学生以及迁移到城镇居住、户口迁出本村的村民，其集体组织成员资格将被剥夺而不给予任何补偿，未迁出的集体经济组织成员无偿占有了迁出户的土地和他们对集体资产的贡献，这违背了财产权利取得的一般法定条件，也在实际上造成了集体资产权利无代价取得。

需要指出的是，这种以户籍作为界定集体经济组织成员的标准在各个地方的执行情况也是不同的。在我国大部分经济较发达的农村地区，对在家庭联产承包责任制实施以后户口迁入本村的村民，不给予集体经济组织成员资格。如果要成为其中一员，享受集体经济组织的权益，必须经过集体经济组织集体讨论通过后才能成为集体经济组织成员。

在这一前提下，本研究认为，农村集体经济组织成员资格界定大致有两个范畴：一般农村集体经济组织成员资格的确认，特殊群体人员成员资格的确认。综上，针对这一问题，本研究认为，鉴于各社区群体人员的情况具有特殊性，在符合法律政策基本精神的前提下，成员资格的界定应充分尊重农村集体经济组织的自主权，农村集体经济组织成员资格的界定遵循"依据法律、尊重历史、照顾现实、实事求是"的原则。

四　关于农村集体资产的管理模式问题

农村集体资产管理具有社区性、广泛性、复杂性等性质，必须按照民主、公开原则，社区全体农民参与监督管理与社区集体经济组织代行管理相结合进行。农村集体资产既不同于国有资产，也不同于城镇集体企业的资产。早期的农村集体资产管理模式一般采取股份制办法。1994年7月25日北京市政府颁布了《北京市股份合作制企业暂行办法》，村级股份合作制改革都依此登记为股份合作制企业。2004年《行政许可法》施行后，由于地方性法规不能设定新的企业主体或者其他组织的设立登记，《北京市股份合作制企业暂行办法》被废止。因此，2004年之后农村集体资产管理的模式是依据《公司法》登记为有限责任公司。由于没有法律规范，操作过程中主要以地方政府的相关文件为依据。

根据调研，农村集体资产管理采用公司制办法，遇到的最大问题是，《公司法》规定有限责任公司的股东数不得超过50人，而一般的自然村人口（村集体经济组织成员）往往超过50人。因此，在登记注册公司时，一般由几个人代表众多实际股东作为显名股东，其余作为隐名股东。隐名股东向显名股东出具委托书，说明隐名股东的意见和建议，但是不直接行使权利。隐名股东的存在显然与公司法律制度的要求相违背，对内影响公司股东间投资关系的稳定性，从而影响公司的经营管理和经济发展。这是亟待解决的问题。

近年来北京在探索农村集体资产管理模式方面进行了有益的实践。在制度建设上，确立了农村村级股份合作社的法人地位，明确农村村级股份合作社可以登记为合作社法人。[①] 在方式手段上，积极稳妥地推行村会计委托代理，全面实施农村会计电算化管理，建立农村集体"三资"管理网络化监管平台。

通过梳理，本研究认为，现有的农村集体资产管理模式、运行机制必须统一规范，为壮大农村集体经济寻找新的增长点。

首先，已实行公司制运作的，应进一步健全公司法人治理结构。

其次，在农村集体资产管理过程中，应强调建立健全四项监督管理制度。一是民主管理制度，即成员（代表）大会制度。凡涉及集体资产运营等与群众利益密切相关的重大事项，都必须按权属关系经成员（代表）大会讨论决定。二是民主决策制度。在社区内部建立主要由农民代表组成的集体资产管理机构，作为社区农民参与资产管理的日常决策机构。三是民主理财制度。在社区全体农民选出成员代表大会的基础上，由成员代表选出若干名成员组成民主理财小组。四是农村集体资产管理公开制度。在规范管理的基础上，

---

① 2009年，北京参照苏州的做法，提出要确立农村村级股份合作社的法人地位，明确农村村级股份合作社可以登记为合作社法人，由工商管理部门核发农民专业合作社法人营业执照，名称统一核定为"××区××社区股份合作社"。

明确集体资产的用途，合理设置贡献股的标准，为集体资产寻找最佳的投资途径，形成集体经济发展的新优势，实现集体资产的保值增值。

五 关于农村集体资产的改制运作问题

目前在农村集体资产改制运作方面缺乏相关法律法规。而集体资产股权设置在农村集体经济组织改制中是争议很大的一个问题。

一般来讲，人口股（类同于基本股、户籍股）、劳龄股（劳动贡献股）这两种个人股都会予以设置，这两种股权是对村民的集体身份和为集体所做贡献的认可，是必要的股权设置。其中，人口股是每个具有社区户口的人员均可获得的股份，它集中体现了"社区性"。劳龄股是按照劳动年限和劳动贡献量化到集体经济组织成员的股份。

在改制中，还要充分考虑村民履行国家、社会和社区义务的需要。例如，具有村民身份的复员军人，其义务兵服役期间也要计算为劳龄；村民被拘役、逮捕、判刑的，期间不计算劳龄；先在乡企事业单位工作，后回到村集体单位工作人员和外谋职业人员，只计算在村集体工作劳动年限；等等。

除了基本的人口股和劳龄股外，不少地方还设置有奖励股（类似于特殊贡献股、法人股）。奖励股是针对集体经济组织的经营层和管理层人员设置的，其初衷是考虑到这些人员所处的岗位十分重要，可能对集体经济组织作出的贡献比普通村民更大。但是，如果经营管理层获得的股份过多，容易产生干群矛盾，导致村民抵制改革，阻碍改制。因此，恰当地设置奖励股的比例是一个重要的问题。

近年来，北京在农村集体资产改制运作中的主要做法是在清产核资的基础上，根据实际情况合理设置股权和确定折股量化的范围，将集体资产量化到集体经济组织全体成员。股权设置原则上以集体经济组织成员参加劳动的时间为依据，股权量化的范围和对象参照本市有关撤村、队时处置集体资产的政策确定。可设立一定比例的集体股，同时，不设立岗位股。在具体操作过程中，可制定相关改制激励办法，根据实际业绩，实行薪酬考核奖励，以调动村干部改制的积极性。为保证公平、公正，在村级集体经济组织改制量化股权时，不设立增配股。

由于各地的情况不一，做法也不统一。针对这些问题，笔者认为，为确保农村集体资产改制运作顺利进行，应按照"农民利益不受损、集体资产不流失、集体经济不萎缩、社会秩序不混乱"的总要求，统筹处理好社区资产与村组资产的利益关系，确保集体资产保值增值、农民收益持续增加。统筹处理好分配与积累的关系，切实避免集体资产流失和新的分配不公。

在实行"村改居"时，应当明确集体资产产权量化到个人是农村集体资产处置的基本原则。从全国情况看，农村集体资产的处置至今尚未找到一个妥善、规范、有效的解决办法。此外，为适应农村加快城镇化进程的需要，还需在产权制度改革中及早对社区成员的社会保障作出安排。农村集体经济股份合作社的收益分配过程应该按照章程规定进行，坚持村务公开，公正透明，接受村民监督。

六　关于农村集体资产的撤资村队处置方式问题

由于农村集体资产撤资村队处置方式的现行政策不足，各地在实践中的做法各有特点，资产处置方案也不尽相同。不少地方在撤资村队时大都分光用光，在农村集体资产处置过程中的问题和难点也是相近的。

北京近年来在撤资村队中对如何处置好集体资产的问题进行了探索，倡导实行农村集体经济组织产权制度改革。其主要做法如下。

一是建立班子。改制的村集体经济组织要在村党组织及村委会的领导下，建立由村集体经济组织负责人、民主理财小组成员和村集体经济组织成员代表共同组成的村集体经济组织产权制度改革领导小组和工作班子，组织实施改制工作。区县和乡镇也要组织相应的班子，加强对村集体经济组织产权制度改革的指导。

二是制定方案。村集体经济组织产权制度改革领导小组在拟订改制具体政策和实施方案时，乡镇人民政府和区县主管部门应依据有关法律法规和政策加强指导监督。改革方案必须张榜公布，须经村集体经济组织成员大会2/3以上成员讨论通过，并报乡镇人民政府和区县主管部门备案。

三是清产核资。在区县、乡镇农村集体资产管理部门、农村经营管理部门的指导下，由村产权制度改革领导小组组织清产核资小组，对村集体经济组织所有的各类资产进行全面清理核实。要区分经营性资产、非经营性资产和资源性资产，分别登记造册。实施清产核资时，如村集体经济组织成员大会要求进行资产评估的，可按有关规定请有资质的资产评估机构进行评估。要召开村集体经济组织成员大会，对清产核资结果进行审核确认。清产核资结果要及时在村务公开栏张榜公布，并上报乡镇主管部门备案。

四是收益分配。村集体经济组织改制后，应按集体与成员拥有股权的比例进行收益分配。在收益分配后，应做好审计工作。改制后集体经济组织的年终财务决算和收益分配方案，必须提交村集体经济组织成员大会讨论通过。

五是建章立制。改制的村集体经济组织，必须根据国家有关法律法规及政策规定，制定相应的章程，建立成员大会、理事会、监事会法人治理机构，规范财务管理，并制定好相关议事规则和管理制度，切实维护农村集体经济组织及其成员的合法权益。

在处理这个问题时，笔者认为，应坚持四个原则：一是必须保持农村社会稳定；二是不能赞成农村集体资产流失或分光吃净；三是要照顾到社区绝大多数农民的切身利益；四是应尽量避免不负责任的搁置问题。应当将集体资产产权量化到个人作为一个基本的原则。

七　关于农村集体资产的管理体制问题

农村集体资产管理与国有资产管理最大的区别在于：国有资产的管理主体是各级政府国有资产管理部门，是一种直接管理；而农村集体资产的管理主体是社区集体经济组织，政府机构对农村集体资产管理只是进行业务上的指导监督，且涉及多部门。

同时，目前农村集体资产监管职能分散，部门交叉、多头管理。在区县层面，农村集体财务（资金）管理职能大多归口区县农业行政部门，由区县农经站具体承担。大多区县都将农村集体资产管理职能赋予农经站。在乡镇层面，近年来，随着新一轮乡镇机构改革，撤销了原乡镇农经站，导致大多数乡镇的农村集体资产监管人员队伍相当薄弱，一些乡镇在财经事务管理中心仅安排1~2人具体负责农村集体资产管理，少数乡镇没有专职人员，这与当前承担面广量大的农村集体资产管理任务极不适应。在村层面，大多数村集体经济组织管理不到位，由村民委员会代替村集体经济组织行使农村集体"三资"管理职能。

根据国务院关于集体资产管理的有关规定，以及长期以来农业行政主管部门在农村经营管理中的主导作用，我们经过梳理后认为，应明确统一管理和分部门协调管理的原则，农村集体经济组织在乡镇（街道）、村党组织的领导下，依法自主决定经营管理的重大事项，依法接受各级人民政府、村民委员会的监督。明确各级人民政府农业行政主管部门负责对农村集体经济组织的经营管理进行指导、监督和服务，依法维护农村集体经济组织及其成员的合法权益。各级人民政府其他有关部门依据各自职责，对农村集体经济组织的改革与发展给予支持、监督和服务。对凡未改为公司的集体经济组织，当地农业部门仍然必须切实履行管理职责；改为公司的，由各级政府统一实施宏观管理。

八　集体资产信托的提出及其价值取向

近年来，理论界分别从管理、经济、统筹等各个角度，对集体资产管理主体之间的关系进行了实然和应然的分析，对我国集体资产管理体制改革作了不少有益的探索。但如何从法学的角度，合理设置集体资产管理主体之间的法律构架，理顺其权利义务关系，对集体资产的有效管理显得尤为重要。集体资产信托的提出，对解决这一问题作出了有益的尝试。

（一）集体资产信托的提出

所谓信托，是指委托人基于对受托人的信任，将其财产权委托给受托人，由受托人按委托人的意愿以自己的名义，为受益人的利益或者特定目的，进行管理或者处分的行为。信托是一种为他人利益管理财产的制度，是一种高度专业化的财产管理制度，其本质在于分割财产的管理属性和利益属性，这种制度非常适合于集体资产的经营管理。

我国自改革开放以来，随着多种经济成分的发展和居民收入水平的提高，资产积累普遍增多，投融资渠道越来越宽，个人财产信托、遗嘱信托、慈善公益信托、养老金信托及证券投资信托等，都已经在社会上陆续出现。无论是集体资产还是私有财产，均要求有更为灵活的手段来进行管理和处分。我国学者对集体资产信托寄予了厚望，希望它能受命于危难之际，成为理顺集体资产权权关系的灵丹妙药，进一步厘清和明确集体资产不同主体之间的关系。但需要说明的是，在我国，社会尚缺乏对信托的有效需求，信托品种供给在一定程度上创新不足，将信托制度运用到集体资产管理上还有许多制度上的空白，信托能否有效解决集体所有权的实现以及集体资产的保值增值问题，还需要不断深入研究和探讨。

（二）集体资产信托的价值取向

事实上，在 20 世纪 80 年代我国就已经有学者提出运用信托法律制度推进各类企业所有权和经营权适当分离的观点，使经营者承担财产效能发挥及盈亏的责任，而且还要承担生产、经营、管理等方面的责任。这在当时探讨企业法人所有权的本质和特征时被称为"信托所有权"理论。

从集体企业的承包租赁到建立现代企业制度，从转换企业经营机制到股份制改造，将信托制度引进集体资产管理之中无疑是一种创新，但其关键是通过信托究竟要解决哪些问题，正确认识和理解这一问题是明确集体资产信托之价值取向的必然要求。

信托的基本价值取向在于扩张自由并进而提升效率，这与政治上推进民主、经济上依托市场的现代社会的价值信条并行不悖。因此现代信托法制毫不犹豫地确认了自由与效率的价值追求，并为它们的运作提供了较其他法律设计更大的弹性空间与更为切实的保障。其核心价值即在于，集体资产信托中，信托财产的管理和运用必须遵循"信托财产的独立性"原则。信托法对信托财产独立性的维持，主要集中在区别信托财产与受托人固有财产的监控设计上。另外，信托财产的独立性原则强调抵消的禁止和混同的限制，一方面，属于信托财产的债权与不属于处理信托事务所产生的债务不得抵消；另一方面，信托财产为所有权以外的权利时，即使受托人取得了作为该权利标的的财产，该权利也不因混同而消灭，这样不但有利于避免信托财产的不当减损，而且可以有效保护受益人的信托权益。该原则贯穿于信托设立至信托终止的整个过程。

笔者认为，自由与效率的相得益彰是集体资产信托的核心价值取向，通过发挥受托人的专业优势，最大限度地避免市场风险，使信托财产处于委托人和受益人的监督之下，有效防范道德风险发生。

综上研究，笔者认为，开展对农村集体资产管理相关法律的研究具有十分重要的现实意义。我国至今尚未有系统的法律、法规对农村集体资产进行规范。解决这一问题的关键在于加快国家立法步伐。在国家立法层面，首要的是为农村集体资产的经营管理创设一个法律主体，明确农村集体经济组织对农村集体所有的资产享有占有、使用、收益和处分的权利，并在法律中对农村集体经济组织的成员范围、组织形式、组织机构、议事规则、责任财产范围和责任形式等内容予以规定，使农村集体经济组织实名化、实体化、法人化。

在国家立法尚未启动之前，按照现有地方经验，可在省市层面，探索进行地方立法，并遵循"依据法律、尊重历史、照顾现实、实事求是"的原则，在地方性法规中对农村集体资产的产权归属、收益分配、财产处置等问题加以明确规定，以利于进一步加强对农村集体资产的管理。而对在操作层面上的政策措施，如农村集体资产的管理模式、运作机制、管理体制和制度建设等，则可通过制定政府规章或者规范性文件予以明确和规范。

第三节　集体资产信托的法律原理透视

本节从信托观念与当代信托业的发展入手，分析信托的三大确定性和信托法律关系的基本特征，解析集体资产信托法理，阐明集体资产信托与契约自由原则之间的关系，并对集体资产信托与委托代理进行制度比较，回答集体资产能否通过信托机制有效实现保值增值，集体资产信托面临哪些制度性障碍等根本性问题。

一　从作为工具的信托到作为产业的信托

从作为工具的信托到作为产业的信托，信托经历了漫长的发展过程。在这一过程中，信托不断焕发出新的生机，极大地促进了各国经济的增长和繁荣，成为金融领域一支生力军。

英国杰出的法律史学家和信托律师 F. W. 梅特兰（F. W. Maitland）称信托为"英国人在法律领域所取得的最大最突出的成就"。信托起源于中世纪的英国，从英国开始，信托便作为财产转移与管理的一种有效手段被世界上很多国家移植到其本土，成为这些国家经济发展中重要的财产管理工具。简要回顾信托的发展历史，不但能使我们清楚地认识信托的历史价值以及信托观念演变的历史基础，而且能使我们深刻地理解信托观念传播所带来的信托多样性特征以及信托适应现代社会发展的超凡能力。

信托业的出现和发展，使信托成为一种高度专业化的理财工具。信托品种的创新，有力推动了信托制度的普及化和社会化。信托机构不仅接受土地、房屋等有形财产的委托，而且接受金钱、有价证券的委托，通过投融资活动，发挥中长期的金融功能，为各国经济发展发挥了重要作用。信托的金融化和营业化，成为现代信托的两大典型特征，正因为如此，信托业与银行业、证券业、保险业一起，在经济全球化和金融国际化过程中，构成了现代金融业的四大支柱。随着信托观念的传播、资本经营国际化的进程加快以及众多国家对金融管制的放宽，国际信托业出现以下新的特征。

首先，信托职能逐步拓展化。信托的基本职能是财产管理，包括对自然人和法人的各类有形及无形财产的管理和处分。在此基础上，信托职能进一步拓展，包括：①信托的融资职能。如日本在第二次世界大战之后建立的信托银行制度，便增加了信托机构的融资职能，从而加大了吸收社会游资的力度，为日本的产业和证券市场的发展提供了有力的资金支持。②信托的投资职能。对于那些建设周期长但收益稳定的项目，银行不太喜欢贷款，一般的投资公司也因回报周期太长而放弃，但对信托资金投资而言比较适合，如国外油田、天然气的开采很多都开始利用信托资金。③信托的金融职能。国外信托代理证券、基金业务极其普遍，近期有些发达国家的信托机构将金融服务推广到保险、租赁、期货等其他金融领域，使信托开始进入社会经济生活的各个方面。

其次，信托概念开始边际化。国外信托机构与银行、证券以及保险等其他金融机构之间业务交叉重叠，使信托概念的内涵和外延发生重大变化，其发展呈现边际化趋势。西方发达国家其银行兼营信托或信托兼营银行的情况非常普遍，有的是银行内部有信托，有的是信托银行化，二者在性质和业务重点上虽然不同，其内部结算也自成体系，但其界限越来越模糊。

最后，信托投资转向国际化。1984 年日本与美国达成协议，日本向美国及其他西方国家银行开放日本的信托市场。随后不久，美国摩根银行，纽约化学银行、花旗银行，以及英国巴克莱银行、瑞士联合银行等被批准在日本开展信托业务。与此同时，西方国家也向日本的银行开放其国内信托市场，使得日本的信托银行进入欧洲国家，促进了日本和欧洲国家信托业的交流和发展。

作为舶来品的信托，已经在中国这片广袤的大地上生根发芽并茁壮成长起来。从1979年10月，中国第一家信托投资公司——中国国际信托投资公司成立至今，信托业先后于1982年、1985年、1988年、1993年、1999年进行了五次大规模的治理整顿。2001年施行的《信托法》标志着我国信托业规范化发展时代的到来。从国际范围看，信托业的竞争将会越来越激烈，只有在经营管理机制、国际网络、业务范围、产品结构、金融创新能力、资产质量、赢利水平等方面，不断提高我国信托业的核心竞争力，才能在金融市场的开放过程中确保我国的金融安全和经济安全。

二 信托的确定性与基本特征阐述

（一）信托的三大确定性

所谓信托的确定性具体包括三方面内容，即信托目的的确定性（Certainty of Intention）、信托财产的确定性（Certainty of Subject Matter）以及信托受益人的确定性（Certainty of Objects）。

1. 信托目的的确定性

信托目的的确定性，是指委托人创立财产信托的意图是确定的，有的学者将其称为言辞的确定性（Certainty of Words）。使用尽善尽美的法律语言是使信托当事人的利益获得保障的重要基础。因此，信托目的是信托不可缺少的要素之一，决定着信托财产的管理和运用的方式。按照我国《信托法》第六条的规定，设立信托必须具有合法的信托目的，才能得到法律的承认和保护。英美法系国家的信托法对此有着同样的要求。

2. 信托财产的确定性

信托财产的确定性即信托标的物的确定性。要满足这一条件，就必须强调有关信托财产的条款应当用客观性的而不是主观性的标准去界定。这里所谓的"信托财产的确定性"实际上就是我国《信托法》中所规定的信托财产的独立性。我国《信托法》第七条规定，设立信托，必须有确定的信托财产，并且该信托财产必须是委托人合法所有的财产。

3. 信托受益人的确定性

强调信托受益人的确定性，主要是因为：一方面，如果一个受托人未能履行其义务，或者其自由裁量权的行使方法不当，那么重要的是确定谁有权到法院诉求救济保护该信托；另一方面，为了使受托人能够适当地行使其自由裁量权，对于一项信托来讲必须能够确定其受益的对象。信托受益人的确定性之规定主要起到上述两方面的作用。信托受益人的确定性与信托的执行密切相关。信托一旦设立，委托人便停止享受信托财产的任何利益，因此对法院而言，其总是关心如何确定谁是信托的受益人，谁能够提出请求执行信托。

（二）信托法律关系的基本特征

信托是为实现"财产转移"与"财产管理"两大功能而作的法律设计。按照我国《信托法》的规定，信托基于遗嘱或者信托合同而成立，由此产生的信托属于明示信托，与《海牙信托公约》的规定一致，因此这样的信托法律关系同样离不开前述信托的三大确定性，并具有以下基本特征。

首先，信任是信托法律关系建立的基础。信托建立在委托人对受托人充分信任的基础之上，并使这种信任贯穿于信托活动的全过程。信托一旦成立委托人对其财产便不再拥有管理和处分权，信托财产的管理和处分权由受托人行使，而这完全是基于委托人的信任和委托而产生。因此，信托必然要建立在委托人与受托人之间的信任关系之上。

其次，信托财产权的转移和分离是信托法律关系的关键。信托是以财产为中心所设计的一种财产管理法律制度，在信托法律关系中必须有财产权的转移，委托人必须将自己拥有的财产所有权进行转移，使受托人取得对信托财产的管理权或者处分权，从而使委托人财产所有权转化为信托财产所有权，与此同时信托财产所有权在受托人与受益人之间进行分离。

再次，信托财产的独立性是信托法律关系存续的保证。作为财产管理法律制度，信托必须有自己独立的信托财产。信托一旦有效成立，委托人必须将自己拥有的财产所有权进行转移，使委托人的财产所有权转化为信托财产所有权。与此相联系，委托人用于信托的财产从其自有财产中分离出来，成为一种独立运作的信托财产。信托财产不仅与委托人的其他财产彼此独立，而且也与受托人和受益人的自有财产彼此独立。

最后，信托目的是信托法律关系中权利义务的伸缩边界，决定信托财产的具体管理和运用方式。为保证实现委托人的意愿与受益人的利益，信托从一开始就必须明确信托设立的目的，并从法律上要求受托人依信托目的管理或处分信托财产。创设信托的目的在信托法律关系中至为重要，通过为受益人谋取利益或实现其他特定目的，最终实现委托人的最初意愿，可以说信托目的是委托人创设信托的出发点，也是信托存在的价值所在。因此，信托目的决定着信托财产的管理或分配，是信托不可或缺的要素之一。

三　集体资产信托的可行性分析

从我国情况来看，信托制度的引进为人们提供了新的财产管理工具，但我国与英美等国的国情与法律文化不同，因此信托关注的要点和难题也迥然不同。笔者认为，利用信托方式经营集体资产，是将信托灵活运用的根本体现，对发挥我国集体经济的重要作用具有积极意义，本节着重探讨和剖析发展集体资产信托的理论依据和现实基础。

（一）理论上的可行性论证

过去，我国流行着这样一种观念，即信托存在和发展的社会条件是私有制和私有财产，我国作为公有制国家不具备利用信托的社会基础。这种观念至今有一定的市场。笔者认为，信托的本质在于分割财产的管理属性和利益属性，这种属性决定了信托不但可以用于管理私人财产，而且可以用于管理集体资产。农经管理部门必须通过有效的外部机制对集体资产进行管理和运用，而信托正是其中可供选择的一种重要机制。

集体资产信托可以确保集体资产的安全，使集体资产在保值的基础上实现增值，集体资产信托的这一效果与信托财产独立性的制度设计密不可分。信托作为一种特殊的财产管理法律制度，其特色在于其独特的法律构造，而这种法律构造的独特性集中体现在信托财产权在信托当事人之间创设的复杂的财产法上的权利义务关系。最初由英国衡平法所创设的信托，决定了信托的本质与法理基础是信托财产权的双重所有权性质，而不同于民法上的财产权。① 用英美法的这一观念显然无法解释大陆法的信托财产所有权，笔者认为，信托财产权的法律性质问题，实质上是信托关系当事人围绕信托财产所形成的法律关系问题。

信托财产权是一个独立的法律概念，信托一旦有效成立，受托人即取得信托财产的所有权，信托财产便既独立于委托人未设立信托的其他财产，也独立于受托人的固有财产，信托财产的这种独立性确保了信托目的的忠实贯彻。从这一意义上可以说，信托财产实际上是为信托目的而存在的财产，准确地说是一种"目的财产"，而"非任何人的财产"。受托人管理运用信托财产、处理信托事务，必须认真履行自己的职责，为受益人的最大利益行事，按照信托文件的规定，对信托财产进行管理和处分，以便使信托财产获得最大的收益。

（二）　实践上的可行性论证

营业信托的发展状况如何是集体资产信托能否顺利开展的关键因素之一。深入考察我国营业信托的现实状况，对集体资产信托研究同样具有重要意义。下面，我们把信托投资公司锁定为考察目标，看看营业信托的发展状况是否为集体资产信托提供了可靠的现实基础。

像其他金融机构（如商业银行、证券公司和保险公司）一样，信托投资公司同样介于资金供需双方之间，为了促进资金有效转移，满足供需双方融资最终目的，信托投资公司不仅需要敏锐把握资金需求者的特定需求，而且需要在产品的收益性、安全性和流动性方面进行创新，以满足资金供给者的需求。

以 2001 年《信托法》的施行为标志，经过清理整顿后的信托公司重新开始营业。当前我国信托业在经历了一系列重大的洗礼、重组、整合之后，主要具有下述几个方面的特点：①相关法规的滞后性与外部环境趋于完善并存；②传统业务的局限性与信托品种不断创新并存；③总量规模的控制性与信托机构相对稀缺并存；④分业管理的专业性与信托业务多元化并存。

笔者认为，无论是建立金融控股集团，开展集团内混合金融业务，还是加快与国际金融机构的合作，创新开发和设计信托产品或进行股权投资，一定的经济发展水平和社会发展需要决定着一定的信托业务活动。因此，在集体资产形态转换中，以日益成熟的信托经营理念所支配的信托战略发展必将围绕集体资产开发信托产品。集体资产经营信

---

① 胡大展：《论信托法的源流》，《法学家》2001 年第 4 期。

托化是符合我国国情的一种创新。开发具有中国特色和符合时代特征的信托产品，满足农村集体资产保值的客观需要，是我国市场化进程中信托业发展的必然选择，在国家相关政策推动下，信托公司和信托市场的规范化和规模化发展为集体资产信托提供了坚实的现实基础。

四 集体资产信托的基本法理分析

（一）集体资产信托的制度功能——对集体资产流失的有效防范

利用集体资产信托，可以有效防范集体资产的流失，这在业界已基本达成共识。

首先，信托可以有效解决集体资产运营中的所有者"缺位"问题。将集体资产交付信托，从法律上讲集体资产营运中就始终会有一个明确具体的所有权代表——受托人，从而一举解决集体资产所有者虚位这一长期困扰改革的难题。

其次，信托可以在信托集体资产和非信托集体资产之间，在委托人、受托人与其各自的债权人之间，建立一道破产以及债权追索的隔离墙，防止受托人财务状况恶化甚至导致破产所带来的消极影响，从而充分保障受益人的权益。

再次，信托可以有效防止集体资产运营中的行政化倾向。在信托关系中，受托人是独立的市场主体，基层政府将集体资产交付信托，通过受托人的中介，就在政府和市场之间设立了一道"防火墙"，这对于解决长期以来基层政府对集体经济的过多干预所造成的政经不分等问题具有重要意义。

最后，受托人所处的竞争市场环境，以及信托财产独立性的制度设计，可以增加透明度，防止集体资产经营中的暗箱操作，解决有关政府机构及官员的权力寻租问题。

（二）集体资产信托法律关系的概括性分析

1. 集体资产信托法律关系的构成要素简析

集体资产信托法律关系在构成要素上同样包含了主体、客体和内容三个方面。从主体角度看，集体资产信托法律关系的主体在委托人、受托人和受益人的确定上有着自身的特殊性。从客体角度看，集体资产信托法律关系的客体是前述主体享受权利和承担义务所共同指向的对象，也就是借以产生集体资产信托法律关系的信托财产，这些信托财产在法律形式上主要表现为经营性集体资产。在我国，经营性集体资产是集体资产中最主要也是最重要的部分，约占集体资产总量的75%。

2. 集体资产信托法律关系的类型分析

在信托法律理论中，我们经常以受托人从事的信托业务是否系商业行为为标准，把信托法律关系分为民事信托法律关系和营业信托法律关系。就集体资产信托法律关系而言，既可能是民事信托法律关系，也可能是营业信托法律关系，关键取决于集体经济组织对受托人的最终选择。在营业信托法律关系中，受托人的信用等级、财产管理能力等一般较高，信托财产的安全和收益风险相对较低。

对信托法律关系的另外一种重要分类就是按照信托利益归属权的不同，把信托法律关系分为自益信托法律关系和他益信托法律关系两类。其中，前者是指享受信托利益的受益人是委托人本人的信托法律关系，后者则是指由委托人以外的人享受信托利益的信托法律关系。

公益信托法律关系和私益信托法律关系的分类是按照信托目的是否具有公益性而对信托法律关系所作的划分。公益信托是一种重要的信托形式，对于发展国家公益事业具有重要意义。目前，北京市所开展的农村集体资产信托管理所形成的信托法律关系显然属于私益信托法律关系。鉴于集体资产信托本身的特殊性，笔者认为，我国应通过专门的信托立法对集体资产信托进行规范。

3. 集体资产信托法律关系产生、变更和终止的过程

任何法律关系，同其他社会关系一样，处于不断发展变化之中，它都有一个产生、变更和终止的过程。集体资产信托法律关系也不例外。绝大多数信托法律关系依委托人的意思表示而产生，其设立信托的意思一般通过契约、遗嘱或信托宣言（大陆法系国家不予承认，英美法系国家要求其形式采取要式主义）加以表示。此外，信托法律关系还可因法律的直接规定（如法定信托）、法院的推定和拟制（如回归信托和拟制信托）以及国家行政机关的指定（大陆法系国家中一定情形下的公益信托）而产生。

集体资产信托法律关系的变更主要是指内容的变更，其中最为常见的而且对其影响最大的应该是信托财产管理方法的变更。在集体资产信托法律关系中，因信托管理的连续性这一信托基本法律理念，已成立的集体资产信托法律关系并不因受托人的更迭而影响其存续。集体资产信托法律关系产生之后，受托人即使因破产、解散或辞职等原因而终止其职务的履行，该信托法律关系也不因此而消失。此时，可以指定或选任新的受托人继续执行信托事务，使之成为集体资产信托法律关系的新的主体。

集体资产信托法律关系的终止分为自然终止和非自然终止两种类型。无论哪种情形，只要出现终止的具体事由，则该集体资产信托中的权利义务关系即告消灭。引起其自然终止的事由主要包括信托期限届满以及约定的终止事由出现，比如信托目的不能实现时信托可以终止，但在公益信托中，这一情形也有例外。由于公益信托的"类似原则"，当公益信托所定目的不能实现或实现原定公益目的已无任何社会意义，或原定公益目的已经实现，或原定公益目的实现后尚有剩余信托财产时，可通过"尽可能类似"的其他公益目的而继续存在。

五 集体资产信托与集体资产委托代理的制度比较

（一）集体资产委托代理制度和集体资产信托制度的比较分析

集体资产信托观点的提出，给我国集体资产管理描绘出了一幅理想蓝图，在一定程度上弥补了集体资产管理委托代理观点的缺陷。但与之相比，其是否具有绝对的优势尚需作进一步分析。尽管二者都是基于信任而产生，受托人与代理人都处于受信任者的地位，各自对其受益人或本人负责，但区别也是显而易见的，其各自能否与不同类型的集体资产充分契合是问题的焦点。

第一，二者设立的前提不同。委托代理关系的建立不以存在一定财产为必要前提，即使没有确定的财产，委托代理关系也可以成立；而信托是以财产为中心所构成的法律关系，设立信托必须要有确定的信托财产，委托人没有合法所有的、用于设立信托的财产，信托关系就无从确立。换言之，信托关系是财产性的，而代理关系的财产因素并不那么重要。

第二，二者所涉及的当事人不同。虽然都是信用关系，但由于所涉及的主体不同，结果表现为一个是双边信用关系，另一个则是多边信用关系。委托代理当事人仅有代理人和被代理人；信托当事人则包括委托人、受托人和受益人。信托关系在委托的链条之后出现了受益人，这对于集体资产管理来说非常重要。受益人的出现解决了在委托代理理论的主导下一直困扰人们的主体缺位问题。

第三，二者的受信任者对财产的控制权限不同。就委托代理而言，代理人需要严格接受被代理人的指示和约束，代理人的行为以被代理人的授权为限；而在信托中，受托人在执行信托事务时，拥有为执行信托事务所必需的广泛权限，一般不受委托人和受益人的约束，除非法律另有规定或委托人有所保留或限制。

第四，二者的连续性和稳定性不同。在委托代理中，被代理人可以随意解除代理关系，以至于代理关系不存在连续性，其稳定性相对较弱；信托则具有管理的连续性效力，即信托一经生效不会因委托人及受托人的欠缺与变更而终止，这使信托成为一种长期稳定的财产管理制度。信托关系则以信托财产为中心，一经成立原则上信托契约不能解除，而且信托期限长，相比之下具有较大稳定性。

第五，二者的财产所有权归属不同。在委托代理中，财产的所有权始终由被代理人掌握，在代理人处理代理事务的过程中并不发生转移；而在信托中，信托财产的所有权要从委托人转移给受托人，信托财产所有权发生转移，对于各信托当事人来讲，信托法律关系其实是一种信托财产的权利与利益相分离的财产权关系。对集体资产管理而言，信托被许多人认为是解决村企分开的有效途径。

第六，二者的功能不同。在委托代理中，扩张功能是其基本价值所在，通过代理的行为可以扩张被代理人从事民事活动的范围。而对于信托而言，除财产管理功能外，其许多功能都是代理所不具备的，如融通资金、协调经济关系、社会投资、促进公益事业的发展等。"受人之托，代人理财"是信托制度最原始的功能，融通资金等重要功能是在该功能基础上衍生而来，使信托成为一种融通长期资金的信用形式，为社会各阶层提供多方面服务。

（二）集体资产授权经营的实质是集体资产信托

笔者认为，集体资产授权经营的本质是信托，而不是代理，更不是行纪。具体理由如下。

第一，从设立前提上看，代理的设立不一定以存在财产为前提，代理关系是对人的，代理人不需要控制属于被代理人的任何财产；而信托是以财产为中心而构成的法律关系，设立信托必须要有确定的信托财产，委托人没有合法所有的用于设立信托的财产，信托关系就无从确立。集体资产授权经营以集体资产的存在为前提。

第二，从实施行为的名义和处理事务的权限上看，在代理关系中，代理人实施的活动只是被代理人民事行为的一种延伸，其只能以被代理人的名义并在被代理人的授权范围内活动；而信托的成立以委托人转移信托财产权为条件，受托人则是以自己的名义对外从事信托管理活动。

第三，从主体结构和关系构成上看，信托法律关系主体包括委托人、受托人和受益人，代理关系则涉及被代理人、代理人和第三人。在代理关系中有内部关系和外部关系之分，其中被代理人和代理人之间的关系属于内部关系，被代理人与第三人之间的关系则属于外部关系。代理制度关注的是外部关系而不是内部关系，外部关系是代理关系的目的和归宿。集体资产授权经营机构与集体经济组织之间的权利义务构造符合信托特征。

第四，从财产权的归属及状态上看，在信托关系中，信托一旦设立则信托财产的所有权即由委托人转移至受托人，由受托人占有、使用和处分信托财产，受益人取得收益权，从而发生信托财产权的转移和分离，另外，信托财产具有独立性，委托人、受托人和受益人的债权人均不得对信托财产主张权利。而在代理关系中，代理人并不因代理而取得被代理人的财产所有权，代理所涉及的财产其所有权和利益不发生分离。

第五，从连续性和稳定性上看，信托具有管理的连续性效力，信托一经生效不会因委托人及受托人的欠缺与变更而终止，这使信托成为一种长期稳定的财产管理制度；而代理则不存在连续性，其稳定性相对较弱。集体资产授权经营不仅存在连续性，而且稳定性强。

第六，从功能上看，代理的功能主要是扩张民事主体从事民事活动的范围，或者补充无民事行为能力人或限制民事行为能力人意思能力的欠缺；信托的许多功能都是代理所不具备的，如融通资金、协调经济关系、社会投资、促进公益事业的发展等。集体资产授权经营更强调在财产管理的基础上，发挥融资、投资等信托方面的功能。

从以上分析不难看出，集体经济组织和授权经营机构之间的关系更多具有的是信托方面的特征，因此，笔者认为，集体资产授权经营的实质是集体资产信托，而不是所谓的代理。另外，也不能把集体资产的授权经营解释为间接代理或者隐名代理。

第四节　集体资产信托的主体制度探讨

简单地说，集体资产信托的主体就是集体资产信托法律关系的参加者，或称为集体资产信托的当事人，具体包括委托人、受托人、受益人以及信托监察人等。集体资产信托的主体制度是集体资产信托法律制度的重点，对该制度的考察需要先从主体资格制度以及主体能力制度展开，进而探讨不同主体之间利益平衡设计，即权利义务安排。本节着重分析如何建立集体资产信托的委托人资格审查制度、受托人选任制度，并探讨如何对集体资产信托受益人进行必要的限制。

一 集体资产信托当事人的主体资格

如前所述，集体资产信托法律关系是由信托法调整和保护的，在农村集体经济组织作为委托人而设立信托时，集体经济组织与受托人、受益人之间形成的以权利义务为内容的社会关系。因此，委托人、受托人和受益人同样是集体资产信托法律关系主体体系中的核心，三者之间既有区别又有联系，法律对集体资产信托各主体资格的限定以及权利义务分配是否合理，将直接决定信托这种财产管理制度设计在集体资产管理中功能的发挥以及效率和价值的实现。

（一）集体资产信托当事人的法律性和社会性

就集体资产信托而言，其当事人同样包括委托人、受托人和受益人，这些当事人共同构成集体资产信托法律关系中最积极、最活跃的因素。集体资产信托法律制度通过动态地调节这些主体的行为，确认、保护和发展一定的集体资产信托关系，实现集体资产信托的功能和价值。集体资产信托当事人是集体资产信托法律制度理论的核心，与集体资产信托法律制度的实现机制紧密联系在一起。

从特征上看，集体资产信托当事人作为法律关系的主体，具有法律性和社会性两方面的属性。一方面，其主体资格要由《信托法》《信托业法》《公司法》《集体资产管理条例》等民法和经济法部门的相应法律、法规所规定，集体资产信托当事人的这一属性，是其作为一个法律概念的应有之义。另一方面，法律、法规对其主体资格的规定并不是任意的，而是要受到一定物质生活条件的制约。集体资产信托是我国社会主义公有制条件下集体所有权实现方式的一种创新，其信托当事人的资格权限必须与现行的集体资产管理体制相适应、相衔接，不能脱离我国的现实国情。

（二）集体资产信托当事人的主体资格

集体资产信托当事人作为集体资产信托法律关系的参加者，必须具有外在的独立性，能够以自己的名义享有权利和承担义务，具有一定的意志自由。换言之，具有权利能力和行为能力是判断集体资产信托当事人主体资格时必须坚持的法律标准。

根据世界各国信托法的通例，可以成为信托当事人的主体有四种，即自然人、法人、非法人团体以及国家等。自然人和法人是其中最普遍的两种形式，而非法人团体在我国则习惯上称为其他组织，主要指合法成立、有一定的组织机构和财产但又不具备法人资格的组织。

在集体资产信托关系存续期间，信托财产由受托人管理，信托事务也由受托人处理。从我国《信托法》的规定来看，受托人应当是具有完全民事行为能力的自然人、法人，法律、行政法规对受托人的条件另有规定的，从其规定。就法人型的受托人而言，其民事行为能力自不待言，关键需要强调该法人在承诺信托时必须未被宣告破产。

在集体资产信托法律关系中，受益人是另外一个重要主体，但其与委托人、受托人不同的是，受益人既无须像委托人那样提供信托财产，也无须像受托人那样管理信托财产和处理信托事务，相反，其只管享受信托利益。受益人的这一特征使得民事行为能力和财产状况对能否担任集体资产信托受益人失去了原来的意义。所以各国信托法对受益人的资格没有任何限制。这是因为，信托本质上是对信托财产的管理和信托财产利益享有的一种分离，而单独享受信托利益只须行为人具有民事权利能力即可。但是，受益人作为信托法律关系的主体之一，依法既享有一定的权利又负有一定的义务。因此在信托实践中，如果受益人属于无民事行为能力人或限制民事行为能力人，则这些权利和义务应由其监护人代为行使和履行。在集体资产信托中，受益人的范围并没有特殊的限制，受益人资格和范围的确定完全取决于设立该集体资产信托时集体经济组织的意志。

二 集体资产信托主体的权利义务及其制衡

（一）集体经济组织作为委托人在集体资产信托中的地位及其权利和义务

和普通委托人一样，集体经济组织设立信托同样是基于对受托人的高度信任，如果欠缺这种信任，则集体资产信托不可能成立。从这种意义上说，集体经济组织在集体资产信托关系中的地位十分重要，可以说没有集体经济组织这一委托人就没有集体资产信托，设立集体资产信托离不开委托人这一角色。

我国《信托法》对委托人的义务并未具体言及。一些人认为，在信托关系存续期间，信托财产的管理、支配以及一切信托事务的处理均由受托人承担，因此委托人除了提供信托财产外无须承担任何义务。这种观点实际上有失偏颇。尽管信托关系原则上排除了委托人管理信托财产和处理信托事务的可能性，但这并非意味着委托人可以不承担任何义务。因此，集体经济组织作为信托当事人一方，在信托关系存续期间除了享有前述有关权利外，同时也承担着一定的义务，而且这些义务是否被其实际履行与受托人管理、运用信托财产以及处理信托事务有着直接关系，对于信托关系的存在和发展也有着较大的影响。概括起来，其义务主要有：①转移信托财产的义务；②支付报酬的义务；③赔偿损失的义务；④不干涉受托人处理信托事务的义务；⑤费用补偿义务。

（二）集体资产信托中受托人的地位及其权利和义务

在集体资产信托中，集体经济组织只提供信托财产，受益人只享受信托利益，唯有受托人具体管理、支配信托财产的权利，并通过采取种种措施促成信托财产产生信托利益。更重要的是，集体资产信托关系的存续，信托事务的处理，信托目的的实现以及信托功能的发挥，都完全依托于受托人的种种努力，所以说受托人是集体资产信托关系中最重要的一方当事人，其核心地位对集体资产信托的效率和安全影响巨大。

在信托关系存续期间，为了使信托财产的管理和信托事务的处理得以有效进行，各国信托法都赋予受托人以相应的权利，以便利受托人履行职责、恪尽职守，顺利实现信托目的。根据我国《信托法》的规定，集体资产信托中受托人享有以下权利：取得代理权、取得报酬权、费用和损失补偿请求权和辞任权。

受托人除了享有以上四种权利外，基于信托的本旨，在信托关系存续期间，受托人理应还享有管理、支配、运用以及处分信托财产和处理信托事务的权利。大陆法系国家的信托法都承认受托人的这一权利，但并未具体确定其内容。英美法系国家则不同，其受托人管理、支配信托财产和处理信托事务的权利一般可以从以下规则中得以确定：明示权利、默认权利、法定权利、法院和主管行政机关赋予的权利。

由于受托人在信托中居于核心地位，信托目的主要通过受托人管理、运用信托财产以及处理信托事务来实现，因此，为了有效保护受益人的利益，约束受托人的行为，我国《信托法》在"受托人"一节中首先确立了受托人处理信托事务的基本原则，即为受益人的最大利益行事，同时着重规定了受托人的各项义务以及违反义务所应承担的民事责任，从而建立了对受托人行为的法律约束和监督机制。

（三）集体资产信托中受益人的地位及其权利和义务

在集体资产信托中，受益人是一个独立的权利主体，受益人所享有的权利即所谓的信托受益权。信托受益权有狭义和广义之分，狭义的受益权即受益人所享有的对信托财产的收益权；广义的受益权除了包括收益权外，还包括附随收益权以保护受益人利益的其他权利。

对信托财产利益的享有是受益权的主要内容。信托受益权的性质究竟如何，是属于债权还是属于物权，抑或既不是债权也不是物权，是一个颇为值得探讨的问题。笔者认为，从我国《信托法》的现行规定来看，很难用传统民法的二分法来诠释受益权的性质。

在信托关系中，一方面使受益人享受信托利益，另一方面却排除了其管理信托财产和处理信托事务的可能性。这一点很容易令人产生误解，认为受益人在执行信托方面无须承担任何义务。从其他国家的信托来看，事实上并非如此，作为信托关系的一方当事人以及信托的利害关系人之一，受益人在依法享有一定权利的同时，也负有一定的义务。在信托关系存续期间，对于《信托法》所授予或承认的受托人的权利，只要其能够被受益人行使，则受益人必须承担相应的义务。所以，同委托人、受托人相比，信托法赋予受益人的义务虽然较少，并且往往配合信托其他当事人的权利而设，但并非意味着受益人在信托中没有义务。概括起来，受益人的义务主要有下列两项：①补偿义务，即对受托人在执行信托过程中垫付的有关费用进行补偿的义务；②支付报酬义务，即按照法律或信托文件的规定向受托人支付报酬。

（四）集体资产信托主体之间的权利制衡

在集体资产信托法律关系中，连接委托人、受托人和受益人权利义务关系的纽带是信托合同，而签订该信托合同的主体只是集体经济组织和受托人，集体经济组织作为委托人通过信托合同控制和禁止受托人不忠实、不谨慎的行为。但无论是委托人还是受托人，在该信托合同中都享有充分的意思自治权利，这样一来，集体经济组织既可以设立以自己为受益人的自益信托，也可以设立公益信托。

实际上，委托人的意思自治在各国信托法中并不是没有限制，一般而言，法律严禁设立非法、不道德、违反公共政策目的的信托，禁止委托人限制受益权的转让，禁止设立欺诈债权人及破产债权人的信托，委托人的处分权应符合反永续规则及反累积规则，信托必须存在信托财产以及可以强制执行信托的受益人，信托必须为受益人的利益而存在等。

在集体资产信托中，受托人只有承诺信托集体资产信托才能成立和生效，否则信托管理即成为一句空话。信托一旦生效，受托人即成为信托法律关系的核心，受托人自集体资产信托生效后即承担相应的义务。如果受托人拒绝接受信托，则其与集体经济组织之间尚未形成合意，此时信托财产所有权未设定于受益人而仍为委托人所有。在集体资产信托中，受益人无须接受即从信托生效之日起享有信托利益，受益人和委托人之间并没有直接的关系。虽然受益人在信托财产上享有衡平法上的权利，但其与这一基础关系没有任何关系。在信托中，受托人负有的义务基本都是针对受益人的，同时受益人享有与之相对应的权利。

三　集体资产信托的委托人资格审查制度

集体资产信托凭借其独特的法律机理，在集体资产经营中开始受到越来越多的关注，但如何建立其中的委托人资格审查制度，如何落实各级农经管理部门的监管责任，已成为信托公司业务拓展中无法回避的重要法律问题。

（一）建立集体资产信托委托人资格审查制度的必要性

集体经济组织作为集体资产信托的委托人，其资格的合法性自不待言，对于那些集体资产经营机构，集体企业以及相关承包人、租赁人来说，其能否成为集体资产信托的委托人则颇值得研究。就集体资产信托而言，委托人资格这一问题尚未引起足够重视。在集体资产信托中建立委托人资格审查制度举足轻重，其必要性表现在以下两个方面。

其一，建立集体资产信托的委托人资格审查制度，是强化对内部人行为的监督制约，避免集体资产被少数人利用信托方式蚕食、侵吞的重要途径。只有建立委托人资格审查制度才能在实施集体资产信托时有效预防因内部人控制所产生的道德风险，切实保护集体所有权。

其二，建立集体资产信托的委托人资格审查制度，是完善我国信托当事人制度的必然要求和重要内容。我国《信托法》在其"信托当事人"一章中有关委托人资格的规定只是针对一般情况而言，其无法满足集体资产信托等特别信托的实际要求，通过建立集体资产信托的委托人资格审查制度，有利于不断完善我国信托当事人制度，加强对集体资产信托的监督和管理。

总之，我国《信托法》上委托人权利的扩大，在效果上更加适应于集体资产信托的开展，建立集体资产信托的委托人资格审查制度，是利用信托机制经营集体资产中必须重视的首要问题，对于加强信托特别立法，制定专门的集体资产信托法律制度具有基础性意义。

（二）我国集体资产信托的委托人资格审查制度的构建

笔者认为，构建我国集体资产信托的委托人资格审查制度，不应无视各级农经管理部门的存在而闭门造车，相反，应紧紧围绕各级农经管理部门的现有职责而展开并使其相关职责进一步细化，全面建立以各级农经管理部门为核心的集体资产信托的委托人资格审查制度。

从制度结构框架看，其应用具体包括委托人资格标准、审查主体、审查事项范围、审查期限以及审查程序等。

第一，委托人资格标准。在集体资产信托中，总体而言，其委托人是集体经济组织，因为集体经济组织是集体资产的合法所有权人。笔者认为，制定集体资产信托的委托人资格标准，主要针对的是集体资产权力行使主体，其是否合法占有集体资产，是否领有集体资产产权登记证应成为该标准中的核心要素。任何单位和个人不得伪造、涂改、出卖或者出借集体资产产权登记证。

第二，审查主体。各级农经管理部门是负责监督管理集体资产的政府机构。因此，对于集体资产信托委托人资格的审查应由各级农经管理部门按照其管辖权限的不同分别负责，这样既有利于节约成本，同时也有利于提高效率。

第三，审查事项范围。实行集体资产信托的委托人资格审查制度的目的是核实委托人对集体资产合法占有、使用以及经营管理的身份，防止非法取得集体资产的企业、公司以及自然人利用信托方式转移、侵吞集体资产，因此审查范围不宜过宽，应仅限于集体资产产权登记事项的内容，包括：①集体资产产权登记；②集体经济组织法人营业执照；③法定代表人身份证明书；④拟设立集体资产信托的申请表。

第四，审查期限。对于委托人资格审查期限，笔者认为应按照效率原则来确定，以3～5个工作日为宜。

第五，审查程序。申请设立集体资产信托，委托人应当按规定填写相应的申请表，并向上级农经管理部门提交前述文件资料。委托人资格审查程序分为申请、受理、审查、决定、通知五个环节。目前，我国尚缺乏与《信托法》规定相配套的集体资产信托合同管理规定，我国应尽快建立集体资产信托合同的登记备案制度，后文将对这一问题展开详细论述。这里，需要强调的是，集体资产信托的委托人资格审查制度与集体资产信托合同登记备案制度是相互衔接的，这些制度的建立必须考虑如何适应我国现行集体资产信托监管模式。

四　集体资产信托的受托人选任制度

（一）集体资产信托的受托人选任制度的探讨

笔者这里提出的受托人选任制度之建立，重点是把信托作为一种工具来看待，着重考察利用信托工具实现集体资产保值增值时受托人的选择问题。

有些人担心，集体控股公司以及集体独资公司等集体机构一旦成为集体资产信托的受托人会重新回到行政干预集体资产运营的老路上去，对于这一问题的回答，必须结合我国新《公司法》的规定以及《信托法》的法理来具体分析，不能武断地下结论。

当村集体把集体资产作为出资投入集体经济组织时，实行所有权和经营权分离，完善法人治理结构，公司制便成为其中的一种经营机制，村集体和集体经济组织之间的关系成为股东和公司之间的关系，现实生活中村集体和其出资集体经济组织的关系实际上均是基于投资行为而形成的股东与公司的关系。

但在集体资产经营过程中，集体同样可以利用信托工具来解决集体资产的经营问题，把一定的集体资产作为信托财产转移给集体公司经营管理，这时双方之间的关系不再是股东和公司的关系，而是委托人与受托人之间的信托关系，显然这样做的前提条件是该信托公司已经依法成立，并取得企业法人资格。

在信托机制下，受托人必须已经具有合法的主体资格，并且已经取得完全民事行为能力。那种用信托机制直接代替公司机制的观点，无法解决作为受托人的公司其主体资格如何取得的问题，而这一问题又是设立信托的根本性前提。如前所述，在集体资产经营管理中，信托机制与公司机制并不冲突，二者均可以成为集体所有权实现的重要方式。笔者认为，村集体对集体资产的授权经营并不是实现集体资产保值增值的唯一方式，授权经营以公司股权机制为核心，将集体资产的所有权转换为公司股权，并利用股东权利的行使来发挥集体资产的效用。对于这些集体资产，也完全可以采取信托方式进行管理和经营，利用信托合同确定其与被授权的集体经济组织之间的权利义务关系，这样做可以充分发挥信托的破产隔离功能，使设立信托的集体资产保持完整的独立性，对集体利益的保护也更为有利。因此对其而言，在集体资产信托中必须把设立信托的集体资产和未设立信托的集体资产分别管理，不能相互混同。

（二）我国集体资产信托的受托人选任制度的构建

无论是传统信托法还是现代信托法，核心均在于如何控制受托人不当行为的风险。传统信托法更为强调受益人衡平法上的救济，其深刻的渊源在于承认受益人对信托财产的衡平法上的所有权（Equitable Title），其实质是对受托人不当行为的消极防范，为事后的救济措施。现代信托法则更多地立足于事前的预防性措施，并以此确立了以受托人严格的忠实、谨慎义务为中心的现代受托人法的体制。

正因为如此，笔者认为，建立我国集体资产信托的受托人选任制度，目的是为集体资产信托的委托人提供一套选任受托人的具体规则，加强对集体资产信托的事前监督和管理，确保集体资产的安全。从制度构建上讲，我国集体资产信托的受托人选任制度涉及选任范围、选任标准、选任程序以及选任结果公示等具体问题。

第一，受托人选任范围。理论上在对受托人进行分类研究时，通常以适用法律的不同为标准，将受托人分为一般受托人和信托公司。其中，一般受托人的行为主要受信托的普通法或《信托法》调整。广义的信托公司包括信托投资公司、房地产信托公司、金融信托公司、信托银行以及其他各种专营商业信托业务的公司或经济组织。

第二，受托人选任标准。由于集体资产信托涉及的金额较大，且以集体资产的保值增值为目的，作为集体资产的受托人，在资金实力、专业管理、人才等方面应具备一定的条件。笔者认为，我国集体资产受托人的选任应考虑下列因素：①注册资本；②经营期限；③经营范围；④财务状况；⑤赢利水平；⑥涉讼记录；⑦持有公司股份最多的前十名股东的名单和持股数额；⑧董事、监事、经理以及有关高级管理人员的姓名、资质条件、持有本公司股票和债券的情况以及信用记录等。

第三，受托人选任程序。集体资产信托的受托人选任制度应与前述委托人资格审查制度相衔接，经审查后确认合格的委托人可以向上级集体资产管理部门提出拟定的集体资产受托人。

第四，受托人选任结果公示。集体资产信托的受托人被有关集体资产管理部门确认后，为保证公开、公平和公正，应将集体资产受托人人选以书面形式进行公示，公示期限以2周为宜，在此期间允许任何人或单位提出异议，异议经审查后成立的，应当由原集体资产管理部门撤销原选任结果。

五 集体资产信托的受益人资格限制

（一）集体资产信托受益人资格的限制

对于集体资产信托的受益人确定问题，有学者提出，集体经济组织作为委托人在指定相关受益人时不能是随意的，程序上应该经过相关主管部门的批准。其实，问题的关键不是由谁作为集体资产信托的受益人，而是如何确定一项集体资产信托的受益人规则。笔者认为，对集体资产信托而言，政府主管部门应确立这样一项受益人规则，即除公益信托外，集体资产信托的受益人只能是委托人自己，而且受益人不能放弃，更不能抛弃受益权。

集体资产信托中是否存在共同受益人，换言之，集体资产信托的受益人除了集体外，是否可以确定其他主体与集体一起作为共同受益人，对这一问题同样需要予以明确。在一个信托中，受益人有两个或两个以上时即出现共同受益人。我国《信托法》第四十五条对共同受益人享受的信托利益作出了专门规定。依据该规定，共同受益人按照信托文件的规定享受信托利益，信托文件对信托利益的分配比例或者分配方法未作规定的，各受益人按照均等的比例享受信托利益。

另外，受托人能否成为集体资产信托的受益人也是一个需要明确的问题。我国《信托法》第四十三条第三款规定："受托人可以是受益人，但不得是同一信托的唯一受益人。"根据这一规定，一项信托如果有两个或两个以上的受益人，那么，受益人之一也可以是该项信托的受托人，甚至可以是唯一受托人；但是，一项信托只有唯一受益人的，则该受益人不得作为信托的唯一受托人。

（二）集体资产受益人欠缺的信托法律后果

在英国，如果受益人自身无法确定，那么虽然设立信托的意图和信托标的物具有确定性，也不能使一个为受益人而设立的信托成为有效信托。在这种情况下，如果委托人已经死亡，则其财产将成立一项为委托人利益的归复信托。如果其还活着，那么可以自由地表达自己的意志，更清楚地确定信托的受益人，尽管其会因此而承受某种不利后果，如交纳成立归复信托的财产所得税。

但是，信托的受益对象如果不是一个人或一些人，而是一条狗、一个未注册团体，或者一个非慈善机构，那么，信托的有效性就会使人产生怀疑。这也就意味着，信托不一定是为了直接使人受益而设立，有可能也会为了直接或者间接地使人受益的目的而设立，设立这类信托是否有效呢？

英国法院对这一问题的态度以及处理方法很值得我们研究，因为他们没有采取一刀切的方法将这些信托统统认定为无效。在 Re Endacott 案件中，上诉法院同意：作为对人类情感的妥协，允许存在一些不寻常的案件，作为受益人原则的例外情况。这些例外被称为不可强制实施的信托，或称为不完全义务信托，因为受托人没有义务去实现该信托，而信托目的本身又没有法律上的发言权以提起诉讼。在这种情况下，尽管信托本身是不可强制实施的，但法院可以间接地实施信托，法院可以从受托人那里获得一项承诺，即受托人同意将纳入信托的财产用于不可强制实施的目的，如果该项承诺没有兑现，则由剩余遗产的受赠人自由使用纳入信托的遗产。

由于这些信托没有满足受益人的确定性要求，因此我国有学者将其归入受益人原则的例外，即承认不直接以人为受益对象的私人目的的信托，包括建立或维护纪念碑和墓碑的信托、私人祈祷的信托、为特定动物利益的信托等。该学者认为，这些信托属于不可强制实施的信托，受托人愿意实施信托的，法律上没有人能够阻止他；受托人不实施信托或者违反信托义务的，由于信托缺乏适格的受益人，受益对象不能发言，也没有人有权向法院请求强制实施信托或者获得其他救济，因此，受托人承担的义务是不完全的。受托人不实施信托的，信托财产归复委托人；委托人去世的，应归入其遗产。

按照我国《信托法》第十一条的规定，受益人或者受益人范围不能确定的信托无效。就集体资产信托来讲，因不存在遗嘱信托的情况，只有契约信托这一种形式，所以英国对上述目的信托的有限保护并将其作为受益人原则例外的做法似乎便失去其应有的意义。但笔者认为，集体资产信托在这种情况下能否借鉴其做法同样成立一个归复信托应该引起我们的注意，因为归复信托的后果和信托无效的后果相比，显然前者对集体资产的保护更为有利一些。成立归复信托的目的是填平财产所有权的缺口，它是委托人未能彻底处理财产权的结果，所以也称为结果信托，只有在特殊的情况下，由法院施加于受托人，主要适用于委托人或遗赠人的动机不是很清楚的时候。

第五节　集体资产信托的信托财产独立性探讨

信托与委托代理的最大不同之处就在于有无独立的信托财产，若受托人无法就信托财产取得权利，信托关系必因失其核心而无法存在。信托财产是集体资产信托法律关系的标的，是受托人因承诺信托而取得的并为受益人的利益而管理或者处分的财产。我国《信托法》明文规定，信托财产不能确定，或者以非法财产、法律禁止设立信托的财产设立信托的，属于无效信托。因此，本节从集体资产信托关系的核心——信托财产的基本法律问题入手，重点分析信托财产独立性及其在集体资产信托中的政治和经济基础，探讨建立集体资产信托财产评估制度的必要性以及集体资产评估之间的关系，最后通过实证分析集中研究集体资产信托在实务中的信托产品的具体设计原则。

一　集体资产信托关系的核心——信托财产

（一）集体资产信托财产权的法律性质辨析

信托财产权的法律性质问题，实质上是信托关系当事人围绕信托财产所形成的法律关系问题，包括信托财产的地位问题，委托人、受托人和受益人的权利义务问题以及受益权的性质问题等。关于信托财产的法律性质问题首先受到法学家们的重视，并因此产生了诸多学说，如受益人所有权说、双重所有权说、债权说以及附解除条件的法律行为说等。这些学说尽管或多或少都包含有一些合理的成分，但因各自研究时的出发点、角度和方法等不同故而均存在一定的缺陷。

笔者认为，集体资产信托财产权的法律性质与信托财产权的法律性质是一致的。对于信托财产权法律性质的研究，不应囿于传统所有权的观念，而应像对待公司法人财产权、股东权那样，从法律上明确信托财产权的特征和内涵，使之与其他民事权利相区别，并将其作为一个独立的概念来使用。

因此，集体资产信托财产权和信托财产权一样，其包含着以下内容：首先，集体资产信托一旦有效成立，受托人即取得信托财产的所有权。其次，受托人对外以信托财产的权利主体身份与其他人进行各种交易。但是，受托人管理和处分信托财产的信托利益，即信托财产在受托人的管理或处分过程中所产生的利益，具体可表现为一定的财产形态，例如孳息、利润和其他收入等不属于受托人，受托人管理和处分信托财产不能为了自己的利益，同时应避免自己的利益与集体经济组织利益相冲突。最后，集体经济组织作为自益信托的受益人，享有收取信托财产利益的权利，同时还享有监督权、撤销权和追及权等。这就是集体资产信托财产权的全部特征和内涵。

（二）集体资产信托财产的范围和种类研究

正确界定集体资产信托财产的范围对维护集体资产信托财产的独立性和完整性有着重要意义。按照我国《信托法》第十四条的规定，除了集体经济组织于信托设立时交付给受托人的财产外，下列由受托人在信托关系存续期间所取得的各项财产同样属于信托财产的范围：①集体经济组织作为委托人追加的财产。②受托人因管理、运用集体资产信托财产而取得的财产。③受托人因处理集体资产信托财产所取得的财产。④受托人因集体资产信托财产灭失、毁损而取得的财产。

我国《信托法》第十四条第三款和第四款分别规定，法律、行政法规禁止流通的财产，不得作为信托财产。法律、行政法规限制流通的财产，依法经主管部门批准后，可以作为信托财产。《依托法》的这些规定进一步廓清了信托财产的范围。流通物、限制流通物和禁止流通物的划分是民法对物的一种重要分类，它主要以物能否在市场上自由流通作为标准。按照《信托法》的上述规定，土地、矿藏、水流等法律、行政法规明令禁止流通的财产，一律不得设立集体资产信托，不能成为信托财产。对于法律、行政法规限制流通的财产，如黄金等贵金属、文物、外币等，非经有关主管部门批准，亦不能设立集体资产信托，不能成为信托财产。原则上讲，任何财产，不论其存在的形式如何，只要法律、行政法规允许其自由流通，均可成立信托，不过不同种类的信托财产在市场流转过程中的适用规则和方法是不同的。因此，研究集体资产信托财产的种类有着一定的实践意义。笔者认为，民法有关财产（或称为物）和财产权利的分类对集体资产信托财产都是适用的，如有形财产与无形财产、动产与不动产、实物与金钱及有价证券等，因篇幅所限这里不再赘述。

二　集体资产信托财产独立性及其经济基础

（一）集体资产信托财产独立性的表现

信托财产的根本性特征即在于它的独立性。信托财产的管理和运用必须遵循信托财产的独立性原则，并贯穿于信托设立至信托终止的整个过程。集体资产信托财产同样如此。笔者认为，集体资产信托财产的独立性主要表现在以下几个方面。

第一，集体资产信托财产与集体未设立信托的其他财产相区别。我国《信托法》第十五条规定，信托财产与委托人未设立信托的其他财产相区别。信托设立后，信托财产从委托人的财产中分离出来，与委托人未设立信托的其他财产相区别，信托财产的所有权从委托人手中转移到受托人的手中。《信托法》的这条规定从委托人的角度进一步阐明了信托财产独立性的原则。

第二，受托人破产时集体资产信托财产不列入其清算财产。我国《信托法》第十六条第二款规定，受托人依法解散、被依法撤销、被宣告破产而终止，信托财产不属于其清算财产。该条规定确定了信托财产在受托人偿债方面的独立性。

第三，集体资产信托财产在法院强制执行方面的禁止。对信托财产强制执行的禁止是信托财产在受托人偿债方面独立性的又一表现，我国《信托法》第十七条对此作出了明确规定，不论是受托人个人固有资产的债权人，还是受托人所管理的其他信托财产的债权人，均不应对集体资产信托财产申请强制执行。对于违反上述规定强制执行的，《信托法》赋予委托人、受托人和受益人以执行异议权。

第四，抵消的禁止。对于受托人而言，若其对同一相对人既享有信托财产上的债权同时又负有其固有财产上的债务时，因信托财产在信托成立后已归其所有，如果二者给付种类相同且已届清偿期，能否主张抵消呢？从表面看，此种情况符合抵消的构成要件，依当事人的意思表示可以发生抵消的效力。然而，由于属于信托财产的债权与受托人的个人债务及其他信托财产的债务在名义上虽同属受托人，但实质上，其归属的主体互异，因此如许抵消，则信托人将以信托财产清偿自己的债务，实有违信托制度的旨趣。

第五，混同的限制。混同是指债权人和债务人同归一人而使其债权债务关系归于消灭的事实，合同关系及其他债之关系因混同会绝对地消灭。债权、债务的混同，因债权或债务的承受而产生。在信托关系中，信托财产与受托人的固有财产及其他信托财产，彼此的实质归属主体并不相同，受托人虽为形式上的权利主体，但事实上仅在信托目的的范围内为受益人的利益而保有该信托财产。因此，民法混同的法理在信托关系中其适用应受到限制。然而遗憾的是，我国《信托法》对混同的限制未作具体规定。

（二）集体资产信托财产独立性的经济基础

我国是社会主义国家，生产资料公有制是社会主义赖以生存的客观基础，也是社会主义社会区别于其他社会形态的重要标志。社会主义社会只能是公有制为主体的社会，否定公有制的主体地位，就会动摇我国社会主义制度的基础。当然这并不是说，我们要借此否认个体、私营等各种形式的非公有制经济的地位和作用，要把二者对立起来，实际上非公有制经济仍然是社会主义市场经济的重要组成部分，它们对充分调动社会各方面的积极性、加快生产力发展具有重要作用。党的十七大和十七届三中全会提出的"探索农村集体经济有效实现形式"是农村集体经济的发展和有效实现一个重大且迫切需要解决的问题。北京市第十一次党代会也着重强调"加大农村集体经济产权制度改革力度，积极探索农村集体资产的有效实现形式，把农民集体资产经营起来，使更多农民成为拥有集体资产的新市民"。2013年，北京市委、市政府提出"新三起来"，其中重要一项就是要求把农村集体资产经营起来。

"经济人理论"表明，对于广大以自利为目的且又理性的个人，相应秩序规则制度只要能够符合其自利需要，这些规则制度就会得到有效遵守和执行。根据国内外已有的经验教训和我国的基本国情以及社会主义市场经济的要求，集体资产管理体制改革的目标就是建立市场化的集体资产管理体制。笔者认为，在建立市场化集体资产管理体制的过程中，各种所有制经济完全可以在市场竞争中发挥各自优势，相互促进，共同发展；而信托和公司制、股份制一样，是集体资产管理和经营可资利用的一种有效形式。集体资产信托财产的独立性是信托法律机制的根本性要求，它根植于我国公有制经济这一经济基础之中，对加强集体资产在社会主义政治经济生活中的基础性地位，发挥集体经济在国民经济中的重要作用具有重要意义，实践中必须建立和完善信托财产登记制度，确保集体资产信托财产的独立性，维护集体资产信托的安全。

三　集体资产信托财产评估制度

（一）我国集体资产评估制度的确立及发展

我国的资产评估业开始于20世纪80年代末90年代初，当时由于国家经济体制改革带来了大量的产权变动和交易，资产评估业遂迅速发展起来，并成为市场经济活动中非常重要的中介服务行业。经过多年来的发展，资产评估已经成为我国社会主义市场经济中不可缺少的一个基础型专业咨询行业，在服务银行信贷、政府征税、企业改制、公司上市和司法裁决等方面，发挥了其他专业咨询服务行业无法替代的作用。从性质上看，资产评估是以资产价值鉴证为核心内容的专业咨询服务活动，其既可以向后衍生出为发现资产价值提供咨询的业务，又可以向前衍生出为实现资产价值提供咨询的业务，因而资产评估业尚存在巨大的扩展和创新空间。

1998年10月，湖北省率先根据《国务院关于加强农村集体资产管理工作的通知》和省有关规定，制定《湖北省农村集体资产评估管理暂行办法》，规定县级以上人民政府农村经济经营管理部门负责本行政区域内农村集体资产评估工作的管理和监督。这为集体资产评估活动的规范发展奠定了基础。为了规范集体资产评估活动，有关部门对评估机构的资格、评估机构管理以及评估收费管理等也制定了相应的规章。多年来，集体资产评估在维护集体经济组织权益、规范集体企业改组改制和促进市场发展等方面发挥了重要作用。

随着我国市场经济体制的逐步完善以及我国加入世界贸易组织，为进一步转变政府职能，减少不必要的行政性审批，促进中介机构和从业人员真正做到独立、客观、公正地执业，逐步取消了政府部门对集体资产评估项目的立项确认审批制度，改为实行核准制和备案制，各级财政部门和集体资产管理部门对集体资产评估项目不再进行立项批复和对评估报告的确认批复（合规性审核）。有关经济行为的资产评估活动由集体资产占有单位按照现行法律、法规的规定，聘请具有相应资质的中介机构独立进行，评估报告的法律责任由签字的注册资产评估师及其所在评估机构独立进行。

（二）建立集体资产信托财产评估制度的必要性

前文已述，集体资产评估欠准确，不按规定进行资产评估，以及任意压低评估价值，是集体资产流失的重要渠道和原因之一。由于信托设立后集体资产的所有权会发生变动，即由委托人之手转移于受托人之手，因此有必要建立集体资产信托财产评估制度，客观、科学地确定集体资产信托财产的真实价值。

第一，它是合理确定集体资产信托财产价值的重要手段。资产评估必须遵循真实性、科学性、可行性和公正性的原则，其评估结论应以充分的数据、翔实的资料以及科学的分析为基础，通过全面、综合的研究和分析，正确确定资产的实际价值。

第二，它是防止集体资产流失的重要措施。笔者认为，由于集体资产流失主要表现为动态流失，因此在集体资产信托中必须引起高度重视。不估或者低估会造成集体资产的流失，而高估又不利于集体资产的保值增值，故建立集体资产信托财产评估制度，一方面要求对设立信托的集体资产进行全面评估，避免漏估；另一方面要求科学确定资产评估值，不得低估或者高估。资产评估是防止集体资产在信托领域和信托过程中流失的重要措施。

第三，它是信托当事人利益保护的重要保障。强调防止集体资产流失是以不损害各产权主体的利益为前提的，所以必须兼顾集体资产所有者和经营者各方面的利益。集体资产信托的当事人是不同的利益主体，因此坚持客观公正的原则是设立、变更和终止集体资产信托的核心，也是集体资产信托当事人利益保护的重要保障。

第四，它是强化对集体资产信托监管的重要基础。由于集体资产存在形态的多样性决定了在集体资产管理活动中不可能进行完全的实物管理，只能按照市场经济的要求以价值管理为主，所以要促进集体资产的保值增值，实现集体资产的优化配置，保证集体资产在实现全民利益和体现全民意志中发挥最大作用，就必须强化对集体资产信托的监督管理，而对集体资产信托资产进行价值评估是对集体资产信托进行监管的重要基础。

第五，它是集体资产评估工作的一项重要内容。依法加强集体资产评估是集体资产管理中的一项基础性工作，其不但是在市场化的动态经济活动中确保集体资产形态转换有效性的一项制度性保障，而且是确定和分析集体资产实际数量以及变化状况的具体依据。无论是考核国有企业或国有公司对集体资产的经营状况，还是对国有企业的财产保值状况进行监督评价，都离不开资本评估这一制度工具。通过信托方式运用和管理集体资产既是信托产品创新的重要内容，也是国家所有权行使方式创新的具体表现，其完全是一种市场化的行为，离不开集体资产监督管理机构的有效监管。

四　当前市场条件下的集体资产信托产品创新

（一）对我国信托市场业务创新的思考

如何充分发挥信托制度的功能优势，为各类机构在货币、资本、产业市场之间演绎借船出海、借桥生路、借鸡生蛋的"神话"，关键在于信托业务的不断创新。面对银行、证券、保险、基金等众多强大的市场竞争对手，面对混业经营带来的庞大市场需求，品牌竞争已经成为信托公司相互角逐的重点。笔者认为，我国信托市场的业务创新应当注意吸取以往的经验和教训，充分发挥信托工具的特质，借集体资产信托之力，进一步提升信托业在整个金融体系中的地位。为此，在信托产品的开发和创新中，以下四方面的问题应引起重视。

第一，利用激励相容的机制合理确定信托报酬，将经营风险与收益挂钩，尝试采用收益共享的信托报酬形式。我国《信托法》第四十三条规定："受托人可以是受益人，但不得是同一信托的唯一受益人。"因此，在信托产品的设计上完全可以把信托公司设计为共同受益人，从而提高信托公司的收入水平，改善其经营条件。

第二，发挥信托独特的投融资功能，拓宽信托服务的领域。根据《信托公司管理办法》的规定，财产管理、投资基金、投资银行和中介三大类业务构成了营业信托的主体业务，从而体现了营业信托金融化的特点。

第三，提高信托产品的技术含量，推动信托业务的增长。信托被称为金融领域的高科技。在信托产品的开发和创新中，必须及时把握市场的各类需求，适时开发股权信托、债权信托、受益权信托、融资租赁信托、外汇信托等其他类型的信托产品，开发低成本、低风险、高收益的信托产品，提高产品的技术含量。当然，开展类似业务，既需要创新的思维和金融工程的逻辑，又需要恰到好处地组合运用信托公司的各种金融工具和手段。目前各信托公司先后推出了不少科技含量较高的信托产品，从而为探索科技推动型的信托业务模式作出了有益的探索。

第四，积极开发多品种集体资产信托，为集体经济的巩固和发展提供多元化服务。我国是社会主义公有制国家，庞大的集体资产需要借助信托这种方式实现保值增值。因此，信托公司应发挥信托制度优势，组合运用信托业务工具为集体资产提供立体化信托服务。

（二）信托实务中集体资产信托产品的设计原则

我国的信托市场正处于快速发展阶段，开展集体资产信托业务，不仅需要国家的政策支持，制定相应的配套法规和政策，建立和完善相应的集体资产信托法律制度，降低经营风险，同时要利用大众传媒，宣传信托在集体资产领域中的独特制度功能，巧妙设计集体资产信托产品，增强其收益性、流动性和安全性，从而吸引更多的投资者。

单纯从营业信托的角度看，集体资产信托产品的设计不能简单化地只从委托人一个人的角度出发，不能只看单方面的集体资产的具体形态和实际需要，同时还要考虑市场的供需状况以及投资人的兴趣、投资风险和可得利益。

在集体资产信托中，信托公司只是金融中介，信托公司的人力、物力和财力最终都是有限的，所以集体资产信托产品设计必须立足客观实际，去适应法律、政策以及市场环境的变化，适应信托业本身的业务发展趋势。为此，笔者就集体资产信托产品的设计提出以下三项原则。

原则一：灵活性原则。

资金信托业务和财产信托业务是信托公司财产管理业务中的两种形式，其中资金信托业务在发挥信托公司的财产管理职能的同时，也发挥了其融资职能和投资职能，既为资金信托计划的资金使用方解决了融资问题，又可以使资金来源方发挥财产管理和投资职能；动产、不动产信托是财产信托的主要类别，知识产权信托以及以所有权以外的其他财产权利所设立的信托，如抵押权、承租权、受益权等也是重要的表现形式。在此基础上派生的表决权信托、股权信托、资产经营权信托等一系列信托品种，弥补了资金信托业务的不足，促进了信托业务职能的全面发挥。

原则二：低风险原则。

风险控制是信托产品成功的关键所在。集体资产信托产品的开发，应坚持低风险原则，根据具体情况在风险控制措施的使用上有所侧重，充分发挥银行、担保公司和信用评级公司等专业化中介的作用，使其基于商业原则介入信托产品的风险控制流程，对集体资产信托产品实行信用增级。

原则三：流动性原则。

信托产品同样是金融产品，其收益性、安全性和流动性如何会直接影响到该产品的成败。只有使市场的各方主体需求匹配，信托公司才能促成一项融资行为的最终完成。通常而言，金融产品的投资价值可以用收益性、安全性、流动性这三性来评价，这三性之中任何一项的缺陷都会影响到该产品的投资价值。尽管对信托产品而言，收益性和安全性较之于其他金融工具有着相对的优势，但在产品的流动性安排上，始终是一个"软肋"，这主要受制于监管部门对现有信托产品的私募性质的定位，加之"一法两规"的严格限制，信托产品的流动性安排缺陷远远无法满足投资者日益增长的转让需求。

第六节　集体资产信托的法律规制

集体资产既承担着一定的社区经济职能，又担负着一定的社会责任，集体资产形态转换的有效性一方面受制于国家政策的干预，另一方面又离不开法律的有效规范。笔者认为，加强对集体资产信托的经济法规范至为重要。本章从集体资产信托行为的成立与生效入手，深入分析和研究集体资产信托的法律规制和监管制度。

一　集体资产信托行为的成立与生效问题

（一）集体资产信托行为的成立

在信托法理论上，按照信托行为产生的根据不同，可以将信托行为分为意定信托行为和法定信托行为。意定信托行为依当事人的意思而设定信托，凡委托人通过信托合同、遗嘱或者其他书面文件而设立的信托，均属此类。在意定信托中，信托一般是根据委托人明显的或者可推定的意思而发生，或者根据法院或有关国家机关的意思而产生，在现实生活中最常见，也最普遍。法定信托行为则针对的是依据法律的直接规定而产生的信托，该类信托一般存在于某些有关财产的特别法之中。

法定信托行为与意定信托行为相比较，其在构成要件上往往不涉及意思表示、书面形式或者财产转移。目前，我国有关信托的法律和行政法规中并没有关于法定信托行为的条文，集体资产信托行为同样属于意定信托行为。认识这一点对于正确判断集体资产信托行为的成立与否非常重要。

集体资产信托行为作为意定信托行为，其性质上属于法律行为而不是事实行为，这和将集体资产信托行为定位为经济法律事实并不矛盾。就集体资产信托行为的成立而言，必须明确其具体的成立要件，集体资产信托行为的成立要件是认定集体资产信托这一法律事实的构成规则，依据它便可以清楚地判断出集体资产信托成立或不成立这两种事实来。显然，判断集体资产信托行为成立或不成立不能依据具体当事人的主观认识和自定标准，而应根据法律规定的统一规则和客观标准，这一法定的标准即所谓成立要件。

集体资产信托行为的成立要件在我国《信托法》中作出了明确规定。按照大陆法系民法通常的分类，法律行为的成立要件包括一般成立要件与特别成立要件。其中后者对法律实践具有极为重要的意义。从理论上看，具备一般成立要件是构成法律行为的基本前提，在这一问题上分别有三要件说、二要件说和意思表示要件说三种不同的观点。其中，三要件说为通说，其强调法律行为的一般要件应包括行为人、意思表示和法律行为三项内容；二要件说则认为应包括意思表示和法律行为两项内容。笔者认为，该三种观点并无实质上的不同，其均将意思表示、效果意思和表示行为作为法律行为成立的基本要素。

（二）集体资产信托行为的生效

集体资产信托行为的生效要件，即使已经成立的集体资产信托行为发生完全的法律效力所应具备的法律条件，它并不解决集体资产信托行为是否成立的问题，而是着眼于集体资产信托行为成立要素特别是意思表示要素的有效性品质，其也有一般生效要件和特别生效要件之分。其中，一般生效要件是使法律行为发生完全法律效力所须具备的普遍性的法律条件，在法律行为规则体系中乃至整个法律行为制度中居于核心地位；而特别生效要件是对集体资产信托行为发生效力所附加的特殊条件，也就是《信托法》所作出的具体的条件限制。

集体资产信托行为的一般生效要件，实际上就是我国《民法通则》规定的法律行为的一般生效要件，它主要包括三个方面内容：首先，行为主体要适格。其次，意思表示要真实。最后，内容不违反法律或者不损害社会公共利益。

集体资产信托行为的特别生效要件主要源自我国《信托法》的规定，直接反映了信托的三个确定性要求：首先，信托目的要合法。其次，信托财产能够确定且为委托人合法所有。信托的本质是"受人之托，代人理财"，它是以信托财产为基础的法律关系，没有确定的信托财产，信托便无法成立。因此，信托财产能够确定并且为委托人合法所有是集体资产信托设立时的特殊生效要件之一。最后，受益人或者受益人范围的确定性前文已述，信托受益人的确定性与信托目的的确定性以及信托财产的确定性，被认为是信托的三大确定性，是信托行为有效成立的三大要件，三者缺一不可。

对于集体资产信托行为而言，笔者认为，还应具备一个形式生效要件，即集体资产信托合同必须到有关部门进行登记备案。集体资产信托行为必须具备上述有效要件才能发生法律效力，产生预期的法律效果。信托行为的法律效力不是信托当事人的意志所固有的，而是因为当事人的意志符合国家的意志和社会利益，法律才赋予其强制约束力，它体现了国家意志对已成立信托的最终评价，反映了国家对信托关系的干预。

二　集体资产信托的合同制度

（一）无效集体资产信托合同与集体资产信托合同的法律适用

按照《信托法》的规定，下列集体资产信托合同无效：①信托目的违反法律、行政法规或者损害社会公共利益的；②信托财产不能确定的；③委托人以非法财产或者以《信托法》规定不得设立信托的财产设立信托的；④专以诉讼或者讨债为目的设立信托的；⑤受益人或者受益人范围不能确定的；⑥法律、行政法规规定的其他无效信托。

可见，从信托行为生效的三大确定性原则以及合法性原则出发，信托目的、信托财产以及信托受益人是判断无效信托的三大要素。无效信托虽然已经成立，但因其违反法律、行政法规的规定而被确认无效，从而对信托当事人不产生法律效力，不产生当事人预期的法律后果。集体资产信托合同一旦被确认为无效，即产生溯及力，使信托从成立时起即不具有法律约束力，当事人没有义务履行其具体内容。

笔者认为，集体资产信托合同与《合同法》的民商法性质并不能完全融合，在集体资产信托中，受托人的权利来源于集体的意志，集体对集体资产信托的设立、变更和终止发挥着重要作用。经济效益和社区效益的统一是集体资产信托合同的基本出发点和终极目的，在集体资产信托合同的权益安排中，必须建立确保各种集体主体角色不易错位的内在机制，在权利、权力、利益、效益、责任的交织中，实现经济自由与经济秩序的统一、社区效益和个别经济效益的统一、经济民主和经济集中的统一。为此，集体资产信托合同在法律适用上，除了《信托法》和《合同法》外，还应适用集体资产管理的相关法律、法规，建立相应的信托合同登记备案制度。只有这样，才能加强对集体资产信托的监督管理，真正发挥集体资产信托的功能和作用，实现集体资产形态转换的最终目的。

（二）集体资产信托合同的登记备案制度

目前，我国尚缺乏与《信托法》规定相配套的集体资产信托合同管理规定，这样，建立集体资产信托合同登记备案制度便具有重要意义。就集体资产信托而言，除应遵守《信托法》第十条规定外，还应当按照信托合同登记备案制度建立合同履行档案，以方便对集体资产管理的检查和监督。

集体资产信托合同登记备案制度类似于我国过去的经济合同鉴证制度，但又与之不同。过去的经济合同鉴证实行自愿原则，国家另有规定者除外；而集体资产信托合同登记备案制度则实行强制原则，凡以集体资产设立的信托其合同均必须登记备案。主管部门通过这样的登记备案程序对集体资产信托进行动态控制。此类登记在法律上具有完全的证明力，法院不能在相关信托案件中依据其他证据而否定集体资产信托合同登记之事实。笔者认为，构建集体资产信托合同登记备案制度，应明确登记备案的具体机关及其相应的检查、监督权力。作为主管部门对集体资产信托合同进行监督、检查的法律手段，其基本要素应包括以下四个方面：第一，登记机构。集体资产信托合同的登记备案应按照统一政策、分级管理的原则，由各级集体资产监管机构（即负责集体资产监督管理的有关部门）按照集体资产产权归属关系组织实施。第二，登记的内容。登记机构应将集体资产信托合同副本与原本对照检查无误后将副本一份留档，并做好备案登记。登记的事项包括：①合同当事人的姓名或名称、住所；②合同标的；③信托目的；④合同期限；⑤合同签订、变更和终止时间。第三，登记的程序。登记备案由申请、受理、登记备案和通知四道程序组成。申请时，集体资产信托合同当事人（包括委托人和受托人）应提交下列文件：①集体资产信托合同正本和副本；②营业执照正本和副本；③签订合同的法定代表人或委托代理人身份证明书；④其他有关证明材料。受理后，经审查无误应进行登记备案，并将结果书面通知合同当事人。第四，登记的效力。集体资产信托合同登记采取强制登记原则，而且登记备案是集体资产信托合同生效的形式要件。未经登记的集体资产信托合同，并不产生法律约束力。

三 集体资产信托的变更和终止问题

（一）集体资产信托的变更问题

集体资产信托生效后，一般不得随意变更，受托人应当忠诚地遵照信托合同所载的内容行事。但是，这一原则也有例外，即为保护委托人和受益人的利益，基于情势变更原则，也可以对受托人、受益人以及信托财产的管理方法等进行变更。简单说来，集体资产信托的变更应当满足以下三个基本条件：第一，要以存在合法有效的集体资产信托为前提。第二，要以法律的规定或当事人的约定为依据。只有出现法定或约定的事由时，才允许变更集体资产信托。第三，要符合国家法律规定和产业经济政策要求，不得违反法律或者违背社会公共利益。

从理论上看，受托人的变更、信托财产管理方法的变更以及受益人的变更是集体资产信托变更中常见的形式。根据我国《信托法》的规定，变更受托人和变更信托财产管理方法是委托人和受益人的法定权利。当然，委托人、受托人和受益人经协商一致，在信托财产既定的情况下可以对信托合同中约定的其他事项（如信托财产的管理方法等）进行变更，以更有利于信托目的的实现。

首先，在集体资产信托的变更中，受托人的变更属于典型的法定变更。我国《信托法》第三十九条就作了详细规定。

其次，受益人的变更是集体资产信托变更中另外一种法定变更。依据我国《信托法》第五十一条的规定，设立信托后，有下列情形之一的，委托人可以变更受益人或者处分受益人的信托受益权：①受益人对委托人有重大侵权行为；②受益人对其他共同受益人有重大侵权行为；③经受益人同意；④信托文件规定的其他情形。

最后，信托财产的管理方法是信托的一项重要内容，各国信托法基本上都将信托财产的管理方法作为信托文件的可以载明事项，由信托当事人自行决定是否予以规定。按照我国《信托法》第九条第二款的规定，集体资产信托合同可以载明信托期限、信托财产的管理方法、受托人的报酬、新受托人的选任方式、信托终止事由等事项。根据情势变更原则，因设立信托时未能预见的特别事由，致使信托财产的管理方法不利于实现信托目的或者不符合受益人的利益时，委托人有权要求受托人调整该信托财产的管理方法。

在集体资产信托业务中，还会涉及信托的合并与分割问题。由于我国《信托法》对信托的合并与分割问题没有作出规定，因此，对于集体信托的合并与分割而言，目前尚处于一种无法可依的法律真空地带。而实际上，这是一个十分重要的法律问题，其直接涉及委托人、受托人以及受益人的利益，关乎信托目的的实现和信托债权人利益的保护，影响着信托业务的会计确认和计量。

（二）集体资产信托的终止问题

信托终止即信托法律关系的消灭，是信托法律关系发展的逻辑终点。《信托法》不但关注信托终止的具体事由，而且强化信托终止后一些相关事务的妥善处理，从而确保信托法律关系有个完满的结局。当然，实践中信托终止的具体事由各种各样，但从各国信托立法的情况看，其规定却都大同小异。按照《信托法》第五十三条的规定，集体资产信托可以因下列原因而终止：①信托文件规定的终止事由发生；②信托的存续违反信托目的；③信托目的已经实现或不能实现；④信托当事人协商同意；⑤信托被撤销；⑥信托被解除。

从上述规定看，信托终止既可归因于人为原因，也归因于自然原因，从而在理论上区别出人为终止和自然终止两大类型。笔者认为，终止信托和设立信托一样，是委托人的重要权利和自由，虽然个案中具体的事由可能千差万别，但只要不违反法律和社会经济政策，就可以被写入信托文件，成为信托终止的依据之一。

集体资产信托关系终结后，对权利归属人利益的切实保护是实践中应当重点注意的问题。信托终止后，信托关系即不复存在，受益人的受益权即随之消灭。因此，信托财产有剩余时，即会产生剩余信托财产的归属问题。对集体资产信托而言，其信托关系存续期间，信托财产在形式上归属于受托人。但一旦集体资产信托终止，则自然而然地要确定信托财产的权利归属人。

由于信托财产具有独立性，因此一般债权人无论是委托人的债权人、受托人的债权人，还是受益人的债权人，原则上都不能对信托财产请求强制执行。但为了保障设立信托前存在于信托财产上的权利、因处理信托事务所产生的权利等，我国《信托法》第十七条规定了一些例外情形：①在财产成为信托财产前，债权人已对该财产享有优先受偿的权利；②受托人处理信托事务所产生的债务，是管理或处分信托财产本身所产生的；③信托财产本身应担负的税款；④法律规定的其他情形。

另外，集体资产信托终止后并不影响受托人取得报酬权和费用补偿权的行使。依据我国《信托法》第五十七条的规定，在这种情况下，受托人可采取以下两种方式行使该两项权利：一是直接对信托财产行使权利，即留置该信托财产。二是向权利归属人提出请求。集体资产信托终止后，信托财产归属于权利归属人，基于信托财产所产生的相应债务因此应当由权利归属人承担。

最后要明确的是，集体资产信托终止后，受托人负有进行信托清算的义务。信托清算主要包括以下几个环节：一是清理信托债权债务；二是核定并移交信托财产；三是制作并提交清算报告。

四 集体资产信托与信托税制的构建

（一）构建我国信托税制的基本原则

在信托税收的问题上，虽然各国的规定不尽相同，但国际税收惯例承认信托导管原理在信托税收制度设计中的重要作用。根据信托导管原理所蕴涵的指导思想，我国有学者从纳税义务人、纳税总额、纳税义务发生时间以及公益信托四个方面将信托税制的基本原则归纳为：①受益人纳税原则；②税负无增减原则；③发生主义课税原则；④公益信托的税收优惠原则。确立信托税制的基本原则是信托税制设计中的核心和关键，它不仅有助于深入认识信托税制的本质，而且有助于在创制信托税制的过程中予以指导，为信托税制的目的性解释提供依据。

笔者认为，构建我国信托税制的基本原则，应反映信托税收的基本规律，并对全部信托税收活动进行抽象和概括。在进行信托税制设计中应考虑以下四个原则。

原则一：受益人负担原则。'

这是建立我国信托税制的基础。目前我国对信托收益所得税的征收很不统一，既有对受益人课税的，也有对信托本身课税的，还有对受益人和信托本身同时课税的。笔者认为，在信托中，受托人取得信托财产即视为受益人取得了该项财产，受托人管理和运用信托财产时发生应税项目，应视同受益人亲自运用该信托财产时发生的应税项目。

原则二：避免重复征税原则。

重复征税会增加纳税人的不合理负担，直接限制信托活动的开展。因此，避免重复征税应作为信托税制设计时的一个重要原则。

原则三：扶植保护公益信托原则。

对公益信托的信托财产及其收益在税收方面给予优惠，减免各种税收，是各国税法的一个惯例，扶植公益信托同样是信托税制设计时的一项重要原则。

原则四：公平和效率原则。

税收负担在国民之间的分配必须公平合理。信托税制的设计亦应体现税制公平原则，体现量能课税的精神，凡具有相同纳税能力者应负担相同的税收，具有不同纳税能力者应负担不同税收。对信托行为征税，同样应体现社会的公平理念，通过国家税收杠杆的作用，追求社会成员间的起点平等、分配平等以及最终结果平等，限制不劳而获。

（二）完善我国信托税制的具体对策

信托税制的建立不能脱离我国目前的税制结构，二者之间关系密切。目前我国是以间接税为主的税制结构，即以流转税为主体，与发达国家通行的以所得税为主体的直接税税制结构有很大不同，但随着我国经济的快速发展，国民收入的稳步提高，所得税的作用日渐突出。为了迅速推进信托税收立法工作，应当在避免引起现行税制大的改动的前提下，参与国际信托税收惯例，制定出符合《信托法》基本原理和我国国情的信托税收制度。为此，笔者建议：

第一，对信托收益征收所得税。无论是个人所得税，还是企业所得税，参照我国台湾地区"所得税法"的有关规定，信托财产在下列信托关系人间，基于信托关系转移或进行其他处分者，不应课征所得税：①因信托行为成立，委托人与受托人之间；②信托关系存续中，受托人变更时，原受托人与新受托人之间；③信托关系存续中，受托人依信托本旨交付信托财产，受托人与受益人之间；④因信托关系消灭，委托人与受托人之间或者受托人与受益人之间；⑤因信托行为不成立、无效、解除或者撤销，委托人与受托人之间。

第二，对涉及提供应税劳务的信托、无形资产转让的信托和不动产销售的信托征收营业税。营业税是对规定的提供商品或劳务的全部收入征收的一种税。当信托活动涉及提供应税劳务、转让无形资产或者销售不动产时，会发生受托人的营业税责任。根据规定，非金融机构和个人买卖外汇、有价证券或期货，不征收营业税。如果受托人受非金融机构和个人之托，买卖外汇、有价证券或者期货，也应免征营业税。又根据规定，对社会公益机构提供的有关应税劳务，给予减免税。因此，公益信托如果涉及应税项目，也应免税。

第三，对信托文件征收印花税。印花税是对经济活动和经济交往中发生书立、使用、领受具有法律效力的凭证的单位和个人征收的一种税。应税凭证主要包括四大类：一是合同或具有合同性质的凭证；二是产权（包括财产所有权和知识产权、股权等）转移书据；三是营业账簿；四是权利、许可证照。凡发生书立、使用、领受应税凭证的单位和个人，都要按规定缴纳印花税。

第四，对房地产信托征收土地增值税。土地增值税是对转让土地使用权、地上建筑物及其附着物并取得收入的单位和个人，就其转让房产所取得的增值额征收的一种税。当信托财产为房地产时，有可能涉及土地增值税。只有在信托管理阶段，当受托人本着信托本旨，将作为信托财产的房地产对外有偿转让并取得超额收入时，才发生土地增值税。对于房地产信托征收土地增值税时，受益人为纳税义务人，受托人为代缴义务人。

第五，对房地产信托征收契税。契税是境内转移土地、房屋权属（土地使用权和房屋所有权）时，向承受的单位和个人，按照不动产价格征收的一种税，税率为3%～5%，具体由省级人民政府决定。契税的具体征税对象包括土地使用权出让、土地使用权转让以及房屋买卖、赠与、交换等权属转移行为，纳税人只有照章纳税并出具契税完税凭证，土地、房产管理部门才能给予办理变更登记手续。

第六，对房产信托征收房产税。当信托财产为房屋并将其投入经济活动，如出租、联营等，发生受托人的房产税责任。根据规定，宗教寺庙、公园、名胜古迹自用的房产免征房产税。[①] 据此，公益信托的信托财产为房产时，如果为了公益目的而使用、经营房产的，应免征房屋税。

总之，我国信托税收制度的完善应重点考虑税种的选择，是否课征该税主要依据我国对该信托行为的政策性考虑和价值性判断，即是鼓励还是限制。然后在所选择的税种中，要区别各种情况，运用减免税措施，以吸引更多的人投资于社会公益事业，借以减轻政府财政负担。同时在具体的纳税环节上应把信托的基本原理贯穿其中，根据受益人负担原则，合理安排，避免重复征税，真正体现税收的公平和效率原则。

五 我国集体资产信托的监管体制选择

（一）我国集体资产信托监管主体的体系架构

对集体资产信托监管模式的选择，直接触及监管组织的体系结构、监管方式和监管效率等金融监管的基本问题，也决定着监管目标的实现程度以及监管实施的成本大小等重要事项。因此，从理论上对集体资产信托的监管主体展开研究是十分必要的，它构成了对集体资产信托监管模式选择的基础性前提。从监管主体角度看，对信托机构实施监督管理，共包括他律和自律两个层次。

建立以政府监管、行业自律与市场约束为特征的三位一体的监管主体体系，是实现市场风险识别和风险责任承担的合理分散和匹配，促进集体资产信托市场健康稳步发展的重要保障。金融行业自律是金融业自我管理、自我规范、自我约束的一种民间管理形式。金融体系的稳定是各个金融机构开展正常经营活动的前提，所以金融组织有自律的动机，自律规则由参加者自己制定，参加者在执行规则时不存在心理障碍，自律监管还使各个参加者相互监督，发挥其在监管中的作用。

与此同时，加强对信托公司市场行为的约束同样重要，笔者认为，在这一方面，建立集体资产信托的受托人破产隔离制度是其中的关键。建立该制度不仅是保护集体资产信托受益人和委托人利益的必然要求，而且从根本上看，是有效保护集体资产、防止集体资产流失的重要措施。笔者认为，现时增强集体资产信托受托人破产隔离功能的关键是对受托人道德风险实施有效的约束和控制，为此，可以将基金托管中的独立托管人制度引入集体资产信托中，明确规定托管人的资格和职责。

（二）我国集体资产信托监管重心的转移

依法监管、有效监管是现代金融监管的内在要求。在现代经济社会中，如果没有恰当的监管，任何金融市场都难以运作良好。笔者认为，就集体资产信托的监管来说，在建立和完善监管主体制度的同时，监管重心应从目前的合规性监管逐渐向信托风险的防范和化解转移。

合规性监管和风险性监管作为信托业监管的两种不同方式，主要是从监管内容上进行区分的。所谓合规性监管，是指监管部门对信托机构执行有关政策、法律、法规的情况所

---

① 《中华人民共和国房产税暂行条例》第五条。

实施的监管，它主要是检查信托机构业务经营是否符合金融政策和金融法律法规的要求，强调的是信托机构行为的"合规性"，而对信托机构经营中潜在的风险及其安全隐患则欠考虑。风险性监管则重在通过监管，观察信托机构的经营管理及其业务活动是否在合理的风险范围之内，确认经营风险所在，并督促信托机构制定出控制风险的措施和办法，从而避免金融机构承担过大风险而导致经营失败，实现信托业的谨慎稳健经营。因此，在鼓励信托创新的同时，必须加强对信托创新所导致的更加集中、更加隐蔽的金融风险的控制，加强对金融风险的监测管理，使信托监管的重点转移到对金融风险和不正当竞争行为的监督上来。风险性监管较之于合规性监管的最大优点在于它侧重于对风险的提前防范，能够及时并有针对性地提出监管措施，从而最大限度地减少金融风险的发生，降低金融风险带来的损失。

从微观层面看，集体资产信托在信托市场上涉及的风险主要有市场风险、信用风险、流动性风险、营运风险以及法律风险等。总体上讲，在信托产品的风险控制措施安排方面表现出较好的发展态势。但是，不同的信托产品其所面临的风险并不完全相同，越是在这种情况下，加强对集体资产信托的风险防范和控制方面的监管就变得更为重要一些。

应该明确的是，监管重心的适时转移其最终目的仍然是促进集体资产信托市场中合格市场主体地位的确立，这种确立绝不是以信托机构股权结构中集体成分比例的变化作为决定性因素。构建股权结构合理、法人治理结构完善以及内部风险控制机制健全的信托公司才是其真正市场主体地位确立的关键。

（三）我国集体资产信托监管体系的配套制度建设

1. 加强信用制度的建设、提高集体资产信托监管效果

集体资产信托的开展，离不开信用这一基础，受托人在信托活动中所负担的忠实、谨慎义务本身就是对这一基础的最好诠释。从目前我国社会信用体系建设的目标和基本原则来看，应结合我国实际，坚持"统筹规划、分类指导，政府推动、培育市场，完善法规、严格监管，有序开放、维护安全"的原则，建立全国范围的信贷征信机构与社会征信机构并存、服务各具特色的征信机构体系，最终形成体系完整、分工明确、运行高效、监管有力的社会信用体系基本框架运行机制。

2. 健全集体资产信托监管配套制度

向金融市场监管者进行任何额外权力的转移，都必须以相应的治理机制作为配套制度安排，这些制度安排要足以监督和制衡权力的运用，防止权力滥用，还要对金融市场监管者进行充分的激励以使他们制定社会福利最大化而非个人利益最大化的决策。[①] 信托监管主体在法律授权的范围内行使权力，其监管行为不仅要符合信托监管实体法的规定，而且要符合信托监管程序法的规定，不能逾越其权限，不得有悖于法律，不得侵犯信托机构的合法权益，通过依法监管使建立信托制度的目的充分实现，使监管效果与监管成本分析符合经济效率要求。

---

① 汪曙霞、代涛：《法与金融学研究文献综述及其对中国的启示》，《财经科学》2007 年第 5 期。

结　语

　　本章建立在集体所有权行使方式创新与金融信托创新互动的基础上，旨在通过产业资本与金融资本的有机结合，发挥集体资产的效用，并进一步推动我国信托市场的发展。在这种创新的过程中，坚持集体公共管理职能和集体经济经营职能的分开，准确定位村委会的具体角色并避免产生利益冲突至关重要。集体资产信托关系中所涉及的委托人、受托人、受益人以及监管主体等，都和有关政府部门尤其是集体资产监督管理部门有着千丝万缕的联系，建立和完善委托人资格审查制度、受托人选任制度、受益人资格的限制制度以及集体资产监管体制等，对保障集体资产信托的安全以及充分发挥市场在资源配置中的决定性作用，更好地发挥政府的作用，避免因其角色混同和权益交叉所带来的种种流弊具有重大意义。

　　论证结果表明，集体资产信托完全可以满足集体所有权行使方式创新所必须坚持的六项标准，表现在：①在创新程度上，集体资产信托不同于集体企业的股份制改造，也不同于集体企业的承包租赁经营，具有鲜明的独创性和可行性；②在效益程度上，通过不同类型集体资产信托产品的设计和安排，将集体资产管理与信托市场的发展有机结合，能够产生明显的社会效益；③在重要程度上，集体资产信托作为一种金融工具，其有效运用对人们的生活和社会主义市场经济发展、对民主政治和社会安定都具有重要意义；④在节约程度上，集体资产信托通过合理的制度化设计，完全可以在现有政府机构以及市场主体之间发展起来，既可以有效节约成本，又不增加国家负担；⑤在推广程度上，集体资产信托可以被信托市场的广大投资者所接受，具有显著的推广意义；⑥在持续程度上，随着我国信托市场的发展和完善，集体资产信托这种管理和运用集体资产的有效形式，完全能够长期加以利用并会产生持久的效益。要重视和加强集体资产信托的法律规范。

北京市农村经济研究培训部

第二章 北京市农民专业合作社融资问题研究

第一节 北京市农民专业合作社发展概况

农民专业合作社是现代农业的经营主体之一，发挥着内联农民、外接市场的作用，是发展农村经济的重要力量。其在农民自发、相互协商的基础上进行某种形式与内容的联合，组织起来共同面对市场风险，通过为成员提供农业生产的产前、产中、产后系列化服务，组织成员按照市场需求进行标准化、规模化经营，有效解决了农业小生产与大市场的矛盾，实现了生产与市场的有效对接，大大提高了农民的组织化程度，丰富和创新了农村经营体制，促进了农业产业化经营，增强了农业竞争力。农民专业合作社的蓬勃兴起，已成为新形势下京郊地区促进农业生产、拉动农村经济、带动农民增收的重要途径。

一 合作社发展的基本情况

根据北京市农村经济研究中心统计数据，截止到 2012 年 12 月底，北京市工商登记注册的农民专业合作社有 5179 家，较 2011 年的 4772 家增加 407 家（见表 1）。合作社入社成员总户数 24.1 万户，带动非成员农户数 24.4 万户，占全市从事第一产业农户的 70% 以上。合作社资产总额 60.6 亿元，其中成员出资额 16.7 万元。2012 年合作社实现总收入 76.8 亿元，实现盈余 9.1 亿元。盈余返还总额 4.4 亿元，分红 2.2 亿元，未分配盈余 1.5 亿元，成员户均纯收入 1.2 万元。

表 1 北京市农民专业合作社数量统计表

	2006 年	2007 年	2008 年	2009 年	2010 年	2011 年	2012 年
合作社数量（家）	481	1203	2082	3519	4353	4772	5179
增加数（家）	—	722	879	1437	834	419	407
年增长率（%）	—	150.1	73.1	69.0	23.7	9.6	8.5

从区县分布来看（见图 1），农民专业合作社在海淀、朝阳、丰台 3 个区县数量较少，分别为 7 家、2 家和 3 家，占全市合作社总数比例很小，这主要与朝阳、海淀、丰台作为城市功能拓展区，城市化水平较高，农业产值占全区经济总量的比重较低的现状有关。合

作社主要分布在京郊 10 个区县，其中密云、平谷两县区最多，分别达到了 1046 家和 872 家，占合作社总数的 20.2% 和 16.8%。

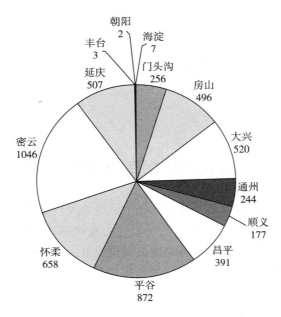

图 1　2012 年北京市农民专业合作社区县分布

二　合作社发展的特点

当前，北京市农民专业合作社发展呈现以下特点。

（1）合作社的规范化水平不断提高，多数区县制定了统一的合作社规范管理制度。房山区专门开展了财务规范化示范社建设行动，规范了一批财务示范社；怀柔区与档案局联合制定了合作社进行档案规范管理的办法，目前已完成 10 多家示范社的档案规范；昌平区依托农经信息平台，开展了合作社在线审计试点，进一步强化了对合作社规范建设的监督指导。

（2）合作社发展与区域主导产业、特色产业紧密结合。各区县紧密围绕本地区的主导产业和特色产业，培育出了一大批产业基础牢固、产品特色突出、带动能力较强的合作社。如昌平区围绕本地区的"一花三果"主导产业，重点培育苹果、板栗和草莓专业合作社；大兴区围绕西甜瓜产业带，重点培育西甜瓜专业合作社；门头沟区围绕山区特点，重点培育蜜蜂养殖及山茶种植专业合作社。目前，这些合作社已经成为带动当地主导产业和特色产业发展的中坚力量。

（3）合作社产业融合成为发展趋势。在发展都市型现代农业进程中，合作社正在成为促进三次产业相互融合的重要载体。目前，北京市全市融合三次产业的合作社达到 826 家，占全市合作社总数的 15.9%，其中从事农产品加工、储藏、销售的达到 139 家。通过产业融合，延长了产业链条，提高了经济效益。

（4）合作社的品牌意识和质量安全意识逐步增强。北京市合作社开始坚持以市场为导向、以经济效益为核心的经营理念，产品品牌和质量安全意识进一步增强。目前，全市已有338个合作社注册了自己的产品商标，有346个合作社通过了各类农产品质量认证，在带动农户开展标准化生产、加强品牌建设、提高市场竞争力方面发挥了重要作用。

（5）合作社间的横向和纵向联合不断增多。郊区已有一批合作社通过共建销售平台、共同开展农产品加工等多种方式走向联合。如平谷、通州区相继成立了全区综合性专业联合会和联合社；延庆县成立了2家蔬菜产销联合社；密云建立了板栗、柴鸡蛋等联合合作社；门头沟区清水镇10家合作社组建了民俗旅游联合社。

（6）合作社市场营销体系建设不断完善。按照建设都市型现代农业发展要求，立足于服务首都市场宗旨，合作社初步建立起以发展观光休闲、社区专营店、电子商务、团购配送、有机农产品宅配、"农超对接"、展会，以及广泛的互助联销为主要形式的市场营销体系。

第二节　北京市农民专业合作社融资现状分析

为了全面了解北京市农民专业合作社资金需求情况以及金融支持合作社的发展情况，2013年8月，我们采取问卷调研的形式对北京市农民专业合作社融资情况进行了调查。

在调研样本选取方面，鉴于当前农民专业合作社发展水平参差不齐，为保证调研数据的质量，调研样本的选取依据为：①严格按照《中华人民共和国农民专业合作社法》要求组建，在工商登记注册，内部制度齐全，管理规范，符合合作社制度建设要求；②目前从事正常生产经营活动的市级或区县级示范社；③在合作社类型上，兼顾种植、养殖等不同产业类型，每个产业最好都有所涉及；④在地理分布上，兼顾本区县不同区域，尽量分散。

在我们所进行的问卷调研中，资金短缺已成为制约合作社发展的重要因素。在调查回收的103份有效问卷中，有98家合作社都承认有不同程度的资金短缺问题，共需要资金3.86亿元。从调查结果来看，对处于刚刚起步中的农民专业合作社而言，无论是流通环节中的农产品收购，还是生产环节中的扩大规模再生产，其对资金的需求非常旺盛，资金不足成为合作社发展壮大的一大"瓶颈"。

一　合作社资金需求情况

（一）资金需求强烈

在103份有效样本中，存在资金需求的合作社为98家，占有效样本总数的95.15%；5家合作社不存在资金困难，占有效样本总数的4.85%。这说明，绝大部分农民专业合作社有很强的资金融入需求，需要资金支持。其中，合作社成员出资总额为4464.6万元，占资金总需求3.86亿元的11.6%，还有88.4%的资金需求需要通过其他融资渠道来解决。

（二） 以大额资金需求为主

存在资金需求的 98 家合作社资金需求总额为 3.86 亿元，平均每个合作社资金需求额度为 394 万元。资金需求额度小于 100 万元的合作社仅有 20 家，占有资金需求合作社的 20.41%。大部分合作社的资金需求为 100 万～300 万元，占有资金需求合作社的 46.94%；资金需求规模在 300 万～500 万元的合作社有 17 家，占有资金需求合作社的 17.35%；资金需求规模超过 500 万元的合作社有 15 家，占有资金需求合作社的 15.31%。总体上看，合作社资金需求以大额为主。

（三） 资金需求以生产性资金需求为主，用于提高合作社市场竞争力

将合作社的资金用途分为生产性流动资金、生产基地建设、仓储冷藏保鲜设施建设、包装和加工设施建设、购置农机具及运输车辆、销售网点建设和其他共七大类。该选项设置为多选。通过对资金需求用途的分析可以发现，包装和加工设施建设、仓储冷藏保鲜设施建设、购置农机具及运输车辆和销售网点建设这四类属于生产性资金用途，是合作社为提高市场竞争力而扩大规模和延长产业链条，提高产品附加值所需。

（四） 存在大量的"无信心的非借贷者"

金融抑制理论认为，在当前广大农村地区，由于严重的信息不对称现象，金融部门的信贷员无法像农户邻里之间那样能够翔实地知道借贷者的还贷能力，使得每笔贷款在资格审查和后期监管过程中都需要高昂的成本（包括信息成本和运营成本），于是金融部门为了确保自身利益，往往不愿意向农村地区提供更多、更优质的金融资源，反而制定了一系列苛刻的贷款条件（如抵押担保、严格的资格审查、较长的申请周期等）来提高贷款门槛并将劣质贷款项目挡在门外。在这种信贷配给的情形下，很多农民专业合作社往往因为苛刻的信贷条件而"望而却步"，降低自己获得信贷的预期而放弃向银行表达自己的融资欲望，此即"无信心的非借贷者"。

我们通过设置"是否存在融资需求"和"是否向银行申请过贷款"这两个问题来对合作社的融资表达情况进行测量。可以发现，未向银行申请过贷款的合作社有 54 家，剔除 5 家不存在融资需求的合作社，剩余的 49 家合作社存在资金需求但没有向银行表达，即为"无信心的非借贷者"，占有效样本总数的 47.57%。可见，当前京郊农民专业合作社存在大量的"无信心的非借贷者"。

"无信心的非借贷者"形成原因主要有八方面（见图 2）。其中，缺乏抵押、质押品是一个最主要的原因，占 28.2%；其次是找不到符合要求的担保人，占 18.4%；而表示不知道如何申请的占 15%。

二 合作社银行贷款情况

外部融资是合作社做大做强的重要支撑。为了解合作社贷款难问题，我们调查了近 3 年合作社向银行贷款的情况。

1. 贷款额度

调研问卷中，共有 48 家合作社从银行贷过款，贷款总额 1.06 亿元，平均每家合作社贷款 220 万元。最小的一家合作社近 3 年累计获得银行贷款仅 5 万元，最多的一家合作社

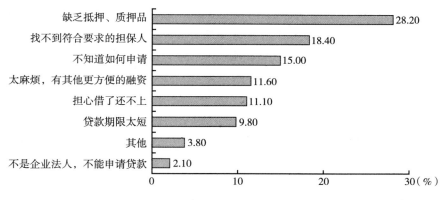

图2 "无信心的非借贷者"形成原因

近3年累计获得银行贷款950万元。近3年累计获得银行贷款额超过100万元的合作社有32家，占获得银行贷款合作社总数的66.67%，其中近3年累计获得银行贷款超过500万元的有8家，占获得银行贷款合作社总数的16.67%。从获得银行贷款的额度看，银行对合作社的贷款支持力度在进一步增强。

2. 贷款期限及用途

共有43家合作社填报了贷款期限。从贷款期限看，期限不超过1年的有24家，占填报总数的55.81%；期限大于1年，不超过3年的有17家，占填报总数的39.53%；期限超过3年的有1家，占填报总数的2.33%。总体上看，合作社的贷款期限以1~3年为主。

共有42家合作社填报了贷款用途。用于流动资金的贷款最多，有25家，占填报总数的59.52%，主要用于购买生产资料、收购农产品等。17家属于固定资产贷款，主要用于建设冷库、购置加工设备等。由于固定资产投资回收期较长，相对于流动资金而言，固定资产投资贷款更难，即银行更偏重于回收期较短的流动性资金贷款，而合作社最需要的是回收期较长的生产性固定资产投资，故银行贷款和合作社需求之间存在结构矛盾。

3. 贷款利率及贷款方式

从贷款利率看，贷款的年平均利率为8.51%。最低利率仅为1.20%，最高利率为17%。获得的贷款均在银行基准利率基础上进行了一定浮动。贷款利率超过10%的有10家，占填报总数的25%；75%的合作社获得银行贷款利率低于10%。

从贷款方式看，由于合作社缺乏抵押物，以理事长个人名义申请贷款的最多，有20家，占填报总数的46.52%；以合作社名义申请贷款的有15家，占填报总数的34.88%；另有8家合作社是以合作社理事长及成员的名义共同申请的贷款。

三 合作社融资现状的建议

在调研问卷的最后，我们设计了开放式性问题，了解合作社对贷款难现状的建议。多数合作社表示希望政府给予合作社融资资金支持，包括对合作社给予项目支持与引导；建立合作社的融资担保机制，政府对担保费给予减免；政府对贷款利息进行贴息等。二是建议政府出面与银行一起推出专门面向合作社的贷款产品。三是有的合作社尚不清楚现行的关于合作社贴息和担保费补贴的相关政策，建议政府对这些政策多加宣传。四是希望政府建立合作社的信用体系，对制度完善、管理规范，经营前景好的合作社在申请贷款时给予必要的扶持，如提供担保等。同时也希望银行能对这些合作社降低贷款利率，加快审核和放款速度。

第三节　北京市农民专业合作社融资难问题成因分析

合作社普遍存在资金短缺问题。由于资金缺乏，合作社很难做大做强。本节从资金供给方和资金需求方两个角度分析制约合作社融资的因素。

一　合作社资金供给方

（1）农村金融机构少，且金融机构为追求比较利益而将资金投向非农部门或农业企业，对农民专业合作社的信贷产生了挤占。目前北京市郊区农村金融机构主要是农业银行、北京市农村商业银行、北京银行和邮政储蓄银行以及村镇银行等，相对于服务城市的大大小小商业银行和外资银行而言，农村金融机构较少。其次，各个金融机构为了追求比较利益，选择将资金投向高回报地区和行业。即便是投向农业部分，由于农业企业较合作社来说，法人主体地位明确，且以营利性为目的，故银行更愿意向农业企业贷款，从而对农民专业合作社的信贷产生了挤占。据统计，截至2011年底，北京市所有金融机构涉农贷款约计1698.35亿元，其中企业贷款约1449.68亿元，农户贷款约45.94亿元，而各类非企业组织贷款仅约202.73亿元。

（2）尽管目前银行在思想认识及实际操作中全力支持专业合作社发展，但出于防范风险和规范管理的要求，仍然难以对合作社发放贷款。银行出于自身利益和资金安全的考虑，对合作社融资设定了门槛，在贷款方面都有严格的抵押和担保要求。当然，这些门槛是由银行的营利性质所决定，无可非议，也是必要的。但对于合作社来说，这些贷款条件较为严格，由于农村土地承包经营权、集体建设用地上房屋不能用于抵押，大多数合作社缺乏有效的抵押物和担保物，使得绝大多数专业合作社因抵押担保难而被金融机构拒之门外。

（3）正规金融机构对农民专业合作社贷款交易成本过高和后者较低的赢利水平削弱了银行与合作社合作的积极性。从预期分析看，农业作为一个弱势产业，具有抵御自然能力差、风险高、收益不稳定且相对较低等特点，这些特点决定了合作社的赢利状况不是很好。而商业银行在风险管理方面，更注重贷款的安全性。对于商业银行而言，由于绝大部分合作社存在产权制度不清晰、经营不够规范、信息透明度较差等问题，银行贷款时所要开展的资信调查、风险评估，以及贷款发放后的监督，都有相当大的难度，对合作社贷款过高的交易成本和合作社较低的赢利水平削弱了银行与合作社合作的积极性。

二　合作社资金需求方

（1）合作社内部制度限制了合作社自身的融资能力。合作社是按照"民办、民管、民受益"原则建立起来的，其构成主体农民是弱势群体，所依托的产业为弱势产业，这直接影响了合作社的融资能力。

农民专业合作社社员"自愿进出"的合作原则使得合作社自有资本难以维持在一个稳定的水平，进而削弱了合作社的资信水平，增加了贷款融资的难度。

"一人一票"的民主管理制度体现了合作社的民主，但不利于合作社的发展壮大。投票权是社员在合作社当中一种权利的体现，但必然会挫伤那些出资较多、对合作社贡献较大的社员的积极性。这就使得每个社员只愿意承担最低的入社股金，造成合作社自身资金筹集能力有限。

（2）合作社资金需求的多样化与农村金融品种单一的矛盾突出。农业生产的多样性决定了资金需求呈现多样性和多层次性，业务种类需求多样化，这就要求银行产品的灵活性。而目前银行由于金融产品单一很难适应农业发展多元化的资金需求，资金需求的多样化与农村金融品种单一的矛盾突出。

（3）合作社缺乏有效的抵押品或担保。能提供有效的抵押品和担保是衡量合作社承贷能力的基本标准，也是金融机构发放贷款的基本条件。就土地而言，农民专业合作社只有土地的使用权，而没有将土地资产抵押的权利。就建筑物而言，当前大多数农民专业合作社所拥有的办公场所或加工厂房用地均为租用，按照现行法律，无法作为融资的合法抵押物。此外，合作社的集体财产也很难作抵押。合作社的集体财产很难作为抵押物，土地问题仍然没有放开，土地的抵押面临法律方面的很多约束。非农担保公司遵循"赢利最大、风险最低"原则，更倾向于非农贷款担保。担保公司不菲的担保费也造成合作社融资成本的提高。

（4）合作社的财务记录大多不完整，管理不规范，使得农村金融机构无法对其进行规范的信用评估，从而阻碍了农村金融机构对合作社的授信和贷款。

第四节　北京市农民专业合作社融资模式探索

为了解决合作社的融资难题，市有关部门积极寻求解决办法帮助合作社渡过难关。2010年1月，北京市农委、北京市发展和改革委员会、北京银监局等七部委联合发文《关于印发北京市农民专业合作社示范社建设行动计划的函》，其中，对示范社的融资优惠政策规定：农民专业合作社示范社作为农村信用示范社，应在同等条件下实行贷款优先、利率优先、额度放宽、手续简化的激励机制。建立农业贷款绿色通道，给示范社提供信贷优惠和服务便利。鼓励示范社组织成员依法开展内部资金互助服务，解决本社成员在农业生产经营活动中的资金困难。迄今为止，北京市的农民专业合作社示范社已经发展到150家，但享受到北京市融资方面的优惠政策的还是凤毛麟角。

为了进一步解决合作社融资难的问题，2011 年 8 月，北京市农委、北京市财政局、北京市金融工作局等七部委联合专门下发《关于金融支持合作社发展的意见》，意见中提出，支持农民专业合作社外部融资，为北京市农民专业合作社示范社及示范社建设单位贷款担保给予一定担保费率补贴，同时给予一定比例的贷款贴息奖励（单笔贷款贴息奖励最高不超过 100 万元）。鼓励区县安排一定比例资金，专门用于支持农民专业合作社外部融资。鼓励区县为具有一定规模的农民专业合作社提供担保费用补贴和贴息奖励；鼓励区县建立专项支持资金，促进农民专业合作社发展，拓宽农民专业合作社资金渠道，降低专业合作社融资成本，促进农民专业合作社发展壮大。支持合作社开展内部资金互助，对于规范开展内部信用合作，且取得明显成效的市级示范社和示范社建设单位，每年选取不超过 5 个优秀合作社，市级财政给予一次性资金奖励（总体奖励资金额度不超过 50 万元），奖励资金全部用于扩大内部信用合作规模。区县政府可以对已经开展资金互助的农民专业合作社给予一定数额的资金支持。

在市级政策指引下，各区县结合实际，积极探索解决合作社融资难问题的途径，在实践探索上形成了宝贵经验。通过对密云、平谷、大兴、通州、昌平等区县合作社的典型融资案例进行实地走访调研，本节总结了北京市在破解合作社融资问题实践探索上形成的 6 种典型模式，对 5 种模式分别就其运行机制、优势、适用条件和范围展开具体分析，并辅以典型案例，最后对 5 种融资模式进行了总结对比分析，以期为不同的合作社选择融资模式提供理论依据，拓宽不同农民专业合作社的融资渠道。

一　农业担保公司模式

（一）运行机制

该模式涉及 4 个主体：担保公司、政府、合作社、银行。首先，由政府牵头推动，进行体制机制创新，专门成立农业担保公司，为农业农村涉农项目进行担保，支持"三农"发展。其次，政府采取融资支持的方式，在担保费和贴息方面帮助合作社降低融资成本。一方面，政府通过向银行贴息，支持银行向合作社贷款；另一方面，政府代替部分合作社向担保公司缴纳担保费。这种模式的核心是政府对合作社支持方式的转变，由单纯的直接融资补贴转变为建立融资支持机制，利用市场化的方式来支持合作社发展。一方面，通过担保公司的担保，为合作社和银行的合作提供了平台，放大了资金使用倍数，提高了资金使用效率；另一方面，银行通过担保公司的担保，将信用风险降低到可以接受的水平，提高了资金的安全性。

这种模式的实际运作过程是：农业担保公司受理涉农贷款申请、入户调查和综合审核。主要对担保申请人进行项目可行性审查，对资金运营能力、经营能力、债务偿还能力和反担保物等进行全面调查了解，并对贷款客户进行筛选，以合作社现有资产（如厂房、大棚、机械设备、鸡舍等）作为固定资产进行抵押，由业务受理人写出调查报告并提出是否担保意见；出具担保意见后将全部材料提交贷后风险组进行评估审核并出具相关意见供领导审批。公司依据最终审批结果向合作银行发出担保函。合作银行同意贷款后，担保

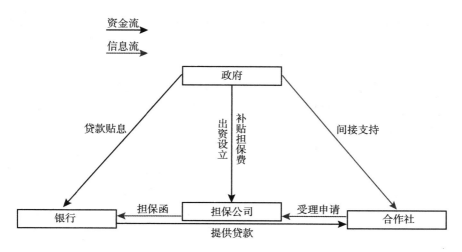

图 3 农业担保公司模式

公司与担保人签订反抵押担保合同、反保证合同。最后由合作银行向合作社发放贷款。

在这种模式下，如何有效地控制风险成为担保公司所要面对的难题。农业产业自身特点和规律决定了农业项目具有投资回收期长、容易受自然灾害的影响、市场发展不充分、利润薄等特点，银行作为放贷主体，承担着放贷的风险，担保公司作为担保主体，承担着代偿的风险。为了控制风险，一是担保公司设立了相应的反担保措施。担保公司以合作社和涉农企业的现有资产（如厂房、大棚、机械设备、鸡舍、土地承租权等资产）进行质押，设定法定代表人的个人家庭承担无限连带责任，这对借款人有一定的约束力，在一定程度上降低了担保公司的风险。担保公司还要求对政府扶持资金和担保贷款支持的农民专业合作社实行财务托管，由第三方全面负责合作社的财务管理，更好地监督合作社使用银行贷款。二是担保公司建立了相应的奖惩机制。为鼓励基层合作社如期归还贷款，建立良好的偿债信誉，对按期还款的合作社给予相应的担保费补贴和奖励，对信用不好的合作社则停止担保费和贴息支持。三是担保公司还建立了动态管理机制。在落实完成贷款担保后，担保公司还需要不定期地对已授信客户的生产经营、信用程度等情况作不定期的全面细致的走访了解，及时掌握授信农户的资金使用投向、经营状况，分析授信客户的还贷能力和思想动态，发现有不良贷款苗头，及时采取措施加以防范。

（二）优势

该模式的优势主要体现在：①在农村金融体系中，商业银行和商业性担保机构都是以营利为目的的公司制法人，其经营活动必然遵循"赢利最大、风险最低"原则。农业自身的特点和规律决定了农业项目具有投资回收期长、易受自然灾害影响的特点，这使得合作社很难获得商业性担保机构的担保。该模式通过设立政策性农业担保公司，专注于为农业项目提供担保，很好地解决了合作社缺乏有效抵押品、找不到担保的问题。②政府对合作社提供资金支持的方式不再是直接的补贴和拨款，而转为采取间接的融资支持的方式，在担保和降低借款成本方面帮助合作社融资，不仅拓宽了资金支持面，而且提高了资金使用效率，借助"市场的手"进行宏观调控，能够充分体现政府对合作社发展的支持作用。

（三）适用条件和范围

该模式在实际运作过程中必须满足的前提条件是：所在区县必须有相应的担保公司，担保公司必须开展相应的农业担保业务。此外，该模式适用于具备一定物质基础，发展条件好的合作社。市级和区县级合作社示范社因经营规模较大、发展态势好、财务制度规范，在北京市农民专业合作社中具有一定的影响力和知名度，更适用于此类模式。从资金使用成本来讲，政府有关部门对市级示范社有相应的贷款贴息和担保费的补贴，有效地降低了合作社自身的融资成本。从资金规模看，此模式更适用于大规模资金需求，比如厂房、冷库、保鲜设施的建设。从资金使用期限看，向金融机构贷款的资金期限大多集中在2~3年，因此，此模式更适用于生产性和投资性资金需求，例如合作社固定资产投资，设备、厂房等。

（四）典型案例

该模式的典型案例在密云。为破解中小农业企业和农民专业合作社在产业结构调整中的融资难题，2008年12月，由北京市农委出资2700万元，县政府出资2300万元，共计5000万元的注册资金，委托密云县合作社服务中心成立了密云农业担保有限公司，以政府搭桥的模式，为中小农业企业、农民合作社贷款提供信用担保。2011年10月取得北京市金融局下发的融资性担保公司经营许可证。担保公司的经营范围是"为中小农业企业及农民专业合作社提供贷款、融资租赁及其他经济合同的担保，投资管理和投资咨询"。公司按照现代企业制度坚持市场运作与政府引导相结合、防范风险与支持发展相结合、投融资与支持发展相结合、经济效益与社会效益相结合的原则，按照"快速、稳健、安全、高效"的宗旨，积极支持中小农业企业和农民专业合作社发展。北京密云农业担保有限公司是北京首家专门为中小农业企业和农民专业合作社贷款提供信用担保服务的公司。

密云农业担保有限公司所担保的贷款全部为保证贷款，贷款利率依据项目情况由银行制定，最低执行基准利率，最高上浮20%。公司担保项目收费分为评审费和担保费两项。评审费按担保合同签订金额的0.5%计算，在签订合同的当日一次性缴纳。担保费收取标准为：1年期担保按照担保合同签订金额2%收取；担保期限为2年以上（含）的担保费自第二年起年收取比例为1.5%；担保期限第三年及以上担保费收取比例为1%。政府对按期还款的合作社和市级示范社有相应的担保费补贴和银行贷款贴息。农业担保公司目前没有其他融资和借款。公司未向客户收取保证金，担保公司和银行合作，向银行提供保证担保并存保证金，无吸收社会公众存款。据密云农业担保有限公司的郭经理介绍，由于办公场所租金、人员工资等日常经营开支巨大，目前担保公司还处于亏损的状态。

密云农业担保有限公司利用各种优势，加强联合，积极与金融机构开展合作，拓宽合作社融资渠道。公司现与多家金融机构取得联系，分别与北京银行、汇丰银行、邮政储蓄银行、农业银行、中国银行等多家银行开展了业务合作。在各种保障制度建立后，国开行北京分行推出了农合中心、农担公司双重机制下采用"见保即贷"表单式评审报告的简化评审机制（贷款金额 500 万元以下）。在双方开创的首批机制项下审批的 6 家涉农中小企业和合作社，国开行北京分行从项目现场调研到贷款发放仅用了 7 天时间。2012 年，北京市农业融资担保有限公司联合北京国际信托有限公司和北京银行，推出了第一期农民专业合作社示范社集合信托计划。本次参与发行农民专业合作社示范社集合信托计划为银行买断式集合信托，担保公司为合作社申请信托贷款提供担保，并作为唯一委托人认购该信托计划。本次信托为在密云县的北京京纯养蜂专业合作社、北京山泉养殖专业合作社等 10 家市级示范社提供 1970 万元的信托资金，解决了这 10 家示范社部分流动资金问题，进一步增强了合作社自身的经营能力。

在经营过程中，密云农业有限担保公司通过制定担保和反担保管理办法、担保和反担保操作规程、评审工作程序和业务操作规程，建立"社账托管"机制规范合作社财务，建立对诚实守信借款人的奖励机制，加强在保项目动态管理和加强在保项目反担保监管来控制风险。

截至目前，密云农业担保有限公司以及密云分公司累计为合作社提供担保贷款 165 笔，共计 23449.6 万元。其中，为农户提供担保贷款 85 笔，计 1195 万元；为农民专业合作社提供担保贷款 54 笔，计 7755.6 万元；为合作社加公司形式的客户提供担保贷款 5 笔，计 2200 万元；为涉农企业提供担保贷款 18 笔，计 12199 万元；为个体工商户提供担保贷款 3 笔，计 100 万元。

案例 1　北京东旭旺养殖专业合作社

北京东旭旺养殖专业合作社位于密云县西田各庄镇韩各庄村东，由养殖大户领办。合作社成立于 2008 年，占地面积 110 亩，入社成员 156 户，带动非入社成员 168 户。合作社现有全自动机械化养殖鸡舍面积 26880 平方米，年蛋鸡存栏 30 万只，年产鸡蛋 3200 吨，销售收入 2600 万元，年利润达 300 万元。2008 年 11 月合作社注册了"旭旺"商标。2009 年 12 月通过中绿华夏有机食品认证中心认证，获得了有机食品认证证书。2010 年被评为北京市市级合作社示范社。

为保证柴蛋鸡质量，合作社采取统一进雏、统一饲料、统一培训、统一销售的模式。建社初期，合作社与正大食品集团公司签订合作合同，形成稳定的产销关系，正大以较优惠的价格向合作社提供雏鸡、饲料和收购鸡蛋。随着合作社的发展壮大，合作社迫切需要完善产业链条，即延长下游链条建立自己的饲料加工和储备车间，延长上游链条拓宽自己的营销渠道，以摆脱对龙头企业的依附，增强合作社自身的竞争力和生存能力。

合作社负责人介绍，现在合作社从外面购买饲料，市场价格 2500 元/吨左右。若合作社自己配制饲料，饲料成本仅为 2100 元/吨，这样每吨饲料的差价在 400 元左右。按照一只鸡每天吃 0.1 千克饲料，年存栏 30 万只计算，合作社一年可节省饲料费 430 万元左右。所以合作社迫切需要购买饲料加工设备。此外，合作社为了拓展自己的营销渠道，必须建立产品加工设备和保鲜库，以提高销售档次。而建造饲料加工车间和冷库大概需要资金 400 万元，依靠合作社自身积累根本无法凑齐。由于合作社的土地为租赁的，且鸡舍属于临时性建筑，没有产权证，按照银行标准，合作社没有合格的抵押物，合作社申请贷款遇到困难。2010 年，合作社向担保公司提出贷款申请，担保公司考察了其经营能力和产业发展前景，将合作社租赁土地上面的鸡舍抵押给担保公司。根据固定资产明细，把变现能力强的优质资产进行统计，按照银行规定的固定资产折扣不超过 50% 的规定，这个合作社认可的资产为 500 万元，担保公司与国家开发银行合作，为合作社提供 250 万元的 3 年期的贷款担保。

合作社利用上述贷款新建了饲料加工车间和饲料储备库，自主加工饲料，降低了生产成本。同时引进了产品加工保鲜设备，新建了 300 平方米的保鲜库，延长了产业链条。目前合作社的鸡蛋能储存 6 个月，部分柴鸡蛋已打入超市，提高了销售档次。由于具有储存车间，灵活的销售方式也使得该合作社的鸡蛋控制着北方鸡蛋价格市场，合作社自身的竞争力和品牌影响力显著增强。

二 合作社联保贷模式

（一）运行机制

合作社联保贷是北京市农村经济研究中心和农业银行北京分行于 2012 年共同研究开发的专门针对合作社的金融新产品。合作社联保贷是指不少于 3 个农民专业合作社自发组织成联保小组，小组成员向农业银行申请信用，成员之间共同承担连带责任保证担保。联保贷贷款的对象为区县级（含）以上的示范社，并且，与其他小组成员共同签订了合作协议、联保承诺书，即联保小组共同为小组成员向银行的信用承担连带担保责任。合作社贷款的额度为市级（含）以上的示范社单户信用总额控制在 800 万元（含）以内，县级示范社单户信用控制在 500 万元（含）以内，联保小组成员贷款金额之和不得超过联保小组成员保证担保额度之和。贷款主要用于满足借款人在正常生产经营过程中周转性、季节性、临时性的流动资金需求。贷款的期限原则上不得超过 1 年（含），最长 2 年，超过 1 年的还需要报分行进行审批。贷款的利率执行人民银行和农行相关制度规定，在国家支农政策范围内，可以给予一定的利率优惠。贷款偿还则是根据借款人现金流量特点和风险控制要求确定还款方式。期限不超过半年的，可采取定期付息、到期一次性偿还本金的还款方式；期限超过半年的，原则上则采取按月（季）偿还本息的还款方式。

银行约定，在农民专业合作社联保的前提下，若无市级（含）以上示范社作为联保小组成员的，应追加贷款行所在区域具有政府背景的企业或符合银行认定标准的信用担保机构为借款人提供保证担保，或设定土地租赁权、林地租赁权等抵押。在保险方面，银行也做了相关约定，参与联保的农民专业合作社应就其购买的农业生产资料，销售、加工、运输、贮藏的农产品等投保农业保险。

（二）优势

该模式是中国农业银行北京分行专门针对农民专业合作社推出的创新金融产品。①在抵押担保方面，该模式不用合作社提供抵押、质押，也无须担保公司提供担保；②在贷款时间和数额上，合作社联保贷用款灵活。合作社可以在合同期内自行确定用款时间、用款数额，合作社贷款随时申请，随时放款，按实际使用时间计算利息，随借随还，基本可以满足当前合作社流动资金需求。

（三）适用条件和范围

该模式的适用条件是：①农民专业合作社必须为北京市级或区县级合作社示范社，并且，联保成员中至少有一个市级（或以上）的合作社示范社，具有良好的经营和财务状况，拥有较完善的内部管理制度。②至少要有具有一定资金实力的两个合作社与其组成联保小组，愿意为小组成员承担担保责任。③参与联保的农民专业合作社应就其购买的农业生产资料，销售、加工、运输、贮藏的农产品等投保农业保险。④银行要对符合条件的合作社进行授信。

根据《中国农业银行北京市分行农民专业合作社流动资金贷款（合作社联保贷）管理办法》，该模式只适用于不超过 1 年的周转性、季节性、临时性的流动资金需求。

（四）典型案例

合作社联保贷为合作社示范社提供了一条新的融资途径，解决了合作社的资金困难。目前，合作社联保贷首先在密云、延庆进行了试点。2013 年初，密云县确定北京京纯养蜂专业合作社、北京密富有机苹果专业合作社、北京诚凯成养鸡专业合作社 3 家市级合作社示范社首批适用联保贷款。3 家合作社与农业银行密云县支行签订了为期 3 年的联保贷款合同和联保协议，并根据合作社资产状况和诚信度确定每家合作社授信额度为 300 万元。合作社依据合同和授信额度，根据合作社资金需求，自行确定用款时间、用款数额，随时申请，随时放款，按实际使用时间计算利息。目前，第一笔 200 万元贷款已发放到北京京纯养蜂专业合作社。

案例 2　北京京纯养蜂专业合作社

北京京纯养蜂专业合作社成立于 2004 年 11 月，主要从事蜜蜂养殖，优质蜂产品生产、加工、销售和科技培训等。合作社现有社员 350 户，辐射 7 个镇，蜂群总数 3 万多箱，年生产蜂蜜 1000 吨以上。合作社于 2006 年注册了"京密"牌商标，完全按照有机食品认证标准进行养殖生产管理，在北京地区具有一定的知名度。合作社凭借良好的质量，使"京密"牌蜂产品品牌效应不断扩大，市场份额逐年攀升，目前，"京密"牌蜂产品已远销天津、河北、广州、吉林等省市，产品年销售收入 2200 万元。2010 年被评为北京市市级合作社示范社。

北京京纯养蜂专业合作社的上游客户为密云县 16 个乡镇内的 620 户蜜蜂养殖农户。蜂农普遍与合作社合作近 15 年，结算方式主要为现金支付和转账支付两种形式。近几年北京京纯养蜂专业合作社蜂蜜产品销售状况良好，随着合作社已进入蜜源收购的高峰期（7～11 月），自有资金已经无法满足收购蜜源的需要。由于合作社缺乏足值、有效的抵押物，只能选择农业担保方式进行贷款。但这种方式融资成本较高，合作社一般主要提供肥料、农药、农膜、农机、种子等农资的统一采购及农产品的统一销售等服务，只收取入社农户极少的费用，从合作社的经营模式看，担保费对于合作社来说是一笔不小的费用。

三　合作社成员联保贷模式

（一）运行机制

这是密云县汇丰村镇银行 2010 年推出的一款创新产品。它以合作社成员为贷款主体，其中要求成员应具有该行业或相关行业领域 1 年以上从业经验，由 4～8 名社员组成联保小组，交叉循环担保，并由合作社提供保证担保，担保金额为 5 万～50 万元。对于合作社理事或理事长，占 20% 以上股份、对合作社运营或管理有重大影响的核心成员，最高贷款金额可高达 70 万元。贷款期限一般为 1 年，生产周期较长的行业可以放宽到 2 年。根据生产周期和现金回流情况，还款方式十分灵活，可每周、双周、每月、每季度或半年分期还款，缓解申请人的还款压力。

（二）优势

合作社成员联保贷模式的创新点为交叉保证担保，即属于信用贷款的一种，不需要单独的抵押物和担保物，切实解决了农户因缺乏抵押品和担保品而贷款无门的难题；而从贷款的额度来看，这款产品的单个成员贷款额度为 5 万～70 万元，合作社成员可以同时进行贷款，可以满足一定规模合作社的融资需求。此外，这款产品辖区内一般的合作社成员均可申请，不必局限在示范社内部，具有一定程度的普适性。

（三）适用条件和范围

该模式虽然无须借款人提供担保品和抵押品，但在实际操作中也并非没有门槛。这款产品要求：①贷款申请人应具有该行业或相关行业领域 1 年以上从业经验，当然，这对大多数合作社成员来讲并非问题；②联保小组成员至少有 4 名，也就是说必须同时有 3 名合作社成员为其承担担保责任；③合作社必须提供保证担保；④银行对符合条件的合作社成员进行授信。

这款贷款产品的贷款期限一般为 1 年，生产周期较长的行业可以放宽到 2 年。资金贷款期限比较短，大多用于合作社或社员的流动资金周转。

（四）典型案例

合作社成员联保贷的典型在密云。密云汇丰村镇银行自 2010 年开始推出以合作社成员为贷款主体的产品。截止到目前，此项目累计贷款 3500 万余元，涉及 40 余家合作社，涉及合作社成员 170 余户。

案例 3　北京心连心奶牛养殖专业合作社

北京心连心奶牛养殖专业合作社一直以养殖奶牛、销售鲜奶为主要业务。自 2010 年起，北京心连心奶牛养殖专业合作社的杨理事长与汇丰村镇银行就保持着良好的合作贷款关系。当时，为了扩大养殖规模，合作社打算购进怀孕母牛，可手头资金紧张又无处借款，在密云县农民专业合作社服务中心的引荐下，杨理事长来到汇丰村镇银行进行贷款。方便快捷的贷款程序以及周到的服务，使杨理事长在这里申请到了合作社联保贷款产品，就这样，合作社成员联保贷一年接着一年，贷款近 4 年时间。

随着时间的推移，合作社的发展规模越来越大，势头越来越好。截至 2013 年 4 月，合作社牛舍占地面积已经由原来的大约 2000 平方米扩大到现在的 4000 多平方米。现如今，牛舍均采用现代化标准建设。合作社各项基础设备齐全，具备精饲料加工车间、联合饲料加工机组、机械化挤奶平台、挤奶设备、制冷设备、鲜奶冷藏运输罐车等。此外，合作社还与顺义光明乳业公司合作，2012 年鲜奶销售单价平均 3.3 元/公斤，销售价格稳定，合作社发展势头良好。

四　合作社内部资金互助模式

（一）运行机制

合作社内部资金互助是指在专业合作社内部开展资金互助活动。合作社内部资金互助是合作社服务内容的一种拓展，其成员、资金和服务对象都严格限制在专业合作社内部，实行封闭管理。合作社内部资金互助主要帮助合作社成员解决生产和经营中的资金短缺问题。

在实际操作过程中，开展内部资金互助服务的合作社均在区县农委与经管站的指导下，制定了相应的资金互助章程。章程明确了参加内部信用合作的人员，规定了互助资金管理办法，包括互助资金的来源、使用范围、借款流程等，确定了有两名或者两名以上成员提供担保的制度，明确了互助资金的使用与监管办法，以及开展信用互助所取得的收益如何分配，信用合作何时终止和撤销等。

通州区、密云县还细化了资金互助章程，引导农民专业合作社制定了资金互助管理办法，以通州区北京裕群养殖专业合作社资金互助制度为例，该合作社制定了《北京裕群养殖专业合作社资金互助管理办法》。该合作社的互助金由自己财务人员管理，共计165.5 万元的资金来回周转，随借随还，借款方便。但是，在保证借款方便的同时，该合作社互助资金的使用都要按照章程运作，比如要有两户担保人或以成员入资额度为其进行担保等。资金互助及时解决了合作社成员的困难，实现了合作社成员的共赢，取得了显著成效。为保证互助资金的安全和提高社员按时还款的自觉性，合作社还为入会社员建立了信用档案：有良好信用记录的，合作社可适当增加其借款信用额度；有不良信用记录的，合作社给予警告并适当降低借款信用额度。借款到期经警告不还的，由担保人归还，对于拒不归还的农民专业合作社可以将其起诉到人民法院解决。截至 2012 年底，合作社通过资金互助服务共向社员发放借款 400 余笔，共计 369 万元，按时还款率达到 100%，收取资金使用费 80510 元，资金互助本金分红 68433 元。

从互助资金来源看，农民专业合作社的互助资金有社员缴纳和政府补贴两种来源，以社员缴存为主。市级财政补贴主要集中于市级示范社以及示范社建设单位，每年 5 家，总体不超过 50 万元。各级区县政府则根据实际财政状况给予一定数额的资金支持。互助资金使用对象为参加资金互助社员和合作社自身。按照各农民专业合作社要求，互助资金使用需按照流程办理，其流程如图 4 所示。

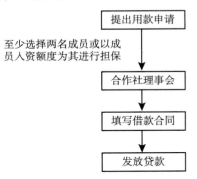

至少选择两名成员或以成员入资额度为其进行担保

图 4　互助资金使用流程

使用互助资金需要有担保，借出的互助资金主要用于购买生产资料或者用于临时资金周转。大多数互助资金的使用期限被限定在 1 年以内。开展内部资金互助的农民专业合作社的利率主要是参照银行同期存贷款利率情况，存款利率略高于银行存款利率，借款利率略低于银行贷款利率，息差最大 3%，最小 0.1%。

（二）优势

该模式的优势在于：①合作社内部资金互助为社员开辟了一条便捷、可靠的信贷渠道，该模式贷款申请简单、快捷、方便，更好地满足了农户时间紧、额度小、频率高的信贷需求。②通过开展资金互助，也培养了农民的互助诚信意识。③社员在生产经营中遇到资金困难时，不用再向亲友借或者借高利贷，免去了人情债和高利贷风险。

（三）适用条件和范围

该模式主要满足合作社及合作社内部社员的资金需求。由于合作社内部资金互助筹集资金规模有限，且为了防范风险，各合作社对内部资金互助使用额度进行了限制（通州区限制在 5 万元以内），故本模式更适合临时性小额资金需求。

（四）典型案例

通州区是北京市首个开展合作社内部资金互助试点的区，也是迄今为止开展内部资金互助的合作社数量最多的区，从 2009 年至今，积累了丰富的资金互助合作的实践经验。

案例 4　北京果村蔬菜种植专业合作社

北京果村蔬菜种植专业合作社位于通州区于家务乡果村，成立于 2006 年，现有社员 255 户，蔬菜种植面积 1600 亩。由于蔬菜种植生产周期较长，投入较大，部分社员缺乏流动资金，给生产经营带来很大困难。为解决这一问题。在市、区县经管部门的支持帮助下，经合作社理事会提议，成立了北京第一家资金互助会，开展内部资金互助服务，目的是大家共同集资帮助那些困难户和临时需要资金帮助的社员发展生产。

共有 164 户社员报名参加了资金互助会，筹集互助资金 23.8 万元，至 2012 年已达到 40 万元。

合作社制定了《北京果村蔬菜专业合作社资金互助办法》，规定申请加入资金互助会的社员必须是本社社员，每个社员交纳的互助资金起点为 100 元，多缴不限。入会社员借款须提前两天向审批小组提出申请，并需要两名社员担保。每个社员最多可一次性借用其入资额 15 倍的资金，借款额度上限最高 10000 元，期限最长为 1 年。借款社员按借款期限不同，半年以内的收取借款额度 2% 的使用费，半年以上 1 年以内的收取借款额度 3% 的使用费，超过约定期限未归还的按每天 0.1% 的费率计收滞纳金。为保证互助资金的安全和提高社员按时还款的自觉性，资金互助会实行单独核算，建立了严格的互助资金管理制度。一是资金互助会不吸收社外人员资金，也不向社外人员借出资金；二是制定了奖惩办法。入会社员有 2 次按期还款良好信用记录的，再次借款可增加入资额 5 倍的借款信用额度；有 2 次到期未还不良信用记录的给予警告；3 次到期未还的经过理事会研究予以除名。几年来，互助会共借出互助资金 120 笔，共计 60.3 万元，按时还款率达到 100%，收取资金使用费 7273 元，资金互助本金分红 4406 元。

合作社内部资金互助为社员开辟了一条便捷、可靠的信贷渠道。9 月份正是芹菜生产季节，社员张占华蔬菜小棚需要更新，没钱投入，向资金互助会借款 5000 元，及时更新了草帘子、农膜等，保证了生产正常进行。社员朱素英，因老人住院、孩子上学占用了部分生产资金，虽然看好蔬菜生产，却不敢扩大规模。参加资金互助会后，个人交纳 500 元互助金，2007 年 8 月向合作社借款 4000 元，建了 5 个小拱棚。2008 年实现收入 6000 元，扣除 4000 元借款，一茬增收 2000 元。几年来，合作社通过资金互助带动社员增加生产投资 20 万元，新建小拱棚 20 亩、大棚 100 亩，翻建雨毁围墙 3500 米，促进了农业发展和农民增收。

五　林权抵押贷款模式

（一）运行机制

林权抵押贷款是指以森林、林木的所有权（或使用权）、林地的使用权作为抵押物向金融机构借款。林权抵押贷款的出现与北京市继续深入推进林权体制改革工作紧密相连。2011 年底，北京市基本完成集体林权制度改革，全市林农不仅具有经营的主体地位，而且对林木享有所有权、处置权和收益权。随着林权的明晰和林权证、股权证的发放，林权抵押贷款被作为林业金融创新的"探路者"在农村逐渐展开。2012 年，北京市园林绿化局决定选择政策成熟、条件具备的经济林产权为突破口，率先开展林权抵押贷款试点，通过林权抵押贷款，解决农业发展缺乏有效抵押物造成的融资难问题，拓宽融资渠道，促农增收。

平谷区作为北京市唯一开展林权抵押贷款工作的试点区，其结合区内实际，确定以农民专业合作社为主体开展此项工作。可用于抵押的林权包括经济林的林木所有权（或使用权）、经济林的林地使用权、集体生态公益林的林地使用权。为了降低风险，金融部门通常要求，以集体统一经营的林地林木作为抵押的，抵押人须出具集体经济组织 2/3 以上成员或者 2/3 以上村民代表同意的书面文件。在抵押评估上，贷款金额在 30 万～100 万元的贷款项目，可由银行自行评估或与借款人共同商议确定抵押资产评估价值，贷款金额在 30 万元以下的小额贷款项目可以免评估，贷款金额在 100 万元以上的贷款项目应委托评估机构进行评估。在贷款额度上，经济林的抵押贷款最高额度不超过林权评估价值的 80%，集体生态公益林抵押贷款最高额度不超过林权评估价值的 70%。银行将根据林业生产周期、借款人第一还款来源、现金流状况、贷款用途和抵押评价价值等因素确定林权抵押贷款期限，最长不超过 8 年。抵押期间，不得改变林地的属性和用途。在政策扶持方面，政府对林权抵押贷款采取信用奖励的方式对贷款利息给予 6 个百分点的财政贴息（包括中央财政贴息 3%，市级财政贴息 3%），在合作社连本带息一并偿还后给予兑现，减少了林农的压力。

（二）优势

林权抵押贷款模式很好地解决了合作社抵押品的问题，是十八届三中全会提出"赋予农民更多财产权利"在北京近郊的有益探索，也是未来的发展方向。它可以解决部分拥有林木所有权（或使用权）、经济林的林地使用权、集体生态公益林的林地使用权的合作社的贷款资金需求。

（三）适用条件和范围

林权抵押贷款模式将林地使用权和林木所有权作为抵押物，解决了合作社缺乏有效抵押物造成的融资难问题，拓宽了融资渠道，促进了农民增收。但该模式适用范围仅限于具有经济林的林木所有权（或使用权）、经济林的林地使用权、集体生态公益林的林地使用权的合作社，且贷款只能用于从事与林业发展相关的生产经营活动。

（四）典型案例

平谷区作为北京市第一个林权抵押贷款工作试点区，目前开展林权抵押贷款合作的银行包括北京农村商业银行、邮政储蓄银行北京分行、北京银行和农业银行北京分行 4 家银行。2013 年，平谷区农民专业合作社指导服务中心与邮政储蓄银行合作，结合对各申贷合作社进行摸底调研和资格审查，最终在 5 个乡镇中筛选出 5 家合作社作为第一批试点单位，贷款金额 980 万元。

案例 5　北京宗宇浩果蔬产销专业合作社

北京宗宇浩果蔬产销专业合作社成立于 2008 年 5 月，社员 204 户，股金 300 万元，固定资产 290 万元，基地面积 2000 多亩，分布在马坊、峪口、夏各庄等多个乡镇。是一家集大桃、蔬菜、杂粮、香油、核桃油以及各种菌类等农副产品的种植、加工、销售为一体的综合型合作社。

北京宗宇浩果蔬产销专业合作社成立以来，逐渐发展壮大，规范化、产业化建设不断取得新的进展，销售业绩突飞猛进。2009 年，合作社销售大桃、李子、杏、鸡蛋、核桃、油栗、杂粮、野山菌、特色蔬菜、核桃油和香油等各种农副产品 280 万公斤，销售总额

1100 万元，年底为社员分红 16 万元，二次返利 42.7 万元，对实现农民增收起到了积极的促进作用。合作社的快速发展，社员利益的不断提升，吸引了众多农户，纷纷表示要加入合作社，与合作社一起发展。截至 2012 年初，合作社累计销售农产品达 760 万公斤，实现销售额 3000 万元，实际带动农户 2000 户，带动社员户均增收 6000 元。目前，合作社已通过 QS 认证、ISO 9001 质量体系认证和有机认证，注册了"宗宇浩"牌商标。此外，还通过贴膜等手段，在大桃上直接标注"宗宇浩"标识，使每个大桃都带有自己的身份认证。合作社与禾乔大厦、北京国际会议中心、中海石油有限公司北京研究中心等几十家单位建立了长期稳定的合作关系，并在丰台区和通州区建立了两家农副产品直销店。2010 年北京市农村实用人才创业成果展示推介会中合作社生产的"八里香小磨纯香油"和"精品草莓"荣获"最受欢迎产品奖"。2010 年北京宗宇浩果蔬产销专业合作社被评选为北京市市级示范社。

合作社负责人介绍，以前合作社要想贷款比较困难，银行发放贷款最基本的要求是要有抵押物，合作社只有土地、果树，不能用来作为抵押物。由于缺少资金，使得部分大额订单合作社不敢接，发展受到了限制。例如 2010 年合作社参加农超对接活动，与一家超市商谈平谷大桃购销业务，由于超市规定的账期为 1 个月，而合作社没有充裕的流动资金周转，不得不放弃这个订单。作为北京市集体林权抵押试点，宗宇浩果蔬产销专业合作社用自己的经济林和承包的 833 亩林地作为抵押物，获得了中国邮政储蓄银行北京分行发放的 100 万元抵押贷款。合作社用该笔贷款建起了鲜果冷库，扩大了经营。据合作社负责人介绍，预计 2013 年合作社销售的果品能超过 400 万公斤，每名社员可增收 6500 元。

六　农村发展基金模式

这是门头沟区委、区政府于 2013 年 8 月刚刚推出的一揽子政府计划。农村发展基金由门头沟区财政专项资金列支，启动资金规模为 5000 万元，可以根据资源整合和基金投放情况逐年设定基金规模。基金将扶持农村地区重点产业和项目建设，使用范围包括区域内的农业项目（种养业、农产品深加工与销售、农村专业合作社、农业综合体等）、旅游项目（农业旅游、文化旅游、古村落开发等）、旧村改造、农村基础设施建设等。基金的使用方式涉及合作社方面的主要有：①直接投资。基金作为重点项目的前期投入、垫资和引导性资金，对重点农业企业和合作社生产经营所需配套资金等进行直接投资。②对银行贷款进行担保。其中有流转贷，享有农村土地承包经营权及农村土地相关权益的主体，将这些权益流转时，以土地经营权流转合同质押等作为担保或反担保方式可以优先申请。③项目贷款贴息和担保费补贴。单个项目贷款贴息资金不超过贷款所产生利息的 80%，担保费补贴不超过项目贷款金额的 2%。贴息和担保费补贴范围还包括信用贷（业绩良好、信用记录良好的借款人的无担保信用贷款）和联保贷（农户或合作社的联保贷款）等。④对银行和担保公司涉农贷款的补贴。主要对银行和担保公司涉农贷款的风险准备金予以补贴。额度为：银行非担保公司担保的涉农贷款余额的 0.5%，担保公司涉农贷款在保余额的 0.5%。⑤农业保险的补贴。对特色农产品的种植和符合区域产业发展的养殖项目分别给予不超过 90% 和 80% 的保费补贴（已获政策性补贴的除外）。

由于该发展基金刚刚建立，正处于实施细则制定的阶段，尚无实际运用的案例。但不难看出，该基金完全由政府出资组建，政府既可以直接投资，又可以借助贷款贴息和担保费的补贴这种市场手段来支持农业发展。虽然细则尚未出台，但预计实施细则中会对合作社的申请资格作出限制，很可能示范社或示范社建设单位会取得优先申请权。

七 五种融资模式的比较

由于农村发展基金模式刚在门头沟展开，效果有待进一步观察，而且基金的建立严重依赖当地政府的决策，不具有普遍适应性。本节对五种融资模式进行总结对比分析，以期为不同的合作社选择融资模式提供依据，拓宽不同农民专业合作社的融资渠道。

（1）从参与主体看，农业担保公司模式涉及的参与主体最多，涉及担保公司、政府、银行和合作社四方；合作社成员联保贷和合作社联保贷、林权抵押贷款这三种模式的参与主体均为合作社和银行；合作社内部资金互助模式的参与主体只有合作社一方。

（2）从目标来看，农业担保公司、合作社联保贷、合作社成员联保贷和林权抵押贷款模式均为解决合作社的融资问题，而合作社内部资金互助模式主要是为社员融资服务。

（3）对于政府来说，应该给予合作社融资必要的政策支持和资金支持。在农业担保公司模式中，政府牵头成立农业担保公司，并为合作社提供贴息和担保费补贴，切实解决了合作社担保难问题。在合作社成员联保贷模式中，政府不直接参与，但也支持这种模式用于解决了合作社贷款难的问题。在合作社联保贷模式中，政府联合银行专门针对合作社进行金融产品创新，起到了积极倡导、政府支持的作用。合作社内部资金互助模式是合作社内部成员之间进行资金互助，政府对参加内部资金互助的市级示范社给予直接的资金补贴。在林权抵押贷款模式中，政府对按期还款的合作社给予 6% 的贴息补助。

（4）对于银行来说，农业担保公司模式解决了合作社的抵押担保问题，故银行在贷款审批方面比较积极；合作社联保贷模式为银行履行"服务三农"的职责，主动推出的新型的金融产品，目前正在积极推广中；合作社成员联保贷模式是村镇银行推出的专门针对合作社成员贷款的创新产品，目前运行良好；林权抵押贷款模式解决了合作社缺乏抵押品的问题，但由于银行手中抵押品的变现比较难，银行对此种业务比较谨慎。

（5）对于风险的分担，农业担保公司模式把银行的风险转到了担保公司；合作社联保贷模式由联保贷小组其他成员对借款人的借款债务承担连带保证责任；合作社成员联保贷模式由本社内其他成员以及合作社为借款人的债务承担连带保证责任；合作社内部资金互助模式由资金互助担保小组其他成员承担连带责任；林权抵押贷款模式中风险完全由银行独立承担。

（6）从合作社的融资成本来看，农业担保公司模式的融资成本最高，除了需要支付正常的银行贷款利息外，还有担保费；合作社联保贷、合作社成员联保贷以及林权抵押贷款模式则需要支付正常的银行贷款利息；合作社内部资金互助模式的贷款利率则略低于银行的贷款利率，使用成本最低。

（7）从各个模式的优点来看，农业担保公司模式由政府对合作社进行贴息和保费支持，该模式旨在破解合作社找不到合适担保公司的难题。合作社联保贷模式是银行专门针对合作社融资而推出的金融产品，其不用抵押，由联保小组承担连带责任，银行直接授信，且用款灵活；合作社成员联保贷模式也是银行推出的创新产品，不用抵押，但需要其他成员以及合作社为其进行担保，用款和还款灵活；合作社内部资金互助模式的优点主要体现在申请手续上，具有手续简单、方便、快捷的优点；林权抵押贷款模式则用相应的林权所有权或使用权作为抵押物，可以直接向银行申请贷款。

（8）从适用范围看，农业担保公司模式适用于发展条件好、具有一定物质基础、可以向担保公司提供反担保物的合作社；合作社联保贷模式适用于市、区县级合作社示范社；合作社成员联保贷模式适用于正常生产经营的合作社成员；合作社内部资金互助模式适用于有一定规模、发展势头良好的合作社；林权抵押贷款模式仅适用于具有经济林的林木所有权（或使用权）、经济林的林地使用权、集体生态公益林的林地使用权的合作社。

（9）从资金用途和使用规模来看，农业担保公司模式适用于生产性、投资性的大额资金需求；合作社联保贷模式适用于大额的流动性资金需求；合作社成员联保贷和合作社内部资金互助模式适用于小额的流动性资金需求；林权抵押贷款模式的额度为 30 万 ~ 100 万元，基本属于小额流动性资金需求，资金必须用于与林业相关的生产经营活动。

（10）从使用年限看，农业担保公司模式更适合 2 ~ 3 年期的贷款，合作社成员联保贷模式可以延至 2 年，合作社联保贷和合作社内部资金互助模式适用于短期的流动资金需求；林权抵押贷款模式期限为少于 8 年。

（11）推广潜力和障碍：在各个郊区县组建农业担保公司的难度比较大，主要依赖于地方政府对合作社的重视和财政资金的实力；合作社联保贷和合作社成员联保贷主要是银行推出的产品，它的推广也主要依赖于银行的积极性和主动性，而且推广的客户也具有较大局限性；合作社内部资金互助模式虽然资金量比较小，但推广潜力巨大，可以在严控风险的前提下在全市范围内进行大量推广；2011 年底，北京市基本完成集体林权制度改革，推广的客观条件已经具备，林权抵押贷款模式适合在市级范围内进行推广。

表 2　北京市农民专业合作社融资模式比较

模式	农业担保公司模式	合作社联保贷模式	合作社成员联保贷模式	合作社内部资金互助模式	林权抵押贷款模式
参与主体	担保公司、政府、银行、合作社	合作社、银行	合作社、银行	合作社	合作社、银行
目标	解决合作社融资问题	解决合作社融资问题	解决合作社融资问题	为社员融资服务	解决合作社融资问题
政府	贷款贴息和担保费补贴	积极倡导、政府支持	政府支持	政府补贴	政府补贴

续表

模式	农业担保公司模式	合作社联保贷模式	合作社成员联保贷模式	合作社内部资金互助模式	林权抵押贷款模式
银行	有担保公司担保，贷款积极	主动创新金融产品	主动创新金融产品	不参与	银行积极性不高
风险的分担	担保公司	联保贷小组成员	联保贷小组成员、合作社	资金互助担保小组	银行
合作社支付成本	担保费、银行贷款利率	银行贷款利率	银行贷款利率	略低于银行贷款利率	银行贷款利率
优点	解决无担保问题	不用抵押，银行直接授信	不用抵押，银行直接授信	简单、快捷、方便	简单、方便
适用范围	具备一定物质基础，发展条件好的合作社	市、区县级合作社示范社	从事正常生产经营活动的合作社	具备一定物质基础、发展条件好的合作社	拥有林地、林木所有权及使用权的合作社
资金用途	生产性、投资性资金需求	流动性资金需求	流动性资金需求	流动资金需求	与林业发展相关的生产经营活动
使用规模	大额资金需求	大额资金需求	小额资金需求	小额资金需求	小额资金需求
使用年限	2～3 年	1 年以内	1～2 年	1 年以内	8 年以内
推广潜力	主要依赖于政府力量的推动	主要取决于银行的态度，可在全市范围内积极推广	主要取决于银行的态度，可在全市范围内积极推广	可在全市范围内积极推广	可在全市范围内积极推广

第五节　其他国家（地区）合作社融资的经验借鉴及启示

其他国家（地区）合作社的发展经历了长久的历程，取得了很大的成绩，积累了丰富经验。本节选取资源禀赋、文化传统与北京相近且在合作社融资方面具有代表性、可参考性较强的日本、韩国两个国家和中国台湾地区的农民专业合作社融资案例，为北京农民专业合作社融资提供参考。

一　日本农协

日本是一个山多、平原少的国家，耕地少而且分散。日本农业以家庭为单位实行小规模经营，农业现代化程度很高。日本农协合作金融是合作金融的代表之一，是比较成功的农村金融服务体系。

日本农协始建于 1947 年，为了快速恢复农业经济，日本组建了农协，颁布了《农业协同组合法》，支持农协的发展。日本农协从组建后就组建自己的金融系统，它以独立于商业银行的方式组织农协会员手中的剩余资金开展以农协会员为对象的信贷业务。早期日本农协合作金融组织体系分为基础农协合作金融部、县信用农业协同组合联合会、全国信用农业协同组织联合会中央会（农林中央金库）三个层次。基础农协是农协合作金融体系最下层的组织，其70%的存款总额以再存入的方式存入农协的上一级（即县级信用联合组织）的账户，30%的存款总额用于直接放贷。农林中央金库是农协合作金融的全国最高机构。日本农协系统的三级金融机构虽有上下级关系，但是它们在经济上各自独立核算、独立管理。

日本农协的基本运作方式为：基层农协将社员的部分存款用于贷款，其他部分用于有价证券投资或寄存于县信用联合会；基层农协存于县信用联合会的款项即为县信用联合会所吸收的存款，它把其中一部分用于贷款，其余部分则用于购买有价证券或存于农林中央金库。农林中央金库可动用这些存款进行各项投资活动。这样，农协把农村资金吸收到城市，又把城市和海外收入利率之间的差额返还到农村。日本农协合作金融活动的主要特点是：①不以营利为目的，旨在为农协全体成员服务；②资金主要用于发展农业生产，提高农民生活水平；③通过信贷杠杆贯彻国家的农业政策，能代替国家发放扶持农业贷款等。

目前，日本农协合作金融的具体业务内容包括存款业务、贷款业务、金融衍生商品交易、有价证券交易、外汇交易、证券代理、保管、汇兑、经纪人业务、受托金融期货交易等等。全国信用农业协同组织联合会中央会通过联网系统，形成一个全国性的汇兑通信网，办理汇款、入账、资金托收等国内的汇兑业务。日本农协合作金融的个人业务占绝大多数，个人存款所占比例为95%以上，个人贷款比例也高达85%左右。由于农协的客户中个人占绝大多数，因此其定期存款的比例也相应较高。此外，农协的长期存款比例高达80%，这主要是因为农协不仅行使一般商业银行的职能，在农村还承担了长期信用银行的角色。

为提高农协合作金融业务的信用程度，日本对农民在农协的存款予以保险。为此，日本专门成立农林水产生产合作社存款保险机构，该机构开展基本的存款保险业务。这种保险与一般商业保险的最大区别是被保险者只限于在农协的存款者。当农协经营破产时，保险机构对存款金额在1000万日元以内的损失者直接进行补偿；对于存款金额超过1000万日元的损失者，除进行直接补偿外，将在农协债务清理时对超过部分给予补足。此外，该机构还提供资金援助、债券保证和利息补贴等。在相互援助制度方面，日本农协每年必须把吸收存款的10%作为专项资金储备，交由农林中央金库管理和运用，当农协的经营出现问题时，可以通过该制度向农协申请一定数量的低息贷款。同时，日本农协还建立了农业灾害补偿制度，该制度包含的内容广泛，做法上类似于一般的商业保险，生产者首先向保险机构定期支付一定的保险金作为灾害保险的原始资金，一旦发生灾害，可对收入的减少部分进行经济补偿。政府直接参与下的农业信用保证保险制度是日本农村信用保险体系中综合性强且规模最大的制度体系，主要内容为对农协经营损失的补偿和对农协债务进行的补偿。日本农业信用保证保险制度的资金，政府财政约占35%，其余为农协、县和农林中央金库的出资。其对象不仅限于农协的金融业务，还包括农协自身的经营和农协全部业务。

二 韩国农协

韩国属于人均耕地面积少的小农国家。韩国的农民合作社称为"农业协同组合"，即农协，于 1957 年正式成立。韩国农协的组织结构分为上下两层，上层为农协中央会，下层为设在乡镇的基层农协。1961 年，农业银行并入农协中央会，成为韩国农协的信贷部门。至此，农协开展的业务分为三大类：一是教育与文化；二是农产品流通事业；三是金融事业，筹集资金，提供全面的农业金融服务。业务范围已扩大到指导、农业生产资料购买、生活用品购买、大米销售、其他农产品销售、农产品加工、农业政策金融和互助金融等农业产前、产中、产后每个环节。

农协的金融事业分为两个部分：一是农协银行，以城市为中心，向下延伸建立分支机构；二是基于农协合作机制的"合作金融"，以基层农协为重心。

对于农协银行来说，农协中央会所辖的农业银行依据农协法做金融业务，监督金融制度和一般银行一样。农协银行拥有韩国最大的营业网点，全国网点共有 5556 个，而其他三大商业银行，网点最多者只有 1173 个。与一般商业银行的营业网点大多集中于首都圈不同，农协银行是唯一将营业网点布置到农村地区和偏远地区的金融机构。由于农协银行金融网点覆盖面广，成为政府收缴地方税的重要平台。此外，农协银行提供与商业银行并无两样的金融服务，包括保险、外汇、合作金融，并与多家证券、期货、资产管理等机构合作，提供一站式、多样化金融服务。自 2012 年起，农协银行从农协中央会分离出来，独立运营。但分离后的农协银行，仍然由农协中央会控制，是中央会的控股银行，农协对银行仍然保持着权益。

基层农协的合作金融，仍坚持多年由农民组织自办的做法。基层农协的合作金融业务对组织的发展至关重要。据统计，全国农协有组合员 2194 人，1976 年开始发展合作金融后，2004 年存款达到 1000 亿元，2006 年贷款达到 1000 亿元，每年平均 12 亿元的纯利润。基层农协的金融事业和经济事业紧密结合。基层农协的金融事业具有竞争力的主要原因在于基层农协从事经济事业，存款主要来自组合员从事的经济事业，所以基层农协更强化经济事业。

农村金融的发展有两种路线选择：自上而下和自下而上。总体上看，韩国经历了自上而下的发展过程。现在，将两种性质的金融业务分开：自上而下的农协银行面向市场；基于农民的合作金融仍然由农协来办。而政策性业务自上而下运作，农协银行居中心地位，向下延伸，借助基层合作金融深入农户。

三 台湾地区农会

台湾地区农会源于日治时期，后经不断改革发展，形成目前组织体系完善，具有政治、经济、行政、社会等多种功能的农民组织，对台湾经济和农业、农村发展起到了重要作用。

台湾具有完善的农业金融体系，农会具有金融服务功能，其运行机制有其历史原因，又因农业的特殊性，农会金融也存在改进的空间，这些对我们都具有借鉴意义。

（一）台湾农业金融体系

1974年，新"农会法"通过，赋予了农会办理金融业务的权力。1995年开始，台湾有不少农会信用部长期逾放比率过高，并且出现经营亏损等问题，于2004年1月30日正式施行我国台湾地区"农业金融法"。台湾农业金融主管部门——"农业金融局"于同日挂牌成立，负责农业金融机构的监理及政策性农业项目贷款的规划推动。目前，该局统辖"农业发展基金贷款"、"农业天然灾害救助基金贷款"及"中美基金贷款"，这是政策性农业贷款的资金来源。

依据我国台湾地区"农业金融法"，农业金融机构包括农会信用部、渔会信用部（以下并称信用部）及台湾农业金库。台湾农业金库被规划为信用部的上层机构，具有辅导任务。

1. 台湾农业金库

台湾农业金库对于信用部应办理下列事项：收受转存款、资金融通、辅导业务及财务查核、金融评估及绩效评鉴、信息共同利用。另外，为防范信用部再发生逾放比率过高等经营不善的情形，"农业金融法"也规定信用部办理一定金额以上之授信案件，应报经台湾农业金库同意后办理或移由台湾农业金库办理。

2. 农业信用保证基金

农业信用保证基金于1983年成立，协助担保能力不足的农民、渔民获得经营所需之资金，而承办农贷的金融机构也可降低授信风险。保证的对象为农渔会会员与实际从事农渔业生产、加工、运销、储藏之个人、农民团体、合伙或合作组织。保证项目以由基层农渔会信用部、台湾农业金库以及签约商业银行承办的农业贷款为原则。保证比例最高为本金的90%，但是每一申请人累计保证贷款余额不超过500万元，同一经济利害关系人不超过5000万元。

3. 政策性农业贷款

"农委会"的政策性农业项目贷款的目的在于保证农、林、渔、牧业的发展与转型所需的资金，提高农渔家庭的生活质量。政策性农贷资金来源包括"农业发展基金贷款"、"农业天然灾害救助基金贷款"和"中美基金贷款"。

政策性农业贷款由行政主管部门制定各项种类贷款要点，但是由贷款经办机构自行出资并承担风险。行政主管部门就经办机构自行出资的资金给予利息补贴，农渔会部分补贴至年息5.5%。主要农贷项目有农机贷款、购置耕地贷款、农宅贷款及加速农村建设贷款四类。"中美基金贷款"主要用于促进农场经营企业化、辅导种苗产业经营发展、辅导休闲农场经营及辅导木竹材精致利用生产等。

（二）农会信用部概况

农会信用部服务的对象以会员为主，成立的主要目的是协助行政主管部门推行储蓄政策；其次是稳定农村经济并提供农业推广的经费，吸收农村资金以充实农村金融。农会信用部的业务局限于会员及会员同户家属存放款，以及会员从事农业产销所需设备租赁、汇兑、代理行政主管部门及银行委托代放款项、代理收付与保管箱出租等简单业务。主要的贷款业务有一般农业贷款及统一农业贷款。一般农业贷款项目是支付生产、生活、消费或临时支出等用途所需资金。统一农业贷款的内容包含作物、畜牧、副业生产、农产设备等。

农会信用部分散于全岛各地，包括无银行的118个乡镇，是基层农村地区最普及的金融机构。解决了金融服务断层的问题。其在吸纳农村剩余资金，融通农民生活及生产所需资金，支援农会办理各项业务所需经费，配合农业政策执行专案农贷，促进农村建设、农业发展及进行农业产销结构调整等方面发挥了重要作用。

农会信用部也存在一些局限性，如信用部无法人地位；逾放比率偏高，净值偏低，风险承担力不足；金融人才专业性不足，信用管控不佳；选举易受地方派系的影响；业务活动范围仅限一乡一镇，风险过于集中；缺乏资金融通制度，无上下级间纵向和各农会信用部之间横向的连接。

四　启示

（1）安排合理、层次分明的组织结构。日本、韩国、我国台湾地区农村合作金融组织的三级机构之间，自上而下逐级投资入股，各级机构都是独立的法人实体。这样把三级机构从经济上、组织上联系起来。机构的上下级之间，只有经济往来，没有行政隶属关系。此外，合作金融组织将盈利的一部分用于对会员投入的股金进行分红，对会员的存贷款利率给予优惠，也使得会员与所属组织在经济上紧密联系在一起。

（2）程序规范、制度健全的风险防范体系。农村合作金融组织的贷款发放有一套较为严格的程度，大多数大额贷款由资金实力雄厚的上级机构承办。尤其是日本，建立了农村信贷保险制度、相互援助制度、存款保险制度、农业灾害补偿制度和农业信用保证制度等，使信用事业有了可靠的后盾，确保了合作金融安全、健康运行。

（3）健全的法律法规及政府的支持政策。保持合作金融法制的稳定性和连续性，立法较为完善，形成了健全的农村合作金融法律体系，真正做到了有法可依，为农村合作金融的稳健运营提供了法律基础。此外，政府为促进农村合作金融的发展，更好地为农村经济服务，在财政和税收上给予合作金融特殊资金补偿和政策优惠。

第六节　对策建议

农民专业合作社已经成为北京市郊区提高农业组织化程度、促进农民增收、推进社会主义新农村建设的一支重要力量，在创新农业经营体制机制、转变农业发展方式、提高农业规模化集约化生产水平、推进都市型现代农业建设中发挥着越来越重要的作用。加大金融支持力度、创新金融服务体系是解决农民专业合作社资金短缺问题的有效途径。

如果要从根本上解决合作社融资的问题，比较理想的模式是建立一整套独立于商业金融的农村合作金融体系，如中国台湾地区、韩国和日本，能够从体制机制上保证农村的资金全部用于农业和农村，从而保证合作社的融资需求。虽然党的十八届三中全会提出"保障金融机构农村存款主要用于农业农村"，但在实际操作过程中有相当的难度，未来金融体系改革任重而道远。

目前，国内合作金融方面的立法现在还处于法律空白状态，但十八届三中全会决议中还是透露出一些改革的信号："鼓励农村发展合作经济，扶持发展规模化、专业化、现代化经营，允许合作社开展信用合作"，这就说明合作社内部资金互助的模式得到了决策层的认可，可能会在全市范围推广。"赋予农民更多财产权利"的提法也意味着林权抵押贷款模式大有可为，只要林木的所有权或者使用权得到社会的普遍认可，作为商业金融主体的商业银行自然也会乐于接受这样的抵押物，给予合作社发放贷款。

从北京市的实践层面来讲，几种融资的模式满足了不同程度的融资需求：合作社内部资金互助模式满足了社员短期的生产流动资金需求，合作社联保贷和成员联保贷模式满足了合作社短期的生产流动资金需求，农业担保公司和林权抵押贷款模式可以满足合作社的基础设施建设等固定资产投资的资金需求。在当前缺乏农村合作金融体系总体安排下，还需要多管齐下，针对不同的资金用途选择不同的融资途径。

一　加快立法，明确合作金融的法律地位

在《农民专业合作社法》中，并没有对合作社开展内部融资作出明确规定，合作社内部资金互助目前还处于法律的真空地带。希望能在《农民专业合作社法》中给予内部资金互助相应的法律许可，能够对合作社开展内部资金互助给予明确的法律地位，允许一些经营状况良好、管理规范的合作社开展内部资金互助服务，支持合作社的长足发展。

2014 年的中央一号文件提出，在管理民主、运行规范、带动力强的农民合作社和供销合作社基础上，培育发展农村合作金融，不断丰富农村地区金融机构类型。坚持社员制、封闭性原则，在不对外吸储放贷、不支付固定回报的前提下，推动社区性农村资金互助组织发展。适时制定《农村合作金融发展管理办法》，希望这个管理办法能够尽快出台，为解决农村地区融资困境打下坚实的基础。

二　营造合作社融资的社会环境

农民专业合作社作为农村发展和农民增收致富的重要载体，其发展离不开良好社会环境的支持。因此，必须提高各方对合作社地位、性质和职能作用的再认识。一是各级党委、政府要高度关注农民专业合作社的发展，牢固树立扶持农民专业合作社组织就是扶持农民、扶持农业、扶持农村的观念，把加快发展农民专业合作组织摆上议事日程，纳入区域发展规划，统筹考虑，狠抓落实。二是各级农委、经管站要加强与当地银监局、金融办等与合作社融资相关各方的沟通，加大对合作社的宣传力度，为合作社融资创造良好的社会舆论氛围。除了做好农民专业合作组织发展规划、积极提供公共政策咨询等本职工作外，农委还需要积极与当地金融、工商等部门沟通与合作，进一步宣传农民专业合作社在农村发展中的作用，提高其对农民专业合作社的认识，为农民专业合作社的融资争取相关优惠政策。经管站在进行培训的时候，可以邀请一些金融界的人士参与讲课或者采取座谈、展会的形式，让社会广泛了解合作社。三是农民专业合作社自身也要加大相应的宣传

力度。合作社自身也需要抓住一切可能的机会，如利用两岸农民合作论坛、昌平草莓大会、大兴西瓜节等平台展示自己的产品和机构，让社会更充分地了解合作社。

三 完善合作社融资的政策支持体系

合作社是农民的组织，是按照"民办、民管、民受益"的原则组建起来的，而农业又属于弱势产业，合作社要想取得长足发展，离不开政府的大力支持。但政府如何支持合作社发展就是一门技术。在调研中我们了解到，政府支持合作社的方式有两种。一种是直接补贴和直接项目补贴的方式。如在2010年和2011年，市农委对被评为市级示范社的合作社分别给予1.6万元和5万元的补贴来支持合作社的发展。另一种是间接补贴的方式。典型的例子是密云县由县政府出资设立密云农业担保有限公司来支持"三农"项目的发展，市农委每年选择5个市级示范社进行贷款贴息和担保费的补贴。从实践经验来看，政府支持手段需要两者兼备，以间接补贴为主。北京市有5179家合作社，如果采取普惠制，不仅补贴的费用高，还容易造成吃"大锅饭"的平均主义，达不到支持合作社发展的目的。因此，建议政府转变思路，把更多的投入用于建立激励性、约束性的机制，加强政府的宏观调控，比如，建立更多区县的农业担保公司或者对担保公司进行保费和保险金的补贴；对合作社贷款进行贴息和担保费补贴；对开展内部资金互助的合作社进行运营管理费用的补贴等。

四 建立合作社融资的信用评价体系

一是要建立借贷还贷的信用体系。对信誉好、按期还款的合作社给予贴息或者担保费补贴等政策优惠，将不按期还款、经常违约的合作社列入担保公司或者银行的"黑名单"，建立起一整套借贷还贷的信用体系。合作社都是由农民组建的，中国农民的"羊群效应"比较明显，通过实践经验的宣传教育有助于信用体系的构建，减少合作社违约的风险。二是要加大评级授信力度，将农民专业合作社及社员纳入信用评定范围，对信用优、实力强、前景好的农民专业合作社提升信用等级，增大授信额度，并在同等条件下形成贷款优先、利率优惠、额度放宽、手续简化的正向激励机制。三是要加强宣传教育，增强合作社的信誉观念。农委、经管站以及合作社服务中心定期或不定期地组织合作社和银行、农民和有关部门、合作社之间的见面会或经验交流会，增强合作社的信誉观念。

五 加强合作社的内部管理，提高融资实力

从实际调研看，无论是银行还是担保公司或其他机构，优先发展的对象仍是合作社示范社，这些示范社经营状况良好，管理规范，从信用角度考虑金融部门更愿意将贷款放给它们。产权不清晰、管理落后的合作社信誉度较低，也很难搞信誉合作。故营造合作社融资的内部环境，一方面要规范合作社的组织行为和各项管理制度。建立健全合作社的章程，完善法人治理结构，进一步落实民主决策、民主管理和民主监督，明确落实社员大会的职权和决策方式；进一步明确产权和分工，建立财务核算、安全生产等各项管理制度，

科学合理地构建利益分配机制，建成产权清晰、管理规范的合作社。另一方面，合作社要积极加快自身发展和规范化建设，不断提高经营效益，增强借贷能力，从而实现与涉农金融机构的信贷对接。

课题负责人：郭光磊　吴志强

课题组组长：任玉玲

课题组成员：杜力军　韩　生　白　雪　王宇新

报告执笔人：王宇新　陈　慈

第三章　北京农村集体经济发展与政策选择研究

第一节　北京农村集体经济发展的现状、特点及问题

一　北京市农村集体经济发展现状

北京市有 193 个乡镇集体经济组织，3986 个村级集体经济组织，集体经济组织成员 317.5 万人。60 多年来，北京农村集体经济组织在中国共产党的领导下，坚定不移地走社会主义道路。从"一五"计划到"十二五"规划，农村经济社会发生了翻天覆地的变化，集体经济实力明显增强，产业结构优化升级，农民生活水平显著提高。

（一）农村经济快速发展，集体经济实力明显增强

60 多年来，全市农村经济总量（按亿元计）从一位数扩张到四位数，农村经济稳步发展。

1. 经济总量快速扩张

1956 年，全市农村经济总收入仅为 1.03 亿元，2012 年，总收入扩充至四位数，达到 4880.69 亿元，是 1956 年的 4738 倍。农村经济总收入从 1956 年的 1.03 亿元增加到 1987 年的 123.84 亿元，突破百亿元，农村经济总收入超过百亿元用了 31 年；1998 年达到 1046.13 亿元，超过千亿元用了 11 年；此后每隔 3～5 年，即越过一个千亿级。

表 1　关键年份农村经济总收入提升一个量级所用时间表

年　份	总收入（亿元）	备　注
1956	1.03	
1987	123.84	过百亿元用了 31 年
1998	1046.13	过千亿元用了 11 年
2003	2106.31	过 2000 亿元用了 5 年
2007	3319.42	过 3000 亿元用了 4 年
2010	4322.83	过 4000 亿元用了 3 年

2. 经济增长更加稳健

60 多年来，全市农村经济实现了较快增长。1956 ~ 2012 年，农村经济总收入年均增长 16.1%。1956 ~ 1978 年，全市农村经济总收入年均增长 14.3%，1978 ~ 2012 年，年均增长 17.8%。

表2　1956 ~ 2012 年农村经济总收入及年均增速

年份	1956	1957	1962	1967	1972	1977	1982	1987	1992	1997	2002	2007	2012
总收入（亿元）	1.03	1.26	3.91	5.22	6.69	9.39	33.61	123.84	386.33	952.79	1792.53	3319.62	4880.69
年均增速（%）	—	22.3	25.4	5.9	5.1	7.0	29.1	29.8	25.6	19.8	13.5	13.1	9.0

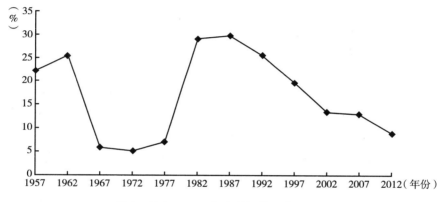

图1　1957 ~ 2012 年农村经济总收入增速

3. 农村集体资产规模迅速扩大，实力明显增强

1977 年，全市农村集体资产为 19.59 亿元。改革开放后，农村集体资产总量迅速扩大，到 2012 年资产规模已达到 4524.8 亿元，是 1977 年的 231 倍，1977 ~ 2012 年年均增长 16.8%。农民人均拥有集体资产 14.3 万元。

1977 年，全市农村集体净资产为 15.89 亿元，2012 年达到了 1587.59 亿元，是 1977 年的 100 倍，35 年间年均增长 14.1%，农民人均拥有净资产 5 万元。

除账内资产外，农村集体还拥有大量的未纳入账内核算的资源性资产。

表3　1977 ~ 2012 年农村集体资产总额及年均增长速度

年　份	1977	1982	1987	1992	1997	2002	2007	2012
集体资产总额（亿元）	19.59	38.95	65.63	297.48	795.19	1380.19	2325.06	4524.80
年均增长（%）		14.7	11	35.3	21.7	11.7	11	14.2
集体净资产（亿元）	15.89	26.12	44.91	133.8	327.63	611.42	956.05	1587.59
年均增长（%）		10.5	11.4	24.4	19.6	13.3	9.4	10.7

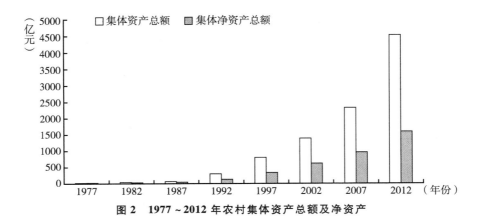

图2　1977~2012年农村集体资产总额及净资产

（二）经济结构优化调整，生产能力显著增强

新中国成立前，郊区农业生产条件十分落后，基本上靠手工劳动，生产力十分低下。新中国成立后农村社会经济迅速发展，产业结构不断升级。农业从新中国成立初期的比较单一的粮食生产发展到20世纪90年代的农、林、牧、副、渔协调发展，目前大力发展都市型现代农业。农村工业从无到有，形成了门类比较齐全、实力比较雄厚、产品具有一定水平的农村工业体系。第三产业迅猛发展，由简单的农产品流通发展到以现代服务业和生产性服务业为着力点的第三产业。

60多年来，农村产业结构不断优化升级。第一产业收入由1956年的1.03亿元发展到2012年的265.01亿元，年均增长10.4%；第二产业收入由1978年的5.17亿元发展到2012年的1988.43亿元，年均增长19.1%；第三产业收入由1978年的6.07亿元发展到2012年的2627.25亿元，年均增长19.5%。三次产业结构由1952年的100∶0∶0发展到1978年的40.3∶27.5∶32.2，再演化升级到2012年的5.4∶40.8∶53.8。

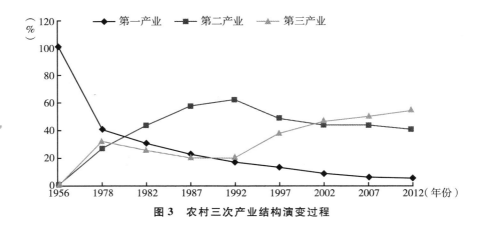

图3　农村三次产业结构演变过程

（三）城镇化进程稳步推进，农民生活更加殷实

60多年来，随着农村经济社会的快速发展和城市化建设的步伐加快，北京的城镇化

水平不断提高，农民生活也发生了翻天覆地的变化。

1. 人口规模快速扩大，城镇化水平不断提高

2012 年，全市农村户数由 1949 年的 52.9 万户发展到 2012 年的 113 万户，增长了 1.14 倍；村户籍人口从 1949 年的 237.9 万人发展到 258.2 万人，增长 8.5%；分配人口从 1949 年的 237.9 万人增至 317.47 万人，增长 33.4%。

2. 就业规模不断扩张

1949 年，全市农村劳动力为 109.9 万人。新中国成立后，随着农村经济的发展，就业规模逐步扩大，1978 年，农村劳动力达到 165.3 万人，比 1949 年增长 50.4%。2012 年，全市农村劳动力达到 186.3 万人，比 1978 年增长 12.7%。党的十一届三中全会以后，伴随着多种经济类型的出现、发展和壮大，农村劳动力转移速度加快，全市农村劳动力就业由以第一产业为主转变为向第二、第三产业转移的新格局。

表 4 1949～2012 年农村劳动力人数

单位：万人

年份	总劳动力	第一产业劳动力	第二产业劳动力	第三产业劳动力
1949	109.9	109.9	0	0
1974	159.4	130.1	11.8	17.5
1978	165.3	120.7	25	19.6
1982	179.4	110.1	44.9	24.4
1987	189.8	84.6	65.4	39.8
1992	178.7	74.6	62	42.1
1997	161.2	65.3	50.2	45.7
2002	165.6	64.1	48.8	52.7
2007	185.1	52.9	40.2	92
2012	186.3	47.4	39	99.9

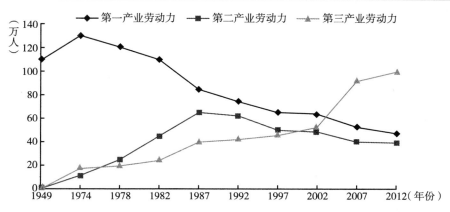

图 4 1949～2012 年农村劳动力就业状况

3. 农民生活水平逐步提高

（1）农民收入快速提高。新中国成立以后，随着生产的发展，农民生活逐渐改善，但基本上还处于温饱不足的状态。居民住户调查资料显示，1956~1978年，农民人均纯收入年均增速为2.3%。改革开放以后，随着经济的快速发展，农民收入水平大幅提高。1978~1982年年均增速为21.6%，1982~1987年为16.3%，1987~1992年为11.4%，1992~1997年为19.1%，1997~2002年为9.3%，2002~2007年为10.2%，2007~2012年为11.5%。2012年，农民人均纯收入达到16476元，1978~2012年年均增速为13.5%。

表5　1956~2012年农民人均纯收入表

年份	1956	1962	1975	1977	1978	1982	1987	1992	1997	2002	2007	2012
人均纯收入（元）	136.15	175.92	143.89	162.01	225	430	916	1569	3762	5880	9559	16476
年均增速（%）					2.3	21.6	16.3	11.4	19.1	9.3	10.2	11.5

注：年均增速未扣除物价因素。

（2）改革开放后农民家庭经营收入快速提高。1983年以前，农民家庭经营收入比较低，家庭经营收入占农民纯收入比重一直在10%~20%；1983年以后，家庭经营收入增长速度加快，占农民纯收入比重快速上升，1986年达到41.2%。随着改革的不断深入和城市化进程的快速推进，家庭经营收入在农民纯收入中所占比重开始呈下降趋势，2008年比重为19.3%，2012年为8%。

（3）财产性收入和转移性收入增长速度加快。1982年，财产性收入只有12元，占农民纯收入的2.8%，随着农民收入水平的提高，农民财产性收入增长速度加快，2002年达

表6　1956~2012年农民人均纯收入构成

年份	人均纯收入（元）	生产性收入（元）		非生产性收入（元）		占人均纯收入比重（%）			
		工资性收入	家庭经营收入	财产性收入	转移性收入	工资性收入	家庭经营收入	财产性收入	转移性收入
1956	136.15	100.74	22.74		12.67	74.0	16.7		9.3
1962	175.92	132.27	27.03		16.62	75.2	15.4		9.4
1975	143.89	109.66	24.89		9.34	76.2	17.3		6.5
1977	162.01	115.42	30.47		16.12	71.2	18.8		10.0
1978	225	178	33		14	79.1	14.7		6.2
1982	430	323	66	12	29	75.1	15.3	2.8	6.7
1987	916	506	356	15	39	55.2	38.9	1.6	4.3
1992	1569	946	492	51	80	60.3	31.4	3.3	5.1
1997	3762	2586	985	63	128	68.7	26.2	1.7	3.4
2002	5880	3672	1458	466	284	62.4	24.8	7.9	4.8
2007	9559	5676	2186	927	770	59.4	22.9	9.7	8.1
2012	16476	10843	1318	1717	2598	65.8	8.0	10.4	15.8

注：1979年以前财产性收入和转移性收入没有单独统计，都统计在非生产性收入中，1979年后开始单独统计。

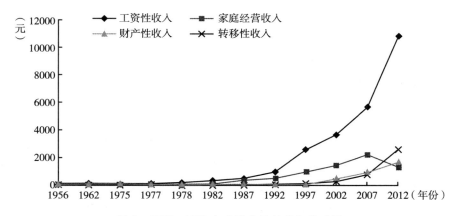

图5 1956～2012年农民人均纯收入构成图

到466元，是1982年的39倍，财产性收入占农民纯收入的比重为7.9%；2012年财产性收入达到1717元，是1982年的143倍，是2002年的3.7倍，占农民纯收入的比重达到了10.4%。农民转移性收入也呈快速提高的态势。1956年，转移性收入为12.67元，占农民纯收入的9.3%；1982年转移性收入为29元，是1956年的2.3倍，转移性收入占农民纯收入的比重为6.7%；2002年转移性收入为284元，是1982年的9.8倍，占农民纯收入的比重为4.8%；2007年转移性收入为770元，是2002年的2.7倍，占农民纯收入的比重为8.1%；2012年转移性收入达到了2598元，是2007年的3.4倍，占农民纯收入的比重达到了15.8%。

二 北京市农村集体经济发展特点

（一）组织机构相对健全

人民公社制度取消后，特别是党的十一届三中全会以后，推动了农村集体经济组织在新的基础上的发展和创新。1991年初市委、市政府作出《关于加强乡村合作社建设，巩固发展集体经济的决定》，要求加强农村社区合作经济的组织建设和制度建设。到1991年底全市有95%以上的村完成了健全合作社组织和管理制度的工作。同时，从1989年至1994年，北京市人大常委会还颁布了《北京市农业联产承包合同条例》《北京市农村集体资产管理条例》《北京市乡村集体企业承包经营条例》等5项涉及农村合作经济管理的地方性法规，促进农村集体经济经营管理逐步走向法制轨道。这些政策、法规的出台和实施，对健全农村集体经济的组织机构，促进健康发展起到了重要的作用。北京市农村集体经济组织结构比较健全。多数村经济合作社与党支部、村委会是不同牌子，一套人马，或交叉任职。据市经管站2005年对175个村集体的调查，有合作社管理委员会的占64%，有监事会的占51%，78%的村由党支部书记兼任合作社社长，15%的村单独设置合作社社长，6%的村由村委会主任兼任合作社社长。自开展农村集体经济产权制度改革以来，截止到2012年底，已有3806个村完成了改制，占村总数的95.5%。这些村已初步建立起法人治理结构，成立了股东大会、监事会，董事长多数村由党支部书记兼任。总体上看，村党支部在村集体的经营管理上发挥了主导作用。

（二）农村集体经济经营管理得到加强

农村合作化以来，特别是改革开放以来，在农村集体经济发展与改革方面采取了很多措施，促进了其经济实力的壮大和经营管理水平的提高。

1. 建立统分结合的双层经营体制

农村经济体制改革后，实行土地家庭承包经营责任制使农民成为独立的经济行为主体，获得了生产经营自主权，成为最基本的生产单位。而农村集体经济组织在农技农机服务、产销加工服务、农田基本建设等方面提供社会化服务，解决个体农民办不了、办不好的事情。由此形成了家庭分户经营和集体统一经营的统分结合的双层经营体制，打破了原集体经济组织统一劳动、统一经营、统一分配的吃"大锅饭"模式，大大调动了农民生产积极性，提高了农业生产效率。目前，全市476.7万亩农业用地，按照确地、确权、确利的原则，有99.9%确定了农户的土地承包经营权。

2. 打破单一的集体所有制结构，形成集体、个人、外资等多种经济成分共同发展的新格局

改革开放以来，为了适应社会主义市场经济发展的新形势，农村集体经济组织采取了多种政策和措施，积极鼓励和扶持多种所有制经济共同发展。一是认真落实家庭承包经营责任制，鼓励农民发展多种形式的家庭经济，使家庭经营成为农村经济的重要组成部分和收入来源；二是通过承包、租赁、拍卖、股份制改造等多种形式推动所属集体企业重组转制，调整企业的所有制结构，促进生产发展；三是充分利用农村集体经济组织原有的土地、房屋、设备等固定资产和资源性资产，通过出租、合作、招商引资、兴办开发区等多种方式引进外资、国有企业、私营企业和社会资本，发展多种所有制企业；四是积极扶持、鼓励农民发展个体经商、个体运输等多种形式的个体经营和个人创业。目前，农村经济结构已经发生了深刻的变化，打破了原来集体所有制一统天下的局面，农村集体经济组织及所属企业的集体经营收入仅占农村经济总收入的30.4%，而私营经济和家庭经济经营收入占农村经济总收入的比重达到69.6%，形成了集体、个体、私营、外资合作、股份制等多种经济成分共同发展的新格局。

3. 改革农村合作经济组织传统的生产、经营和管理方式

随着改革开放的深入和社会主义市场经济体制的建立，农村集体经济组织生存和发展的内部、外部环境都发生了深刻的变化，面临巨大的挑战。为此，京郊农村集体经济组织也在不断改革和调整自己的经营管理方式，积极探索农村集体经济组织发展的新思路、新途径。

一是变实体经营为资本经营，发展租赁经济。近年来，国有、外资、私营和股份制企业发展迅速，农村集体经济组织及所属企业的发展空间受到严重挤压，在竞争中处于劣势。面对新形势，农村集体经济组织正在转变原有自办企业、自己开发的经营方式，通过租赁、委托经营、合作开发等方式，将闲置的土地、厂房及各种待开发资源等对外出租，

发展资本经营，以取得资产的基本收益和实现保值增值。目前，租赁经营已经成为村级社区合作经济组织的主要经营方式和主要收入来源。

二是不断开拓新的经济发展领域。为了适应北京城市化迅速发展的形势和发展都市型郊区经济的需要，北京农村集体经济组织正在改变原来以发展传统农业和传统工业为主的发展思路。结合自身资源、劳动力等特点，大力开拓新的发展领域。如结合拓展农业功能，发展都市型现代农业的要求，积极组织和发展绿色产业、农村旅游产业和观光休闲产业；充分利用郊区地理位置特点和各种资源优势，大力发展各类专业市场，加强城乡交流，发展现代物流业、配送业、物业管理等各种为城市服务的新兴产业。这些为促进农村经济发展和壮大农村集体经济组织注入了新的生机和活力。

三是不断改革完善自身经营管理模式。一部分农村集体经济组织正在打破传统封闭运营的状况，通过发展各种形式的股份制引入外部资金，通过多种形式招聘各类科技和管理人才，通过建立经营公司引进现代企业管理制度和机制，不断提高农村集体经济组织的经营管理水平。多数村集体经济组织定期召开社员代表大会，审议财务预决算和收益分配等重大事项，加强民主监督、民主管理和民主决策，调动广大社员民主办社的积极性。各乡镇还成立财务中心，实施村账托管，并采取加强集体经济资产审计、规范集体经济组织合同管理、建立村级重大事项咨商制等多项制度措施，加强对合作经济组织的资产管理，推进农村集体经济组织管理的科学化、民主化。全市有3824个村实行了"村账托管"，占总村总数的95.9%，其中2914个村实行了"账款双托管"，占总村数的73.1%。全市采用计算机进行会计核算的村达到3931个，占村总数的98.6%。此外，还开展了村干部任期和离任审计，2006～2012年共审计村级主要干部9243人。

四是支持农民专业合作组织等新型合作经济的发展。一些乡村集体经济组织通过领办、提供场地和资金支持，以及利用自身组织制度资源和社会关系资源给予帮助等多种方式，扶持和鼓励发展各种农民专业合作组织，为农民提供多样化的产、供、销服务。

4. 推进农村集体经济产权制度改革

从1993年起，郊区部分乡村社区集体经济组织开始改革农村集体经济产权制度，试行农村社区股份合作制，即以原社区集体经济组织为单位（村、乡），将社区集体经济组织全部或部分集体资产折成股份，量化到每一个成员，并参照股份制的治理结构改造社区集体经济组织，成立股东大会和董事会、监事会，集体项目统一经营，实行民主管理和按股分红。2003年市委、市政府发出《关于进一步深化乡村集体经济体制改革，加强集体资产管理的通知》，肯定了农村社区股份合作制改革的方向。通知指出：乡村集体经济组织要通过改革，实现制度创新，真正成为产权清晰、农民入股、主体多元、充满生机和活力的市场主体。改革的基本方向是"资产变股权，农民当股东"。此后，农村集体经济产权改革在郊区广泛地推开。目前全市累计完成3806个村集体经济的改制，占村总数的95.5%，约320万集体成员变为新型集体经济的股东，并取得明显成效。一是改革后的集体资产从过去的共同共有变为按份共有，明确了个人产权。在建立法人治理结构的基础上，强化内部监督约束机制，加强集体资产管理，提高了集体资产运营效益。二是改革保护和发展了农村生产力。在产权清晰的基础上，调动了农民和集体经济组织扩大生产、投资建设的积极性，壮大了新型集体经济实力，增加了农民就业。三是改革维护了农民合法权益，促进了农村社会稳定。农村土地征占、集体收益分配、撤村转居后的资产处置等涉及农民利益的重大问题，不再由政府和少数干部说了算，而是由股东大会或股东代表大会民主决策。四是改革后农民定期取得股份分红和投资收益，大大增加了农民财产性收入，该项收入成为增加农民收入的重要来源。

（三）集体经济组织实力相对雄厚

农村集体经济从合作化开始，经过几十年的努力，积累了大量的集体资产。

1. 集体资源性资产

据调查，北京市集体土地所有权总面积为 13570.96 平方公里，占全市土地总面积的 82.70%。从农用地看，目前全市农村集体拥有农业用地 1643.97 万亩，其中耕地 348.3 万亩，园地 183.91 万亩，林地 1036.4 万亩，牧草地 3.1 万亩，养殖水面 7.3 万亩。1983 年起，北京市农村普遍地实行了土地家庭承包经营。《农村土地承包法》实施后，北京市因地制宜，全面开展了土地确权工作。全市土地确权工作基本完成，已确权土地面积 476.7 万亩，占应确权土地面积的 99.9%。其中，确地到户 274.9 万亩，占 57.7%；确权确利 176.6 万亩，占 37.0%；确权确股 25.2 万亩，占 5.2%。集体土地是农村集体经济的基础，也是农村集体最大的资源性资产。

据统计，北京市农村集体建设用地约 1568 平方公里，约占全市城乡建设用地总量的 48.75%。其中，居民点占地约 890 平方公里，农村企事业单位建设用地 678 平方公里（占全市独立工矿用地总量的 64%）。村办企事业单位建设用地共有使用权 63546 宗，641.81 平方公里，占全部农村企事业建设用地的 94.7%。各类集体建设用地是农村集体另一项重要资产。

2. 集体账内资产

除土地外，农村集体还有大量的账内资产。这包括乡村集体所有的各类经营性资产、非经营性资产，以及乡村办集体企业所有的资产。据市经管办统计，2012 年，全市乡村级集体资产总额 4524.8 亿元，集体成员人均集体资产 14.3 万元。其中乡镇级资产 1992.1 亿元，占乡村级集体总资产的 44%，平均每个乡镇 10.3 亿元；村级资产 2532.7 亿元，占乡村级集体总资产的 56%，平均每村 6354 万元。全市农村集体净资产 1587.6 亿元，集体成员人均净资产 5 万元。

集体资产的区域差异很大。如果不计土地等资源性资产，就账内资产区域分布上看，近郊、平原、山区有明显差别。2012 年近郊地区集体资产 2363.1 亿元，占全市集体资产总额的 52.2%，人均 53.9 万元；平原地区集体资产 1110.2 亿元，占 24.5%，人均 10.4 万元；山区集体资产 1051.5 亿元，占 23.2%，人均 6.3 万元。从净资产看，2012 年，近郊地区集体净资产总额 710 亿元，农民人均占有集体净资产 16.2 万元；平原地区集体净资产 451.7 亿元，人均占有 4.2 万元；山区集体净资产 425.9 亿元，人均占有 2.6 万元。人均净资产低于 500 元的薄弱村有 409 个，占村总数的 10.3%，其中资不抵债的村 289 个，占村总数的 7.3%。全市资产规模超过 1 亿元的 439 个村中，近郊地区 185 个，占 42.1%；平原地区 127 个，占 28.9%；山区 127 个，占 28.9%。全市资产规模小于 100 万元的 240 个村中，近郊地区 4 个，占 1.7%；平原地区 71 个，占 29.6%；山区 165 个，占 68.8%。

表 7　2012 年农村集体资产区域分布表

	资产总额（亿元）	比重（%）	净资产总额（亿元）	比重（%）	人口（人）	人均资产（万元）	人均净资产（万元）
近　郊	2363.1	52.2	710.0	44.7	438803	53.9	16.2
平　原	1110.2	24.5	451.7	28.5	1069595	10.4	4.2
山　区	1051.5	23.2	425.9	26.8	1666270	6.3	2.6
合　计	4524.8	100.0	1587.6①	100.0	3174668	14.3	5.0

注：①由于四舍五入原因，此处为 1587.6 亿元，文中其他处保留 1587.59 亿元。

3. 集体资产经营现状

2012 年全市农村集体经济实现总收入 1483.78 亿元，利润总额 73.31 亿元。其中，乡镇集体实现收入 1010.6 亿元，占 68.1%，平均每个乡镇 5.2 亿元；利润 42.74 亿元，占 58.3%，平均每个乡镇 2214.5 万元；资产收益率为 2.1%。村集体实现收入 473.2 亿元，占 31.9%，平均每个村 1187.2 万元；利润 30.57 亿元，占 41.7%，平均每个村 76.7 万元；资产收益率为 1.2%。

村集体经济中，利润总额为负数的村有 2109 个，占村总数的 52.9%；利润总额在 100 万元以下的村有 1305 个，占 32.7%；100 万 ~ 1000 万元的村有 455 个，占 11.4%；1000 万 ~ 5000 万元的村有 99 个，占 2.5%；5000 万 ~ 1 亿元的村有 11 个，占 0.3%；利润总额在 1 亿元以上的村有 7 个，占 0.2%。

表 8　村集体经济利润总额分类表

村集体利润总额	<0	0 ~ 100 万元	100 万 ~ 1000 万元	1000 万 ~ 5000 万元	5000 万 ~ 1 亿元	1 亿元以上
村数（个）	2109	1305	455	99	11	7
占比（%）	52.9	32.7	11.4	2.5	0.3	0.2

从区域分布上看，近郊地区村集体经济收入 267.5 亿元，占全市村集体收入的 56.5%，平均每村 2052 万元，人均 60961 元；平原地区村集体经济收入 57.2 亿元，占 12.1%，平均每村 401 万元，人均 5348 元；山区村集体经济收入 148.5 亿元，占 31.4%，平均每村 666 万元，人均 8912 元。

从村集体经济收入分布情况来看，朝阳区收入最多，为 121.2 亿元，平均每村集体收入 7719.7 万元，人均集体经济收入为 8 万元；延庆县收入最低，为 3.17 亿元，平均每村收入 84.3 万元，人均仅为 1646 元。

表 9　村级集体经济收入区域分布表

	近郊	平原	山区
村集体经济收入（亿元）	267.5	57.2	148.5
占村集体收入比重（%）	56.5	12.1	31.4
平均每村（万元）	2052	401	666
人均村集体经济收入（元）	60961	5348	8912

（四）农村劳动力相对较强

北京市农村集体经济劳动力资源丰富，2012 年，农村劳动力 186.3 万人，其中在集体经济组织及所属企业就业的 36.1 万人，占农村劳动力总数的 19.4%；从事家庭经营的劳动力 87.8 万人，占 47.1%；在私营企业就业的 23.7 万人，占 12.7%；个体工商户 26.9 万人，占 14.4%。这些农村劳动力中从事第一产业的劳动力占 25.4%，第二产业劳动力占 20.9%，第三产业劳动力占 53.6%。农村劳动力在农村经济发展中发挥了重要作用。

三　农村集体经济的地位与作用

郊区农村集体经济发展尽管经历了种种曲折和失误，并付出了沉重的代价，但也取得了许多辉煌的成就，作出了重要贡献。在合作社和人民公社时期组织农民参加了长期的、大规模的农田水利基本建设、山区开发和林业生态建设，使郊区农业生产条件有了重大改变，成为农业增产的物质基础，也为北京城市的水资源开发利用保护和生态环境的改善奠定了基础；在统购派购和不等价交换的条件下，乡村集体经济组织为城市和国家提供了尽可能多的农副产品，保证了首都居民的低水平供应。在改革开放后，实行"服务首都，富裕农民"的方针，依托集体经济加速了副食品基地建设，实施"菜篮子工程"，较快地解决了居民吃肉、蛋、奶、鱼、菜、瓜、果难的问题，使北京的副食品供应数量充足、品种丰富、价格稳定；郊区乡村集体经济组织，无偿或低偿为城市建设、工业建设、市场和仓储建设以及交通水利建设提供了大量土地，为北京的工业发展和城市化建设作出了不可磨灭的贡献；集体经济与首都的科技优势相结合，郊区在农业生产的许多领域创造出较高的生产水平和技艺，有些对全国亦有较大影响；乡村集体企业在北京的工业、建筑业、服务业发展上作出过许多贡献，是促进工业化、城市（镇）化的一支重要力量。

改革开放以后，虽然农民家庭成为生产经营主体，但农村集体组织在资源开发与资产经营、资产积累、农民就业、为农民生产生活提供公共服务、社会主义新农村建设等方面发挥着巨大而显著的作用。随着多种所有制经济的快速发展，集体经济在农村经济中的比重逐步下降，但仍是农村经济社会发展中不可或缺的重要力量，是首都社会经济发展的重要支柱之一。

（一）农村集体经济在农村经济中仍占主导地位

2012 年，农村经济总收入为 4880.69 亿元，比上年增长 8.5%。其中集体经济总收入为1483.78亿元，比上年增长4.04%，占总收入比重为30.4%。几十年来，农村集体经济还积累了大量的资源性资产和账内资产，2012年，账面资产总额已达到4524.8亿元，平均每乡镇10.9亿元，每村6428万元，人均集体资产达14.3万元。乡村集体经济组织当年用于农村基础设施和公益事业的投入为11.3亿元，平均每村28.7万元。

（二）为农民就业和农业生产提供服务

据市经管站统计，2012年，在集体及乡村办企业就业的农村劳动力有36.1万人，占农村劳动力总人数的19.4%，其中，近郊地区劳动力在集体经济中就业的比重高达56.3%，平原地区为15.8%，山区为11.6%。还有相当一部分农村劳动力在集体经济组织招商引资的企业中就业。土地实行家庭承包经营后，一家一户办不了、办不好的农业生产环节，如农业基础设施建设、灌溉、机耕、机播、植保、脱粒等，一般由村集体经济组织统一组织服务。

（三）农村集体经济是农民增收、共同富裕的重要物质基础

2012年郊区农村劳动所得总额456.6亿元，人均14381.9元，其中，从农村集体得到2799元，占19.5%。农村集体还为农民分红或提供福利。进行了产权制度改革的村集体，都为农民发放数额不等的红利，2012年，有1073个村进行了股份分红，分红金额23.6亿元，人均2124元。不少村集体为农民建立了形式不同的福利制度，有的村还建立了农民"退休制度"。据对175个村的调查，每个村集体平均每年用于每个集体成员各种福利870.4元，据对《2012年北京市农村经济收益分配统计资料》的分析，郊区农民收入和就业状况与该地区集体经济实力呈正相关关系，即集体经济实力越强，农民收入越高，农民就业也越充分，农民收入中来自集体经济的比例也越高。

表10　2012年全市村集体经济收入与农民收入对比

村集体收入分组	>1亿元	5000万~1亿元	1000万~5000万元	500万~1000万元	100万~500万元	<100万元
村数（个）	94	52	257	259	1222	2102
人均劳动所得（元）	21906	19333	17523	15425	13757	12494
其中集体所得（元）	14462	10563	5331	3016	1379	1149
人均所有者权益（元）	155697	134469	61796	41736	21733	12343
在集体就业的劳动力（人）	71953	22511	47408	21489	45446	46255
占劳动力总数的比重（%）	61.4	47.3	34.6	19.2	14.2	6.9

表11　2012年全市村级人均集体净资产与农民收入对比

人均集体净资产	>10万元	5万~10万元	1万~5万元	5000~1万元	1000~5000元	1000元以下
村数（个）	315	230	1102	763	1024	556
人均劳动所得（元）	20313	18386	14744	12921	12412	13260
其中集体所得（元）	10103	6549	2712	923	868	2136
在村集体就业的人数（个）	72079	38727	63803	24915	33321	22231
占劳动力总数的比重（%）	51.5	44.0	24.8	11.6	6.9	4.8

（四）承担村级运转费用

长期以来，由于财政投资较少，农村街坊路、路灯、供水、环境卫生等基础设施投资，农村教育、卫生、文化娱乐、五保户供养等项社会事业，干部工资、办公经费等公共管理费用，主要是由村集体经济组织承担的。据对 175 个村的调查，1995～2005 年的 10 年间，平均每个村基础设施累计投入 415 万元，其中村集体自筹 346.4 万元，占 83.5%；平均每个村集体对社会管理及公共事业累计投入 403.5 万元。市经管站统计资料显示，2005 年乡村集体经济组织当年用于农村基础设施和公共事业的投入 6.3 亿元，平均每村 16 万元，比 2000 年增长 50%，年均递增 8.5%；2012 年用于农村基础设施和公共事业的投入 11.3 亿元，平均每村 28.7 万元，比 2005 年增长 79%。近年来，尽管新农村建设中加大了对农村基础设施和公益事业的财政投入，但由于财政投入的覆盖面还不够广，而且政府投资建设的各项设施的管理维护基本上仍由各村承担，村集体在维持村级正常运转方面仍发挥着重要作用。

（五）推进农村工业化进程

改革开放以后，随着土地家庭联产承包责任制的落实，郊区农村大批富余劳动力从狭小的土地上分离出来，开展多种经营，农村集体经济组织兴办了大量的集体企业。2012 年，集体企业总收入已达到 1277.6 亿元，占农村集体总收入的 86.1%；集体企业资产总额 1793.8 亿元，占农村集体资产的 39.6%；农民收入中，从集体企业中得到的收入 1848.8 元，占农民收入的 12.2%；在集体企业就业的劳动力 17.3 万人，占农村劳动力总数的 9.3%。集体企业的发展不仅壮大了农村集体经济组织的实力，增加了农民收入，也改变了郊区农村经济结构，奠定了农村工业化的基础。特别是发展集体企业把农民从土地的束缚中解放出来，主动地参与国家工业化进程，这对于打破城乡二元结构，促进城乡一体化发展有十分重要的意义。

四　村级集体经济存在的主要问题

（一）经营效率低

经营效率是评价一个经济组织的最重要指标。总体上看，集体经济效率很低，主要原因在于多数集体组织没有建立起有效的经营管理激励机制，难以充分调动管理层和集体经济组织成员对资产保值增值的积极性。20 世纪 90 年代后期起，为解决集体资产流失的问题，绝大多数村集体从生产经营转变到资产经营，但并没有从根本上彻底解决经营机制问题。受经营管理能力的限制，目前集体资产经营以对外租赁为主，效益相对低下。经济合同管理不规范，租金偏低、承包期过长、不按规定履行经济合同等问题时有发生，集体资产流失的情况仍比较严重。经营效率低可以用土地产出率、资产收益率、劳动生产率等指标来衡量。

（1）土地产出率。根据市统计局的数字，北京第一产业的土地产出率是 829 元/亩，全国平均是 482 元/亩，北京在全国排第 15 位。与北京的经济总量、生产力水平相比，土地产出率是很低的。单位耕地产出率是指农业总产值与农业耕地面积的比值。

耕地产出率反映的是耕地利用效率，产出率越高，使用效率越高，经济发展质量越高。北京单位耕地产出率是 10447 元/亩，上海是 10426 元/亩，天津是 5923 元/亩。市国土局的数据显示，北京市土地产出率是 6.6 万元/亩，上海市是 15.5 万元/亩，天津市是 6.3 万元/亩。

（2）资产收益率。北京市农村集体资产收益率逐年下降，2010 年、2011 年、2012 年集体资产收益率分别是 1.99%、1.46%、1.39%，同期的银行存款利率分别为 2010 年 2.75%、2011 年 3.5%、2012 年 3%。集体资产收益率低于银行存款利率。由此可见，全市农村集体资产经营效率较低，资产收益率普遍低于同期银行存款利率，且呈下降趋势。

（3）劳动生产率。根据市统计局数据，第一产业劳动生产率是每人每年 19108.9 元，全国平均是每人每年 14512.3 元，北京在各省区市中排第 12 位。

另外，北京市农村集体资产负债率呈上升趋势，偿还债务能力越来越差。2012 年资产负债率为 64.9%，其中乡镇级资产负债率更高，为 74.8%，村级为 57.1%。

表 12　1995~2012 年集体资产收益率

单位：%

年　份	1995	2000	2005	2010	2011	2012
资产收益率	6.15	4.91	3.69	1.99	1.46	1.39

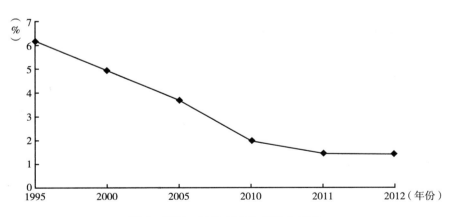

图 6　1995~2012 年集体资产收益率

表 13　1956~2012 年全市集体经济收入及占农村经济总收入比重

年　份	1956	1962	1975	1977	1978	1982	1987	1992	1997	2002	2007	2012
总收入（亿元）	1.03	3.91	9.27	9.39	18.83	33.61	123.8	386.33	952.79	1792.5	3319.62	4880.69
集体收入（亿元）	1.03	3.91	9.27	9.39	18.83	33.61	104.1	269.18	665.06	920.53	1270.1	1483.78
占总收入比重（%）	100	100	100	100	100	100	84.1	69.7	69.8	51.4	38.3	30.4

表14　1977～2012年全市集体经济资产负债率

年　份	1977	1982	1987	1992	1997	2002	2007	2012
集体资产总额(亿元)	19.59	38.95	65.63	297.48	795.19	1380.19	2325.06	4524.80
净资产总额(亿元)	15.89	26.12	44.91	133.8	327.63	611.42	956.05	1587.59
负债总额(亿元)	3.7	12.83	20.72	163.68	467.56	768.77	1369.01	2937.22
资产负债率(%)	18.9	32.9	31.6	55.0	58.8	55.7	58.9	64.9

（二）机制不规范

一是管理不规范。大多数村的村集体与党支部、村委会实际上是"政社不分"的。集体资产主要由村干部经营管理，往往用村务管理程序代替集体经济管理程序，多数村在不同程度上存在决策不民主、过程不透明的问题，普通集体经济组织成员缺乏了解集体经济状况的正常途径，更难以参与集体经济的日常管理和决策监督。这为少数村干部随意支配集体资产，甚至以权谋私提供了空间，也容易导致农民对村干部的不信任情绪。尽管采取了村务公开、村账托管等措施，但仍难以从根本上改变这种状况。农村干群矛盾很多与集体资产管理直接间接相关。二是分配不规范。多数村集体尚未建立起明确而规范的集体收益分配规则。为争取尽可能多的利益，集体成员难免产生矛盾。围绕土地承包方式、征占地补偿使用分配等产生的纠纷，就是突出的表现。

（三）部分村集体经济实力薄弱，无法承担为农民生产和生活服务的职能

目前，全市农村集体净资产1587.59亿元，农民人均占有净资产5万元。但各村集体经济的发展很不平衡，经济实力差距也很大。市经管办统计资料显示，在全市3986个村中，农民人均净资产在1000元以下的有556个，占村总数的13.9%；有289个村集体账内资产已经资不抵债，占7.3%。村集体年统一经营收入在10万元以下的有705个，占村总数的17.7%；有188个村（占村总数的4.7%）除政府补助性收入外，没有自己的经营收益，有72.9%的村分布在山区。这些村集体经济组织经济实力薄弱，被称为"空壳村"，很少甚至没有集体经营收入，其职能发挥受到很大的限制，无法承担起为农民群众提供社会化服务、发展农村公共福利和组织发展村域经济的任务。

（四）集体经济组织承担过多的农村公共服务职能，负担沉重

目前，在城乡分割的二元体制下，政府对农村道路、水、电等基础设施建设，以及教育、卫生、农民社会保障等公共服务的投入缺失或严重不足，这些项目在很大程度上是由农民和农村社区经济合作组织的集体经济自己来负担。据对京郊175个村的调查统计，1995～2005年，平均每个村基础设施累计投入415万元，对社会管理及公共事业累计投入403.5万元。其中，用于环境治理及维护154.3万元，用于教育、文化、娱乐设施投入44万元，用于社会福利累计投入201.3万元。北京市第二次农业普查显示，2006年全市村级合作经济组织基础设施投资达18.9亿元，村均47万多元。2012年全市村集体公益性基础设施投入和支付的公共服务费达12.3亿元，村均31万元。许多本来该由政府承担的农村基本公共服务转嫁由农民和集体经济组织承担，不但有损于政府提供公共服务的公平性，也加大了农村社区合作经济组织的负担，制约其发展。即使是新农村建设工作开展以来，政府对农村基础设施和公共服务的支持大幅度增加，但农村集体经济组织的公共服务和基础设施建设支出仍有待进一步增加。

产生上述问题的深层次原因有三个方面。

一是对农村集体经济实行二元管理体制。我国城乡二元体制的很多方面，直接体现在集体经济管理上。长期以来，政府对农村基础设施、公益事业和公共管理很少投入，主要依靠农村集体自力解决这些问题，村集体实际是发挥着"村级财政"的功能。这是造成村级集体负担沉重的根本原因，也直接影响到村级集体经济的管理方式。此外，我国还对以土地为核心的农村集体资产存在一些限制性的政策，集体土地、农村房产不能平等享受国有土地、城镇房产的权利，妨碍了市场对资源配置决定性作用的发挥，制约了资金、技术、人才等要素向农业和农村流动，是影响农村经济发展的主要因素之一，农民反映强烈。

二是乡村治理结构组织重叠，功能混淆。长期以来，村合作经济组织、村民委员会和村党支部的相互职责不清，功能混淆，对农村集体经济组织的发展带来很大的负面影响。中央1983年和1984年两个1号文件及1987年5号文件等明确提出，改革人民公社体制，实行政社分开，围绕管理和经营集体土地，建立社区性的合作经济组织。其主要功能是生产服务、管理协调和资产积累，组织资源开发和兴办集体企业，增强为农户服务的经济实力。而按照《村民委员会组织法》，村民委员会的职责是发展经济、组织生产服务、管理集体资产和集体资源开发。《中国共产党农村基层组织工作条例》又规定，村党支部是领导核心，处于最高权力位置。目前，绝大多数村是经济合作社、村党支部、村民委员会三块牌子，一套人马交叉任职，多数是由党支部书记兼任合作社社长，少数由村委会主任兼任或合作社社长单独任职。由于职责不清、功能混淆，在工作实践中就出现了由村支部或村委会代行合作社的管理职能，支部书记和村委会主任争夺对合作社的控制权，甚至村支部书记和村委会主任各自代行合作社职能的状况，使村合作经济组织无法独立开展工作，行使职权。

三是经营主体和法律地位缺失。郊区农村集体经济组织从20世纪50年代初的合作化开始，已有60多年的历史，至今仍处于无法可依的状态。在计划经济时期，其运行规则靠的是党委、政府的"红头文件"，而在市场经济条件下，政府管理经济的手段随之由以行政手段为主，转变为以法律手段为主。"红头文件"的效率已大为降低，党政领导机关发出的政策性文件往往因人事变动而束之高阁，无人问津。作为郊区普遍存在的农村集体经济组织由于法律地位缺失，对其功能地位无法统一界定，其合法权益的保护也成为难题，主要表现在两个方面。一是市场经济体制下，农村集体作为平等市场主体的法律地位还没有完全确立起来，农民某些财产权利还受到一些限制，特别是农村集体土地和农民宅基地权益得不到尊重的情况比较普遍。尽管大部分村集体已经改造为社区股份经济合作社或土地股份合作社，但这种新型集体经济组织在改制以后仍然面临同样的境遇。二是政府对集体的管理基本上都采取行政手段，不仅效力不足，而且政策方向也常因为各种因素的影响而发生较大的变化，存在一定程度的随意性。

第二节　农村集体经济政策评析

总体上看，当前关于农村集体经济发展的支持政策不足，甚至限制政策偏多。如由于过去侧重于保障一些开发区或重大建设项目建设，农村集体土地建设用地指标被转移出去，农村现有用地改为绿地或基本农田，几乎所有的原址上的升级改造都被认定为违建，农村发展就被这种"人为"的土地用途管制束缚住了。

一　土地管理政策

（一）政策现状

国家层面，与集体经济相关的土地管理政策主要体现在《土地管理法》、《农村土地承包法》、《土地管理法实施条例》以及《宪法》、《合同法》中。北京市关于集体经济发展中土地管理方面的政策主要体现在：1991 年通过的《中共北京市委、北京市人民政府关于加强乡村合作社建设巩固发展集体经济的决定》，1993 年市人大常委会通过的《北京市农村集体资产管理条例》，2003 年市委、市政府发布的《关于进一步深化农村集体经济体制改革，加强农村集体资产管理的通知》等。

目前，土地管理政策主要有：一是土地宏观调控政策。国家通过编制土地利用总体规划对农业、林业、牧业、工业、城市和居民住宅建设等各类用地进行统筹规划，合理布局，尤其是对城市建设用地规模进行控制，并通过编制土地利用年度计划对建设用地总量进行控制。二是集体建设用地集约利用政策。促进集体土地实现从粗放型向集约型的转变，提高土地的利用率和单位土地面积的产出率，充分发挥土地的使用效益和功能，减少土地的闲置和浪费。三是节约用地政策。建设工程项目设计应严格执行建设用地定额指标。四是保护耕地政策。严格控制耕地转为非耕地。实行土地用途管制制度，农用地转为建设用地必须办理农用地转用审批手续；征用耕地必须依法办理审批手续；实行占补平衡制度，保持耕地总量的动态平衡。五是保护土地权利人合法权益政策。土地所有者和土地使用者享有的土地权利经依法确认。农民承包经营土地，发包方和承包方应订立承包合同，约定双方的权利和义务；农民的土地承包经营权受法律保护，调整承包土地，必须经村民会议 2/3 以上成员或者 2/3 以上村民代表的同意，并报乡（镇）人民政府和县级人民政府农业行政主管部门批准。按照《农村土地承包法》、市政府《关于积极推进农户土地承包经营权确权和流转的意见》以及其他相关文件精神，土地确权采取"增人不增地，减人不减地"原则。按照相关文件要求，在尊重农民意愿的前提下，确权方式可以采取确权确地、确权确利、确权确股等多种形式，确保农户的土地承包经营权。

（二）存在问题

一是集约利用农村经营性建设用地困难较大。要集约利用就需要收回发包土地，但由于承包期长以及建设用地的稀缺性，往往收回成本高，镇级财政无力负担。

二是集体建设用地招商困难。按照发改委、规划委等相关部门的规定，集体建设用地开发利用受到很大限制，不具备吸引优质资本投资的能力。如现状已经开发利用的集体建设用地，由于土地性质限制，建筑规模难以扩大，相关部门对闲置集体建设土地新建、扩建不予审批。

三是"增人不增地，减人不减地"原则，导致家庭实际人口与确权土地不符，许多新增人口无法享受土地经营权和收益。

四是政策要求直接承包经营土地的要确权确地到户，对不要求直接经营土地的可以确权确利。确权方式虽然有三种形式，但流转必须农民自愿，确权方式难以统一。现有政策没有规定乡镇或本村集体如何选择适合自己的确权方式。

五是由于农户个体经营土地面积很小，造成土地细碎化、种植品种多样化、耕作方法传统化，难以实现集约经营效益，直接影响农户家庭收入。

（三）政策需求

一是要使农村集体经营性建设用地集约利用，相关部门需解除对集体建设用地开发利用的各种束缚。如针对集体建设用地，发改委给予立项、投资计划；规划委规划意见，批建设用地规划许可证、建设工程规划许可证；建委批开工证，给予产权登记、抵押登记。

二是要使农村经营性建设用地集约利用，需要统一规划，统筹考虑。既要摸清地块情况，又要有合适的项目入驻，充分利用现有的建设用地，吸收一些高端产业，淘汰低端产业，特别是影响环境的企业。同时还要符合村经济的发展，不损害村集体和个人的利益。

三是按照党的十八届三中全会精神，农村集体建设用地在符合规划等相关规定的前提下，允许出让、租赁、入股（国有资本、集体资本、非公资本等交叉持股、相互融合的混合所有制经济）。建议相关部门尽快出台政策，为农村集体建设用地充分发挥潜在价值创造条件，为盘活已经开发利用的集体建设用地上的闲置资产以及扩建、新建创造条件，实现与国有建设用地享有同等的使用权。

四是在土地流转方面，要允许集体经济组织通过民主决议，根据家庭人口变动及户口变动情况适当调整确权人口；政策要明确镇级政府或村集体可以通过一定方式在本镇或本村内，选择一种或几种适合本镇或本村的确权方式；根据地区经济及城市化进程，镇、村是否可以申请由上级或自主决定，将确权确地方式变更为确权确利方式；确权确利如何进行核算应该出台较详细的可操作的办法。

二　产业扶持政策

关于集体经济发展的产业扶持专项政策比较少见。集体经济产业发展过程中，扶持政策多与土地政策相关联，面临的问题也主要是受到土地管理制度的限制。具体政策需求：

一是对于有土地整理需求，实现农民拆迁上楼的村集体，调整规划用地性质，增加居民住宅面积，采取就地回迁办法，解决村庄拆迁资金平衡问题。

二是暂缓实施拆迁，调整规划方案，先行开发不涉及村址拆迁的工业用地，为产业发展创造条件，让农民先得到实际利益，待时机成熟再行搬迁村民。

三 财政支农政策

(一) 政策现状

对于集体经济的财政扶持政策比较少见。对于集体经济的扶持，主要体现在新农村建设中对村庄的硬件建设方面，如 2006 年北京市新农村建设启动以来，通过实施"5 + 3"工程、农村饮用水管网改造工程、农田基础设施综合开发工程、平原造林工程等，农村的基础设施条件得到了显著提升，农民的生产生活方式不断变化，集体经济发展的基础条件得到了显著改善。

(二) 存在问题

一是农村基础设施建设缺乏系统的规划和科学的指导，导致整体发展水平较低。

二是采暖、供水、供气等条件没有得到根本的改善。

三是农田（包括基本农田、林地等）保护及管理方面政策存在标准不统一问题。

(三) 政策需求

一是结合区域交通走向、城镇整体布局、自然地形条件，完成城乡一体化区域交通路网建设。

二是完善区域内供排水配套设施建设。建设供水厂和铺设供水管网，形成与城乡一体化发展要求相适应的城镇供水保障体系，实现市政供水全面普及，供水能力协调发展，供水水质稳定达标。

三是建设排水防涝设施，加快雨污分流管网改造与排水防涝设施建设，解决区域积水内涝问题；因地制宜地配套建设雨水滞渗、收集利用等削峰调蓄设施。

四是节能减排，推行煤改电、换煤工程、燃气入户工作。天然气作为清洁能源，在节能、环保、安全、经济、方便居民生活等方面优势显著，具有显著的经济效益和社会效益。在区域范围内按照现有条件和地理位置推行煤改电、换煤工程、燃气入户，可以减少空气污染。

四 征地转非政策

(一) 政策现状

主要体现在《北京市建设征地补偿安置办法》（北京市人民政府 2004 年 5 月 21 日第 148 号令）中。近年来，市政府出台了一系列关于整建制转居的政策，如《北京市整建制农转居人员参加社会保险试行办法》《关于城乡结合部地区 50 个重点村整建制农转居有关工作的意见》（京政发〔2011〕55 号）等，在石景山区、通州梨园镇和大兴区瀛海镇等地，整建制转居实践也得到有效推进和落实。

(二) 存在问题

一是涉及征地转非问题的村都存在征地批复时间过长问题，导致后期办理抓阄、建档、办理保险补缴手续缓慢。老百姓由于不理解办理程序的复杂性，产生了很多不必要的矛盾，也导致村集体为劳动力和超转人员支出的补缴费用增加，村集体经济负担较重，明显增加了村集体的经济负担。

二是按照《北京市建设征地补偿安置办法》第十九条规定，"应当转为非农业户口的农村村民数量，按照被征用的土地数量除以征地前被征地农村集体经济组织或者该村人均土地数量计算"，采取按征地比例方式推进农转居，造成农民只能部分转居，降低了转居速度，并带来了一系列社会问题。如部分农民转居，谁去谁留难以确定，因扯皮僵持而无法实施；特别是只有部分农民转居，同村居民身份、待遇不同，可能会长期存在种种矛盾，影响稳定。

（三）政策建议

一是建议相关部门简化征地转非办理手续，从而减轻村集体经济负担。

二是采取多条途径，积极探索推进农民实现整建制转居，同时推进集体经济实现功能转型，释放政策性负担，向现代企业制度转型。

第三节　政策与建议

一　立法起步

改革开放以来，在"政社不分"问题上一直未能有效破题，大多数地区村务决策程序替代集体经济组织决策程序，集体经济组织不能按照市场经济规律进行有效的经营管理。在城乡二元结构体制没有发生根本性改变的相当长的一个历史阶段，农民的事情只能主要靠农民自己解决，这种"政社不分"的体制具有一定合理性，社区自治组织与社区集体经济组织一本账，维持了村庄社区的正常运转，起到了"兜锅底"的作用，维护了农村社会稳定，在一定程度上也促进了农村经济与农民收入的持续增长。但是，集体经济组织"政社不分"的体制也造成了集体资产经营效益低、集体经济管理成本高、集体经济凝聚力弱等问题，从根本上制约了集体经济实力的发展和壮大。只有剥离社会性负担，集体经济组织才可能由一个社会与经济功能混合的组织转变为一个单纯的经济组织，成为一个具有完整市场主体地位的社会性企业。推进整建制转居，实现城乡基本公共服务均等化，剥离了社会性负担，从而取消了政经不分的存在依据，为集体经济组织重新进行自身功能定位，向健全的市场经济主体转型提供了重要契机。为此，推进整建制转居要充分考虑集体经济组织下一步发展方向，解决好未来集体经济组织的功能定位转换问题。

在实现政社分开的基础上，实现农村集体经济功能向市场经济主体转型，按照现代企业制度要求积极推进农村产权制度改革，建立"产权清晰、权责明确、流转顺畅、保护严格"的现代产权制度，发展壮大集体经济，使集体经济组织成为农民融入城市的重要组织载体。

为此，加快立法工作，推进"政社分开"，明确集体经济组织功能定位。在《北京市实施〈中华人民共和国村民委员会组织法〉的若干规定》的基础上，出台《北京市农村集体经济组织条例》，明确集体经济组织的合作经济属性，规范集体经济组织的名称，明确功能定位和主要职能，使集体经济组织可以与党支部、村委会各司其职。确立集体经济组织的法人地位。明确将集体经济定位为合作经济，避免将其定位于股份制企业而按《公司法》注册登记和按公司类企业交税。"政社分开"是落实和完善法人治理结构，形成民主决策、民主监督的体制机制，破除干部经济的前提。一是在明确产权关系的基础上，建立起集体资产经营管理中股东、董事、监事及经理层之间明确的权责关系。按照"产权明晰、权责明确、政社分开、管理民主"的要求，完善股东代表大会、董事会、监事会"三会"制度，健全所有权、决策权、经营权和监督权"四权"制衡机制，形成科学的决策机制和管理制度，推进集体经济组织向现代企业制度转型。二是改善法人治理结构的外部体制环境。理顺党支部、村委会和村集体经济组织之间的关系，明确由村集体经济组织负责集体资产的运营管理。三是改制后新型集体经济组织的名称原则上按照合作社的性质和要求进行命名、注册，进行统一管理。

二　规划引导

制定集体经济改革发展战略规划，纳入区域总体发展规划。这是解决战略思路问题。理清集体经济发展的战略性思路，一是要结合未来郊区产业与空间布局，探索市、区县、乡镇等不同层面的集体经济发展战略规划。研究制定《北京郊区农村集体经济发展与体制改革中期规划纲要》。要把集体经济发展与区县功能定位结合起来，发展当地适合并具有发展潜力的产业。二是探索突破"村自为政"的传统发展方式。通过产权重组等方式打破村域界限，推进村村联合、镇镇联合，让资源在更大的范围内有效配置，发挥规模效益。三是做好规划，引进社会资金，加快集体经济的产业升级。四是建立科学的乡村两级集体经济组织架构，整合村域资源，落实乡域规划，推进乡镇统筹。五是以规模性园区建设为突破口，探索国有资本与集体资本对接的体制机制。借鉴外地成功经验，以乡联合社为载体实现两种公有制形式的有效对接。

三　土地入手

把土地制度创新作为支持集体经济发展的抓手，让农民通过入股、信托、委托等方式，依托土地资源成为市场经营的投资、收益主体。

一是积极探索实施征地留用地制度，在国家建设非公益性项目征地时，在符合当地产业规划的前提下，在有条件的地区，按照征地面积10%的比例为被征地村集体经济组织预留产业用地，由集体经济组织自主开发或合作开发经营。二是各乡镇结合村庄整治和中心村建设，开展宅基地整理复垦所增耕地归村集体所有，剩余的建设用地，经批准后，优先供应本集体经济组织建设集体物业项目。三是在土地利用规划确定的城镇建设用地范围外，经批准占用农村集体土地建设的非公益性项目，允许本村集体经济组织开发建设产业项目或依法与其他单位、个人以土地使用权入股、联营等多种方式参与开发经营，但不允许搞房地产开发经营。各有关职能部门要优先为村集体经济发展安排用地指标，简化审批手续。四是完成集体经济产权制度改革的村，原农村集体土地的所有权归改革后的新型集体经济组织所有。国家建设征地时，依照相关法律法规和政策规定的土地补偿款应支付给新型集体经济组织，并作为集体资产管理使用。五是在符合土地利用总体规划和城市建设规划的前提下，新型集体经济组织使用本集体经济组织土地建设发展的产业项目，可按占地方式或自征自用方式办理建设用地手续，在办理立项、规划、建设、纳税等相关手续时可享受农村集体经济组织相关政策。

四　产业拉动

要把集体经济发展与区县功能定位结合起来，发展当地适合的产业。

一是加快发展集体物业经济。进一步盘活村集体闲置或低效使用的厂房、仓库、老校舍以及办公用房等各类现有房产，充分挖掘存量物业资产潜力，搞好搞活存量物业租赁经营；要认真做好农村集体土地所有权和农村集体建设用地使用权的确权颁证工作，要在符合土地利用总体规划、城市发展规划和集约节约利用土地原则的前提下，鼓励村集体利用集体建设用地，通过自主开发、合资合作等方式开发旅游、餐饮等集体物业经营项目。区位条件较好的城乡结合部地区，要重点发展与城市化发展相适应的高端服务业物业项目；国家建设征地时，在符合产业规划的条件下，可采取以经营性商业用房对村集体给予实物补偿等方式，由村集体发展物业租赁经营。

二是加快发展资产经营型经济。鼓励村集体经济组织利用现有经营性资产发展第二、第三产业。充分发挥市场配置资源的决定性作用，进一步健全农村集体资产产权交易市场，实行集体资产公平交易。鼓励新型集体经济组织引进资金、技术等生产要素，与社会资本合作兴办新企业，促进农村经济发展和农民就业增收。鼓励村集体经济组织利用集体所有的"四荒"（荒山、荒丘、荒沟、荒滩）地、经济林木等资源，通过租赁、入股等方式参与产业开发。对外承包租赁"四荒"地的，要建立合理的价格增长机制；要充分利用本市沟域经济发展政策，支持村集体经济组织发展生态休闲等观光农业和民俗旅游产业。对现有的旅游资源项目，要采取委托经营、合资合作经营等形式，招商引资，招贤纳士，努力提升经营管理水平，提高经济效益。对于待开发的旅游资源要搞好规划，努力打造一批高起点的旅游项目，为实现旅游富民奠定基础。积极推进土地流转，探索研究土地流转信托化经营新模式。通过保底流转、溢价分成的形式，不断增加农民的资产性收入。对村集体的闲置土地和复垦整理后的土地要进行认真清理、整合，通过发包以增加村集体的发包收入。要围绕重点产业、重点项目、重点园区，加快发展土地集中型农业适度规模经营，村集体经济组织在农户土地承包经营权流转中增加服务收入。

三是加快发展都市型现代农业。鼓励村集体对集体经济组织统一经营的各类土地（包括确权确利和确权确股流转的土地），结合政府扶持的土地整理、设施农业、基地建设等项目，加快开发村集体所有的都市型现代农业项目。鼓励村集体采取租赁土地使用权和以资产、资金、知识产权参股等多种途径参与或领办农民专业合作社，在为农户提供种子种苗供应、技术指导、耕种管理、产品销售、商标使用等服务中获取合法收益。

五 财政扶持

一要逐步加大对村级集体经济的财政扶持力度,对有利于村级集体经济发展的农业产业化、农业基础设施建设、农村土地整理、农民宅基地复垦、扶贫开发以及农业综合开发等项目要优先予以立项和扶持,特别是对集体经济薄弱村在政策上要重点给予倾斜。要加大对村级集体经济组织发展农村第二、第三产业的财政扶持力度。

二要出台一系列支持集体经济发展的税收政策,要按照发展合作经济的客观要求,在工商注册、税收返还以及市场准入等环节给予相应的优惠政策。对解决就业较多的集体经济组织及下属乡镇企业给予相应的税收奖励政策;对村集体经济组织出租物业的房产税、营业税以及对村级公共事业建设工程所征的有关地方税收中的留成部分,可由财政部门实行先征后奖;对本集体经济组织获得的区级以上的土地补偿款以及参与集体资产经营获得的企业上缴管理费和利润等免征营业税和企业所得税;对村集体经济组织直接从事农业、畜牧业,销售自产农产品,免征增值税;按税法规定,对村集体经济组织有关经营项目免征营业税;按税法规定,对从事农、林、牧、渔业项目的所得免征、减征企业所得税。

三要加强人才政策支持。鼓励村级集体经济组织广泛吸引外部人才,提高村级集体经济的经营管理水平。鼓励大中专毕业生到村级集体经济组织工作,大学生村官助理服务期满后,在双方自愿的基础上,可以留在村级集体经济组织任职;对在村级集体经济组织工作的非农业户籍人员可以连续计算工龄;有条件的村级集体经济组织所聘人才可以纳入城镇职工社会保障体系。积极联系相关农业院校采取短期培训、定向培养等多种方式,为本区村级集体经济组织培养管理人才。

六 金融催生

一要转变金融就是提供资金的单一认识,统筹培育农村金融三大功能:金融的资源配置功能、金融的风险管理功能和金融的信用创造功能。单纯依靠商业金融,或单纯依靠政府都难以成功,需要构建符合农村实际的金融体系,培育金融的综合服务功能,以此带动集体经济发展。其中,一个关键制约因素是信息不对称。政府组织农民搞金融市场,难以做到信息对称,农民信用无法得到保障。专业合作社搞信用合作,往往由于跨社区问题造成信息不对称难题。社区资金互助社利用社区机制容易提升信用。可以探索与商业银行合作,不设专店,委托保管资金,尽量降低经营成本。可以将财政扶持资金和社员自愿交纳的资金作为互助资金,入社社员通过低占用费借款的方式周转使用互助资金发展生产。通过村申请、乡镇审核、区县相关职能部门把关的方式推进试点工作。

二要加快农村资源资本化。除了要继续研究和探索资源信托化经营之外,关键是要破解农村融资瓶颈,积极探索土地承包经营权、林权、宅基地使用权和新型集体经济组织股权"四权抵押"融资。通过增资扩股、参股控股、收购兼并、产权交易等产权管理方式方法,实施资本运作,探索委托化经营、信托化管理,为发展壮大集体经济增加新的动力。

三要鼓励政府出资支持设立的投融资公司和贷款担保公司为村集体经济组织发展现代农业、兴办企业和建设物业等提供支持。允许村经济合作社参股村镇银行、小额贷款公司。允许有条件的村经济合作社组建村级资金互助组织。

七 改革驱动

一要加快和深化改革，着力点在于深化农村产权制度改革，破除村庄社区的产权封闭状态，推进产权社会化，真正实现农民带着资产进城。把农村改革的重点由村级向乡镇级延伸，破除村庄社区的封闭体制，创新资源的配置体制。按照市场经济发展的客观要求，促进生产要素合理流动，促进区域开发强度的不断提高，进一步提高资源的配置效率。

二要研究探索村与村之间联合的资源定价机制。可以参考莘庄工业园区的方式，成立跨村的社区性联合社，明确产权，统一经营，平均持股，成果共享，实现土地资源的统一开发利用和土地开发收益在村与村之间的合理分配。

三要明确集体经济产业发展的重点和方向。投资和经营商业模式相对简单、便于操作的不动产。在具备一定条件之后，还可以进一步提升物业服务业的产业等级，向高端化发展。

四要处理好村村、村镇各级集体经济组织之间的股权关系，推进乡联社建设，实施乡镇统筹，促进乡村联动发展。建立健全区域统筹机制，推动村与村、村与镇联合发展，推进规模化产业园区的快速发展，同时，有效带动农民融入城镇，应成为下一步深化农村经济体制改革的重要方向。下一步要以城乡结合部为重点，学习借鉴北京市朝阳区崔各庄乡、丰台区南苑乡、海淀区东升镇等乡镇级改制的成功经验，结合各地实际，积极探索和推进乡镇级产权制度改革。有条件的地区建立乡联合社，以村为乡联合社股东，暂时不宜建立乡联合社的乡镇可以先成立乡镇集体资产管理委员会。积极探索乡村联动的产权制度改革办法，实现土地资源的统一开发利用和土地开发收益在村与村之间的合理分配。远郊区县也要依托乡镇级积累性资产，积极开展乡镇集体经济产权制度改革试点。

五要发育产权交易市场。土地是集体经济能够获得发展的优势和根据。一是要加快农村集体土地所有权和集体建设用地使用权确权颁证工作，维护农民和集体对土地的完整权益。二是要研究集体建设用地同地、同权、同价的政策机制。积极培育农村土地产权交易市场，加快产权交易管理平台建设。三是实施征占地留用制度，增强集体经济发展后劲和保障农民的长期利益。四是要发挥乡镇在土地要素市场城乡一体化中的关节点作用。五是积极探索农民宅基地集约化使用办法，创新征地安置补偿模式，确保农民拥有稳定可靠的资产收益。

八 管理上路

在新的时期，考虑到新型集体经济组织已经基本建立，管理工作的重点是把股权管理列入深化农村产权改革的重要工作。

一是要尽快出台《新型集体经济组织股权管理的意见》，对人员界定、股权结构、增资扩股以及新增资产股权量化等问题在全市范围内给出统一的指导意见和要求。一要明确人员界定规则，解决新、老户等历史遗留问题。如对于新增人员规定集体经济组织每10年进行一次股权调整。二要优化股权结构，如适当降低集体股份，增加个人股份比重，适当降低劳龄股份比例，增加户籍股份比例。三要在股权转让、股权合作、增资扩股等环节加强管理，通过股权管理做大做强集体经济的规模，增强集体经济的控制力和扩大其控制范围。

二是积极鼓励按股分红，适当降低福利分配比例。出台《新型集体经济组织收入分配管理的意见》，对于改制后的集体经济组织收入分配环节进行规范，逐步规范和缩小福利分配的范围，并把福利分配部分主要界定于集体股部分的分红。但是也不能急于强制性要求按股分红。完全实现新型集体经济组织按股份分红条件是实现城乡一体化，剥离农村集体经济组织各类社会性负担。要对股份分红税收进行返还或减免。

三是健全内部法人治理结构，建立科学有效的委托代理机制，切实改变少数人说了算的管理局面。关键是要通过规范的股权管理，明确集体经济所有人的地位，寻找到村"两委"与村集体经济组织的协调机制，能够相互促进，各就各位，达到至善的佳境。

课题负责人：吴志强

课题组长：熊文武

课题组成员：张英洪　方书广　李笑英
　　　　　　曹晓兰　陈雪原　石　慧

执笔人：张英洪　陈雪原　李笑英
　　　　石　慧

第四章 维护农民土地权益，让市场发现集体资产的价值

——门头沟区农村集体资产信托化经营管理试点调研报告

第一节 背景：拆迁村的资金管理难题

近年来，随着门头沟区城市建设步伐加快，郊区拆迁规模较大，很多村镇获得了数额可观的拆迁补偿款，农民的消费冲动、村干部的投资冲动以及乡镇干部的管理冲动都非常强烈，急需引入科学的管理运作模式，帮助农民科学管理财富，确保集体资产长期经营。

与此同时，在形势多变、风险无法预知的市场中，存在严重的市场信息不对称和经营能力不对称，加之资产经营意识、投资心理素质方面存在先天不足，由农民和村干部经营集体资产很难保证集体资产保值增值。而传统的政府成立总公司的管理模式又容易走上原来乡镇企业管理的老路，不仅无法充分适应市场，反而让政府承担很大的责任，同时也容易滋生腐败。如何创新集体资产经营管理模式，从而确保用市场的方式解决上述困境，成为摆在门头沟区委、区政府面前的一道难题。

第二节 破题：开展集体资产信托化试点

2012 年 4 月，门头沟区委、区政府决定在永定镇开展集体资产信托化经营试点工作，并选择在永定镇开展首期试点。经过对永定镇 20 多个村的情况进行摸底，选择了资产管理基础较好、干部较为积极的白庄子村和东辛称村开展首期试点。由两个村用村集体结余存款各投入 8000 万元，共计 1.6 亿元开展信托经营。通过对在京的大型国有信托企业的调查了解，相关试点选择与北京国际信托有限公司展开合作。

为推进信托经营试点工作，北京国际信托有限公司专门为门头沟区永定镇拆迁村集体资金经营管理量身设计了"富民 1 号"集合资金信托产品，这是北京乃至全国首个完全

属于农民的、真正意义上的农村资金信托产品。

在市农经办（市农研中心）的整体指导下，经过与上级银监部门及村镇多轮的沟通协调，双方于2012年9月28日正式签署合同，白庄子村和东辛称村共投资1.6亿元向北京信托购买"富民1号"集合资金信托产品，标志着"富民1号"集合资金信托计划正式启动。按照合同，两村将1.6亿元资金交由北京信托代为投资经营，年化预期收益率有望达到10%，明显超过银行理财产品，同时借助我国信托业严格的资金监管机制以及信托本身的风险管控机制，降低农民集体资产的市场经营风险，保证农民集体资产安全稳定地保值增值。

第三节 主要做法

一是坚持六个前提，即坚持确保资产安全、确保程序规范、确保受托公司具备能力、确保收益稳定增长、确保过程透明、确保经营依法合规。

二是政府指导。政府不直接参与经营，主要负责提供必要的引导和政策支持，并为村集体经济组织与信托公司牵线搭桥，促成双方合作。同时与信托公司合作，建立信息发布平台，解决信托经营管理过程中的信息不对称问题，使企业安心经营、集体放心委托、农民没有疑虑、政府心中有数。

三是集中委托。由于信托业务对资金具有巨大需求，同时为扩大资金量、增强抵御风险能力，相关委托应采取集体委托的方式，即由村股份经济合作社或跨村的股份经济联社作为信托委托主体，与专业信托公司签署信托合同。

四是信托公司规范经营。村集体经济组织与专业的信托公司签署信托合同，依靠信托公司专业的项目管理和较强资金运作能力，以及在风险控制方面的优势，进行专业规范的经营运作，确保农村集体资产收益稳定增长。

五是经营收益账户管理。在经管部门的监督下，由信托公司为村集体经济组织建立账户，同时以集体收益分配机制为基础，根据委托协议的规定和股权证及受益凭证，为每一个农户建立专有账户，在此基础上建立集体信托资产收益分配账户管理系统。信托公司取得资产经营收益后，应按照合同约定的时间，将收益打入集体信托资产收益分配账户管理系统，在经管部门的监督下，按照有关协议，启动系统自动分配程序，将归属于集体的收益打入集体账户，将属于农户的收益打入每一个农户的专有账户中。

六是受益人大会行使委托人权力。成立受益人大会，代表农民和村集体经济组织行使委托人权利。受益人大会委托经管部门牵头，召集参与资产委托的村股份经济合作社或股份经济联社以及各村镇集体经济组织代表组成的联合监督委员会，通过在信托合同中明确相关条款，赋予该委员会监督权力，由其监督相关信托资产的基本经营运作、收益的分配情况。

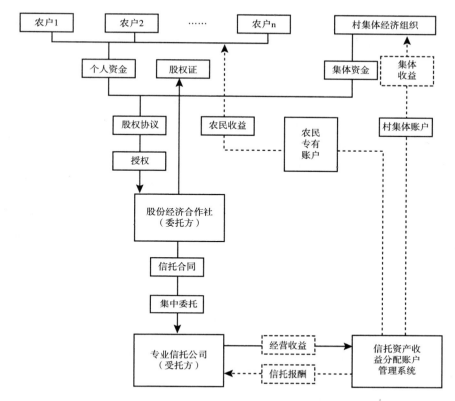

图 1　集体资产（资金）信托化经营管理流程图

第四节　成效及意义

按照合同约定，经过短短 3 个月的运作，信托经营首期收益 400 万元已经返回到两个村的账户，这两个村人均获得 4000 多元的信托收益，收到了初步的效果，明年收益有望进一步提高。信托经营确保了当年两个村集体股份分红迅速增长：白庄子 419 名股东，2012 年人均分红 8840 元，同比增长 1 倍；东辛称村有 501 名股东，2012 年人均分红 8293 元，同比增长 107%。2013 年 2 月 2 日，两村举办分红大会，副市长林克庆等领导亲手将收益发到农民代表手中，获得了很好的社会反响。

在北京开展农村集体资产管理的信托化实践，具有突出的现实意义。

1. 有利于创新农村集体资产的经营管理方式

农村集体资产管理的信托化试点将国际上比较成熟的信托模式引入农村集体资产经营管理中，丰富了农村集体资产经营管理方式，拓宽了农村集体资产经营管理的思路，促进了农村集体资产经营管理的创新。

2. 有利于提高农村集体资产的经营管理水平

引入专业信托公司负责农村集体资产的日常经营与管理，有助于发挥信托作为专业金融手段在资金运作、资产管理、企业经营及风险管控等方面的优势，有助于大幅提高农村集体资产的经营管理效率和应对市场风险的能力，使北京市农村集体资产经营管理水平获得质的飞跃。

3. 有利于推动农村集体资产配置的市场化

由专业信托公司代替传统的集体经济组织经营管理农村集体资产，充分发挥信托公司更加熟悉市场规则、更加善于应对市场竞争、融入市场的优势，有利于农村集体资产以更加安全的方式充分融入市场经济，确保由市场决定集体资产的价格，通过市场的手段发现农村集体资产的价值，推动农村集体资产配置的市场化。

4. 有利于缓解农村集体资产经营管理中的信任危机

集体资产经营管理信托化，让没有利益关系的信托公司作为第三方负责经营管理，通过严格规范的经营制度和公开透明的运作模式，不仅巧妙地规避了农民与干部之间的互不信任障碍，也使得政府可以在不用直接介入的情况下保证集体资产安全和农民权益不受侵害。

5. 有利于解决集体资产经营的市场风险问题

信托公司利用自身在风险控制方面的专业能力和丰富经验，通过完善的风险预测、风险评估和风险应对机制，项目管理，以及丰富的风险规避和控制手段，对经营风险进行专业的防控和管理。在遇到市场纠纷时，信托公司还可利用其熟悉市场规则的优势，更加专业地、规范地维护农民权益。

6. 有利于探索集体资产的长效经营机制

农村集体资产的信托化经营管理，跳出了村干部管理、能人管理、政府行政管理等农村集体资产传统经营管理模式的圈子，将更加成熟、更加适应市场经济、更加专业规范的信托管理模式引进来，有利于农村集体资产更加顺利地融入市场、适应市场，并实现稳步升级和稳定获利，有利于农村集体资产的长期经营，从而有利于维护农民的长远利益。

第五节　存在的问题及障碍

1. 村镇参与的积极性问题

信托化经营中，乡镇政府、村集体都不参与相关标的资产的经营管理，仅提供服务和进行监督，这在一定程度上削弱了村镇对农村集体资产的管理权和控制权，这必然影响村镇尤其是村镇干部参与的积极性。如果村镇政府的相关服务和配合工作不到位，则可能影响整个试点工作的顺利开展。如何调动相关村镇的积极性，使其充分参与到试点工作中来，仍然是一个难题。

2. 干部群众对于信托经营认识不足问题

基层干部对于信托的认识普遍不足，往往把信托等同于理财产品，把预期收益率等同于保底收益率，很多干部只关注本次试点10%的预期收益率，却对于信托经营中的风险缺乏科学的态度和充分的认知，不仅无法帮助农民对信托形成正确的认识，甚至在一定程度上误导了农民。此外，基于长期积累的对村干部的不信任，加上农民自身固有的传统财产观念和对现代资产经营模式缺乏了解，农民对于将资金集中起来搞信托往往缺乏足够的认同，多数农民只能接受经营过程中分红逐年增加，不能接受分红下降，这种心态给信托公司开展经营造成了很大的压力，使其很难科学地对冲风险，实现总体赢利。

3. 规避风险与追求收益的矛盾

按照市场规则，风险与收益是成正比的，要想获得更多的收益，就必须承担更多的风险。然而由于本次试点的标的资产是农民所有的，一旦出问题将有可能影响社会稳定，因此必须优先规避风险，以保证资产安全。与此同时，基于本次试点的目的是促进集体收益的增加，进而促进农民增收，这又要求相关信托经营必须尽量促进收益的最大化。这就带来了矛盾，如何平衡规避风险与追求收益的矛盾，也是本次试点的一大难题。

4. 银监部门态度谨慎

此次信托化试点，开创了我国农村金融工作的全新局面。然而，由于相关资产属于农民，一旦经营失败，其社会影响很大，因此银监部门对集体资产信托化经营还存在很大的顾虑，其态度也非常谨慎，这在一定程度上影响了此次信托化经营试点工作的进度。

5. 信托收益分红面临税收问题

基于适应市场以及明确产权、方便收益分配的需要，本次信托试点村都以村股份经济合作社为委托主体，这在确保信托试点工作顺利开展的同时，也带来了信托收益的税收问题。由于信托收益被村股份经济合作社作为村集体资产经营收益的一部分，与村集体分红一同分给村集体股东，按照我国税法，应当征收分红税，税率为 20%，一旦征收，则信托的收益将会受到严重影响，甚至会引起农民的不满。

6. 信托资产的范围有待拓宽

出于稳妥考虑，本次信托化试点的内容仅限于村集体手中的闲置资金，而没有包括农民手中的闲置拆迁补偿款，这使得整体信托规模有限，与永定镇庞大的闲置资金数额不相匹配。同时，按照原定计划，拆迁补偿给村集体的经营性物业也考虑由信托公司统一开发、经营、管理，但由于村镇出于自身利益的考虑，相关计划未能如期推开，从而限制了信托试点对于村庄发展的实践价值。

7. 高预期收益率难以持续

为确保本次试点的顺利开展，经过市农经办，门头沟区委、区政府的努力，北京国际信托有限公司主动承担社会责任，将"富民 1 号"信托产品的预期收益率调高至 10%。这样的高收益率成为本次信托化试点最大的优势，成为说服村集体和农户参加资产经营信托化试点的关键条件。然而，这样的高收益率是建立在北京国际信托有限公司主动让利和信托体量较小的基础之上的，随着未来信托化试点的扩展，信托规模逐渐扩大，北京国际信托有限公司将难以继续做出这种让利行为，目前的高预期收益率也必然无法持续。

8. 信托经营机制与集体资产管理机制的协调问题

基于北京集体经济产权改革的特点，信托模式与之契合还需要一个过程。规范的信托运作管理机制与目前的集体资产管理机制存在一定的不协调，如在资金监管、收益分配、监管机构设置等方面都存在明显的差异。特别是由于集体产权改革未涉及土地，导致在分配股东和实际股东范围的协调方面存在一定的问题，给试点工作造成了一定的困扰。

第六节　政策建议

1. 由市政府出面与银监部门协调，争取成为全国试点

北京市银监部门是全市信托业的主管机构，作为国家银监会派出机构，不属于市级机关单位，因此仅由门头沟区政府以及市农经办牵头，很难协调相关关系。建议由市政府出面，与国家银监会进行协调，争取成为全国农村集体资产信托化试点地区，并争取试点政策，在此基础上，对相关试点适当给予必要的政策倾斜，从而理顺相关关系，为今后进一步推进相关工作创造良好的条件。

2. 加大力度继续推进集体资产信托化试点工作

应在现有试点的基础上，进一步扩大试点范围，在永定镇其他条件成熟的村进一步推广，并视情况发展，适时争取在其他区县推开。要积极争取区县及乡镇支持，努力拓宽信托化试点的范围，把经营性物业开发建设运营、集体产业园区开发运营等业务内容也纳入信托化试点范围中来，大幅提高农村集体资产信托化试点的实践意义和推广价值。

3. 针对农民做好信托化试点的宣传教育工作

在未来集体资产信托经营试点的推广过程中，应加强必要的宣传和舆论引导，增强基层干部和农民对信托化经营的了解和认识，帮助农民树立正确的集体资产经营观念。同时与信托公司配合，及时做好经营信息的公开工作，打消农民的疑虑，帮助农民树立正确的信托理财观念，为相关试点的推广打下良好的群众基础。

4. 逐步推进集体资产信托化经营的市场化进程

在本次试点的基础上，有计划、有步骤地推进集体资产信托化经营的市场化进程。逐步淡化信托化经营的试点色彩，市农经办、区政府以及乡镇应逐步放手，把市场的问题交由市场处理逐步过渡到由村镇集体与信托公司自行谈判、购买产品的阶段，从而实现集体资产经营的市场化。

执笔人：刘睿文

第五篇

农民组织起来

第一章 北京市"社社对接"安全农产品直供模式试验示范研究

为落实中央、北京市关于创新农业生产经营体制、创新农产品流通方式和流通业态的有关要求，探索加强农产品质量安全保障和提升农产品流通效率的新途径，2012年3月，北京市农研中心（市农经办）启动了北京市"社社对接"安全农产品直供模式试验示范项目，创新开展了安全农产品智能化参与式保障体系（Smart Participatory Guarantee System）的试验研究。在中心领导、专家的指导下，调动中心全体职工的积极性，建立了一对一"社社对接"安全农产品流通形式。2013年，课题组在上年研究与试验总结的基础上，结合安全农产品生产流通领域面临的新形势与新要求，与北京首农商业连锁有限公司、奥科美技术服务有限公司组成联合项目组，边实践、边总结、边推广，积极转化研究成果，建立了消费者网上合作社"京合农品"，初步构建了多家农民专业生产合作社、龙头企业与多家城市职工消费合作社产消直对的多对多"社社对接"安全农产品直供模式，取得了积极成效。

第一节 2012年项目开展情况简要回顾

2012年3月，市农研中心（市农经办）完成了该项目的立项及组织筹备工作。4月，在本单位范围内由工会倡导成立了农研职工消费合作社。5月，委托奥科美科技服务有限公司开发建成了针对社员用户的封闭式电子商务平台，实现了农研职工消费合作社与延庆县康庄镇北菜园农产品产销专业合作（联合）社在线农产品直销直购，初步探索了一对一"社社对接"安全农产品流通形式。2012年试验研究效果显著，组建了职工消费合作社，选择并指导生产合作社加强管理，建立并不断调整商品物流、信息流、资金流体系，基本形成了生产者与消费者直接合作的安全农产品供应链。实践证明，在"社社对接"流通形式中，由于减少了中间流通环节，实现了"直供直销"和"个人购买"、"团体配送"，消费合作社社员能够以优惠的价格吃上安全的蔬菜；农民专业合作社有机菜的价格也能卖得更高；生产者与消费者之间通过建立互动机制能够建立较好的信任关系，有利于实现农产品优质优价。但在实践过程中也发现一些问题，如一家生产合作社的产品种类满足不了社员的多样化需求。如果采取多家生产合作社与一家消费合作社对接形式，会因消费量有限无法降低流通成本。此外，还存在一些社员对消费合作社的性质不了解，社员参与度低等问题。

为解决以上问题，探索建立更完善的"社社对接"流通模式，让更多的农民和消费者受益，项目组决定2013年扩大试点范围，推动更多的消费合作社和农民生产合作社加入，同时进一步完善第三方服务体系，强化信息技术应用，维护供应链高效平稳运行。以"产""消"两类合作社为组织保障，探索能适应市场运作的多对多"社社对接"安全农产品直供服务模式。

第二节 安全农产品生产流通的新形势与新要求

一 生鲜农产品流通方式不断推陈出新

近年来，生鲜农产品流通产业受到产业组织不断完善和产业技术更新影响，正在经历着旧的改造与新的起步，流通方式不断推陈出新。以农产品批发市场为主环节的长链生鲜农产品流通模式，由于存在环节过多、信息屏障严重、对产能调剂反应较慢、价格波动频繁等问题，正越来越多地受到少环节流通模式的冲击。一方面，农民专业合作社、农业龙头企业、物流第三方、电商、商超等涉足生鲜农产品产、运、销环节的生产服务组织发育日趋成熟，业务日趋综合，可以承担起过去生鲜流通链条上的几个组织、几个环节完成的工作，例如跨省、跨区域的商超集团可以承担生鲜农产品长距离的一站式采购和运输，替代了过去几道菜贩子运输、转手、经销的功能，实现了商业零售环节与生产环节的直接对接，因而诸如此类的各种越过批发市场的少环节对接模式迅速发展。放眼国外农产品流通史，也是经历了流通模式由单一化向多元化发展的过程。另一方面，近20年中国互联网技术的发展与普及，也为农产品流通模式打开更多的创新窗口，各类以电脑、手机、电视等电子终端设备为载体的电子商务平台以新鲜、快捷、品种丰富的购买体验吸引了众多城市白领和家庭主妇，引领着城市生活方式的变革。这些生鲜流通产业组织的发展以及互联网时代经济的需求导向型特点为生鲜农产品流通模式的多元化发展创造了众多有利条件，也为"社社对接"流通模式以全新的产业组织方式搭建、以全过程的信息手段实现奠定了时代基础。

二 农产品安全问题亟须破除产消信息屏障

农产品安全包含质量安全和数量安全两个层面。首先是农产品质量安全。造成质量安全问题的突出原因之一是传统农产品流通链中产消之间信息链过长，信息不对称问题严重，消费者无法验证产品的质量是否安全，加之对农产品质量安全的验证具有消费滞后的特点，消费者只有吃完了才能感觉到好坏，因此双重负面因素导致了产消之间信任关系的脆弱特性，造成一有食品安全问题就会很快蔓延至整个社会的群体性恐慌。这样的结果对生产者也是不安全的,往往局部农产品安全事件出现以后,关系到整个产业的存亡。例如前几年传说香蕉致癌,导致整个行业的产销出现动荡。其次是农产品数量安全。传统的长流通链条因信息屏障过多,对产能的调剂非常差,经常出现"蛛网效应",价格波动严重,影响了整个产业链经营主体的积极性,不仅使生产者经常遭遇"卖难"问题,而且包括大多经销商在内也会因产品积压遭受损失。因此,破解农产品流通环节的信息屏障问题,探索建立信息对称的少环节流通模式是解决农产品安全问题提出的客观要求。

三 北京市农业高成本难题亟待加快转变农业发展方式

北京市农产品的生产成本很高,与外埠农业相比缺乏比较优势,走大众化的农业生产路子难以持续。以农地流转价格计算农业的土地投入成本,2012年北京农地流转平均价格为2200元,广州市为1200元,上海市为1000元,北京市比周边主要蔬菜供应地河北省、山东省的土地流转价格更是高出很多。北京市农业劳动力价格、各类农业投入的水平也比周边省市要高,较高的投入成本使北京常规农产品失去了价格竞争力,加之快速的城市化进程使城乡土地的比较收益差距凸显,很多近郊区种上了"房子",挤占了农业发展空间。而在流通环节,大多数农产品是常规产品,只能卖到常规产品价格,农民面对较高的农业生产成本与一般的市场收购价之间的矛盾,农业经营收入甚微。据统计,2013年上半年北京市农村居民人均现金收入为10877元,其中家庭第一产业现金收入仅为469元,占总现金收入的4.3%。农民经营传统农业不增收,也会严重影响农产品的质量安全。如何转变农业发展方式,带动农业经营性收入增长,引导安全农业生产是新时期我们应当面对和解决的课题。

四 北京市逆城市化趋势带来了农业发展新机遇

城市化一般分为起步阶段、郊区城市化阶段、逆城市化阶段、再城市化阶段。逆城市化是指城市人口开始向郊区农村流动的现象和过程。逆城市化是城市化发展到一定阶段后出现的新潮流。城市化发展水平越高,逆城市化的趋势越强。逆城市化对郊区农村来说是巨大的发展机会。北京是世界上屈指可数的人口超过2000万的特大型城市之一,2012年北京城市化率为86%,已达到发达国家城市化发展水平。北京的逆城市化现象已日益明显。北京的一项最新调查显示,有54.5%的人近期有意到郊区投资,70%的人有意到郊区购买第二住所,80%的人经常在闲暇时间到郊区休闲度假。随着城市化的高度发展,消费者有了健康的概念、环保的观念、绿色的概念,加上很多信息技术渗入郊区,郊区的农业已经不仅是农产品供应的产业形态,会产生新的产业满足形式,而郊区的土地也将具有文化的性质,城市郊区将发挥其休闲功能、健身功能、文化功能、教育功能。

如何顺应逆城市化发展趋势,将农产品定位扩展到"大农业"产品范围,既能让市民吃得上放心安全的农产品,又能满足市民望得见山、看得见水、记得住乡愁的需求,将传统农产品和农业观光休闲、农业体验、农业旅游、农业教育等多功能农业所能提供的各种涉农产品的流通与营销紧密结合起来，加快推进都市型农业的第一、第二、第三产业结合，是新时期我们应当面对和解决的战略问题。

第三节　2013年项目基本思路和主要工作

一　基本思路

围绕当前农产品生产流通领域的新形势、新要求，针对北京在高度城市化背景下对都市型现代农业发展提出的新需求、新课题，2013年，"社社对接"项目进一步明确了基本思路：

以"社社对接"流通形式为主要构架，以公益性的产消服务为主要宗旨，倡导"绿色环保、优质安全、健康消费、合作共赢"的经营理念，以互联网信息技术作为支撑，建立安全优质农产品网络直销服务平台——"京合农品"。应用现代交易技术，简化供应链结构，减少流通环节，提高流通效率，培育建立以诚实互信为基础的安全优质农产品交易机制，开展农产品的网络交易和团体配送服务，实现绿色、有机等安全农产品直接进入市场销售终端，保证农产品消费价格水平的相对稳定，逐步形成以"京合农品"为品牌的"社社对接"安全农产品直供服务模式。

二　主要工作

（一）搭建流通组织构架

1. 构建消费组织联盟与生产组织联盟

一是在市总工会系统指导下，建设北京市职工消费合作社联盟组织体系，包括总社与若干家分社系统，形成"社社对接"模式中的有组织保障且较为稳定的团体消费端。目前，已经有市农研中心（市农经办）、中科院地理所、中国侨联、奥科美科技服务有限公司等8家单位按照由工会发起，职工自愿参加、共同所有、民主管理、自我服务的原则，成立了消费合作社，加入"京合农品"服务平台，市财政局、市台盟、北京外国语大学等各单位积极响应，正在积极推进消费合作社的组建。二是在市农研中心（市农经办）的指导下，建设具有一定信誉和安全农产品供给能力的农民生产合作社联社组织，吸收优秀的农业产业化龙头企业，形成"社社对接"模式中的有组织保障、较为稳定的团体生产端。目前已经有延庆北菜园、顺义北郎中、平谷荣涛豌豆、密云京纯蜂产品等多家市优秀生产合作社加入"京合农品"服务平台，同时有首农集团、京粮集团、燕京啤酒等大型国有龙头企业产品做保障，共同满足消费合作社的多元需求。

2. 成立"京合农品"专业委员会，承担平台运营管理

组织各消费合作社的社员代表成立"京合农品"专业委员会，与各农民专业合作社、农业龙头企业对接，在相关领域的专家指导下，承担商品采购、商品议价、运营管理、财务管理和社员管理等工作，实行民主管理和集体决策，制定基本规则，与各生产方签订合

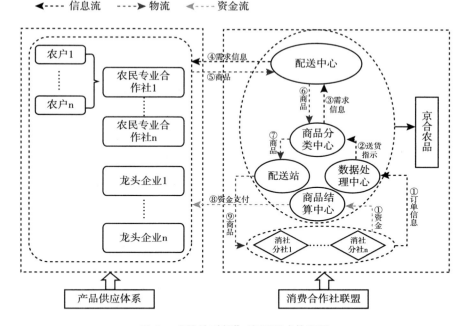

图1　"社社对接"流通形式构架图

作契约，约束双方行为。同时，委托首农集团下属的首农商业连锁有限公司作为第三方服务机构，接受专业委员会的监督，发挥国有企业的公益性职能，负责"京合农品"的业务流程、信息流程、资金流程和配送流程，承担产品集成、统一分拣、集中储运、统一配送、资金结算、质量检测和社员服务等日常运营工作，参考生产成本和市场价格两个因素，协助进行商品议价，做到产品成本透明化、运营成本透明化、物流成本透明化。委托奥科美科技服务有限公司负责网络平台的开发建设与维护，提供智能配送体系的全程技术支持。

3. 达成生产、消费、服务三方的利益保障约定

通过协商与试验，初步达成了平衡生产方、消费方、服务方三方利益的前期约定，包括：①运营初期，根据第三方服务成本测算，暂时从生产者的销售额中拿出20%的流水，实行倒扣，弥补首农商业连锁有限公司承包日常运营产生的各种成本与费用，在不损害生产者与消费者利益的前提下，保证该服务受托商的盈亏平衡；②在保证产品质量的前提下，给予生产者稳定、公正的市场价格和稳定的销售渠道，形成稳定的、可持续的利润，该平台除了收取生产供应商20%的流水外，不收取进场费、管理费、广告费等任何性质的费用；③保证该平台上的产品具有价格竞争力，让消费者得到适价的安全优质产品。

（二）建立运营服务体系

1. 开发建设"京合农品"直供服务平台

"京合农品"服务平台不同于一般的电子商务平台，其作为消费者和生产者的网上联

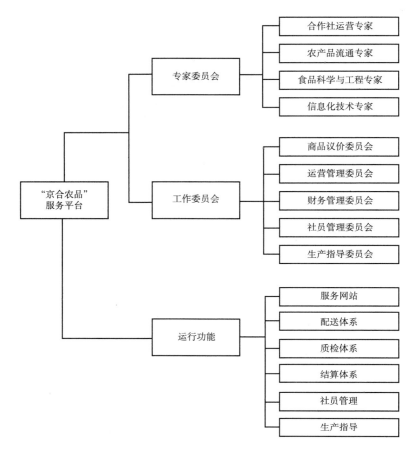

图 2　京合农品服务平台构架与功能

合社，坚持公益服务，由各职工消费合作社、农民专业合作社共同建立、共同拥有、共同管理，其本身的功能也超出了一般电子商务平台的功能。

　　"京合农品"服务平台由"电子商务系统""消费合作社管理系统""智能化配送管理服务系统""农产品保质保真监控系统""农业生产指导系统"等 5 个子系统组成。计划将实现安全农产品展示、网络购物、在线支付、契约合同管理、活动管理、需求管理、生产合作社准入管理以及社员的契约合同管理、套餐订单服务、预订种植管理、农场休闲活动管理、充值服务、智能化参与者保障服务、货品冷藏或加温缓存、送货人鉴权与配货管理、取货人鉴权与取货管理、故障自动诊断和报告、配送过程总量控制、农产品包装一品一码、配送过程监控管理、农业生产计划与任务分解管理、合作社购销管理、生产者价格采集和农资投入品记录管理等多项综合性服务管理功能。

　　2013 年，"京合农品"服务平台已经实现了："电子商务系统"和"消费合作社管理系统"的开发和使用，"智能化配送管理服务系统""农产品保质保真监控系统""农业生产指导系统"正在开发建设当中，预计 2014 年将建设完成并投入使用。

2. 采取集中式、一站式的物流配送

为充分利用消费合作社社员地点集中、组织化程度较高的优势，提高物流配送的效率，各生产方、供货方按照每周两次的集中式配送安排，在配送前一天，将社员订购的产品统一运输到首农物流中心，依托统一的物流配送体系，进行统一分拣、统一包装、统一检测，经过冷藏保鲜后，进行全程冷链运输，实现鲜活农产品 24 小时内集中式、一站式配送到消费合作社的智能配送柜。同时，利用信息化手段，将到货信息直接反馈到消费者的手机上，方便社员随时取货。

3. 推行订单式、预订式的采购方式

为了引导农民按订单生产，解决余量库存难消化、长时间存放带来的高损耗等诸多传统渠道难以解决的问题，"京合农品"服务平台推出了 398 元的绿色有机时蔬家庭装，包括 14 种菜品，可实现预订，按月供应、每周配送。这种订单式采购方式可大大减少农民生产的盲目性，使其按照订单有计划安排生产和销售流程，大大提高农民的生产经营效率。

4. 建立产品质量安全保障机制

为确保"京合农品"服务平台的产品质量，我们采用了六重手段全面保障食品安全：一是要求所有农产品供应方都有专属的直供基地，并经专业委员会实地考察。二是所有在线销售产品都要有绿色、有机的国家认证或者是相当的企业质量标准。三是建立健全产前与产中指导、产后检测、合格后上市的层层把关、全程控制机制。四是强化流通过程中食品安全控制，减少二次污染，建立质量全程追溯体系。五是产消双方签署合作契约，从法律层面上约束生产者行为，保障农产品质量安全。六是建立物联网实时监控系统，促进生产者提升自身的质量管理水平。

（三）加强产消信任关系

为提高消费者对"京合农品"服务平台上销售的绿色、有机产品的信任度，引导该平台建立优质优价的价格机制，促进产消协同发展，我们采用了强化信息对称、密切产消关系等手段，通过提倡树立关爱理念，建立"社社对接"的生产者与消费者互动机制，加强产消信任关系。

1. 提倡关爱理念重于社会规制

参与式有机农业安全保障体系的建立不是依赖政府建立的行政与非行政的有机农产品认证、规制体系，而是选择建立消费者信任度的方式，建立起新的价值理念体系。很多例子证明，在关爱理念作用下企业自律建立起的信任重于社会规制。产消两者之间的关爱理念形成后，即使什么样的第三方有机认证都不使用，理念相近的人也会增加对食品安全的信任。为此，"京合农品"专业委员会 2013 年先后 5 次组织各家消费合作社社员代表到平台供应基地进行访问，加强消费者对生产者的了解，感知生产者的做事原则；同时也多次组织专家对生产合作社进行质量安全和流通方面的培训，传递建立产消信任关系所需的生产理念，促进生产方对关爱理念的理解和坚持，转变他们的种植理念和模式，以改善产消关系为着眼点促进生产者自律。

2. 以开放生产方式促成信任

在生产封闭的情况下，消费者会对有机产品的生产有各自不同的解释，随着信息不断公开，真正揭示农户耕种有机产品的行为，消费者会因实地考察生产过程而获得对称信息而建立起对生产者更高的信任度。为此，我们不仅组织消费合作社社员到生产基地去观看有机产品的生产过程，还组织社员代表到农户家中做入户调研，与农户深入交谈，了解他们种菜过程的各种细节、困难，倾听关于种出有机菜的感人故事，并在社员当中做好宣传。当社员们得知合作社的大棚冬季由于不能保暖而产量低，夏季温度高，不用农药时虫子会吃光蔬菜等实际困难，以及农民为了保证质量拔掉过季的蔬菜等情况后，就会明白生产者的艰辛，从而促成生产者与消费者之间的情感共鸣，打通产消之间的信息渠道。

3. 产消交流和沟通的频繁互动

产消建立互信需要互动，尽管生产方采取开放的生产方式，消费者随时可以到农村参观，然而由于时间和精力原因，还有一些使"社社对接"中信任度降低的因素存在，因此，生产方要继续通过多种渠道与消费者频繁互动交流。为此，2013年我们开通了"京合农品"微信平台，每周两次定期向消费者发布有关"京合农品"的信息，介绍生产计划、新品种甚至农民种植有机菜的心路历程，消费者可以通过农民的故事分享农耕的乐趣与疾苦。

（四）加强横向合作

为进一步拓展品种范围，为消费者提供更多个性化的产品选择，项目组以第十六届京台科技论坛农业合作交流活动为契机，深化搭建京台两地农民合作组织学习交流平台，特地聘请京台两地农业专家及优秀合作社理事长现场为在京农民合作组织传经授道，同时还举办了台湾农渔会百大精品直销推介会。推介会展出的产品全部精挑细选自台湾"行政院农业委员会"推荐的台湾农渔会原产美食，包含日光鲜果、台湾茗茶、在地好米、原乡美食、乐活饮食、清醺佳酿、上选鲜味、百味美食、精选组合九大类产品，这些产品从原料提供到产品制作都有农渔会严密的监管，品质优良，精美时尚。为使消费合作社社员能够长期购买到这些安全优质的台湾美食，论坛期间主办方和台湾有关组织签订了《"京合农品"移动信息资讯及电子交易平台合作开发协议》和《台湾农渔会优质农产品集中采购意向书》，将使本次台湾农渔会百大精品直销推介会成果常态化，并在"京合农品"网站上加设了"台湾农渔会专区"栏目，消费者可以从"京合农品"网站上长期购买到台湾农渔会原产的精品美食。

第四节　2013年"社社对接"项目的成效分析

与2012年一对一"社社对接"流通形式相比，2013年初步建立起的多对多"社社对接"流通形式，在消费者拓展、产品服务和平台影响力方面都有了很大的突破。

一　消费者队伍不断扩大

2012年，"社社对接"项目仅有农研职工消费合作社与北菜园农产品产销联合社对接，总计消费社员 149 名；2013 年 5 月初，自"京合农品"服务平台正式上线运行使用，截至年底，该模式在消费终端已经陆续集合了 8 家企事业单位的消费合作社，总计超过 1000 名消费者社员（如图 3 所示）；在基地供应端，已经集合了 25 家北京市市级农民专业合作社示范社（其中有 10 家生产合作社实际产生了销售额）和 4 家北京市市级农业龙头企业（如图 4 所示），初步形成了"一个平台"加"两个组织"的优质安全农产品流通链条。

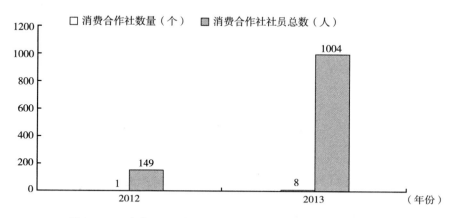

图3　2012 年与 2013 年消费合作社单位数量与社员总数对比

根据平台上每月购物的社员名单和社员数量的统计分析，"京合农品"服务平台上已经形成了一批较为固定且忠实的消费社员用户，数量约 100 人，约占社员总数的 13%，这些社员每月在平台上消费的品种与金额基本上稳定在一个范围，说明已经将"京合农品"服务平台作为日常购买农产品的重要渠道，形成了平台消费习惯。

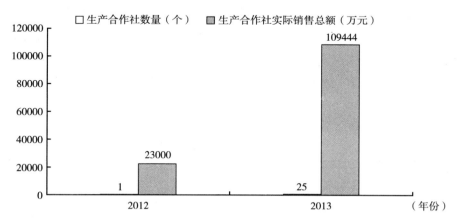

图4　2012 年与 2013 年生产合作社数量与销售额对比

二　销售品种不断丰富

为能够最大限度地满足不同消费者对生鲜产品的购买需求，2013 年"京合农品"服务平台上的产品种类不断丰富，已经从原先的以蔬菜为主的产品种类拓展到蔬菜、水果、肉禽、蛋奶、粮油、水产、饮料、北京名优特产、台湾农渔会特产等九大类100多种绿色、有机农产品，上线的单品数量从2012年的52个提高到354个（如图5所示）。

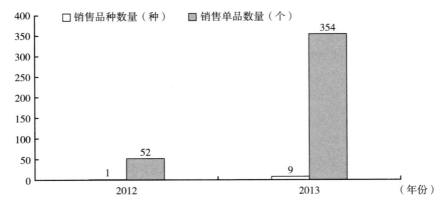

图5　2012年与2013年产品种类与单品数量对比

据统计，本年度销售排名居前15位的产品集中在鸡蛋、蔬菜、牛奶和大米四类。其中，排名前10位的产品分别为首农初鸡蛋、北菜园有机西红柿、三元纯牛奶、北菜园有机小冬瓜、京纯绿色荆花蜜、北菜园有机圆白菜、北菜园有机长茄子、北菜园有机豇豆、北菜园有机青椒、北菜园有机红圣女果。

三　销售数量不断增加

2013年，随着推广力度的加大，平台的销量与2012年相比有了极大的提升。5～12月份，随着进入平台的消费合作社数量的增加，消费总额每月呈现小幅上升趋势，消费总额与2012年同期相比增长了近5倍，达到近11万元；有效订单总数为1017个，平均订单金额为107.6元，从每笔销售单价看，购买力属于"健康"状态，表明消费社员定位基本准确（如表1所示）。

表1　2013年"京合农品"消费总体情况统计

月　份	消费合作社数量（个）	消费总额（元）	订单总数（个）	平均订单金额（元/个）
5	3	6760.8	94	71.92
6	4	17304.2	160	108.15
7	5	11919.9	140	85.14
8	5	9843.7	114	86.35
9	5	18029.8	133	135.56
10	7	18405.6	160	115.04
11	7	9557.2	100	95.57
12	8	17623.2	116	151.92
总　计	—	109444.4	1017	107.61

四 支付方式更加便捷

为更好地服务消费者，我们对现有的消费合作社社员进行了问卷调查，结果显示，有过网上购物经历，采用网银支付手段的人群已经过半。不同性质的单位比例有所差异，奥科美科技服务有限公司消费合作社是一家农业信息化服务企业，年轻人居多，办理网银业务的比率较高，达到92%，网上购物已经成为他们生活方式的一部分。机关事业单位的消费合作社因为年龄结构的原因，办理网银业务的比率稍低一些，以市农研职工消费合作社为例，办理网银业务的社员占56%。根据问卷统计结果，结合部分社员反映的购买充值卡不方便的情况，2013年12月中旬，"京合农品"服务平台与中国银联在线支付平台合作，为社员开通了便捷、安全可靠的银联在线支付服务，至此"京合农品"服务平台的支付方式既可以采取充值卡形式，满足无网银社员的需求，也可以采取网上支付方式，满足更多中青年社员的支付方式需求。

五 为更多在京农民合作社提供优质优价的销售渠道

2013年，为集成京郊优质的农产品，项目组先后4次，共召集了40多家北京市级农民专业合作社示范社，推广介绍"社社对接"安全农产品直供服务模式，并专门召开了"社社对接"安全农产品直供模式应用推广会，邀请中国农业大学的教授和提供项目全程指导的信息化专家，分别就当前流通领域的现状及趋势，以及"社社对接"模式案例向在京农民专业合作社示范社进行详细讲解。目前，经过"京合农品"专业委员会的考核，已有来自延庆县、密云县、怀柔区、平谷区、顺义区、大兴区、门头沟区、房山区8个区县的25家市级农民专业合作社示范社与"京合农品"专业委员会达成协议，为平台供应安全优质农产品。其中，延庆县北菜园农产品产销联合社已经参与平台供应近1年半，与2012年同期相比，2013年网上销售额提高了80%。与此同时，在项目组专家的指导与帮助下，北菜园农产品产销联合社的销售渠道进一步拓宽，2013年销售额达到800万元，比2012年提高了400%。

第五节 2014年项目工作计划

2013年，在探索建立多对多"社社对接"流通模式的试验过程中，项目组发现，平台上集合的消费者团体用户不断增加，对供应链的快速响应能力和服务质量都提出了更高的要求。一旦供应链本身的承载能力不足和各环节的匹配状态不佳，会影响消费用户的购物体验，导致销售额上升缓慢、库房压力加大、生产供应商不配合等不良连锁反应，从而影响供应链各参与合作方的成本绩效和资产收益绩效，不利于该供应链的长期可持续发展。为此，项目组计划在2014年，进一步完善工作机制，着力推进"三个联盟"建设，加强"京合农品"生鲜农产品供应链的整合；围绕市农经办的工作职能，着重探索电子商务环境下生鲜农产品供应链对上游农民专业合作社的生产引导功能；继续完善平台服务功能，丰富平台产品，为该流通模式的市场转化进一步完善机制和积累经验。相关计划如下：

一　着力推进"三个联盟"建设

（1）推进"京合·首农"安全食品联盟的建立。利用"京合农品"服务平台对全市农民专业合作社生产基地的集合能力和"首农"的品牌优势，以"众包"方式，建立一个有信誉保证和准入机制的安全优质农产品开放性服务平台，把北京农民专业合作社、农业企业的生产基地网络资源和客户资源有效整合起来，大力培育安全优质农产品的品牌联盟，通过市场机制，推进北京农产品质量的提升。

（2）推进生产合作联盟的建立。由市农研中心（市农经办）指导各农民专业合作社，依托北京市农民专业合作社联合会，建立生产合作联盟，从建立安全农产品的准出机制和构建新型农业社会化服务体系入手，发挥好政府部门的服务和监督作用，加大对农民专业合作社的培训力度，推进农民专业合作社对现代信息化技术的应用，进一步提高农业生产的组织化程度，稳定安全优质农产品的销售渠道，保障农产品质量安全。

（3）推进消费合作联盟的建立。在巩固原有消费合作组织的基础上，稳步扩大消费合作社的覆盖面，探索在国有企业、中高端居住社区建立消费合作试点，并针对不同人群消费特点采取不同方式推进，探索新鲜果蔬从农场直接配送、其他产品集中配送相结合的新的配送方式。加大对消费合作社的培训力度，进一步推进农场访问活动，加强消费者与生产者之间的互动沟通与相互关爱，着力提升消费合作社对"京合农品"服务平台的品牌信任度、认知度和消费体验度。

二　继续完善"京合农品"服务功能

（1）推进"京合农品"移动资讯服务功能的开发建设，包括整合"京合农品"微信订阅号和服务号，开发和应用"京合农品"微信商城以及手机应用软件，使微信商城成为"京合农品"网站的重要补充，突出随时随地便捷购物的优势，利用手机应用软件进一步延伸"京合农品"移动资讯服务功能，重点是开发地理信息服务功能，根据消费者所处的地理位置，提供周边生态有机农场的基本信息和行车路线。

（2）丰富"京合农品"的产品种类和供应方式。"京合农品"将明确定位"三大类"产品供应，包括北京和其他省市农民专业合作社和农业企业的绿色、有机农产品，台湾农渔会百大精品和国外符合要求的进口食品。2014年，将与台湾云林农产物流进一步探讨更加有效的采购与物流方式，加强与台湾农渔会百大精品的对接。针对目前平台上的蔬菜品种经常短缺等问题，大力推广"京合农品"的绿色、有机时蔬家庭套餐，定期开展应季果蔬的预订活动，按照订单有计划地安排销售流程。围绕都市型现代农业的发展，将安全农产品的产消与观光休闲农业相结合，在平台上开辟"农业休闲旅游产品"栏目，供社员选择预订。另外，还将针对肉类、菌类、干货和家庭农业园林类等产品，引入适合的农民专业合作社或农业企业加入，满足消费者的更多需求。

三 完善"京合农品"工作机制

当前,"社社对接"项目在实践中还存在一些问题。一是运营机制还不够完善,虽然成立了"京合农品"专业委员会,但是各工作委员会的职责还不够清晰,作用发挥不够突出,特别是经营主体缺失。二是宣传推广还有待加强,特别是在消费合作社的推广中,由于各参与方在利益分配上还不够清晰,导致人力资源明显不足。三是对农民专业合作社还没有进行相应的规范,农产品质量标准规定的鉴定机制还没有完全建立起来,需要在实践中进一步完善。

为了确保 2013 年工作的顺利推进,我们将继续坚持"政府引导、资源整合、市场运作、合作共赢"的原则,建议由农研中心牵头,成立相关部门、"京合农品"参与单位、运营公司等多家参与的工作组。工作组的主要任务是理顺产品生产、商品供应与集成、产消对接、物流配送、第三方服务等各个工作环节,打通渠道,树立"京合农品"的安全优质农产品的品牌,积累"社社对接"的成功经验,待"社社对接"模式成熟后,适时考虑经营主体的问题,最终使"京合农品"真正走向市场,以小众的服务理念实现大众市场的目标。

课题负责人:张秋锦

课题组长:葛继新

课题指导专家:李伟克 刘登高 王 兟 安玉发

课题组成员:蓝 海 白英彬 宗 祎 石 锐
　　　　　　杜 山 魏 杰 刘 雯 彭 彤

总报告执笔人:刘 雯

第二章 北京市农民专业合作社市级示范社 农产品电子商务发展概况及对策研究

第一节 北京市农产品电子商务市场现状

一 需求方意愿高

相关调查显示，北京市居民已经和愿意尝试网上购买蔬菜的比例达 70%。北京年均蔬菜购买量为 136.69kg/人，日平均购买量为 0.3745kg/人，常住人口超过 2000 万人。同时，大部分上班族工作压力大，下班后无暇到超市或市场买菜，可见从网上购买农产品的潜在需求很大。

二 供给方跟进快

（一）政府搭建平台，信息化基础好

经过多年努力，北京农业农村信息化基础设施明显改善，基本实现了广播电视、电话等基础网络的全覆盖，全市政务光纤网络"村村通"覆盖率达到 95% 以上。公共信息服务逐步丰富，初步形成了以"221 信息平台"为核心，农村科技与市场信息多平台共同发展的局面。初步统计，北京市涉农网站近 2000 个，农业农村信息系统达 60 多个。农业现代化信息技术布局较快，除精准农业 3S 技术、设施农业智能控制技术、农业专家决策系统、远程视频咨询诊断技术外，2011 年，市、区县两级在农业物联网建设与应用方面取得了初步成果。通过传感器数据监控和视频监控，为农产品自动建立绿色履历，使得消费者通过网络查询自己购买农产品的情况可能实现。

（二）组织自主开发，电子商务初步发展

各类组织（如公司、合作社等）都在尝试做农产品电子商务。特别是规模较大的公司、合作社，做电子商务多选择自主开发系统，在产品、支付、配送等方面已经取得了一些经验。

（1）产品多集中在有机农产品、高端礼品上。普通农产品电子商务的发展还比较慢。

（2）支付主要采取在线支付、储值卡支付等形式。另外，会员制销售方式的比例也较高。

（3）建立配送网络大致有四种形式：一是新建社区便利店网点，如"任我在线"在大兴区开设了 26 家便利店和 1 个配送中心。二是与社区便利超市合作。三是快递配送。四是自建配送系统。

（三）农户登录第三方交易平台

农户、小型生态农场网络营销一般利用第三方平台进行交易，如淘宝网，以生态、有机产品为主，采用在线支付和快递方式。目前，北京市快递网络已经相当成熟，覆盖率高达 90%。

第二节　北京市农民专业合作社开展电子商务具有现实意义

近年来，许多合作社已经试水农产品电子商务，体现出多方面的现实意义。

（1）有利于提高合作社市场竞争力。大部分合作社负责人认为从合作社自身发展的需求来说，开展电子商务势在必行，有利于提高合作社经营管理水平，增加销售机会，降低交易成本。

（2）有利于都市型现代农业经营体制的创新。北京创建世界城市，要求用现代化的经营理念、技术手段发展农业。合作社开展电子商务，以销售带动生产，是产业融合发展的一个重要途径，也是农业信息化、组织化的深度融合，是一种全新的农业经营模式。

（3）有利于首都农产品流通体系的创新。在北京这样的大城市，高端农产品直销模式将逐步摆脱传统销售模式，农民可以分享流通中的利润，同时城市居民可以得到实惠，是农产品流通体系的创新。

（4）有利于提高北京城乡居民生活水平。通过减少流通环节，增加农民收入，提高人民生活幸福指数。如"网上订购、社区网点配送"使得老年人在家可以买到新鲜的地产果蔬。另外，通过物联网技术，可以建立从种子到餐桌的全程可追溯系统，保证农产品质量安全。

第三节　示范社开展农产品电子商务概况

至 2011 年底，北京市登记注册的农民专业合作社 4878 家，实有注册资本 46.1 亿元，带动农户 40.6 万户，占从事第一产业农户的 70%；政府择优培育扶持了 100 家市级专业合作社示范社。在 100 个示范社中，"触网"的比例达 92%，其中有网上销售实质的 14 家，通过自有网站销售的占 35.7%，通过第三方平台销售的占 78.6%。

一　调查结论

对示范社共发放 100 份问卷，收回 91 份。问卷分析发现，目前示范社电子商务的现状为：

（1）示范社网上营销最普遍的情况是自建网站，其次是利用合作社公用平台（如网上联合社）。实现网上销售的比例还不高，网上销售规模还很小，短期看示范社电子商务业务仍在增长，增长率比较低。网上销售相较于传统销售的销售半径更长，电子商务有利于延伸农产品销售半径，增加销售渠道。农民、公司领办的示范社开展电子商务的比例高，村集体、农技服务单位领办的合作社开展电子商务的比例较低。

（2）不同产业的合作社实现网络销售的情况有所区别。从事手工编织、仓储运输、农机、农产品加工的示范社更易实现网络销售，这与其产品的非季节性、耐储存、可标准化生产等原因相关。从事农产品直接生产的示范社实现网络销售的比例较低。深加工及分级包装产品更适应网络销售要求。品牌荣誉对电子商务业务起着正向的作用。示范社网上销售主要走特色路线，多集中在自产的特色产品上，兼营其他产品的比重不高，综合性销售比较少。

（3）示范社开展电子商务在内部管理、网络技术、网上营销等方面存在短板。网上销售的客户群相对比较固定，以单位团购、会员制销售为主，开放性还不强。建有社区直销店的示范社对借助网络开展业务的需求高，普遍比较重视网络营销。直销店数量越多，对电子商务的需求越高。

（4）示范社正处于电子商务发展的投入期，现阶段网上销售的价格、成本优势还不明显，农产品的网上价格与线下价格比略具优势，网上成本与线下成本比处于劣势。其中网上物流成本是制约农产品线上销售利润增长的一个重要因素。

二 主要困难

（1）网络营销能力。电子商务与传统销售比，是一种全新的销售方式，它既带来信息传播的便捷，同时也存在看不见、摸不着的不确定性。因此，实施电子商务需要掌握现代网络技术和网络营销技巧。在开展网络营销的示范社中，59.3%的合作社是利用公用平台，37.0%的合作社将网站运营技术外包或者购买相应服务，只有22.2%的合作社进行自主的技术开发。

示范社设有专门网络营销部门的比例仅为25%，部门内平均人数为2.38人。因为网络营销部门的缺位，示范社网上销售售前、售中和售后服务不够完善，甚至连网上支付的使用率都很低。已出现消费者投诉的问题主要集中在送货延误（41.7%）、缺货（33.3%）、服务态度（25.0%）三方面。

（2）物流配送网络。目前，北京专业的生鲜物流配送公司还很少，合作社自己配送可以保证与配送人员及时联系，以及配送时间相对固定。但是北京的交通情况复杂，相关分析显示，一辆送货车一天配送的极限是30家，由此产生的高额物流费不得不由消费者承担。

（3）生产管理水平。农产品标准化和批量化生产存在难度。网上销售中，示范社出现断货现象绝大多数是因为农产品具有季节性特征，另外还有生产力跟不上、进货不及时等。这显然对农民专业合作社加强内部生产管理提出了一定的要求。

（4）法律法规。现有的法律法规还不能完全满足开展农产品电子商务的需求。如示范社电子商务中比较常见的一种支付方式是储值卡支付。这种方式无疑对农业生产非常有利，相当于为农业生产前期垫资。但是采用这种方式有可能进入"圈钱"陷阱，损害消费者的利益，因此需要相应法律法规予以制约。

第四节　合作社电子商务模式

结合实践，我们将合作社电子商务分为三种模式，即信息展示模式、独立商店模式、第三方平台模式。

一　模式总结及案例

（1）信息展示模式。一般是自建网站或者利用已有的公共平台，将合作社的信息、产品的信息进行网上公布、展示，如北京市农民专业合作社网。该网站有六项主要功能：一是建立全市农民专业合作社综合门户网站，向全社会推介各类合作社及其相关产品和服务；二是为合作社提供社务信息化管理服务；三是为合作社及其成员提供生产管理服务；四是为合作社提供网上农产品批发交易平台；五是为合作社提供农产品生产、销售、配送等环节的质量安全追溯管理；六是为各级主管部门提供合作社总体情况及信息查询和分析，为政府决策提供依据。该平台系统纵向可分为"市—区县—合作社"三个既有联系又可以相互独立的层面；横向分为网站综合门户、合作社社务管理系统、生产经营管理系统、农产品批发交易系统等四个子系统。另外，各区县经管站、农合中心分别建有本区县的农民专业合作社平台，如房山农合网、密云网联社等。

（2）独立商店模式。一般是合作社建立自己独立的网站，对产品进行分类、详细介绍，建有"购物车"，可以在线购买、在线支付，如北京益农兴昌农产品产销专业合作社。合作社与北京信安爱农驿站农产品服务有限公司合作，共同开展优质农产品的电子商务。合作社与公司双方合作中，合作社主要负责农产品生产、供货的组织，公司主要负责整个营销及配送等。合作社主要产品有水果、蔬菜和禽蛋等。网上销售占总销售比重60%、呼叫中心销售占20%。网上销售的60%为零售，40%为单位团购。合作社会员制销售的比例达70%。付款方式为储值卡支付形式。合作社在城区建立了102家社区爱农店，以此为基础开展配送。配送方式是以合作社配送为主，物流公司为辅。

（3）第三方平台模式。一般是合作社入驻已有的第三方网上平台，通过这一平台，进行产品展示、销售。这种模式可抽象为"合作社农产品的集合"，这是与前两种模式最本质的区别，如北京市绿色家递农产品电子商务平台。绿色家递是北京奥科美技术服务有限公司打造的智能化农产品直供服务平台，是农场直供的倡导者，通过智能配送柜、电子商城和行销目录等途径，帮助消费者建立一个和农场直接沟通的桥梁。该公司通过建立农场和消费者紧密的联系，以及利用现代技术解决人们对农场的信任、农产品的选择及物流成本的问题，大大提高农产品供应的效率。

二　模式特点

表1　三种模式特点汇总表

	信息展示模式	独立商店模式	第三方平台模式
前提条件	进入门槛较低,最关键的是合作社在拓展销路的过程中要树立网络营销的意识,删选那些点击率高、使用频繁的网站	农产品标准化生产,新建或利用已有较完备的新鲜速递系统,对经济实力有一定的要求,要配备一定规模的专业网络营销管理人员	农产品标准化生产,有可利用的较完备的新鲜速递系统,要配备一定规模的专业网络营销管理人员
产品特征	产品标准化要求相对较低,批量化生产要求相对较高。这一模式最主要的优势在于网上宣传展示,以吸引批量订购	产品要求标准化生产、分级包装,具有一定的生产规模	产品要求标准化生产,具有一定的生产规模
注意事项	及时维护、更新信息,尽可能多地丰富产品和合作社的信息、图片和资料	及时维护、更新信息,产品信息要全方位、立体式的,以求消费者可较准确判断产品的真实情况。要投入一定人力、物力开展网站宣传和网络营销。特别是前期投入较高	及时维护、更新信息,产品信息要全方位、立体式的,以求消费者可较准确判断产品的真实情况。需要投入一定网络营销资金,在第三方平台开展产品介绍、合作社介绍等活动
优势	操作简单、费用低、风险低	是独立的网站,专业性比较强,产品细分度高	不需要投入资金开展网站宣传,前期投入成本低、风险低。综合性平台,点击率高。不同产品的合作社共用一个平台,极大地丰富了网站的产品种类
劣势	不能在线购买,进一步的销售需要线下沟通	对合作社资金实力要求高。网站宣传的力度要大。前期投入成本高、风险高	产品相类似的厂家数量较多,竞争激烈。有一定产品品种数量的要求

第五节　合作社开展农产品电子商务需要练好哪些内功

电子商务有利于拓展合作社产品销路,不同的合作社可做相应准备。如产品销售渠道以批发市场为主的合作社,可以开展网上宣传,提高知名度,吸引批量订购。希望走个性化零售渠道的合作社,如果本身实力较小、产品种类较少,更适合进入第三方平台,利用已有的平台开展销售业务。如果合作社实力较强、产品种类多,也可以独立建立网站,开拓自主电子商务。合作社自身要做好如下几方面工作。

一　实现内部管理信息化

逐步实现ERP(企业资源计划)、CRM(客户关系管理)、SCM(供应链管理)与网络销售系统的融合。

二　实现标准化生产

按照品种逐步细化农产品标准化生产。农产品网上销售对产品包装要做到"因地制宜"，对于保鲜特性强、物流与储藏环境要求较高的农产品，可建立一套适用的包装方案。

三　布局完善的物流配送网络

规模较小的合作社，可与具有农产品运输条件的快递公司、第三方物流合作。规模较大的合作社，可以逐步建立配送中心、物流配送体系。自建的物流配送体系成熟之后，也可以向第三方物流发展，或者进行多个配送体系的资源整合。

四　建立网络营销理念

合作社电子商务要适应农产品的特点，围绕农产品的季节性、区域性特征，一切从实际出发，制定合理的电子商务战略，进行业务布局。要准确定位目标人群，比如先定位城市有消费能力的高端群体，再逐步向中等收入群体扩展，先从团购做起，再逐步向高度个性化扩展，循序渐进，走稳健发展的道路。

五　逐步走向网上联合社

目前，合作社规模还太小，可以通过成立网上联合社，将不同产业的合作社联合起来，以网络平台带动产品的生产和销售，形成深度的产业链合作。稳定高效的供应链是农产品电子商务成功的重要保障。通过合作社制度把分散的农户、小型合作社组织起来，以合作社办企业等方式，实现农产品深加工、规格化包装，走专业化网络营销之路。

第六节　合作社农产品电子商务健康发展的政策建议

合作社发展农产品电子商务面临着较大的困难，要依靠政府创造发展农产品电子商务所需要的政策环境、市场环境和法制环境，来引导和帮助合作社开展电子商务。

一　完善基础设施条件

（1）信息化基础设施。要进一步加强信息化基础设施建设，完善农产品信息系统。完善的农村网络基础设施是合作社开展网络营销的前提。虽然北京市农村网络基础设施规模一直不断扩大，但相对城市网络建设，农村网络基础设施还相当落后，城乡差距巨大。应进一步加大对农村网络基础设施的投资，加快农村网络建设，提高网络质量，及时将农业科技知识和农产品市场信息作为公共产品通过网络提供给合作社和农产品消费者。同时，对投资于农村的民间资本积极引导，对合作社筹集建设资金、购置网络设施设备、开发网站系统技术、实体选址等给予一定的优惠政策。

（2）物流基础设施。应加大在交通设施、物流配送中心、农产品低温运输设施、储藏设施等方面的投资力度，形成覆盖全市的交通网络、信息网络和物流配送网络。要进一步促进新技术，如物联网、定位系统等在物流配送中的运用，逐步建立农产品可追溯体系。

二 开展农产品标准化体系建设

首先可以从本市特色农产品开始，逐一建立相关的标准化体系。联合行业协会、研究机构、物流企业，加大对农产品技术标准、计量标准、作业和服务标准、成本计算标准的研究，分门别类制定行业标准，严格按照标准从事生产经营活动，推动网上销售农产品生产标准化、质量等级化、包装规格化。

三 引导合作社多渠道参与电子商务

定期组织合作社电子商务应用培训，鼓励合作社参与农产品电子商务相关教育培训、论坛等活动，拓展合作社管理者的视野，提高合作社开展电子商务业务的能力。

加强北京市农民专业合作社网、区县合作社网的建设力度。开展深入调研，根据合作社真正的需求，逐步完善北京市农民专业合作社网、区县合作社网的系统功能。适当的时候可将各区县的平台与市级平台进行整合，充实数据，降低建设成本，增强实力。完善系统功能，可以将已有的信息化技术中与合作社、合作社生产、合作社电子商务相关的内容进行一定程度的整合。

四 引导电子商务管理人才进入合作社

鼓励电子商务专业的大学毕业生去农村就业，在进行大学生村官招聘时，有意识地招聘有相关专业背景的学生。

五 完善相关法律法规建设

农产品电子商务发展时间不长，在实际操作过程中会出现一系列的问题，例如信用问题、电子支付安全问题、违约问题等。发达地区农产品电子商务发展较快，政府可以针对实际操作中出现的问题出台关于农业信息、农产品电子商务的地方性法律法规。

课题负责人：刘军萍
课题责任人：张　军　任玉玲
执笔人：陈丹梅

第三章　北京市大兴区西红门镇集体土地经营管理股份合作模式调研报告

西红门镇作为北京市开展土地股份合作较早的乡镇，在村级集体土地经营管理股份合作方面有很好的基础。2011 年，西红门镇被确定为镇级统筹改造工业大院试点，镇党委、政府充分发挥该镇在开展土地股份合作方面的优势，统筹协调，在充分结合实际的基础上科学地设计各项制度，走出了一条通过镇级土地股份合作推动统筹改造工业大院的新模式。

第一节　概况

西红门镇位于大兴区北部，镇域面积 31.5 平方公里，下辖 27 个村和 14 个居委会，常住人口 15.4 万人，农户 11081 户，农村总人口 19845 人。

从 2009 年起，西红门镇政府逐步加快产业园区治理步伐。2011 年，西红门镇被确定为镇级统筹改造工业大院试点。镇政府抓住机遇，根据市政府和区政府的精神，科学规划，明确政策，依靠村集体，采取股份化运作、逐步推行的方式，分步骤开展了相关拆迁腾退工作。

目前，拆迁腾退工作已经进入尾声。西红门镇 27 个工业园区已经成立统一的资产管理公司，按照各村实有土地的数量，以股份制的形式将所有工业园区整合起来，统一开展规划、建设和绿化工作，在此基础上，未来将形成 12000 亩的城市绿化带和 4 个分工明确且比较集中的工业园区，将成为北京市高新技术产业、低碳环保产业以及旅游、文化、商业服务产业的又一大聚集地。

第二节　镇村集体土地经营管理股份合作制的基本思路

西红门镇在统筹改造工业大院的过程中，开展了很多制度创新工作，其中最大的亮点在于在土地经营管理方面采取了股份合作制的方式，打破了村域界限，将全镇 27 个村社工业大院以股份制的方式整合起来，[①] 统筹改造，在完成规划中的绿化腾退任务的同时，

---

① 27 个村土地已经全部完成股份化。

形成了少数几个规模相对较大、分布集中的工业园区，实现了集体建设用地的科学规划和高效集约利用。

一 基本原则

（一）政府主导、农民主体

以西红门镇政府为主导，以农民为主体，在保证农民收益稳步增长的前提下，充分尊重民意，调动农民参与改革的积极性，达到保障农民长久收益的目的。

（二）村级所有、权属不变

保证村集体土地所有权、收益权不变，村集体存量资产的管理权、使用权、经营权不变。

（三）收益不减、保障提高

在保证农民既得利益的前提下，采取股民（村集体）保底收益和浮动红利分配相结合的办法，使农民收益稳步提高，即"近期收益不减少，长期收益有保障"。

（四）资产变股权、农民当股东

村社现行的土地股份制改革模式转变为符合全市发展要求的社区型股份制改革模式，建立起产权明晰的集体经济产权制度，保护集体经济组织成员的合法权益，发挥集体经济在促进农民群众共同致富方面的重要作用。

二 合理确定股份

各村社以工业大院占地面积参股（闲置土地也纳入参股土地范畴），参股土地面积以实际测量数据为准。为确保农民"近期收益不减少，长期收益有保障"，股份量化依据村社现有土地年均租金水平、区位以及人均确权面积等综合因素确定。

（1）确定股份资金。先分 4 个档次核定土地地价，即：村社土地每亩年租金低于 1 万元的，每亩土地折价 7 万元；村社土地每亩年租金在 1.01 万元至 1.5 万元的，每亩土地折价 9 万元；村社土地每亩年租金在 1.51 万元至 2 万元的，每亩土地折价 11 万元；村社土地每亩年租金在 2 万元以上的，每亩土地折价 15 万元。然后根据入股的土地面积按以上标准确定股份资金，各村社土地股份资金 = 入股土地面积 × 核定地价。

（2）确定股份份额。按照"同股同价"的原则，股份份额按照 5 万元为 1 股核算，各村社股份份额 = 入股土地面积 × 核定地价 ÷ 5。

（3）明确国有土地的入股问题。明确规定村社工业大院中的国有土地不列入参股范畴。

（4）解决好土地承包经营权入股问题。农户土地承包经营权已经流转给村经济合作社的土地，继续执行土地承包经营权流转合同，这部分土地只参股、不分红，待土地承包经营权流转合同期满后，再按股分红。

（5）解决好地上林木的权属问题。参股土地面积内的原有林木归原村社所有，如需砍伐，由所属村经济合作社按照有关程序直接向林业主管部门报批，所得收益归村经济合作社所有；林木砍伐后，新增林木物权归土地统筹单位所有。

各村社土地入股后，由镇集体土地经营管理股份有限公司登记造册，作为享受收益分配的凭证，今后原则上采取 20 年不增不减的办法，以维护现有持股成员的稳定。

三　建立股份公司管理体制

（一）成立公司，制定章程

成立西红门镇集体土地经营管理股份有限公司，结合镇自身实际，制定公司章程，明确组建公司的目的、经济性质、经营范围、股权设置、股东资格权利和义务、组织机构及其职能、财务管理与收益分配等内容。

（二）明确职责，分工合作

（1）明确西红门镇集体土地经营管理股份有限公司具体负责建筑拆除、项目建设、运营管理和收益分配工作，各村集体股份经济合作社以村集体土地使用权入股的形式成为公司的股东，出资比例依据各村社土地入股面积确定，各合作社股东参与公司的决策和运营。

（2）成立西红门镇集体资产管理有限公司，由西红门镇集体土地经营管理股份有限公司全权委托镇集体资产管理有限公司负责工业大院的改造工作。具体包括两方面工作：一是保证农民既得利益，将 2000 亩土地发展为高端的产业园区；二是对剩余的 12000 亩土地进行绿化。

西红门镇集体土地经营管理股份有限公司和镇集体资产管理有限公司，在明确职能的基础上分工合作、各司其职。

（三）明确公司管理制度

股份公司隶属西红门镇党委、政府领导，股东为西红门镇下属各村经济合作社。股东代表由入股村社第一责任人直接担任，股东代表大会每年举行两次，有两种决议。普通决议应有 1/2 以上的代表参加，出席代表 1/2 以上同意则可通过；特别决议需 2/3 以上代表参加，出席代表 2/3 以上同意方可通过。

公司设董事会，成员由西红门镇党委、政府委派或提名，经选举产生。设监事会，成员由西红门镇党委、政府提名后经选举产生，董事会成员、总经理不得兼任监事会监事。

四　建立合理的收益分配机制

土地经营收益分配采取土地股份保底分配与浮动分配相结合的办法。过渡期间（拆迁期和建设期），土地股份是在土地全部移交后，由公司按照现有各村社工业大院的收益标准支付保底收益金，确保村级集体经济组织正常运转和农民收益不减少。资金股则由公司参照高于银行现行 5 年期贷款利率的 15% 支付保底收益金。入股的村民，由村集体支付保底收益金。在经营期间，年终由公司按照各村股份份额支付保底收益金 8000 元每股。如果有净利润，将按股份再次分配。如遇国家征占地，地上物补偿归投资方所有，土地补偿款归村集体所有。

第三节 存在问题

一 对风险问题重视程度不够

目前西红门镇的土地股份合作模式虽然解决了股权设置、收益分配、管理机制等基本问题，但对于市场风险显然缺乏足够重视，对于风险防范、风险控制以及风险应对均缺乏充分的考虑。虽然方案中强调了保底收益金，但对于保底收益金的可靠来源以及相关保障缺乏明确的规定。方案中规定了土地经营的保底收益，并且保证"收益不减"，其来源主要为负责项目经营的土地经营管理股份有限公司收取的土地租金，但由于该公司未来业务范围包含了园区开发、建设、运营管理的各个方面，未来势必要突破传统的土地使用权出租的范围，进入实体企业经营等领域，而这些领域的市场风险是不受企业自身控制的，一旦出现问题势必产生亏损，此时企业要么承受亏损，要么选择挪用租金平衡企业亏损，而前者将会给企业带来破产风险，后者将会威胁农民的保底收益，对此，方案中并没有规定具体的应对保障措施。

二 现有经营管理模式存在发展瓶颈

目前西红门镇对于土地股份合作经营管理采取了镇集体土地经营管理股份有限公司和镇集体资产管理有限公司分工合作的模式。虽然这种模式在工业大院统筹改造过程中充分调动了各方的积极性，确保了改造工程的顺利完成，但未来园区的建设、运营和管理将由集体土地经营管理股份有限公司负责，这种模式事实上与以前的乡镇企业管理模式类似，虽在园区发展初期能够基本适应管理的需要，但随着园区经营步入正轨，对于经营管理的要求也会逐渐提高，特别是园区规划定位为高端产业园区，对管理人员的专业知识、现代化管理水平等方面都提出了更高的要求。在这种情况下，乡镇干部作为主要管理者和决策者的现有模式将逐渐暴露出管理能力不足、适应能力不足、专业知识不足等局限。与此同时，随着园区的发展，各项项目建设的规模不断扩大、专业化水平大幅提高，现有土地经营管理公司在融资能力、专业化建设方面将逐渐暴露出不足，园区发展也将面临重大瓶颈约束。

三 农民主体地位体现不充分

目前的股份公司隶属西红门镇党委、政府领导，股东为西红门镇下属各村经济合作社。虽然在开展股份合作的过程中强调"农民变股东"，"充分尊重民意"，然而，事实上农民作为集体土地股东本身是之前村级土地股份量化的既有结果，而镇集体土地经营管理股份有限公司的股东是村经济合作社，农民在其中并没有发言权。与此同时，西红门镇的土地股份合作基本上是在镇政府的主导下进行的，虽然积极地开展了宣传，调动农民参与改革的积极性，但更多的是引导农民配合镇政府的拆迁、项目建设等工作，农民的意愿并没有得到充分的征集和体现。此外，在园区未来的开发经营管理过程中，也没有充分考虑农民参与的问题，相关管理机制和信息公开方面也缺乏充分的考虑。

四　过度依赖高地价存在隐患

西红门镇的土地股份合作之所以能成功，很大程度上是由于相关股金价格标准较高，使得农民、村集体都比较满意，同时也因为城市扩张，近郊产业用地市场供不应求，不用担心园区经营问题。然而，这些都严重依赖当前的房地产热和进入高潮的城市化等特殊背景，以及由此带来的地价居高不下和对城市周边建设用地近乎无限的需求，而正是这两大条件保证了镇政府可以获得高额的土地收益来协调各方矛盾。实际上，西红门镇土地股份合作的实施效果都有赖于上述两大条件的存在，而一旦土地市场降温或者近郊城市化完成，导致城市化速度放缓，则政府相应的调节能力将会削弱，在农民预期不断提高的情况下，整个平衡将被打破，多方共赢的局面也就无法继续维持。

第四节　政策建议

一是要积极利用成熟的市场化手段，引入信托化经营管理模式。大胆利用现代市场的成熟手段来确保产业园区的稳定经营，维护农民的权益。积极探索乡镇产业园区的信托化经营管理模式，突破产业园区在市场化过程中面临的专业化管理、风险应对和管控、信息管理、技术应用和推广等方面的瓶颈，从而形成一种可以被推广的、稳定可靠的市场化经营管理模式。

二是要积极引入开放式管理模式，鼓励农民参与园区规划管理，培养农民的主人翁意识。积极引入开放式民主管理模式，主动开展园区各项规划、决策的信息公开和民意征集工作。积极对农民进行培训，同时与园区企业达成协议，确保优先解决本地村民就业问题。积极引导农民树立园区主人翁意识，鼓励农民参与园区的规划、管理和建设。

三是要积极开展多元化经营，丰富土地股份内涵，确保股份合作的长期稳定。要积极规划、探索园区的多元化经营模式，大力发展村镇持股、控股企业，壮大村镇集体经济实力，摆脱对土地价格的依赖，丰富土地股份的内涵，确保各村以及全体农民股东的股份不断增值，从而保证土地股份合作的长期稳定。

课题负责人：郭光磊

课题责任人：任玉玲

执笔人：刘睿文

第六篇
年度分析报告

第一章 2013~2014年京郊农村经济发展分析与预测报告

报告说明

本报告所称"京郊农村",涉及郊区、农村和全市三个范围概念。"郊区"是指包含城市发展新区和生态涵养发展区在内的10个郊区县;"全市"是在涉及首都经济、农产品产销和价格等内容时所使用的全行政辖区范围;"农村"是本报告的分析预测重点,其范围是指拥有农业户籍人口(包括拥有农村集体土地或者拥有集体经济组织)的14个郊区县的乡(镇)以下地区。根据国家农业部农村经济收益分配统计工作要求和北京市统计局部门统计报表制度,北京市农村经济统计报表范围包括14个郊区县的乡村集体经济组织及其所属企业,乡村集体经济组织参股入股的股份制企业、股份合作制企业、三资企业、联营企业,以及农户家庭承包经营、家庭自营、个体工商户、专业户、私营企业等,包含13855个会计核算单位、1451154个参与分配的家庭。

2013年,京郊农村全面贯彻落实党的十八大、十八届三中全会精神,按照市委、市政府关于率先实现城乡一体化发展格局的工作部署,积极推进"新三起来"(即土地流转起来、资产经营起来、农民组织起来)工作,呈现经济平稳健康发展、农民收入较快增长的基本格局。

10个郊区县各主要经济指标仍达到10%左右的增长,均高于全市平均增速。全市农村经济总收入5170.7亿元,同比增长5.9%。农村集体经济资产总额为5049亿元,同比增长11.6%。集体资产净值1751.5亿元,同比增长10.3%。在平原造林工程的拉动下,第一产业增加值161.8亿元,比上年同期增长7.7%,按可比价计算实际增长3%。第一产业完成社会固定资产投资175.5亿元,同比增长20.6%;农村完成社会固定资产投资679.6亿元,同比增长11.5%。农村居民人均纯收入达到18337元,同比增长11.3%,扣除价格因素后,实际增长7.7%,增速连续5年快于城镇居民。

2013年京郊农村经济发展特点:

——郊区经济转型升级加速,功能区特征明显。

——都市型现代农业的多功能作用更加显现。

——"新三起来"推动农村改革深入发展。

——城镇化和城乡发展一体化发展继续推进。

——集体资产经营管理进一步加强。

——农民收入较快增长。

2013 年京郊农村经济发展中的主要困难和矛盾：

——农业生产空间持续缩小。

——农产品现代产销体制尚未建立。

——农村集体经济内生活力不足。

——农村产权交易市场发育缓慢。

预测 2014 年京郊农村经济的主要指标：

——北京农村经济总收入增幅为 7.2%，农村经济总收入将达到 5543 亿元。

——农民人均纯收入预计将达到 20437 元，全年平均名义增长率推算为 11.5%。

——农村投资规模为 746.2 亿元，比 2013 年增长 9.8%。

——观光休闲农业与民俗旅游将小幅增长。

——农产品生产价格上涨幅度为 4.7%，居民食品类消费价格上涨幅度为 5%。

贯彻落实中央和北京市的有关精神，2014 年京郊农村经济工作建议：

——尽快研究制定推进"新三起来"的具体支持政策。

——加快实施"三规合一"。

——加大对农民合作社（联合社）的政策扶持力度。

——促进农村产权交易的健康发展。

——推进郊区综合养老休闲产业发展。

第一节　总体发展情况

一　郊区经济较快发展

据初步信息，10 个郊区县地区生产总值 4892 亿元，同比增长 10.1%，高于全市平均增速 2.4 个百分点；一般财政预算收入 412.6 亿元，同比增长 13.2%，高于全市平均增速 2.8 个百分点。据市统计部门数据，全社会固定资产投资 3717.3 亿元，同比增长 9.6%，高于全市平均增速 0.8 个百分点；社会消费品零售额 2022.7 亿元，同比增长 12.5%，高于全市平均增速 3.8 个百分点；规模以上工业总产值 9815.2 亿元，同比增长 10%，高于全市平均增速 3 个百分点。

二　农村经济稳中有进

市农经办统计信息系统的初步数据显示，2013 年，全市农村经济总收入 5170.7 亿元，同比增长 5.9%。农村集体经济资产总额和所有者权益均实现两位数的增长，其中资产总额 5049 亿元，同比增长 11.6%；所有者权益（净资产）1751.5 亿元，同比增长 10.3%。市统计部门的数据显示，2013 年，北京市实现农林牧渔业总产值 421.8 亿元，比上年同期增长 6.6%，按可比价计算实际增长 2.1%；第一产业实现增加值 161.8 亿元，比上年同期增长 7.7%，按可比价计算实际增长 3%。其中，平原造林拉动作用明显，林业产值 75.9 亿元，比上年增长 38.4%，对农林牧渔业总产值和增加值名义增长的贡献率分别达到 80.8% 和 81.8%，对实际增长的贡献率分别达到 210.2% 和 172.5%。全市设施农业收入 57.3 亿元，比上年增长 10.3%；农业观光园和民俗旅游总收入分别为 27.4 亿元和 10.2 亿元，分别增长 1.8% 和 12.6%。

三 农民收入增长超过年初计划目标

2013 年，京郊农村居民人均纯收入达到 18337 元，同比增长 11.3%，扣除价格因素后，实际增长 7.7%，增幅低于上年 1 个百分点，增速连续 5 年快于城镇居民。市农经办统计信息系统的数据显示，2013 年农民人均劳动所得 15736 元，同比增长 9.4%。

第二节 发展特点分析

2013 年，在宏观经济下行压力较大、首都经济转型发展的大背景下，郊区新型工业化深入发展，都市型现代农业的多功能作用逐步显现，农村改革继续深化，农民收入继续保持较快增长，京郊农村经济呈现平稳较快发展态势。主要特点是：

一 郊区经济转型升级加速，功能区特征明显

2013 年，10 个郊区县各主要经济指标仍达到 10% 左右的增长，均高于全市平均增速。同时，郊区经济转型升级步伐加快，各区县按照功能区定位，依托大项目带动，淘汰落后产能产业，发展环境友好型产业，转变经济发展方式，取得了明显成效。

城市发展新区，以大项目带动，在金融、文化、信息等新兴产业发展上取得新进展，城镇化环境建设出现新面貌。房山区紧抓城南行动计划和促进西部地区转型发展等重要机遇，推进重大项目建设，积极引进金融服务、信息传输、文化创意、总部经济等知识密集型产业。北京高端制造业基地支撑实体经济作用不断增强。长安汽车等 4 个投产项目效益显著，新材料与产业技术北京研究院等 10 个在建项目快速推进。新增 1.18 平方公里金融商业和生活居住用地，发展空间进一步拓展。中央休闲购物区影响力不断提升。通州区全面加速北京城市副中心建设，"一核五区"重点项目进入全面建设期；产业转型升级加快，完成 16 家规模以上企业技改升级和 71 家产能落后企业淘汰退出工作。顺义区战略性新兴产业发展态势良好，环球华影激光电视、中航信数据中心启动建设，远大住工项目正式签约，一批高新项目落户，为后续发展积累了新力量。新兴金融发展迅速，中加基金、中青基金等 30 家金融机构相继入区发展。文化创意产业加快发展，新国展一期配套主体工程完工，展会服务保障能力进一步提高。商业业态不断丰富，金街悦港城、国门一号即

将开业。临空经济再升级。昌平区累计安排 4.4 亿元资金支持产业转型升级，高技术产业、生产性服务业的比重分别提高到 14% 和 25%，科技商务产业聚集态势初显，驻昌金融投资类企业累计达到 1037 家。文化、旅游、商贸等产业融合发展，乐多港假日广场开工建设，金隅万科广场、泰华龙旗广场、华联回龙观 2 号店开业运营。30 个年度重大工业项目按期推进，科兴生物新疫苗产业基地、神雾热能节能减排产业化基地等项目竣工投产。大兴区全面推进北京大兴国际机场建设；充分发挥北京经济技术开发区的龙头带动作用，推动高端集聚，产业融合发展呈现新态势。"四个一批"项目建设成效显著，中关村医疗器械产业园、乐视等 36 个项目签约落地，奔驰二期、蓝鲸园等 30 个项目开工建设，康宁二期、协和制药等 30 个项目竣工投产，新增产值 228 亿元，项目投资强度、产出效益、带动能力明显提升。以首都第二产业主阵地为支撑，大力发展现代服务业，启动北京电子商务中心区建设。

生态涵养区以绿色、环保为主题，大力发展都市休闲文化产业，环境友好型工业支撑作用显现。门头沟区旅游文化休闲产业加速发展，87 个重点旅游项目全面推进，旅游基础设施不断完善，完成永定楼旅游文化布展，完成定都峰绿化及道路改造。新兴经济组团初步形成，"知名企业"门头沟行等大型招商活动成效明显。石龙开发区成为中关村门头沟园，开工建设 12 个总部大厦，发挥了高端产业培育和财政税收领头军作用，同时几大新兴经济组团初步形成。密云县重点功能区呈现多点支撑的良好态势，重大项目、重点工程辐射带动作用明显增强；休闲旅游业顺利实现"321"阶段性发展目标（3000 个民俗户、2 万张床位、1 万人就业）；环境友好型工业支撑作用凸显。怀柔区通过全力筹备APEC 会议，雁栖湖生态发展示范区基础设施逐步完善，周边景观环境品质提高，配套服务设施不断健全；文化科技高端产业加快集聚，中关村怀柔园挂牌运行，园区企业达到75 家。平谷区工业经济平稳增长，"联东 U 谷"、统一食品园等大项目相继签约，新增生产型企业 16 家；新兴产业加快发育，马坊物流基地功能日趋完善，电子商务聚集区、口岸会展中心、2 万吨冷库建成使用。延庆县生态产业健康较快发展，"休闲延庆"品牌影响力有效提升；新能源环保产业发展后劲增强。

二 都市型现代农业的多功能作用更加显现

经过十多年的稳步发展，北京都市型现代农业格局基本形成，农业发展提质增效，在生态、生产、生活等方面功能日益显现。

（1）生态功能促进首都环境更宜居。2013 年，平原造林面积 36.4 万亩，超额完成年初 35 万亩目标任务，全市林木绿化率、森林覆盖率分别达到 57.4% 和 40%；营造了千亩以上生态片林 68 块，形成了 10 处万亩以上大型绿色板块，着力打造了"一园、三带、三廊、五区、四片"16 处特色鲜明、功能多样的大规模城市森林区域，造林 12.1 万亩，即一个东郊森林公园，永定河、北运河、潮白河三条生态景观带，京平高速平谷段、104 国道、大广高速榆垡段三条生态廊道，六环路内通州台湖、丰台槐房、中关村森林公园、锦绣大地、朝阳东坝环铁五大特色区，房山燕化周边、昌平西部沙坑煤场、延庆蔡家河、密云西田各庄四个大型绿色板块。

（2）农产品市场总体供需平稳。农业生产布局区域规模化特色日趋明显。在农业生产空间不断缩小的情况下，各郊区县充分发挥资源禀赋优势，以优质特色产品带动农业提质增效。2013年，全年粮食播种238.4万亩，产量96.1万吨，比上年下降15.5%，但粮食亩产达到403.3公斤，增长3.1%，增幅比上年提高2.2个百分点。蔬菜及食用菌产量266.9万吨，下降4.7%。禽蛋产量17.5万吨，增长14.8%。生猪出栏314.4万头，增长2.7%。部分农产品生产效益提高。目前，全市蔬菜自给率28%左右，猪肉自给率31%，禽肉、鸡蛋、鲜牛奶自给率60%左右。房山、通州两区大力发展食用菌，全年产量5万吨，同比增长61.8%，占全市食用菌总产量的58.3%，比上年提高10.8个百分点；平谷大桃、昌平草莓、怀柔板栗和密云核桃产量分别占全市总产量的72.7%、53%、40.6%和39%；平谷禽蛋产量、顺义生猪和肉牛出栏量占全市比重均达到或超过30%。

2013年，首都农产品市场较为稳定，没有出现大的供求和价格波动。全年农产品生产者价格指数为4.7%，与上年持平。其中，种植业产品生产者价格同比上涨5.5%，涨幅比上年回落2.4个百分点；粮食生产者价格同比上涨2.9%，其中小麦价格同比上涨14.3%，涨幅上升13.4个百分点；玉米价格同比下降1.4%，涨幅回落8.8个百分点；蔬菜价格同比上涨7.6%，涨幅与上年基本一致；水果价格同比上涨7%，涨幅与上年相比回落5.3个百分点；花卉价格同比下降0.2%，涨幅与上年回落9.2个百分点。种植业产品价格继续上涨，主要由于气候原因，如2013年上半年低温、全年雾霾天数增多、光照不足等影响了农作物的生长。畜牧业产品生产者价格同比上涨4.2%，价格涨幅比上年上升3.5个百分点。肉牛生产者价格同比上涨13.1%，肉羊价格同比上涨6%，肉禽价格同比上涨4.4%，禽蛋价格同比上涨5.1%，牛奶价格同比上涨11.3%。

（3）农产品电子商务销售方式快速起步，引人注目。目前，京合农品、沱沱工社、本来生活网、鲜直达等生鲜农产品的B2C网站在探索中前进。北京新发地农产品批发市场与京东合作，上线新发地京东官方旗舰店。任我在线农产品全程电子商务系统稳步发展，2013年在昌平区新开50家社区直销店。新的产销方式收到了新的市场效果。2013年北京市居民消费价格指数为3.3%，食品类消费价格指数为4.7%，远低于上年同期水平。其中，粮食4.4%、肉禽6.7%（其中猪肉0.9%）、蛋3.7%、鲜菜8.7%、鲜果7.2%，均较前几年有所下降。

三　"新三起来"推动农村改革深入发展

为全面系统、整体谋划推动农村改革，2013年出台了《关于加快城乡发展一体化进程，推进土地流转起来、资产经营起来、农民组织起来的意见》。一年来，郊区农村涌现了很多"新三起来"成功案例和先进典型。丰台C9项目、海淀在集体土地上建设中关村东升科技园、大兴西红门镇统筹利用集体建设用地、密云干峪沟盘活闲置农宅增加农民的财产性收入等，带动京郊农村改革向纵深发展。

（1）集体经济组织产权制度改革继续深化。累计完成村级集体经济产权制度改革的单位达到3854个，村级完成比例达到96.9%，320万农村居民成为新型集体经济组织的股东。完成了 195 个乡镇共 3958 个村的农村集体土地所有权确权登记颁证工作，确权登记率达到 97.05%。在此基础上全面推开土地承包经营权登记和建设用地试点工作。

（2）农村金融取得新突破。"富民"系列集合资金信托计划顺利完成试点，进入了正常的市场运行阶段，2013 年 5 月，"富民 2 号"包括门头沟永定、王平等 16 个村 7.206 亿元集体资产；2013 年底，"富民 3 号"面向怀柔区雁栖镇下辛庄村，资金额度 5000 万元，年预期收益率 8.5%。完成林权抵押贷款 4420 万元，涉及 8 个区县 11 个合作社的 35 个农户。其中，北京银行为昌平、顺义等 7 个区 27 个果园发放贷款 3500 万元，用于苹果、梨等经济作物生产经营；中国邮政储蓄银行为平谷区、延庆县 35 个农户发放林权抵押贷款 920 万元，用于经济林种养业生产经营。大兴区农民专业合作社凭借自身信用等级可获得 30 万元到 200 万元数目不等的银行贷款。目前，大兴区已经采集了 54 家农民专业合作社区级示范社和庞各庄镇 98 家农民专业合作社的基本信息，华夏村镇银行已经对其中有贷款需求的 23 家农民专业合作社主动授信 2750 万元，首批 4 家合作社 150 万元的信用贷款已发放。

2013 年本市政策性农业保险保费收入 5.48 亿元，总保险金额 142.9 亿元，参保农户 18 万户次，简单赔付支出 5.13 亿元，赔付农户 14 万户。大田作物保险增加了旱灾、冻灾和病虫害保险责任，果类作物保险增加了旱灾和病虫害保险责任，基本覆盖了种植业可保风险，同时对小麦、玉米、露地蔬菜等 7 个险种的保险金额进一步上调，亩均保额提高 100～200 元。同时，还创新推出了新险种，在顺义、房山、怀柔和通州 4 个区试点渔业养殖保险，填补了本市水产养殖保险的空白；在大兴区试点推行秋播大白菜成本价格保险，稳定蔬菜生产和市场供应，提高市场风险防范水平，有利于解决冬季大白菜市场价格波动较大的问题。

（3）农村产权交易和土地流转稳步推进。2013 年，全市农村土地承包经营权确权总面积共计 462.2 万亩，确权土地流转总面积 237.1 万亩，占确权土地总面积的 51.3%。顺义、通州等区县，已纷纷通过流转集中后的土地开展规模化经营，进行都市型现代化农业建设，取得了良好成效。

北京农村产权交易所累计成交各类产权交易项目 158 宗，成交金额突破 9 亿元，集体建设用地流转项目 15 宗，流转面积 10 万多平方米。此外，农交所还与各区县农委、经管站紧密配合，在 14 个涉农区县设立了分支机构，农民和集体经济组织在本区县即可完成相关资料的提交。平谷区农村产权交易服务中心 2013 年成交项目 75 宗，成交金额 3085.7 万元，其中土地约 4907 亩（耕地 644.75 亩、果园 20.9 亩、鱼池 58.34 亩、山场和"四荒" 4183 亩），成交金额 2177.4 万元，实物资产 1738.9 万元。交易宗数较 2012 年有所增加，但交易额减少。

（4）合作社进行横向联合新探索。2013 年全市在工商部门登记注册的农民专业合作社达到 6010 家，截至 9 月底，合作社成员出资总额达到 63.5 亿元，辐射带动农户占全市从事第一产业农户总数的 3/4。2013 年来，多个区县出现农民专业合作社联合社，形成合作社联合闯市场新局面。8 月份，门头沟区首家农民专业合作社联合社——北京清水腾达乡村旅游专业合作社、北京市第一家正式注册的农民专业合作社联合社北京蓝天白鸽农业发展专业合作社联合社相继成立，成为农民合作社抱团闯市场的新探索。通州区先后整合了51家农民专业合作社资源，建成了3家农民专业合作社联合社。通过整合，形成了鲜明的经营特色，在减少交易费用、抵御市场风险、预防农业生产异常波动等方面发挥了积极作用。

四　城镇化和城乡发展一体化发展继续推进

（1）完善基础设施和公共服务设施运行管护长效机制。重点开展了900个村庄的环境整治工作。推进村镇地区生活污水治理和集约化供排水设施建设，完成870公里村庄排水沟渠整治工作。加大农村地区非正规填埋场治理力度，加快农村地区生活垃圾处理设施建设，农村地区生活垃圾无害化处理率达到92%。继续推进6000座新农村公厕开放。创建首都绿化美化园林小城镇5个，首都绿色村庄80个。郊区污水处理率达到61%以上。

（2）农村地区"减煤换煤"清洁空气行动取得阶段性成效。贯彻落实党中央、国务院对首都大气污染防治工作的部署，北京市率先启动"减煤换煤、清洁空气"四年行动计划。自8月初启动以来，由市领导亲自挂帅督办，严格工作标准，制定了六大类政策；加强工作协调，建立了市级部门工作协调沟通机制，举办了现场观摩交流会、区县建设任务对接会。截至2013年底，完成"减煤"和"换煤"总量约68万吨。

2013年，北京市共完成抗震节能农宅新建和改造6.3万户，超额完成本年度5万户的目标。实施抗震节能改造的农宅抗震能力达到八度抗震设防，可以达到"小震不坏、中震能修、大震不倒"的水平，房屋的使用年限也将延长至50年。

（3）山区农民搬迁工程有序推进。全年共完成21个乡镇45个村共2197户5195人的搬迁任务，完成山区地质灾害易发区及居住条件恶劣地区1.4万人搬迁工作，涉及27个乡镇66个行政村的6890户14829人。目前有25个村主体工程已完工，部分农户年底前可实现入住。

2013年，全面开展一事一议财政奖补工作，奖补项目354个，总投资2.8亿元，受益人口28.5万人。落实中小学建设三年行动计划。2013年城乡新区一体化学校建设项目学校新增30所，投入约6.18亿元，新增学位24881个，总学位数达到41610个。实施城乡统一的招用安置政策。将灵活就业的农村劳动力纳入城镇职工社会保险制度，社会保障相关待遇标准提高10%左右。

五　集体资产经营管理进一步加强

（1）进一步加强农村资金资产资源管理。市纪委、市委农工委、监察局、农委等部门联合印发了《关于进一步加强农村集体资金资产资源管理和监督工作的意见》（京纪发〔2013〕5号），农村集体"三资"管理的制度建设进一步加强。郊区各区县结合自身实际，创造性地形成了很多行之有效的监管体制机制。在平谷区农村产权交易、门头沟集体资产信托化经营、朝阳构建"351"集体"三资"监管模式、房山区六项村级重大事项审批的基础上，海淀区深化农村集体"三资"经营管理体制机制改革，结合现有相关法规政策，借鉴国有资产管理体制，着眼于解决实际问题、取得实际成效，印发了《关于进一步加强海淀区农村集体资产管理工作的实施意见》（海政办发〔2013〕80号），成立区、镇两级的农村集体资产监督管理委员会，调整集体资产监管的体制机构、管理机制和监管制度，构建符合本区实际、运转高效顺畅的集体资产监管体制机制。

（2）全面开展农村集体经济合同清理。2013年，北京市农经办系统把农村集体经济合同清理作为推动"新三起来"的重要措施，对全市乡（镇）、村两级集体经济组织及其所属企事业单位订立的农村集体经济合同（农村集体土地家庭承包除外）进行了全面清理规范。通过全面清查，摸清了农村集体经济合同的底数。以2012年12月31日为时点，清查并纳入电子台账管理的农村集体经济合同共119463份，合同总金额1485.5亿元，其中，资金类合同1526份，合同总金额45.6亿元；资产类合同19219份，合同总金额697.8亿元；资源类合同101067份，合同总金额924.5亿元；其他类合同2869份，合同总金额65.6亿元。涉及房屋建筑物7239.6万平方米，涉及土地总面积346.5万亩，其中，农用164.9万亩，"四荒"113.1万亩，建设用地32万亩。通过对问题合同进行规范，保障了农村集体和农民的权益。对5622份问题合同进行了规范，涉及合同总金额81.2亿元，其中，采取补充完善方式规范经济合同1960份，涉及合同总金额28.3亿元；采取签订补充协议方式规范经济合同1241份，涉及合同总金额12.1亿元；解除问题经济合同159份，涉及合同总金额2.4亿元；口头合同订立书面合同465份，涉及合同总金额860.5万元；清理拖欠合同490份，回收拖欠2387.3万元。通过清理规范，增加合同总金额8.2亿元，当年增加合同金额1.3亿元，增加了集体和农民的收益。通过清查，摸清了农村集体经济合同的底数，掌握了农村集体资金、资产、资源的经营现状，发现了农村集体经济合同中存在的一些突出问题，并就部分问题经济合同进行了规范，建立了农村集体经济合同电子台账管理系统，完善了农村集体经济合同管理的相关制度，取得了显著成果。

（3）农村集体经济实力有所增强。市农经办统计信息系统数据显示，2013年，全市农村经济总收入为5170.7亿元，比上年增长5.9%。乡村两级集体经济资产总额约5049万元，比上年增长11.6%；10个区县呈正增长，其中丰台区、海淀区、顺义区增速在20%以上。集体经济所有者权益（资产净值）1751.5亿元，比上年增长10.3%；9个区县呈正增长，其中门头沟区、丰台区、海淀区、顺义区、朝阳区增速在10%以上。

从所有者层级看，2013年农村集体经济资产呈现资产总额、净值均较快增长，村级增长加快、乡（镇）级增长较慢，乡级资产比重下降、村级资产比重上升的特点。在2013年的两级集体资产总额中，乡（镇）级资产2034.1亿元，同比增长2.1%，占农村集体经济资产总额的比重为40.3%；村级资产3014.8亿元，同比增长19%，占农村集体经济资产总额的比重为59.7%。在2013年的两级集体经济所有者权益（资产净值）中，乡（镇）级资产净值499.1亿元，同比下降0.4%，占总资产净值的比重为28.5%；村级资产1252.4亿元，同比增长15.3%，占总资产净值的比重超过七成，达

71.5%。

从发展较快的乡镇和村来看，2013 年农村经济总收入最高的乡（镇）是朝阳区高碑店乡（188 亿元），最高的村是朝阳区高碑店乡高井村（65 亿元）；集体资产总额最高的乡（镇）是丰台区卢沟桥乡（361 亿元），最高的村是丰台区南苑乡槐房村（124 亿元）；人均劳动所得最高的乡（镇）是朝阳区南磨房乡（43682.9 元），最高的村级集体经济组织是石景山麻峪工商中心（76168.7 元）；人均所有者权益（资产净值）最高的乡镇级集体经济组织是朝阳区华汇亚辰（162.9 万元），最高的村是朝阳区崔各庄乡望京村（1355.6 万元）。

六　农民人均纯收入增长较快

在大力推动农民非农就业、不断完善城乡社保体系、推动农村新型集体经济组织按股分红等措施的共同作用下，2013 年，京郊农村居民人均纯收入达到 18337 元，同比增长 11.3%，实际增长 7.7%，增速连续 5 年快于城镇居民。城乡收入比为 2.2，比上年降低 0.1；城乡居民收入差距绝对值 21984 元，增速比上年下降 0.1 个百分点。

从 4 项收入来源看，工资性收入占比最大，达 65.6%；家庭经营性收入进一步下降，只占总收入的 4.5%；财产性收入 2023 元，同比增长 17.8%，占总收入的 11%。在财产性收入中，人均租金收入 1562 元，增长 39.5%；人均转移性收入 3446 元，同比增长 32.6%，其中，人均退休金、养老金收入 2314 元，增长 33%（见表 1）。

表 1　农民人均纯收入构成表

		金额（元）	同比增减（%）	所占比例（%）
农民人均纯收入合计		18337	11.3	100
其中	工资性收入	12035	11.0	65.6
	家庭经营性收入	833	−36.8	4.5
	财产性收入	2023	17.8	11.0
	转移性收入	3446	32.6	18.8

市农经办统计信息系统数据显示，2013 年，郊区农民人均劳动所得实现 15735.6 元，同比增长 9.4%，比主营业务收入增长速度高 3.7 个百分点。从三大产业获取收入看，农民从第一产业获得 2666.4 元，占 16.9%；从第二产业获得 3144.6 元，占 20%；从第三产业获得 9924.7 元，占 63.1%。从 14 个区县看，石景山区农民人均劳动所得最高，通州区农民人均劳动所得增长速度最快。农民人均劳动所得超过全市平均数的有石景山、朝阳、海淀、丰台、大兴、通州、怀柔 7 个区。农民人均劳动所得增速超过全市平均水平的有通州、平谷、丰台、密云、海淀、怀柔 6 个区县。

农民股份分红收入明显增加。2013 年，新型集体经济组织股份分红水平持续增长。据市农经办统计，2013 年全市有 1267 个村集体经济组织实现股份分红，分红村数量比上年增加 194 个，增长 18.1%。分红村占已改制村集体经济组织的 32.9%，比上年提高 4.7 个百分点。股份分红总金额 34.8 亿元，比上年增加 11.2 亿元，增长 47.5%。2013 年在改制村中有 133 万农民股东获得红利，比上年增加 22 万人，增长 19.8%；人均分红 2611 元，比上年增加 487 元，增长 22.9%。2013 年，全市预计发放山区生态公益林补偿金额 2.6 亿元，人均分配 236 元。

第三节　发展中的主要困难和矛盾

在前几年的分析预测中，我们陆续就京郊农村经济发展中的多方面问题进行过讨论，包括城乡二元结构的体制机制尚未根本打破、新型城镇化的实现路径尚未十分明确、城乡居民收入绝对差距扩大、民俗旅游需要提档升级、农产品供求波动过大、集体经济在农村经济总收入中的份额下降等问题。这些问题，有的已经基本解决，有的正在解决的过程中。从 2013 年京郊农村经济发展情况看，以下困难和矛盾显得更为突出。

一　关于农业生产空间缩小的问题

北京郊区土地资源是刚性制约因素，一方面用地多一点，另一方面的用地就必然减少。改革开放 30 多年来，工业化和城市化等建设占用大量土地是造成农业生产空间缩小、农地特别是耕地减少的主要原因，初步计算，耕地由 40 万公顷下降到 23 万公顷，减少了 42.5%。近年来，受细颗粒物的影响，平原造林工程对农村土地资源的需求急速扩大。据市统计部门数据，2013 年，全市粮食播种面积共减少 52.4 万亩，同比下降 18%。其中，因实施平原造林工程致粮食播种面积减少 32.5 万亩（平原造林工程占用夏粮播种面积 10 万亩，占用秋粮播种面积 21.5 万亩）。另外，城市建设、开发占地致粮食播种面积减少 3 万亩，设施农业建设致粮食播种面积减少 1.4 万亩。

农业生产空间缩小是工业化城市化进程中的客观现象，尽管多年来司空见惯，但这个现象并不像它表面看起来的那样简单，它的背后隐藏着扭曲的逻辑和危险的趋势：发展工业化、城市化靠占用农业生产空间，治疗工业病、城市病还得靠占用农业生产空间。一旦这种对农业的无节制掠夺超过了导致农业积重难返的拐点时，工业化、城市化将失去最后的支持和依托，整个社会经济运行有可能难以为继。

二　关于农产品现代产销体制建立问题

近年来，首都农产品市场一改"谷贱伤农""肉贵伤民"的大起大落局面，呈现难得的供应相对丰富、价格相对平稳的较好局面。但这并不意味着现代化的农产品产销体制已经建立，也并不意味着首都农产品供应问题已经根本解决。从前几年的"蒜你狠""豆你玩""姜你军"，到近两年不时出现的京郊个别农产品"卖难"问题，以及有相当部分农产品都是地头销售可以看出，建立现代化的农产品产销体制任重而道远，还有很多工作要做。其中，最核心的一点是，京郊农产品还处于生产没有明确计划、流通没有明确组织、交易没有明确场地的自由竞争阶段，还没有进入产业链条完整、有效有序竞争的阶段。这一点，从市农经办所开展的部分农产品成本效益监测数据也可看出（见表2、表3）。

表2　部分种植品种2012~2013年效益比较

单位：元/亩，%

品　种	2013年	2012年	同比增减
花　卉	24221.53	18830.05	28.63
西瓜苗	21797.56	13212.88	64.97
草　莓	21760.9	27152.66	-19.86
食用菌	20808.78	19521.04	6.60
蔬　菜	13771.48	6266.35	119.77
樱　桃	12069.81	13474.65	-10.43
葡　萄	8396.65	8637.73	-2.79
桃	5365.5	6128.3	-12.45
西　瓜	4758.26	3646.22	30.50
苹　果	4434.84	5578.73	-20.50
白　薯	3188.3	2643.07	20.63
梨	2357.33	2812.57	-16.19
柿　子	623.4	337.94	84.47
花　生	537.38	1178.37	-54.40
玉　米	419.13	411.82	1.78
小　麦	219.8	315.68	-30.37

表3　部分养殖品种2012~2013年效益比较

单位：元/百公斤，%

品　种	2013年	2012年	同比增减
淡水鱼	305.01	376.85	-19.06
奶　牛	131.23	110.76	18.48
肉　牛	520.93	404.91	28.65
肉　羊	1817.26	1541.72	17.87
生　猪	269.16	258.55	4.1
蛋　鸡	129.90	130.24	-0.26
肉　鸡	105.33	106.56	-1.16

从表 1、表 2 可以发现，京郊农产品的生产经营效益起伏非常大。比如草莓和樱桃，2013 年的销售价格同比下降明显。平谷大桃也出现价格不振的情况。一段时间内总有一两个或几个品种销售不畅、价格下跌、增产不增收，今年是这个产品，明年是那个品种，没有太多规律可循。

三 关于农村集体经济内生活力不足的问题

乡村集体经济是我国宪法明确规定的公有制经济形式，曾经经历过辉煌的历史。但在改革开放以后，乡村集体所有制经济进入了发展缓慢甚至衰退的时期。尽管近年来的中央、市委文件一直有发展壮大集体经济的要求，但在实际中，集体经济在农村经济总量中的份额、在基层党委政府日常工作的重要性是有所下降的。农村集体经济的内生活力明显不足，主要表现在三个方面。

第一是统计范围的变化。原属农村集体经济的地区和基层组织，随着城市化和工业化的推进，逐步并入城市统计范围。2013 年，据农村经济收益分配统计，共有会计核算单位 13855 个，比 2012 年的 14168 个减少了 313 个。其中，大兴区因亦庄镇完成集体资产清理、全部转居，从 2013 年开始不再归属农经统计范畴；瀛海镇的 19 个村中有 16 个村拆迁转居，企业搬迁。海淀区因温泉镇城市化建设导致部分企业停产、搬迁或关闭。怀柔区自 2013 年开始，90 家企业归属开发区，不再归属农经统计范畴。

第二是发展的被动性。农村集体资产和营业收入增长最快的地区，是因城市化、城乡一体化和工业开发区建设而拆迁的地区，即被动城市化地区。2013 年，全市集体资产总额中，占比例较大的有丰台区（21.38%）、海淀区（17.6%）、朝阳区（16.8%）、通州区（10.6%），都是城市化和城乡一体化发展较快的地区，共计占 66.38%，比上年提高 3.6 个百分点。占全市集体经济所有者权益比例较大的有海淀区（18.5%）、丰台区（17.2%）、朝阳区（12.8%）、顺义区（9.9%），共计占 58.4%，比上年提高 6 个百分点。

第三是经营困难。郊区农村集体经济组织中，有一半左右收支平衡。据市农经办初步统计数据，2013 年，京郊农村当年收不抵支的村为 1919 个，占村级集体经济组织总数的 48.2%。在全部村级集体经济组织中，资不抵债的村有 313 个，占 7.9%，资不抵债的村同比增长了 8.3%。

四 关于加快发育农村产权交易的问题

北京对农村产权交易的探索和试点起步较早。同重庆、成都、武汉等全国 10 多个省市一样，已经建立了正式的交易机构尝试开展农村产权交易。但从北京市的总体进程看，农村产权交易的发展还不尽如人意，主要是因为一方面受到"政策上鼓励，法律缺支持"矛盾状况的制约，市场处于投入和培养期，没有进入能够赢利的良性发展阶段；另一方面也受到农村基础较差、认识不足、能力不够等自身因素的影响。农村信用体系建设缺乏，产权功能和产权证件不完备，不利于农村产权交易发展。同时，部分区县、部分乡镇、村的相关负责人员，对农村产权交易作为农村市场经济体制机制的重要组成部分的认识不够，喜欢凭习惯、按经验办事，喜欢个人说了算，对现代市场经济经营管理的基本知识和要求不甚了解，因此缺乏按程序公开开展农村产权交易的主动性和积极性。

北京农交所作为专门从事农村产权交易的机构，开业以来一直不景气。该所从 2011 年 6 月正式受理产权交易业务以来，应收服务费 491.79 万元，实际收取 55.2 万元，豁免服务费 436.59 万元。由于农村产权交易业务一直不能赢利，该所已经将工作人员缩减了 50%。平谷区农村产权交易服务中心作为全市的先行试点，2013 年成交项目 75 宗，成交金额 3085.7 万元，交易宗数比 2012 年的 15 宗增长 4 倍，但交易额比 2012 年的 1.14 亿元下降了 72.9%。

第四节　主要发展指标预测

目前的世界经济，总体上已经从金融危机的阴影中走了出来。美国通过能源自给战略等一系列经济政策，2013 年经济恢复了正常增长；欧洲实施第三次工业革命战略，已经成功阻止了经济下滑。据世界银行对 2014 年全球经济增长的预测，2014 年世界经济增速为 3.7%，美国为 2.8%，新兴经济体为 5.1%，欧元区自危机以来开始实现正增长。据国际在线报道，第 44 届世界经济论坛达沃斯年会对 2014 年全球经济形势进行了全面分析并得出了"谨慎乐观"的结论。

国内和首都经济正处于转型发展的关键时期，2014 年的宏观政策重点预计将集中在经济稳中求进、全面深化改革和生态文明建设三个方面。在宏观调控的大环境下，预测 2014 年的京郊农村经济发展也将以稳中求进、深化改革和生态环境为主题词。

从农村合作经济经营管理角度看，京郊农村已经从统分结合的双层经营、以农村集体"三资"管理为特征的时代，进入了创新农业经营主体、以农民财产经营为特征的新时代。现有的经济发展模式难以为继但又不得不继，新的经济发展模式希望形成而又难以马上形成。因此，对 2014 年主要经济指标的预测是较为困难的。只能根据趋势模拟和经验分析的方法，对 2014 年京郊农村经济的主要指标预测如下。

表 4　近年农村固定资产投资情况表

	2011 年		2012 年		2013 年		2014 年预测值	
	亿元	增减（%）	亿元	增减（%）	亿元	增减（%）	亿元	增减（%）
地区生产总值（亿元）	16252	8.1	17801	7.7	19501	7.7	21320	7.5
固定资产投资（亿元）	5910.6	13	6462.8	9.3	7032.2	8.8	7462	6.1
占 GDP 比重（%）	36.4		36.3		36.1		35	
农村投资（亿元）	446.7	-3	609.8	36.5	679.6	11.4	746.2	9.8
占全市比重（%）	7.6		9.4		9.7		10	
农村经济总收入（亿元）	4497.4	4	4877.4	8.4	5170.7	6.0	5543	7.2

注：本表根据市统计部门、市农经办统计信息系统的有关数据整理。

一 农村经济主要指标预测

（一）农村经济总收入增幅预测

从影响农村经济收入的因素看，虽然十八届三中全会、中央农村工作会议和中央城镇化工作会议的召开为农村改革发展提供了动力，但由于郊区工业化、重点项目建设的继续推进，还会有一部分转非转居地区的统计口径变化，限制了农村经济总收入的增长速度，按大致相当于前两年平均增长水平的情况进行分析，预测2014年北京农村经济总收入增幅为7.2%，农村经济总收入将达到5543亿元。

（二）农民收入水平预测

党的十八大提出的居民收入倍增目标及"十二五"规划中提出实现居民收入增长与经济发展同步，都要求城乡居民收入需要保持一个较快的增速，因此北京市第十四届人民代表大会二次会议确定，2014年城乡居民收入实际增长率预计达到7.5%左右。以2013年农民人均纯收入18337元为基数推算，2014年全市农民人均纯收入预计将达到20437元，全年平均名义增长率推算为11.5%。

二 农村固定资产投资预测

2014年是首都经济转型发展的关键年份，全社会固定资产投资增长率推断在6%左右。考虑到2014年平原造林工程计划面积为35万亩，与2013年持平，同时将继续推动农村地区减煤换煤工作，全市对农村的投资会保持较高的增长态势。因此预测农村投资占全社会固定资产投资的比例为10%，推算2014年农村投资规模为746.2亿元，比2013年增长9.8%。

三 都市型现代农业发展预测

2014年平原造林工程将继续缩小农业生产空间，预测初级农产品生产规模继续下降。预计北京市观光休闲农业与民俗旅游将小幅增长。

四 农产品供给和农产品价格预测

2013年农产品价格上行压力体现在生产空间压缩、成本刚性上升，但电子商务、"农超对接"等畅通销售的措施使压力有所缓解。2014年1月16日北京市第十四届人民代表大会二次会议将2014年全市CPI调控目标确定在4%左右，据此预测2014年农产品生产价格上涨幅度为4.7%，居民食品类消费价格上涨幅度为5%。

五 预测结果比对

表5展示了2012年底2013年初对2013年主要指标预测和2013年实际情况的结果比对，同时列出了本报告对2014年的分析预测的部分指标值。

表5 2014年京郊农村经济发展指标预测

预测指标	2013年	2013年	2014年
	预测值	实际值	预测值
地区生产总值（亿元）	19225	19501	21320
全社会固定资产投资（亿元）	7109.1	7032.2	7462
农村固定资产投资（亿元）	639.8	679.6	746.2
农村经济总收入（亿元）	5287	5171	5543
农村经济总收入增长率（%）	8.5	5.9	7.2
农民人均纯收入（元）	18420	18337	20437
农民人均纯收入增长率（%）	11.8	11.3	11.5
农业总体生产水平	稳中有降	稳中有降	稳中有降
观光休闲农业收入增长（%）	16	4.5	持平
农产品生产价格指数（%）	5.6	4.7	4.7
食品类消费价格指数（%）	8	4.7	5

第五节 工作建议

刚刚闭幕的市十四届人民代表大会二次会议已经就2014年的工作进行了总体部署。特别是在进一步深化农村改革、统筹推进差异化特色化发展、着力推进新型城镇化、率先形成城乡发展一体化新格局等方面，明确了思路和重点。根据上述分析预测，结合具体实施提几点具体工作建议。

一 尽快研究制定推进"新三起来"的具体支持政策

"新三起来"是市委、市政府确定的下一步推进首都"三农"和城乡一体化的工作抓手，符合十八大和十八届三中全会关于全面深化农村改革的精神，必须坚定不移地加大力度予以推进。但分析2014年各郊区县政府工作报告可以发现，大多数区县对"新三起来"的叙述和部署都原则性太强，缺少具体的安排和措施，有少数区县甚至对"新三起来"根本未提。其中的原因主要有两个：一是在各郊区县的全局工作中，工业化、城市化仍是重点和优先取向，缺乏对解决农业、农村问题紧迫性的认识；二是市委、市政府提出了推进"新三起来"的意见之后，没有出台相应的政策措施，导致各区县推进"新三起来"方向不明、思路不清。

建议围绕提高土地产出率、资产收益率和劳动生产率，研究制订全市推进"新三起来"的具体实施计划、资金投入和考核指标，将"新三起来"工程落到实处。

二 加快实施"三规合一"

推进经济发展规划、城乡建设规划、土地利用规划"三规合一"，对于发展都市型现代农业，实现城乡一体化和新型城镇化具有重大意义，能够划定各功能区范围，使土地利用布局相对明确，遏制对农业生产空间的漫无边际的压缩。同时，还有利于扭转城市发展

"摊大饼"现象，促进新型城镇化，缓解"城市病"。

但是"三规合一"是市级职能部门、各区县甚至各乡镇的多边博弈过程，参与主体数量众多，利益关系极其复杂，很容易陷入无休止的研究、讨论和争吵之中。

为此建议，将"三规合一"作为全市贯彻落实党的十八届三中全会精神、全面深化改革的重要工作，列入市委全面深化改革领导小组的日常工作，明确责任部门和各自的职能任务，加强统筹协调和检查督促，确保"三规合一"尽快有效推进。

三　加大对农民合作社（联合社）的政策扶持力度

以建立具有首都特色的鲜活农产品现代产销体系为目标，全面布局、整体推进全市农民合作社、联合社的功能建设，并提供相应的政策扶持。一是适度扩展合作社经营内容，从单一品种向多品种、单一类型向多类型方向拓展，发展种植、养殖、置业、农机等多种类型的股份合作社，增强合作社带动农户增收能力。二是积极发展跨村、跨乡镇的包括区县级的联合社，提高合作社的话语权和竞争地位，使农产品比较顺利地进入市场。尽快解决农民专业联合社的工商登记问题，实现合作社的规模化、专业化、现代化经营。三是在市场准入方面给合作社专项扶持政策，在合作社建立农产品集散中心、进行农产品深加工、组织农产品产销对接、开展农产品竞价拍卖等方面，给予用地规划、资金扶持和业务指导。四是加强合作社人才队伍建设，引导优秀人才向合作社配置。五是明确配套政策，落实国家关于免征合作社增值税、印花税等已经明确的各项税收优惠政策。

四　促进农村产权交易的健康发展

建议成立全市性的农村产权交易领导小组或部门联席会议，由与农村产权交易密切相关的农业、财政、国土、住建、水务、园林绿化、金融等部门组成，从统筹城乡发展的需要出发，在更高的层级统筹协调，以更大的力度予以推进。同时借鉴温州市的做法，以市委、市政府规范文件的形式，或者政府令的形式，出台《北京市农村产权交易管理暂行办法》，培育农村产权交易市场，规范农村产权交易行为，促进城乡要素平等有效交流，并适当在农村产权交易的人才队伍建设、业务培训等方面给予财政立项或奖补支持。

五　推进郊区综合养老休闲产业发展

20年前，在城市化快速扩张时期，都市对乡村的需要好似"水泥森林"对大自然的需要，是人们对舒适的乡村田园生活的向往。今天的北京已经迈入后工业化的老龄社会，城市对乡村的需要开始向综合养生和养老方面转变。因此，郊区民俗旅游和农业观光休闲产业提档升级的重点应该放在综合养生和养老休闲产业发展上。建议以1小时生活圈为环带，在卫星城、新型城镇化建设中，有效加强综合养生、康复休闲、医疗保健等老龄产业的功能体系建设。市、区县、乡镇政府有关部门要在养老中心、康复中心、医疗中心、保健中心等建设上，提早规划、主动支持，引导公益、慈善、商业资金投入，并在基础设施建设、公共服务、人才培养等方面统筹规划和布局，助力新型城镇化和城乡一体化发展。

附表1 2013年北京市主要经济指标数据统计表

项目	地区生产总值		地方公共财政预算收入		全社会固定资产投资		社会消费品零售额		规模以上工业总产值		农村居民人均现金收入	
	本年(亿元)	增长(%)	本年(亿元)	增长(%)	本年(亿元)	增长(%)	本年(亿元)	增长(%)	本年(亿元)	增长(%)	本年(元)	增长(%)
全市	19500.6	7.7	3661	10.4	7032.2	8.8	8375.1	8.7	17209.3	7.0	18337	7.7
远郊区县	4891.9	10.1	412.6	13.2	3717.3	9.6	2022.7	12.5	9815.2	10.0		
1. 城市发展新区	4112	10.3	307	13.8	2947.4	8.2	1588.6	12.7	8605.8	8.0		
房山区	490	10.0	45	12.4	493.7	0.7	205.3	12.5	940.7	-8.1	16636	11.3
通州区	500	10.0	53	15.0	590.8	16.7	268.9	12.4	658.3	9.4	18008	13.0
顺义区	1224.5	11.0	97	12.5	429.7	2.6	297.4	17.0	2810	21.3	17556	10.0
昌平区	556.9	10.0	60	15.0	551.9	12.6	297.2	6.0	1258.6	2.0	16750	12.0
大兴区及北京经济技术开发区	1340.5	10.0			881.4	7.4	519.8	14.8	2938.2	5.1	17000	10.9
大兴区	430	10.0	52	15.1	506.2	5.4	233	16.0	629.1	10.8		
北京经济技术开发区	910.5	10.0	无	无	375.2	10.4	286.8	13.9	2309.1	3.6	无	无
2. 生态涵养发展区	779.9	9.1	105	11.3	769.9	15.4	434.1	11.6	1209.4	10.5		
门头沟区	123	8.5	21	8.5	230.1	20.7	49	12.1	78.7	-25.1	17365	10.5
怀柔区	200.2	10.0	27	13.0	156	12.8	101.7	13.2	539.7	22.6	16189	11.0
平谷区	168.5	10.0	23	10.5	141.2	15.2	75	12.1	238.3	8.7	17000	10.0
密云县	196.3	10.0	25	12.7	165.1	13.6	116.2	10.1	287.9	9.9	16200	11.0
延庆县	91.9	10.0	10	12.0	77.6	10.2	92.2	11.1	64.8	-4.4	15345	9.0

附表2　2013年郊区主营业务收入情况统计表

单位：万元，%

区　县	主营业务收入		第一产业		第二产业		第三产业	
	数额	增长率	数额	增长率	数额	增长率	数额	增长率
全　市	49490444.5	5.7	2732071.9	3.1	20517025.0	3.2	26241347.6	8.1
朝　阳	11456533.6	10.9	42433.5	-1.5	3270302.5	28.0	8143797.6	5.3
丰　台	3136890.8	3.5	60169.8	-19.9	629132.5	-8.2	2447588.5	7.8
石景山	66929.8	3.4	293.6	-2.2	12327.5	-8.9	54308.7	6.7
海　淀	2017110.9	1.0	37557.1	0.3	478786.5	-4.1	1500767.3	2.8
门头沟	832390.9	5.4	16022.0	-6.8	299567.0	20.7	516801.9	-1.4
房　山	5814375.8	6.0	338875.6	7.3	2226290.2	4.1	3249210.0	7.3
通　州	2304748.2	6.5	282469.2	8.0	1331254.0	2.4	691025.0	14.7
顺　义	8139298.7	16.0	464857.8	2.2	4894449.6	6.4	2779991.3	41.8
昌　平	2964964.4	8.9	89216.0	10.1	1246326.4	9.6	1629422.0	8.3
大　兴	4700376.0	-3.1	437793.9	0.2	2833258.4	-5.0	1429323.7	-0.4
平　谷	1488112.7	-5.9	233353.7	0.3	388735.6	3.9	866023.4	-11.1
怀　柔	2584987.1	-18.6	137304.8	0.4	1078645.4	-36.8	1369036.9	2.9
密　云	2398495.0	10.8	389186.5	6.1	1237162.5	10.0	772146.0	14.9
延　庆	1585230.6	10.2	202538.4	6.3	590786.9	13.8	791905.3	8.6

附表3　2013年郊区农民人均劳动所得情况统计表

单位：元，%

区　县	人均劳动所得		第一产业		第二产业		第三产业	
	数额	增长率	数额	比例	数额	比例	数额	比例
全　市	15736	9.4	2666	16.9	3145	20.0	9925	63.1
朝阳区	25225	6.2	220	0.8	3006	11.9	21999	85.3
丰台区	19231	10.4	586	3.1	1502	7.8	17143	89.1
石景山区	32232	8.4	802	2.5	3189	9.9	28241	87.6
海淀区	20083	9.6	826	4.1	2341	11.7	16916	84.2
门头沟区	12605	8.6	457	3.6	2163	17.2	9985	79.2
房山区	10732	7.2	1229	11.5	3368	31.4	6135	58.1
通州区	17438	12.3	3105	17.8	4260	24.4	10073	57.8
顺义区	14750	9.3	2876	19.5	3942	26.7	7932	53.8
昌平区	14761	9.1	999	6.8	3185	21.6	10577	71.6
大兴区	17639	9.1	5061	28.7	2808	16.0	9769	61.3
平谷区	14269	12.1	4807	33.7	3836	26.9	5626	39.4
怀柔区	16952	9.5	2860	16.9	2766	16.3	11326	66.8
密云县	14048	10.0	4309	30.7	2583	18.4	7156	50.9
延庆县	14631	9.4	2678	18.3	2066	14.1	9887	67.6

附表4 2013年郊区农村参加分配劳动力就业情况统计表

单位：人，%

区 县	已就业劳动力		就业率		第一产业		第二产业		第三产业	
	上年	本年	上年	本年	人数	比例	人数	比例	人数	比例
全 市	1744621	1736966	93.6	93.7	463049	26.7	385572	22.2	888345	51.1
朝 阳 区	86923	85012	90.2	90.1	6457	7.6	8544	10.0	70011	82.4
丰 台 区	87381	83218	93.2	92.6	8699	10.5	11015	13.2	63504	76.3
石 景 山 区	5861	5409	98.9	99.2	212	3.9	685	12.7	4512	83.4
海 淀 区	69316	67762	96.4	96.0	8942	13.2	10281	15.2	48539	71.6
门 头 沟 区	43791	43445	92.4	92.2	4323	10.0	4437	10.2	34685	79.8
房 山 区	254220	256131	88.0	88.3	67769	26.5	70770	27.6	117592	45.9
通 州 区	191223	189683	91.3	91.7	47688	25.1	58013	30.6	83982	44.3
顺 义 区	186581	186836	95.8	95.8	38247	20.5	68362	36.6	80227	42.9
昌 平 区	130268	129963	93.2	93.2	25929	19.9	21556	16.6	82478	63.5
大 兴 区	197058	197007	97.0	97.0	75203	38.2	38941	19.8	82863	42.0
平 谷 区	147244	146529	95.7	95.8	66071	45.0	39337	26.8	41121	28.2
怀 柔 区	88670	88986	94.3	94.5	26025	29.2	16999	19.1	45962	51.7
密 云 县	152594	153445	96.4	96.6	59984	39.1	31254	20.4	62207	40.5
延 庆 县	103491	103540	98.2	98.0	27500	26.6	5378	5.2	70662	68.2

附表5 2013年度农村经济总收入十强乡镇排名

单位：万元，人

序号	区县	乡镇	农村经济总收入	分配人口
1	朝阳区	高碑店乡	1879409.0	3392
2	朝阳区	十八里店乡	1488915.7	20673
3	朝阳区	来广营乡	1309952.6	3038
4	朝阳区	南磨房乡	1199125.0	3392
5	房山区	城关街道	1158963.1	30970
6	顺义区	南法信镇	1089942.8	11117
7	怀柔区	怀柔镇	1008983.0	24765
8	顺义区	仁和镇	993138.2	24876
9	丰台区	卢沟桥乡	978710.0	36284
10	丰台区	南苑乡	944190.7	27861

附表 6　2013 年度农村经济总收入十强村

单位：万元，人

序号	区县	乡镇	村级	农村经济总收入	分配人口
1	朝阳	高碑店乡	高井村	649600.0	958
2	朝阳	十八里店乡	十里河村	374205.5	1653
3	朝阳	高碑店乡	八里庄村	365438.3	17
4	丰台	南苑乡	南苑村	325664.0	3871
5	朝阳	高碑店乡	半壁店村	318585.0	1181
6	朝阳	高碑店乡	高碑店村	311791.7	820
7	怀柔	怀柔镇	南关村	272175.4	2105
8	房山	韩村河镇	韩村河村	262095.9	2097
9	怀柔	怀柔镇	大中富乐村	260877.5	1885
10	房山	窦店镇	窦店村	223740.0	3471

附表 7　北京市居民消费价格指数表（截至 2013 年 12 月）

指标名称	以上年同期为 100 的指数		以上月价格为 100 的指数
	12 月	2013 年 12 月止累计	
居民消费价格总指数	102.7	103.3	100.1
其中:消费品价格指数	101.7	101.9	100.4
服务项目价格指数	104.3	105.5	99.5
食品	105.1	104.7	101.4
其中:粮食	104.6	104.4	100.5
油脂	96.5	99.8	99.8
肉禽及其制品	103.3	106.7	100.0
蛋	96.6	103.7	100.3
水产品	105.8	103.4	100.6
菜	103.1	109.6	98.4
干鲜瓜果	118	105.7	110.1

附表 8　北京市农产品生产者价格指数表（截至 2013 年四季度）

指标名称	以上年同期为 100 的指数	
	四季度	2013 年四季度止累计
农产品生产者价格指数	103.04	104.72
农业产品	100.67	105.46
谷物	96.77	102.93
蔬菜及食用菌	114.38	106.99
水果及坚果	97.34	104.86
林业产品	107.47	111.3
饲养动物及其产品	106.2	104.24

续表

指标名称	以上年同期为 100 的指数	
	四季度	2013 年四季度止累计
活牲畜	105.72	101.7
其中:猪	105.52	98.3
活家禽	102.59	104.37
其中:活鸡	102.24	105.04
畜禽产品	112.13	108.66
生奶	120	111.34
禽蛋	101.92	105.07
渔业产品	100.93	98.97

附表 9　2013 年北京市农林牧渔业生产情况表

	2013 年 1～4 季度	同比增长(%)
农林牧渔业总产值(亿元)	421.8	6.6
其中:种植业	246.3	11.4
养殖业	167.5	0.2
农副产品产量	—	—
其中:蔬菜及食用菌(万吨)	266.9	-4.7
禽蛋(万吨)	17.5	14.8
牛奶(万吨)	61.5	-5.5
生猪出栏数(万头)	314.4	2.7
生猪存栏数(万头)	189.2	1
休闲观光农业情况	—	—
观光园	—	—
总收入(万元)	273600	1.8
接待人次(人次)	19443895	0.2
民俗旅游	—	—
总收入(万元)	101958.7	12.6
接待人次(人次)	18065498	6.3

附录　名词和指标解释

（1）农村会计核算单位：指按照《北京市村合作经济组织会计制度实施细则》的要求，独立进行会计核算的单位。包括村集体经济组织、代行村集体经济组织职能的村民委员会，以及独立核算的原生产队。

（2）低收入农户：指北京市郊区农村 2008 年人均可支配收入≤4500 元且具有劳动能力的农业户籍家庭。

（3）低收入农户监测：指对全市低收入农户的基本情况、劳动力情况、收入情况等进行的动态监测。

（4）农产品成本核算：指对来源于农业种植业、畜牧业和渔业中的初级产品，即在农业活动中获得的植物、动物、微生物及其产品（不包括经过加工的这类产品）的生产、销售情况，按照现行价格进行的收入、成本、利润核算。目前北京市的农产品包括农产品、果产品、水产品、肉禽（禽）产品、蛋禽产品和奶牛产品六大类。

（5）村级会计委托代理：指在坚持民主自愿和集体财产所有权、使用权、审批权和收益权不变原则的基础上，乡镇会计委托代理服务机构接受村集体经济组织（或代行村集体经济组织职能的村民委员会）的委托，代理村级会计核算工作。各村设财务专管员（或助理会计），负责村货币资金的收支等财务工作，并定期报账。

（6）新型集体经济：指劳动者的劳动联合与劳动者的资本联合相结合的经济，它是社会主义公有制经济的重要组成部分。

（7）郊区经济范围：本报告中的郊区经济范围特指10个远郊区县。

（8）农村经济范围：本报告中的农村经济特指乡镇以下经济，包括乡镇组织、乡镇企业、村级组织以及个体、私营及农户家庭经营。

（9）产权：指经济所有制关系的法律表现形式。它包括财产的所有权、占有权、支配权、使用权、收益权和处置权。

（10）农村集体经济产权制度改革：指将共同共有产权制度的传统集体经济组织改造成为实行按份共有产权制度的新型集体经济组织，成为自主经营、独立核算、自负盈亏的社会主义市场主体。

（11）清产核资：主要是通过账物清理、资产清查、资产估价和价值重估、损益认定、界定资产所有权、资金核实来真实反映单位的资产与财务状况，简单地说就是清查资产、核实资本。

（12）土地确权颁证：指按照《物权法》《农村土地承包法》等法律规定，将农民承包土地的地块、面积、四至及空间位置标注在土地承包经营权证书中并将证书发放到户的行为。开展土地确权颁证工作，是完善农村基本经营制度的重要举措，有利于进一步确认农民对承包土地的占有、使用和收益权利，强化农户市场主体地位和家庭承包经营基础地位，稳定农村土地承包关系并保持长久不变。

（13）农村集体"三资"：是农村集体所有的资金、资产、资源的简称。农村集体资金是指农村集体所有的货币资金，包括现金和银行存款。农村集体资产是指农村集体投资兴建的房屋、建筑物、机器、设备等固定资产，水利、交通、文化、教育等基础公益设施以及农业资产、材料物资、债权等其他资产。农村集体资源是指法律法规规定属于农村集体所有的土地、林地、山岭、草地、荒地、滩涂、水面等自然资源。

（14）二元结构体制：是我国经济和社会发展中存在的一个严重障碍，主要表现为城乡之间的户籍壁垒，两种不同资源配置制度，以及在城乡户籍壁垒基础上的其他问题。

（15）地区生产总值：是一个国家或地区的所有常住单位在一定时期内所生产的全部最终产品和服务的价值总和，是反映经济总体状况最重要的指标。地区生产总值反映的是最终的生产成果，是最终产品和服务，它有三种表现形态：价值形态、收入形态和产品形态。三种表现形态在国民经济核算中就形成了三种基本的核算方法，即生产法、收入法、支出法。

（16）第一产业增加值：三次产业是根据社会生产活动历史发展的顺序对产业结构的划分，产品直接取自自然界的部门称为第一产业，对初级产品进行再加工的部门称为第二产业，为生产和消费提供各种服务的部门称为第三产业。第一产业增加值就是产品直接取自自然界的部门（包括种植业、林业、牧业和渔业）在这个清算周期（一般以年计）比上个清算周期的增长值。

（17）规模以上工业增加值：2010年以前，规模以上工业企业指年主营业务收入500万元及以上的法人工业企业；2011年开始，调整为年主营业务收入2000万元及以上的法人工业企业。规模以上工业法人单位按照工业统计报表制度要求，如实填报统计报表，通过统计数据采集平台上报统计数据。北京统计部门经过审核，汇总全市规模以上工业统计数据，经国家统计局统一审核评估后对外发布。工业增加值是国内生产总值的组成部分，它是以货币形式表现的规模以上工业企业在报告期内工业生产活动的最终成果，这个最终成果反映的是企业生产过程中新创造的价值。工业增加值不是直接统计的指标，而是通过相关统计指标计算出来的。

（18）人均纯收入：指农村住户常住人口当年从各个来源得到的总收入相应地扣除所发生的费用后的收入总和。反映的是一个地区或一个农户农村居民的平均收入水平。计算方法：纯收入＝总收入－家庭经营费用支出－税费支出－生产性固定资产折旧－赠送农村内部亲友支出。

（19）可支配收入：指调查户可用于最终消费支出和其他非义务性支出以及储蓄的总和，即居民家庭可以用来自由支配的收入。它是家庭总收入扣除交纳的个人所得税、个人社会保障个人交纳部分以及调查户的记账补贴后的收入。计算公式为：可支配收入＝家庭总收入－交纳个人所得税－社会保障个人交纳部分－记账补贴。

（20）全社会固定资产投资：是指一定时期完成的城镇固定资产投资和农村固定资产投资之和。固定资产在建造和购置过程中发生的建筑工程、安装工程，设备器具购置以及除上述三项内容以外的费用均计入固定资产投资额中。单纯装修投资、大修理性质的支出不作为固定资产投资项目统计。

（21）社会消费品零售额：指企业（单位、个体户）通过交易直接售给个人、社会集团非生产、非经营用的实物商品金额，以及提供餐饮服务所取得的收入金额。个人包括城乡居民和入境人员，社会集团包括机关、社会团体、部队、学校、企事业单位、居委会或村委会等。

（22）注册资本：也叫法定资本，是公司制企业章程规定的全体股东或发起人认缴的出资额或认购的股本总额，并在公司登记机关依法登记。

（23）居民消费价格指数（CPI），是度量消费商品及服务项目价格水平随着时间变动的相对数，反映居民购买的商品及服务项目价格水平的变动情况。

（24）农村经济总收入：指本单位（包括统一经营、承包经营、新经济联合体及农民自营）当年经济收入中可用于抵偿本年开支并在国家、集体、农民之间进行分配的农业、林业、牧业、渔业、运输业、商业、饮食业等各项经营收入和利息、税金等非生产收入，但不包括那些不能用来分配、属于借贷性质或暂收性质的收入，如贷款收入、预购订金、国家投资、农民投资等。总收入中，乡村集体企业收入按各行业的全部收入计算，包括主营业务收入、其他业务收入、投资收益、补贴收入和营业外收入。

主营业务收入：指农村集体经济组织本年度进行各项生产、服务等经营活动实现的经营收入，包括房地产开发收入。

其他业务收入：指农村集体经济组织主营业务以外的其他业务收入，如收缴资金占用费、租金，销售物资、出租固定资产、出租包装物等取得的收入及服务性收费等。

投资收益：指农村集体经济组织对外投资分得的利润和利息，包括对外投资分得的利润、股利、债券利息以及投资到期收回或者中途转让取得款项高于账面价值的差额。

补贴收入：指农村集体经济组织得到的各项补贴收入。

营业外收入：指农村集体经济组织经营业务以外的收入，包括固定资产盘盈、处理固定资产净收益等。

（25）农民人均劳动所得：指平均每个农村分配人口的劳动所得，即"农民所得总额"与"分配人口"之商。

（26）六个经营层次

乡级组织：乡镇级集体经济组织。

乡级企业：乡镇级集体企业。

村级组织：村级集体经济组织。

村级企业：村级集体企业。

私营企业：乡、村所辖范围内的私营企业。

农户家庭经营：集体经济组织所属的、以家庭经营为单位的农户，包括家庭承包经营、家庭自营、个体工商户、专业户等。

（27）利润总额：各经营层级全年实现的利润。计算公式为：利润总额 = 营业利润 + 投资收益 + 补贴收入 + 营业外收入 − 营业外支出。

（28）公有经济：包括乡镇级集体经济组织、乡镇级集体企业、村级集体经济组织、村级集体企业。

（29）非公经济：包括私营企业和农户家庭经营。

（30）农村就业劳动力（农村就业率）：就业劳动力指在劳动年龄以内，经常参加劳动的劳动力人数（整劳动力指男子在 18 ~ 50 周岁、女子在 18 ~ 45 周岁；半劳动力指男子在 16 ~ 17 周岁、51 ~ 60 周岁，女子在 16 ~ 17 周岁、46 ~ 55 周岁）。虽在劳动年龄以外，但还能经常参加生产劳动，并能顶劳动力使用的人员，也应统计在内。已就业人数占具有劳动能力人数的比率即为就业率。

（31）农村参加分配劳动力：参加农村集体经济组织收益分配的劳动力。

（32）成本核算：指对生产经营过程中发生的经济业务，按照收入、成本、利润进行核算的一种会计核算方法。

（33）农产品生产者价格：是指农产品生产者直接出售其产品时的实际单位产品价格。

（34）农产品生产者价格指数：反映农产品生产者价格变动趋势和变动幅度的相对数。

（35）农林牧渔业总产值：是以货币表现的农林牧渔业的全部产品总量和对农林牧渔业生产活动进行的各种支持性服务活动的价值。

（36）观光园：是指以农业生产为基础，以农村特有的生活风情和田园风光为资源，从事观光农业生产经营活动，具有观赏、采摘、垂钓、休闲、体验、旅游等功能的单位，以及依靠农业资源聚集并带动起来与观光活动连为一体的配套餐饮、住宿、健身、娱乐等服务单位，具体包括观光种植园、观光养殖园、观光垂钓园、观光采摘园、观赏园和大型综合性观光园等。

（37）民俗旅游：是指以郊区自然旅游资源、人文旅游资源为依托，以田园风光和农家生活方式为特色，以都市居民为目标市场，为游客提供农业观光、采摘、垂钓、烧烤、娱乐、住宿、餐饮等服务的一种旅游形式。

（38）观光园总收入：指观光园从事各类业务活动取得的收入，包括主营业务收入和其他业务收入，不包括为第三方或者客户代收的款项，具体包括门票收入、采摘收入、出售农产品收入、出售其他商品收入、健身娱乐收入、餐饮收入、垂钓收入、住宿收入和其他收入。

（39）民俗旅游总收入：指所有民俗旅游接待户在规定的时期内从事民俗旅游接待的总收入。

课题负责人：曹四发 刘军萍
课题组成员：张 军 张春林 陈丹梅

第二章　2013 年北京市农民收入分析报告

2013 年，北京市全面贯彻落实党的十八大和十八届三中全会精神，加快发展都市型现代农业，积极推进"新三起来"，不断健全城乡发展一体化体制机制，落实各项惠民强农富农政策，努力为农民工创造平等就业环境，大力促进低收入农户增收，全年呈现农村居民收入增长继续快于城镇居民收入增长的好势头。

第一节　2013 年北京市农村居民现金收入基本情况

2013 年，北京农村居民人均纯收入连续 8 年保持两位数的较快增长态势，收入增速连续 5 年快于城镇居民，4 项收入"三升一降"。农村居民人均纯收入 18337 元，比上年增长 11.3%，扣除价格因素后，实际增长 7.7%。城镇居民人均可支配收入 40321 元，比上年增长 10.6%，扣除价格因素后，实际增长 7.1%。农村居民人均收入增速快于城镇居民，城乡居民收入差距为 21984 元，收入比值为 2.20，比 2012 年的 2.21 减少了 0.01。从收入结构看，工资性收入仍是农村居民人均纯收入的主体，城乡居民工资性收入所占比例差距已由 2006 年的 29 个百分点下降至 2013 年的 9.5 个百分点；从全国范围看，北京市农村居民人均纯收入是全国平均水平的 2.06 倍，居全国第二位；从 10 个远郊区县看，通州区农村居民人均纯收入最高，同比增速最快。

一　北京市农村居民现金收入增长情况分析

（一）从全国看，北京农村居民收入水平居第二位

北京农村居民人均纯收入 18337 元，比上年增长 11.3%，扣除价格因素后，实际增长 7.7%。全国农村居民人均纯收入 8896 元，增长 12.4%，扣除物价因素，实际增长 9.3%。北京农村居民人均纯收入在全国居第二位，是全国平均水平的 2.06 倍；京、津、沪、渝 4 个直辖市的农民收入，同比增速分别为 11.3%、13.5%、10.4%、12.8%，天津增速快于北京和上海（见图 1）。

2013 年全国城乡居民收入比值平均为 3.03。在京、津、沪、渝 4 个直辖市中，城乡居民收入比值分别为 2.20、2.12、2.28、3.03，天津城乡收入差距最小（见表 1）。

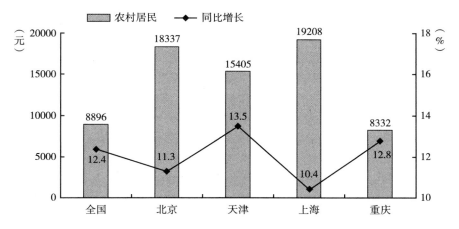

图 1　2013 年全国和直辖市农村居民人均纯收入及增速

表 1　2013 年全国和直辖市城乡居民收入对比

单位：元

	城镇居民	农村居民	城乡居民收入比值
全国	26955	8896	3.03
北京	40321	18337	2.20
天津	32658	15405	2.12
上海	43851	19208	2.28
重庆	25216	8332	3.03

　　2013 年京、津、沪、渝农村居民人均纯收入水平稳步增长。从收入的绝对数看，上海市农村居民人均纯收入水平最高，而后依次为北京市、天津市和重庆市。北京市的工资性收入低于上海，高于其他地区；家庭经营性收入低于其他地区；财产性收入相对最高；转移性收入低于上海，高于其他地区。从收入比重看，北京市家庭经营性收入比重低于其他地区，而工资性收入比重则高于其他地区。从其收入结构和经济发展水平看，工资性收入仍是北京市农村居民主要的收入来源，而城市化水平越高，工资性收入越高，家庭经营性收入反而越低，转移性收入越高。由于各地的经济发展水平、产业结构及社会经济发展重点不同，居民的收入结构存在差异是完全正常的。但无论是绝对数还是相对数均较合理地反映了北京现阶段的经济社会发展及农村居民收入的构成特点，即总的来看北京市农村居民的收入水平处于全国领先地位。但在家庭经营性收入上存在一定的差距。收入来源构成的差距也是造成城乡差距、地区差距的重要因素（见表 2）。

表2　2013年全国和直辖市农村居民收入对比

单位：%

	全国	北京市	天津市	上海市	重庆市
人均纯收入	100	100	100	100	100
工资性收入	45.2	65.6	—	64.4	49.1
家庭经营性收入	42.6	4.5	—	4.8	37.6
财产性收入	3.3	11.0	—	8.3	2.8
转移性收入	8.8	18.8	—	22.5	10.5

（二）从全市看，农村居民收入增速连续5年快于城镇居民，城乡居民收入比值开始缩小

（1）城镇居民收入情况。城镇居民人均可支配收入40321元，比上年增长10.6%，扣除价格因素后，实际增长7.1%。工资性收入30273元，同比增长8.3%；转移性收入12939元，同比增长15.7%；经营性收入1487元，同比增长4%；财产性收入575元，同比增长9.5%。

（2）农村居民收入情况。农村居民人均纯收入18337元，比上年增长11.3%，扣除价格因素后，实际增长7.7%，完成年初确定的实际增长7.5%左右指标要求，增速连续5年快于城镇居民。转移性收入为3446元，增速最快，达到32.6%；财产性收入2023元，同比增长17.8%；工资性收入12035元，同比增长11.0%；家庭经营收入833元，同比下降36.8%（见表3）。

表3　2013年全年北京市农村居民人均纯收入

单位：元，%

指标名称	2013年	2012	2013年比2011年增长
人均纯收入合计	18337	16476	11.3
（一）工资性收入	12035	10843	11.0
（二）家庭经营性收入	833	1318	-36.8
1. 第一产业现金收入	268	731	-63.3
其中：农业现金收入	230	517	-55.5
牧业现金收入	-28	98	-128.6
2. 第二产业现金收入	39	-40	—
其中：工业现金收入	9	-80	—
3. 第三产业现金收入	526	627	-16.1
其中：交通运输业现金收入	251	236	6.4
批零贸易业、饮食业收入	259	286	-9.4
社会服务业收入	30	81	-63.0
（三）财产性收入	2023	1717	17.8
其中：租金收入	1562	1120	39.5
集体分配股息和红利	311	368	-15.5
转让土地承包经营权收入	92	170	-45.9
（四）转移性收入	3446	2598	32.6
其中：农村外部亲友赠送	126	92	37.0
离退休金、养老金	2314	1740	33.0

（3）城乡居民收入比值开始缩小。2013 年，农村居民人均收入增速连续 5 年快于城镇居民。城乡居民收入差距的绝对值仍在拉大，收入差距为 21984 元。其中，工资性入差距为 18238 元，仍是造成城乡居民收入差距的主要因素。城乡居民收入比值为 2.20，比 2012 年的 2.21 减少了 0.01，保持着缩小的势头。

（三）从分区县看，海淀区农村居民人均现金收入最高，通州区同比增速最快

从全市 13 个涉农区县收入的绝对值来看，海淀区农村居民人均纯收入最高，人均纯收入达到 24673 元，同比增长 10.3%，比上年同期增速下降 1.4 个百分点。

从 10 个远郊区县收入的绝对值来看，通州区农村居民人均纯收入最高，达到 17925 元，低于全市平均水平 412 元；其次是顺义区 17703 元，门头沟区 17408 元；延庆县人均纯收入最低，为 15504 元。

从 10 个远郊区县收入的同比增速来看，通州区同比增速最快，达到 12.5%，高于全市平均水平 1.2 个百分点；其次是怀柔区，同比增长 12.1%；延庆县增速最低，同比增长 10.1%（见表 4）。

表 4　2013 年北京市各区县农民人均纯收入

单位：元，%

	2013 年	2012 年	增　长
全　市	18337	16476	11.3
朝　阳	24426	22152	10.3
丰　台	20442	18502	10.5
海　淀	24673	22364	10.3
门头沟	17408	15715	10.8
房　山	16916	15192	11.3
通　州	17925	15936	12.5
顺　义	17703	15960	10.9
昌　平	16756	14971	11.9
大　兴	17044	15329	11.2
怀　柔	16356	14585	12.1
平　谷	16865	15067	11.9
密　云	16202	14590	11.0
延　庆	15504	14078	10.1

二　北京市农村居民纯收入结构性分析

2013 年，北京市农村居民收入结构继续向城镇居民转变，在大力推动农民非农就业、不断完善城乡社保体系、推动农村新型集体经济组织按股分红等措施的共同作用下，农民收入增长方式发生了显著变化。从收入结构上看，工资性收入仍是主体，占 65.6%，转移性收入、财产性收入和家庭经营性收入分别占 18.8%、11% 和 4.5%。工资性收入处于绝对的支撑地位，无论是所占比重还是对农村居民增收的贡献均位居4项收入之首。

（一）工资性收入占纯收入的比例逐渐接近城镇居民

农村居民人均工资性收入12035元，同比增加1192元，同比增长11%，增速有所放缓，与上年同期相比，增速下降2.2个百分点；工资性收入占农村居民人均纯收入的65.6%，增收贡献率为64.1%，拉动总体增收7.2个百分点。

2013年农村居民工资性收入与上年基本持平，保持历史高位；城镇居民工资性收入占可支配收入的75.1%，持续下降，降至2005年以来的最低点。城乡居民工资性收入所占比例差距已由2006年的29%下降至2013年的9.5%（见图2）。以工资性收入为主的收入格局不断巩固和发展，农村居民工资性收入占纯收入的比例逐渐接近城镇居民。农民通过非农就业所获取的非农收入已成为农村居民人均纯收入增长的主体，而通过劳动力转移形成的工资性收入增长对农村居民人均纯收入增长的贡献最大。农民收入通过非农就业增长的源泉逐渐单一化。

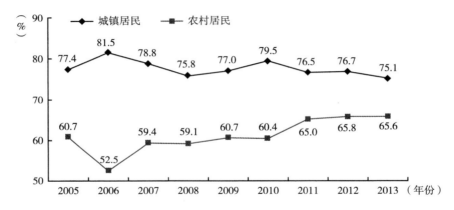

图2　2005～2013年农村居民和城镇居民工资性收入占纯收入比重对比

转移就业工作持续深入推进，多个积极因素共同拉动农民工资性收入快速增长。首先，坚持就业优先战略，多项积极就业政策相继实施，实现6.23万名登记农村劳动力转移就业，农民工接受的技能培训更加系统，从业素质有所提高，工资明显增加；完成平原造林36.4万亩，新增城市绿地1100公顷，林木绿化率、森林覆盖率分别达到57.4%和40%，极大地促进了绿岗就业，平原造林与管护中吸纳3.2万农民就业。其次，社会平均工资上涨也是拉动工资性收入增长的重要因素。2013年本市企业最低工资标准上涨到每月1400元/人，比上年同期增长11.1%。

（二）传统农业生产规模收缩，家庭经营性收入主要来源于非农产业收入

农村居民人均家庭经营性收入833元，同比下降36.8%，占农村居民人均纯收入的4.5%，增收贡献率为－26.1%。从收入构成看，第一产业人均现金收入268元，下降63.3%（其中，农业收入230元，下降55.5%；牧业收入－28元，下降128.6%）。第二产业人均现金收入39元，由负转正（其中，工业收入9元）。第三产业人均现金收入526

元，下降 16.1%（其中，交通运输业经营收入 251 元，增长 6.4%；批零商贸业、饮食业收入 259 元，下降 9.4%；社会服务业收入 30 元，下降 63%）。家庭经营性收入对收入增长的微弱贡献主要归功于家庭经营中非农产业收入（见图 3）。

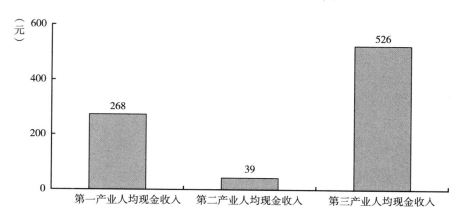

图 3　2013 年北京市农民家庭经营性收入构成

农村居民家庭经营性收入占纯收入的 4.5%，在上年下降 1.2 个百分点基础上，又降低 3.5 个百分点，为 2005 年以来最低水平；城镇居民家庭经营性收入占可支配收入的 3.7%（见图 4）。随着郊区城镇化快速推进、生态建设任务不断加重、户均耕地资源进一步减少，家庭经营性收入可能会继续下降。不难看出，家庭经营性收入在纯收入中的比重逐渐降低，符合市情发展现状。

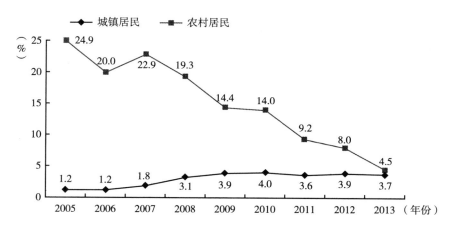

图 4　2005～2013 年农村居民和城镇居民家庭经营性收入与纯收入比重对比

从家庭经营现金收入构成来看，第一产业收入下降主要有以下原因：一是农业结构深入调整，传统种养业规模收缩明显。随着平原造林工程的实施和城市建设开发占地面积的增加，粮食、蔬菜、瓜果播种面积和果园面积普遍减少，主要农产品产量下降。二是生产成本持续上涨。玉米和小麦亩均成本分别上升了 8.7% 和 4.7%；农业雇工费每人每天 150～200 元，上年同期为 120 元左右；部分农药价格上涨，如氯氰菊酯 2013 年每公斤 25 元，同比提高 5 元；畜禽养殖周期需用饲料支出也有所增加，如 2013 年一只蛋鸡产蛋周期需用饲料支出在 127 元左右，同比增长 1.6%；一头母猪产小猪周期需用饲料支出 1700 元左右，同比增长 54.5%；一头育肥猪到出栏前需用饲料支出 960 元左右，同比增长 12.9%。三是气候因素。由于气候原因，如 2013 年上半年低温、全年雾霾天数增多、光照不足等影响了农作物的生长，种植业产品生产者支出同比上涨 5.5%。四是养殖业规模化发展迅速，目前全市生猪、家禽规模化程度分别达到 65.9% 和 76.5%，产能加快向企业集中，且受市场波动、成本上升、疫情以及限制散养政策等影响，家庭散养退出趋势明显。第二产业收入由负转正，主要是因为随着新农村建设步伐的加快，农户中从事建筑业人员明显增加，加之建筑用工工资普遍上涨，使得从事建筑业的农村居民的现金收入快速增长。第三产业收入下降主要是由于家庭经营批零饮食业和社会服务业收入分别下降了 9.4% 和 63%。

（三）财产性收入同比增速较快，租金收入所占比重达七成

农村居民人均财产性现金收入为 2023 元，同比增长 17.8%，占农村居民人均纯收入的 11%，增收贡献率为 16.4%。从收入构成看，占财产性收入七成以上的租金收入达到 1562 元，增长 39.5%；集体分配股息和红利 311 元，下降 15.5%；转让土地承包经营权收入 92 元，下降 45.9%（见图 5）。

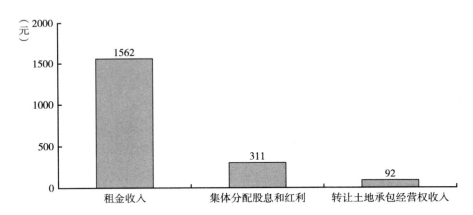

图 5　2013 年北京市农村居民财产性收入构成

农村居民财产性收入占纯收入的 11%，与上年相比，增长 0.6 个百分点。其中，租金由 1120 元增加到 1562 元，增长 39.5%，占财产性收入的比例由 58.5% 增加到 77.2%。租金收入是农村居民财产性收入的主体。城镇居民财产性收入占可支配收入的 1.4%（见图 6）。

租金收入快速上涨，拉动农民财产性收入继续较快增长。受供求矛盾、政策连带效应等因素影响，房屋租赁价格持续上涨。年初，史上最严楼市调控政策出台、春节后出现返京人流高峰等因素叠加带动房屋租金价格明显上涨。从房屋租金提价的区域分布看，房租

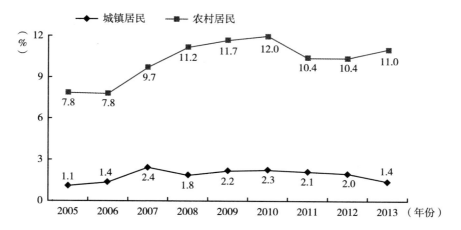

图 6　2005～2013 年农村居民和城镇居民财产性收入占纯收入比重对比

高企已不仅仅局限于城区，城乡结合部及农村地区房屋租金价格也随之水涨船高，外来人口租房需求旺盛、本地拆迁居民短期周转安置等因素推动农民房租收入大幅增长。

（四）退休金、养老金收入增长达 33%，拉动农民转移性收入快速增长

农村居民人均转移性收入为 3446 元，同比增长 32.6%，占农村居民人均纯收入的 18.8%，增收贡献率为 45.6%，拉动总体增收 5.1 个百分点。从收入构成看，退休金、养老金 2314 元，增长 33%；农村外部亲友赠送 126 元，增长 37%（见图 7）。

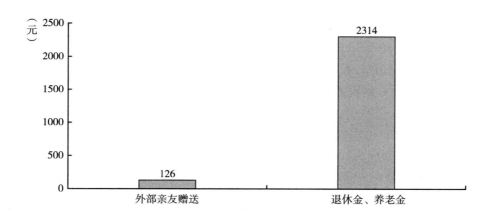

图 7　2013 年北京市农村居民转移性收入构成

农村居民转移性收入占纯收入的 18.8%，与上年相比，增长 3 个百分点，比例继续稳步上升；城镇居民转移性收入占可支配收入的 32.1%（见图 8）。农村居民的转移性收入快速增长得益于近年来出台的各项惠民政策措施。农村社会保障水平继续提升，农民转移性收入快速增长。现已将 2012 年 12 月 31 日前企业退休人员人均基本养老金提高 260 元；将失业保险金月发放标准每档提高 50 元；城乡居民基础养老金从每人每月 357.5 元

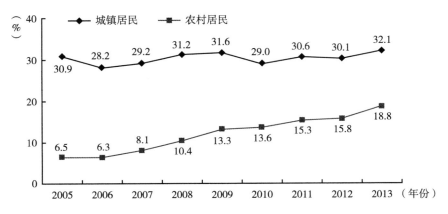

图 8　2005～2013 年农村居民和城镇居民转移性收入占纯收入比重对比

提高到 390 元，福利养老金从每人每月 277.5 元提高到 310 元；最低工资标准由每月不低于 1260 元提高到每月不低于 1400 元，增幅为 11%；2013 年 1 月 1 日开始，农村低保标准由家庭月人均 380 元调整为 460 元，调整幅度为 21.05%，各区县政府在此基础上制定本区县农村低保标准调整方案，对农村低收入家庭的救助力度进一步加大。城乡社保一体化取得新进展，除朝阳、海淀、丰台、顺义外，2013 年大兴、通州也实现了城乡低保标准一体化。

三　远郊区县中，通州区农村居民人均纯收入最高，同比增速最快

从收入的绝对值来看，全年排在前三位的区县分别是通州区、顺义区和门头沟区。通州区农村居民人均纯收入最高，达到 17925 元，低于全市平均水平 412 元。

从收入的同比增速来看，排在前三位的区县分别是通州区（12.5%）、怀柔区（12.1%）、昌平区和平谷区（11.9%）（见图 9）。

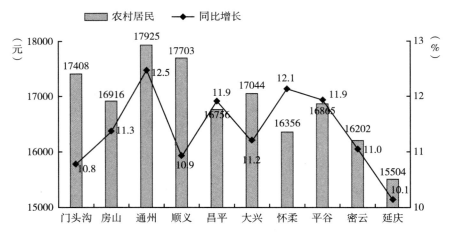

图 9　2013 年北京市各区县农村居民人均纯收入及同比增速

（一）工资增收政策带动工资性收入快速增长

工资性收入 11490 元，比上年增长 14.6%。工资性收入增长得益于政策性因素带动。一是 2013 年 1 月 1 日起北京市小时工资和月工资最低标准分别增长 11.8% 和 11.1%；二是人力社保局将企业职工平均工资增长线的平均线确定为 12%，为 2010 年以来的最高值；三是各乡镇积极组织农村劳动力参与新农村基建工程，增加农村居民就业机会，提高其工资性收入。

（二）样本结构调整导致家庭经营性收入下滑明显

家庭经营性收入 902 元，比上年下降 31.1%。降幅较大的主要原因是受新样本结构调整影响，城乡结合部的调查户比例有所增加，结合部农村居民的收入来源较为丰富，居民更乐意通过转让土地经营权或者出租住房来获取稳定的收入，而自己不再进行农牧业经营，因此导致第一产业收入下降明显，从而促使家庭经营性收入下滑。

（三）产权制度改革促进财产性收入增长

财产性收入 2012 元，比上年增长 19.3%。随着农村产权制度改革，农民得到丰厚的财产性收入。通州区于家务乡在全市率先建立了乡镇级农村土地流转服务中心，帮助村民签订农村土地流转协议，保障村民土地租金收入。2013 年 1 ~ 11 月，通州农村居民人均转让土地经营权收入 326 元，同比增长 1.1 倍，拉动财产性收入增幅提高 11.2 个百分点。另外，通州区优越的地理位置和外来人口的刚性住房需求推动了本地租金收入快速上涨。截至 2013 年 11 月末，人均租金收入 1089 元，同比增加 183 元，增长 20.2%，对财产性收入增长的贡献率为 51.4%。

（四）养老金及补贴收入拉动转移性收入增长

转移性收入 3521 元，比上年增长 20.7%。转移性收入增长的主要原因：一是 2013 年各项养老金标准继续大幅提高，农村地区人口老龄化等因素继续拉动农村居民养老金收入增长；二是政府加大财政转移支付力度，对农村居民家庭发放多种节假日生活补贴，增加困难家庭医疗补助等；三是各乡镇增加各种涉农补贴，发放基本农田生态补偿补贴，对农业生产岗位农民发放涉农补贴等。

第二节　北京市城乡居民收入差距分析

由于长期形成的城乡二元体制没有完全消除，以及城乡居民收入存在较大的基数差距，城乡居民人均年收入的绝对差值仍在持续扩大。

一　基尼系数

城镇内部的基尼系数从 1996 年的 0.33 下降到 2010 年的 0.28，城镇居民的收入差距处于国际公认的平均范围之内。

农村内部的基尼系数从 1996 年的 0.32 下降到 2010 年的 0.30，收入差距相对合理。基尼系数从 1996 年开始一路走高，并在 2003 年达到顶峰。"十一五"期间，随着农民收入的增长和农村社会保障水平的提高，农民内部之间的收入差距不断缩小。从反映农民内部之间收入差距的基尼系数观察，2010 年，农民收入的基尼系数为 0.30，比 2005 年缩小 0.02（见表 5）。

表 5　1996～2010 年北京市城乡居民家庭基尼系数

年份	城镇	农村	年份	城镇	农村
1996	0.33	0.32	2004	0.29	0.34
1997	0.23	0.31	2005	0.29	0.32
1998	0.24	0.34	2006	0.27	0.32
1999	0.21	0.33	2007	0.27	0.32
2000	0.26	0.32	2008	0.29	0.31
2001	0.23	0.33	2009	0.28	0.30
2002	0.26	0.35	2010	0.28	0.30
2003	0.27	0.36			

二　城乡居民收入比值呈现倒 U 型曲线

与国际比较，我国是世界上城乡差距最严重的少数几个国家之一。世界上多数国家和地区城乡收入之比大约在 1.5∶1，超过 2∶1 的国家极少。韩国等国家在经济起飞时期，城镇居民收入一般是农民的 1.4～1.6 倍，而我国在 2002 年之后的城乡收入之比均超过了 3∶1。另外，我国统计口径的差异还会扩大实际的收入差距。如果城镇居民收入中加上各项社会福利，农村居民收入中减去购买农业生产资料支出，则城镇居民的收入可能是农村居民收入的 5～6 倍（见表 6）。

表 6　1996～2013 年全国城乡居民收入比值对比

单位：元

年份	城镇居民	农村居民	城乡居民收入比值
1996	4839	1926	2.51∶1
1997	5160	2090	2.47∶1
1998	5425	2162	2.51∶1
1999	5854	2210	2.65∶1
2000	6280	2253	2.79∶1
2001	6860	2366	2.90∶1
2002	7703	2476	3.11∶1
2003	8472	2622	3.23∶1
2004	9422	2936	3.21∶1

续表

年份	城镇居民	农村居民	城乡居民收入比
2005	10493	3255	3.22∶1
2006	11760	3587	3.28∶1
2007	13786	4140	3.33∶1
2008	15781	4761	3.31∶1
2009	17175	5153	3.33∶1
2010	19109	5919	3.23∶1
2011	21810	6977	3.13∶1
2012	24565	7917	3.10∶1
2013	26955	8896	3.03∶1

　　北京市城乡居民收入比值从 1996 年的 1.93 增加到 2013 年的 2.20。其中，2000 ~ 2013 年，城乡居民相对差距总体上处于高位徘徊状态。2002 年达到区间极小值 2.12，此后持续扩大。2006 年达到区间极大值 2.32。之后到 2010 年差距持续缩小至 2.19。2013 年为 2.20，比 2011 年的 2.23 减少了 0.03，回到了 2001 年水平（见图 10）。城乡收入相对差距的波动，表明农民收入增长的基础仍不够稳固。不过，从总体看，已经基本呈现收入差距"倒 U 型"曲线的顶部形态，意味着城乡相对收入差距将可能进入逐步下降区间。

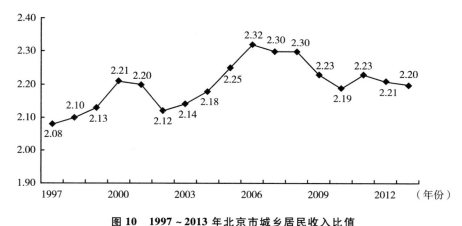

图 10　1997 ~ 2013 年北京市城乡居民收入比值

三　2013 年城乡收入差距突破 20000 元，绝对额持续拉大

　　1996 年以来，全国城乡收入差距由 2913 元增加到 2013 年的 18059 元，增长 5.2 倍。北京市在经济增长、收入提高、城市化进程加快的同时，收入分配中的差距呈现扩大迹象，收入差距高于全国。城镇居民人均可支配收入由 1996 年的 6886 元增加到 2013 年的 40321 元，增长 4.9 倍；农村居民人均纯收入相应由 3563 元增加到 18337 元，增长 4.1 倍。尽管农民收入增幅连续 5 年超过城镇居民，但由于基础较弱，两者收入的绝对差已经

从 1996 年的 3323 元增长到 2013 年的 21984 元，增长 5.6 倍。差额平均每年扩大 1098 元，平均每年递增 11.8%；农村居民人均纯收入平均每年增加 869 元，城镇居民人均可支配收入平均每年增加 1967 元。2000 年城乡居民收入差距达到 5000 元，2006 年突破 10000 元，2013 年突破 20000 元（见图 11）。

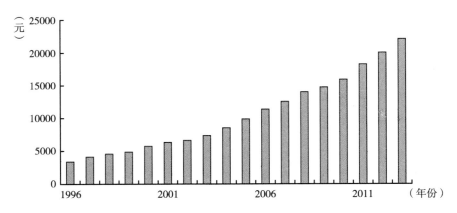

图 11　1996~2013 年北京市城乡居民收入差距对比

四　从 10 个远郊区县收入的绝对值来看，门头沟区城乡收入差距最大

从 10 个远郊区县收入的绝对值来看，门头沟区城乡居民收入差距达到 17733 元，远远高于其他区县的收入差距，差距额同比扩大 1079 元；其次是大兴区，收入差距为 17084 元；收入差距最小的为顺义区，为 15626 元（见图 12）。

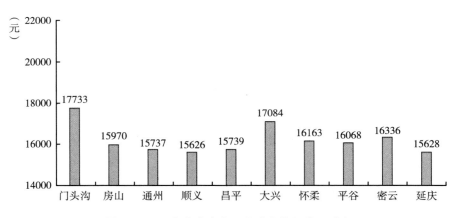

图 12　2013 年北京市各区县城乡收入差距对比

2013 年门头沟区城乡居民收入差距持续扩大，城镇居民人均可支配收入 35141 元，在 10 个远郊区县收入的绝对值中最高，同比增长 8.6%。农村居民人均纯收入 17408 元，在 10 个远郊区县收入的绝对值中位居第三，同比增长 10.8%。农村居民人均收入增速比

城镇居民人均收入增速快 2.2 个百分点，城乡居民收入比值为 2。

（一）工资性收入增长平稳，政策因素拉动作用明显

积极采取各项措施，增加非农就业岗位，促进非农就业。依托新农村建设的就业服务网络，为农民提供就业咨询、职业指导等就业服务；充分利用农村护林员、保洁员等政府公共服务管理岗位，大力促进农民就业；制定《关于进一步加强本区就业援助工作实施意见》，鼓励本区农民就业。

（二）家庭经营性收入小幅增长

家庭经营收入主要是第一产业和第三产业收入。增长的原因主要是政府以建设生态精品现代都市农业为目标，在城市化进程中加快推进农业规模化发展、组织化经营、标准化生产与品牌化销售，提升现有农业旅游景点发展水平，努力促进农业增效、农民增收。第一产业玉米、豆类、梨、柿子、玫瑰花等小幅度增产，带动农村居民第一产业人均收入增加 51.2 元，同比增长 119%。第三产业经营收入不容乐观。乡村旅游产业发展平稳，但接待人次有所下降，全年累计接待 105 万人次，同比下降 7.8%。接待人数下降使农民人均餐饮业收入下降 3.5%，运输业收入下降 5.3%。

（三）转移性收入较快增长

农村居民家庭人均转移性收入 3179 元，比上年同期增长 36.2%。其中，养老金收入（包括离退休金、养老金及新型农村养老保险金）较上年同期增长 28.4%。转移性收入的大幅增加，主要是由于政府不断健全社会保障体系，制定一系列支农惠农政策。一是持续提高养老保障水平。各村单独分发养老金等标准均继续提高。二是逐步加大惠农政策力度。全区实施的主要补贴有生态建设补贴、林业安全保障补贴、农业安全保障补贴共 90 项。如退耕还林补贴退耕户 20 元/亩，粮食直补补贴种玉米的农户 97 元/亩等，土地确权、林权补贴都已经发放到农民手中。三是加大对困难户的生活补贴力度。农村低保金的补贴标准上涨到每月 500 元/人，比上年同期增长 29.8%，是近年来增长最快的一年，同时通过发放养老券、助残券和帮困补贴等措施提高困难户的收入。

第三节　进一步促进农民增收的几点建议

从 2006 年以来，北京农村居民人均纯收入连续 8 年保持两位数的较高增长，农村居民收入较快增长，收入结构发生很大变化，但城乡居民收入差距仍在不断扩大。增收的基础还比较脆弱、增收渠道还有待拓宽、增收长效机制尚未建立，保持农民收入持续较快增长的任务非常艰巨。一方面家庭经营收入持续下降，另一方面促进农民转移就业、稳定就业、高质量就业的难度不断增大。农民增收是缩小城乡差距、实现城乡一体化的中心环节，要按照稳定政策、改革创新、持续发展的要求，力争在体制机制创新上取得新突破，在现代农业发展上取得新成就，在社会主义新农村建设上取得新进展，为保持经济社会持续健康发展提供有力支撑。促进农民增收的关键是就业增收、帮扶增收和政策增收，不断增加农民收入，改善农民生活。

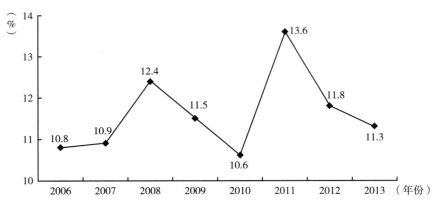

图13　2006～2013年北京市农村居民收入同比增速对比

一　继续动员农村劳动力转移就业，加大就业政策扶持力度

2014年，北京市农村居民人均纯收入实际增长要达到7.5%左右，应继续把占人均纯收入65.6%的工资性收入作为工作的重点。解决农民就业问题不仅有利于增加农民收入，有利于促进农民转移，同时也有利于把农民组织起来。大力培养新型农民，积极创造条件，让更多的农民参与到新农村建设、平原造林及后期管护当中，让农民在生态建设、绿岗就业中增加工资性收入；推动第一产业从业人员员工化，推动农民转移就业，深入开展充分就业创建活动，建设一批能够承载当地农民就业的产业项目，支持小城镇产业园区和农民就业基地吸纳本地农民就近就业，提高农民工资收入水平。经济发展与社会发展要协调推进，不能顾此失彼。大兴区开展的农民观念提升工程，引导农民转变观念，鼓励农民积极就业，就做了很好的探索。

同时，加快完善城乡统一的就业政策体系，积极推进农村劳动力转移就业管理制度与就业失业管理制度并轨，推动农民向第二、第三产业转移就业。2013年全市城乡居民收入差距的绝对值仍在扩大，工资性收入的差距占到城乡居民收入差距的83%，是造成城乡居民收入差距的主要因素。2013年，北京市实施城乡统一的招用安置政策，将灵活就业的农村劳动力纳入城镇职工社会保险制度，社会保障相关待遇标准提高10%左右。应持续加大财政投入，研究提高公益性就业岗位工资待遇标准及各项涉农补贴标准。加大农民转移就业的政策扶持力度，全面实施就业精细化服务，稳定就业数量，提高就业质量，努力实现高薪稳定就业。例如，顺义区城乡劳动力可以享受不限工种、不限等级、不限次数的免费技能培训，通过技能提升帮助农民实现在高端产业、高效企业、高薪岗位就业。不断加强农村劳动力职业技能培训，千方百计地解决农民的就业问题，间接地把农民组织起来，不断提高"三率"水平。

二　农业是北京建设世界城市的战略性基础产业，大力发展以合作社为基础的农产品流通新模式

近些年来，北京市顺应城乡融合和产业融合的趋势，充分发挥首都的资金、市场、科

技等优势，创新实现形式，拓展功能价值，探索形成了"高端、高效、高辐射"的都市型现代农业发展道路。目前，农业的增加值占全市 GDP 的比重不足 1%。从世界城市发展的规律来看，这个比例还会逐步缩小，但这并不是说农业就会停滞或消失。2013 年，受平原造林占地、城市建设开发占地和恶劣天气影响，除生猪出栏和禽蛋产量分别增长 2.7% 和 14.8% 外，粮食、蔬菜及食用菌、园林水果、果用瓜、牛奶等产量和家禽出栏数量分别下降 15.5%、4.7%、6.9%、12.6%、5.5% 和 15.5%。需要说明的是，为补偿平原造林占地农民的经营性收入，配套出台了一系列补偿措施，因此占地农民收入总额不会缩减，但收入形式发生变化。

要发挥战略性基础产业的功能价值，必须继续转变传统农业发展方式，走都市型现代农业的发展道路。目前，京郊农产品还处于生产没有明确计划、流通没有明确组织、交易没有明确场地的自由竞争阶段，还没有进入产业链条完整、有效有序竞争的阶段，应鼓励合作社开展流通合作，拓宽合作社进入市场的新模式，解决"卖难"问题，保证农民受益。一是鼓励农村发展专业合作、股份合作等多种形式的农民合作社，支持建立联合社，引导规范运行，着力强化能力建设，增强合作社带动农户增收能力。二是加大对合作社在加工、运销、保险等经营环节的扶持力度，支持农民土地股份合作社、置业股份合作社等各类新型合作经济组织建设。三是在市场准入方面给予合作社专项扶持政策，在合作社建立农产品集散中心、进行农产品深加工、组织农产品产销对接、开展农产品竞价拍卖等方面，给予用地规划、资金扶持和业务指导。四是健全政策扶持体系，落实税收优惠政策、进行用地用电扶持、加强人才引进等。在信贷、税收及资金等方面出台相应的扶持政策，将新增或新设农业补贴和财政奖补资金向规范的合作社倾斜，小型农田水利建设项目、现代农业示范项目等优先选择基础条件好的农民专业合作社组织实施。

三 全面深化改革，继续推动"新三起来"，不断提高农民财产性收入

为全面系统、整体谋划推动农村改革，2013 年北京出台了《关于加快城乡发展一体化进程，推进土地流转起来、资产经营起来、农民组织起来的意见》，出台了一系列配套措施，全面系统、整体谋划推动农村改革总思路，总结了一批"新三起来"典型，强化引导和示范作用，带动京郊农村改革向纵深发展。温铁军教授曾讲到，全国农民收入上万元的集体，90% 以上是集体经济发展得好，只有把资产经营起来才能实现农民增收致富的愿望。根据北京市农经办统计信息系统数据显示，2013 年全市农村经济总收入为 5170.7 亿元，比上年增长 5.9%。乡村两级集体经济资产总额为 5049 万元，比上年增长 11.6%；10 个区县呈正增长。累计完成村级集体经济产权制度改革的单位达到 3854 个，村级完成比例达到 96.9%，320 万农村居民成为新型集体经济组织的股东。完成了 195 个乡镇 3958 个村的农村集体土地所有权确权登记颁证工作，确权登记率达到 97.05%。在此基础上全面推开土地承包经营权登记和建设用地试点工作。

"新三起来"是市委、市政府推进首都"三农"工作和城乡一体化发展的重要抓手，

符合十八大和十八届三中全会关于全面深化农村改革的精神。要在保障农民资产权益的基础上，进一步盘活农村各种资源，促进生活要素合理流动，吸引高端要素进入农村。加快农村发展方式转变，进一步推进产业优化升级，带动农村实体经济快速健康发展。把推动"新三起来"工作作为新时期首都"三农"工作重要的出发点和落脚点，切实维护好农民的根本利益，不断增加农民的财产性收入。

四 推进城乡基本公共服务均等化，不断提高农村社会保障水平

近些年来，北京市以推进基本公共服务均等化为目标，加快服务资源城乡统一化配置，集中力量实施了覆盖城乡的民生工程，公共服务供给能力和水平不断提高，公共服务体系日趋完善，城乡之间的基本公共服务水平差距逐渐缩小。从北京市农村居民收入的绝对数看，虽然2000～2013年农村居民人均转移性收入平均每年递增23%，但由于城乡二元体制的存在，农民所能够获得的转移性收入与城镇居民相比，仍然存在很大差距，而且这个差距还在逐年扩大，2013年农村居民的转移性收入还达不到城镇居民2002年的水平。此外，2013年上海市农村居民人均纯收入为4323元，比北京市高877元。基本公共服务的城乡差距仍然是当前经济社会发展的突出问题，要加快消除城乡差距，建立健全覆盖城乡居民的基本公共服务供给体系，确保城乡居民在社会保障等方面享受到公平的基本公共服务。

加快健全城乡一体化的社会保障体系，积极探索农村公益性就业岗位人员参加城镇职工社会保险的有效途径。进一步完善统一的城乡居民基本养老保险制度，逐步提高基础养老金和福利养老金标准。推进新型农村合作医疗市级统筹，逐步实现新农合及时结算，加快建立城乡一体化的城乡居民基本养老保险制度。完善农村低保标准调整机制，进一步加大城乡低保标准统筹力度。实现北京发展成果更多惠及广大农民，需要不断提高农村公共服务、社会保障的标准和水平，实现从有到好的转变，加快推进城乡基本公共服务均等化，让农民共同分享现代化成果。建立健全城乡基本公共服务体系，提高基本公共服务水平，促进基本公共服务均等化，是深入贯彻落实科学发展观的重大举措，对全面建成小康社会具有重要意义。

五 健全低收入农户增收的长效机制，保持农民收入较快增长

市委、市政府《关于推进农村经济薄弱地区发展及低收入农户增收工作的意见》（京发〔2012〕15号）对有效促进低收入农民增收发挥了重要作用。2013年，通过建立完善工作推进机制、产业扶持机制、行业帮扶机制、社会帮扶机制四种工作机制，完成了农村经济薄弱地区及低收入村的规划编制工作，20%相对低收入组农户人均现金收入同步增长14.7%，比上年提高0.4个百分点，高于农民总体平均水平4.5个百分点，农村内部收入差距进一步缩小。但与全市农民收入平均水平相比还有很大差距。高低收入户收入差距比例由上年的4.26∶1降为3.98∶1，呈现逐渐缩小的良好态势，农村内部收入差距日趋合理。根据市委、市政府最新文件精神，以本市城乡低收入家庭认定标准为依据，将2011

年人均纯收入低于 7750 元的农户确定为低收入农户；将低收入农户数量超过农户总数 60% 的行政村确定为低收入村。到 2018 年，占农户总数 20% 的相对低收入户人均纯收入在 2010 年基础上实现翻一番，与全市农民人均纯收入差距进一步缩小。

要把农村经济薄弱地区发展及低收入农户增收作为促进农民增收工作的重点。做到"因村施策""一户一策"，市级财政着重扶持农村经济薄弱地区发展主导产业，鼓励引导党政机关、民主党派、群众团体、企业等力量，通过多种方式参与帮扶工作。将城镇公益性就业组织"托底"安置就业困难人员政策和鼓励失业人员自谋职业、灵活就业政策向农村延伸，引导农村富余劳动力向第二、第三产业转移。紧密结合市场需求，有针对性地加强农村职业教育和技能培训，提升农村劳动力的就业竞争能力。加大面向农村劳动力的公益性岗位开发力度，扩大绿色就业规模，完善报酬待遇标准。严格落实平原造林安排本地农民参加养护人员不低于养护人员总数 60% 的规定。健全对低收入村的专项帮扶、行业帮扶、社会帮扶机制，逐级建立农民增收目标责任制，提高帮扶精准度。落实农村经济薄弱地区发展规划，加大扶持力度。探索通过区域统筹、资源异地转换、共建经营性物业等方式，培育"造血"机能，提升低收入村集体经济发展能力。

课题负责人：张秋锦　曹四发　刘军萍

课题组长：张英洪

执笔：冯学静

第三章 2013 年北京市休闲农业与乡村旅游发展分析报告

2013 年，是全面贯彻落实十八大精神的开局之年，也是为全面建成小康社会奠定坚实基础的重要一年。党的十八大吹响了建设美丽中国的号角，2013 年的中央 1 号文件，明确提出要"加强农村生态建设、环境保护和综合整治，努力建设美丽乡村……发展乡村旅游和休闲农业"。2013 年，市委、市政府"以土地流转起来、资产经营起来、农民组织起来为着力点，推进城乡发展一体化"这一重大战略的提出，极大地激发了首都农村的活力，也为休闲农业与乡村旅游的发展开辟了更加广阔的空间——土地流转起来，促进集体土地节约集约利用和适度规模经营，有利于休闲农业园区（企业）合法地拓展经营空间；资产经营起来，激发了集体资产积极投入休闲农业与乡村旅游这一高速增长的产业，一方面为产业发展提供了急需的资金，另一方面为集体资产找到了好项目，实现农民增收致富；农民组织起来，激发了"乡村旅游合作社"这一新型经营主体的大发展，破解了多年来困扰乡村旅游发展的"小、散、低"难题。

第一节 发展概况

2013 年，在北京市委、市政府的正确领导下，在农业部、国家旅游局等中央部门的悉心指导和大力支持下，京郊休闲农业与乡村旅游行业抓住"美丽中国""魅力乡村"的建设机遇，紧紧依托"新三起来"的发展战略，科学分析把握新时期的市场新需求，继续按照"提档升级、规范提高"的发展理念和"部门联动、政策集成"的建设模式，更加持续深入地推进各项发展工作。

2013 年 1～3 季度，北京休闲农业与乡村旅游共接待游客 2632.8 万人次，同比增长 6.5%；实现总收入 26.5 亿元，同比增长 8.2%，其中采摘和出售农产品收入 10.7 亿元，同比增长 9.9%。实践证明，休闲农业与乡村旅游已经成为市场需求大、农民增收见效快的重要产业，对于拓展农业功能、促进农民就业增收、推进美丽乡村建设、满足城乡居民日益增长的休闲消费需求，起到了积极的作用。

第二节　工作思路

一　加强需求研究

北京市发展休闲农业和乡村旅游除了依赖先天的自然环境和资源外，庞大的消费市场是最为重要的前提条件。当乡村旅游产品较少时，需求研究的重要性并未凸显。但随着京郊旅游热度的提升及休闲产品的日趋丰富，了解并满足游客需求，成为产业发展的重要前提。早在 2007 年，由北京市农委、北京观光休闲农业行业协会与中国旅游与休闲经济研究中心成立项目工作组，进行过一次市场新需求调研。该新需求调研项目反映良好，得到了北京市政府主管领导的肯定。时隔 6 年的 2013 年，上述单位又对上一次的调研成果进行一次追踪性的调查。通过对调研结果的分析与研究，发现北京市民在需求方面的新动向与新发展，为今后一个时期北京休闲农业与乡村旅游的大发展提出理性的指导意见，引导休闲农业与乡村旅游产业的进一步改造与升级。

二　规范市场供给

随着资本的不断进入及各种乡村旅游新产品的不断涌现，各种规模、质量的业态参差不齐。北京市休闲农业和乡村旅游的市场供给已经远远超出了"吃农家饭"的低层次水平，开始向着高层次、优质量转变。近几年来，政府已经开始努力从单纯依靠行政管理向通过服务、引导、辅导、监督以提升企业素质、优化产业环境转变，逐步带动并培育了一批规模较大、规范发展、带动能力强的观光休闲农业企业。在政策导向上注重"规划先行"的理念，各区县积极开展区域旅游发展总体规划编制工作，重点对区域内的旅游资源进行调研和梳理，聘请具有甲级设计资质的旅游规划公司协助开展规划编制工作，突出前瞻性、战略性和可实施性，以确保休闲农业与乡村旅游产业发展同区域发展总体规划和土地利用总体规划相衔接。

三　强化"三农"主导

休闲农业与乡村旅游产业，依托农业、建在农村、惠及农民，是以农为本、以旅为用的产业。离开"三农"，休闲农业与乡村旅游就是无源之水、无本之木。政府与行业协会要借着中央 1 号文件和"新三起来"的战略，引导集体土地向有实力的休闲农业园区（企业）合法有序流转、提高休闲农业与乡村旅游园区的土地利用效率、扶持乡村旅游合作社、引导集体资产理性进入行业、深化农业多功能开发，并强化农业在整个产业中的基础性地位，强化农民在产业经营中的主体地位，强调农村的社会、经济、生态综合发展是休闲农业与乡村旅游产业发展的最终目的。

第三节 主要措施

一 培育品牌，争创名牌

休闲农业与乡村旅游的发展，要走品牌化之路。积极组织郊区区县，参加农业部、国家旅游局、中国旅游协会等组织的全国性荣誉称号的评选、创建、认定工作，培育了一批国字号的休闲农业与乡村旅游基地，对于提高北京休闲农业与乡村旅游整体形象，培育品牌，争创名牌，吸引更多的消费者来参与，具有重要的意义。

一是全国休闲农业与乡村旅游示范县和示范点创建。为加快休闲农业与乡村旅游发展，推进农业功能拓展、农村经济结构调整，农业部与国家旅游局决定，从2010年开始，开展"全国休闲农业与乡村旅游示范县和示范点"创建活动。通过自愿申报、主管部门审核、专家评审、网上公示、农业部与国家旅游局认定等程序，2013年延庆县被认定为全国休闲农业与乡村旅游示范县，怀柔区白河湾沟域经济产业带、门头沟区妙峰山镇涧沟村被认定为全国休闲农业与乡村旅游示范点。

二是全国休闲农业与乡村旅游企业（园区）星级创建。在2013年，中国旅游协会休闲农业与乡村旅游分会组织的"全国休闲农业与乡村旅游企业（园区）星级创建"活动中，北京市有6家园区被评为星级园区，包括五星级园区2家（蓝调庄园、一品香山休闲农业园区），四星级园区2家（御林农耕文化观光园、海舟慧霖葡萄园），三星级园区2家（北京金旺农业生态园、妫州牡丹园）。

三是组织参与"中国最有魅力休闲乡村"评选。为进一步规范提升休闲农业发展水平，促进农业农村经济发展，满足城乡居民农业休闲的需求，农业部决定从2010年开始，在全国开展"中国最有魅力休闲乡村"评选活动。经基层初选推荐、大众投票评选、专家评审、网上公示、农业部认定，北京市密云县蔡家洼村被评为2013年"中国最有魅力休闲乡村"。

四是开展市级休闲农业与乡村旅游示范乡镇的创建活动。为了落实京郊旅游发展大会精神，由市农村工作委员会、市旅游发展委员会、市水务局、市园林绿化局、市农业局共同下发了《关于创建北京市休闲农业与乡村旅游示范乡镇的通知》（京政农函〔2012〕23号）。2013年，经基层申报、专家评审、网上公示、市有关部门认定，确定延庆县旧县镇、房山区长沟镇、十渡镇、通州区台湖镇、密云县石城镇、大兴区庞各庄镇、门头沟区斋堂镇、平谷区熊儿寨乡、昌平区十三陵镇、顺义区龙湾屯镇等10个乡镇为2013年北京市休闲农业与乡村旅游示范乡镇。通过开展示范乡镇创建工作，调动了乡镇一级发展休闲农业与乡村旅游的积极性，在郊区涌现了一批休闲农业与乡村旅游集聚区和重点乡村旅游目的地。

五是完成第一批北京市级星级园区（企业）创建评定工作。北京市级的星级园区（企业）创建工作，从标准确立到组织申报，经过近1年的发动，经过企业申报、区县农委确认，到 2013 年 9 月底，共有 203 家企业申报了三星级以上称号。随后北京观光休闲农业行业协会成立了有专家和主管领导参加的评审组，评审组于 10 月下旬完成了其中 72 家上报四星级、五星级园区（企业）评审验收工作。通过评比和带动，北京的休闲农业和乡村旅游工作正日益规范化、效益化，促进了当地的休闲农业品牌建设，提高了当地休闲农业产品的知名度，新的休闲业态和观光农业旅游品种层出不穷，处于蓬勃发展阶段，为休闲农业产业提档升级作出了积极贡献。

二　整合营销，加强宣传

一是市农委牵头，整合郊区特色农产品资源，推出了"北京休闲农业季"系列活动。该活动以京郊特色农产品为核心，包括北京草莓季、樱桃季、花季、香草季、瓜季、鲜桃季等。编写了《香草天空》《北京瓜顶呱呱》《京郊如此多娇》等主题性宣传册，策划设计了《北京樱桃地图》等系列特色农产品地图，制作了《北京休闲农业季 2013》笔记本，推出了约 1000 张精美图片，开通了"北京休闲农业季"手机微信客户端，受到了市民欢迎。这些活动以季节为周期，以京郊特色、优质农产品为旅游吸引物，贯穿全年，带动市民到郊区采摘、休闲，把农村产业与休闲农业发展有机结合，打破了区县的行政区隔，树立了"北京休闲农业"这一整体市场形象，收到了较好的效果。

二是整合全市都市农业资源，举办了首届"北京农业嘉年华"活动。2013 年 3 月 23 日~5 月 12 日，首届"北京农业嘉年华"在昌平区草莓博览园成功举办，这是农业与嘉年华首次在北京组合亮相，致力于打造一个突出农业主题，体现集农业生产、生态、休闲、教育、示范等多功能于一体的都市型现代农业盛会。活动主题是"自然·融合·参与·共享"，活动目标是"兴业、惠民、创品牌"。活动采取"三馆两园"办会模式，三馆即创意农业体验馆、草莓科技展示馆、精品农业展销馆，两园即主题狂欢乐园、采摘体验乐园。

"北京农业嘉年华"是在北京大力发展都市型现代农业的背景下，整合全市都市农业发展成果的一次华丽的集体亮相，在全社会形成了巨大的影响力，从开园到闭幕，主场馆累计接待游客 100 余万人次，其中清明、五一小长假入园游客 30 余万人次；产生的经济效益和社会效益超过预期。活动期间，周边草莓采摘园共接待游客 240 万人次，实现草莓销售收入近 2 亿元，草莓价格比同期增长 20%。园内门票、优质农产品、创意民俗制品、特色餐饮、互动体验等实现销售收入 3000 多万元。据调查统计，95% 的游客表示活动再次举办一定会来，87% 的市民给活动评分 90 分以上。同时，社会各界也十分关注"北京农业嘉年华"。"北京农业嘉年华"官方微博粉丝量达 15.6 万人，互联网报道 1.6 万条，相关网页信息 200 万条，相关微博 123.3 万条，评论 26.7 万条。

三是北京观光休闲农业行业协会与北京农村商业银行联合举办的"凤凰乡村游，体验新农村"活动继续顺利开展。通过开展刷卡有奖促销，建设凤凰乡村游网上商城，编辑并免费发放《大美田园》杂志、《凤凰乡村游体验手册》，举办春季踏青节、夏季纳凉节、赏秋采摘节等特色活动，推出乡村旅游精品线路，满足了不同消费者的需求，使广大市民有了更多的选择。

四是进一步完善"北京乡村旅游网"的维护和相关信息编辑发布工作。2013 年全年共发布新闻及相关信息 1252 条，整理、上传图片 2015 张；2013 年 5 月，网站完成新的改版，以"Hi! 乡村"（www. hixiangcun. com）的全新面貌亮相，并且在 2013 年 8 月"北京香草天空"推介活动中开展了"0 元抢票"活动，迅速扩大了影响力。

除此之外，郊区各区（县）也结合各自特点，举办了农耕节、美食节、采摘节、登山节、赏花节、滑雪节等宣传推介活动，累计有 150 多项。

三 加强监测，科学决策

2013 年，北京市农村经济研究中心继续开展京郊休闲农业与乡村旅游动态监测工作，完成了第一、第二季度和春节、五一的监测点的数据整理，并形成春节、五一、十一的监测点的分析报告。2013 年上半年还对监测点和监测内容进行了筛检和完善，共有 76 个监测点成为新一轮监测对象，从而更好地服务于京郊乡村旅游与休闲农业的发展，为领导决策提供智力支持和数据支撑。从 76 个监测点中选取一部分优秀园区作为五一、十一假期大学生休闲农业与乡村旅游调研点，共完成了 31 篇调研报告，对休闲农园类的监测点进行典型案例分析，了解其具体的发展状况及问题，为多方面了解休闲农业星级园区、丰富休闲农业监测报告提供可靠的支撑和保障。

四 开展培训，提升素质

2013 年，市农村工作委员会同北京观光休闲农业行业协会，邀请有关专家，举办了专题为农业文化遗产、台湾休闲农业发展经验与海峡两岸休闲农业交流、休闲农业与乡村旅游示范乡镇创建、休闲农业经营与创意开发等的多次业务培训班。

同时，全市旅游系统下了很大的决心，花了很大的力气，实施了"京郊旅游'百千万'培训工程"，即培训百名乡镇长、千名村官、万名京郊旅游及新业态带头人。通过这些培训活动，旨在帮助广大从业者实现由第一产业生产者向第三产业服务者的转变。

第四节 发展展望

2014 年 1 月 19 日，中共中央、国务院提出《关于全面深化农村改革加快推进农业现代化的若干意见》，再一次吹响农村农业深化改革的号角。1 号文件的基本精神继续强调"处理好政府和市场的关系"，因地制宜、允许差异、先行先试进行制度改革和政策安排，以粮食安全和耕地保护为核心，赋予农民更多财产权利，促进城乡一体化，建立农民共享改革成果的具体途径。农业、农村、农民并非单一的乡村发展问题，而是涉及中国经济社会全面改革发展的整体格局，其中作为现代化和城镇化重要推动力的第三产业的重要组成部分的旅游业，同样受到这一重要文件的影响。从政府政策及休闲农业和乡村旅游发展的现状来看，未来可能呈现四大趋势。

一 休闲农业与乡村旅游产业将持续作为农村产业结构调整的重要形式

中国农村整体发展正处于一个以粮食生产为核心的多业态并举的转型阶段。一方面，大量农业人口迁移进入城市或城镇；另一方面，耕地集中的乡村地区仍然承担着为全体国民提供粮食产品的生产任务，但乡村地区仅仅依靠粮食生产很难实现生活质量的提升目标。以粮为主、多业态并举是成为新时期的结构调整模式，在这一过程中，乡村地区特别是离城市比较近的乡村地区，观光农业、休闲农业和乡村度假自然而然成为农村产业结构调整的重要形式和主要内容。

二 休闲农业与乡村旅游产业将成为农村环境治理和生态建设的动力

既要绿水青山，也要金山银山；宁要绿水青山，不要金山银山；绿水青山就是金山银山。但是，绿水青山要变成金山银山，离不开产业的支撑。只有通过发展休闲农业与乡村旅游产业，实现农村第一、第二、第三产业的融合发展，才能将过去不值钱的绿水青山重新赋予价值，变为乡亲们家中实实在在的金山银山。农村环境治理和生态建设，需要大量的财力、物力、人力投入。要使这项惠及子孙、功在千秋的事业可持续地开展下去，必须让广大农民看到、享受到环境、生态改善所带来的现实利益。生态改善带动旅游产业，旅游产业反哺生态建设，乡村地区的休闲农业、观光农业、森林旅游、草原旅游、生态旅游和生态休闲度假产业，将会迎来一个不可多得的发展机遇。

三 休闲农业与乡村旅游产业将成为全面深化农村改革各项政策的受益者

中国农村的土地制度及其改革涉及国家的长治久安，中国城镇化事业健康发展和农村农业的稳定安全同样离不开农村集体土地的制度创新话题。2014年1号文件提出的解决方案基于农村土地集体所有权、经营权的资本化改革思路的落实。"放活土地经营权，允许承包土地的经营权向金融机构抵押融资"，确权、确地、确股多管齐下，基本出发点是资本化的融通。集体土地的资本化及逐步入市改革，将会促进乡村地区特别是环城市地区多业态混合社区的形成。在农村建设用地实现市场化、资本化改革过程中和改革完成之后，农民直接参与多种股份合作制的机会就会明显增加，而就外来投资者和管理者而言，由于产权结构清晰，合作模式政策风险降低，不再急于快速得到投资回报，中长期投资计划同样也有其存在和发展的可能，艺术精品、未来遗产形式的旅游产品将会不断涌现。外部专业化旅游发展公司与农民联合形成混合所有制，可以弥补农民经营管理乡村旅游经验和技能不足的问题。

四 休闲农业与乡村旅游产业将成为新型城镇化的重要组成部分

2013年12月召开的中央城镇化工作会议，提出城镇建设要体现尊重自然、顺应自然、天人合一的理念，依托现有山水脉络等独特风光，让城市融入大自然，让居民望得见山、看得见水、记得住乡愁。这诗意的语言预示着，生态文明建设必将展现出更加蓬勃的生机和活力，也为"大拆大建""消灭农村"的发展思路打上了句号。留住山、留住水、保留村庄的原始风貌，不是说农民就永远种地。农村的山、水、田、林、路，在生态建设的过程中，都是大都市稀缺的生态资源，是可以通过发展休闲农业与乡村旅游产生经济效益的产业资源。农民只有通过保留村庄的原始风貌挣到钱，地方政府能通过保留村庄的原始风貌收到税，村庄的原始风貌才能真正被保留下来，"望得见山、看得见水、记得住乡愁"才能变为美好的现实。发展休闲农业与乡村旅游，充分实现了农村山水的生态价值，为农民提供了大量的就地就业机会，克服了城镇化进程中传统模式的限制因素并产生混合效应，为新型城镇化提供了有效的产业支撑。

五　休闲农业与乡村旅游产业的信息化水平将提高到新的层次

旅游休闲产业是信息化需求量最大的产业之一。国家旅游局将 2014 年定为"智慧旅游年"，网络、手机应用程序等信息化工具在旅游产业中的应用必将爆炸式增长。另外，2013 年的中央 1 号文件特别强调信息化在农业变革中的重要作用。作为都市型现代农业重要组成部分的休闲农业，信息化的运用是必然要求。北京的社会经济发展水平不断提高，以智能手机为代表的个人信息终端系统已经普及，北京市民已经逐步习惯于通过智能手机、电脑终端购物、导航，习惯于通过社交网络分享、传递各类信息，相关的信息技术也日趋成熟。休闲农业与乡村旅游企业，必须要与互联网等信息产业互动，利用海量的数据获取最直接且广泛的消费群体信息，以此作为产品开发的依据。可见，借着农、旅两方面的东风，休闲农业与乡村旅游产业信息化建设面临着极大的发展机遇，我们一定要抓住机遇，开拓进取，使北京休闲农业与乡村旅游的信息化建设跃上新的台阶。

六　休闲农业与乡村旅游产业同文化产业的融合将不断地深化

"乡愁"成为快速城镇化发展中的一个关键词。随着城市人乡愁的泛滥，加上新农村建设的成效不断显现，乡土文化的价值正在越来越多地被发掘出来，文化产业、创意产业在广阔的农村找到了取之不尽、用之不竭的灵感源泉。农产品变礼品、变纪念品，农居变"第二个家"，农村变"心灵的原乡"，"当农民"变成一部分都市成功人士新的追求，"搞农业"成为联想这样的 IT 企业新的利润增长点，这一切都是休闲农业与乡村旅游在新时期所面临的社会背景。休闲农业与乡村旅游产业和文化产业的融合，使"乡愁"也成为可以触摸、可以把玩、可以品尝、可以体验、可以购买带回家的实体。经过多年的倡导与沉淀，北京休闲农业与乡村旅游纪念品必将迎来一个爆发式增长时期。

2014 年，北京市将认真贯彻中央城镇化工作会议精神，以促进京郊休闲农业与乡村旅游上档次、上规模、上水平为目标，以实现集群化、规模化、产业化、国际化发展为方向，以休闲农业与乡村旅游项目的提档升级为抓手，加强规划引导，完善基础设施，提高人员素质，创新开发模式，加快品牌培育，强化公共服务，推进规范性建设，提高组织化水平，"引进增量、盘活存量、提升质量、增加效益"，促进休闲农业与乡村旅游由规模数量型向质量效益型转变。

执笔人：陈奕捷　高　璟

第七篇

农业农村信息化

第一章　北京市农业农村信息化发展战略研究

第一节　绪论

一　课题背景和意义

党的十八大报告提出"坚持走中国特色新型工业化、信息化、城镇化、农业现代化道路，推动信息化和工业化深度融合、工业化和城镇化良性互动、城镇化和农业现代化相互协调，促进工业化、信息化、城镇化、农业现代化同步发展"。十八届三中全会提出"健全城乡发展一体化体制机制，让广大农民平等参与现代化进程、共同分享现代化成果"。这是我们党在新的历史起点，立足全局、着眼长远、与时俱进的重大理论创新，体现了对走中国特色社会主义道路、加快转变发展方式的新认识、新要求，为加快现代农业发展、推进新农村建设指明了方向。农业农村信息化由此迎来了前所未有的战略发展机遇。

信息化是当今世界发展的大趋势，是推动经济社会变革的重要力量，信息化发展水平成了衡量现代化程度的重要标志。"三化同步"演进为"四化同步"，凸显了"信息化"的突出地位与特殊作用。"四化同步"是现代化建设的普遍规律，信息化是我国全面建成小康社会、实现社会主义现代化的战略选择。没有农业的信息化，就没有农业的现代化；没有农村的信息化，就没有新农村。农业农村信息化作为国民经济和社会信息化的重要组成部分，对于推进"四化同步"、建设新农村、让广大农民平等参与现代化进程，意义深远，影响重大。

北京市全面推进"世界城市""智慧北京"建设，要率先形成城乡经济社会一体化发展格局，信息化在北京都市型现代农业建设和城乡一体化统筹发展中也必将发挥更大的作用。因此，在北京"四化同步"的历史进程中，农业农村信息化是至关重要、最为活跃的力量。农业农村信息化的定位不能简单停留在支撑与服务的高度，要促进信息化与农业现代化的融合，高度重视和充分发挥农业农村信息化对农业现代化的引领作用。

北京作为国家首都，跨越城乡数字鸿沟，让信息化惠及首都农业、农村和农民的任务更加艰巨和紧迫。尤其是面对新的目标，北京市农业农村信息化的发展战略亟须重新调整和布局。从各郊区县农村经济社会发展的实际情况和需求出发，针对不同的农业农村信息化参与主体，深入分析其在新形势下的信息化需求，从而确立未来几年农业农村信息化的发展方向和需要开展的重点任务，已成为当前面临的重要工作。为此，2013年北京市城乡经济信息中心联合北京市政府研究室共同开展"北京市农业农村信息化发展战略研究"课题。

二 主要研究任务

在当前农业农村信息化的重要性凸显，利用信息化惠及首都农业、农村和农民的任务更加艰巨和紧迫的背景下，结合现阶段北京市农业农村信息化亟须解决的关键战略问题，本课题的研究任务主要包括以下几个方面。

（一）摸底现状，把握形势

近年来，北京市在农业农村信息化工作上取得了长足进步，但在发展过程中仍存在一些问题。本课题对各郊区县的农业农村信息化进行了摸底调研，认真总结北京市农业农村信息化发展现状，把握北京市农业农村信息化面临的形势，分析发展中存在的问题，为制定战略导向、部署重点任务、提出政策建议打下坚实基础。

（二）制定战略，明确目标

战略定位、思路和目标是农业农村信息化发展战略的关键，以开展面向农业农村信息化战略的宏观研究为前提，才能合理布局北京市农业农村信息化发展的重点任务，有效制定政策措施。在全面、系统、客观把握北京市农业农村信息化发展现状的基础上，制定北京市农业农村信息化发展的战略定位、思路和目标，确保了战略的可实施性。

（三）统一思想，研究任务

为进一步明确北京市农业农村信息化建设的方向和工作重点，发展现代农业，加强农村管理，培养新型农民，提高信息化服务"三农"的水平，需常抓不懈，保障基础性工作的开展；积极探索，突出常规性工作特色；稳扎稳打，加大核心性工作力度；锐意进取，突破创新性工作壁垒，将各项工作任务落实，不断推动北京市农业农村信息化建设。

（四）提出对策，优化环境

农业农村信息化建设是一项复杂的系统工程，在掌握北京市农业农村信息化发展现状，理清战略定位、思路和目标，布局重点任务的基础上，为确保各项工作的顺利开展，还需要从组织领导、政策法规、资金投入、试点示范等方面制定一系列政策措施，并为政府部门提供决策依据。

三 技术路线

农村信息化就是以信息媒体技术装备农村相关领域，使信息资源在农村得以充分开发、应用，对农村居民的生产、生活过程提供全面支持，加快农村经济发展和社会进步的过程。

（一）研究对象

本课题所研究的农业农村信息化，内涵主要是农业信息化和农村信息化。农业信息化是指信息技术成为农业生产活动的基本资源和发展动力，在农业上普遍而系统应用的过程。农村信息化是指信息技术在农村生产、生活和社会管理中实现普遍应用和推广的过程，是社会信息化的一部分。而农业农村信息化工作领域主要涵盖四个方面，即农业生产、农业经营、农村管理和信息服务。

（二）研究思路

本课题在针对北京市13个郊区县农业农村信息化底牌调研的基础上，摸清各区县农业农村信息化发展现状以及发展过程中存在的问题，依托各区县发展实际，理清北京市农业农村信息化发展的战略定位、思路和目标，并以此为宏观导向，从基础性工作、常规性工作、核心性工作以及创新性工作的具体落实出发，布局重点任务，并开展组织领导、政策法规、资金投入、试点示范等方面的政策措施研究，保障北京市农业农村信息化建设工作的顺利开展。

（三）研究方法

文献研究与调查研究相结合。通过对现有文献资料的收集和分析，了解国内农业农村信息化的发展历程和经验，重点关注北京市农业农村信息化的发展情况。在文献研究的基础上，开展北京市农业农村信息化调研工作，采用调研问卷与典型座谈的方式，进一步摸清北京市农业农村信息化现状。

定性研究与定量研究相结合。通过实地考察和座谈形式了解各区县农业农村信息化发展现状和问题，开展定性研究形成直观判断；对调研获取的大量数据进行处理，以实际数据为依据进行定量研究，使课题研究的全面性、真实性和深入性得以提升。通过定性研究与定量研究相结合，可以更好地把握北京市农业农村信息化发展情况。

战略研究与对策研究相结合。在以上研究的基础上，从宏观角度上把握北京市农业农村信息化发展的战略定位、思路和目标，明确重点任务，并有针对性地提出农业农村信息化政策措施，为政府部门提供决策依据。

（四）调研情况

按照课题需要，本研究针对北京市农业农村信息化现状展开底牌调研，调研工作采用调查问卷与典型座谈会相结合的方式。在郊区各区县普遍摸查的基础上，依托首都发展功能分区，把城市功能拓展区（朝阳、海淀、丰台）、城市发展新区（通州、顺义、房山、大兴、昌平）和生态涵养发展区（怀柔、平谷、门头沟、密云、延庆）的13个区县作为调研对象，对所辖区域内的399个行政村、4101个农户、106家农业企业以及161家农民专业合作社发放了调研问卷，有效问卷的回收数量如表1所示，区县问卷、农户问卷和农民专业合作社问卷的回收率均为100%，行政村问卷的回收率为99.7%，农业企业问卷的回收率为99.1%。在问卷调查的基础上，采取座谈方式，邀请典型区县的农委领导、经信委领导、农业企业与农民专业合作社负责人、网络运营商参加调研座谈会，介绍各自的基本情况、存在的问题、未来发展定位，以及对北京市农业农村信息化发展战略的意见建议等内容。

表1 各区县有效调查问卷回收数量

单位：份

类型 \ 区县	朝阳	海淀	丰台	门头沟	房山	通州	顺义	大兴	昌平	平谷	怀柔	密云	延庆	合计
区县	1	1	1	1	1	1	1	1	1	1	1	1	1	13
行政村	16	9	7	18	46	48	43	53	29	28	29	34	38	398
农户	166	90	71	192	463	530	429	541	318	297	291	345	368	4101
企业	6	15	3	1	13	9	20	12	5	5	9	5	2	105
合作社	2	6	2	15	14	15	13	15	14	16	13	20	16	161

第二节 发展现状和存在问题

北京市农业农村信息化是在国家农业现代化的进程中起步并发展壮大的，十多年来，北京市按照国家农业农村信息化发展规划的要求，紧密围绕北京都市型现代农业发展目标，积极推动北京市农业农村信息化建设，实现了由表及里、由小到大、由弱到强的跨越，取得了一系列卓有成效的进展。同时在发展过程中仍存在一定问题，亟待进一步解决。

一 发展现状

（一）发展环境更加优化

（1）政府高度重视农业农村信息化建设。十八大报告提出了"四化同步"的战略部署，充分体现了党和国家以信息化支撑工业化、城镇化和农业现代化发展的长远眼光。2012年北京市委对信息化工作提出了"系统性、实效性、惠民性、权威性"的要求，依据《北京市农村信息化行动计划（2010~2012年）》《北京市"十二五"时期农村信息化发展指导意见》，北京从实际出发，进一步明确了农业农村信息化建设的目标与内容，为未来5~10年农业农村信息化的发展设定了发展目标和工作理念。目前，已有85%的区县制定了信息化发展规划，其中朝阳区、昌平区、延庆县制定了农业农村信息化发展专项规划，海淀区制定了信息化管理条例。

（2）农民收入和信息消费能力逐步提高。北京市农民收入明显提高，2013年1~10月农村居民人均现金收入18004元，同比增长11.1%，农民收入涨幅超过两位数，并且连续4年超过城镇居民的收入涨幅。农民收入的持续快速增长增强了农民的消费能力和消费信心，农民的信息消费意识、消费需求和消费能力普遍增强，2013年1~10月京郊农村居民人均生活消费现金支出为10780元，同比增长15.2%，其中用于通信和交通的消费支出为1260元，同比增长13.5%。农民收入水平和消费水平的提高使得农民能够承担开展信息化的基础成本，更有意愿去利用信息化设备改善生活条件，追求更优质的信息服务，农业农村信息化建设才能得以正常推进。

（3）政府投入和社会投入有机结合。近年来，北京市信息化投入的力度逐步增加，市级部门年投入在2000万元以上，区县部门平均在500万元以上，资金投入以政府财政投资为主。2012年，各区县专项用于农业农村信息化建设的资金投入平均在160万元左右，用于加强农业农村信息化，提高农村居民信息技术应用能力，进行人才培训、信息服务和涉农系统运维等工作。对全市106家农业企业的调查显示，北京市农业企业进行信息化建设的主动性较高，主要采取自筹资金方式，平均投入资金142.39万元；农民专业合作社采用自筹与政府投资相结合的方式建设，平均投入信息化资金为31.35万元。

（4）信息化规范标准建设有序开展。北京市在信息资源建设、系统开发、项目管理等信息化建设等方面均制定了工作规范和标准。建立了技术体系规范、系统设计规范、程序编码规范、接口规范、测试规范、开发指南、项目管理规范等，形成了比较完善的信息化标准与规范体系。市级涉农单位严格落实信息化项目管理制度，规范项目申报、审核、开发建设、验收等各环节的工作。北京市农村工作委员会制定了《市农委电子政务实施规范》，定义了市农委电子政务系统的体系架构、分层逻辑模型、接入规范等，为各系统实现跨组织、跨系统、跨地域的数据整合和业务整合提供统一的标准。北京农业信息技术研究中心开展了农业物联网、农业信息化通用术语、农资电子商务分类与标识等国家和行业标准规范制定工作，为农业信息化建设提供技术支撑。

（二）基础设施日趋完善

（1）广播电视网向"户户通"延伸。2013年《北京统计年鉴》显示，2012年，京郊每百户农民家庭拥有彩色电视机136台，目前，北京市的广播电视在实现"村村通"的基础上逐步向"户户通"延伸，安装有线电视的农村家庭占90%左右，平均可接收电视节目55.9套、广播电视节目23.1套。各区县"三农"类的电视节目主要有大兴区的《大兴农业》，昌平区的《农民课堂》《走进三农》《信息直通车》，怀柔区的《今日三农》，密云县的《经济一刻钟》《三农相约》，延庆县的《魅力新农村》，平谷区的《绿谷农业》等，受到了各区县农民的广泛欢迎。

（2）移动电话成为主要信息获取设备。在公共基础设施建设逐步完善的情况下，目前重点已经向农户信息化装备的提升转移。固定电话、移动电话是目前农村家庭使用的主要通信设备，移动电话以其方便操作和易携带等特点，已经超越固定电话成为最主要的信息获取终端，移动电话和固定电话普及率分别达到了91%和73%，北京市农村通信水平显著提升。

（3）互联网接入初具规模。2012年，北京市的光缆线路长度已达到187714公里，互联网宽带接入端口1071.8万个。目前，北京市拥有电脑的农村家庭占到了66%，全市政务光纤网络"村村通"覆盖率达到95%以上，其中，怀柔光纤覆盖率达到100%，平谷、大兴的无线通信网络覆盖率达到100%（见图1）。农口部门均建立了中心机房和畅通的网络体系，北京市农业局建成了以千兆光纤交换为核心，集成多种接入方式的快速以太网，20多家局属单位实现了光纤接入政务专网和局办公网，工作人员均使用计算机网络办公。在调研的106家农业企业以及161家农民专业合作社中，有97%的农业企业和95%的农民专业合作社具备互联网接入条件。

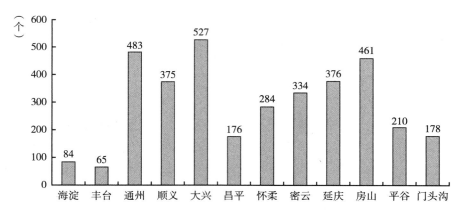

图1　各区县接通光纤的行政村数量

（三）信息资源逐渐丰富

（1）信息平台对核心业务起到有效支撑作用。通过实施"221行动计划"，形成了15个相关单位涉农信息资源共建共享的工作关系，建成了集农业生产、市场、科技、经济、金融、社会等海量信息资源的"221信息平台"，重点形成了决策指挥、基础管理和郊区服务三个功能性信息平台，平台以推广应用为重点，不断向农村基层延伸、向农业生产领域延伸、向农民生活延伸，与服务"三农"以及单位部门的职责任务紧密结合，对核心业务起到了有效支撑作用。

（2）信息资源共建共享机制不断成熟。形成了以"221信息平台"统筹规划农业农村信息化建设的工作局面，建成了信息资源目录系统和数据共享交换系统，形成了比较完善的信息资源共享交换工作机制。逐步搭建了面向农民需求的农业信息服务平台，以"221信息平台"为核心载体，涉农信息资源日趋丰富，信息资源的开发利用能力进一步增强，实现了不同程度的共建共享，为农业决策和行政管理提供了有力支撑。

（3）农业信息数据库建设受到普遍重视。超过60%的区县建立了涉农数据库，并且以涉农数据库为主的农业信息资源受到各个区县的普遍重视，取得了初步的建设成效，各区县农业数据库涵盖了综合类、专业类、市场类和政策类等多个方面。在各类数据库中信息种类最多的分别为：综合类——农村新闻（33%）和技术培训（33%），专业类——种植技术（42%），市场类——供求信息（33%），政策类——政策法规（33%）。70%以上具有涉农数据库的区县实现了数据库的实时更新，保证了数据的实时性，并且以每年5%~10%的速度稳步增长。

（4）各区县和行政村初步建立农业网站。90%的区县以及58%的调研行政村建有涉农网站，经初步统计，全市涉农网站近2000个，各涉农网站中，农产品价格、供求等信息资源丰富。在调研的农业企业和农民专业合作社中，有83%的农业企业建立了对外网站，网站平均每天的访问量达1705人次，网站信息的更新速度为101条/月；47%的农民专业合作社建立了对外网站，网站平均每天的访问量达553人次，网站信息的更新速度为14.09条/月。对外网站的建设对于提升农业企业和合作社市场竞争力具有重要意义，对于其形象宣传、信息发布、电子商务和市场拓展均起到了积极作用。

（四）服务体系不断健全

（1）建成以政府为主导，各界全面参与的信息服务体系。农口部门高度重视农业信息化工作，成立了市农委信息中心、市农业局信息中心等主管部门。通过"221信息平台"的建设工作带动并促进了郊区各区县农业信息体系工作机构的建立健全。13个郊区县农委均明确了农业信息服务体系的主管领导和职责部门，农业信息化主管机构为独立机构和合署办公机构的分别为69%和31%（见图2）。农民专业合作社和涉农企业作为农村信息服务最有生命的载体，与电信运营商、科研院所等社会企业合作，与政府积极互动、互补和有效衔接，共同组成了专业的公共信息服务体系。

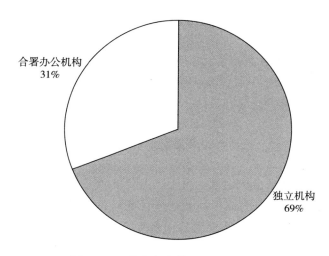

图2　区县信息化主管机构设立情况

（2）农业信息服务站点继续发挥作用，信息员队伍不断壮大。各区县信息服务站依托农村数字家园、农村党员干部现代远程教育站点、益民书屋的建设成果，按照"五个一"的标准开展"农村居民信息服务站"建设，向农民和基层经济组织提供信息服务，发挥信息富农、助农、便农、乐农作用，在所调研的行政村中，目前已有45%建有综合信息服务点。据不完全统计，各区县共有综合信息服务站2577个，经培训的农村专职或兼职信息员有4300余人（见图3），村干部和大学生村官是信息员的主要力量，初步形成了一支平均年龄在30岁，学历平均在大专以上的信息员队伍。各区县以远程教育与现场教育相结合的方式展开多次培训，培训效果显著，受益农民人数多。

（3）信息服务手段得以有效创新，服务效果亮点多多。北京市应用计算机网络、移动通信、3S技术、人工智能技术、数据库技术等，通过互联网、电视节目等多种信息传播途径，在新型信息服务手段方面进行了有效创新，为广大农民提供了及时、准确、有效的信息服务。12316农业服务热线试点建设了区县12316分中心，组建了100多人的12316专家咨询服务队伍，融合了双向视频系统、农业信息触摸屏查询系统等多种服务渠

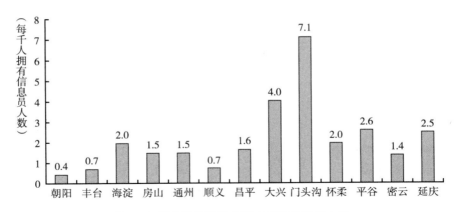

图3 各区县经培训的专职或兼职信息员人数

道。移动农网在应对自然灾害、应急通信等方面发挥了积极作用，共安装信息机187台、农信机4867台，年发送实用短信1000万条以上，服务38万手机农户。北京市农林科学院农业科技信息研究所研发的"U农蔬菜通"，集物种分类导航、自然语言检索、在线远程更新、咨询服务功能于一身。朝阳区都市农业创意展示系统运用二、三维动画，电子书，全景展示等多媒体手段，以直观的视觉效果，提供农业园区三维可视化互动展示在线体验服务。

（五）技术应用持续深入

（1）新技术在农业生产上的应用开始起步。物联网、云计算、移动互联技术不断深入应用到设施园艺、农产品流通及农产品安全追溯等领域，将新技术、新理念引入系统开发中，通过新技术与现有系统的有效集成，提高了农业生产水平。"设施农业精准生产物联网技术示范"已在房山、平谷、通州、延庆4个区县展开，示范设施面积约1000亩，辐射带动面积1500亩，指导设施农业的生产管理，带动周边地区设施农业生产向高产、优质、高效发展，促进了农业物联网核心技术产业化应用。

（2）农口各部门电子政务系统种类丰富，应用广泛。农口各部门的OA办公系统、网上办事系统、业务报表管理系统、农业监测数据综合应用系统、粮经档案管理系统等信息管理系统，有效支撑了业务管理工作，推动了农业行政管理创新。海淀区网格化社会服务管理信息平台，平谷区的农村档案资源共享服务平台，大兴区的流动人口管理系统、村庄社区化管理系统、气象决策服务系统、瀛海"精神家园"等提高了政务服务的决策能力，提高了农村政务系统的办事效率。

（3）农业企业和农民专业合作社电子商务系统应用成效显著。农业企业和农民专业合作社初步实现了经营管理、资源管理、质量控制、营销配送、办公自动化等环节的信息化建设，部分农业企业和合作社建设了电子商务交易平台，在信息发布、在线销售、在线支付和信息采集共享等方面为企业提供了极大的便利。农产品批发市场初步实现了内部管理和农产品交易等环节的信息化建设，农业观光园利用网站进行自我宣传也取得了一定成效。大兴区实现了农产品的网上订购、送货上门，形成了农产品从地头到餐桌的绿色通道。延庆县北菜园农产品产销专业合作社、中农信达、大美田园等在电子商务模式上进行了开拓与创新，北京市农产品电子商务以及休闲农业、乡村旅游电子商务均取得显著成效。

二　存在问题

（一）城乡数字鸿沟依然明显，是制约农村经济发展、农民增收致富的重要因素

无论是从信息基础设施、主要信息技术产品普及情况看，还是从应用水平看，农村和城市之间都存在明显的差距。宽带、光纤的进村入户，WiFi、3G 和 4G 网络信号的全面覆盖尚未完成，在一些偏远的农业企业、农民合作社以及田间地头仍存在网络无法接入的现象。贴近农民实际需求的有效信息资源缺乏，涉农网站虽然繁多，但有特色、实用性强尤其是有指导性、前瞻性、预测性、时令性的信息偏少；农业信息服务面窄，注重农业技术、生产领域等的产中服务，产前、产后的服务薄弱；具有地方特色、体现区域经济特点的信息较少，涉农信息资源的供给与农民的信息需求之间还存在一定的错位现象，不能完全满足以个体经营、小农生产为主体的农民借助信息资源增收致富，保障自身公共服务合法权益的需求。

（二）缺乏统一的顶层设计，尚未形成以需求和整合驱动的发展战略

推进农业农村信息化的工作既有行业性特点，也有地域性特点，需要统筹发展，建立一个支撑农业系统业务协同和信息采集、交换的统一平台，并形成共享机制。尽管"221信息平台"在促进"三农"信息化建设上起到了整合和引领作用，但其功能是以提供、展示丰富的信息为主，涉农信息资源统筹开发程度、部门间的协作程度和共享利用水平还不很高，且各业务系统之间相互独立，集成性和共享性较差，尚未在公共平台实现各部门、企业、农户之间的信息顺畅流通，信息有效整合与分析相对滞后。农业农村信息化建设普遍存在"4321"问题，即四个分散（平台分散、渠道分散、需求分散、资源分散）、三个粗放（用户管理粗放、内容开发粗放、服务方式粗放）、两个滞后（对体制机制的探索滞后，对推进政策的研究滞后）和一个困难（在改革不断深化的大背景下，形成各方都能认同、接受的投入和收益分配格局至为困难）。

（三）信息化支撑作用未能充分发挥，新技术应用相对滞后

信息化在促进城乡一体化以及城乡公共服务均等化等方面的作用尚未充分发挥，尤其是对北京都市型现代农业的支撑作用不够。目前各种先进信息技术的应用刚刚起步，仍处于初级阶段，农业信息化技术产品科研成果转化率和产业化程度不高，集成示范应用能力需要进一步提升，适合于农业生产经营的多功能、低成本、易推广、见实效的信息技术有待开发。物联网、大数据、云计算等先进技术在北京农业生产经营中的应用还处于起步和探索阶段，多以试点为主，示范引领不足，总体上没有形成成熟的、具有较强自生能力的运营模式。

（四）大部分农民信息化意识仍较淡薄，缺乏有效利用信息的技能，信息获取成本较高

目前大部分农民还没有形成利用现代信息技术主动获取信息的习惯，主要还是依

靠言传身教的直接示范和交流方式。虽然北京市农民的综合素质整体较高，但是大部分农民没有应用信息化来改变生产生活现状的意识和需求，接受信息和技术服务的基础比较差，获取信息的能力不强，不知如何使用和不知如何获取信息是农民在应用过程中面临的最大困难，导致一些有用的信息无法及时到达农民手上。农民的收入水平与信息应用水平是息息相关的，各种信息获取手段的费用需求也减缓了信息进入农户的步伐。

（五）资金投入总量小且分散，引导各种社会力量参与建设不足

虽然近年来农业农村信息化建设的政策资金投入不断增加，但是与发达国家相比、与一些省市相比仍然存在较大的差距。信息化建设网络系统还不够健全，信息采集、处理、分析、发布等手段还相对落后，政府、社会、企业投入相对少且分散，还不能满足北京都市型现代农业、城乡发展一体化对农业农村信息化的现实需求。同时，积极调动各种资源，引导各种社会力量，合力推进农业农村信息化建设的相关政策缺乏，多方共赢的体制机制也未建立。

第三节　战略定位、思路和目标

一　战略定位

（1）信息化是构建城乡一体化的施政要点。城乡发展不平衡、不协调已成为我国经济社会发展存在的突出矛盾，也是全面建成小康社会、加快推进社会主义现代化必须解决的重大问题。加快推进城乡一体化建设，采用各种信息化手段来化解当前面临的主要矛盾，实现城乡要素平等交换、公共资源均衡配置和基本公共服务均等化，城乡在政策上的平等、产业发展上的互补和国民待遇上的一致将成为未来政府的施政要点。

（2）信息化是实现农业现代化的战略支点。党的十八大明确提出"促进工业化、信息化、城镇化和农业现代化同步发展"的战略部署，为加快信息化和农业现代化发展指明了方向。相比快速推进的工业化、信息化和城镇化，北京农业现代化发展水平仍显滞后。以信息化作为战略支点，大力推进信息化在农业现代化中的支撑作用，不断提高农业生产经营中的标准化、智能化、集约化、产业化和组织化水平，努力提高土地产出率、劳动生产率和资源利用率，通过信息技术在农业各领域的高效利用，全面提升北京都市型现代农业水平。

（3）信息化是探索农民市民化的创新重点。城镇化是区域发展的必然趋势，而农民市民化是城镇化后解决"三农"问题的优选路径，也是城镇化建设的核心。通过信息化赋予农民更多财产权利，努力在政策层面和社会层面探索农民市民化的相关体制机制，创新服务手段和模式。加强对现代信息与通信技术的集成应用，构建以数字化、网络化、智能化为主题的农村新型社区，满足农民就地市民化的各种需要，突破影响城镇化建设的瓶颈，使信息化手段成为解决城镇化和"三农"问题的有力推手。

二　战略思路

（一）指导思想

要紧密结合北京市工作实际，抓住机遇，统筹协调，分工协作，以"221 信息平台"建设为核心，进一步完善体制机制，整合信息资源，创新服务模式，提高应用水平，推进社会参与，不断增强农业农村信息化工作的系统性、前瞻性、针对性和实效性，形成体制更加合理、机制更加顺畅、主体更加广泛的"三农"信息化工作的新格局，推动农村信息化与农村城镇化、农业产业化、农民市民化的深度融合，更好地为各级领导提供科学的决策服务、为农业生产和农村管理工作提供精准的协同服务、为基层农民生活提供有效的信息服务，推动城乡一体化的发展和"智慧北京"的建设。

（二）总体要求

继续坚持基于基础的整合方法，实现基于应用的功能扩展；坚持基于效益的适度建设，实现基于需求的有效满足；坚持基于持续的技术规范，实现基于实用的信息服务；坚持基于互利的共享机制，实现基于差异的区域（部门）特色，充分发挥农村信息化在推动城乡经济社会发展一体化方面的作用。

（三）基本原则

（1）统筹规划，协调推进。加强信息化统筹规划，科学拟定信息化发展目标，制定切实可行的实施方案，确保农业和农村信息化工作惠及农民，实现信息化与经济和社会的协调发展。

（2）整合资源，共享应用。实现对涉农资源的高度整合、共享与利用，形成动态采集、集中管理、多方共享的工作机制合力，推动网络互联互通，提高信息资源开发利用效率和效益。

（3）政府引导，社会参与。发挥政府的组织和引导作用，加强机制创新，充分调动各部门、各级政府和社会各单位的积极性，利用首都特有的资源优势，确保农业农村信息化工作有效开展。

（4）培育市场，持续发展。根据首都各区域不同情况和特点，充分发挥市场配置资源的优势，创新信息化建设的市场投融资机制，为广大农民群众提供经济实用的信息化产品和服务，力求效果最好、效益最优。

三　战略目标

紧紧围绕北京建设"世界城市"和"智慧北京"的宏伟目标，以完善信息基础设施为前提，以优化配置信息资源为基础，以开发应用信息技术为支撑，以提升信息服务能力为重点，充分发挥信息化在发展都市型现代农业、建设现代化新农村和培育当代新型农民中的重要作用，推动形成城乡经济社会发展一体化新格局。通过全社会的共同努力，到2020 年，农业和农村信息基础设施装备水平有明显提高，信息化对现代农业发展、农村公共服务和新型农民培育的支撑能力显著增强，农业和农村信息化可持续发展机制逐步完善，基本满足"三农"发展对信息化的需要。具体目标如下。

（1）依托信息化指导农业农村工作，打造精准、智能都市型现代农业。信息化应用基本覆盖农业生产所有环节，智能化设备得到普遍应用；农民专业合作经济组织信息化应用基本普及，部分开展深度应用。建设一批由信息技术武装的，以园艺化、设施化、工厂化生产为主要手段，融生产性、生活性和生态性于一体，优质高效和可持续发展相结合的智慧农业试点，引领全市乃至全国农业信息化发展。

（2）依托信息化推动公共服务均等化，构筑便捷、宜居、智慧、和谐的新农村。在行政村和农村社区普及数字信息亭、触摸屏等信息化设备，信息终端在农村地区普遍应用；建成完善的农村综合信息服务平台，为农民、农村企业单位、种养大户、农民经纪人和农民专业合作经济组织提供全方位信息服务；信息化在农村村务公开、农村"三资"管理、农村科教文卫等领域广泛应用，基本实现公共服务城乡均等化。

（3）将信息化作为农民融入城市的重要途径，培养高素质的现代新型农民。以村干部、经纪人、种养大户、大学生村官等为主要对象，培养一批具有较高信息素养和信息化应用水平的新型农民，建立一支包括农业专家、基层专业技术人员和信息员、大学生村官在内的专兼职信息员队伍，提高信息服务的真实性、准确性、有用性、可靠性、互动性和实时性。

第四节　重点任务

农业农村信息化是发展现代农业和促进城乡统筹的重要手段，为了进一步明确农业农村信息化发展的定位和思路，发展现代农业，加强农村管理，延伸基层服务，培养新型农民，从北京市农业农村信息化发展的现实问题和战略需求出发，提出如下四个方面的重点任务。

一　保证基础工作

农业农村信息化工作是一项系统性工作，必须稳扎稳打，奠定工作基础。基础设施建设、信息资源开发与利用和信息服务队伍建设始终是做好农业农村信息化工作的坚实基础，必须常抓不懈，不断推动基础性工作迈上新台阶。

（一）夯实基础，推动农村宽带网络全面提升

（1）提升农户宽带接入速率。充分发挥电信运营商的积极性，加快建设下一代农村信息基础设施，全面提高农村地区宽带普及率并增加接入带宽，使农户宽带接入速率平均不低于10Mb/s。

（2）提升农村宽带普及率。组织实施"宽带通"工程，鼓励宽带运营企业优先采用光纤宽带方式，加快农村信息基础设施建设，推进光纤到村；加快政务宽带建设步伐，实现全市政务光纤网络"村村通"覆盖率达到100%，做好四级联网项目建设和50%的村级计算机设备更新。

（3）扩大无线网络覆盖范围。采用无线进村入户模式，扩大农村地区 3G 网络覆盖范围，重点推进 3G 网络向行政村延伸，通过政府补贴、农户共担机制，利用多种技术方式实现"一点连接、全村上网"，优先保障农民专业合作社的宽带使用需求。

（4）积极推进农村地区三网融合。加快融合型业务研发和应用推广，在机制和政策上引导业务接入的"一线三通（电信、广播电视、互联网）"和终端的"三屏（手机、电视机、计算机）合一"。

（二）整合资源，促进涉农信息资源开发与利用

（1）构建需求导向的信息资源开发模式。遵守需求驱动原则，充分考虑用户信息需求内容和需求强度，认真研究政府、涉农企业、农民等各方行为主体的信息需求差异，改变被现有资源所限制的信息提供旧方式（即信息资源—信息加工—信息提供），提倡以信息市场为导向的信息资源配置新方式（即市场调查—信息资源—信息加工—信息提供），增强信息的针对性，提高信息的可用性。

（2）推进各类涉农数据库建设。首先要加强农业资源、农业政策、农业科技、农业市场、农村人口、农村劳动力等各类数据库建设的统筹规划，由一个权威部门来协调、规划数据库的建设，全市各区县、各部门要分工协作，资源共享，避免重复建库；其次要统一建库标准，应当根据信息发布的技术要求，制定涉农数据库建库标准，以便数据库能顺利上网运行和共享；最后要加强数据库的运行管理，切实为全市农业科研、教育、管理、生产、经营和农村经济社会发展服务，同时保护数据库的知识产权和信息安全。

（3）加强全市农业农村信息化资源的整合利用。协调各级有关部门进行涉农信息资源的整合开发，建成集中统一的"三农"数据资源中心和平台门户，通过统一的发布窗口，为广大农村从业者、农村管理者、相关政府部门、科研院所等提供信息服务。平台门户通过对接呼叫中心、信息服务系统、数据资源库以及基层信息服务站点，为用户提供各类涉农资源（课件、教程、软件）发布与下载、信息查询、技术交流等服务，提供各类信息服务系统访问接口，用户可以通过平台门户实现在线咨询、远程诊断与视频、电子交易、个性化知识推送、社情民意调查等服务功能。

（三）锤炼队伍，建立"多员合一"的信息化人才体系

（1）完善各级信息服务员队伍。村级信息员由工作认真、责任心强、熟悉本村情况、具有一定微机操作能力的人员担任或兼任，优先从农村种养大户、贩销大户、农业龙头企业、乡镇龙头企业、农产品批发市场和经济合作组织中选拔一批综合素质较高、事业心强、有经营头脑、掌握一定农业技术的人员，完善信息员队伍，对他们进行信息技术应用和简单开发技能培训，使之成为农业信息的传播者、上网用网的示范者和信息致富的先行者。乡镇以上信息员优先从农机站、农技站、植保站等农村"七站八所"人员中选聘，提高信息服务的专业化程度。整合调度科技特派员、大学生村官、村"两委"、回乡优秀青年（含退伍军人、返乡创业民工）、回乡退休干部与科技人员、村级教师等人群，做到"多员合一"。

（2）构建稳定的信息人才结构。涉农信息具有较强的连续性和渗透性，以及所需知识的广度性。要适应这个特点，农业农村信息化工作队伍必须建立起一个比较稳定的人才结构。各级涉农部门应致力搞好信息人才的合理配置，优化四个方面的结构，使信息队伍中的个体素质得到互补，以提高农业信息队伍的整体素质。一是优化年龄结构，实行老、中、青三结合；二是优化专业结构，既要有农业信息学科的专业人员又要有相关专业的科技人员，既要有专职人员又要有兼职人员，包括一部分生产人员和管理人员；三是优化知识结构，实行初级、中级、高级知识水平人员的合理配置；四是优化智能结构，实现不同研究能力、思维能力、实践能力、表达能力和组织管理能力人员的有机结合。

二 提升常规工作

对内抓好涉农管理机构的电子政务应用，对外做好面向"三农"的信息服务，是北京市农业农村信息化的常规性工作。常规性工作具有日常性和延续性等特点，是农业农村信息化工作的重要组成部分，必须不断创新、开拓和提升，将常规性工作做出特色。

（一）立足实际，深化农村电子政务的普及应用

（1）推动农村政务管理向基层延伸。依托乡镇综合服务设施平台建设，探索民政、社保、卫生、计生、公安等业务系统整合模式，加快推进政务服务、网络和窗口向乡镇和行政村的延伸，推行网上办事和"一站式"服务，提升基层政务服务水平。依托乡村网页、信息服务站、信息终端设备等渠道，实现种粮、良种、农机具购置、农资直补等涉农补贴，以及财务收支和债务等在线实时查询，推动和谐农村建设。以推动农村集体资金、资产、资源的全面公开、有效监管和规范使用为重点，推广普及村务管理系统，构建分级管理的监督网络，做好数据更新和管理维护工作。

（2）完善农村电子政务的应用系统。立足农村"三资"监管平台建设，推动平台在区县、乡镇以及农村管理工作中的应用，完善农村集体资产管理、农村土地承包与流转管理、农村财务与收益分配管理、党务村务公开、人口劳动力与家庭经营管理等信息管理系统，提升平台数据采集、在线查询、统计分析、预警监督四大功能，提高农村电子政务系统应用水平。扩大乡村电子政务应用领域，推动电子政务与基层行政服务中心、政务公开的紧密结合。依托市区（县）政府网站、全程办事代理系统、农村管理信息系统等服务平台，大力推进政务公开、村务公开和政民互动，拓宽农村社情民意表达渠道，增强农民参政议政能力，促进村民自治和民主管理。

（二）务求实效，推进农业农村信息服务长效开展

（1）推进乡镇综合信息服务站建设。充分利用"农村数字家园"、移动农网等建设成果，按照"一站多能"的要求，推进乡镇综合信息服务站建设。充分发挥农村信息员的积极性，整合基层农村、专业合作社和涉农企业的信息资源，使乡镇综合信息服务站成为信息进村入户的桥梁和纽带。落实和提高综合信息服务站建设的"五个一"标准，依托综合信息服务站，推进党务公开、村务公开、农村电子政务管理、农村事务综合咨询服务、农村文化娱乐服务、医疗及卫生公共服务、农超对接、农村突发事件预警与应急保障、农村土地流转等事务一站式服务，完成对远程教育、农业技术服务、气象信息发布、

金融保险服务、村庄安全监控等主要功能的集成试点。加强对农村综合信息服务站的监督管理，按职责分工定期检查和考核，鼓励利用网络平台开展监督，并鼓励各地采用以奖代补等方式，充分调动各地区服务站的工作积极性。

（2）加强农村专业信息服务站建设。按照"市场运作"的原则建设形式多样的专业信息服务站。专业信息服务站上连专业化信息服务系统，下连基地和农民，坚持以市场为导向，为农户提供专而精的特定产业信息服务。要依托龙头企业、专业合作组织、农民专业合作社、农业科技园区（基地）、农资店、运营商基层服务点等实体建设形式多样的专业信息服务站，达到"有人员、有场所、有服务、有收益"的"四个一"标准。针对本地优势及特色农业产业的信息化服务要求，通过政府资助或政府购买服务等形式给予各类专业信息服务站大力扶持，围绕产业链条，对农户开展全方位技术与信息服务。

（3）建立公益和市场相结合的信息服务机制。充分利用政府对公益性研究、管理和服务机构的财政支持，加强对公益性科技、文化、教育、管理、服务等信息的采集、加工、整理，最大限度发挥公益性信息服务投入效益，提高信息服务的质量和水平，确保农民免费享受基本的公共信息服务。在突出公益性服务的基础上，探索多元化的信息服务市场机制，充分调动电信广电运营商、内容运营商、涉农龙头企业和农民专业合作社的积极性，以市场为纽带，采用利益分成的方式进行合作，拓展服务渠道、丰富服务内容、创新服务模式、提升服务价值、实现服务增值；引导相关农资配送、农产品物流企业开展电子商务等服务；创新基层站点赢利模式，强化基层站点"自造血"功能，弥补政府经费和公益性投入的不足，保障站点的可持续运维。

三　加强重点工作

做好农业农村信息化工作的根本目的是促进信息技术在农村地区的应用，因而要将工作的核心放在农业生产经营系统、农村管理系统和电子商务系统的应用上，通过信息系统的广泛、深入应用，全面提升信息技术在农业生产、农村管理、农民生活领域的应用水平。

（一）积极引导，加快农业生产经营系统普及应用

（1）大力推广使用农业信息化技术装备和信息系统。在有条件的乡镇、农业合作社以及农业龙头企业中，选择有代表性的经济作物，配备农情监测、精准施肥、智能灌溉、病虫草害监测与防治等信息化技术装备，实现种植生产全程信息化监管与应用；选择标准化的养殖场，推广集智能感知、智能传输、智能控制为一体的养殖环境监测系统，切实提高养殖业的装备化、自动化和智能化水平。推广应用"农民专业合作社社务管理系统"和"种植业农民专业合作生产经营管理信息系统"，从生产、消费、物流、管理四个角度，实施农民专业合作社信息化建设工程试点。引导农民专业合作社、农业产业化龙头企业应用物联网、北斗卫星导航等新技术开展生产和内部管理信息化建设，促进信息化与产业融合，提高农业生产经营信息化水平。

（2）加大特色产业信息服务系统的开发应用。按照"统一接入、单点登录、开放接口、资源共享"的原则，在有基础、有条件、有需求的区县，根据产业特色和区位优势，以市场为引导，联合多方力量，发挥人才优势，重点构建以当地特色农产品为代表的产业信息服务系统，最终建立覆盖全部产业的综合信息服务系统；建设并完善农产品市场信息服务系统，为农户、涉农部门及农村中小企业提供农业资讯、农产品供求信息查询与发布、农产品价格及预测等服务。

（二）全面统筹，提升农村公共事业信息化应用水平

（1）完善医疗信息化服务体系。建立和完善新农合信息系统，加强村卫生室宽带普及、系统升级和设备改造，推动即时结报系统向市、区（县）、镇（乡）、村四级拓展，实现不同级别医疗机构的就医实时结算。推动新型农村合作医疗与电子病历、公共卫生等信息系统的整合与资源共享，提高面向农民的医疗卫生服务水平和疾病诊治效率，增强农村地区公共卫生应急处置和响应能力。加强农村疾控体系和医疗救治体系建设，完善疫情和突发公共事件应急管理机制，实现对传染病疫情健康危害因素等重要公共卫生数据的实时监测。推动面向乡镇卫生院、村卫生室的远程医学教育和远程会诊系统的普及应用，建立农民数字健康档案。

（2）提升农村社会保障信息化水平。大力推动社保"一卡通"在农村的应用，确保新农合、新农保等参保人员"人手一卡"，实现社会保障卡的在线使用以及异地就医即时结算，逐步实现"服务一生、保障一生"。完善农村基层社会保障信息服务平台，实现基层就业服务、社会保险服务、劳动关系等业务的在线办理，在农村基层服务网点推广社会保障自助服务一体机。探索政府网站、电话咨询、基层服务的系统整合与业务联动，完善社会保障涉农信息服务体系。建立和完善跨省市农村劳务信息供需对接平台，积极开展面向农民工就业信息、就业指导和职业介绍等热线咨询服务，加强农村劳动力资源供求信息的采集和发布，实现劳动力的有序转移和有效供给。

（3）推进农村教育信息化。支持农村地区学校宽带网络建设、无线宽带校园建设，超前部署教育信息网络和平安校园监控网络，满足农村中小学光纤网络接入需求。推动信息技术与教育教学深度融合，逐步推广农村中小学多媒体教室、数字化实验室、远程协作教室等应用。依托互联网、卫星通信、广播电视等多种接入途径方式，采用校际共享等办法，将优质教育资源传输到农村学校，实现城乡优质教育资源共享，提高农村教育质量和效益。依托宽带网络，推动虚拟实验室、数字图书馆、电子教材向农村中小学全面开放和共享使用，丰富农村中小学教学内容。

（三）广泛布局，拓展农村电子商务应用范围

（1）完善农产品电子商务服务体系。围绕重点农产品，大力发展各种类型的专业性、综合性第三方农产品电子商务平台，引导第三方电子商务平台向集农产品信息发布、信用担保、网上支付、物流配送等于一体的全过程服务升级，实现农产品供给的集约高效。引导农民专业合作社、农业产业化龙头企业应用电子商务手段，开展农产品网上交易，拓展农产品生产者与批发市场、农贸市场、超市等的对接渠道，形成稳定的农产品供求体系。推动农产品批发市场、配送中心深化电子商务应用，促进传统农产品流通供应链的改造升级，加快农村现代流通方式和新兴流通业态发展。通过扩大宣传、加强培训、政策支持等多种方式，丰富充实服务内容，拓展服务渠道，鼓励和支持农民主动使用电子商务手段，提高信息服务成效。

（2）推动休闲农业电子商务应用。以郊区县休闲农业资源富集区为重点，推进"智慧乡村游"建设，积极引导综合性、专业性的第三方休闲农业电子商务平台，开展与主题农业、观光采摘、休闲农庄、民族风情、创意农业等特色园区的深度合作，提高品牌营销、虚拟展示、网络预订、连锁加盟、活动策划等在线经营服务能力，推动休闲农业生产标准化、经营集约化、服务规范化、功能多样化。鼓励引导休闲农业合作社、龙头企业、经营大户提升在线展示、网上交易、信息咨询等服务能力，打造吃、住、行、游、购、娱等贯穿乡村旅游全程的网上一站式服务，构筑休闲农业文化的网络家园。依托政府网站，整合京郊乡村旅游信息资源，构建统一、权威的京郊乡村旅游信息服务平台，开展基于移动终端的乡村旅游信息服务。

四　探索创新工作

当前，信息技术日新月异，物联网、云计算等新技术层出不穷，已经在农业农村信息化领域产生了良好的示范效应。推动农业农村信息化工作的开展，必须不断突破，持续创新，加强新技术的应用推广，推动农业农村信息化的革新和进步。

（一）高位起步，加快现代信息技术推广应用步伐

（1）推进物联网技术在农业领域的示范应用。支持研发符合农业多种不同应用目标的高可靠、低成本、适应恶劣环境的农业物联网专用传感器，解决农业物联网自组织网络和农业物联网感知节点合理部署等共性问题；建立符合北京农业应用需求的农业物联网基础软件平台和应用服务系统，为农业物联网技术产品系统集成、批量生产、大规模应用提供技术支撑；牵头组织物联网技术应用单位、在京院校和相关企业，在国家物联网基础标准上，建立物联网农业行业应用标准；在"221物联网监控平台"和"设施农业精准生产物联网技术示范"项目的基础上，根据实际需求，启动一批农业物联网示范项目，建设一批农业物联网示范基地，以点带面，全面推进农业物联网技术在农业生产经营管理领域中的应用。

（2）利用云计算关键技术提升农业农村信息服务水平。按照云计算与云服务构架，强化全市农业农村综合信息服务平台建设，提高信息加工与分析能力，创新信息服务产品，充分利用虚拟化、弹性规模扩展、分布式存储、分布式计算和多租户等云计算关键技术，实现涉农信息资源的融合利用，着力建设与完善北京农业特色云、行业云、创新云服务模式，开拓云服务领域。

（二）示范引领，加大智慧镇村建设和普及力度

（1）实施智慧镇村示范建设工程。以农村三网融合和镇村电子政务网络建设等基础建设工程为基础，整合项目优势资源，启动全市智慧镇村示范建设工程，形成统一的建设标准和特色化的建设模式。细化智慧镇村建设实施方案，真抓实干，强化应用，优先推进企业、合作社、种养大户信息化示范应用项目，使农村信息化真正为民生服务、为产业服务，并在建设过程中逐步形成统一的建设标准和规范。通过整合互联网、IPTV、手机终端等资源，让乡村居民足不出户就能共享到物联网、云计算、光网络等最新技术带来的智能生活，根据各地乡村实际形成各具特色的建设模式。

（2）逐步推进全市智慧镇村全覆盖。总结智慧镇村建设经验和优秀模式，加快建设步伐，分阶段分步骤推进智慧镇村的覆盖范围，最终实现全市全覆盖，逐步缩小城乡差距，实现城乡一体化发展。在建设时序上，优先选择有基础、有条件的乡镇和行政村开展试点示范工作，在试点示范过程中不断完善智慧镇村建设标准，确保标准的可实施性和可推广性；在试点示范的基础上开展推广工作，以点带面，在5~10年内，实现所有乡镇和行政村均达到智慧镇村的建设标准。在应用范围上，通过智慧镇村的全面覆盖，促使物联网、云计算、大数据等新兴信息技术广泛应用到农村政务、商务、生产、生活、教育、文化等各个领域，有效促进民生、"三农"、教育、经济等事业的加速创新发展。

第五节　政策措施

在掌握北京市农业农村信息化发展现状、理清战略思路和布局战略任务的基础上，还需要从组织、政策、资金等方面制定一系列政策措施，保障北京市农业农村信息化建设工作的顺利开展。

一　强化顶层设计，制定发展规划

（1）强化顶层设计，制定全市农业农村信息化发展规划。信息化建设是一个动态的、渐进的、长期的过程，不可能一蹴而就，需要顶层设计、分阶段推进，只有在政府的规划引导下，农业农村信息化的发展才能沿着正确的方向持续发展。因此，必须从全市层面加强顶层设计，制定农业农村信息化发展规划，从基础设施建设、信息资源开发、信息技术应用和服务体系打造入手，对农业农村信息化的建设任务进行合理布局和优化配置，形成全市统筹布局、部门协同推进、区县分类指导的农业农村信息化发展格局。

（2）把握区域特色，制定各区县农业农村信息化发展规划。各区县要按照全市农业农村信息化发展规划的要求，根据不同乡镇、不同领域、不同主体的信息化发展现状和需求，明确发展方向、战略目标和重点任务，制定符合自身实际的区县农业农村信息化发展规划。同时，各区县要在规划基础上，从全局出发，整合各方面的资源，凝聚各方面的智慧，研究推进农业农村信息化发展的具体路径，合理布局重点项目，在实际推进过程中不断调整和完善。

二　加强组织领导，创新体制机制

（1）建立全市性的农业农村信息化部门联席会议制度。由市农委牵头，市经信委、市发改委、市科委、市财政局等市级相关部门参加，定期召开联席会议，统筹协调全市农业农村信息化建设工作。认真贯彻落实《北京市信息化促进条例》，加强农业农村信息化建设项目的统筹规划和综合协调，各部门分工合作，形成本市农村信息化建设的政策集成、部门联动、资金聚焦、资源整合的工作机制。

（2）加强农业农村信息化的组织领导。在北京市信息化工作领导小组办公室统一领导下，市农委负责全市农业农村信息化总体协调，各区、县成立相应的信息化主管机构，承担在农业农村信息化发展规划、组织实施和运行管理方面的职责，形成上下联动、实用高效的协调工作机制。

（3）把农业农村信息化工作纳入年度目标考核管理。明确各部门在农业农村信息化建设管理上的主要任务，制定具体考核办法，明确责任，层层落实，强化对各项建设任务的全程监督和检查，做到领导到位、组织到位、措施到位，形成各司其职、密切协作的良好工作格局，为农业农村信息化建设提供组织保证。

（4）加强农村信息员队伍培训。充分利用农村现代远程教育、农村党员干部现代远程教育、农村文化信息共享工程等网络和资源优势，抓好农村信息员队伍的培训。探索利用多媒体系统开展网上培训，按照"会操作、会收集、会分析、会传播、会经营、能维护、能培训"和掌握互联网应用法律法规的要求对信息员进行培训，切实提高信息员组织开展信息服务的能力。建立农村信息员资格认证制度和绩效考评制度，对其工资性补贴按照财政支出和市场化收入两种渠道分担的原则发放，调动信息员的积极性。

（5）提高农民信息素养和能力。针对各地实际情况，开发农业农村信息化培训教材和课件，形成专通结合、内容丰富多彩、形式多样的农村信息化教学资源库，充实和完善农村远程教育、农村党员干部现代远程教育、农村中小学远程教育、教学资源数据库、数字图书馆推广工程、公共电子阅览室建设计划等公共数字文化重点惠民工程。着力升级改造信息服务站、信息大篷车、基层培训教室、各类远程传输系统，夯实农民信息技能培训基础设施。依托各级各类农村和农业工程，创新教学模式，通过现场演示、互动示范、举办比赛等方式加强对农民的信息技能培训，提升农民信息使用技能。

（6）加大实用人才培训力度。围绕提高农民职业技能，依托培训教室、综合信息服务站、信息大篷车等现有设施和渠道，面向青壮年农民、返乡农民工、初高中毕业生开展农业科技、实用技术和就业技能等主题培训；面向村干部、农民专业合作社负责人等农村发展带头人，开展政策法规、农村管理、经营致富、"三资"管理等专业培训；坚持网上网下互动、政府支持与市场化运作相结合，以提升种养大户、农机大户、经纪人、集体"三资"管理人员以及具有创业意愿农民的生产经营能力为重点，开展农业经营、市场开拓、电子商务、财务管理等创业技能培训。

三　完善政策法规，加大宣传力度

（1）研究制定农业农村信息化建设相关标准。加强农业农村信息化的法规建设，使农业农村信息服务法制化，在信息发布、共享、保密、可靠性以及信息市场规则上做到有法可依。要对农业农村信息服务行为加强监管，查处提供虚假信息、禁售或假冒产品的信息服务行为，促进农业信息市场的有序发展。同时要建立健全相关工作制度，建立农业农村信息化考核评价指标体系，量化考核标准和办法，推动农业农村信息化建设的规范化和制度化。

（2）制定面向农业和农村的电信资费等相关优惠政策。充分利用频率、号码和网络等资源，满足农村信息化建设需要，降低本地网营业区间通话费标准和农村地区上网资费标准。支持广播电视"村村通"工程建设，对欠发达地区给予一定的补助。统筹安排农业农村信息化建设财政资金，优先支持重大涉农信息资源应用开发、便民惠民信息服务、试点示范工程推广和欠发达区县的农业农村信息化建设。

（3）实施面向农民、合作社和信息服务站的信息补贴政策。以现实需求为导向，以国家和地方财政能力为前提和依据，以全面刺激和推动农业农村信息化，实现"一补多效"为目标，以"农民、合作社和乡村农业信息服务站（点）"为主要补贴对象，以手机短信、农民上网费用和信息服务站运行费为主要补贴内容，以市级投入为导向，以区县投入为支撑，以农民和农业组织自筹为主体，普惠制和重点制相结合，因地制宜、因时而异，制定补贴标准，统筹兼顾；以"公开、公正、到位、有效"为原则，以监管透明为保障，首选信息化基础比较好的区县为试点，而后逐步完善、推开、推进，推进城乡统筹和发展现代农业，实现农民增收。

（4）加强针对性宣传，提高政府管理人员的信息意识。政府作为农业农村信息化建设的组织管理者，同时也是信息服务的重要提供者，其管理人员的信息意识和信息利用能力对推进农业农村信息体系建设起着决定性的作用。要通过多种形式的宣传教育，提高农口部门领导和工作人员的信息化意识，强化管理者对信息重要性、严肃性、风险性、时效性的认识，切实加强服务能力建设。

（5）利用各种宣传手段，提高农民信息意识。利用广播、电视、科技大集等形式面向农户进行宣传，推广利用信息技术成功种植、经营的案例，使农户了解信息技术的优势，认识到信息的重要性，将潜在的信息用户转变为现实的信息用户。组织建设一支高水平的信息人才队伍，利用高素质信息专业人才在农民生产的第一线引导和帮助农民，宣传信息技术对增产增收的实用性和重要性，提高农民利用信息技术增收致富的意识。对先进农村信息员、农村综合信息服务站点和信息示范村进行表彰和奖励，形成全社会重视和促进农业农村信息化发展的良好社会氛围。

四 鼓励社会参与，保障资金投入

（1）设立农业农村信息化专项资金。将农业农村信息化巩固和完善经费纳入财政资金预算，设立农业农村信息化专项资金，明确资金使用时各区县等财政配套比例，发挥专项资金的引导和放大效应；各区县应从实际出发，争取资金支持，按比例配套投入，进行系统部署、系统改造、信息站建设、信息员队伍建设等，以保持全区农业农村信息化建设进度与全市协调一致。

（2）鼓励社会资本参与农业农村信息化建设。加强政策引导，创新投入机制，广开融资渠道，完善以政府投入为引导、市场运作为主体的投入机制，按照"基础性信息服务由政府投入，专业性信息服务引导社会投入"的原则，多渠道争取和筹集建设资金，形成多元化的资金投入机制。

（3）制定多方共赢的利益分配机制。政府在积极鼓励社会力量参与信息化建设的同时，除了要给予企业在工商、税收等方面的优惠政策以外，还要制定合理的、双赢的利益分配机制，既要保证农民和企业在农业农村信息化建设中受益，又要保证社会力量在参与建设的同时能获取最大化的收益。通过给予优惠政策和制定利益分配机制，调动社会力量参与信息化建设的积极性。

（4）引导电信运营企业发挥主力军作用。充分利用国家在电信资费、频率资源、电信网号码资源和网络资源等方面向农村倾斜的优惠政策，鼓励电信运营企业最大限度地降低电信资费，最大限度地开展面向农民的公共信息普遍服务。

课题负责人：刘军萍

课题组组长：白　晨　　马俊强

课题组成员：刘利永　李　瑾　张彦军　蔺育华　李　亮
　　　　　　李　琳　崔利国　党　纯　冯学静　刘　佳

执笔人：刘利永　李　瑾　白　晨

第二章　创新农村管理信息化建设
完善管理制度体系
——关于北京市农村管理信息化制度建设情况的调查研究报告

第一节　制度建设调研的背景

开展北京市农村管理信息化建设是为了适应北京城乡一体化快速发展的形势要求，通过信息化、自动化、网络化的方式有效加强农村资金、资产、资源（简称"三资"）等经营管理工作。北京市农村管理信息化建设以村级基层社会、经济事务管理的全面信息化为基础，通过纵向网络体系和横向分布的数据中心构成数据采集、汇总、分析、共享的体系，以期通过管理方式的创新达到全面提升农村经济经营管理水平的目标。

为了加强对农村管理信息化工作的管理，市经管站（市农经办前身）于 2002 年制定并在全市范围内发布了《北京市农村会计电算化管理办法》、《农村管理信息化管理办法》和《北京市农村管理信息化管理员、操作员、审核员岗位职责规范》三项管理规范。这对当时农村管理信息化工作的高效、稳定、安全开展起到了重要的保障和促进作用，但是随着本市农村农经管理工作要求的变化和农村管理信息化建设的深入，目前颁布的制度已经不能适应农村农经管理工作对管理环境的要求。

第二节　对农村管理信息化制度建设现状的调查

一　国内外农村管理信息化制度建设的现状

自 20 世纪 90 年代以来农业信息化已经渗透到欧美发达国家农业建设的各个方面，农业信息技术已经进入产业化发展的阶段。特别是在美国，农业信息化强度已远远高于工业。由于欧美主要发达国家在财政政策和产业政策上已基本实现了城乡一体化，与国内农村信息化相比存在管理主体和政务组织形式上的根本差异，故农村管理信息化制度建设的研究方向并不明确。

经过十几年的建设，国内农村管理信息化工作已经取得了显著成效。第一，已初步形成以农业部门户网站和农经信息网为骨干的农经综合信息平台。据统计，全国共建立农经公共服务网站 2315 个，30% 的省级农经机构、25.8% 的市级农经机构基本实现了本级农经业务工作流程网络化。第二，农经管理业务信息系统初步成形。目前，全国省、市、县三级农经机构自主开发业务监管网络系统达 1170 个，已建立农村土地承包管理、村集体"三资"监管、农民负担监管、农民专业合作社指导服务系统的县的比例分别达到 7.7%、15.1%、3.7%、5.0%，各省、自治区、直辖市基本都开展了对农村管理信息化进行试点建设的工作。第三，农经信息化技术装备明显改善。据不完全统计，目前全国 94.7% 的县级农经机构具备接入互联网条件，平均拥有计算机 4 台；80.7% 的乡级农经机构具备接入互联网条件，平均拥有计算机 1.4 台。35.2% 的县级农经机构、22.4% 的乡级农经机构配备有电子显示屏。

本次研究对国内其他省市制度建设实践进行了深入了解，通过对黑龙江、吉林、辽宁、河北、山西、山东、上海、浙江、福建、重庆、广东等先进省市或特色地区的农村管理信息化建设公开资料及文档进行收集、整理，掌握了其农村管理信息化建设的组织方式、工作进展、实践成果和制度建设内容，经过对多方收集资料的整理，我们发现：国内虽然在农村信息化建设的技术水平、基础设施建设和信息资源建设上已经取得了长足进展，但在农村管理信息化制度建设方面仍存在诸多不足。第一，除北京、上海和黑龙江外，其他各省、直辖市仍然处于农村管理信息化试点或局部应用阶段。由于从全国范围内看尚不具备迫切的农村管理信息化制度体系建设需求，农村管理信息化制度建设尚处于起步阶段，在农村管理信息化制度体系研究上更加薄弱。第二，目前已经公开发布全局性农村管理信息化管理制度的只有北京和黑龙江，大部分省、直辖市只是发布了工作指导意见或管理部分信息化建设元素的制度，缺少支撑、规范农村管理信息化建设工作的法律、法规和管理制度体系。第三，目前已经发布的各种专项管理制度基本上延续城镇信息化建设制度的体系和内容，内容重复交叉、体系参差不齐，并且缺少对农村基础差、水平低、环境恶劣、网点分散、人力资源不足等特点的考虑。

同时，我们也发现建立系统、规范的农村集体"三资"管理制度是推进农村管理信息化的最佳起点和重要基础。浙江省和上海市的各级农经部门，多年来推动出台了一系列"三资"管理制度，如财务会计制度、招投标制度、民主监督制度、审核反馈制度、审计通报制度和责任追究制度等，为"三资"监管系统的开发和成功运用打下了坚实基础。从上海市的农村土地承包经营信息管理系统建设经验来看，农村"三资"管理信息化的基础是"三资"管理制度完整全面，而"三资"管理信息化是农村管理信息化的基础。

二　北京市农村管理信息化制度建设的现状和思路

2005 年 5 月，北京市委农工委、市农委、市发改委、市信息办、市财政局联合发文并由市发改委和财政局投资 3000 万元，在北京市郊区全面推行"农村管理信息化"建设工作。经过多年发展，已经完成了市数据处理中心、14 个区县分中心、196 个乡镇数据处

表 1   各省市农村管理信息化制度建设现状汇总表

省市名称	规范主要内容	省市级管理	地区级管理	镇村级管理	通用要求
黑龙江	组织机构、应用系统管理、安全管理、岗位职责	√	√	√	√
山西寿阳	设备管理、网络管理、安全管理、岗位职责		√		√
河北	应用系统管理、岗位职责	√			√
辽宁沈阳	应用系统管理、安全管理				√
重庆	组织机构、应用系统管理、岗位职责		√		

理站、3986 个村级数据终端的建设，实现了市、区县、乡镇三级数据信息资源的网络传输和管理，并正在逐步向村级延伸。信息化管理的业务工作从户籍人口、农村劳动力、农村经济统计、农村财务会计、土地承包逐年向集体资产、农村审计、经济合同、农民负担、农民专业合作组织、低收入农户监测、基层组织建设等不同领域发展，通过数字化、网络化、自动化地开展农村经营管理工作，初步实现了对农村人、财、物的管理信息化和农村社会、经济统计、分析的自动化，为提高基层管理水平和涉农部门决策能力提供了新的抓手。从北京市的工作实践中可以看出，农村管理信息化是一个由电算化等个别工作领域到全部业务领域，由乡镇试点到全市各个区县的过程，在这个过程中管理制度起到了落实和凸显政策规定、整体规划、工作计划的作用。

通过学习其他省市先进经验、总结试点建设时期的工作成果，我们发现农村管理信息化工作是一项系统的、复杂的项目建设工作，需要财务、技术、各业务部门的统一协调，也需要村、乡镇、区县和市级工作部门的一致行动。只有通过建立完善、全面的制度体系，才有可能收到统一上下各级的认识、统一各项工作标准进而统一信息化工作步调的效果，才能够最终保障农村管理信息化工作顺利开展。故此我们在试点工作结束的同时发布了《北京市农村会计电算化管理办法》、《农村管理信息化管理办法》和《北京市农村管理信息化管理员、操作员、审核员岗位职责规范》三项管理制度，从系统应用、岗位职责、设备管理、安全保密等方面对农村管理信息化工作进行了管理和规范，这些制度在 2005 年北京市全面推广农村管理信息化及其之后的信息化建设工作过程中都起到了很好的指导和规范作用。

第三节   对调查资料的分析和归纳

一   农村管理信息化内涵研究

基于北京市农村管理信息化的实践，我们认为，农村管理信息化是利用计算机及现代网络技术，以农村会计核算、财务管理为切入点，以农村经济经营管理为核心，遵循农村经济社会管理的内在规律，实现农村基层组织对人、财、物等经济社会资源的系统化、规范化、网络化、动态化管理，并在此基础上满足各级职能部门对农村基层基础工作进行在线跟踪、及时指导、有效监管和科学决策的客观需要。

基于上述定义可知农村管理信息化具有层次多、要素全、内容广、要求高的特点，相应对农村管理信息化制度体系的研究和完善必然需要满足管理信息化建设实践在各个层次、各项内容、不同要素上对规范化和方向性的需求，使农村管理信息化工作可以有条不紊、圆满完善地向前推进。

二　农村管理信息化管理制度建设现状的分析

本次调研对北京市过往各级开展的农村管理信息化制度建设工作进行归纳、总结，并对延庆、密云、海淀、丰台、顺义、昌平、大兴部分乡镇、村的管理现状进行了实地考察。在本次抽查中发现普遍存在管理制度落实不到位、管理内容存在缺失等问题，主要是由制度管理元素缺失、岗位职责规定不全、制度权威性不足造成的。通过调研发现：

（一）已发布制度多年未修订，不能适应当前工作要求

目前已颁布的《农村管理信息化管理办法》、《北京市农村管理信息化管理员、操作员、审核员岗位职责规范》和《北京市农村会计电算化管理办法》三项农村管理信息化制度文件都制定于 2002 年。随着北京市农村的管理信息化水平的不断深入，农村管理信息化工作涉及的管理范围不断扩展，实现信息化的业务工作由 6 项扩展到 14 项，基层应用从 1 个系统扩展到 4 个系统，管理的设备从单纯的 2 台服务器、1000 余台终端 PC 扩展到 400 余台服务器、6000 余台终端 PC、近千台扫描仪、4000 余台路由器和交换机等多种类型、数量庞大的设备体系，每年生产的数据量由 5GB 扩展到每年接近 1TB。可见北京市农村的管理信息化建设的内容不断完善，涉及管理范围不断扩展，应用要求不断提高，原有的管理制度显然无法适应当前北京市农村管理信息化工作的管理要求，需要修订。

（二）缺乏管理制度的顶层设计和体系建设，总体性不强

由于 2002 年制定管理制度时没有进行农村管理信息化工作的顶层设计，造成已有三项制度针对性过强，从整个工作体系上着眼则存在部分管理缺失。这主要表现在两个方面：一是农村管理信息化管理制度框架中涉及的信息化管理要素的管理并不全面，项目管理、资金管理、数据共享等内容在三个制度中均未涉及，而这些内容是农村管理信息化顺利开展的重要组成内容，需要规范；二是管理层级内容的缺失，三个制度普遍存在村级、乡镇级管理要求内容很少或者缺失的情况，京郊农村管理信息化工作中村级是农村基层管理数据的源头，其管理的好坏，直接决定了管理信息的采集、更新、使用等各个方面，需要加强。

（三）存在体例问题，权威性不强

首先，由于已经颁布的制度是由农村管理信息化的日常管理机构发布的，而非直接领导机构——市委农工委、市农委发布，造成了制度的权威性不强，在执行过程中部分基层单位不够重视。比如，此次调查中村级单位普遍没有制度上墙等相关制度实施保障措施，而乡镇级单位也仅个别单位落实了有效的制度保障措施。其次，已颁布的制度存在体例问

题，不规范的制度内容影响了制度的权威性。比如，有的管理办法没有明确上位管理制度，有的管理制度没有明确规范的适用范围，有的管理制度没有说明生效日期等。

第四节 对管理制度体系建设工作的建议

一 对农村管理信息化管理制度体系进行顶层设计

我们建议以国家、北京市电子政务、信息化管理相关文件为指导，以农村管理信息化建设需要为出发点，开展农村管理信息化顶层设计研究，并提出北京市农村管理信息化管理体系框架建议模型，以此为北京市农村管理信息化管理制度体系建设提供指导。

（一）农村管理信息化管理制度总体框架

如图1所示，农村管理信息化管理制度总体框架由农村管理信息化管理要素和各级农村管理信息化行政管理部门组成。纵向上，农村管理信息化管理要素包括组织管理、人员管理、设备管理、网络管理、档案管理、数据管理、运维管理、安全管理、项目管理、资金管理以及应用系统管理等。横向上，包括国家、省、市、县区、乡镇各级农村经管部门，以及乡镇、村合作经济组织或村委会，其中，乡镇、村合作经济组织或村委会是农村管理信息化的基础应用单位，处在第一级。

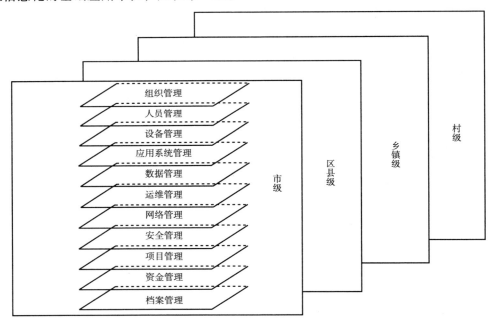

图1 农村管理信息化管理制度框架结构图

（二）农村管理信息化管理要素

目前对农村管理信息化管理要素涵盖范围目前仍没有统一的认识。我们从农村管理信息化项目管理的角度，认为农村管理信息化管理要素包括组织管理、安全管理、支撑管理、应用管理。各要素的关系如图 2 所示。

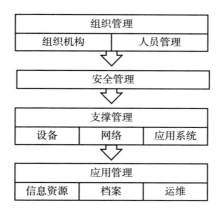

图 2　农村管理信息化管理要素层次结构图

（1）组织机构。不同的管理范围其组织结构也不相同，以北京市为例，包括村、乡镇、区县、市四级组织架构。

（2）人员管理。一般包括主管领导、管理人员、运维人员以及信息员，其中主管领导、管理人员负责管理，如规划、协调审核等；运维人员负责设备、系统等的维护；信息员负责数据的采集、上报等。

（3）设备管理。既包括基础硬件的管理，也包括基础软件的管理。其中，基础硬件包括但不限于服务器、终端微机、触摸信息公开一体机、数据输入输出设备、视频会议设备、网络设备、备份设备、存储设备、安全设备及相关附属设备，以及机房等；基础软件包括操作系统、应用服务、数据库等。

（4）应用系统管理。应用系统是农村管理信息化的重要建设内容，也是各级农村管理人员开展农村管理工作的基础工具。不同省、市在开展农村管理信息化建设过程中，建设的系统不尽相同，侧重点也有所区别。如北京主要有"北京农村管理信息系统""北京农经管理平台""北京市党务村务公开触摸屏系统""北京农村经济在线审计系统""北京郊区自然与社会管理平台""北京农村'三资'监管平台"等应用系统。

（5）数据管理。涉及数据采集、更新（频率、方式）、上传、汇聚、分析、使用、共享、存档等全过程。

（6）运维管理。包括硬件、软件、应用系统、网络、数据等的运维管理。

（7）网络管理。包括网络建设、网络接入、网络使用、网络改造等的管理。

（8）安全管理。包括系统安全、数据安全、网络安全、应用安全、应急预案等。

（9）项目管理。包括项目申报、执行、验收、审计、监督、招投标、评估、考核、归档等。

（10）档案管理。包括归档范围、归档要求、归档计划、档案使用、档案销毁、档案移交等。

（三）农村管理信息化部门分工建议

（1）各级农村经管部门是辖区范围内农村管理信息化工作的主管部门。主要职责是根据上级主管部门的总体规划和工作部署，结合自身实际，制订工作计划、调研发展方向、编制规章制度、协调管理项目、深化系统应用、组织应用培训等，统筹负责本辖区范围内农村管理信息化的组织实施工作，并负责农村管理信息化工作的检查、指导、交流、监督、考核和奖惩。

（2）各级农村经管部门的农村管理信息化工作机构是农村管理信息化的实施部门。主要职责是落实本辖区范围内农村管理信息化工作计划、组织项目实施、建设信息系统、做好运行维护工作、开展业务培训等。

（3）乡镇、村合作经济组织或村委会是农村管理信息化建设与应用的基层单位。主要职责是利用各类业务系统从事社会经济管理工作，主要包括信息采集、数据录入、传输上报、分析利用，设备管理、系统管理、安全管理以及信息公开等工作。

二 制定农村管理信息化新制度

（一）制度建设总体建议

按照我们对于农村管理信息化顶层设计的成果——管理制度体系框架的规划，梳理现有各项管理制度的缺失内容，针对村、乡镇基层单位管理的特点进行完善。管理内容全面涵盖组织与机构、人员、设备、基础软件、应用系统、数据、运维、网络、安全、项目、资金、应急等信息化管理要素，形成由北京农村管理信息化工作"总体管理办法、专项管理细则、工作指导性建议"三个层次构成的制度体系。

调整全局性管理制度和各专项管理细则的内容，其中，全局性管理制度为统筹性制度，要包含农村管理信息化管理制度总体框架中的信息化要素，提出的要求必须为通用性要求，各专项管理细则是对全局性管理制度各信息化要素管理的细化，凡在全局性管理制度中出现的内容，不在各专项制度中出现，但要相互照应。

为确保管理制度的权威性，建议全局性管理制度制定和发布单位为中共北京市委农村工作委员会和北京市农村工作委员会；专项管理细则制定和发布单位为北京市农村合作经济经营管理办公室。

（二）具体建设实施建议

首先，基础软件管理应增加对村、乡镇的特性要求；应急管理增加对村级系统的应急管理要求；补充增加安全管理、项目管理、资金管理、运维管理的通用要求。同时，根据村、乡镇、区县、市各级管理内容，提出特性要求，形成新的北京农村管理信息化管理办法，并作为其他专项制度和具体工作规范的上位制度。建议此制度由北京市农村经济研究中心制定，中共北京市委农村工作委员会和北京市农村工作委员会发布实施。

其次，按照管理制度写作的规范化要求和实际工作要求制定各专项制度以及工作指导意见，形成全局管理制度＋专项管理制度＋工作规范的管理制度体系。梳理各管理制度间的关系，避免各专项管理制度间的重复、交叉等情况，达到同类型管理制度涉及的管理内容和范围要一致的目标。

最后，补全管理制度内容。一方面，按照农村管理信息化管理制度总体框架，补充项目管理、资金管理、数据共享、安全管理方面的专项管理制度；另一方面，在全局性管理制度和专项管理制度中，补充针对村级、乡镇级、区县级、市级各级管理的要求，提高针对不同应用环境的基层单位管理条款占比。

执笔人：曹四发　刘登高　张文华
李　理　郭家义　王伟男

第三章 北京市农产品电子商务发展的信息化政策研究

第一节 绪论

一 课题背景

相关研究显示，近几年农产品电子商务发展或将进入爆发期。阿里巴巴集团研究中心发布的《农产品电子商务白皮书（2012）》指出，2012 年阿里巴巴平台共完成农产品交易额约 200 亿元，比 2010 年增长 5.5 倍，2013 年，预计将猛增到 500 亿元，2014 年则有望迈上 1000 亿元台阶。

随着农产品电子商务的迅速发展，由农业农村信息化来助力农产品电子商务发展也已提上日程。2012 年 5 月 23 日农业部办公厅《关于推进农村经营管理信息化建设的意见》（农办经〔2012〕14 号）中提出，"积极开发农产品产销信息资源，鼓励和支持农民专业合作组织、农业产业化龙头企业发展电子商务，推进农业生产经营信息化"。

党的十八大报告提出，"坚持走中国特色新型工业化、信息化、城镇化、农业现代化道路，推动信息化和工业化深度融合、工业化和城镇化良性互动、城镇化和农业现代化相互协调，促进工业化、信息化、城镇化、农业现代化同步发展"。2013 年的 1 号文件提出"发展农产品冷冻贮藏、分级包装、电子结算……发展农产品网上交易、连锁分销和农民网店"。在 2013 年的全国和北京市"两会"上，首次出现有关农村电子商务的提案，并引发了代表委员的热议。全国人大代表、杭州市人大常委会副主任陈振濂将电子商务看做让农民实现就地城镇化的良方。北京市政协委员王华民则认为农村电子商务发展对首都城乡发展一体化具有重要意义。

从全国范围来看，北京市农产品电子商务发展处于领先地位。从农产品电子商务参与的三大主体看，①政府搭建平台，信息化基础好。经过多年努力，北京农业农村信息化基础设施明显改善，基本实现了广播电视、电话等基础网络的全覆盖，全市政务光纤网络"村村通"覆盖率达到 95% 以上。农业现代化信息技术布局较快，除精准农业 3S 技术、设施农业智能控制技术、农业专家决策系统、远程视频咨询诊断技术外，2011 年，市、区县两级在农业物联网建设与应用方面取得了初步成果。通过传感器数据监控和视频监控，为农产品自动建立绿色履历，使得消费者通过网络查询所购买农产品的情况可能实现。②组织自主开发，电子商务初步发展。组织（企业、合作社等）都在尝试做农产品电子商务。特别是规模较大的公司、合作社，做电子商务多选择自主开发系统，在产品、支付、配送等方面已经取得了一些经验。产品主要集中在有机农产品、高端礼品上。普通农产品电子商务的发展还比较慢。支付主要采取在线支付、储值卡支付等形式。另外，会员制销售方式的比例较高。配送网络的建立大致有四种：一是新建社区便利店网点，如"任我在线"在大兴区开设了 26 家便利店和 1 个配送中心。二是与社区便利超市合作。三是快递配送。四是自建配送系统。③农户登录第三方交易平台。农户、小型生态农场网络营销一般利用第三方平台进行交易，如淘宝网，以生态、有机产品为主，采用在线支付和快递配送方式。目前，北京市快递网络已经相当成熟，覆盖率高达 90%。

顺应时代潮流，借"四化"同步发展之东风，促进北京市农产品电子商务健康发展，具有多方面积极意义。一是有利于都市型现代农业经营体制的创新。二是有利于首都农产品流通体系的创新。三是有利于提高北京市城乡居民生活水平。四是有利于降低生产风险和预防价格波动。

虽然农产品电子商务受到多方认可，但远非"看上去很美"那么简单，如刚刚进入 2013 年，北京一家生鲜食品领域的电子商务网站——优菜网宣布转让。优菜网也不是第一家倒闭的卖菜网站，"卖菜"看似一个农民都能做好的生意，近年来一次次被搬到网上"尝鲜"，结果却屡屡受挫，举步维艰。在迅速发展的同时，农产品电子商务面临着哪些问题？农业农村信息化作为农产品电子商务不可或缺的推动因素，应该为其发展做些什么？如何才能让电子商务在农业领域大有可为？

在此背景下，作为全市农业农村信息化建设工作的组织指导和统筹协调部门，城乡经济信息中心将"北京市农产品电子商务的信息化政策研究"作为 2013 年重点调研课题，旨在通过理论分析和实际调研，摸清已有相关信息化政策对农产品电子商务产生的影响，发现农产品电子商务对信息化政策的实际需求，给出当前及后期保障农产品电子商务快速发展、适应农产品电子商务健康发展的信息化政策，为今后全市的农业农村信息化建设工作提供决策参考。

二 研究方法

（一）典型调研

调研工作采用实地访谈、座谈法。主要选取北京典型农产品电子商务形式中 3~6 个案例开展调研。

调研对象主要涉及四个方面：一是农研中心"社社对接"试点项目；二是合作社、企业，如任我在线、北菜园、康顺达、沱沱工社、天天踏歌、优菜网、爱农公社等；三是第三方企业（物流、培训），如快行线、京拍档、中农信达等；四是其他相关单位，如市商务委、农科院、物资学院等。

（二）对比分析

对比北京市与国内其他地区在相关信息化政策、建设方面的异同，借鉴先进经验。

（三）政策分析

通过对现有政策、文献资料的收集、梳理和分析，了解国家促进农产品电子商务发展的信息化政策及其他地区经验，重点关注北京市相关情况。在开展调查和研究的基础上，深入分析北京信息化政策在农产品电子商务方面存在的短板，有针对性地提出政策建议框架，为政府部门提供决策依据。

三　技术路线

经过系列调研、分析，本研究形成如下技术路线。

首先，探讨北京市农业农村信息化工作与农产品电子商务的关系，印证从信息化工作出发研究农产品电子商务的可行性和必要性。

其次，从网络属性划分农产品类型、北京市农产品电子商务发展三个阶段、京郊农产品参与电子商务四种方式以及目前北京农产品电子商务发展面临的有利因素和制约因素等方面，分析当前北京农产品电子商务的现状。

最后，梳理国家、地方、北京市的相关政策，通过对比农产品电子商务发展需求与现有政策措施、对比不同地区的政策措施，提出北京市农产品电子商务信息化政策建议框架。

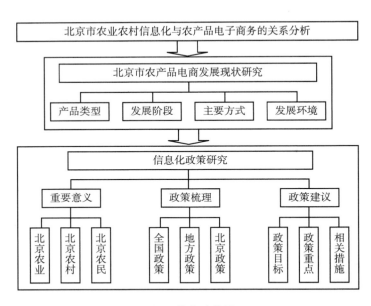

图1　技术路线图

第二节　农业农村信息化建设与农产品电子商务关系分析

农业农村信息化建设作为基础条件，从基础设施建设、信息服务体系、信息技术应用等方面为农产品电子商务提供了良好的发展条件。同时，农产品电子商务的发展，通过提高农民信息化技能、产生内在新技术需求及提高平台和技术使用效率等方面，促进北京市农业农村信息化建设的发展。

一　农业农村信息化建设为农产品电子商务提供发展条件[①]

1994 年，北京市城乡经济信息中心成立，标志着北京市农业农村信息化正式起步。经过多年的努力，北京市农业农村信息化基础设施明显改善、公共信息服务逐步丰富、信息技术得到一定应用，初步形成了以"221 信息平台"的建设和推广应用为核心，政府管理与信息服务并重，农村科技与市场信息服务呈现多平台、多服务共同发展的局面，智能化的农产品生产质量监管、农产品直销物流体系等也逐步建立，信息化建设对北京农产品电子商务发展发挥了不可替代的重要作用。

（一）信息化基础设施建设推进力度大

信息化基础设施建设采取多种有效形式向农村纵深延伸。目前，北京市在广播电视实现"村村通"的基础上逐步向"户户通"延伸，安装有线电视的家庭占 90% 左右。农村通信水平显著提升，移动电话以其方便操作和易携带等特点，已经超越固定电话成为主要的信息获取终端，移动电话和固定电话普及率分别达到了 91% 和 73%。拥有电脑的农村家庭占到 66%，互联网接入初具规模，2012 年北京市的光缆线路长度达到 187714 公里，互联网宽带接入端口 1071.8 万个。政务光纤网络"村村通"覆盖率达到 95% 以上。各个行政村村委会配置电脑比例达到 96%。97% 的农业企业以及 95% 的农业合作社具备通过电脑上网的条件。

信息化基础设施作为农产品电子商务必需的外部条件，有着无可替代的地位。位于山区、边远地区的农户开展电子商务，如果还要负担整个网络、宽带的投资，那么巨大的成本首先就将它们压垮了。政府在这一方面的公共投资，既改善了边远农村的生活水平，更为当地农产品通过互联网输出创造了条件。另外，无线信号覆盖率提高，在移动电子商务突飞猛进的现在，其对农产品电子商务也有着很大的助益。

（二）"三农"信息服务体系初步形成

北京市、区县政府相关部门开发了实用信息系统平台，并得到应用，信息服务能力得到显著提升，实现以"221 信息平台"为核心载体，逐步搭建面向农民需求的农业信息服务平台，涉农信息资源日趋丰富，信息资源的开发利用能力进一步增强，实现了不同程度的共建共享，为农业决策和行政管理提供了有力支撑。

初步统计，北京市有涉农网站近 2000 个，农业农村信息系统达 60 多个。据调研数据，覆盖市、区县、行政村的农业网站初步建成，90% 的区县建有涉农网站，58% 的行政村建有农村信息服务平台；83% 的农业企业建立了对外网站，网站平均每天的访问量达 1705 人次，网站信息的更新速度为 101 条/月；47% 的农民专业合作社建立了对外网站，

---

① 部分数据来源于北京市农业农村信息化发展战略研究，2013 年 12 月。

网站平均每天的访问量达 553 人次，网站信息的更新速度为 14.09 条/月。各涉农网站中，农产品价格、供求等信息资源丰富。这些网站和系统中，既有为管理者提供决策和咨询服务的，也有为生产者提供生产和市场服务的，还有为消费者提供农产品、旅游等资讯服务的。

以涉农数据库为主的农业信息资源受到各个区县的普遍重视，取得了初步的建设成效，各区县农业数据库涵盖了综合类、专业类、市场类和政策类等多个方面，具备了一定量的数据，涵盖了较广的范围，数据能够实时更新。

目前，多数涉农信息服务平台由政府主导。这些政府主导的各类涉农信息服务平台、系统及数据库，本身就是广义农产品电子商务的一种形式，为农产品电子商务在初级阶段的发展提供了宣传、展示平台。例如，农业企业、合作社和农户都可以利用这些平台发布产品信息，吸引全国各地的批发商和消费者。同时，这些平台或者数据库长期的数据积累，为下一步农产品电子商务开展大数据营销提供了可能性。

（三）农业农村信息技术应用日渐深入

目前，北京都市型现代农业不断发展，物联网、云计算、移动互联技术不断深入应用到设施园艺、农产品流通及农产品安全追溯等领域，涉农信息系统的应用在广度和深度上均有较大突破，应用领域不断拓宽，呈现开放型的运作状态，涵盖了养殖业、种植业、农产品物流、农产品批发市场管理、企业管理、电子政务等多个方面。

农业企业和专业合作社初步实现了经营管理、资源管理、质量控制、营销配送、办公自动化等环节的信息化建设，部分农业企业和合作社建设了电子商务交易平台，在信息发布、在线销售、在线支付和信息采集共享等方面为企业提供了极大的便利。农产品批发市场初步实现了内部管理和农产品交易等环节的信息化建设，农业观光园利用网站进行自我宣传也取得了一定成效。

农产品电子商务是农产品借助各种电子信息技术，在互联网上开展的商务活动，其中信息技术是媒介，是决定商务活动成败的关键因素。以物联网为例，虽然物联网的建设与农产品质量没有直接的因果关系，但有研究显示，70%的网购农产品消费者愿意优先选购在生产流通过程中使用物联网技术、实现产品质量可追溯的农产品。

从以上的分析可见，目前北京农业农村信息化基础设施建设，以及初步形成的农业信息服务体系和各类先进的农业信息技术，都为农产品电子商务在初期的发展提供了较好的基础条件，各类农产品生产、市场等方面数据的积累，更为将来农产品电子商务开展大数据营销提供了可能性。

二　农产品电子商务是填平城乡"数字鸿沟"的重要契机

近年来，北京农业农村信息化得到不断发展和完善。经过 20 多年积累的郊区信息化基础设施已成为农产品电子商务发展不可或缺的重要前提条件，但以政府为主导推动的北京农业农村信息化建设已面临瓶颈。北京市农业农村信息化可以近年来新出现、发展快但还远未发展成熟的农产品电子商务为契机，在开展农产品电子商务的实际中找需求、求突破，逐步从政府主导推动型向市场主导拉动型转变，将农业农村信息化与农业产业化结合，掀起北京市农业农村信息化建设的新高潮，逐步填平城乡之间的"数字鸿沟"。

（一）提高农民信息化技术使用技能

目前，农民应用信息化专业知识的技能还不足，很多农民对电脑等信息设备应用并不熟练，对系统使用了解更是少之又少，常用的软硬件知识缺乏。部分农民的信息意识较低，并没有利用先进的信息技术来获取农业信息的意识。现有信息的组织和表现形式有不当之处，也造成了村民在获取信息时的困难。

当农产品电子商务可以帮助农民销售产品，带来较高收入时，村民将迫切要求提高自身利用互联网的技能，对接受信息化相关知识的培训需求也会十分强烈，同时会带动村民在农业生产、发展、创新全过程的信息化技术需求。

（二）催生信息化新技术的内在需求

当农产品电子商务成为合作社、农民销售自家产品的一个重要渠道时，农村当地的宽带建设、无线网络覆盖、智能手机等信息终端覆盖率等都将由需求方——合作社、农业企业、农户提出，形成市场需求主导、政府辅助的拉动型信息化建设模式，而不是仅仅依靠政府去推动。这样既可加快信息化进程，也可提高各类技术、设施的建设效率，减少无效投资。

比如，随着农产品电子商务的不断发展，北京市农村网络速度和光纤网络的覆盖率会很快提高，新的技术会被采纳。据调查，北京市"村村通"及"户户通"工程进展顺利，电话以及光纤覆盖率都在逐渐提高，但是"村村通"及"户户通"工程并没有进入农业合作社，部分农业合作社，特别是一些刚刚组建、人员和资金比较缺少的小型专业合作社，光纤网络覆盖率还较低，而且部分合作社的上网速度有待提高，上网方式有待进一步改进。北京市农业企业的电脑普及率和电脑上网情况与合作社相比较好，有电脑的企业基本都可以连接互联网。光纤上网和宽带拨号上网是当前企业上网的主流接入方式，而上网速度更快的 DDN（专线）接入方式也在一些企业开始应用，未来随着合作社、企业农产品电子商务发展的逐渐深入，对网络传输速度的要求也更高，光纤和 DDN（专线）等接入方式将进一步得到普及。

（三）发挥平台建设的市场决定作用

目前，一些农业农村信息平台、信息技术使用效率不高，如何提高这些平台和技术的使用效率，成为农业农村信息化工作的重要任务。据调查，目前农业信息化技术产品科研成果转化率和产业化程度不高，集成示范应用能力需要进一步提升，适合于农业生产经营的多功能、低成本、易推广、见实效的信息技术有待开发。

当农产品电子商务在农村真正发展起来后，对市场信息、市场深度分析、电子商务营销方式、企业内部信息化管理手段等需求大大增加，带动平台和系统朝这些方面发展，发挥市场在信息平台建设中的决定作用。

另外，随着农产品电子商务的发展，农产品市场的需求方——消费者，对农产品有了新的要求，例如，送达时新鲜程度、质量安全、及时送达、可追溯等。届时，物联网、二维码、可视化等信息技术将会因这些需求而得到有效应用。

北京市农业农村信息化基础较好，无疑为北京市农产品电子商务发展提供了好的先天条件。而农产品电子商务的发展，也为农业农村信息化建设注入了市场活力，带来了新的发展机遇，为填平城乡"数字鸿沟"提供了新的思路。近年来，政府政策也逐步支持农产品电子商务发展，农产品电子商务获得了飞速发展。本章探讨扶持农产品电子商务发展的信息化政策，使得电子商务这种新的、充满活力的经营方式，为北京"三农"带来福利，同时促进北京农业农村信息化建设更上一个台阶。

第三节　北京市农产品电子商务发展现状研究

北京市农产品电子商务发展处在全国较领先位置，国内较早的沱沱工社、本来生活、优菜网等都从北京开始。另外，平台型电子商务也多以北京为起点。2012 年 5 月，顺丰优选上线，定位中高端食品 B2C；6 月，亚马逊中国的食品分类中，增加了一个新的品种——"海鲜"；7 月，京东商城正式推出生鲜食品频道；2013 年 4 月，1 号店上线"1号果园"。因此，勾画北京农产品电子商务发展轨迹，分析发展特点，总结经验教训，对下一步农产品电子商务发展具有现实意义。

2003 年左右，农产品电子商务就出现了，但由于当时物流条件、信息化基础设施条件及人们对电子商务的接受程度等原因，刚刚伸出触角的农产品电子商务又都缩回去了。

随着生产者、消费者对农产品电子商务的需求不断增长，初始的信息化平台慢慢开发出具有商务功能的板块。2009 年前后，虽然物流、信息基础设施依然跟不上，但创新者以主动合作的态度，使农产品最大限度地去适应网络交易的需求，开始出现耐储存、可标准化生产的农产品电子商务。直到 2012 年前后，关于农产品物流配送有利政策的出台，不耐储存的农产品，即生鲜农产品电子商务似乎憋足了劲，突然发力。根据易观智库的数据，自 2012 年下半年以来，农产品电子商务增速保持在 40% 以上，2013年第二季度的交易规模已达到 24 亿元，预计全年生鲜 B2C 市场规模将达到 57 亿元。[①]另据阿里巴巴平台的数据，2013 年 1~5 月，在淘宝及天猫两大网站，农产品已经完成 148 亿元的交易额。2013 年阿里巴巴各平台农产品销售额预计将达到 500 亿元，2014 年将达到 1000 亿元。

从目前发展看，沱沱工社、本来生活、顺丰优选等生鲜农产品的专业 B2C 在快速崛起；天猫、1 号店、我买网、京东等综合 B2C 平台网站正迅速覆盖农产品领域。电子商务平台网站的进入，为农产品电子商务市场带来了强劲的驱动力，它们会更好地培育市场，也标志着生鲜电子商务市场正在从垂直电子商务的区域探索转变为整个领域的规模性扩张。

---

① 孙黎明等：《本土生鲜电商练兵　参战"双十一"》，《重庆商报》2013 年 11 月 7 日。

时至今日，农副产品的网购市场渗透率相比服装、化妆品、3C 等行业仍然要低得多，仅在 1% 左右，中国食品工业协会发布的数据显示，2012 年食品工业产值约为 10 万亿元，如果以 10% 的渗透率核算，整个食品行业的电子商务规模将超万亿元。[①] 可以预计，以新鲜水果、蔬菜、海鲜产品以及各种包装精美的干货为内容的生鲜食品，将成为继图书、3C 电子产品、服装之后的第四大类网上热销产品。

本节首先将农产品按照耐储与产品等级分为四个类型，按照不同类型农产品的电子商务集中出现的时间，将北京市农产品电子商务发展历程分为三个阶段。接着探讨北京市农产品电子商务的四种主要方式。最后从有利因素和制约因素两个角度，解析当前北京市农产品电子商务所处发展环境。

一　农产品类型

按照农产品耐储与产品等级将一个正交系划分为四个象限，即：Ⅰ. 高端耐储型农产品，如干货、茶叶、调味品；Ⅱ. 高端不耐储型农产品，如名特优蔬果、肉类、水产；Ⅲ. 低端不耐储型农产品，如绝大多数普通蔬果、肉类；Ⅳ. 低端耐储型农产品，如粮油、根茎类产品（见图 2）。对农产品这样划分，感官上认识较为明确，但也存在一些边缘性产品界限不分明的情况，在此不对这些具体产品进行讨论。

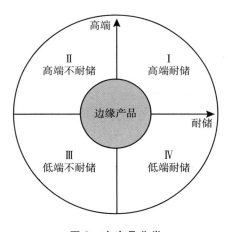

图 2　农产品分类

从单一产品角度来看，①对于高端耐储农产品来说，例如茶叶、干货等，由于传统的流通渠道信息不对称、价格不透明、渠道相对狭窄，电子商务（B2C、C2C 等）对这一领域的传统业态产生了很大冲击，加之与社会性网络服务整合程度的提高，在不久的将来，几乎可以彻底颠覆该类商品现存的营销方式，传统商户或触电，或缩小市场规模。②对于高端不耐储的农产品来说，正是当前生鲜电子商务的市场定位，即所谓的"小而美"，由

---

① 高静：《生鲜电子商务：高毛利背后危机四伏》，《中国商报》2013 年 8 月 15 日。

于消费品种的特殊性（季节时令、文化习惯、地区差异等），加之销售方式创新，如预售、团购等，在具体产品方面获得了巨大成功。③对于低端不耐储农产品来说，当前仍然以传统的销售模式（如菜市场、社区店、超市等场所）为主体。④对于低端耐储农产品来说，除了电子大宗交易之外，对于最终用户而言，尽管仍以传统销售为主，但是出于丰富品种、提高用户黏性角度考虑，电子商务也有所涉及。

二　发展三阶段

电子商务利用数据、网络流量以及客户管理优势，迅速锁定农产品电子商务这一概念和实践，从2000年左右就已经出现。从开始以信息平台为主过渡到销售易储存农产品，目前开始发展包括生鲜农产品在内的综合农产品电子商务。本节按某类农产品电子商务集中出现的时间，将北京市农产品电子商务发展分为三个阶段。

（一）农产品信息展示阶段

2000年前后，随着农业农村信息化不断推进，北京市农产品信息平台开始涌现，这些平台多为政府主导，提供农产品价格、供需等市场信息，为农产品走出生产与市场脱节困境作出了很大贡献。经过多年的努力，形成农村科技与市场信息服务多平台、多服务共同发展的局面，智能化的农产品生产质量监管、农产品直销物流体系等也逐步建立。

市、区县政府相关部门开发了实用信息系统平台，并有效应用，信息服务能力得到显著提升。初步统计，北京市涉农网站近2000个，农业农村信息系统达60多个。这些网站和系统中，既有为管理者提供决策和咨询服务的，也有为生产者提供生产和市场服务的，还有为消费者提供农产品、旅游等资讯服务的。

信息平台阶段，属于广义农产品电子商务，是狭义农产品电子商务不可或缺的前期铺垫。没有这一相对漫长的信息平台阶段的过渡，生产者的信息化技能、管理水平得不到提升，农产品电子商务不可能一蹴而就。也有部分市场化的信息平台逐步向具有电子商务功能的平台转化，例如"爱农公社"。

2005年4月，北京市政府启动信息助农项目，市科委选择北京恒信通电信服务公司作为合作平台。恒信通公司是网通下属的一家电信服务公司，运行着一套电信缴费系统，在京郊农村设置了一批代缴费网点。北京市科委希望利用这张网对京郊农民开展培训，实现信息助农，提高农民生活的科技含量。代缴费网点改名为"爱农驿站"，在京郊建设了1500个爱农驿站。2011年，北京信安爱农驿站农产品服务有限公司与北京市益农兴昌农产品产销专业合作社合作，共同开展优质农产品的电子商务。目前，"爱农公社"是北京市政府支持的有机农产品特供服务品牌，针对特别注重食品安全与健康的人群专门提供服务。合作社与公司双方合作中，合作社主要负责农产品生产、供货的组织，公司主要负责整个营销及配送等。

（二）耐储型农产品电子商务阶段

这个阶段一般认为从2009年至2011年。2006年，沱沱工社等网站已经开始做。2008年，很多卖菜网同时兴起，仅仅数月后第一批试水者几乎都因供应链、物流、管理等种种原因失败。

2009 年前后，生鲜农产品电子商务似乎暂时被搁置一边，电子商务开始转向耐储存农产品，耐储存农产品电子商务大量出现。如我买网和 1 号店，都以网上超市的定位开始发展，以销售耐储存农产品为农产品电商突破口。

（三）生鲜农产品电子商务阶段

2012 年被称为生鲜农产品电子商务元年。随着本来生活网"褚橙进京"的大规模宣传，生鲜农产品电子商务开始广为所知，产品通过电子商务迈入北京的许多普通家庭。

在电子商务中，一个市场要想活跃起来，除了众多小企业参与之外，更关键的在于要有大电子商务平台进入，因为只有大电子商务平台进入，才可能有更多的资源进入，大平台带来的驱动力会推动行业的升级发展。长期以来，由于冷链等因素制约，鲜有大电子商务平台进入生鲜领域，这使得生鲜电子商务市场的规模和可覆盖区域有限，限制了生鲜业态的发展。2012 年 5 月，顺丰速运的电子商务食品商城"顺丰优选"上线，定位于中高端食品 B2C，在线上销售进口食品和蔬菜瓜果，包括了九大类产品，以中高端产品为主，70% 的食品来自进口，生鲜业务占到 1/3。北京市农研中心成立消费合作社，联合京郊合作社共同开展京合农品"社社对接"电子商务平台示范及研究。6 月，淘宝生态农业频道上线；7 月，京东商城正式推出生鲜食品频道；一位大众媒体人发起的买手制生鲜电子商务"本来生活网"上线，主打原产地直供的生鲜食品。

虽然生鲜电子商务这两年看起来非常红火，平台、超市和农业基地纷纷涌入，但大都运行艰难，很多最初的一些专业农产品电子商务平台还未为世人所知就已经倒闭。作为最早一批涉足生鲜市场、创建于 2010 年的优菜网，在 2013 年初陷入转让困境，失败的原因归于两点：一是败于供应链，二是败于物流。所幸，优菜网在濒临倒闭时获得了几千万元新投资。

随着国家政策对于农业电子商务的支持更明确化，2013 年，更多商家加入生鲜业务大军。电子商务大规模拓展生鲜市场的"战争"正全面打响。2013 年 4 月，1 号店生鲜业务上线，采用第三方冷链物流的方式，生鲜业务获得了迅猛的发展。5 月，天猫预售频道"时令最新鲜"板块上线，预售生鲜产品。据天猫相关负责人表示，天猫专门成立的物流整合团队，将在已有的 26 个城市之外，继续整合扩张冷链物流，并邀请更多的生鲜品牌来天猫开店，最终形成全国最大的生鲜电子商务平台。6 月初，亚马逊中国推出海鲜频道"鲜码头"，随后中粮我买网等也上线生鲜频道。7 月底，苏宁易购正式上线"阳澄湖大闸蟹"，并支持全国下单配送。9 月，航运也加入生鲜市场行列，东方航空公司筹划良久的 B2C 网上商城"东航产地直达网"上线，公司电子商务平台以生鲜为主要品类，并强调其原产地直供的服务特色。

11 月，北京最大的农产品批发市场——新发地开始征战线上市场，与京东宣布正式达成战略合作协议，新发地京东官方旗舰店即日上线。新发地批发市场 2012 年各类农副产品总交易量为 1300 万吨，总交易额为 440 亿元，稳定占有北京 80% 以上的农产品市场份额。消费者可通过新发地京东官方旗舰店选购精品果蔬、干货干果、海鲜特产、特色礼品等农副产品，以及智利蓝莓、美国红提等来自 46 个国家的优质进口果品。

如今，北京市各大电子商务平台角逐线上农产品市场正逐渐进入关键阶段。

三　主要方式

北京市农产品电子商务一直走在全国的前列，一是源于北京人口多，在这个大的消费市场中即使网络购买农产品需求的比重不高，还是较容易形成聚众订单，有利于农产品电子商务初期发展。二是源于北京相对于全国其他地区，物流、信息基础设施建设更好，无形中降低了农产品电子商务初期发展的成本。三是北京市电子商务相关人才多，为农产品电子商务初期发展提供了人力资源保障。

目前，北京市农产品通过电子商务销售的方式主要有四种。

第一种方式，农民专业合作社、农产品生产加工企业直接建设农产品网络平台，以推介合作社、企业及其自有产品为主。这种方式使用得比较广泛，但是能够直接在网上完成整个购物过程的还比较少，大多是起到传播信息、宣传展示的作用。

这种农产品网络平台，有的会朝具有电子商务功能的平台发展，如北菜园合作社的网站，从初始的合作社网络平台转向目前具有电子商务功能的销售平台。

第二种方式，农民专业合作社、农产品生产加工企业，利用已有的社会化电子商务平台，包括农产品垂直型电子商务平台和综合型电子商务平台，销售所生产的农产品。这种方式使用得也越来越广泛，特别是有机农产品、经过加工的农产品，对产品认证、标准化生产等要求较高。

如在沱沱工社、京东、天猫、京合农品等电子商务平台上可以买到诸如北菜园合作社、康顺达公司、天安公司等生产的农产品。

第三种方式，京郊农场、农户将自产农产品通过综合性电子商务平台进行销售，近似于 C2C，如淘宝网。

第四种方式，随着社会化网络工具，如论坛、QQ、微博、微信等的出现，不管是合作社、企业还是农场、农户，利用各种聊天工具、移动终端销售农产品的现象更是时有出现。

四　发展环境

通过对北京市农产品电子商务发展环境进行分析发现，北京市具有相对较好的外部环境，但对最具电子商务难度的农产品而言，依然是充满了不利因素，比如冷链物流配送成本高、农产品安全追溯体系不完善、农产品电子商务公众知名度低、本地高品质农产品规模太小等。同时，"三农"对接电子商务平台也存在诸如信息不对称、信息化基础条件不足等方面的困难。

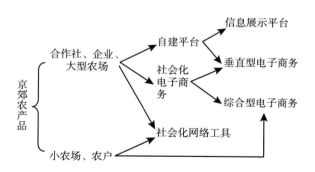

图3　京郊农产品电子商务途径

（一）有利环境

农产品电子商务需要具备两个基础要素，一是市场需求，二是基础设施。目前，北京市农产品电子商务的市场呼声高，基础条件相对较好，前景看好。

1. 消费者在线购买农产品意愿高

从市场情况看，近年来人们对电子商务的认识已经有了大幅度提升，无论是供应商还是采购商都逐步接受了这种商务模式。另外，其他行业的电子商务成败经验也可以为农产品的电子商务实施提供借鉴，在国内无论是 B2B 还是 B2C 它们的运作模式都已相对成熟。

根据相关研究分析，2015 年左右我国将会迎来农产品电子商务需求的突破。[①] 对北京市居民进行问卷调查，结果显示，已经尝试和愿意尝试网上购买蔬菜的人数共占总人数的70%。北京市统计局公布的数据显示，北京年均蔬菜购买量为 136.69kg/人，日平均购买量为 0.3745kg/人，北京市的常住人口为 1961 万人，由此不难看出，北京市农产品市场规模巨大。[②] 随着常住人口快速增长，上班族数量将会不断上升；另外，随着经济的增长和城市化程度的提高，大部分上班族疲于应付沉重的工作压力，下班后无暇到超市或市场买菜，可见从网上购买农产品的需求是巨大的。

2. 物流快递网络较为成熟

数据显示，2012 年上半年，全国规模以上快递企业业务量累计完成 24 亿件，较上年同期增长 50%；快递行业的业务量以 25% 的年复合增长率提升，实现连续 24 个月增长速度超过 50%；国内网络购物快递企业营收规模达 468.3 亿元，同比增长 39.8%。

相关调研显示，2011 年上半年，北京市快递业务量累计完成 13928.68 万件，同比增长 55.36%，其中电子商务类快递业务量累计完成 4131.48 万件，同比增长 991.66%，北京市电子商务类快递业务量巨大，并呈爆发式增长。同时，北京市快递网络基本上覆盖了北京市内所有区域，覆盖率高达 90%，快递网络已经相当成熟。因此，北京市目前的快递业务量和快递网络覆盖率，能给农产品电子商务提供强有力的配送支撑。

[①]　主要依据为：当在高中就普遍使用电脑的一代人成家之后，对农产品电子商务将产生巨大需求。

[②]　杨浩雄等：《大都市鲜活农产品电子商务体系构建研究》，《广东农业科学》2012 年第 7 期。

3. 农业农村信息化基础较好

北京农产品电子商务所需的信息化架构已经逐步形成，基本实现了广播电视、电话等基础网络的全覆盖。"221 信息平台"农业市场信息资源主要包括本市农产品批发市场行情信息、外省市农产品批发市场行情信息、国际农产品价格以及上市量信息与农资市场信息。尤其是在农产品批发市场信息资源建设方面，每日收集本市 20 多家农产品批发市场行情数据。农业现代化信息技术布局较快。除了已得到广泛应用的精准农业 3S 技术、设施农业智能控制技术、农业专家决策系统、远程视频咨询诊断技术外，2011 年，北京市、区县两级在农业物联网建设与应用方面取得了初步成果。通过传感器数据监控和视频监控，为农产品自动建立绿色履历，使得消费者通过网络查询自己购买农产品的情况可能实现。

4. 资本市场活跃

电子商务发展规律，在初期必定要有大量的资金投入，农产品电子商务更是如此。目前，全国涉农电子商务平台已超 3 万家，其中农产品电子商务平台已达 3000 家，亏本运营是行业现状。例如，上海菜管家运营 4 年来总计投资 3500 万元，目前仍亏本运营；武汉家事易两年半内电子菜箱覆盖了 1200 多个社区，累计投入 6000 多万元，目前仍亏本支撑。如果没有足够的资本支撑，农产品电子商务平台很容易败于资金链断裂。

以北京优菜网为例。2010 年，优菜网上线，刚开始定位于有机和绿色高端农产品，在世纪城迅速实现了盈利，因而获得 200 万元的天使投资。获得天使投资后，在规模扩张中因供应链、物流配送等问题，2013 年初，资金链断裂，宣布以 150 万元转让。在濒临倒闭时幸而又及时获得了几千万元新的投资，向十分具有发展潜力的 O2O 模式的社区夫妻蔬菜水果店网点转型。

可以看出，资本市场活跃，农产品电子商务企业融资难度相对较小，也是农产品电子商务发展有利的外部环境。

（二）制约因素

北京市农产品电子商务发展的困难，一方面体现在电子商务平台自身发展遭遇瓶颈，另一方面还体现在"三农"对接电子商务平台存在一些问题。相较于前者，信息化政策更应该促进后者的改善。

1. 冷链物流配送成本高

农产品特别是生鲜农产品，需要严格的全程冷链控制，即冷藏冷冻类食品在生产、运输、销售过程的各个环节中始终需要处于低温环境。而生鲜行业电子商务最大的障碍正在于配送，因为食品的新鲜程度直接取决于配送的时间，如果配送不及时就会导致食品失去新鲜度，然而冷链物流比普通物流的成本要高出数倍。冷链物流与常温物流完全是不同的流程和体系，投入成本非常高。

欧美等发达国家肉禽冷链流通率已经达到 100%，蔬果冷链流通率也在 95% 以上，而我国大部分生鲜农产品仍在常温下流通，冷链物流基础设施能力严重不足，冷藏保温车占货运汽车的比例极低，且农产品冷链物流技术落后。

目前，北京专业的生鲜物流配送公司还很少，加上交通情况复杂，相关分析显示，一辆车一天配送的极限是 30 家，由此产生的高物流费不得不由消费者承担。

顺丰根据北京六环以内平均每天的订单数和配送成本计算得出现在同行平均每一个订单的物流配送成本大概在 47 元多，整个业内都在 40 元以上，这还不包括整个仓储、IT、客服系统等成本，所以 100 元左右的订单对电子商务而言都是亏损的。[①] 据了解，亚马逊、京东和 1 号店就是由进驻的生鲜厂商自行配送，通过选择开放给第三方企业的运营方式，避免前期的巨大成本投入。

2. 农产品安全追溯体系待完善

农产品电子商务要解决的一大任务就是建立消费者的信任。在网页上，无论描述得多好，还是没有办法解决人们获得直接感受的问题。目前，农产品电子商务平台提供的产品一般为有机、无公害或者绿色农产品。对于这样的产品品质，仅仅通过网络展示、描述，消费者很难产生信任感。也有一些农产品电子商务平台曾经明确表示过，在收购有机农场的农产品时，发现不同日期收购的产品品质有差异。仔细调查发现是由于农场当日没有出产该货品，而直接以批发市场的普通农产品代替。

从北京市来看，农产品安全追溯体系处在不断完善的阶段。总体看来，在农产品电子商务中的运用率不高、运用效果不明显。

3. 农产品电子商务公众知名度低

农产品电子商务平台做广告宣传的比较少，在市民中的知名度还不高。一般家庭中负责采购食材的多为中老年人。很多中老年人还没有习惯上网购物。而网民中所占比例较高的，如年轻人，往往都不参与购买食物。

同时，人们在网络上购物，一般是追求物美价廉，即在商品品质相同的情况下，想通过网络获得低价，或买到本地没有的产品。而这两者都不是目前大部分以高端客户为目标的农产品电子商务平台能够做到的。

一般家庭采购农产品通常是在菜市场、超市等场所，根据经验直观地判断产品的品质，通常还需要挑挑选选，尽可能一次性把需要的东西买到，有时还要进行讨价还价。而在网上购买农产品，对产品品质没有直观的感受，无法挑选，也缺乏讨价还价的真实体验。

4. 本地高品质农产品生产规模不足

农产品零售业务的核心是供应链管理，生鲜品类对时效的要求很高，周转快、库存低，缩短产地和顾客之间的距离，确保生鲜食品的质量和新鲜度是农产品电子商务的黄金生存法则。

有的农产品电子商务是全产业链式经营，如沱沱工社。沱沱工社投资 7000 余万元在京郊自建农场，从源头保证有机食品的质量。沱沱工社成立于 2008 年，当时京郊的有机农场比现在更少，因此沱沱工社选择自建农场。作为电子商务平台，涉足生产领域是一件

[①]　《"生鲜电子商务"竞争命门直指冷链物流》，《中华工商时报》2013 年 7 月 2 日。

非常不容易的、极其消耗精力的事情。但即使到现在，京郊农产品生产规模还是很小，根本不足以满足日渐扩大的农产品电子商务市场的巨大需求。

很多平台都只好舍近求远。如1号店采取的是直达果园、农场的直采方式，也就是在各大水果的重点产区采购，采摘后的产品直接进入1号店仓库。顺丰优选针对生鲜品类专门设立采购部，在产地采购，并借助其物流网络实现快速配送。同时，顺丰优选可以支撑切入冷链物流，以丰富其主营业务。

5. "三农"与电商企业缺乏对接平台

一方面，电子商务平台难以找到合适的京郊农场和农产品供应商；另一方面，由于信息不对称、信息化水平不高等原因，一些偏远地区的农产品很难与电子商务平台进行对接。

"三农"对接电子商务平台并不是一件简单的事情，主要源于京郊农业生产本身规模不大，产品优势不是特别明显，同时，农产品具有季节性，比如北京特产京白梨上市的时间很短。另外，京郊农产品相对其他地区的生产成本较高。

第四节 农产品电子商务信息化政策研究

一 重要意义

农产品电子商务是一种新型农业经营、流通业态，为北京市"三农"提供了新的发展机遇。扶持农产品电子商务，有利于都市型现代农业经营体制创新、首都农产品流通体系创新，可以提高农业企业、合作社市场竞争力，促进城乡发展一体化、农村土地集约化发展，还可以增加农民收入、降低农民生产和交易风险、提供农民就地创业的机会。

（一）北京农业发展的新机遇

1. 有利于都市型现代农业经营体制创新

北京创建世界城市口号的提出，给都市型现代农业经营体制提出了创新的要求，都市型现代农业，要用现代化的经营理念、技术手段发展农业，农产品电子商务正是一种全新的经营模式。

传统农产品贸易中，农民呈分散状态进入市场，无法充分掌握农产品流通中的全部信息，更无法完全介入农产品供应链。同时经销商或中间商在农产品流通过程中，各主体之间信息流通不畅，农产品供应链之间缺乏信息平台和信息交流，农资和农产品物流的流向带有盲目性，流程不合理，市场供求信息不能快速传递，这些因素都从不同角度提高了农产品的交易成本，导致资源配置效率下降。成熟的全程电子商务平台的构建，为供应链中生产、采购、销售等各个环节提供了实时信息和技术服务；通过电子商务平台，农民可以在农业生产过程中科学地使用化肥、农药等投入品，还可以根据市场对农产品的需求，进行合理生产，积极应对市场变化，促使农业生产从粗放型向集约型转变，有效地实现市场信息、技术信息和产品信息的共享。

同时，电子商务将农产品生产的产前、产中、产后诸环节有机地结合到一起，有效地解决农产品生产与市场信息不对称的问题。

2. 有利于首都农产品流通体系创新

农产品电子商务会带来整个农产品流通体系的创新、改革。在北京这样的大城市，高端农产品直销模式将逐步摆脱传统销售模式，农民可以分享流通中的利润，同时城市居民可以得到实惠，是农产品流通体系的创新。

农产品流通不畅已成为阻碍农产品和农村经济健康发展、影响农民增收的重要因素之一。其中农产品流通环节长，交易成本高，供需链之间严重割裂造成的农产品的结构性、季节性、区域性过剩，是农产品市场存在的普遍性问题。因此，建立市场信息畅通，规范、高效的农产品流通新格局具有迫切的需求。互联网技术的应用，为农产品流通注入了新的生机和活力。从传统模式下的农产品手对手交易，到通过对各种资源的整合，利用先进、便捷的技术，搭建农产品信息应用平台，在网络上组织和实施农产品的交易，这是时代趋势，对改善农产品价值链和提高农产品竞争力有着极大的促进作用。

电子商务的发展与应用，能提供一个供农户、合作社、收购商、运输商、批发商、零售商甚至消费者等流通实体沟通的平台。农产品通过专业化的"农产品电子商务平台"，能够缩短或简化实体分销网络，从而缩短流通时间，使物流路径最短。建立专业化的农产品电子商务网站，将为农产品从生产到消费整个流通过程中的参与实体提供良好的运作平台，使各主体之间沟通更加便捷、合作更加紧密，将大大节约社会总交易成本。

在电子商务平台信息共享的前提下，我们可以利用信息技术，实现信息流、资金流、商流的分离，交易在网上进行，优化农产品的流通路径，提升流通渠道中参与实体的农产品流通速度，从而提升整个农产品流通的效率。电子商务的发展与应用，可以催生专业化的农产品物流公司，实现农产品的采购、集中、运输与分散在既定的时间内以最低的成本进行。

3. 有利于提高农业企业、合作社市场竞争力

开展电子商务，有利于提高龙头企业、合作社经营管理水平。网络市场与西方经济概念中自由竞争市场非常相似，同类产品，如果质量比其他卖家的差一点、送货速度慢一点、产品标准化差一点，就会被淘汰。因此网络销售的竞争更加激烈。这就反过来促进农民专业龙头企业、合作社要提升内部生产管理能力，建立 ERP（企业资源计划）、CRM（客户关系管理）、SCM（供应链管理）等适应电子商务要求的内部管理系统。

开展电子商务，有利于增加农业企业、合作社销售机会，降低交易成本。网络没有地域和时间限制，电子商务使得农产品可以跨区域，实现 24 小时销售，大大增加了传统农产品的销售机会。互联网的最大特点就是信息共享，因此电子商务可以很好地解决传统农产品营销中的市场供需信息难以获取、传递困难等问题；可以减少农产品交易环节，甚至可以实行直销模式，大大降低了流通成本。

电子商务还有助于农业企业、合作社准确定位客户群。高端农产品的受众确定非常困难，电子商务具有上亿的网络用户，通过对数据分布的分析可以很好地解决这个问题，帮

助准确锁定客户群体。

4. 有利于促进本地高品质农产品生产

农产品的易腐性，使得农产品电子商务非常渴望拥有本地化的生产基地，以此缩短运输半径，以最快速度配送到购买者手中，提高农产品送达时的新鲜度。这给京郊农业生产提供了新的发展机遇。同时，从目前来看，很多农产品电子商务平台都锁定高端客户，因此本地化生产内容也将锁定高端农产品，这样北京郊区高端农产品生产基地将成为香饽饽。

农产品电子商务发展还有利于保证农产品质量安全。农产品电子商务通过相应的物联网技术，可以建立从种子到餐桌的全程可追溯系统，通过可追溯、可跟踪系统，消费者可以实时了解所购食品的具体情况，促进农产品质量安全。

（二）北京农村发展的新机遇

1. 有利于城乡发展一体化

农产品电子商务是连接城市和乡村的桥梁，依托先进的物流体系，从乡村将农产品直接运输到城市居民家中。这样的物资流动过程，无形中为乡村带来了便利的交通、先进的信息化设施、活跃的交易市场，也带来了各种咨询、技术人才，将有力地促进城乡发展一体化。另外，农产品电子商务具有吸引农村进城务工人员返乡创业和促进农民就地就业的作用，进而促进农村经济社会转型，避免农村优质人口进一步外流加大城乡差距。

2. 有利于农村土地集约化

农产品电子商务平台，如沱沱工社，在京郊拥有1500亩的生产基地。虽然做平台不一定要有自己的生产基地，但是，作为电子商务平台，不可能一家一户地去进货。有稳定的农产品供应渠道，是所有电子商务必须保证的，一是为了保证农产品供应链顺畅，二是为了保证农产品质量安全。因此，未来农产品电子商务平台发展，一定会对京郊农产品生产基地产生需求，带动京郊农业生产用地的集约化发展。

（三）北京农民发展的新机遇

1. 有利于增加农民收入

传统的农产品流通一般要经由农户到收购商，经过多重中间商再进入流通市场，最终卖给企业或消费者。流通渠道过长，不仅影响了产品进入市场时间，而且无形中增加了农产品的流通成本，进而抬高农产品的价格，降低农产品的市场竞争力，不利于农民的增收。电子商务可以促使买卖双方直接见面，供需双方利用网络工具即可实现商务洽谈与沟通，通过网络银行进行电子支付，减少不必要的中间环节，减少流通成本，进而降低交易价格，从而增加农民的收入。

2. 有利于降低农民生产和交易风险

电子商务将农产品信息汇集到网络平台，供需双方可以通过网络即时获取农产品相关信息，农户、合作社不仅可以通过网络获取产品的价格信息，了解农产品最新的优良品种和科学的栽培技术，还可以通过网络寻找销售出路，有效规避价格风险，增强市场快速反应能力；农户与合作社可以根据农产品营销的即时信息进行生产与管理，能及时、全面地获取世界各地的市场信息和营销情况，以便形成正确的种植、加工、库存及销售决策。

3. 有利于促进农民就地创业

电子商务发展到一定阶段，各方面的外部环境都得到不断改善，一方面，个体农户可以利用互联网和社会化配送体系，将自产农产品销售出去；或是当地经纪人、年轻人等，可以收购一家一户的地产农产品，利用互联网进行销售。另一方面，作为电子商务平台，也非常愿意找到这样熟悉当地社会关系、自然环境的农户，开展长期的采购合作。这无形中为京郊农民就地就业、创业提供了好的机遇。

二　政策梳理

综观十几年来农产品电子商务发展历程，政府政策往往起到了极大的推动作用。本节按照时间顺序，以农业农村信息化政策为重点，从国家、其他地方及北京市三个层面梳理与农产品电子商务相关的政策措施。通过政策梳理，掌握现有农产品电子商务信息化政策的演变及其在农产品电子商务中所起的作用，分析当前及未来农产品电子商务发展的需求，探讨下一步北京市农产品电子商务信息化政策的着力点。

（一）国家政策

为了从更宏观的角度全面审视国家农产品电子商务信息化政策，政策梳理不仅限于信息化政策，还包括农业农村电子商务政策等。

按时间将国家层面农产品电子商务相关政策分为早期政策、"十一五"时期政策、"十二五"规划、"十二五"时期政策四个部分进行梳理。从这些政策的变化脉络中可以看到政策的变迁过程（见图 4），国家政策对农产品电子商务发展起到促进作用，同时也受电子商务迅速发展的反作用而变迁着。

早期，相关政策较少。2005 年，电子商务及农产品电子商务首次在政策性文件中被提到，其中电子商务扶持政策正式出现，从此我国电子商务开始了规范、快速地发展，为后续农产品电子商务发展创造了好的外部环境。

"十一五"时期，从 2007 年开始，农产品电子商务在相关部门的政策中逐渐被提及，但此时多为原则性的描述，没有落实到相关部门，也缺乏具体操作方向。"十一五"时期末的 2010 年，政策文件中少有与农产品电子商务相关的内容，或许成为在这一年前后的时间里，刚刚萌出生机的农产品电子商务市场变得不温不火，很多先行者默默倒闭的原因之一。好在这个时间不长，并且这个时期国家对其他领域电子商务的扶持力度依然很大，有一些先行者熬过这个关口，迎来农产品电子商务发展的春天。

从 2011 年起，与农产品电子商务相关的政策开始密集出台，并且逐步深入、细分，更具有可操作性。2013 年，相关政策更加明朗化，10 月 31 日，李克强总理在中南海主持召开的经济形势座谈会上为马云"点赞"。李总理说，新经济不仅仅解放了老的生产力，更主要是创造了新的生产力。中国经济要"爬坡过坎"，必须加快结构调整，大力培育新兴增长点，这样才能使中国经济提质增效、行稳致远。这些具体政策措施及政府动向，迅速引爆 2013 年农产品电子商务战场。

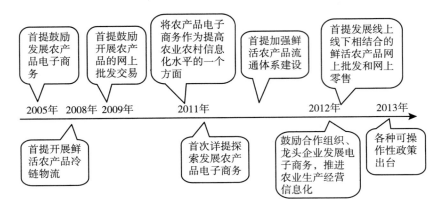

图4　国家层面农产品电子商务政策变迁

1. 早期政策

2005年前，我国电子商务刚刚开始发展的时候，相关政策比较少，关于农产品电子商务的内容就更少了。这个阶段的政策，对我国电子商务的快速发展起到了促进作用，为农产品电子商务的发展创造了良好的社会环境。

1997年，原国内贸易部（后并入国家经贸委）发布《全国食品流通电子网络管理试行办法》（内贸商统办字〔1997〕第5号），建立全国食品流通电子网。全国各省市共146家食品企业成为全国食品流通电子网络第一批成员。现在再去搜索全国食品流通电子网，已经很难找到。这个文件具有计划经济特色，在当时网络经济发展初始时，起到为政府监控市场、稳定食品价格、为副食品供应提供信息服务等作用。

2005年1月，我国首个专门指导电子商务发展的政策性文件——《国务院办公厅关于加快电子商务发展的若干意见》（国办发〔2005〕）颁布。该意见以政策性文件的形式阐释了国家对发展电子商务的若干重要意见，明确了我国发展电子商务的指导思想和原则，确立了我国促进电子商务发展的六大措施，结束了当时我国长期以来缺乏对电子商务发展明确指引的状况。

虽然该文件没有提到农业或者农产品电子商务发展的内容，但对我国电子商务的快速发展起到了重要作用，为农产品电子商务的发展创造了良好的社会环境。

2005年的1号文件首次提到农产品电子商务，将农产品电子商务定位于一种新型业态和流通方式，此时农产品电子商务的具体形式和内容还不清晰，政策导向主要在于促进农产品流通，降低交易费用。

2. "十一五"时期政策

农产品电子商务的发展，离不开信息化建设、物流体系建设、农产品安全体系建设等方面。"十一五"时期农产品电子商务政策多出于当年的1号文件，各部门后续政策出台较少。相对于农产品流通方面的政策，信息化政策关注农产品电子商务时间较晚。"十一五"期间信息化政策中正式提到农产品电子商务、网上交易等内容比较少，更关注信息化基础设施建设、网络体系构建等方面。

（1）农业农村信息化政策。2007 年、2008 年的 1 号文件，提出积极推进农村信息化，加强信息服务平台建设。2008 年 4 月，农业部发布《关于加快推进农村信息化示范工作的意见》（农市发〔2008〕6 号），主要是对农业农村信息化工作进行了部署，还未正式涵盖农产品电子商务这一概念。

得益于农业农村信息化政策，这一阶段农业农村信息化工作取得了明显成效。信息技术设施不断健全，实现了"乡乡能上网""村村通电话"；信息资源建设成效显著，政府建立的农业网站有 4000 多家，覆盖部、省、地、县四级政府的农业网站群基本建成；农业信息服务体系不断完善；信息技术在农业生产上初步应用，3G、物联网、云计算等现代信息技术在农业领域开始示范应用，为农产品电子商务的开展提供了良好的基础条件。

（2）农业农村电子商务政策。农业农村电子商务与农产品电子商务是有交集的两个概念，它们的发展是相互促进的。

2010 年的 1 号文件，在开拓农村市场方面首次提出大力发展物流配送、连锁超市、电子商务等现代流通方式。

3. "十二五"规划

2011 年是我国"十二五"规划的第一年，这一年出台的相关方面"十二五"规划是未来 5 年要完成的重点工作，因此，对农产品电子商务具有重要指导作用。

从商务部的《"十二五"电子商务发展指导意见》和农业部的《全国农业农村信息化发展"十二五"规划》看，两者有个共同点——都将"十一五"规划中没有提到的农产品电子商务作为一项重点任务提出，但两者的侧重点有所不同：前者侧重于电子商务对"三农"的服务功能；后者将农产品电子商务作为提高农业农村信息化水平、助力农业产业化经营跨越式发展的重要方面，成为农业农村信息化工作中较早提及农产品电子商务的文件。

4. "十二五"时期农产品电子商务信息化政策

通过政策梳理发现，从 2011 年起，各个方面关于农产品电子商务的政策开始多起来，政策也从原则性语句向细化、深入、综合、可操作发展。也不仅出现在当年 1 号文件中，国务院、发改委、财政部、农业部、商务部、国家工商总局等部门都根据 1 号文件，从不同角度发布了农产品电子商务扶持政策，政策也逐步落实到各个部门。政策出现频率最高的是农产品流通体系方面，其次是信息化方面，农业农村电子商务政策也更多。

（1）信息化政策。近年来，与农产品电子商务相关的信息化政策，逐渐关注农业经营、流通及食品安全领域，呈现更加细化、更具方向性的特色，鼓励合作社和龙头企业发展电子商务，鼓励运用先进信息技术，促进生产经营信息化发展和食品安全可追溯体系建设。

主要文件有 2012 年 1 号文件、农业部《关于推进农村经营管理信息化建设的意见》，以及 2013 年 1 号文件、农业部《全国农村经营管理信息化发展规划（2013～2020 年）》

和《全国农业农村信息化示范基地认定办法（试行）》等。

（2）农业农村电子商务方面的政策。相关政策鼓励集多种功能于一体的电子商务平台建设，加大网上购销对接力度，加强供需双方网络化协作，推进农业电子商务试点工作和模式研究。

主要文件有 2011 年《国家发改委等单位关于开展国家电子商务示范城市创建工作的指导意见》（发改高技〔2011〕463 号）、国家发改委《关于组织开展国家电子商务示范城市电子商务试点专项的通知》（发改办高技〔2012〕1137 号），2012 年商务部《2012年电子商务工作要点》，2013 年发改委、财政部等 13 部门联合发布的《关于进一步促进电子商务健康快速发展有关工作的通知》（发改办高技〔2013〕894 号）等。

（3）综合深入的农产品电子商务政策。随着农产品电子商务的逐步发展，原来分条块的信息化政策、物流体系政策、农产品安全政策、农业农村电子商务政策等，也因电子商务将这些方面进行有机结合而难分彼此，因此，从 2013 年开始，直接针对农产品电子商务的政策密集出台，表现出综合深入、可操作性强等特征。

主要文件有 2013 年 1 号文件、国务院《关于促进信息消费扩大内需的若干意见》、国务院《"宽带中国"战略及实施方案的通知》、商务部《促进电子商务应用的实施意见》等。

商务部《促进电子商务应用的实施意见》提出加强农村和农产品电子商务应用体系建设，从多个方面对农产品电子商务发展给予政策支持，这一扶持举措无疑将大力促进农产品电子商务发展，成为这个阶段农产品电商领域重要政策文件之一。

（二）地方政策

1. 其他地方层面政策

近年来，其他地区也开始出台农产品电子商务的相关政策措施，政府对农产品电子商务的扶持呈现百花齐放的态势，措施方法各有不同，但目的都一致，都是致力于从政策上为农产品电子商务发展扫清障碍。例如：

上海市催生一批网上品牌企业。依托九大大宗产品交易市场有 4 家在浦东的优势，上海市推进电子商务与大宗商品交易市场的融合，实现资源的优化配置，加快农产品等一批具有区域乃至全国辐射力和影响力的电子交易平台的建设步伐；提升和扩大上海大宗农产品交易平台业务能力，使其成为行业电子商务龙头企业，带动我国农产品市场交易方式的改变。

重庆市组建农业电子商务产业发展联盟。2013 年 12 月，在重庆市农委和市商委牵头下成立重庆市农业电子商务产业发展联盟，以电子商务平台为载体，将传统农业全产业链与现代种养殖、农产品电子商务（营销）、产品包装、品牌打造、农业金融、物流配送、社区便民等独立的商业模式转化为多元化互补的综合服务性的功能性平台。联盟以电子商务为纽带，整合重庆市农业产业全产业链的资源，为重庆现代农业的发展与城市居民农产品消费搭建起一体化的产供销立体网络平台，在物流、金融等领域实现突破。

四川省各市州政府及商务主管部门建立电子商务发展基金，对电子商务示范企业、电子商务示范园区、农村电子商务示范基地给予政策支持。

江苏省徐州沙集镇、河北清河县东高庄村、浙江义乌青岩刘村大力发展农村电子商务，形成"淘宝村"模式。在电子商务集群化发展特征显著的农村地区，采取一些促进措施：建立农村网商创业园区，园区要大力发展物流、包装、IT 等相关服务性产业，并提供网店经营、营销、管理方面的培训，为农民网商提供完善的配套服务；鼓励商业银行进入农村，开展面向网商的小额贷款业务，简化贷款流程，革新抵押机制，积极探索电子商务信用贷款；加强相关基础设施建设，保证用电稳定，增加互联网带宽，切实改善网商交易环境；由地方政府牵头建立产品展示中心、物流中心、原材料采购中心等，努力降低网商交易成本；提高广大农村村民对在农村进行电子商务探索的认知度，夯实农村电子商务发展的人文基础。设立创新的"网上特区模式"降低网上创业的门槛，扶持健康的电子商务服务平台。

2. 浙江省政策梳理

相对来说，其他地方层面农产品电子商务政策还不是很多。电子商务发展较早较快的浙江省走在了前端，所颁布的政策也取得了明显的成效。

（1）省级电子商务发展政策。2012 年 3 月，浙江省人民政府发布《关于进一步加快电子商务发展的若干意见》（浙政发〔2012〕24 号），意见提出从多个方面大力促进浙江电子商务发展的政策，其中也包括了部分农产品电子商务政策，具体为：推进综合性农产品电子商务平台建设，引导浙江省农产品开展电子商务交易。结合农村流通实体网点建设，探索"网上看样、实体网点提货"的经营模式，推进农村市场网络零售业发展。加快信息网络基础建设。加快基础通信设施、光纤宽带网和移动通信网、广电有线网络建设，推动"三网融合"，构建覆盖城乡、有线无线相结合的带宽接入网。全面推进光纤到楼、入户、进村；推进农村地区和边远地区的宽带互联网等信息通信基础设施建设。逐步完善电子商务物流配送体系。尽快构建覆盖全省地级市，并逐步向县级城市、城镇和农村延伸，与电子商务快速发展相适应的现代物流配送体系。加快电子商务人才培育。鼓励和动员社会力量开展面向农民的电子商务知识培训。

这一政策的出台大力推动了浙江省农产品电子商务的发展。2013 年 6 月，为全面了解浙江省农产品电子商务发展情况，谋划推进举措和扶持政策，浙江省农业厅决定在全省范围内开展农产品电子商务发展情况调查工作，发布了《关于开展农产品电子商务发展情况调查的通知》（浙农办〔2013〕117 号）。这是全国省级层面第一个关于农产品电子商务调查情况的文件。

（2）杭州市农村电子商务资金扶持政策。杭州市从 2009 年开始就以资金方式扶持农村电子商务的发展，出台了《杭州市农村信息化项目扶持管理办法》（杭农信办〔2009〕3 号）。

2012 年 9 月，为加快推进农村信息化建设步伐，大力发展农村电子商务，转变农业农村经济发展模式，积极培育农村新型经济业态，从 2012 年至 2015 年，杭州市财政每年安排一定资金用于扶持农村电子商务项目，并出台《杭州市农村电子商务促进办法》，对杭州市优秀的农业电子商务企业、电子商务特色村和信息化应用示范企业（合作社）等给予一次性以奖代补。

2013 年 7 月，为大力推进农村电子商务发展，进一步促进农业转型升级，增加农民收入，从 2013 年至 2015 年，市财政每年安排资金对杭州市农村电子商务项目给予以奖代补，并出台《杭州市农村电子商务项目扶持资金管理办法》，重点扶持全市有一定基础的农业电子商务企业（含合作社、农家乐）、电子商务村和农村青年电子商务创业点和杭州市农村电子商务公共服务平台。

（3）遂昌县农产品电子商务政策。近两年，浙江省遂昌县出现了以农特产品为特色、多品类电子商务协同发展的"遂昌现象"，遂昌政府在其形成过程中积极营造电子商务软硬件环境，起到了较好的扶持和推动作用。主要政策包括：

加快以宽带为核心的通信基础设施建设。2012 年，户均手机 2.87 部，户均宽带 0.4M，在县级区域中领先。

2011 年，出台"全民创业支持项目"，每年不低于 200 万元财政补助，扶持农产品电子商务。

2013 年，投资 300 万元建设农产品检测中心。政府出面帮助当地筹建 3000 平方米的配送中心。

逐步形成了"政府 + 农户 + 合作社 + 网店协会 + 淘宝网"的多方负责的农产品品控机制。

（三）北京市政策

北京市农产品电子商务发展走在其他地区的前列，但是相关政策出台得并不是很早，直到 2012 年 3 月，北京市经济和信息化委员会、北京市农村工作委员会联合印发《北京市"十二五"期间农村信息化发展指导意见》（京经信委发〔2012〕16 号）才正式将促进北京市农产品电子商务发展纳入政策扶持范围。

1. 《北京市"十二五"期间农村信息化发展指导意见》

该指导意见是北京农产品电子商务发展支持政策的总体框架，提出的意见较为全面。

意见提出建立全市统一跨区域、专业化的土地、种子、化肥等农资以及农产品交易信息共享平台；引导特色农产品电子商务发展；建设一批网上农产品展示交易、网上结算、订单农业、物流配送等服务平台；构建以批发市场、商贸中心、物流配送中心和商品集散地为依托的农业电子商务服务体系；加大电子商务平台的宣传力度，提升农民对电子商务销售渠道的正确认识；推广传感器、电子标签等物联网技术在农业流通领域的应用，支撑订单农业、连锁经营的物流配送需求；运用信息化手段，推动农村物产资源服务城区，助力农超对接、农商对接；大力发展农业领域的信息服务业，促进都市型现代农业与服务业的有机融合、互动发展，不断创造新的市场。

鼓励农民专业合作经济组织与农村集体经济组织建设网站，发展电子商务，通过网络宣传推广产品，拓展市场，提升经济组织的经济效益和市场竞争力；促进有条件的农产品生产加工企业及经济组织提升管理、生产、流通等方面信息化水平；推动农民专业合作经济组织与农村集体经济组织开展信息设备、信息系统和信息技术的相关培训，鼓励其充分利用信息化培训手段，组织与生产活动相适应的生产技能与科技知识培训。

2.《关于促进电子商务健康发展的意见》

2013 年 5 月，北京市人民政府出台《关于促进电子商务健康发展的意见》（京政发〔2013〕15 号），提出大力普及电子商务应用，支持农产品流通领域电子商务平台的建设和应用，建立跨区域农产品市场供给与需求信息的沟通渠道。在该意见的部署会上，市商务委表示北京市还将鼓励传统企业开展线上线下互动经营，建立网购体验店。

该意见侧重电子商务发展，农产品电商方面提得较少，但是关注到了农产品市场供给与需求的沟通。

3.《宽带北京行动计划（2013～2015 年)》

《宽带北京行动计划（2013～2015 年)》，提出统筹财政预算资金，对农村信息基础设施建设和公益机构的宽带接入进行重点扶持，对公益性信息基础设施服务实行政府采购，引导企业积极参与本市信息基础设施建设。

北京市农产品电子商务信息化政策有了"十二五"期间的总体框架，但政策、措施还不是很完备，落实国家有关政策的细则和办法还没有出台，针对北京"三农"对接电子商务方面的政策也很少。《北京市"十二五"期间农村信息化发展指导意见》出台后，后续各方面具体操作性政策还有所缺乏。下文针对实践对政策扶持的需求，分析探讨新增农产品电商信息化政策的思路、重点和具体措施。

三　政策建议

（一）政策思路

1. 政策目标

电子商务交易成为本市重要的农产品购销方式，农产品电子商务交易额占全部交易额的比重有较大突破；信息化基础设施建设、新技术使用、网络安全法律法规等方面满足农产品电子商务快速发展的需求；提高农业生产者利用互联网销售产品的能力，增加农民收入。

2. 基本原则

市场主导、政府推动。坚持以市场为导向，以企业（合作社）为主体，运用市场机制优化资源配置，制定本市农产品电子商务信息化政策，综合运用政策、服务、资金等手段完善农产品电子商务应用环境。

重点扶持、平衡促进。全面拓展农产品电子商务应用，重点发展农产品批发、零售、社区型电子商务，重点扶持农村地区应用电子商务，促进各区县农产品电子商务均衡发展。

典型示范、引导发展。以典型基地、平台、企业（合作社）为主体开展农产品电子商务试点示范，发挥示范带动作用，引导行业发展方向。

3. 政策作用

对照农产品电子商务发展中的需求和信息化政策可扶持的方面，信息化政策在电子商务中应发挥六个方面的作用：一是基础设施方面，提高农业农村信息化基础设施条件；二是食品安全方面，参与构建完整的农产品安全追溯体系；三是信息资源方面，整合农产品生产、市场销售等数据库；四是人才培养方面，支持公益性农业农村电子商务培训；五是网络安全方面，逐步建立健全网络数据安全法律法规；六是信息资讯方面，协助对接农业生产方和电子商务平台。

（二）扶持重点

1. 完善农业农村信息化基础设施

提升农户宽带接入速率。充分发挥电信运营商的积极性，加快建设下一代农村信息基础设施，全面提高农村地区宽带普及率并增加接入带宽，使农户宽带接入速率平均不低于10Mb/s。

提升农村宽带普及率。组织实施"宽带通"工程，鼓励宽带运营企业优先采用光纤宽带方式，加快农村信息基础设施建设，推进光纤到村；加快政务宽带建设步伐，实现全市政务光纤网络"村村通"覆盖率达到100%。

扩大无线网络覆盖范围。采用无线进村入户模式，扩大农村地区3G网络覆盖范围，重点推进3G网络向行政村延伸，通过政府补贴、农户共担机制，利用多种技术方式实现"一点连接、全村上网"，优先保障农民专业合作社的宽带使用需求。

2. 加大农村信息化技术应用扶持力度

加强农产品电子商务应用体系建设，推进传感器、电子标签等物联网技术在农业领域的示范应用。以点带面，全面推进农业物联网技术在农产品电子商务中的应用。支持研发符合农业多种不同应用目标的高可靠、低成本、适应恶劣环境的农业物联网专用传感器，解决农业物联网自组织网络和农业物联网感知节点合理部署等共性问题；建立符合北京农业应用需求的农业物联网基础软件平台和应用服务系统，为农业物联网技术产品系统集成、批量生产、大规模应用提供技术支撑；建立完善农业物联网应用标准，牵头组织物联网技术应用单位、在京院校和相关企业，在国家物联网基础标准上，形成物联网农业行业应用标准；在"221物联网监控平台"和"设施农业精准生产物联网技术示范"项目的基础上，根据实际需求，启动一批农业物联网示范项目，建设一批农业物联网示范基地。

3. 提高农业生产经营主体电子商务应用水平

加大对新型农业生产经营主体和农民的培育和培训力度，支持社会力量共同开展电子商务等信息化技能培训。重点强化农村信息员队伍电子商务技能培训，充分利用已有的基层信息服务站点和队伍，提高农民信息素养和能力。

针对北京实际情况，开发农业农村信息化培训教材和课件，形成专通结合、内容丰富多彩、形式多样的农村信息化教学资源库，增加农产品电子商务教学内容。着力升级改造信息服务站、信息大篷车、基层培训教室、各类远程传输系统，夯实农民信息技能培训基础设施。依托各级各类农村和农业工程，创新教学模式，通过现场演示、互动示范、举办比赛等方式加强对农民的信息技能培训，提升农民信息使用技能。

加大农产品电子商务人才培训力度。围绕提高农民开展农产品电子商务技能，依托培训教室、综合信息服务站、信息大篷车等现有设施和渠道，面向青壮年农民、返乡农民工、初高中毕业生开展农产品电子商务操作主题培训；面向村干部、农民专业合作社负责人等农村发展带头人，开展农产品电子商务发展现状、发展类型、政策法规等专业培训；坚持网上网下互动、政府支持与市场化运作相结合，以提升种养大户、农机大户、经纪人、集体"三资"管理人员以及具有创业意愿农民的农产品电子商务能力为重点，开展农业经营、市场开拓、电子商务、财务管理等创业技能培训。

4. 建立健全网络安全法律法规

农产品电子商务发展时间不长，在实际操作过程中会出现一系列的问题，例如信用问题、电子支付安全问题、违约问题等。规范的农产品电子商务市场，特别是 C2C 和 B2C，如果没有相应的法律和信用管理作为对买卖双方进行约束的基础，那么由于网络的虚拟性，必然造成双方的不信任，影响农产品电子商务的健康发展，所以农产品电子商务必须有法制基础和信用基础。发达地区农产品电子商务发展较快，政府可以针对实际操作中出现的问题出台有关农业信息、农产品电子商务网络安全的地方性法律法规。

5. 加快涉农信息资源整合步伐

加快形成统一的市场信息发布渠道，逐步加大信息公开力度，营造良好的农产品电子商务生态环境，为电子商务提供优质支撑服务。

推进各类涉农数据库建设。首先要加强农产品市场、农业资源、农业政策、农业科技、农业市场、农村人口、农村劳动力等各类数据库建设的统筹规划，由一个权威部门来协调、规划数据库的建设，全市各区县、各部门要分工协作，资源共享，避免重复建库；其次要统一建库标准，应当根据信息发布的技术要求，制定涉农数据库建库标准，以便数据库能顺利上网运行和共享；最后要加强数据库的运行管理，切实为全市农业科研、教育、管理、生产、经营和农村经济社会发展服务，同时保护数据库的知识产权和信息安全。

（三）相关措施

1. 建设北京农产品电子商务导航

目前，北京市农产品电子商务平台较多，但是其中大部分是小规模企业，很多都不为世人所知。建立一个北京农产品电子商务导航，按照平台类型、目标人群、产品特色等方面进行分类，并提供大众点评模块，将其链接在首都之窗、农经网等受众面较广的平台，既有利于市民们了解各个平台特色，选择合适的网站采购农产品，也有利于农产品电子商务平台扩大影响力。

2. 开展农产品电子商务公益宣传

农产品电子商务在公众中的知名度还很低，下一步要开展两方面的公益宣传，培育农产品网上消费需求。一是通过电视媒体、移动媒体等途径，拍摄农产品电子商务宣传片，扩大在市民中的普及率，让市民了解目前有哪些农产品电子商务平台、如何利用这些平台采购日常所需农产品；二是利用广播、电视、科技大集等形式面向农户进行宣传，提升农民对电子商务销售渠道的正确认识，推广农产品电子商务销售案例，让农民了解电子商务的优势，以及如何选择合适的电子商务途径将农产品卖出去且卖个好价钱。

3. 举行农产品电子商务培训班

组织农产品生产企业、农产品专业合作社、农村服务网点及机构等参加农产品电子商务学习班，重点学习电子商务专业知识，以点带面地提高广大农户和农民应用电子商务信息及交易服务的水平。鼓励发展根植乡村的信息点和信息员，使之成为整合农民分散需求，帮助农民在线交易，实现最初、最后1公里草根物流的线下支点。

4. 搭建电商企业与生产者沟通平台

为促进农民、农业企业、合作社的产品销售，帮助电子商务平台找到稳定供货渠道，建议搭建沟通平台，建立本市及跨区域农产品市场供给与需求信息的沟通渠道。定期组织各类型农产品电子商务平台企业与京郊具有生产规模或者具有产品特色的生产者见面会，拉近电子商务平台与生产者的距离，促进产销通过电子商务结合，逐步形成电子商务平台与生产者之间稳定的合作关系。

5. 成立全市农产品电子商务产业发展联盟

当前，北京市农产品电子商务发展较快、平台较多，每个平台在发展中都困难重重，亏本经营。建议依托北京市农产品产销信息协会，牵头成立农产品电子商务产业发展联盟，以电子商务为纽带，以企业为主体，整合北京市农业产业全产业链的资源，为都市型现代农业的发展与城市居民农产品消费搭建起一体化的产供销立体网络平台，实现物流、配送、金融等领域的突破。同时鼓励成立市级农业合作社联合社，加强农产品本地供应能力。鼓励市级联合社发展电子商务，通过网络宣传推广产品、拓展市场，提升经济效益和市场竞争力。

6. 研究培育农产品电子商务模式

引导农产品生产和销售企业发展电子商务，充分利用成熟的电子商务平台及农业部门健全的基层工作体系和服务体系，探索农产品电子商务新模式，鼓励以农村信息员为节点，积极发展农村物流体系，畅通农产品上行通道；鼓励发展城市社区型、社社对接等农产品电子商务模式；扶持能够有力促进农产品市场发展、带动更多农业生产者增收致富的农产品电子商务模式。

课题负责人：刘军萍

课题组组长：张　军

课题组成员：张春林　陈丹梅　卢月静

　　　　　　冯学静　贾启山　李冬玲

执笔人：陈丹梅

第八篇
平谷农村改革试验区

第一章 平谷区农地委托流转试点工作调研报告

为创新土地流转方式，探索将金融手段引入土地流转工作中以扩大土地流转规模，提升土地流转质量，改善和提高土地经营管理水平，促进平谷区农业规模化、现代化、市场化的发展，2012年下半年，平谷区开始着手农地委托流转试点工作，2013年2月22日，平谷区下发《平谷区农村土地委托流转实施方案（试行）》的通知（京平办发〔2013〕9号），正式开始农地委托流转试点工作。为了解这一段时间试点工作的进展情况，进一步深入分析农地委托流转工作中面临的问题和困难，并提出相应的政策建议，市农经办"平谷区农地委托流转试点研究"课题组针对该试点工作进行了专门的调研，形成本报告，供大家参考。

第一节 平谷区土地委托流转试点情况

（一）初期进展

目前，平谷区已经成立了土地流转服务中心，同时注册成立了农地流转管理服务公司，配备了相关的机构和人员，起草了农地上市的准入制度等基础文件。现在正在考察峪口、大兴庄、东高村等镇的土地项目，协调相关地块，总面积4500余亩。未来考虑引入专业信托公司介入农地经营专项基金、土地流转凭证化管理等方面的相关工作。

（二）运作流程

平谷的农村土地委托流转的基本思路是：组建成立土地流转服务中心和农地流转管理服务公司，由前者收集各乡镇范围内有流转意向的土地，并组织条件成熟的土地委托人与农地管理服务公司签订农地委托经营合同，由其将农地调整成片，进行适度整理、开发，提升地力，再由农地流转管理服务公司与北京农交所签订服务协议，将调整好的土地上市交易。农业企业通过产权交易市场获得土地后，开展农业生产经营，并按合同约定定期向农地流转管理服务公司支付土地租金。农地流转管理服务公司在扣除整理、开发土地直接成本，交易服务费和风险准备金后（风险准备金主要用于土地租金不能支付或延期支付的周转、垫付），将剩余溢价收益定期支付给土地委托人。

土地委托流转的运作程序如图1所示。

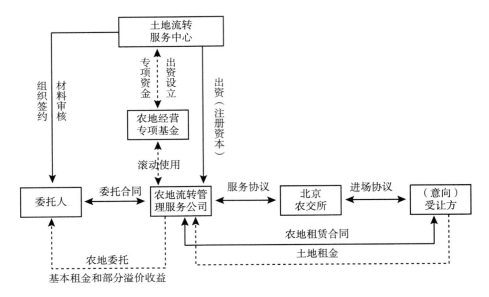

图 1　土地委托流转程序

第二节　意义

平谷区农村土地委托流转的试点工作的理论和实践意义主要体现在以下六个方面。

（一）有利于发现土地资源的价值，让土地流转起来

土地委托流转模式，将属于委托经营的概念引入土地流转中来，利用农地经营公司在土地规范整理、整体规划、运用市场规则以及与农户和社会企业同时对接等方面的优势，有助于突破困扰农村土地流转发展的资金瓶颈、管理瓶颈、信息交流瓶颈和市场交易瓶颈，有助于以市场化的方式推动农村土地科学流转，从而合理地发现农村土地资源的价值，让土地真正科学合理地流转起来。

（二）有利于扩大土地流转规模，提高土地流转质量

土地委托流转模式的引入，由政府土地流转服务中心出资成立的农地经营公司将土地调整成片，再由产权交易所对接社会资本，从而降低了土地整理和交易成本，有利于土地流转规模的迅速扩大。此外，建立专门公司机构负责土地流转的整体规划管理，有助于更加科学合理地进行项目组合、分配和平衡，有助于更加专业地维护农民的土地权益，有助于大幅提高土地流转的工作效率、促进土地流转工作日常管理的规范化，从而提高土地流转的整体质量和水平。

（三）有利于推动农业现代化

土地委托流转模式的引入，促进了土地流转规模的扩大，同时通过规范合同保证企业所受托的土地经营权在承租期内不会被收回，从而使企业更加放心地进行技术投入、扩大生产规模、全面拓宽产品市场，充分发挥了企业在经营管理、技术应用和市场化运作方面的优势，不仅有助于全面推动首都农业现代化的发展，也有助于首都农业更加主动地融入城乡大市场和社会分工体系，有利于推动农业产业升级。

（四）有利于促进城乡要素的科学流动

土地委托流转模式，由农地经营公司作为中间人负责土地规范整理和市场谈判，通过产权市场面向全社会寻求合作意向企业，既解决了农民一家一户土地流转的市场弱势问题和信息不对称问题，也解决了企业与零散农户流转过程中的谈判成本过高问题和土地零散化的问题，使农村的土地资源与城市的社会资本、技术等要素实现了对接，有助于城乡要素的科学流动。

（五）有利于维护农民的土地权益

土地委托流转模式中，土地流转服务中心、农地经营公司的介入，使得过去单个农户与企业或者大户协商流转的模式变成了农地经营公司集中农户土地、开展土地统一规划整理、进行企业选择并与企业谈判的新模式，有助于利用农地经营公司的垄断资源和专业能力强化土地流转方的谈判优势，有利于在市场博弈中为农民争取更多的利益和更加有利的地位，从而更好地维护农民的土地权益。

（六）有利于使农民成为"拥有集体资产的市民"，促进城乡一体化

农地委托流转模式，在维护农民土地权益的前提下为农村土地的规模化流转开辟了新的通道，有利于把农民的土地权益变成流转收益，把农民从土地束缚中解放出来，使其即使离开了土地，依然能够享受原有的土地承包经营权所带来的收益，从而使农民摆脱了对身份的依赖，让他们成为"拥有集体资产的市民"，确保了农民能够安心进入城市生活和工作，从而有利于首都城市化的发展和城乡一体化新格局的形成。

第三节　平谷区土地委托流转存在的问题

（一）资金不足，限制公司开展业务

目前，农地管理服务公司资金严重不足，公司除去谷财国有资产经营公司投入的1000万元启动经费外，并无其他资金。由于该笔资金还要用于支付公司的办公用房租金、员工工资以及日常开支，实际可供其用作土地流转的资金十分有限。资金瓶颈导致公司开展土地收储、整理的资金不足，由于农用地土地整理、留储成本过高，公司基本无力开展规模化土地收储。为降低成本和风险，公司目前只能将农业项目与土地收储一一对应，先确定用地方项目，然后再根据需要收地。这一方面导致项目落地周期加长，严重影响效率；另一方面如果项目谈好后有可能收不到合适的土地，或者土地收储回来后用地方可能因等不及撤走，都可能导致公司损失，从而极大地增加了公司经营的潜在风险。

（二）农民流转意愿不强，土地收储面临困境

平谷区作为北京市大桃主产区，多年来大力打造大桃品牌，引导农民种植大桃，使得平谷区目前耕地种植大桃比例很高。由于产业已经形成规模，品牌效应也已经显现，目前种植大桃的收益较高，每亩年收益突破万元，因此，农民对于农地流转的预期价格远超过全市平均的流转价格，而当前地方能够提出的价格远远不能达到农民预期，因此农民流转意愿不高。另外，由于部分农民基于传统观念，担心失去土地后自己没有保障，因此只要是留在农村并能够从事农业劳动就不愿意流转土地。这些情况都导致了普通农户流转土地的动力不足，目前流转土地的农户一般以年老体弱、丧失劳动能力或者已完全到城市生活的人群为主。

（三）基础工作不扎实，试点工作陷入被动

当前与农村土地流转有关的基础工作不扎实，严重阻碍农地委托流转工作。首先是农村土地确权工作没有完成。这导致土地权属不清，且由于缺少规范合法的土地权属凭证，无形中加大了土地流转过程中的风险，也使得金融机构进入意愿大大降低。其次是土地股份制改革未能有效推进。一方面，这使得农村土地内部产权关系不清，村干部一言堂现象严重，掌握在村集体手中的土地上市后无法有效惠及农民，农民的土地权益难以维护；另一方面，又使得农地流转的规模化、连片化、综合化难以实现，同时还降低了集体经营性建设用地上市流转的可能性。最后是土地流转基本信息资料严重缺乏。关于平谷区各村镇农民的土地流转意向、预期价格、土地分布连片情况、土地现状等基本信息缺乏，导致家底不清，目前获得上述相关信息只能靠公司相关人员通过与村镇干部的私人关系零散收集，长期来看难以持续。

（四）配套土地政策创新严重滞后，阻碍土地流转

中央近年来一直对土地流转给予大力的提倡和支持，北京市政府和平谷区政府也都采取多种措施鼓励土地流转，本次十八届三中全会也明确提出"建立城乡统一的建设用地市场"，"赋予农民更多财产权利"，并且明确提出"赋予农民对承包地占有、使用、收益、流转及承包经营权抵押、担保权能，允许农民以承包经营权入股发展农业产业化经营"等。然而，在实践操作上，目前除了允许土地流转外，其他配套政策，诸如如何鼓励土地承包经营权入股，是否允许土地股份合作社进行工商注册，怎样落实土地承包经营权的担保、抵押、转让，以及集体经营性建设用地、农民闲置住房财产权如何入市等都没有明确的法律文件和规定。事实上目前农地流转管理服务公司能够组织交易的只有土地承包经营权的流转，这导致交易品种单一、产品内容单调，不利于公司稳定经营与健康发展。

（五）公司的公益性定位与市场定位存在矛盾

平谷区农地流转管理服务公司在组建过程中，是以区国资委下属的谷财国有资产经营公司作为出资方，并且一直定位为区属国有企业。然而，基于农地流转的特殊性特别是农地委托流转工作的示范性，公司需要更多地承担公益性、政策性的功能。这就给公司的定位和经营造成了困境：政府一方面强调公司的公益性，明确公司的核心功能是规范土地流转行为、执行政府的相关政策并维护农民土地权利，要求公司"不以营利为目的"；另一方面又强调公司的企业定位，要求企业与政府脱钩，进行市场化运作，强调财政不负担公司的日常支出，并且要求公司领导干部放弃公务员身份。这意味着公司一方面必须自负盈亏，另一方面又不能按照完全的市场规则来获得利益，公司未来的经营成本只能由委托人

给付的管理费和从返还的溢价收益及土地租金中抽取的一定比例的服务费来负担。而基于公益性定位，管理费和服务费的提取比例又不能太高，以目前土地流转规模，按照现在的提取比例，管理服务费显然无法负担公司的日常经营成本，目前主要靠先期注入的 1000 万元启动资金支撑。长期来看，如果不进行完全市场化或者获得政府财政支持，公司经营必然处于亏损状态。

（六）市场资源、渠道积累不足，企业靠天吃饭

农地流转管理服务公司的主要功能在于组织农地上市，完成土地委托人和土地租赁企业之间的对接。然而，由于公司刚刚成立，市场资源、渠道的积累都十分有限，加之因周期较短，公司前期宣传效果还远未显现，而后期宣传又投入不足，导致公司的市场知名度较低，大部分农业企业尚不知道平谷还有这样一家公司，目前前来接洽的企业基本上都是通过内部消息渠道了解到公司的情况。总体上看，公司目前还做不到主动寻找市场目标，只能是被动地等待企业上门。这导致公司在获得好的土地资源时，往往因为没有合适的项目而不敢收储土地，从而错失市场机会。

（七）基层干部对土地流转的认识不足，阻碍工作的开展

虽然平谷区政府对农地流转管理服务公司给予了高度重视，并且要求各部门给予支持和配合，然而，由于农地委托流转毕竟是一个新鲜事物，各级、各部门干部对农地委托流转工作重要性的认识还不是十分充分，看法也不是非常统一，加之政策宣传存在不足，很多基层干部根本不了解农地委托流转工作，相当一部分基层干部对农地委托流转持消极的态度，甚至认为委托流转毫无必要，这给农地委托流转工作的开展带来一定的阻力。

第四节　对策建议

（一）抓紧时间做好基础工作，为试点工作打好基础

要充分重视土地确权颁证工作，按照农村土地承包经营权流转规范化管理的要求，认真落实 2012 年确定的 6 个乡镇 104 个村农村土地承包经营权登记试点工作。要积极推进农村土地股份制改革，理清农村土地内部产权关系，建立和完善土地流转的收益分配机制和村集体内部民主决策和监督机制。要下决心全面开展全区农村土地流转基本信息资料的调研和收集工作，全面掌握各村镇农民的土地流转意向、预期价格、土地分布连片情况、土地现状等基本信息，以为将来高效率开展土地流转工作创造条件。

（二）规划出台公司市场化路线图，逐步实现市场化运作

要充分明确农地流转管理服务公司与政府、市场之间的关系，尽快确定公司的功能定位和市场定位，并对公司的发展进行科学的规划。在此基础上，基于可操作性原则，根据公司的市场定位、功能定位，结合平谷区农村土地流转服务工作的实际，制定公司实现全面市场化的路线图，对公司从一个半公益性企业转变为完全意义上的市场企业的过程进行分步骤、分阶段的规划，确保农地流转管理服务公司按照这一路线图，规范有序地实现全面市场化。

（三）积极推动配套政策创新，逐步完善制度环境

按照十八届三中全会提出的"建立城乡统一的建设用地市场"，"赋予农民更多财产权利"的精神，在市区两级政府的统一协调下，推动发改、国土、规划、住建、财政、民政等所有相关部门与农口一起开展联合政策创新。要出台明确的政策，规定鼓励土地承包经营权入股的具体办法和扶植措施，明确允许土地股份合作社进行工商注册，允许农民以承包经营权入股发展农业产业化经营。要制定详细具体的政策，规定土地承包经营权的担保、抵押、转让的方式、程序、范围、风险管理措施以及具体负责机构和金融企业等，赋予农民对承包地占有、使用、收益、流转及承包经营权抵押、担保权能。要按照中央的精神和统一部署，并充分结合北京的实际，制定农村集体经营性建设用地、农民闲置住房财产权上市流转的相关制度和管理办法。要制定城乡一体化的社会保障制度，充分实现基本公共服务均等化的目标，统筹解决城乡居民就业，解除农民土地流转的后顾之忧，促进土地流转。

（四）加强政策宣传及市场推介工作，为试点工作创造有利的群众基础和市场环境

要充分重视政策的宣传工作，针对平谷区各相关部门、各级政府的相关干部特别是领导干部，开展深入全面的政策宣传工作，帮助相关干部正确、充分地认识平谷区农地委托流转相关政策的内容要求和相关工作的重要意义，引导其配合相关工作，主动开展基层的宣传。要注意针对农民开展政策宣传，帮助农民了解农地委托流转的相关政策特别是对农民权益的保障措施。要加大力度对农地流转管理服务公司进行市场宣传和推介，提高公司的知名度，帮助外部企业了解公司的市场定位、业务内容等情况，逐步打造市场品牌，为公司的市场化转型奠定基础。

（五）积极引入市场化力量，实现互利共赢

要摒弃行政思维，确保市场在资源配置中发挥决定性作用，善于借助市场的力量解决公司面临的市场化问题。要与农村产权交易所开展深度合作，借助产权交易所的市场资源和渠道弥补公司在这些方面的不足。要积极同金融机构开展合作，进行联合创新，把金融机构的力量引入农村，借助金融机构的资金优势，解决农业发展的资金瓶颈和公司自身资金不足的问题。要在建立完善的农民权益保障机制、监督管理机制和风险管控机制的前提下，由政府统一规划，有序开展与社会资本的合作，丰富公司的资金和业务渠道，提高公司支配市场资源的能力。

执笔人：刘睿文

第二章　平谷区农民专业合作社示范社财务管理规范化问题研究

近年来，平谷区委、区政府从有利于全区农业产业发展的战略高度，采取了多项举措，规范、扶持、发展农民专业合作社，合作社数量快速增长，截至 2013 年 10 月底，平谷区已有农民专业合作社 958 家，约占全市合作社总数的 1/6；入社农户近 5 万户，占全区从事第一产业农户的 79.5%；合作社出资总额近 19 亿元。近年来农民专业合作社发展迅速，但"小、散、低"的问题十分突出。为了引导合作社完善运行机制，促进合作社规范发展，树立可学可比典型，农业部从 2009 年发起示范社建设行动，北京市和各区县也积极开展示范社建设行动。截至目前，平谷区共评选出区级示范社 66 家，其中国家级示范社 5 家，市级示范社 16 家。

财务管理规范化是示范社建设的核心，平谷区政府高度重视此项工作，结合示范社评选工作，严格规范合作社财务管理，进行跟踪指导监督，定期组织人员培训，合作社财务管理水平显著提高。平谷区在示范社财务管理规范化方面积累了很多经验做法，值得借鉴。本章将对平谷区示范社财务管理规范化问题进行深入调查研究，总结其经验做法，找出存在的不足与原因，提出推进合作社财务管理规范化的对策建议，为下一步规范全市合作社财务管理奠定基础。

第一节　平谷区农民专业合作社示范社建设情况

平谷区农民专业合作社建设和发展虽然取得了很大成绩，但从总体上看，还处于初级阶段，整体发展水平不高，"小、散、低"的问题还比较突出。一是大多数合作社规模普遍较小，带动能力不强。农户成员在 10 户以下的合作社占到 62%，经不起市场竞争的考验。二是自身经济实力不强、基础设施落后、活动经费紧张、筹资贷款较难，使其在自我发展时显得力不从心。三是服务领域狭窄、内容单一、手段落后。相当一部分专业合作社以信息、技术等服务为主，停留在生产环节的联合或销售环节的简单合作，农民仍处于利益被剥夺的原料生产者地位。四是内部运行不规范，利益联结不紧密。多数专业合作社与农民利益联结不够紧密，缺乏凝聚力。五是专业合作社管理人员综合素质不高、能力不强，缺乏有经验的专业营销人才，懂技术、会管理、善经营的复合型人才更是欠缺，制约了专业合作社的创新和深入发展。

为了引导和促进合作社规范化建设，2009 年，农业部会同国家发改委等 11 个部门联合下发了《关于开展农民专业合作社示范社建设行动的意见》（农经发〔2009〕10 号），之后农业部又印发了《农民专业合作社示范社创建标准（试行）》，对引导和促进合作社规范快速发展起到了重要的指导作用。2010 年，北京市出台了《北京市农民专业合作社示范社建设行动计划》（京政农函〔2010〕5 号），提出要在全市择优培育扶持一批经营规模大、服务能力强、产品质量优、民主管理好的市级农民专业合作社示范社。2010 ~ 2012 年 3 年间，北京市共评出市级示范社 150 家，其中 50 家获得国家级示范社称号。

为贯彻落实《北京市农民专业合作社示范社建设行动计划》，树立典型，以点带面，促进农民专业合作社规范、健康、快速发展，平谷区政府决定在全区开展"农民专业合作社示范社建设行动"，先后出台了《北京市平谷区人民政府办公室转发区农委区农民专业合作社指导服务中心关于实施北京市农民专业合作社示范社建设行动计划的意见的通知》（京平政办发〔2010〕31 号）、《平谷区 2012 年农民专业合作社区级示范社评定考核实施方案》等文件，全面指导合作社规范化建设工作。

平谷区以规范农民专业合作社的运行方式和经营机制为核心，以提高农民专业合作社的影响力和竞争力为目标，确立了"三、二、一"合作社规范化建设工作法则："三项制度"齐头并进，即建立健全合作社组织机构责权利制度、财务管理制度、档案管理制度；"两项体系"深入推进，即推进监督考评体系、分类指导体系建设；"一项民主活动日"贯穿始终，即每年 1 月 20 日和 8 月 20 日作为合作社成员大会或成员代表大会活动日。针对合作社发展中存在的问题，通过组织培训、分类指导、规范财务账务、建立民主日制度、建立量化考评机制和专家具体指导等措施认真加以解决。截至目前，已有 66 家合作社被评为区级示范社，其中 16 家合作社被评为市级示范社，5 家合作社获得国家级示范社称号。

第二节　平谷区农民专业合作社示范社财务
管理规范化的主要做法

农业部副部长陈晓华在 2010 年全国农民专业合作社经验交流会上强调，判断一个合作社是否规范，必须同时满足两个条件：一是看合作社财产关系和分配关系是否明确；二是看成员服务的责任是否落实。这两个条件都与财务管理息息相关，财务管理规范化是合作社规范发展的基础和核心，做好财务管理工作是维护成员利益的保障，是巩固扶持政策的要求。平谷区在示范社评选过程中高度重视财务管理规范化，并制定相应的评分标准，对财务核算、盈余分配、民主管理等项工作进行重点考核，对会计核算和财务管理不合规的合作社进行上门指导，并定期对其进行跟踪指导服务，全面提升了示范社财务管理水平。

一　成立区乡两级管理部门，专门从事合作社指导服务

2009 年 8 月，在平谷区政府机构改革工作中成立了农民专业合作社指导服务中心

（简称农合中心），平谷区农合中心为全额拨款事业单位，共有编制 140 人。平谷区农合中心下设 11 个部室，其中规范运行指导部专门负责指导合作社规范化建设，掌握合作社运行情况，负责镇、村及合作社相关人员的培训。平谷区还要求各镇（乡）成立农民专业合作社服务中心，各村成立合作社服务站，专门从事农民专业合作社的指导和服务工作，从而构建起区、镇（乡）上下统一、分工协作、服务到位、适应农村经济、农民专业合作社发展和广大农民需要的服务体系。

二 明确示范社考评标准，指导财务管理规范化建设

在《关于实施北京市农民专业合作社示范社建设行动计划的意见的通知》（京平政办发〔2010〕31 号）中对合作社的会计核算和财务管理进行了明确规定，同时列出了具体的考评标准；在《平谷区 2012 年农民专业合作社区级示范社评定考核实施方案》中又明确了具体的评分标准，其中涉及财务管理的约 50 分。

按照镇（乡）初步把关推荐、农合中心摸底、区主管部门推荐相结合的原则，选择现有基础较好、有发展前景的合作社，确定示范社培养目标。规范指导部人员对示范社培养目标逐一入社走访，与合作社理事长和会计面对面座谈，了解合作社经营情况。因社制宜，采取缺啥补啥的做法，形式多样地开展示范社建设行动。给每家合作社发放"平谷区农民专业合作社工作手册"和农民专业合作社财务核算相关材料，指导合作社建立健全成员（代表）大会、理事会、监事会等"三会"制度；建立健全成员账户、盈余分配、财务管理、社务公开、议事决策记录、档案管理等内部规章制度；形成合作社"成员（代表）大会决策、理事会执行、监事会监督、成员团结合作"的民主管理运行机制和成员的"公积积累、股金分红、盈余返还"的利益分配机制，不断提升合作社服务带动农户的能力。

三 建立动态管理监督机制，巩固示范社建设成果

《关于实施北京市农民专业合作社示范社建设行动计划的意见的通知》中提出要对示范社实行定期监测、动态管理，每年监测一次，保优去劣。区农合中心负责每年对市、区示范社及有申报意向的合作社进行管理和监测，并将日常管理和监测情况记录存档，作为年终评定的依据。被认定为农民专业合作社示范社的，应在每年第一季度向区农合中心提交年审报告。区级示范社由"区审定小组"评定，市级示范社经"区审定小组"初审后，报市农委审查。审查评定合格的，继续作为示范社；不合格的取消其示范社资格，并在 3 年内不得申报示范社。

四 加强示范社指导监督，提高示范社财务管理水平

农合中心规范运行指导部每年结合上一年度区级示范社评审情况，挑选得分较低的示范社逐一走访，了解年度发展计划，对经营管理给予指导，要求理事会、监事会、社员（代表）大会等会议记录完整。重点查验财务核算，要求社员账户清晰完整地记载出资

额、公积金和财政扶持资金量化额、产品交易、可分配盈余返还等内容，二次返利必须有社员签字的发放表。对存在问题列出清单，限期整改，直至查验合格为止，使之确实成为其他合作社可看、可比、可学的榜样，真正起到典型引路的作用。

五 重点检查财政扶持资金，确保资金专款专用

检查享受各级财政扶持资金的农民专业合作社是否按照农民专业合作社财务会计制度对扶持资金的使用进行会计核算，保证资金专款专用；使用专项资金建设形成的资产归农民专业合作社成员共同所有，是否平均折股量化到全体成员，有无资产量化表；各农民专业合作社是否严格按照财务制度规定和资金使用方向使用扶持资金。

六 组织财务人员培训，提升财务人员素质

提升财务人员业务水平是做好合作社财务管理工作的重要前提。平谷区一直都把合作社财务培训作为一项重点工作来抓，定期组织合作社理事长、财务人员等相关人员参加财务管理培训班，聘请有关专家就会计制度、会计科目、会计报表、账务处理、财务管理、示范社建设等内容进行详细讲解，2013 年平谷区举办财务管理培训班 2 次，培训 270 余人。发放《北京市农民专业合作社会计核算办法（试行）》和《平谷区农民专业合作社工作手册》到每一个合作社，并对合作社财务人员进行电话辅导和上门辅导，财务人员管理水平得到全面提升。

第三节 平谷区农民专业合作社示范社财务管理现状分析

为了摸清平谷区农民专业合作社示范社财务管理情况，找出其与规范化标准之间的差距，为推动财务管理规范化建设提供依据，我们对平谷区农民专业合作社示范社的财务会计管理情况进行了全面调查。平谷区共有 66 家区级示范社，其中 16 家市级示范社，5 家国家级示范社。在此次调查中发现 2 家区级示范社由于经营场地合同纠纷暂停经营，因此，最后的调查范围确定为平谷区 64 家示范社。

一 平谷区农民专业合作社示范社财务管理基本规范

（一）会计人员配备比较齐全

64 家合作社共配备了会计人员 98 人，其中 77 人持有会计证，持证率达到 78.57%；每个合作社至少配备了 1 名财务人员，有 33 家配备了 2 名以上财务人员；48 家合作社配备了单独的会计人员，其中 1 家配备 3 名专职财务人员，20 家配备 2 名专职财务人员，10 家采取配备 1 名专职出纳，再外聘或委托 1 名会计的方式记账；16 家合作社没有配备单独会计人员，其中 1 家合作社外聘 2 名财务人员，1 家合作社外聘 1 名财务人员并委托 1 名代理记账公司人员记账；有 61 家合作社会计人员接受过相关业务培训，占 95.31%。

（二）会计核算基本符合要求

在进行会计核算的 60 家合作社中（4 家合作社记的是流水账），全部能够做到会计指标的口径统一一致、相互可比，会计处理方法的前后各期相一致，都能够严格按照会计年度进行会计核算。有 57 家按照规定设立了科目，建立账簿，占 95%；有 58 家能够在发生经济事项时，及时办理会计手续、进行会计核算，占 96.67%；有 52 家能够按照《北京市农民专业合作社会计核算办法（试行）》的规定编制报表，占 86.67%；有 56 家会计凭证、账簿、报表和其他资料的内容符合相关规定，会计报表真实，占 93.33%；有 52 家建立了会计档案，并妥善保管，占 86.67%；60 家全部独立核算，没有发现合作社与领办人、领办企业混合记账现象；有 59 家开设了独立的银行账户，占 98.33%。此外，还有 27 家合作社使用了计算机记账，占 45%。

在国家财政扶持资金的核算方面，有 56 家通过专项应付款科目单独核算国家财政扶持资金，占 93.33%；有 58 家在使用国家财政扶持资金时仅限合作社内部使用，占 96.67%；在 54 家获得国家财政扶持资金并形成资产的合作社中，有 50 家将其列入资本公积科目，占 92.59%。

（三）财务管理制度比较健全

60 家进行会计核算的合作社中，有 48 家合作社建立了 5 项以上（含 5 项）的财务管理制度，占 80%；有 15 家合作社建立了 10 项以上（含 10 项）的财务管理制度，占 25%；有 53 家合作社表示能够严格执行财务管理规章制度，占 88.33%。

有 53 家建立了现金和银行存款管理制度，47 家建立了财务公开制度，43 家建立了岗位责任制度，40 家建立了财务开支审批制度，39 家建立了会计人员管理制度，35 家建立了票据管理制度，34 家建立了资产台账制度，33 家建立了会计档案管理制度，29 家建立了货币资金内部控制制度，20 家建立了销售和收款业务内部控制制度。另有部分合作社建立了固定资产内部控制制度、财务预决算制度、采购和付款内部控制制度、存货内部控制制度、资产清查制度、债权债务管理制度。

（四）民主理财与财务公开执行情况良好

64 家合作社中，有 59 家建立了完善的成员（代表）大会、理事会和监事会（执行监事），占 92.19%，其中有 5 家单位虽然建立了但不完善，占 7.81%。有 63 家每年召开 1 次以上成员代表大会，占 98.44%，其中 39 家合作社每年召开 2 次以上成员代表大会，占 60.94%。有 61 家采取一人一票或一人一票结合附加表决权，但附加表决权不超过本社成员基本表决权总票数的 20% 的方式进行表决，占 95.31%。在作出重大财产决策时，有 39 家合作社须经理事会同意后，再经成员（代表）大会同意，占 60.94%；有 21 家合作社由理事会决策，占 32.81%；有 4 家合作社由理事长直接决策，占 6.25%。有 37 家合作社账目定期向成员公开，占 57.81%；有 26 家合作社账目不定期向成员公开，占 40.63%。有 60 家合作社接受过监事会（执行监事）、成员（代表）大会和农村经营管理部门的审计和监督，其中 10 家接受过成员（代表）大会委托的外部审计机构审计，31 家接受过农经管理部门对合作社财务会计工作的指导和监督。

（五）成员账户建立比较规范

在 58 家设置了成员账户或成员交易明细账户的合作社中，有 53 家设置了成员账户和成员交易明细账户，有 5 家只设置了其中一个账户。有 53 家能够及时核算成员账户，占 91.38%；有 54 家能够全面核算资金额、产品交易情况、可分配盈余返还，占 93.1%；有 55 家能够将国家财政扶持资金形成的资产和接受捐赠资产按成员平均量化，计入成员账户，占 94.83%；有 57 家产生了盈余公积或资本溢价，其中有 55 家能够按章程规定量化到成员账户。

（六）盈余返还基本符合规定

在 64 家合作社中，除 3 家合作社未进行过盈余返还外，59 家能够实现可分配盈余按交易量（额）比例返还，返还比例不低于 60%；2 家能够实现可分配盈余按交易量（额）比例返还，但返还比例低于 60%。2012 年，64 家合作社有 52 家实现盈利，共实现可供分配的盈余 2844.31 万元，提取盈余公积 327.64 万元，提取风险基金 204.3 万元，按交易量返还 1287.17 万元，按资金额返还 768.64 万元，未分配盈余 256.56 万元。

二 平谷区农民专业合作社示范社财务管理存在的问题

从调查结果看，平谷区农民专业合作社示范社财务管理总体情况较好，但是部分合作社也存在一些问题，主要表现在以下几个方面。

（一）部分合作社财务人员设置不合理

21 名财务人员没有会计证，存在无证上岗问题，占会计人员总数的 21.43%；有 31 家合作社只配备了 1 名财务人员，存在会计、出纳一人兼的问题，占 48.44%；有 12 家合作社的财务人员是理事会、监事会成员及其直系亲属兼任，占 18.75%；有 3 家合作社财务人员未接受过培训，占 4.69%。

（二）部分合作社会计核算不规范

有 4 家合作社没有进行会计核算，记的是流水账；在进行会计核算的 60 家合作社中，有 3 家未按规定设立会计科目，但建立了会计账簿；有 2 家办理会计手续、会计核算不及时；有 7 家未按照《北京市农民专业合作社会计核算办法（试行）》规定编制报表，只是编制一些简单的报表，有 1 家没有编制报表；有 4 家会计凭证、会计账簿、会计报表和其他会计资料的内容和要求不符合规定，但会计报表真实；有 6 家虽然建立了会计档案，但未按照规定建立，不规范，有 2 家未建立会计档案；有 1 家尚未开设银行账户；有 4 家没有将国家财政扶持资金放入专项应付款科目核算，有 4 家没有将国家财政扶持资金形成资产部分计入资本公积科目，有 2 家合作社将国家财政扶持资金由合作社、领办人和领办企业共同使用。

（三）部分合作社财务管理制度建立不完善，没有严格执行

在 60 家进行会计核算的合作社中，有 1 家合作社尚未建立财务管理制度，有 11 家合作社虽然建立了财务管理制度，但只建立了不到 5 项制度，财务管理制度体系有待完善；有 7 家合作社尚未建立现金和银行存款管理制度，有 20 家合作社尚未建立财务开支审批制度，有 25 家合作社尚未建立票据管理制度，有 21 家合作社尚未建立会计人员管理制度，有 23 家合作社尚未建立财务公开制度，有 17 家合作社尚未建立岗位责任制度；另外，有 6 家合作社虽然建立了财务管理制度，但是没有严格执行。

（四）部分合作社民主理财和财务公开执行不到位

在 64 家合作社中，有 5 家合作社"三会"建立不完善，只建立了其中一到两个；有 1 家合作社没有召开成员代表大会；有 3 家合作社没有完全按照一人一票结合附加表决权，附加表决权不超过 20% 的方式进行表决；在作出重大决策时，有 4 家合作社由理事长直接决策；有 1 家合作社账目不公开。

（五）部分合作社成员账户建立和核算不完整

在进行会计核算的 60 家合作社中，有 2 家尚未建立成员账户和成员明细账户，在剩余的 58 家合作社中，有 5 家合作社只建立了其中一个账户；有 5 家合作社成员账户和交易明细账户核算不及时；有 2 家未全面核算资金额、产品交易情况和可分配盈余返还，有 2 家合作社成员账户中只核算了成员出资额；有 4 家合作社未将国家财政扶持资金形成的资产和接受捐赠资产按成员平均量化；有 2 家未将盈余公积或资本溢价量化到成员账户；有 2 家合作社尚未进行盈余返还。

三 平谷区农民专业合作社示范社财务管理问题产生的原因

（一）主观原因

政府指导部门对合作社发展认识不清，存在"重数量、轻质量""重规模、轻规范"倾向。很多基层干部认为合作社数量多就是发展得好，规模大就比较规范，经营好就应该扶持。在示范社评选过程中，往往强调基地面积大、社员人数多，而忽视了合作社财务管理规范。如平谷区示范社评选标准中，财务管理虽然占 50 分，但是如果合作社成员多、规模较大、经营较好可以获得很多加分，即使财务管理不规范也有可能被评为示范社。

合作社管理层对财务管理的重要性认识不足，对已经建立起来的财务管理制度没有严格执行。很多合作社为了评上示范社，获取财政扶持资金，在农合中心的帮助下，已经建立了规范的财务管理体系，但是被评选为示范社后，合作社管理层对财务管理工作的重要性认识不足，导致很多已经建立起来的制度没有严格执行。

合作社成员对合作社管理层较为信任，对民主理财和财务公开的积极性不高。领办人或领办企业在合作社中具有较高的威信，而且很多是本地农民，大家平时已经非常熟识，彼此之间比较信任。在做重大决策时，社员放弃了参与民主理财的权利，有的时候理事长就可以直接做决定，而不用经过成员（代表）大会；有的时候开成员（代表）大会时不用公开财务报表和账簿。

（二）客观原因

合作社原始投资少，增资扩股手续复杂，合作社净资产总额不大，合作社无财可理。合作社在成立时，很多成员对投资合作社积极性不高，只是象征性地出资，有的出资 100 元，有的以土地入股，但土地还是自己经营。合作社注册资本不高，主要还是大户或龙头企业投资，等到合作社发展起来，成员看到收益后，想要增加投资时，手续又非常复杂。如平谷区合作社如需变动注册资金，只能每年1月份到工商部门变更，变更时需要全体社员亲自到场并签字，手续相对繁杂。因此，很多合作社宁愿贷款，也不愿意增加注册资金。统计数据显示，2012年平谷区农民专业合作社所有者权益平均不到50万元。

成员出资差异大，大户在管理决策中起主导作用，内部控制制度和岗位分工制衡机制失效，民主监督和管理流于形式。在合作社成立时，领办人或领办单位投入资金较多，成员出资差异较大，理事长或理事会成员一般都由大户担任，他们在合作社中具有较大的影响力和控制力，如某合作社理事会成员是一家三口，监事会成员是村委会干部，财务管理的内控制度和制衡机制失效，民主监督和管理流于形式。

部分合作社合作方式松散，业务相对简单，交易时直接返利，合作社利润不高，负担不起财务人员开支。合作社的主要目的是成员利益最大化，而不是合作社利润最大化，很多时候合作社在与成员交易时，已经将利润返还给社员，合作社的利润很低。有的合作社业务比较单一，主要就是收购产品、包装产品、销售产品；有的更加简单，就是为农民提供低价的农用物资，没有其他业务，合作社本来就没什么收入，还要提供技术、培训等服务，还要支付场地、水电、办公经费等开支，合作社利润较低，在被调查的64家合作社中，就有12家合作社处于亏损状态。每个专职财务人员每年需要约2万元的开销，这对于利润本身很低的合作社来说是一笔不小的开支。因此，很多合作社选择了出纳、会计一人兼，或外聘兼职财务人员的方式，有的合作社选择了亲戚、朋友或理事长兼职做账，直接省去了财务人员开支，这些财务人员有的没有会计证，有的不了解合作社会计核算，有的只能记简单的流水账，财务管理水平难以提升。

兼职财务人员多，人员更换频繁，培训效果不佳，财务人员业务水平难以提高。合作社的财务人员很多是本社成员、亲戚、朋友或理事长兼任，会计业务不熟练。而外聘的财务人员流动性大，统一管理难度大，虽然农合中心定期对财务人员进行培训，但是接受培训的人员变了，或者是外聘的财务人员没有时间参加培训，导致财务培训效果不佳。在实际工作中往往需要电话或实地一对一辅导，工作效率不高，财务人员素质很难提高。

会计核算办法存在差异，容易混淆，成员账户核算复杂，缺少核算软件，手工核算工作量过大。首先，企业和村集体的会计核算方法与合作社的会计核算方法存在差异，农业部和北京市的合作社会计核算也存在差异，由于财务人员整体业务水平不高，有的没有经过培训，有的没有会计证，在实际工作中经常出现会计科目混用现象。其次，按照相关规定，合作社应该为每位成员设置成员账户和成员交易明细账户，并将国家财政扶持资金形成的资产、接受捐赠形成的资产、盈余公积等每年重新进行量化。由于没有核算成员账户的软件，手工核算工作量大，如某合作社有500多名成员，成员账户有8本，该合作社成员账户采取手工记录方式，财务人员每年大约需要2个星期才能把成员账户全部记完，不仅费时，而且费力。

政府指导部门人员少，监督指导范围有限，监管缺乏权威性，示范社退出机制执行不严格，合作社外部监管有待加强。首先，平谷区农合中心规范运行指导部只有不到 10 个人，却要负责指导全区 958 家合作社的规范化建设和相关人员的培训工作，而且合作社的数量还在不断增加，在时间紧、人员少、任务重等客观条件的制约下，难以对合作社进行全面的规范指导，现在只能集中力量对示范社以及示范社备选社进行指导。其次，农合中心对合作社进行指导，对合作社不收费、不验资、不年检，对合作社的管理在法律上没有强制性，如果不与财政扶持资金相挂钩，很多合作社对农合中心的指导并不配合。最后，示范社退出机制没有真正实行。合作社被评选为示范社后，保持规范运行的压力不大，示范社财务管理规范化维持时间不长，很多已经建立起来的财务管理制度没有严格执行，有的合作社出现了会计核算不规范、财务管理不严格、民主理财不到位、财务公开不及时等问题，有的示范社甚至出现了记流水账现象。

第四节　农民专业合作社财务管理规范化建设相关问题探讨

一　财务人员配置问题

目前合作社财务人员的配置有四种方式：一是聘用专职财务人员，二是由理事长亲属、理事长或村集体会计担任，三是外聘兼职财务人员，四是社账托管。这四种方式各有利弊。

（一）专职财务人员业务能力强，但工资成本高

聘用的专职财务人员一般具有会计证，有相关的工作经验，财务管理水平相对较高。但专职的财务人员成本较高，每人一年大约需要 2 万元的工资，根据财务岗位分工要求，会计和出纳应分设，对于某些经营效益不佳的合作社来说，负担不起 2 名财务人员的开销。

（二）理事长亲属、理事长或村集体会计担任财务人员工资成本低，但内控机制失效

理事长亲属、理事长或村集体会计担任财务人员只需支付较少的费用，或干脆不给钱，能够减少合作社开支，同时合作社管理层更容易了解合作社经营状况，方便其经营管理。但兼任的会计人员业务水平普遍不高，有的不会记账，只会记流水账，财务管理不规范。由于财务人员和合作社领导之间关系特殊，导致其独立性不强，财务管理内控机制失效。

（三）外聘兼职财务人员费用相对较低，但对财务管理和决策作用不大

每个兼职财务人员每月支付 300～500 元，很多业务不多的合作社采用这种方式。但是由于外聘兼职财务人员同时从事多家单位的会计核算工作，每月只能来一两天，没有时间参加统一组织的培训，对合作社会计核算不太熟悉，核算不及时，管理不规范。外聘兼职财务人员的主要功能就是记账，不管财务分析，在合作社经营决策方面没有尽到财务人员应尽的义务。

（四）社账托管费用低、效果好，但合作社财务管理自主权受到制约

社账托管的优点是在资金有限的前提下，能够达到财务规范管理的目的，提高财务公开的及时性和有效性，减少合作社的非生产性开支，节约管理成本。密云县和通州区在这方面起步较早，已经取得了初步成果，如密云县农民专业合作社服务中心专门成立了社账托管办公室，与合作社签订财务托管协议，配备专职人员及专门设备，为合作社提供专业化、规范化的财务托管服务。通州区在于家务乡5个合作社开展社账托管试点，将合作社会计核算业务委托给北京日月曜阳会计服务有限公司，托管费用由区农经站支付。而社账托管的缺点是合作社的财务管理自主权受到限制，合作社管理层对自身财务不甚了解，在面对稍纵即逝的市场机遇时，无法作出及时快速的反应，影响其经营效益。

总之，兼任、外聘、委托代理只是在合作社发展起步时期的权宜之计，当合作社达到一定规模，经营效益逐步提高时，还是应该配备专职的财务人员。为了提高财务管理水平，应广泛开展宣传与培训，建立培训长效机制，提升领导、成员、财务人员对财务管理工作的重视程度和做好财务管理工作的能力。一是要充分利用媒体、培训、知识竞赛等多种形式，广泛开展各种宣传学习活动，树立正确的合作社发展观，提高合作社领导和成员对财务管理重要性的认识，把财务管理工作当作合作社发展中的重要事情来抓，鼓励成员积极参与到合作社财务管理与监督过程中。二是要加大对财务工作相关人员的培训力度，对农民专业合作社的会计科目设置、会计核算、会计报表进行专门指导，同时应规范农民专业合作社经济运行和盈余分配制度，加强合作社负责人、财会人员执行《会计法》和执行财政纪律的宣传教育，建立起农民专业合作社会计人员培训的长效机制，定期组织合作社会计人员培训。

二 示范社财务管理规范化标准问题

（一）农业部对示范社财务管理规范化提出明确标准

农业部《农民专业合作社示范社创建标准（试行）》中一共提出5条标准，第一条标准就是民主管理好，对示范社财务管理的规范化提出了明确的要求，具体内容如下：

依照《农民专业合作社法》登记设立，在工商行政管理部门登记满2年。有独立的银行账号。组织机构代码证、税务登记证齐全。

根据本社实际情况并参照农业部《农民专业合作社示范章程》制订章程，建立完善的财务管理制度、财务公开制度、社务公开制度、议事决策记录制度等内部规章制度，并认真执行。

每年至少召开一次成员（代表）大会并有完整会议记录，所有出席成员在会议记录上签名。涉及重大财产处置和重要生产经营活动等事项由成员（代表）大会决议通过，切实做到民主决策。

成员（代表）大会选举和表决实行一人一票制，或一人一票制加附加表决权的办法，其中附加表决权总票数不超过本社成员基本表决权总票数的20%，切实做到民主管理。

按照章程规定或合作社成员（代表）大会决议，建立健全社务监督机构，从本社成员中选举产生监事会成员或执行监事，或由合作社成员直接行使监督权，切实做到民主监督。

根据会计业务需要配备必要的会计人员，设置会计账簿，编制会计报表，或委托有关代理记账机构代理记账、核算。财会人员持有会计从业资格证书，会计和出纳互不兼任。理事会、监事会成员及其直系亲属不得担任合作社的财会人员。

为每个成员设立成员账户，主要记载该成员的出资额、量化为该成员的公积金份额、该成员与本社的交易情况和盈余返还状况等。提取公积金的合作社，每年按照章程规定将公积金量化为每个成员的份额并记入成员账户。

可分配盈余按成员与本社的交易量（额）比例返还，返还总额不低于可分配盈余的60%。

每年组织编制合作社年度业务报告、盈余分配方案或亏损处理方案、财务状况说明书，并经过监事会（执行监事）或成员直接审核，在成员（代表）大会召开的15日前置于办公地点供成员查阅，并接受成员质询。监事会（或执行监事）负责对本社财务进行内部审计，审计结果报成员（代表）大会，或由成员（代表）大会委托审计机构对本社财务进行审计。自觉接受农村经营管理部门对合作社财务会计工作的指导和监督。

（二）平谷区对示范社财务管理规范化提出具体评分标准

平谷区在《平谷区2012年农民专业合作社区级示范社评定考核实施考核方案》中对示范社的考评标准进行了细化，并列出了具体的评分标准，其中涉及四大项：一是有明晰的财产权利关系，二是有健全的经营服务体系，三是有民主的组织管理制度，四是有合理的利益分配机制和较好的经济效益。其中一、三、四项都涉及财务管理，加起来分数达到50分，可见平谷区对合作社财务管理工作的重视程度，具体内容如下。

第一项，有明晰的财产权利关系。依法登记设立。合作社法人登记1年以上，社员150户以上。办理税务登记，并按要求办理相关免税手续。办理组织机构代码证，开立银行账户。

第三项，有民主的组织管理制度。①章程和制度。合作社章程符合《农民专业合作社登记管理条例》和《农民专业合作社示范章程》规范要求，并建立生产管理、销售管理、财务管理等制度。②组织管理机构。合作社建立健全社员（代表）大会、理事会、监事会等组织机构，活动正常。③社员管理。合作社有规范的社员入、退社登记管理手续，核发社员证，健全社员管理及其生产经营档案。④民主管理。社员（代表）大会表决一般应实行一人一票，附加表决权总票数不得超过本社成员基本表决权总票数的20%。

第四项，有合理的利益分配机制和较好的经济效益。①财务核算。合作社单独建账核算，与社员的产品交易实行专项明细核算。定期向社员公布财务状况，接受社员监督。财务人员实行持证上岗。及时报送会计报表。②社员产品收购价格和农业投入品的供应价格。合作社按"下保底、上不限"的作价原则，向社员收购产品；以无偿或低偿服务为主向社员提供农业投入品。③盈余分配。按照章程规定提取公积金、公益金、风险金。提取各项基金后的税后利润按交易额和成员出资额统筹分配，且按交易额分配比例在60%

以上。④经济效益显著。入社农户收入比未入社农户收入高 20% 以上。

（三）财务管理规范化标准已经建立，关键是如何执行

比较农业部、平谷区的示范社评选标准可以看出，财务管理规范与否在示范社评选过程中占有重要地位，特别是在农业部的标准中，第一条就是财务管理相关内容，对健全财务管理制度、夯实财务管理基础、规范盈余分配制度、完善会计报表编制和报送制度等方面提出了具体的要求，非常具有实际指导意义。平谷区的示范社标准又对其进行了细化，提出了具体的评分标准，使其更具有可操作性。财务管理的规范化标准已经非常明确，但评选出的示范社有的仍然财务管理不规范，甚至出现了记流水账的问题，主要有以下几个原因。

首先，财务管理相关要求是或然选项，不是必然选项。在平谷区的示范社评分标准中，财务管理大约 50 分。生产经营大约 50 分。生产经营部分有很多加分项，如果某合作社财务管理水平不高，但是经营服务能力较强，仍然有可能被评选为示范社，如合作社社员基础要求是 150 户，每增加 10 户，就可以增加 0.5 分；统一采购、供应农产品，配送比例在 80% 以上的，每提高 1 个百分点，增加 0.5 分；标准化生产面积占社员总生产面积 60% 以上的，每提高 1 个百分点，增加 0.5 分；开展农产品初级加工增加 2 分，开展农产品深加工增加 5 分。这样的评选机制还是侧重于规模大、经营好的合作社，对规模小，但财务管理规范的合作社不太公平。

其次，示范社评选结果长期有效，监督管理手段欠缺。在平谷区示范社建设意见中明确提出了要对示范社实行定期监测、动态管理、保优去劣。但在实践中，并没有真正实行，很多示范社管理层在合作社取得示范社称号后，不再关心合作社管理，有的财务管理混乱，有的已经暂停营业，这些合作社已经不符合示范社标准。应全面启动监测管理机制，对不合格的合作社取消其示范社资格，并在 3 年内不得申报示范社。

（四）房山区财务管理示范社评选和大兴区财务管理一票否决制经验做法值得借鉴

房山区在 2010 年提出开展农民专业合作社示范社建设，每年在全区范围内评选 3~5 家农民专业合作社财务管理示范社并予以表彰，获得"房山区农民专业合作社财务管理示范社"荣誉的农民专业合作社，可作为申报"北京市农民专业合作社示范社"评选的重要依据。通过财务管理示范社的评选，以点带面，促进全区农民专业合作社的规范和发展。大兴区在评选示范社时，采取了财务管理一票否决制，对于财务管理不合格的示范社，直接取消其示范社评选资格。房山区和大兴区的做法非常值得借鉴，其减少了"重规模、轻规范"合作社发展观的影响，提高了合作社管理人员对做好财务管理工作的认识，带动了全区合作社财务管理规范化建设。

三 成员账户核算问题

合作社的目标是成员利益最大化，因此，成员账户核算的好坏是关系到一个合作社是不是真正的合作社、成员能不能获得最大利益的关键性问题。但是，在调研中，很多合作社财务人员反映成员账户核算复杂，有的财务人员为了图省事，财政扶持资金不形成资

产，直接在与成员交易时一次性返利，年终不返利，成员账户不用记，只需记个成员交易明细账即可。造成这一问题的原因是：

（一）成员账户是合作社特有的，没有现成的财务软件可用

企业是按股分红，而合作社是先按交易量（额）分红（分红比例不低于60%），再按出资额分红，出资额不仅包括社员个人的出资额，还包括平均分配的公积金量化份额和国家财政扶持资金和接受捐赠形成的资产量化份额。这种核算方式与企业的分红方式不同，现成的财务软件中没法进行核算。虽然农业部设计了一个合作社财务管理系统，但是由于北京市在农业部的会计核算办法的基础上做了一些调整，导致农业部的财务管理软件也不能用。目前，北京市合作社的成员账户只能采取手工核算，或者用 Excel 计算后，再抄录到成员账户上。

（二）示范社对成员数量有最低标准，核算起来更加困难

平谷区对示范社成员的数量的最低标准是150人，在示范社评选时，每增加10人，增加0.5分。很多合作社为了评上示范社，盲目增加成员，有些成员与合作社业务往来并不多，但是由于公积金、国家财政扶持资金和接受捐赠形成资产要量化到每个成员，即使成员当年没有交易，年终分红时也要算上一份。在调研中，平谷区某合作社有500多户成员，会计反映每年成员账户记1次就要花费2个星期的时间，费时费力。

解决这一问题的关键是要抓紧研发合作社会计核算软件，可以在农业部已有核算软件基础上进行相应的修改和调整，使其适合北京市的实际情况，降低财务人员的工作强度，规范成员账户的核算。

四　合作社财务监管问题

（一）监事会监管力度太小

合作社由于投资额差距大，领办人或领办企业在合作社管理中起绝对性作用，大户或村干部担任理事会、监事会成员的例子并不少见。在某些合作社理事长是大户，监事会成员是村干部，在某些情况下，这些人的利益与全体成员的利益并不一致，而与合作社管理层利益一致，依靠监事会监管财务管理力度太小，效果不佳。应该重视监事会成员的选举工作，选择真正能代表广大社员利益、具有一定财务管理水平的人来担任，履行好监事会监管职能。

（二）成员（代表）监管太难

合作社的章程中明确指出，重大决策应由成员（代表）大会通过，可是由于成员过多，有的合作社几百人，召集成员大会非常不容易，如果每次重大决策都要经过成员（代表）大会表决，对于合作社的经营管理非常不利。而且很多合作社成员对理事长非常信任，再加上不懂财务相关知识，放弃民主理财和财务公开权利，在成员（代表）大会上也只是翻翻自己的成员账户，对合作社整体的财务管理不太关心。

（三）政府管理部门监管太远

平谷区农合中心的规范运行指导部负责合作社的规范管理，而平谷区 900 多家合作社，每家每户都要进行指导根本顾不过来。大多数情况下，规范运行指导部都是结合示范社评选工作监督合作社的财务管理，对普通合作社缺乏监管，对评选后的示范社也缺乏监管。

（四）财务人员监管太软

合作社的财务人员中有专职财务人员、兼职财务人员、委托代理机构人员等，这些人中有的是理事长亲戚，或者是理事长本人，与合作社管理层关系密切，由其进行财务监管作用不大。即使是外聘的专职财务人员，由于其工资是合作社管理层发，如果不按照管理层的意思记账，随时可以换人。对财务人员的监管是财务管理的基础，为了保证其真正有效，首先要选好财务人员，杜绝合作社领导直系亲属担任财务人员；其次要建立财务人员岗位制衡机制，不相容的岗位不能由同一人担任，降低财务舞弊风险；最后要建立财务人员对成员（代表）大会负责的机制，财务人员如无明显错误，不得随意更换，同时要保证财务人员的工资发放。

第五节　平谷区农民专业合作社示范社财务 管理规范化对策建议

党的十八届三中全会审议通过的《中共中央关于全面深化改革若干重大问题的决定》中明确提出："要加快构建新型农业经营体系。……鼓励承包经营权在公开市场上向专业大户、家庭农场、农民合作社、农业企业流转，发展多种形式规模经营。鼓励农村发展合作经济，扶持发展规模化、专业化、现代化经营，允许财政项目资金直接投向符合条件的合作社，允许财政补助形成的资产转交合作社持有和管护，允许合作社开展信用合作。"合作社正面临着前所未有的机遇和挑战。机遇是中央对发展农民专业合作社的高度重视，越来越多的财政扶持资金和项目将直接投向农民专业合作社；挑战是如何巩固和落实好中央大好政策，使中央支农惠农政策真正惠及广大农户，而不是所得利益被大户、龙头企业所侵占，这对合作社财务管理提出了更高的要求。面对机遇和挑战，针对矛盾和问题，对平谷区农民专业合作社示范社财务管理规范化提出以下几点对策建议。

一　开展国家级示范社财务管理规范化试点

一是制定考评办法。考核内容主要包括会计人员配备、会计核算、财务管理制度建立与执行、民主理财与财务公开、成员账户建立与盈余返还、财政扶持资金管理等方面。考核采取评分制，满分为 100 分，经考核获得 85 分以上的单位为财务管理规范化示范社。二是修订会计核算办法。《北京市农民专业合作社会计核算办法（试行）》的出台早于财政部农民专业合作社财务会计制度，在科目设置、账目处理等方面存在一些差异，而且相对复杂，给合作社会计核算造成了一定困难。因此，要在符合会计准则和会计制度的基础上，对现有会计核算办法进行修订，使其适应北京实际，方便财务人员实际操作。三是开发财务软件。在农业部财务软件或北京市村级财务软件的基础上，按照新的会计核算办法的要求对会计科目进行修改和调整，加入成员账户和成员明细账户核算功能，为试点社配备硬件设备，实现会计核算电算化，提高财务人员的工作效率。四是建立健全动态监督管理机制。每年对示范社财务管理情况进行考评，对于不合格的示范社限期进行整改，拒不整改的取消其示范社称号；对于合格的合作社，加大对其财政扶持力度。

二　探索财务管理新模式

一是开展会计委派制试点。针对部分合作社财务管理不规范，但对社账托管还有一些顾虑的情况，建议在平谷区推行农民专业合作社委派制试点，由区县经管部门或农合中心成立会计委派服务中心，由中心统一向社会公开招聘会计人员，下派到合作社担任会计，每人管2～3个合作社的会计工作，工资由财政承担。试点工作先在示范社或曾获财政扶持资金的合作社进行。二是探索大学生村官辅助财务管理模式。结合国家目前实施的大学生村官制度，北京、山西、浙江等地已开始尝试推行"大学生村官＋农民专业合作社"的模式。让大学生村官帮助合作社规范财务管理，促进合作社的规范化发展，也是一种不错的选择。三是规范社财社管模式。合作社应配备必要的财务人员，杜绝无证上岗，上岗前应接受统一培训。应避免合作社领导直系亲属担任财务人员。具有一定经济实力的合作社应配备2名以上专职财务人员，确保会计、出纳岗位分设。对于外聘或委托代理财务人员，要在做好账务核算的基础上，规范财务管理，提供财务分析报告，并接受监事会的监督。

三　规范合作社收益分配

一是建立健全成员账户。成员账户要全面核算资金额、产品交易情况、可分配盈余返还等项内容，按照章程定期将国家扶持资金形成的资产和接受捐赠形成的资产和未分配盈余等项平均量化到每个成员。二是建立健全成员交易明细账户。完整记录成员交易明细，将其作为年终分红的重要依据。三是合理确定盈余返还比例。盈余分配方案要经成员代表大会通过，保证按交易额分配比例不低于可分配盈余的60%，避免盈余返还方案不公开、不民主、不合理等问题。四是兼顾好积累和分配的关系。避免合作社交易时全部直接返利，保留合理利润空间，使合作社积累一定的资金，再用这笔资金进行扩大再生产，促进合作社健康发展，实现成员长远利益最大化。

四　建立有效的监督制约机制

一是鼓励社员参与监督管理。鼓励社员增加投资，简化注册资金变更手续，使成员的出资与其对合作社的作用相匹配，提高社员参与合作社财务管理的积极性。在成员代表大会期间要进行全面财务公开，在作出重大财务决策时，必须走民主程序，提高成员参与监督管理的程度。二是落实监事会监管职责。高度重视合作社监事会成员选举工作，选出能够真正代表全体社员利益的监事会成员，强化其监督职责，赋予其监督权力，要求其每年向成员代表大会作监事会报告，其人事任免由成员代表大会决定。三是强化经管部门、农合中心的审计职能。经管部门、农合中心要按照农民专业合作社财务会计制度的规定，切实加强对合作社财务会计工作的指导和监督，定期进行审计检查，发现问题及时解决。

课题负责人：吴志强

课题组长：胡登州

课题组成员：方书广　石　慧　姜能志

　　　　　　屈连江　张保国　刘长松

执笔人：胡登州　方书广　石　慧

第三章 平谷区新型农村信用合作组织试点与研究

随着郊区农村经济的不断发展，农村集体及农民对生产资金的需求日益显现，迫切性进一步增加。在现有农村金融体系中，由于农民缺少有效抵押物，很难从正规金融机构取得贷款。以追求利润最大化为目标的商业银行面对农村金融市场严重的信息不对称，农村经济的高风险、低回报等特点，只愿在农村地区吸收存款，放贷的积极性却不高。农村经济发展中的融资难问题已经成为阻碍"三农"发展的重要原因。

新型农村信用合作组织是近年来在全国范围内出现的、内生于农村经济并真正符合合作制原则的农村合作金融组织，它建立在传统农业社会血缘、亲缘、地缘关系的"熟人社会"基础之上。由于当今农村社会的信息较为透明，农民之间关系密切、来往频繁，在发生各种经济行为时，农民往往会选择减少违约行为来维护自己良好的信誉记录，以避免被这个社会所排斥而影响到其个人的经济利益，因此，农村社会内部的信用体系较为稳定。农村信用合作组织正是建立在这种稳定的信用体系之上，它避免了金融机构与农户之间的信息不对称问题，并且管理成本低、不良贷款率低，在我国农村金融体系尚不完善的情况下，在一定程度上满足了农民的贷款需求。北京地区的农村信用合作组织主要依托于农民专业合作社，在合作社内部开展资金互助。本课题的初衷就是通过成立社区内的信用合作组织增加农村金融供给，满足农民的金融需求。

第一节 农村信用合作组织的概况

一 农村信用合作组织的概念

信用合作组织是分散的、小规模的生产者为了解决经济活动中的困难，获得某种服务，依照自愿开放、民主管理、自主自立等合作制原则组织起来的一种经济组织形式。本课题的研究对象主要为农村合作金融领域内的信用合作组织，是"社会经济人在经济生活中，为改善生产和生活条件、获取便利的融资服务，按照自愿入股、民主管理、互助互利的原则组织起来并主要为入股者提供融资服务的一种信用活动组织"。

世界各国农村信用合作组织主要以德国雷发巽合作原理和英国罗虚代尔合作制原则为

基础建立。德国是合作金融组织的发源地，最早在 19 世纪中叶，德国人威廉·雷发巽作为一市之长，针对当时大革命冲击下农民所处的困境，模仿城市手工业者组成社团的形式，将农民组织起来，创立了农村信用合作社，后来在世界各地得到普遍推广。罗虚代尔原则来源于 1844 年诞生的世界第一个成功的合作社——罗虚代尔公平先锋社，该合作社由罗虚代尔镇纺织厂的工人成立，它成立后制定了章程，作为每个会员必须遵守的准则。历经 100 多年的时代变迁，合作制原则进行了多次调整，但罗虚代尔原则的基本精神——自愿与开放、民主管理一人一票、社际合作等均被保留了下来。1995 年 9 月，国际合作社联盟 100 周年代表大会在英国曼彻斯特举行。大会产生并通过了国际公认的合作原则，其内容为：①自愿和开放的社员原则；②社员民主管理原则；③社员经济参与原则；④自主和自立的原则；⑤教育、培训和信息原则；⑥合作社间的合作原则；⑦关心社区的原则。

二　日本及我国台湾地区农村信用合作组织简介

在欧美国家，农村合作金融的表现形式主要为合作银行。由于发达国家多倡导资本化的大农业之路，所以很多农户都是以农场主的形式存在，其拥有的资产较多，能够满足金融机构的信用审查要求。在亚洲，日本的农村合作金融发展取得了显著成效。1947 年日本颁布并实施了《农村协同组合法》，农民按照民主、自愿的原则开始建立合作社，称作农业协同组合，简称"农协"。经过半个世纪的发展，日本建立健全了农户—基层农业协同组合（市、町、村）—都、道、府、县农协中央会—全国农协中央会（农林中央公库—农林中金）形式的组织机构。农业产业化进程需要金融系统的大力支持，因此，为农户提供金融服务是日本农协的重要业务之一。中层农协机构，即都、道、府、县农协中有专门从事信用业务的联合会——信用农业协同组合联合会（简称信农联）。其信用贷款以会员的存款为基础，贷款主要用于农民的借贷、农协经营的周转金，其贷款利率通常低于其他社会银行，一般不需要担保。信农联服务的对象为缺少资金的农民，而农业自身高投入、低回报的特点均给合作金融带来较大的风险，为此，日本政府在农协成立农林中央金库时就投资 20 亿日元，大力支持日本农村合作金融的发展。此外，日本政府还制定了一系列法律法规，如《农业协同组合法》《临时利率调整法》《农林中央金库法》等，形成了健全的农村合作金融法律体系。

台湾地区第一个农会于 1899 年成立于三角涌（现台北县三峡镇），是农民自行组织起来要求减租的组织，发展至今已有百年历史。台湾农会是以"保障农民权益、提高农民知识技能、促进农业现代化、增加生产收益、改善农民生活、发展农村经济"为宗旨的多目标、多功能的农民团体，在农村中拥有非常高的威望和信用，所以农户一般都会将存款存入农会信用部，并从信用部贷款从事农业生产，逐渐形成了一种互助型信用体系，贯穿于农产品产储销全过程。台湾"农业金融法"于 2004 年 1 月 30 日正式施行，农业金融主管部门——"农业金融局"亦于同日挂牌成立。政府部门的引导和法律的保障有效地推进了农会工作的开展。

三　我国农村信用合作组织的分类

我国农村信用合作组织可分为两类，一类是官方一手操办的农村信用合作社，另一类是以农民为主体的信用合作组织。

（一）官方一手操办的农村信用合作社的分类

农村信用合作社本应是由农民入股，以农村为业务区域，实行社员民主管理，主要为社员提供金融服务的金融组织。其主要资金来源应为合作社成员缴纳的股金、留存的公积金和吸收的存款。然而，新中国成立后成立的农村信用合作社均是在行政指令下组合而成的名义上的合作组织，从一开始就不符合"自愿、互助合作、民主管理"等合作制原则。最初的农村信用合作社，大部分出资来自国家，农民的出资只占很少部分。多次整顿改革中，农村信用合作社两次下放由人民公社、生产队管理，两次收归银行系统管理，演变至今，其合作金融的性质所剩无几。2004 年，根据国务院《深化农村信用社改革试点方案》，农村信用社移交给省级人民政府管理，并按照"国家宏观调控、加强监管，省级政府依法管理、落实责任，信用社自我约束、自担风险"的要求，构建新的管理体制。此后，各地农村信用社纷纷向商业银行转制。如始建于 1951 年的北京市农村信用社，于 2005 年改制成立为北京农村商业银行股份有限公司，这是国务院批准组建的首家省级股份制农村商业银行。上海、天津等地的农村信用社均改制为农村商业银行。

由于我国农村信用合作社背离了合作制度本身的原则，在 20 世纪 80 年代中期至 90 年代末，我国还出现了一种农民合作金融组织——农村合作基金会。1983 年，黑龙江、辽宁、江苏等地的一些乡村，为有效地管理和用活集体积累资金，利用所统管的集体资金在乡村集体经济组织成员之间有偿借用，进行内部融资，其经营活动归农业部而不是中国人民银行管理。截至 1991 年，全国已建立合作基金会的乡（镇）达 2 万余个，村近 13 万个，集合可供融通的资金近百亿元。在经历过 90 年代初的高速扩张后，部分合作基金会重蹈信用社的覆辙：受行政干预严重，缺少监督机制，经营效益明显下滑。在 1997 年年末开展合作基金会的整顿后，四川、河北等地出现了较大规模的挤兑风波。1999 年 1 月国务院发布 3 号文件，正式宣布全国统一取缔农村合作基金会。

（二）以农民为主体的信用合作组织分类

（1）获得金融许可的农村资金互助社。2006 年 12 月，中国银监会颁布了《关于调整放宽农村地区银行业金融机构准入政策，更好支持社会主义新农村建设的若干意见》，提出农村地区的农民和农村小企业可以发起设立为入股社员服务、实现社员民主管理的社区性信用合作组织。2007 年进一步出台了《农村资金互助社管理暂行规定》《农村资金互助社组建审批工作指引》《农村资金互助社示范章程》等，确定首先在四川、青海、甘肃、内蒙古、吉林、湖北 6 省（区）农村地区开展试点。2007 年 3 月 2 日，全国第一张农村资金互助社金融许可证颁发给吉林省梨树县闫家村百信农村资金互助社。2007 年 10 月中国银监会宣布，试点省份从之前的 6 个省（区）扩大到全国 31 个省（区）。按银监部门的规划，全国到 2009 年底，可以试点设立农村资金互助社 59 家；截至 2013 年 6 月末，全国共有 49 家农村资金互助社获得金融许可证。

（2）扶贫性质的资金互助组织。扶贫性质的资金互助组织或以财政扶贫资金为主要资金来源，或由社会公益组织倡导发起，是以农民个体和企业自愿入股资金为辅助，向组织成员提供资金融通服务的非营利性组织。此类合作组织的成立虽有政府部门或公益组织引导，但组织的发展和运行仍以农民为主体。其不仅解决农民生产上的资金需求，往往还注重社区内的基础设施建设、提高社区医疗卫生水平等公益事业。目前四川省试点互助社即以此类形式为主，主要通过世界银行和四川省扶贫办开展的项目推进。

（3）未取得金融许可的农村资金互助社。目前在全国各地仍存在很多未取得金融许可、农民自发组建的农村资金互助社。它们因达不到银监会规定的市场准入条件而无法取得经营资质，在实践中却部分地满足了农民的融资需求，为农村的发展提供了一定资金支持。此类合作组织在全国多个省市均有分布，无外部监管，仅由组织成员负责内部管理，处于自我管理、自我发展的状态。

四 发展农村信用合作组织的意义

（一）信用合作是缓解农民贷款难的有效途径之一

商业金融机构对农民有限的贷款或要求提供必要的抵押物，或要求使用存单等票据质押。通常需要贷款的农户往往缺乏自有储蓄，没有大额存单，质押贷款的条件难以满足；农民对土地和宅基地只享有使用权，不能将其作为有效抵押物申请贷款，小额信用贷款额度小，并不能满足农户的大额资金需求。信用合作组织是内生于农村的社区互助性合作金融组织，其资金取之于农民，用之于农民。因信息对称，其避免了逆向选择和道德风险问题，是农村金融体系的有益补充，有利于满足农民多层次的融资需要。如能选择基础较好的村进行信用合作组织的试点，不失为缓解农民贷款难问题的路径之一。

（二）资金互助合作有利于提高农民的组织化程度

2013 年 7 月，北京市社会主义新农村建设领导小组《关于加快城乡发展一体化进程推进土地流转起来、资产经营起来、农民组织起来的意见》（京新农发〔2013〕1 号）提出，北京将推进集体土地流转起来、资产经营起来、农民组织起来的"新三起来"工程。依托专业合作社开展的资金互助活动就是一种将农民组织起来的有效形式，把农民联合起来，以组织的形式谋求农民的自身发展。农民专业合作社将分散的农民组织起来，使其能够获得生产规模扩大所带来的规模效益；信用合作活动通过信用合作、资金互助活动将农民组织起来，使其享受到资金融通的便利。

（三）信用合作活动促进农村形成良好的信用环境

信用合作组织依托专业合作社，信息更为透明，加入互助活动的农户逐渐发展成为一个信用共同体。信用合作组织对借款人的偿还能力知根知底，对借款成员在借款前的信誉状况、借款后的资金使用情况以及可能发生的风险情况都能迅速地了解。信用合作活动就是要利用信息对称的优势，在贷款时给信用良好的成员以优惠，对那些恶意拖欠甚至赖账不还的成员，不但要使其支付较高的还款成本，还要承受社区内成员的舆论压力。互助活动的开展，有助于农村社会诚信度的提高，形成良好的信用环境：贷款者按期偿还贷款，养成良好的信用意识。合作原则所倡导的"公平""民主"将有力地推动社会主义新农村道德文明建设。

（四）合作金融是农村金融体系的重要组成部分，它的发展壮大可使非法民间借贷得到抑制

农村金融市场由多层次的客户需求构成，大型农业龙头企业，农业银行可满足其信贷需求；农业基础设施建设，有国家支农资金支持；而面向最低端的农户的金融供给却严重不足。多层次的需求需要多层次的供给来满足，在农村资金需求巨大、正规金融供给不足的情况下，信用合作组织是农村金融体系的重要组成部分。信用合作在一定程度上满足了农民的贷款需求，也促使高利率的农村民间借贷失去生存空间，对非法金融活动具有一定的抑制作用。

五　实例分析

（一）吉林梨树县闫家村百信农村资金互助社

梨树县闫家村百信农村资金互助社创办于 2003 年，是 8 名农民在原生产互助合作中为解决发展资金不足问题，在实践中摸索建立的农村资金互助合作社。历经 4 年的实践，互助社不断总结经验教训，逐步完善各项规章制度。2007 年 2 月，闫家村百信资金互助社被确定为银监会在全国农村金融改革的首批 36 个试点单位之一。2007 年 3 月 2 日，全国第一张农村资金互助社金融许可证下发，"梨树县闫家村百信农民资金互助社"更名为"梨树县闫家村百信农村资金互助社"，于 2007 年 3 月 9 日经中国银监会批准，作为全国 5 家新型农村银行业金融机构试点之一正式开张营业，成为全国首家村级资金互助社。该资金互助社 2007 年正式注册时发起社员 32 户，总股金 10.18 万元。截至 2011 年 6 月底，共有社员 135 户，股金 16.47 万元，累计发放互助金 588 笔，金额 275.4 万元；存款 2 笔，金额 20.3 万元；收回 527 笔，金额总计 242.67 万元，贷款余额 32.73 万元。在随后的发展中，百信农村资金互助社将办社经验向外省市传播，并将资金互助社制度不断复制推广到宁夏、河北、江苏等地。但随着不断发展，其自身发展也面临缺乏资金、因设立专门营业场所导致的成本上升等问题。注册资本金仅为 10.18 万元的百信农村资金互助社，其重新组建的租房费、水电费、会计工资、安保设施支出等花费达 7.6 万元，造成可贷资金减少，影响了资金互助社的发展。

（二）郝堂村养老资金互助合作的基本情况

郝堂村位于河南省信阳市平桥区，村域面积 20 平方公里，全村近 2200 人，其中老人 260 余人。村民收入的七成依靠外出打工获得，三成来源于种植业，种植作物主要为茶叶、板栗和水稻。

2009 年，在"三农"问题专家李昌平的帮助下，该村成立了夕阳红养老资金互助合作社，互助金总计 34.4 万元（其构成为：村内 17 名老人每人 2000 元入社资金，村内 7 名年轻人每人出资 2 万元，李昌平出资 5 万元，村委会公益存款 2 万元，区、乡政府公益存款 10 万元），主要为农民发展生产提供贷款。合作社章程规定所有公益存款不支付利息，资金互助合作社发放贷款的利率与当地农村信用合作社相同，取得的利息收入15%留作风险金、15%支付管理费、30%积累公益金、40%用于分配给老人。

夕阳红养老资金互助合作社自2009年成立以来，第一年给老人们每人分配了320元，第二年每人分配了570元，第三年分配了720元，第四年分配了800元，2013年预计分配额可达1000元。资金规模由最初的34万元增至目前的340万元，入社老人由最初的17人增至现在的210人。经过4年运作，夕阳红养老资金互助合作社的成效和特点体现在：

1. 拥有了真正属于农民自己的社区金融

夕阳红养老资金互助合作社是真正属于农民自己的社区金融，是内生于农村经济并符合合作制原则的农村合作金融组织，它建立在传统农业社会血缘、亲缘、地缘关系的"熟人社会"基础之上。资金互助合作社有效避免了金融机构与农户之间的信息不对称问题，管理成本较低。资金合作社的章程是由李昌平和参与发起的村民共同制定出来的，从社员的权利、贷款的流程到风险的控制、治理的结构，都是大家参与讨论制定出来的。章程的制定过程，是合作社成员之间相互说服、统一认识的过程，也是把农民组织起来、凝聚起来的过程。

2. 建立了有效的风险控制机制

夕阳红养老资金互助合作社的章程规定，合作社只面对本村村民和本村企业发放贷款，个人小额贷款可以由加入合作社的老人进行担保，每获得一名老人担保可贷款5000元；个人大额贷款则要求取得至少两名老人的担保以及权属证明作为抵押（信阳作为河南省农村综合改革试验区，出台农村物权抵押担保办法，开展农村土地承包经营权、集体林地承包经营权、水域滩涂养殖权、集体建设用地使用权和房屋所有权等农村"五权"确权颁证，目前允许林权抵押担保），每人每次最多可贷款10万元，贷款期限为1年；每3个月结息一次，期末还本付息。

在资金互助社的实际运营中，互助社成员共同对章程进行了修改，主要是在原有老人担保、权属证明抵押等程序后，贷款申请的审批还须有资金互助社理事5人以上通过，监事过半数以上同意方可进行。对贷款申请人资格的规定，将风险控制在村内，因为合作社成员了解本村村民的信用状况；对老人担保的规定，消除了信息不对称问题，只有信誉良好的村民才能取得老人的担保许可；贷款审批时对理事、监事人数的规定，使权力得到制衡，避免了一人独大、厚此薄彼等不公平现象的产生；对贷款数额上限的规定将风险进一步控制在资金互助社可控的范围内，同时保证农民不会因投资失败、无法偿还贷款而陷入更深层次的贫困之中。多措并举之下，资金互助社自2009年成立至今未发生过一笔坏账。

3. 提高了农民收入

资金互助社帮助农民取得发展生产的资金，促进了农民经济的发展和收入的提高。郝堂村成立资金互助社的同时开展了新农村建设，村民改造房屋、发展第三产业都可以从资金互助社申请贷款。通过新农村建设，郝堂村变得更加美丽，已有原本在外省打工的年轻人回到村里开设农家乐、保存原汁原味的乡村风情却不"千房一面"的新农宅喜迎游客参观住宿，村民的年人均收入从前两年的4000多元增至2012年的6000多元，同时，村民的生活质量也在发生着变化。

4. 壮大了村级集体经济

郝堂村在成立资金互助合作社的基础上，成立了绿园生态旅游开发公司。公司向资金互助社申请贷款，通过土地流转将农民的土地集中起来，一部分发展村内公共事业，如建设学校、养老中心等；另一部分同企业搞合作开发，公司得到发展，村级集体资产也由原来的不足 8 万元增加到 35 万元。

第二节　平谷区挂甲峪村信用合作组织的试点情况

平谷区位于北京市区的东北部，处在京、津、冀三省市的交会处，全区下辖 14 个镇、2 个乡、2 个街道办事处、273 个行政村，是全国生态示范区，有"京东绿谷"的美誉。

挂甲峪村位于平谷区北部山区，隶属大华山镇，村域面积 5.5 平方公里，有 146 户农户 460 口人。该村三面环山，以生产绿色、有机果品和民俗旅游为支柱产业，可谓春可赏花、夏冬观景、秋可采摘。近年来，挂甲峪村先后被授予"北京最美乡村""北京市民俗旅游村""中国最具魅力休闲乡村"等多项荣誉称号。

挂甲峪村同全国许多村一样，在农村经济发展和农民增收方面受到资金问题的制约，如给村民带来主要收入的"农家乐"想扩大经营规模、进行季节性生产需要资金；村集体的经济要发展，银行贷款或需要多户联保，或需要提供有效抵押物，审批流程也很繁复……因此，贷款难的问题一直制约着挂甲峪村的发展。

根据挂甲峪村的产业布局、经济发展、村域文化、人文环境等情况，结合我们的研究实际，经与平谷区和挂甲峪村有关领导和部门沟通后，课题组将新型农村信用合作组织的研究试点定于挂甲峪村。

一　试点概况

为掌握第一手材料，在调研之初我们走进该村的部分农户家中进行实地调查。课题组选取了 4 个年龄段共计 23 户农户进行有关金融需求的问卷调查，其中 26 ~ 35 岁年龄段 4 人，36 ~ 45 岁年龄段 5 人，46 ~ 55 岁年龄段 8 人，56 岁以上年龄段 6 人（此年龄为问卷填写人的年龄，问卷内容基于家庭设计）。问卷调查汇总结果显示：

（1）在过去 2 年间，无借款经历的共计 16 户，原因和比例如表 1 所示。

表 1　2011 年 1 ~ 8 月中国大宗商品表观消费情况

未借款原因	户数（户）	比例（%）
向正规金融机构借款成本高、手续复杂	7	43.8
自有资金足够维持生产	5	31.3
没有好的投资项目	2	12.5
不习惯借钱或怕欠人情	1	6.3
借款被拒	1	6.3

（2）有过借款经历的共计 17 户农户（不局限于过去 2 年内，即一部分农户过去 2 年内有过借款经历，一部分过去 2 年内虽无借款，但在更早之前有过借款经历），借款来源及比例如下表 2 所示。

表 2　借款来源及比例

借款来源	户数（户）	比例（%）
亲友	7	41.2
正规金融机构	4	23.5
村集体经济组织	3	17.6
亲友和正规金融机构	3	17.6

在有过借款经历的 17 户农户中，亲友为唯一借款来源的有 7 户，占四成以上；正规金融机构为唯一借款来源的有 4 户，占两成以上；村集体经济组织为唯一借款来源的有 3 户，还有 3 户在亲友和正规金融机构处均有过借款经历，这两部分农户合计占三成以上。

在被调查的 23 户农户中，6 户目前暂时无借款需求，所占比例为 26%。其余 17 户目前均有借款的需求，占比为 74%。其中，15 户的借款主要用于扩大再生产；2 户的借款主要用于翻盖自身房屋或子女读书。

鉴于挂甲峪村村民的资金需求现状，为解决融资难问题，挂甲峪村成立了由两委成员参与的村信用合作组织筹备工作小组并着手开展工作。课题组按照严格控制风险、完善制度建设的原则，以银监会印发的《农村资金互助社示范章程》为范本为挂甲峪村信用合作组织草拟了组织章程和管理制度。村信用合作组织筹备组先后赴工商和民政部门申请登记注册均未成功，被告知应按照银监会的要求向市银监局申请筹备。

考虑到如按银监会的要求进行筹备会增加信用合作组织的营运成本和人工成本，课题组经与挂甲峪村信用合作组织筹备组协商后，决定依托以村民为发起人成立的北京挂甲峪天甲民俗旅游专业合作社开展信用合作。为此，课题组对开展资金互助的管理办法进行了修改，并与挂甲峪村信用合作组织筹备组成员赴通州区学习其专业合作社内部开展信用合作的经验。

通州区农民专业合作社的资金互助活动开展较早。区农委和区经管站制定出台了《农民专业合作社资金互助管理办法》，对合作社开展资金互助活动进行指导和规范，2008～2012 年还为合作社资金互助活动进行了贴息。截至 2012 年底，通州区有 18 家合作社开展了资金互助活动，其中发展较好的为宋庄手牵手养殖专业合作社。

手牵手养殖专业合作社的资金互助活动始于 2008 年，组织农户从事生猪、肉鸡、蛋鸡等畜牧养殖，多年被评为市级示范社。合作社资金互助活动主要是为解决养殖户购买种畜、饲料时的资金需求问题，合作社按照封闭运营、自愿加入的原则开展了资金互助活动，互助金金额由最初的 27.4 万元发展至目前的 100 多万元，5 年来仅有 1 笔借款延迟归还，其余均按期如数还至合作社。资金互助活动不仅为合作社社员解决了资金短缺问题，将大家更好地凝聚在一起，也有利于合作社健康发展。

二　试点过程中发现的问题

（一）信用合作组织市场准入门槛过高

挂甲峪村信用合作组织筹备组先后赴工商和民政部门申请注册均以失败告终。如按照银监会要求的营业场所、安保设施的条件申请筹备则会增加信用合作组织的经营成本，使原本规模有限的资金更加捉襟见肘，运行难以为继，全国其他省市已有资金互助社陷入无钱可贷的困境，前车之鉴不容忽视。即便按照银监会的要求进行筹备申请，但其审批程序繁杂，且在 2011 年下半年相关监管部门已经暂缓审批进度，资金互助组织获得合法身份难上加难。

（二）信用合作组织缺少相关政策法规支持

目前我国缺乏专门的法律对信用合作组织的性质和地位进行明确和解释，只有银监会制定的《农村资金互助社管理暂行规定》和《农村资金互助社示范章程》供信用合作组织参考，缺乏具体的法律支持。政策方面也没有具体的实施细则，以致众多商业银行和政策性银行对信用合作组织的融资大门始终关闭。相关政策法规的缺失造成农村信用合作组织注册难、融资难、发展难。原山西省农村信用社联合社主任申瑞涛早在 2008 年即与 40 余名全国人大代表联名提交了关于"建议加快农村合作金融立法"的议案，她认为"农村合作金融没有专门法律的确认，性质不明、地位不清的问题，已经直接制约了农村合作金融的健康可持续发展"。

三　试点结论

农民自己的合作金融组织是农村金融发展的方向，它是农户无法得到正规金融供给而产生的替代产物和理性选择。农村正规金融机构运行成本高昂，尤其是获得贷款人的可靠信息难度较大，而农业生产具有高投入、高风险、低回报的特点，农民符合正规金融机构抵押要求的固定资产少，其金融需求无法得到满足，诸多因素必然催生农户间自发的低交易费用、简便易操作的合作金融。2014 年中央 1 号文件在要求"加快农村金融制度创新"时提出："在管理民主、运行规范、带动力强的农民合作社和供销合作社基础上，培育发展农村合作金融，不断丰富农村地区金融机构类型。坚持社员制、封闭性原则，在不对外吸储放贷、不支付固定回报的前提下，推动社区性农村资金互助组织发展。"因此，挂甲峪村的试点工作应继续开展，在做好风险控制的前提下，坚持在合作社成员之间封闭性开展资金互助活动。在此过程中，应坚持市场配置的原则，正确处理好政府推动和"制度内生"的关系。

第三节　政策建议

一　准确定位农村信用合作组织，降低市场准入门槛

根据银监会制定的《农村资金互助社管理暂行规定》第九条第五款规定，设立农村

资金互助社应"有符合要求的营业场所，安全防范设施和与业务有关的其他设施"。尽管对于营业场所的具体要求未作明确界定，但若严格执行这一规定，将会产生很高的内部组织成本，这也是和资金互助理念相冲突的。银监部门在审批过程中不应按照正规金融机构的标准进行要求，应简化审批程序，从而降低信用合作组织的组建成本和运营成本。其他如五级分类、资本充足率等指标要求更是堪比四大商业银行的运营标准。追根溯源，农村信用合作组织是内生于农村的资金互助组织，是适应农村经济发展的产物。因此，相关法规的制定也应符合农村实际情况，适应农村经济发展特点。有关部门应尽快制定更加切合实际的信用合作组织审批和监管制度，从而使信用合作组织健康、快速地发展。

二 探索以农民专业合作社为基础的资金互助制度

资金与生产从来都是密不可分的。日本、我国台湾地区的农村合作金融发展均是依托以生产、购销为合作基础的农协或农会来开展信用合作业务的，合作社成员因为生产合作对彼此的生产规模、经济情况均较熟悉，便于借款前的决策和借款过程中的监督。专业合作社开展信用合作、资金互助活动，农户必将显著增强加入合作社的意愿和对合作社的归属感；资金互助的开展还可以带动合作社实现信用合作与生产合作的有机结合，形成良性互动的关系，有利于农村经济的健康发展。截至2011年底，京郊共有34家专业合作社开展了内部信用合作，34家内部信用合作组织均未取得金融业务许可证，也未在任何部门登记，资金互助属于专业合作社的一部分业务。其中，通州区和密云县均专门制定了《农民专业合作社资金互助管理办法》用以规范专业合作社内部的资金互助活动。专业合作社内部开展资金互助活动可以作为农村合作金融阶段性的发展思路，在政策法规允许的前提下，既满足了农民融资的需求，又因合作社成员之间的生产合作关系降低了资金互助所产生的风险。随着合作社内部资金互助活动的开展，农民信用意识必将逐渐增强，待时机成熟时可选择具备条件的乡村进行农村社区性资金互助组织的试点，发展真正的农村合作金融。

三 强化制度建设，加强外部监管

目前，众多农村信用合作组织因未取得合法身份，游离在政策监管之外。合作社内部开展的资金互助活动也面临无监管部门、无相应政策引导的状况。因此，构建完整的制度体系和建立完善的外部监管机制以防范风险、保障互助资金安全使用是目前迫切需要解决的问题。

针对现阶段的实际情况，建议北京市相关部门尽快出台针对农民专业合作社开展资金互助活动的管理办法，明确规定合作社内部资金互助的归口部门。农民专业合作社的主管部门是农业部门，资金互助作为农民专业合作社业务的拓展，农业部门理应对其进行指导和管理。与此同时，专业合作社内部的资金互助活动可尝试与正规金融机构联合。陕西临渭区兴旺秦川养牛专业合作社投资建立一个合作社社员交易结算大厅。这个大厅一方面是为其社员提供结算服务，另一方面是正规金融机构业务向下的延伸。资金互助活动得到规范，正规金融机构的业务也得到了拓展，可谓双赢。

四 加大政策支持力度

一是建议国家设立专项扶持基金入股农村信用合作组织。政策扶持是世界各国农村合作金融的成功经验，尤其在农村合作金融发展的初始阶段。农村信用合作组织作为弱势群体的组织，发展面临诸多困难，目前，农村信用合作组织发展面临的最大障碍是资金瓶颈，缺乏资金，难以发挥金融支持农村经济发展的作用。国家设立的专项扶持基金可根据信用合作组织规模的大小调整入股资金的多少，避免出现农村信用合作组织无钱可贷的现象。

二是商业银行可以低息再贷款的形式直接将资金批发给农民信用合作组织；政府部门可对商业银行向资金互助社批发资金给予一定的经营优惠待遇，如贴息等，以鼓励商业银行向农民信用合作组织贷款。日本在20世纪50年代就制订了农业改良资金补贴计划，规定商业银行从事低息农业贷款可以得到政府的利息补贴，因特殊呆账而造成的损失还可以得到政府的补偿。

五 进一步完善农民与土地的关系，赋予农民真正的财产权

农民贷款难问题由来已久，究其根本还是因为农民未享有完整的财产权。在我国现有土地制度下，农民享有土地承包经营权与宅基地使用权，不享有所有权。随着现代产权理论的发展，财产权越来越倾向于被定义为控制权，谁拥有控制权，谁就拥有实质的产权。具有明晰的权属证明，是农村居民通过抵押获得资金的前提条件。平谷区作为农业部确定的农村土地承包经营权流转规范管理和服务试点单位，农村土地确权已基本完成，农村土地承包经营权登记试点工作也在有序开展。十八届三中全会《关于全面深化改革若干重大问题的决定》中指出，要赋予农民更多的财产权利，赋予农民对承包地占有、使用、收益、流转及承包经营权抵押、担保权能。相关部门应尽快出台相应细则，将土地承包经营权抵押担保的功能落到实处。

六 坚持合作制原则，宣传合作制理念

信用合作组织作为新生事物目前在全国范围内还不普及，加之合作基金会的前车之鉴，使得农民在加入新的合作金融组织时尚有颇多疑虑。农民对合作制理念的不理解、对合作组织的不信任都是阻碍信用合作组织快速发展的重要原因。依托村社"熟人社会"内的"面子"文化，加大对农民有关合作理念的宣传和教育，培养农民诚实守信的信用意识，使农民主动自律。在世代生活并相对稳定的农村社区内，人们从经验中认识到，尊重他人权利带来的是他人对自己权利的尊重，从长期来看合作的收益大于不合作的收益。因此，"理性的经济人"会选择通过规范自身行为来参与合作，互相回报。对合作金融知识的推广也尤为重要，唯有掌握了合作金融知识，才能更好地利用合作金融这一制度工具切实保护自身的利益。

在操作层面要遵循有关原则，照章办事，规范发展。如在信用合作组织筹备过程中，

组织章程、管理制度等应由发起人一致通过；理事长、理事、监事会成员应由全体成员选举产生；重大事项应由全体成员大会表决通过，不能使会员代表大会形同虚设，导致内部监督和制衡功能的丧失。

七　对接正规金融机构，提高内部管理水平

信用合作组织由村民参与发起，其管理者从成员中产生。由于他们普遍缺少金融专业知识，缺乏系统的管理经验，很容易造成互助社的内部管理混乱，增加运营的风险。对此，信用合作组织一方面可面向社会公开招聘专业的财会金融人才参与互助社的日常管理工作；另一方面，可与当地农村金融机构合作，在金融机构的帮助、指导下开展业务培训，进行制度建设等，相关工作人员通过学习规范化的操作流程，有效控制经营成本，避免不必要的成本支出，进一步实现资源的优化配置。同时，互助社管理人员应严格遵守相关规章制度，坚决杜绝有章不循的现象。

参考文献

1. 冯赫：《合作制是农村信用社改革的根本方向》，《农业经济》2000年第4期。
2. 廖继伟：《新型农村资金互助合作社发展路径研究——以四川为例》，《上海经济研究》2010年第7期。
3. 杨志强：《农民专业合作社内部资金互助模式探讨——兼析泉州市专业合作社组建资金互助社的必然性》，《福建金融》2011年第4期。
4. 李想：《创建新型农村合作金融组织的路径选择》，《内蒙古农业科技》2009年第6期。
5. 蒋江敏、申兴、邱香：《张曙光猛轰土地政策　现行拆迁制度是部"恶法"》，《新快报》2003年11月12日。
6. 宋彦峰：《农村新型合作金融组织的制度研究——以陕西省为例》，中国农业科学院学位论文，2011。
7. 赵振兴、周震：《农村合作基金会经营管理》，中国科学技术大学出版社，1993。
8. 王桂堂：《信用合作原则与我国农村信用合作体制的成长》，《江西金融职工大学学报》2006年第2期。
9. 韩文：《山西省农村信用社主任申瑞涛："应尽快制定农村合作金融法"》，《中国经济周刊》2008年第13期。

课题负责人：曹四发

课题责任人：张文华

课题组成员：曹晓兰　李　理　孙琳临

课题执笔人：孙琳临

第四章　平谷区集体建设用地集约利用问题研究

农村集体建设用地集约利用不是简单地流转土地或增加投入，它涉及规划的适当调整、以市场为主导的利益平衡机制建设、发展方式转变、农民生活方式转变、引导高端产业发展等多方面工作。农村集体建设用地集约利用关系到农村城镇化进程中土地资源配置效率的提高和农民对土地级差收益的分享，因此，如何规范、有效地推进农村集体建设用地的集约利用受到市委、市政府以及各区县的高度关注。近年来，随着城市化进程快速推进，平谷区面临着集约利用集体建设用地的迫切要求。为促进平谷区集体建设用地集约利用，平谷区委、区政府结合自身实际情况，以农村产业用地为突破口，进行了大胆的探索，并取得了一定成效。

第一节　平谷区集体建设用地现状

平谷区总辖区面积 1075 平方公里，辖 14 个镇、2 个乡，275 个行政村，其中，有 4 个平原乡镇、7 个半山区半平原乡镇和 5 个山区乡镇。总体上来看，平谷区地处山区半山区地带，农村经营性集体建设用地总量相对平原区县要少很多，现有农村集体建设用地分布零散，地块面积小，规划为经营性集体建设用地的区域多为农用地。以平谷区马坊镇为例，马坊镇作为全市重点小城镇之一，在平谷区各乡镇中发展处于领先地位。通过与马坊镇工业开发区、物流园区管委会负责人以及打铁庄村、梨羊村、小屯村、塔四村、蒋里村、西大街村、东店村、石佛寺村、李菜街村、果各庄村 10 个村的村书记逐一座谈，调研组了解到，马坊镇中心区农村经营性集体建设用地主要集中在马坊镇工业开发区和马坊镇物流园区内。马坊镇工业开发区位于马坊镇中心区南部，规划面积 345.58 公顷，其中工业用地 95.25 公顷，规划村镇企业用地（经营性集体建设用地）54.61 公顷，现状为村镇企业用地的面积为 9.15 公顷，分别为 E24–01 地块和 E26–03 地块，仅占规划村镇企业用地的 16.7%，其余为农用地。马坊镇物流园区规划用地性质为集体用地，规划面积为 129.61 公顷，其中已建成的马坊物流基地一期工程用地 27.91 公顷，海陆港国际物流分拨中心用地 10.23 公顷。在调查的 10 个村中只有梨羊村、李菜街村和果各庄村 3 个村现在存在经营性集体建设用地，其中，梨羊村有工业大院占地 50 亩、养殖小区占地 30 多亩；李菜街村有工业大院占地 10 亩左右；果各庄村有厂房占地 26 亩。

第二节　平谷区推进集体建设用地集约利用的主要做法

一　规划引领，推动村集体建设用地规模化

《平谷区新城规划（2005～2020）》明确，到 2020 年农村建设用地控制在 36 平方公里，其中，农村居民点用地 26.7 平方公里，村镇企业用地约为 0.85 平方公里。为杜绝"村村点火、户户冒烟"现象，规划农村工业级部分商贸用地与平原镇工业区集中建设，同时鼓励山区乡镇下山办企业，规划了农村异地产业用地 7.45 平方公里（11175 亩），主要分布在峪口镇 2.6 平方公里（3900 亩）、马昌营镇（含大兴庄镇一部分）1.65 平方公里（2475 亩）、马坊镇 2 平方公里（3000 亩）、东高村镇 1.2 平方公里（1800 亩），从规划层面加强了对集体建设用地规模化的方向引领。

二　深化改革，明晰农村集体产权

首先，完成了集体产权制度改革、集体土地确权颁证工作，为盘活农村集体建设用地创造了条件。截至目前，平谷区农村集体经济产权制度改革基本完成，并完成了农村集体承包地确权颁证工作，农村集体建设用地确权颁证工作被列入全市试点，预计年底前完成试点任务。其次，完善了农村产权交易市场，2010 年在全市最早建立了农村产权交易中心办事处，推动农村集体资产规范化经营。

三　多措并举，盘活农村集体建设用地

平谷区整合乡镇集体建设用地，有效盘活资源，拓展了发展空间。一是"回购"。将原有开发经营效率较差的集体产业用地购买回来，重新开发经营。二是"倒租"。租用镇域土地利用效率较低的企业用地，翻建后引进新企业。目前已经盘活 150 亩土地，新建 1.4 万平方米的标准化厂房，改建 9600 平方米的旧厂房，引进 4 家企业进驻。三是"委托"，村委会成立土地合作社，委托给企业经营，农民取得经营收入，委托期满资产归农民。四是"合建"。与效益低下、占用空间大的企业合作建设项目，通过分成分红分配收益。五是"反 BOT"。对其他产权主体的产业用地进行经营开发，过一定时期后再返还给该产权主体。

四　乡镇统筹，解决农村宅基地供需矛盾

市统计数据显示，2012 年平谷区农村居民家庭人均住房面积 43.07 平方米，位居生态涵养区之首。按平谷区乡村常住人口折算，2012 年平谷区农村住房面积为 827 万平方米，比 2011 年增加了 32.7 万平方米。然而，平谷区各乡镇仍然普遍面临着农村宅基地供求矛盾尖锐的问题：一方面，平谷区完成 275 个村的新农村规划后，基本停止了农村宅基地审批；另一方面，一批年轻集体经济组织成员到了成家立业的年龄，对新增农村宅基地

有着迫切的需求。镇政府每天都有因为宅基地问题上访的农民，针对这一现实，一方面平谷区开展了农村宅基地规划调整工作，为全区农村宅基地机动指标落地打下坚实的基础；另一方面，各镇积极通过乡镇统筹方式解决本镇域内农户住房问题。平谷区马坊镇采取乡镇统筹的方式，在不增批农村宅基地的前提下，建设农村廉价房，制定了农村廉价房申请办法，优先落实本镇塔四、果各庄等 17 个村"2 个及以上男孩，只有一处宅基地"且未享受过拆迁政策，1991 年 12 月 30 日前出生的集体经济组织成员的廉价房申请，保障了对农村宅基地有刚性需求的农民享有居住权。金海湖镇实施农民宅基地试点工程，计划利用靠山集村 20 亩集体土地，建设 3 栋六层楼房共计 264 户，总建筑面积 24984 平方米，优先解决靠山集、茅山后、东上营、小东沟、红石门目前和近 5 年内符合宅基地审批条件的农户的住房问题，同时解决全镇其他村符合宅基地审批条件的农户和靠山集等 5 个村符合保障性住房条件的住房紧张户的住房问题。目前，正在调整村庄规划。

第三节　存在的主要问题和困难

一　现行土地政策成为规划落实难的刚性约束

马坊镇工业开发区规划集体经营性产业用地（村镇企业用地）54.61 公顷，占开发区规划产业用地的 57.3%。尽管这些集体建设用地已经在《马坊镇土地利用规划》和《马坊镇中心区南部地区控制详细规划》中都规定为村镇企业用地，但在实际开发经营过程中，遭遇农用地转为建设用地和集体建设用地不能与国有产业用地享受同等待遇的窘境，面临着审批难题，导致村集体建设用地无法实现开发利用。

二　农村集体建设用地利用效率低

根据市统计局数据，2012 年平谷区乡镇企业数为 7805 家，占全市乡镇企业总数的 5%，乡镇企业平均利润额为 1.27 万元，仅为全市乡镇企业平均利润额的 7%，仅为生态涵养区乡镇企业平均利润额的 14%。2011 年，马坊镇工业开发区单位面积收益为 13.9 亿元/平方公里，在全市 19 个市级工业开发区中居第 12 位。调研显示，平谷区村级工业大院的经营以低价出租厂房为主，马坊镇梨羊村 50 亩工业大院以几十元每亩的价格租给企业；李菜街村 10 亩工业大院主要是租赁厂房；果各庄村有 26 亩厂房占地以 500 元每亩的价格对外出租。平谷区其他乡镇农村集体建设用地也基本存在相类似的问题，镇罗营镇地处山区，基本没有经营性集体建设用地，目前主要是依托新农村改造和险村搬迁腾退出的农村宅基地，按规定是需要还耕的，但由于复垦成本非常高，现在基本处于闲置状态。

三　农宅闲置与宅基地需求旺盛的矛盾尖锐

近年来，随着平谷区农村劳动力向城市转移，一部分农民已经扎根城市，在城市有了安定的居所，也不经常或者不再回农村的住房内居住。然而，按现行相关政策规定，农村宅基地及农宅只能在本村集体经济组织成员内部流转，即使本集体经济组织成员有空置的农村住宅，也不能通过正常途径流转给其他集体经济组织成员或城市居民。这种制度安排导致农民在农宅上的财产权益缺失，也导致了大量农村宅基地资源的闲置和浪费，不能通过市场调节机制转移到急需宅基地的农户。

第四节　推进平谷区集体建设用地集约利用的建议

推进农村经营性集体建设用地集约利用，必须加快推进城乡二元用地制度改革。党中央十八届三中全会通过的《中共中央关于全面深化改革若干重大问题的决定》明确提出，建立城乡统一的建设用地市场，保障农户宅基地用益物权，改革完善农村宅基地制度，为推进平谷区农村集体建设用地集约利用指明了方向。面对平谷区集体建设用地利用现实问题，建议从以下五方面深化农村集体建设用地改革，推进集体建设用地集约利用。

一　加快推进农村集体建设用地确权颁证工作

明确权属，对现状为农村经营性集体建设用地和农村宅基地的土地进行合法性确认。对符合规划的地块尽快颁发集体建设用地所有权和使用权证，明确产权主体；对不符合规划的地块进行清理整治，加大对违法违规建设的打击力度，构建良好的发展环境。

二　加强城乡发展规划引领

一是以《平谷区新城规划 2005～2020》的先进理念为引领，加强政策跟进，促进城乡规划落实，促进农村集体建设用地向平原乡镇整合集中。二是以规划落实为目标，加强市相关部门协调力度，探索简化和完善集体建设用地利用的审批政策，简化农用地转为建设用地的审批程序，在符合规划和用途管制的前提下，明确农村经营性集体建设用地使用证和开工证审批程序，确保规划区域内被确定为农村集体建设用地的土地能够得到有效开发利用。三是对于不符合发展现状和未来发展趋势的规划进行适度调整，通过用地指标调整实现利益均衡。

三　建立乡镇统筹集约利用集体建设用地机制

学习借鉴大兴区西红门镇、海淀区东升镇、朝阳区崔各庄乡、丰台区卢沟桥乡等乡镇统筹集约利用集体建设用地模式，通过建立乡镇统筹集约利用集体建设用地机制，探索城乡统一用地的有效途径。一是建立乡镇统筹平台。在尊重农民意愿的基础上，在保证集体土地所有权不变的前提下，以土地使用权作价入股等统筹形式，通过市场将各村集体经济组织联合起来的有效形式，形成在乡镇政府统一领导下的具有一定市场主体地位的乡镇统筹平台。二是明确乡镇统筹平台的功能。乡镇统筹平台的主要功能是建立各村集体经济组织利益平衡机制，探索自主开发、自主建设、自主经营集体建设用地的实现途径，推进试点地区规划落实、产业升级、环境整治等工作。三是规范乡镇统筹平台的运作机制。乡镇统筹平台在建立各村集体经济组织利益平衡机制时，要综合考虑集体土地的面积、区位、规划用途等因素，要合理确定农民在集体建设用地集约利用中的收益分配比例。

四　进一步完善农村集体建设用地市场

一是研究出台农村集体经营性建设用地流转办法。按照党的十八届三中全会精神，并学习借鉴广东、安徽、湖北等出台的规范集体建设用地流转的规定，开展集体建设用地流转试点，并在试点的基础上出台符合平谷区实际的农村集体经营性建设用地流转办法。二是建立和完善农村集体建设用地流转信息平台。借助北京市发达的信息化手段和先进技术，建立和完善平谷区农村集体建设用地供求信息的发布平台，建立更新及时的农村集体建设用地流转信息库。三是进一步发挥北京农村产权交易所平谷区办事处的作用，加大对北京市农村产权交易平台的宣传力度，引导各乡镇、村通过该平台进行集体建设用地流转，推动农村产权流转交易公开、公正、规范运行。

五　推动农民住房财产权的实现

按照十八届三中全会保障农户宅基地用益物权，稳妥推进农民住房财产权抵押、担保、转让的精神，建议确定平谷区为推动农民实现住房财产权试点，研究和逐步实行农民住房财产权抵押、担保、转让政策，发挥市场对农村居民住房供求关系的调节作用。一是明确权属。开展农民住宅的确权登记试点，理顺农民住宅的权属关系，明确农户宅基地的权能，赋予农户宅基地用益物权。二是扩大范围。着力解决农民对宅基地需求与农宅闲置的矛盾，允许农民将住房流转给本集体经济组织以外的其他集体经济组织成员。三是规范入市的程序。制定规范试点乡镇农民住房财产权抵押、担保、转让的办法，明确入市程序、方式等，加强合同管理。四是制定仲裁管理办法。确定相应主管部门，对不同集体经济组织成员之间的住房转让纠纷进行调解。

课题负责人：郭光磊　张秋锦

课题协调人：葛继新　吴连江

课题责任人：季　虹

课题组成员：崔爱国　张家祥　王丽红　阎　骏
　　　　　　纪绍军　严瑞河　刘儒鹏

课题主笔人：王丽红

第五章 山坳上的中国梦

——北京市平谷区挂甲峪村发展调研报告

中国是一个农业大国，"三农"问题长期以来是党和国家关注的重点问题。改革开放以来，农村面貌发生根本改变，农民增收、农村发展、农业稳固，农村地区经济社会发展不断向前推进。进入社会改革发展的新时期，城乡地区发展不平衡的问题开始凸显。特别是在农村全面发展的进程下，山区农村受位置、自然条件和相关政策等种种因素的影响和制约，其发展状况又滞后于全国农村的整体发展水平，这无疑是制约我国城乡一体化和新型城镇化顺利推进的"短板"。破除山区农村发展困境，推进山区农村进一步发展，是当前社会主义新农村建设的重要课题。

长期以来，作为首善之都，北京市高度关注京郊农村地区的发展，注重统筹城乡之间、近郊与偏远、山区与平原地区的村庄发展，自 2005 年以来，连续下发关于推进山区农村发展的文件，不断加大对山区农村的扶植力度。2010 年 11 月 29 日，北京市人民政府发布《关于促进沟域经济发展的意见》，提出山区农村开发要以沟域经济发展为突破口，牢牢把握率先形成城乡经济社会发展一体化新格局的根本要求，以生态建设为基础、以产业发展为中心、以农民利益为根本，顺应发展趋势、转变发展方式、创新发展模式，提升沟域经济发展质量和效益，推动山区经济社会又好又快发展，为山区农村的发展明确了思路、指明了方向。

挂甲峪村位于北京市平谷区北部山区，南距平谷城区 20 公里，西经大华山、官庄路口距北京（东直门）75 公里。该村归属平谷区大华山镇管辖，区域面积 5.5 平方公里，山场面积 5.3 平方公里，南高、西北低，主峰老官顶海拔 623 米，是平谷正北第一高峰。全村 107 户 323 口人，分两处聚居在海拔 180～250 米的沟谷之间。区域内两侧大山犹如两条巨龙从村西北口向东南蜿蜒直达主峰两侧，挂甲峪就坐落在龙的怀抱中。历史上，挂甲峪一度与封闭、落后等同起来，是一个有名的京郊光棍村。自 20 世纪 80 年代中后期开始，在北京市政府、平谷区政府的支持下，该村发扬艰苦奋斗、敢于创新的精神，走出了一条生态经济型、可持续发展的山区致富之路，成为首都乃至于全国文明村。

挂甲峪村作为山区农村发展的典型，其探索实践和经验，对全国的山区农村发展而言，具有较为直接而重要的参考价值。本项研究基于对挂甲峪村 25 年发展历程的回顾，着重考察该村从 20 世纪 80 年代中后期开始开发，如何一步步发展成为村强民富的"首都文明村"，这一贫困的山区村庄如何借助政策，依靠全村人民共同奋斗走上致富路，发掘该村在村庄建设过程中面临的现实矛盾，并提出若干具有针对性的对策建议。

第一节　挂甲峪村发展的历史进程

挂甲峪村自 20 世纪 80 年代后期开始开发，村庄发展大致经历四个阶段。

一　工业立村（1987 ~ 1996 年）

挂甲峪村在 20 世纪 80 年代以前是一个极其贫困的普通村庄，曾是出了名的"三多两少"村：欠债多、光棍汉多、外嫁女多，余粮少、男劳力少。村庄基础设施极差，道路不通，村民进出难。截止到 1987 年，挂甲峪村集体负债 30 万元，人均年毛收入不过 300 元，村集体经济发展基本停滞。

表 1　1987 年的挂甲峪村

分　类	内　容
政　治	村民自治刚起步,村民联合互助较少
经　济	农耕为主,极度落后,道路不通,村级负债 30 多万元,人均年收入低于 300 元
文　化	极其贫乏
社　会	光棍众多,生活混乱

资料来源：《挂甲峪村史话》编辑委员会编著《挂甲峪村史话》，中国戏剧出版社，2012。

1987 年，张朝起担任挂甲峪村村主任，确定了带领全村人民致富奔小康的目标。结合本村实际，村委会制定挂甲峪村三年发展规划，强调打通村级公路的重要性，筹集资金完善基础设施，顺利建成京郊山区第一条村级柏油马路。

此时，乡镇企业成为乡村经济发展的龙头，成为转移农业剩余劳动力的主要渠道，[1] 为农业现代化提供资金、技术基础和服务，促进了农村城镇化。[2] 山区可以利用的资源有限，村民单纯依靠每家分得的 2 亩山地难以实现致富梦，山区致富面临困境，乡镇企业的兴起给挂甲峪村带来希望。

在全国乡镇企业异军突起的背景下，挂甲峪村开始兴办乡村企业，通过考察和可行性分析，提出投资 130 万元与北京金属材料厂合办"三联金属制品厂"，在 1990 年的半年厂里就获纯利 7 万元。随后企业发展遇到波折，由于缺乏做乡村企业的思想准备和管理经验，再加上市场不景气，企业出现了半年亏损 15 万元的严重情况。于是，适时调整经营策略，吸取前期管理失败的经验教训，到了 1995 年厂子就实现了年盈利 40 万元的目标，

---

[1]　于立、姜春海：《中国乡镇企业吸纳劳动就业的实证分析》，《管理世界》2003 年第 3 期。
[2]　米增渝：《农村企业对农村经济发展的贡献及影响因素》，《中国农村经济》2009 年第 12 期。

基本完成本村富余劳动力的就业安置工作，村庄经济开始活跃起来。

1995年该村继续做大乡村企业，在金属制品厂的基础上与北京高压气瓶厂、新加坡海天公司合资生产高压容器配件，拓展了企业的活动空间，充分利用外资对大陆地区投资的积极性，争取发展资金，企业产品还销售到国外，同时不断推进产品更新升级，扩大企业赢利渠道。

表2 挂甲峪村工业发展年谱

时 间	事 项
1988年	成立三联金属制品厂
1989年	第一条村级公路开通，打开物资通道
1990年	获利7万元
1995年	盈利40万
1996年	联合北京高压气瓶厂、新加坡海天公司成立挂甲峪容器配件厂

资料来源：《挂甲峪村史话》编辑委员会编著《挂甲峪村史话》，中国戏剧出版社，2012。

挂甲峪村第一次创业至此基本完成，村里的人均生活消费支出从不足300元增长到人均近800元，村级的集体资产开始不断积累，产值迅速增加。

二 开发兴村（1997~2004年）

从1997年开始，挂甲峪村抓住北京市委、市政府出台山区综合开发水利富民政策的机遇，充分利用本村可供开发的近5000亩山场，紧紧抓住山区开发、水利富民这一主题，把挂甲峪的发展前景定位在5000亩的山场资源上，决心开发荒山，向山场要效益。

挂甲峪按照"山、水、林、田、路综合治理，顶、坡、沟立体开发，高标准规划设计，一步成型到位"的原则，确立走山区生态经济可持续发展致富之路。1997年挂甲峪山区综合开发治理开始之前，就邀请北京市果品办、水利局、规划局的专家一起参与村区开发的规划，周密制定出《挂甲峪村山区综合开发及水利富民工程实施方案》，为以后长期的发展定下调子。经过村委会会同专家讨论，并广泛征求村民意见，该村制定了"水利修上山，道路通上山，大桃栽上山，畜牧养上山，科技跟上山"的"五上山"策略，进行全面开发，预计实现人均百米路，一户一个小水库（蓄水池），人均双百树、人均增加3亩水浇园，一户一名技术员，人均收入超万元的目标，山区综合开发取得重大成效。

2003年，挂甲峪村结合前一阶段的开发治理情况，提出"新五上山"策略，即"电信网络布上山，再生能源项目建上山，有机果品改上山，农民别墅建上山，旅游游客玩上山"，努力建成生态文明和物质文明共同发展的现代休闲旅游度假村。

本阶段是挂甲峪村全面积累，以山区多维度综合开发治理为切入点进行全方位建设的时期，进一步完善村级道路网络，兴建大量水利工程，引进有机果品进行大量种植并尝试

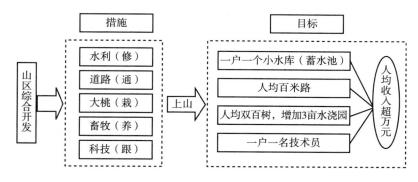

图 1　挂甲峪村"五上山"规划图

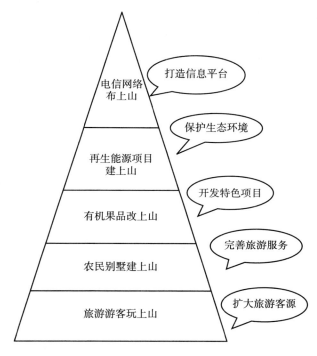

图 2　挂甲峪村"新五上山"规划图

开发生态环境旅游业，该村发展休闲旅游的基础设施建设基本完成，为全面开发乡村旅游准备了条件。

三　旅游富村（2005～2012 年）

山区农村地区受自然地理环境的限制，农业发展面临耕地不足，荒地、山地居多的现状，土地碎片化问题严重，按照发展规模机耕农业实现农村发展的传统方式难以奏效。但是，山区农村地区旅游资源极为丰富，自然景观和人文景观极其丰富，山水风光、文物古迹和民俗风情各具特点，为山区农村发展休闲旅游提供了条件。

发展山区农村旅游既具有可行性，又具有必要性。旅游业正成为山区的经济增长点和国民经济的先导，极大地促进了山区产业结构调整。[1] 作为一项综合性产业，旅游业具有较强的产业关联度，可以带动包括行、住、食、游、娱、购在内的整个第三产业发展，从而拉动地方经济。山区旅游业具有不破坏生态环境、经营风险低、经济效益高的特点，可以吸引村民参与旅游服务供给，实现农旅结合，增加农民经济收入。

挂甲峪村拥有悠久的历史文化，山峰林立，自然景观独特，具有发展乡村旅游得天独厚的条件。该村经过山区综合治理开发，发展旅游所需的基础设施基本完善，因此该村继续抓住发展旅游这根弦，大力发展旅游观光产业。挂甲峪村投资 1200 万元重点开发民俗旅游新项目，成立了挂甲峪旅游开发公司，将村庄建成以原始生态风光和田园民俗为特色的"山里人家"旅游区，鼓励村民参与到村庄旅游发展建设中来，村民赚上"旅游钱"，使全村 107 户人家均吃上了"旅游饭"。

其后，挂甲峪村进一步挖掘村级旅游潜力，兴建完成"五瀑十潭两湖工程"，建成高标准观光采摘园 800 亩，在 1 万亩山场上，栽种各类果树 20 多万棵，其中优质桃树 15 万棵，"人间四月芳菲尽，山寺桃花始盛开"，每一年的挂甲峪桃花节都迎来了来自海内外的游客前来观光。

2005 年，随着新农村建设工程的实施，日接待游客 1000 人，旅游收入达 600 万元，人均旅游增收 10000 元，人均收入达到 2 万元，仅观光采摘收入就高达 200 多万元，比过去单一靠林果生产增收翻了两番。2006 年挂甲峪旅游开发公司日接待游客最多达 2000 人，年接待游客达 3 万多人次，实现旅游收入 1150 万元，这年挂甲峪全村经济总收入达到 1600 万元，集体资产从 2001 年的 1000 万元增加到 1.3 亿元，集体纯收入 340 万元，农民年人均纯收入 10500 元，比 10 年前增长 15 倍，也高于全镇、全区的平均水平。

表 3   2005～2006 年挂甲峪村旅游情况统计表

年份	日接待量（人）	旅游收入（万元）	增长率（%）	人均收入（万元）	增长率（%）
2005	1000	600	47.8	2	33.3
2006	2000	1150		3	

资料来源：张国胜、白四座：《旅游春风唤醒沉睡的山村——北京平谷挂甲峪以旅促农打造特色小康新村纪实》，《中国旅游报》2006 年 5 月 31 日。

为改善村民居住环境，挂甲峪村统一规划，建造二层结构的别墅式楼房，别墅分为大户型和小户型供村民选择。大户型建筑面积为 196 平方米，八室两厅；小户型建筑面积为 176 平方米，五室一厅。新居室内基础设施配备齐全，配置全部实现现代化，一期工程建造 71 幢，2006 年交付使用；二期工程建造 70 幢，正在紧张施工当中。

---

[1]   何景明、郭岚、马泽忠：《山区旅游资源与旅游业发展研究》，《广西社会科学》2004 年第 1 期。

表 4　挂甲峪村民别墅配置

户　型	面积（平方米）	房间数
大户型	196	八室两厅
小户型	176	五室一厅

资料来源：孙音等：《新农村建设的初探——北京市平谷区挂甲峪新村建设规划和建筑设计》，《小城镇建设》2005 年第 12 期。

该村为村民兴建小别墅后，农户自家都可以依靠别墅新居承接游客住宿和餐饮业务，"家家开旅馆，户户办旅游"，该村的民俗旅游红红火火，实现农旅结合、农民致富。

第二节　挂甲峪村发展的主要举措

挂甲峪村从 20 世纪 80 年代的一个极度贫困的山区贫困村发展成为京郊第一生态文明村，得益于该村有条不紊地推进的一系列得力措施。

一　着力打造领导团队

农村地区领导团队在农村社会活动中起着带领村民探索村庄致富道路、确定村区发展目标并进行决策部署的重要作用。高效、有力的农村地区领导团队是实现农村地区发展的核心力量，是农村发展的主心骨。[1] 农村能人是农村社会生活中的精英群体，如果说农民是新农村建设的主体力量，那么农村能人能否被动员起来引导村区建设则是事关新农村建设成败的关键因素。[2] 因此，由农村能人组成的农村领导团队是农村实现村庄发展、村民富裕的核心因素。

特别对于山区农村发展来说，本身发展资源的不足已经严重制约村庄发展，因此就特别需要农村中富有眼光和创新精神的能人领导集体，把握市场脉动，结合本地实际寻求经济发展的增长点，开发村区发展的新项目，领导村民齐心协力走向强村富民之路。

挂甲峪村实现腾飞的关键因素之一就是高度重视领导集体的打造。

该村的每一个干部都是村庄发展的一面旗，领导集体是村里思维活跃、视野开阔、敢想敢干的一批人，是带领村民致富的经济发展高手。村干部都在自己的岗位上兢兢业业、扎实工作，为村庄的发展付出辛勤的劳动。

案例 1　最忙最累的村干部

挂甲峪最忙最累的是村干部。挂甲峪的村干部上班有"点"，而下班却没有"点"，不管春夏秋冬，天一亮就是工作时间，不管夜长夜短，没事儿了才能回家。一位在挂甲峪

---

[1]　韩川：《农村领导学构想》，《齐鲁学刊》1988 年第 2 期。
[2]　符钢战、韦振煜、黄荣贵：《农村能人与农村发展》，《中国农村经济》2007 年第 3 期。

实习的女中专生这样感叹：太阳都累了，我们还在干；星星都睡了，我们还在转。村支书张朝起只要住在村里，夜里12点前绝对不会睡觉，从30多岁开始坚持到现在年逾六旬，每天总有忙不完的事，每天半夜还到居民居住区去转，到施工工地、水电设施、旅游景点转，为的是杜绝事故，确保村里一方平安。村委委员张义海负责全村的农业和果品生产，凡入股的地树都由他管，地块多，果树品种杂，一年到头活茬不断，他整天都在泥里、水田里过。村支部副书记李晓玲负责政工，组织、宣传、妇联、共青团、民政社保等一大摊子事儿，一忙起来都忘了家，一次为了忙区、镇"三级联创检查"的事，她疏于孩子的管理，将儿子一个人丢在家里，结果孩子玩耍掉进粪坑，抢救三天三夜才苏醒过来。

该村始终将村干部作为一个团队来打造，把"强村富民"作为一切工作的出发点和落脚点，为明确村委会职责职权，确保村委会工作都以服务村民、求实发展为导向，该村对内作出明确的规定，要求每个干部做到"一正""二硬""三清""四廉""五为民"，树立"八个理念"：一是正确的政治理念；二是执政为民的群众理念；三是科学的发展理念；四是坚定的组织理念；五是自主创新的科学理念；六是讲求效率的时间观念；七是对一切负责的质量理念；八是注重实际成果的效益理念。[①]

该村领导干部积极探索村庄实现经济发展的新路径。通过走综合开发之路，大力发展乡村休闲旅游，就是村领导集体结合山区村庄实际作出的战略性选择，得到村民的普遍认可与支持。通过整合村庄力量，充分利用政府和社会资源，已经实现村庄经济的快速发展，村民生活水平不断提高。在村级管理上，该村坚持充分尊重村民意愿和集体决策，本着对村民高度负责的精神，全身心地投入村区发展实践之中。

二 合理布局整体规划

山区农村发展涉及基础设施、山地开发、经济发展、民主管理、社区建设等众多方面，必须做到统筹安排、整体规划，才能有重点、循序渐进地推进发展，保证发展的连续性。

挂甲峪村自1987年开始发展时起就立足村庄实际，制定出村庄发展的三年规划，将村庄的基础设施建设摆在首位，同时开始紧跟乡镇企业兴起的潮流，大力发展村级集体工业。在第一个三年规划基本完成的时候，该村基本建成通往外界的硬化道路，村集体企业产品大量外销，并开始实现盈利。在新的起点上挂甲峪认真分析村庄现状，作出通过与外企合作的方式继续做大村级产业的规划，同时进一步完善村庄基础设施建设，为全面开发做准备。

其后，在村集体工业开始发展壮大、集体经济积累到一定程度时，该村邀请北京水利、规划、果品办的专家到村全面考察，专家组着眼于村庄实际制定出《挂甲峪村山区综合开发及水利富民工程实施方案》。

① 李永明主编《今日挂甲峪》，中国戏剧出版社，2011，第11页。

表5　挂甲峪村综合开发规划实施方案

《挂甲峪村山区综合开发及水利富民工程实施方案》	挂甲峪山区开发总体规划图
	小流域治理工程实施方图
	果树发展分布图
	畜牧上山"四位一体"分布图
	发展旅游规划图

挂甲峪村综合开发规划实施方案提出按照"山、水、林、田、路综合治理，顶、坡、沟立体开发，高标准规划设计，一步成型到位"的原则，经济效益与生态效益并举，走生态经济型、可持续发展道路。规划的出台为挂甲峪村的后续全面综合开发定下调子，明确指出村区未来发展的方向。

三　有序推进综合开发

山区开发是一项系统工程，既需要把握发展的主要着力点，抓住主攻方向，又需要有整体思路，配套协同发展，实现整个山区农村的全面发展。

挂甲峪村充分利用本地原生态的山场资源，在充分考察本村区的发展优势和瓶颈的基础上，提出把打造生态旅游作为乡村发展的主要经济增长点，以乡村旅游为突破口，带动村区服务业和都市型现代农业的发展。

为营造良好的生态旅游发展环境，该村从乡村公路建设入手，修通连接周边村庄、大华山镇、平谷区以及北京市的交通通道，打破挂甲峪村孤立封闭的地理位置的限制，实现与外部世界信息的互通有无。

其后该村围绕旅游资源的开发，对村庄进行综合治理，制定出挂甲峪村发展5张规划图，按照山、水、林、田综合开发的要求，明确提出"水利修上山，道路通上山，大桃栽上山，畜牧养上山，科技跟上山"的"五上山"策略，总体围绕旅游开发，全方位、多层次、宽领域展开综合治理。

该村牢牢抓住旅游产业发展这条主线，2003年进一步挖掘村级旅游发展潜力，开始打造原始生态风光和田园民俗为特色的"山里人家"旅游区。该村适时提出"新五上山"策略，将现代信息科学技术应用到旅游开发之中，加大生态休闲旅游景点培育力度，积极引导村民参与到乡村旅游开发中来，农旅结合、果农互促，实现农民致富。

四　全面引进现代科技

山区农村发展面临众多的限制，土地资源不足且土壤贫瘠、基础设施建设面临地质环境的制约、闭塞的村庄环境形成的观念滞后和信息流通不畅都成为山区农村发展的障碍。但是现代科学技术可以很好地化解这些制约村庄发展的难题，大力发展和推广适合山区农村发展实际的科学技术能有效地消解不利因素，化劣势为优势，形成村区发展的积极因素。

表6　挂甲峪村综合开发统计表

项　　目		数　　量
水利开发	大水池	10 座
	塘坝	2 座
	小水池	182 座
	衬砌水渠	3000 米
	排水渠	200 米
	扬水站	4 处
道路建设	山路	25000 米
	水泥硬化	20000 米
入地整理	用材林	1500 亩
	封山育林	1100 亩
	经济林	800 亩
	闸沟垫地	160 亩
	坡改梯田	500 亩
	水浇地	800 亩

资料来源：平谷县水资源局：《平谷县挂甲峪村小流域综合治理验收报告》。

以山区农村发展的土地要素限制为例，面对极其碎片化的贫瘠土地，贫困农民脱贫寄希望于更多的劳动力投入，对土地进行超强度开垦，这就形成越垦越穷、越穷越垦的恶性循环。[①] 而通过现代科技导入，逐步改善土地土壤肥力，种植适合山区环境的高产作物，走集约生态农业发展之路，就可以提高土地的劳动产出率，进而增加农民收入。

挂甲峪村在山区开发过程中高度重视现代科技的重要作用。该村在综合开发"十上山"策略中，明确提出"科技跟上山""电信网络发布上山""再生能源项目建上山"，充分发挥科学技术作为第一生产力的重要作用，大力倡导用现代科技改造传统村庄，用科学技术引领综合治理，在该村开发的每一个角落，体现出现代科技给村区经济发展、农民生活改善带来的好处。

在水利工程开发上，为解决村民饮水、工农业用水和旅游资源挖掘引水的问题，在村里大兴节水工程，利用循环水建成 10 个人工生肖潭，蓄水近 2450 立方米，通过科学设计规划和节水设施的配置实现水资源的循环利用。[②]

在综合利用再生有机能源上，该村专门邀请外国专家及国家计委、中科院太阳能研究所的教授亲临指导再生能源利用具体技术的使用，成功召开亚洲地区能源工作现场会。在相关专家的指导下，全村的新能源利用取得巨大成效。

---

① 孙世芳、吴庆智、李宏民、李军、唐丙元：《山区科技扶贫对策论——河北山区科技扶贫的实践与启示》，《中国软科学》1999 年第 4 期。

② 赵大年：《挂甲峪的山·水·路》，《海内与海外》2008 年第 5 期。

表 7　再生能源利用成效表

项　目	节约经费	实现目标
公路节能灯风力发电机组	15 万元/年	
光能频振式杀虫灯	大量减少农药使用量	生产生态无公害果品
生物质气	6000 元/户·年	建成"无烟村"

在旅游资源挖掘上，为进一步丰富山坡果树的品种，吸引游客观光消费，挂甲峪村专门邀请市北京市果品办的专家亲临指导瓜果嫁接技术的使用，成功引进近万株桃树，有力促成平谷地区国际桃花节这一亮丽的风景线，增加村庄旅游人气。[1]

五　适时推行股份改造

随着市场经济的深入发展，农村现行的管理体制和集体资产的经营、收益分配机制已经明显不适应市场经济的发展要求，特别是集体资产所有权主体不清、产权虚化的问题尤为突出，由此产生了影响农村发展和稳定的诸多问题。对农村集体资产进行以股份制改造为主要形式的改革，是解决目前农村存在矛盾和问题、实现农村集体资产保值增值的有效途径。

北京市积极统筹全农村综合改革的工作，高度重视农村集体经济产权改革工作，连续下发文件指导改革实践，要求全市按照"资产变股权，农民当股东"的思路，加大力度、加快速度，全面推进农村集体经济产权制度改革。

表 8　北京市农村集体产权制度改革文件一览

发文单位	文件时间	文件名	主要内容
市人大常委会	1993 年 5 月 7 日	北京市农村集体资产管理条例	农村集体资产可以按照所有权和经营权分离的原则，采取多种经营方式，实行有偿使用。可以实行承包经营，租赁经营，可以以集体资产参股、联营，也可以实行股份合作经营
市人大常委会	1996 年 9 月 6 日	北京市农村股份制合作企业暂行条例	农村股份合作企业可以将合作社原有集体企业资产部分出售，按产权折成股份，并吸纳新的投资设立的股份合作企业
市政府办公厅	1999 年 12 月 27 日	北京市撤制村队集体资产处置办法的通知	集体资产数额较大的撤制村、队，要积极创造条件进行改制，发展规范的股份合作经济。可以将集体净资产划分为集体股和个人股。集体股所占比例由该村、队集体经济组织成员大会或者代表大会讨论决定，但不应低于 30%；其他净资产量化到个人。撤制村、队集体经济组织成员对获得的股权享有收益权，可以继承、转让，但不得退股
市委、市政府	2003 年 6 月 25 日	关于进一步深化乡村集体经济体制改革加强集体资产管理的通知	乡村集体经济组织要打破产权封闭、区域封闭的格局，实现开放式经营。要坚持实施资本引进和资本跟进战略，积极推进高起点、大范围、宽领域的资产重组，实现投资主体和经营方式的多元化

---

[1]　《平谷桃花节赏玩全攻略》，http：//bj. people. com. cn/n/2012/0420/c233080 - 16961820. html。

续表

发文单位	文件时间	文件名	主要内容
市农委	2002 年 5 月 15 日	关于进一步加强农村集体经济审计工作的意见	加强农村集体资产管理，及时发现和解决在农村集体资产管理上存在的问题，促进集体资产保本增值，使农民群众从集体资产的经营中得到实惠
市农委	2004 年 8 月 31 日	北京市农村工作委员会关于积极推进乡村集体经济产权制度改革的意见	乡村集体经济产权制度改革的基本方向是"资产变股权，农民当股东"，建立起与市场经济接轨的产权清晰、权责明确、政企分开、管理科学的新型集体经济组织

截至 2011 年底，全市已有 3645 个乡村集体经济组织完成了产权制度改革，其中，乡级 10 个，村级 3635 个，村级完成改革的比例已经达到 91.4%，有 301 万农民成为拥有集体资产的股东。

北京市挂甲峪村结合自身实际，着手分析对本村进行股份制改造的可行性和具体办法。全面审视村庄发展的现状：一方面，村办企业的蓬勃发展为股份制改造创造了条件；另一方面，土地的田块分割和"碎片化"问题严重，土地产出率低下，而现代休闲旅游业的发展需要土地资源，但是土地经营权流转始终没能放开，严重制约土地的集约开发，这就存在土地浪费与奇缺并存的矛盾，土地资源没能实现充分利用。鼓励、引导农民实行土地经营权的流转，推进都市型现代农业发展经营，实行股份制改造对挂甲峪村来说是可能的，对挂甲峪的长远发展来讲是必需的。

该村启动股份制改造之后，颁布《挂甲峪实行股份制改造方案》和《挂甲峪社区股份合作社章程》，围绕实现"土地变股权，农民变股东，有地不种地，交易靠分红"的目标，盘活村庄发展中的各类生产要素，引导各要素优化组合，保障失地农民的合法权益，提高农民的土地收益，实现农民的充分就业，促进村区经济发展。

表9 《挂甲峪村股份制改造方案》

事 项	内 容
参与原则	村民自愿与教育引导相结合，充分尊重农民意愿，坚持公开、公平、公正原则
入股方式	以村民承包地入股，考虑土地质量和数量因素
组股方式	成立"挂甲峪社区股份合作社"，注册成立挂甲峪集团，获得法人资格，下设天甲畜牧公司、天甲旅游公司、天甲工业公司、天甲农林公司、天甲物业公司 5 个公司，代表社员依法行使集体资产的所有权和经营管理权
村民股份权益	集体资产量化到人，所有权仍属村集体经济所有，量化到人的集体资产股权只作为享受村集体经济收益分配的依据
股民义务	不得退股提现。股份合作社资产不得以任何形式平调，不得为外单位和个人进行经济担保

事　项	内　容
股民收益方式	凡入股村民只要身体条件合适、本人愿意,都可以在本村公司上班,且月工资不低于1500元;按老龄股占70%、户籍股占2%、地树股占5%、计生股占5%、精神文明股占5%、特殊贡献股占13%参与分红
集体土地处置	入股后集体不能违法使用土地,农民对改变土地使用性质行使表决权
股改目标	土地变股权,农民变股东,有地不种地,交易靠分红

资料来源:《挂甲峪村史话》编辑委员会编著《挂甲峪村史话》,中国戏剧出版社,2012,第185～187页。

挂甲峪村召开股东大会,选举产生了董事会和监事会。董事会对股东大会负责,制定村内各项发展规划,聘请专门人才经营管理,完全实行企业化运作。监事会负责监督村集体企业的运营状况、财务状况与分配方案。实行农村股份制后,该村集体所有权和经营权相分离,挂甲峪村人人变股东,户户可分红。

该村通过股东大会和村民大会共同商议,制定了集体资产分配的具体办法,决定将全村每年净利润的30%作为集体经济发展公积金,其余70%向村民分红,并明确各项的分红比例。

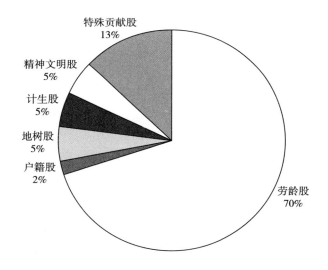

图3　股民分红中各项具体比例

挂甲峪村成功试行股份制改造,调动了村民的积极性,实现了生产要素的优化配置,集体经济进一步壮大,到2009年村集体资产达到1.8亿元,村民收入不断增长。[1]

---

[1] 《挂甲峪村史话》编辑委员会编著《挂甲峪村史话》,中国戏剧出版社,2012,第185页。

表 10　集体资产收益的处置办法

单位：%

比例	项　目		分配比例
30	发展公积金		
70	股民分红	劳龄股	70
		户籍股	2
		地树股	5
		计生股	5
		精神文明股	5
		特殊贡献股	13

六　积极创新社区管理

加强农村社区建设，创新社区管理方式，是社会主义新农村建设的重要内容。农村地区在经历撤乡并镇、撤村建居等行政区划的调整之后，社区服务管理面临新的环境，农村社会由"乡村人"向"社区人"转化之后，[①] 农村社区开始承担"乡村"分离出来的一些社会职能，诸如为社区群众提供农业社会化服务，对社区内居民的生产生活、社会保障、劳动就业等方面的支持帮助和管理。在农村社区形态发生巨大变化的情况下，农村社区建设必须创新管理方式，转变思想观念，才能适应新时期农村社区的新变化、新要求。[②]

山区农村长期以来由于受到地域上的限制，村民享受的社会服务总体较少，因此在新形势下完善山区农村公共服务，使村民享受美好的社区生活，在社区管理上就更应当积极探索新的实践形式，创新社区管理方式。

挂甲峪村坚持以"服务村民"为导向，以实现"民富村强"为目标，在村庄的全面开发和发展中不断提高为民服务的质量，充分发扬民主，尊重村民诉求，在发展中改革社会管理方式，创造和谐幸福社区。

该村村干部加强学习，始终树立执政为民的群众理念，以对村民高度负责的精神，进行科学决策，主动接受村民监督；在日常工作中，村干部热心为民服务，听民意、解民忧，常常为帮村民解决困难不分昼夜、加班加点地工作；在村庄发展的历次重大决策中，村委会每一个规划草案的制定都要有村民代表参与，充分了解村民的需要和诉求，力求维护大部分村民的利益，制定的草案都要经过村民大会或者村民代表大会举手表决，对于村民有异议的地方村委认真听取，酌情修改后，再予以表决，坚决做到充分听取民意，反映村民诉求。该村积极引导村民参与村级事务，进行村民自治实践，维护村民民主政治权利。

---

① 张兴杰：《社区管理》，华南理工大学出版社，2007，第 60 页。

② 程又中、李增元：《农村社区管理体制：在变迁中重建》，《江汉论坛》2011 年第 5 期。

第三节　挂甲峪村发展的现实成效

挂甲峪村充分挖掘现有资源，大刀阔斧地推进山区综合治理开发，适时推进股份制改造，使挂甲峪村庄面貌发生了天翻地覆的变化，山区村庄发展取得重大成效。

一　村容村貌大大改善

20 世纪 80 年代后期挂甲峪村刚开始开发的时候，村里没有一条水泥路，外出全部靠步行，山头荒芜，经济收入极低，村民生活水平低下。经过 25 年的发展，该村在全体村民的共同奋斗下实现了村容村貌的极大改观。

该村生态休闲旅游蓬勃发展，山上瓜果香飘万里，山下旅游景点引人入胜，景区处处充满欢声笑语。乡村道路四通八达，来自国内外的观光游客络绎不绝，各地自驾游爱好者不远万里前来游览，现代气息弥漫整个村庄。村民都住进小别墅，家家用上太阳能，利用自家别墅发展起农家乐，生活水平不断提高，幸福指数不断攀升。太阳能节能设备等安装于道路两侧，风力发电机投入运营，新能源在村庄大量运用，村庄生态环境保护的理念融入村庄每个村民的内心深处，村庄环境宜人。该村村容村貌的建设得到中央精神文明建设指导委员会以及北京市委、市政府的充分肯定，2008 年，挂甲峪村获得"北京最美乡村"称号，2009 年该村获得"全国文明村镇""北京市卫生村"等众多荣誉，2011 年该村被农业部评选为中国最具魅力十大休闲乡村之一。[①]

二　村庄经济快速发展

1987 年的挂甲峪村没有一分集体资产，并欠下 30 万元的债务，由于交通不便、资源短缺，村域经济犹如一潭死水。该村经过大力发展集体工业企业和开展综合开发治理，村区休闲生态旅游蓬勃发展，成为全村经济发展的支柱产业，为村集体带来巨大资产储备，村庄经济不断发展，村集体资产迅速增加。到 2011 年，全村人均纯收入突破 23000 元，经济总收入达到 3500 万元，集体总资产达到 2.5 亿元。到 2011 年，全村经济总收入达到 3500 万元，集体总资产达到 2.5 亿元。

挂甲峪村通过推进股份制改造成立的挂甲峪集团是村庄经济发展的龙头，下设天甲工业公司、天甲农林公司、天甲畜牧公司、天甲旅游公司和天甲物业公司 5 家公司，每年为村集体创造近百万财富。该村提出以果品、旅游、工业为三大支柱产业，积极发展壮大集体经济实力，推进村区快速发展。

---

① 从 2010 年开始，农业部在全国范围开展中国最具魅力休闲乡村的评选活动，每年评选 10 个中国最具魅力的休闲乡村推荐给社会大众。经农业部认定的 2011 年中国最具魅力十大休闲乡村分别是：北京市平谷区大华山镇挂甲峪村、天津市武清区梅厂镇灰锅口村、吉林省四平市梨树县梨树镇霍家店村、上海市崇明县竖新镇前卫村、浙江省临安市太湖源镇白沙村、福建省宁德市寿宁县犀溪乡西浦村、湖北省十堰市武当山特区八仙观村、云南省普洱市澜沧县惠民乡芒景村、贵州省毕节市黔西县洪水乡解放村、陕西省宝鸡市岐山县凤鸣镇北郭村。

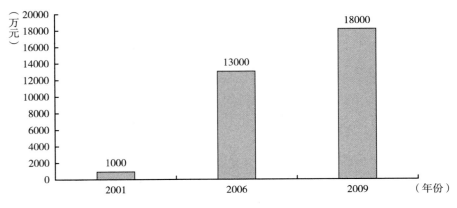

图4　挂甲峪村历年产值

三　村民生活迅速改善

挂甲峪村经过 25 年的发展，村民生活质量大幅度提高。该村家家住别墅，70% 的家庭都有小汽车，生活基础设施条件大大改善。村民每家通过接待外来游客，家庭收入大大提高。以自家的土地和树木入股，获得固定的分红，收入来源有基本的保障，同时通过在村属企业上班又可以获得一笔可观的收入，收入来源渠道多样，收入总量不断增加。2006 年该村首次实现人均收入破万元大关，达到 10500 元。到 2011 年，全村人均纯收入突破 23000 元。

基本物质生活改善后，村民的文化生活也越来越丰富多彩。为丰富村民的精神文化生活，该村在别墅区修建约 500 平方米的健身场，配备各类健身器材，给村民进行基本文体活动提供平台，扭秧歌、打太极拳、做健身操的村民越来越多。挂甲峪大舞台每月举办文化活动，为村民定期提供文化大餐。该村连续多次邀请中央电视台《同一首歌》节目组走进挂甲峪村录制节目，提升村民的精神生活质量。

四　民主管理不断增强

挂甲峪村通过创新社区管理方式，充分发扬民主精神，通过密切联系群众，加强与村民的沟通协调，社区民主管理不断增强，基本形成三大民主管理机制，从制度上健全了村级民主管理。

第一，形成了村委干部定期走访村民的协商机制。该机制要求村干部积极开展"听民声、察民情、解民忧"活动，针对群众反映的热点、难点问题，定期与村民协调，主动了解社会动态，积极回应群众诉求。通过这项协调机制，村庄矛盾都被化解在萌芽状态，村干部积极深入村民，村民与村干部之间的良好关系建立起来。

案例 2　民主协商化难题，高高兴兴住新居

2006 年 11 月，挂甲峪村第一批小别墅竣工，怎样才能让村民高高兴兴住进去，是摆

在村委面前的一件难事。由于在这里面涉及旧房作价、上级补助款发放、新楼房选号、制订还贷计划等许多具体问题，村委会研究充分尊重群众的意见，听听群众的声音，因此分别安排成立了干部组、党员组、群众组对旧房进行作价，并成立公证组、核心组进行审核把关，最后综合评定初步意见，最大限度地让村民参与到具体的操作上来。但是村民心里仍有疑虑，担心里面有人作怪。这样，村委会分批次到每一户走访，了解他们的顾虑，并予以耐心的解答，随后再次召开所有户主会议，就旧房作价、补助款发放等问题征询意见，最终形成一致意见：统一由村委会提出旧房作价方案和推荐的各族人选，经举手表决决定采取按质论价的方式发放补助款，使困扰多日的问题得到解决。这样经过村委会、所有户主、村民的民主协商，新别墅顺利分发下去，村民们高高兴兴地住进了新居。

第二，确立了社区重大问题的集体解决机制。建立了畅通的居民诉求反映渠道，围绕服务群众、改善民生，创设多种形式的服务载体，完善社会管理体系。该村经村民大会一致表决通过挂甲峪村民主管理制度，要求村庄的重大决策部署需坚决倾听村民的想法，体察村民的利益需求，充分发挥村民自治在村庄事务决策中的重要作用，村里的事情由全体村民集体表决。重大问题的集体解决机制避免了村干部的独断专行，实现了真正的村集体民主决策。

第三，完善了全体村民对村干部的监督机制。该村制定挂甲峪村财务管理制度，村委会干部自觉接受村民监督，在村委会显著位置告知村民所有村干部的联系方式，并设有村民意见箱，村委干部所有收入予以公示，主动接受村民质询。村民对村干部监督机制保障了村民的民主监督权，村级民主管理触及更深的层次。

五　乡风文化特色彰显

乡风文明是社会主义新农村建设的基本要求，挂甲峪村作为北京市新农村建设的试点村，在大力发展村庄经济的同时，注重培养健康向上、积极乐观的乡村文化，积极加强村庄文化品牌建设，打造乡村文化特色。

第一，形成具有村庄特色的舞蹈文化。舞蹈文化是挂甲峪文化的主要部分。舞蹈作为一种最好的文化宣传方式，是挂甲峪民俗旅游不可或缺的一项，以舞蹈文化为抓手，兴起各具特色的村庄文化建设活动，培育良好的文化氛围，在促进休闲旅游的同时也使村庄的特色文化得以彰显。该村现已组建秧歌队、交谊舞队等其他形式的文艺表演团体，通过挂甲峪大舞台展示给全体村民，也营造了该村更加浓郁的民俗文化。

第二，"共驻共建"培育文化公民。2008 年该村开展与北京市文明单位共驻共建活动，结合北京奥运这一主题，广泛开展"城乡携手迎奥运，共建文明京郊行"活动，形成浓郁的乡村"奥运文化"；通过东城区地税局的援助，该村建成藏书 1 万多册的图书阅览室，每户住进别墅的村民获得一台电脑，方便村民文化知识学习和信息的交流沟通；该村委会利用数字家园及科技远程电教室，对村民进行三次电脑知识培训，提高村民文化素养；全村广泛开展爱国守法、明礼诚信、团结友善、勤俭自强、敬业奉献的公民道德教育，培育现代村民。

第四节　挂甲峪村发展的现实矛盾

经过 25 年艰苦卓绝的奋斗，挂甲峪村面貌发生天翻地覆的变化，村民生活质量大大提高。但是也应当看到在现实条件与发展目标之间还存在诸多问题和矛盾，阻碍村庄发展的因素依然存在。

一　旅游经济规模有限，开发能力偏弱

山区旅游越来越成为山区农村经济发展的支柱，全国范围内不少山区农村都兴起了村庄旅游热。但由于对乡村旅游的狭隘认识，山区农村忽略了对整个旅游产业链条上相关行业的开发，导致乡村"大旅游业"没能完全发展，同时也对整个村庄的产业结构调整带来不利影响，造成乡村资源的浪费。

一方面，山区旅游开发在全国已经如火如荼，行业之间的竞争越发激烈。由于不少村庄将山区旅游仅仅定位于游客观光，缺少对与旅游相关的服务业、旅游与现代农业结合等业态的关注，而将过多的精力投入在所谓景点的打造上，导致全国的山区旅游几乎完全一样，特点缺失，同构化现象极其严重，乡村旅游特色愈来愈不突出，游客资源已经在全国范围内进行分割，山区旅游发展本身也陷入困境。

挂甲峪村旅游发展面临内部容量有限和外部竞争加剧的现实困境。

对内，挂甲峪只是一个拥有 107 户 323 人的小村庄，从地理结构上看三面环山，处于半包围结构之中，这意味着挂甲峪环境容量和接待能力有限。而该村 2006 年日接待游客就达到 2000 人，对小村庄的接待能力是一大考验。游客日渐增多，甚至饱和，带来的环境污染、垃圾处理等问题都会暴露，环境容量饱和之后村庄生态就会遭到破坏，稳定的旅游收入难以为继。

对外，挂甲峪村面临周边地区乡村旅游的激烈竞争。截止到 2005 年 9 月，加上新近批准的 40 个市级民俗旅游村和 1582 个市级民俗旅游接待户，北京市级"民俗村"已达到 110 个，市级"乡村民俗接待旅游户"已达到 7119 户。[①] 京郊乡村生态旅游景点众多，单就挂甲峪村所在的大华山镇来讲就有小峪子老象峰景区、李家峪生态旅游景区、泉水峪胜泉旅游观光区、苏子峪 2000 亩枣坡旅游采摘区和西长峪中华药谷旅游区，其中老象峰景区即将建成国家级景区，诸多经典旅游内容大同小异，旅游特色不明显。挂甲峪村民俗旅游外部面临客源争夺的巨大压力，往往是在与其他景区的争夺中内耗。

另一方面，与山区旅游相关的旅游服务不完善，旅游发展整体规划和经营管理不到位，制约了旅游产业的全面发展，阻碍了"大旅游"对整个乡村发展贡献能力的发挥。同时，对旅游景点的打造、基础设施建设、舆论宣传的大量投入，不仅没能实现旅游产业做大做强，而且还限制了与之相关的经济农业、配套服务业的发展空间，约束这些产业的

[①]　刘德谦：《关于乡村旅游、农业旅游与民俗旅游的几点辨析》，《旅游学刊》2006 年第 3 期。

发展潜力。

挂甲峪村自实行综合开发以来就立足于乡村旅游资源的开发，打造休闲旅游山村，山区综合治理规划和"十上山"策略的目标指向都是乡村旅游，其后又投入大量的精力开发新的旅游景点，村里几乎所有的资金都流向乡村旅游。其结果就是整个村庄的经济收入80%来自旅游收入，农业、工业和其他服务业相对萎缩，对经济发展的贡献率极低。

客观上看，挂甲峪村尚未能充分挖掘旅游产业链条上各个行业的发展潜力，旅游与观光农业的生产、与山地林区的增产增收及其配套服务业缺乏较有深度的整合。一方面目前村庄的旅游经济规模受到限制，另一方面对山区农业、相关服务业等相对忽视，使其发展后劲明显不足。该村产业链条尚未健全完善，各产业之间的发展仍不协调，"大旅游"没能充分发展。

二　村企管理体制不顺，运作绩效偏低

村企关系可以视为企业与村庄之间以产权为核心，通过讨价还价就生产剩余分配而达成的一种契约。[1] 我国乡村企业关系在实践中大致分为两类。

第一类是以集体经济为特征的苏南模式。江苏南部地区的乡村企业是严格按照计划经济体制来运行的，乡镇和村基本掌握着乡村企业的经营权，全部的经营活动纳入计划经济体制的框架内，采取的是完全的政企合一的管理模式，这种管理模式下的乡村企业在特定的计划经济时期快速发展。但是在乡镇企业改制的过程中，政企合一的苏南模式出现了严重的暗箱操作现象，乡镇企业职工的利益严重受损，行政权力主导下的乡镇企业改革以"休克疗法"的方式快速推进，[2] 企业改制走的基本是一条私有化道路，改制后的企业基本处于自生自灭的状态。

第二类是以私营经济为特征的温州模式。温州历来都是乡村企业极其活跃的地区，乡村企业完全采取市场经济管理模式，根据市场供需的变动，调整经营策略，政府和乡村基本只是起到辅助性的作用，乡镇企业同样快速发展。但是在乡镇企业改制过程中，温州企业能严格按照公开招标的方式，广泛征求企业职工的意见并为下岗职工提供生活保障，走的是一条完全公开透明的改制之路，并且企业改制之后仍然能在市场长期存在，并且越做越大。

当下我国乡村企业与乡村组织之间的关系，也主要呈现政社合一和政社分离两种关系，形成"村庄型公司"和"公司型村庄"两种关系模式。

"村庄型公司"的实践类似于苏南模式，乡村企业与乡村社区的边界模糊，作为最基层"地方法团"的村委会与村办企业之间往往高度融合，[3] 社企合一的治理模式严重阻碍了企业经营效益的提高，而且降低了村庄治理的成效，特别是在改制过程中，村级社会组

---

① 郑风田、阮荣平、程郁：《村企关系的演变：从"村庄型公司"到"公司型村庄"》，《社会主义研究》2012年第1期。

② 张建君：《政府权力、精英关系和乡镇企业改制》，《社会学研究》2005年第5期。

③ 郝文龙：《村委会在农村经济市场化中的角色》，《重庆社会科学》2010年第4期。

织为追求个人利益和部门利益必然会增加改制的成本，使集体产权改革陷入困境。而"公司型村庄"的运作模式实现了村务管理与企业管理的分离，企业经营高效，市场化运作实现高收益，村务实现村干部专职管理，村庄管理明显改善。

挂甲峪村当前实行村企合一的"村庄型公司"模式，村支书、村委会主任、企业董事长一肩挑，村干部和企业干部交叉任职，村委党组织、自治组织和经济组织高度融合，随着村庄经济社会的进一步发展，越来越不适应发展的要求。该村实行股份制改造之前，村庄管理和经济组织管理一体化。该村进行股份制改造的一个主要目的就是盘活村庄经济发展中的各种生产要素，集体经济按照市场化的原则运转，但是改制之后的村集体经济组织依然与村委会一体，现代企业制度架构没能搭建起来。从某种意义上讲，村企合一的组织方式弱化了股份制改革力度，消减了股份制改革的成果。

村企合一的管理方式之下，村委会干部既要立足为村民做好服务，化解村民纠纷，完善社会管理，又要从事企业的经营管理，按照市场的原则满足企业职工的利益诉求。面向村民的服务是一种村民自治的要求，从社会管理的角度构建和谐村庄；面向职工的经营管理是按照现代企业运行法则，以追求经营的高收入为导向，利益追求是第一位的。在村庄层面上，"村民"与"职工"存在大量同构现象，同一管理主体在两种不同的场景下按照不同的行为规则治理几乎同构的一类人，必然会造成管理的错位，出现身份转换障碍。

村干部同时充当村集体企业的管理者，缺少监督之下，作为农村能人的村干部无法自觉接受监督，对个人和家庭私利与集体公利之间关系的把握可能会失衡，甚至可能会侵蚀集体资产，损害村民利益。

三 集体产权界定不清，村庄矛盾丛生

有效的产权制度是市场经济体制良性运行和健康发展的制度基础。[1] 长期以来由于农村集体资产的权属关系模糊、数量份额不清，不能建立起能够适应市场经济体制发展的农村集体产权制度，农村集体资产的产权"虚置"现象严重，农村集体经济的产权制度发展状况远落后于城市。[2] 农村集体资产"悬浮""虚化"，难以进入市场经营发展，从而限制了农村资本的发展壮大。由于在产权制度上农村与城市存在巨大的差异，造成农村与城市的二元分离，难以实现城乡统筹协调发展。加快农村集体产权改革，明确集体产权边界，实现农村集体资产的确权，是促进农村经济快速发展，提高农民生活水平的关键一步。[3]

挂甲峪村较早推行股份制改造，村民以土地、树木入股的方式，参与集体资产分红。在股份制改造过程中由于对集体资产认识不足，集体产权不明确，严重影响股份制改造的顺利进行。该村主张将全村的土地收回统一经营管理，核算每户土地规模、质量，树木的

---

[1] 党国英：《农村改革攻坚》，中国水利水电出版社，2005，第6页。

[2] 刘炜：《农村集体经济产权的股份制改革及其优化》，《华南农业大学学报》（社会科学版）2006年第3期。

[3] 王敬尧、李晓鹏：《城乡统筹进程中的农村集体产权改革——以温州"三分三改"为蓝本》，《求是学刊》2012年第6期。

多寡进行入股规划。但是村民视土地为命根子，认为土地就是自己的，坚决不同意村里入股统一规划的做法；此外，村民对股份制改造之后集体产权的归属问题也有异议，认为股份制改造之后村委会还是集体资产的管理人，村民很难享受到分红的好处。

案例3　收地"号树"惹纠纷

挂甲峪村刘宝文是村里的干部，由于对村里承包地统一回收的政策不满，但碍于是村干部的面子，不好当面表达反对意见，就指使儿子刘占量在背后故意搞破坏，刘占量夫妇在父亲的鼓动下趁着夜黑风高劈死了村里张玉海家所有的柿子树，最后村里通过警察调查才找出作案凶手，这在村里引起极大的波动。事发缘由就是刘宝文家里土地较多，收益好，反对村里回收土地的做法。他认为按照联产承包责任制的规定，土地就是他家的，任何人没权收回，即使农村土地归集体所有，但是集体是谁？哪个是集体？"我承包的地就是我的，谁也不能动。"由于产权不清晰，村民也心存疑虑，担心收回土地之后连饭都吃不上，村里在进行综合开发和股份制改造时也处于被动位置。

"号树"就是在村民入股时由村干部统计村民树木的数量、粗细，并作详细登记，这是股份制改造中必须进行的一项活动。村民张义来坚决不支持树木入股，对村里的股改方案不信任。面对前来"号树"的村干部，张义来夫妇恶语相向，严重阻碍工作正常进行。最终没有办法，张义来与村委对簿公堂，就树木究竟属于谁争得你死我活。张义来认为他签的承包经营合同，树就是他的，"我就是树，树就是我，谁动我的树，谁就是在动我"。村委认为村里收回土地实行规模经营，按股份分红，土地还是村民的，并且还给张义来补偿，但是张义来就是不答应。最终张义来还与村委干部拳脚相向，走进了看守所。村民认为树、地都是自己的，谁都不能动；村委则是鼓励村民交上土地规模经营。但是产权不清晰，交上以后如何分红？整合以后的土地属于集体，"那我就没地了"，产权的不清晰使老百姓在村委的决策面前心存顾虑，担心权益受损；而制度供给的不足又使村委的行动处于被动，工作难以开展。

制度供给不足，集体产权的归属、边界、管理方式都不明确，导致股改中核资清产、股权归属确定存在困难，股改中矛盾丛生。

四　村庄发展资金短缺，增长后续乏力

发展资金不足一直是制约我国农业和农村经济发展的一个突出因素。相比较城市地区建设而言，农村地区由于产业的单一化，政府的财政投入很长一段时间都远远少于城市。在城乡二元结构突出时期，甚至出现以牺牲农村和农业为代价，支持城市建设的情况。国家"工业反哺农业、城市支持农村"的政策实施以来，农村地区发展开始被置于一个重要位置，中央政府采取"多与、少取、放活"的方针，逐步加大对农村的资金投入。从整个农村发展的实际需要来看，农村地区的发展资金依然严重短缺，特别是贫困山区农村，其自身基础设施更加落后，要实现同等发展必须投入更多的资金。据有关部门初步预

算，到 2020 年，新农村建设需要新增资金 15 万亿元至 20 万亿元。

挂甲峪村是一个典型的山区村庄，该村在基础条件极差的情况下开始综合开发，面临巨大的资金缺口。该村兴办集体工业、实施山区综合开发和水利富民工程、打造旅游特色景点都遇到资金筹集难题。

案例4　四处"化缘"筹资修路

为了给村里修路，村民集资 1 万多元，可是还剩下的 14 万元哪里去弄？张朝起一边求县公路局减免费用，一方面求财政局给予支持。张朝起带着一瓶水和干粮，骑着一辆破自行车，每天往返百十来里，见局长的门就推，进门就哭穷……张朝起找到时任乡长吴振江，说苦道穷，"我们山区的山沟里穷，企业也发展不起来，所以想修条路，但是缺钱……"吴乡长见张朝起真心干事儿，有闯劲，就由乡里研究给挂甲峪拨了 3 万元修路专款。张朝起为筹资还向原来很少联系的二姑开口，让二姑家觉得太阳打西边出来了，"张朝起还来登我家门？"张朝起是来找亲戚借钱了，为了村里筹钱的事，他四处求人……

挂甲峪村在旅游业蓬勃兴起之后，村里积累了一定的集体资产，但是该村的发展资金依然紧张。每年挂甲峪集体分红时，为保证村民收益不减少，维护股民利益，该村只留下 30% 的股份作为村庄发展基金，但对于生态旅游的进一步开发来说依然是杯水车薪。考虑到挂甲峪旅游发展基础设施的维护成本、村"两委"工资待遇支出、村集体企业日常管理都是一笔巨大开支，再加上挂甲峪村进一步旅游开发的资金投入，现存的收益已经远远无法满足这些需求。

当前挂甲峪村乡村旅游为村庄经济发展提供了一个新的增长点，集体经济不断增值，但是要实现全村经济社会的进一步发展，仍需要大量的资金投入。

表11　挂甲峪村未来发展所需资金预算

单位：万元

项　目	所需资金额度
基础设施	100
旅游开发	700
招商引资	800
技术改造	300
社会事业	100

根据挂甲峪村未来发展规划，一方面要为维护村庄生产基本稳定预留一部分发展基金；另一方面，村庄基础设施的完善和养护、招商引资项目平台的搭建、村级社会事业的完善、农技推广和工业技术的改进都需要大量资金，村区多产业协调发展格局的形成仍然面临巨大的资金缺口。

五　城乡二元制度歧视，人才引进不畅

从 20 世纪 50 年代后期起，计划经济体制得以确立，城市户籍和农村户籍的分离标志着城乡二元体制形成，城乡也就被割裂开来。这种城乡分割的二元体制限制了城乡生产要素的流动，意味着把广大农民束缚在土地上，禁锢在农村中，只有这样，计划经济体制才能巩固和维持运转。20 世纪 80 年代家庭联产承包责任制在农村开始推行，调动了农民的生产积极性，并为乡镇企业的兴起创造了条件。但实行家庭联产承包责任制只是否定了城乡二元体制下的一种极端的组织形式——人民公社制度，而没有改变城乡二元体制继续存在的事实，城乡依旧隔绝，两种户籍制度仍然存在。[①]

现存的城乡二元体制的制度约束体现在两个方面。一方面，阻碍农民的自由流动和生产要素的自由组合及优化配置，使农民外流进城落户受到限制；另一方面，伴随着部分农村地区的快速发展，农村集体经济不断壮大，大量的城市精英尤其是年轻人才开始转向农村，希望到农村有一番大作为，国家也鼓励大学毕业生到农村去，到祖国最需要的边疆去建功立业。但是由于现行的城乡二元的户籍制度的限制，城市人口转向农村面临农村户口缺失的障碍，这就严重阻碍城市人才流向农村，限制农村地区人才的引进。

山区农村资源缺乏，各种生产要素奇缺，尤其对于具有现代管理理念和创新精神的年轻人才求贤若渴，但是城乡二元的户籍制度严重阻碍了人才的自由流动，导致人才进不来、留不住，也干不好。

挂甲峪村人口较少，全村只有 323 人，由于毗邻京津地区，外出发展机会多，对年轻人的吸引力强，村里大部分年轻人都外出务工闯荡，导致村里"老人当家"，村务管理和企业管理人才缺乏。该村 2012 年开始从北京市大中专院校招聘毕业生，从事村级旅游资源开发规划和村企业管理工作，不少大学生表现优异，并且将村庄发展与自身职业规划结合起来，希望长期在村工作。但是随着村集体产业的壮大，村民户口可以获得固定分红，村民代表都不愿意外来人口获得本地户籍，分享集体发展的成果。这就导致年轻人才在村长期发展受限，户口限制直接影响到工作热情，难以实现稳定的预期，出现人才易流失的问题。

第五节　挂甲峪村发展的对策建议

挂甲峪村发展所面临的现实问题，也是中国整个山区农村发展面临的普遍问题，探索挂甲峪村问题的解决措施，对整个山区农村发展都有启示意义。

一　旅游主导，产业协同深度开发

我国农村地区自实行家庭联产承包责任制的经营方式之后，农民从事农业生产的积极

---

① 厉以宁：《论城乡二元体制改革》，《北京大学学报》（哲学社会科学版）2008 年第 2 期。

性被充分调动起来，农村土地的产出率不断提高，农民经济收入也开始增加。但是就整个农村地区的发展来说，经济发展基础依然薄弱，农业基础设施落后，农民稳定增收困难，农村社会事业发展滞后；农村产业化发展滞后，农户经营分散，且缺乏合作组织，难以形成农业发展的合力。单纯依靠农业增收已经难以实现农民致富，农业发展需要从增产型向质量效益型转变。

破解当前农村发展的困境，其中一个重要方面就要大力发展农村多种经营，调整农村产业结构，大力发展多种产业，拓展农民增收的新路径。促进农村经济社会发展，大力发展新型产业需要从以下几方面着手。

第一，立足本地实际，围绕着做大做强旅游业，树立产业协同推进的理念。合理的农村产业结构能充分地利用当地自然资源和经济资源，以保证最大限度地提高当地农村经济效益，形成良性循环，促进农村经济全面发展。农村地区尽管以农业生产为第一选择，但是要充分挖掘农村地区的发展潜力，就要整合资源，围绕着观光旅游业的发展，促进上下游各类相关产业的融合发展，实现优势互补，增加农村收入来源，拓宽农村发展渠道。

挂甲峪村应对具有本地特色的旅游项目进行深度挖掘，在稳定当前旅游业发展良好态势的基础上，发展"大旅游"。这种"大旅游"能突破单一乡村旅游的范畴，在旅游产业链条的各个环节都倾心打造，从旅游产业发展资金的筹集、旅游产品的全程包装到专业旅游公司的培育（旅行社、旅游运输公司）、旅游配套服务设施的完善（游客"吃、住、行、游、娱、购"等）等，实现资金投入的全覆盖，而且能够将乡村旅游与山区特色观光农业、林果业以及工业有序对接。

要强调在以旅游为主的发展理念之下，逐渐将休闲旅游业与现代都市农业相结合，实现旅游增收与农业增效双丰收；将瓜果采摘式的"体验游"与林业开发有机融合，充分挖掘挂甲峪山区林地的增收潜力；将旅游业产业链上的各类服务行业发展摆在突出位置，进行旅游市场的合理规划；发展壮大旅游中介组织并制定统一的准入门槛，制定全村统一的旅游服务标准，维护旅游地良好的市场形象，以旅游业为龙头促进整个第三产业的发展。

村办企业要积极引进现代科学技术，更新管理理念，用现代企业管理制度规范企业运营，提高企业经济效益。村工业企业收入也要弥补农业发展资金的不足，大力发展都市型现代农业，为北京市提供高质量的绿色、有机食品，走集约化生态农业之路；大力发展优势农产品加工，提高农产品的附加值。充分利用该村广阔的山地资源，发展旅游的同时积极开发经济用材林，拓展林业增收渠道，利用村里的堰塘、水潭、池塘开展渔业养殖，将观光旅游与渔业增收有机结合。大力培育与乡村旅游相关的服务行业，培育旅行社和旅游运输公司，完善乡村旅游一条龙服务体系，引导乡村餐饮、酒店、购物、风俗文化街建设，围绕旅游业发展提高其他服务业发展水平。

第二，提高村民综合素质。山区农村的发展关键还是要靠农民综合素质的提高，培养新型农民。农民的综合素质包括对农村发展商机的敏锐察觉、对农业生产技术的掌握、劳动技能的提高，等等。山区农村地理位置相对偏僻、信息交换相对较少，农民思想观念落后，行为选择趋于保守。山区要实现产业结构的调整，促进多产业的发展，就要更新村民的观念，打开村民的视野，用现代新型农民引导农村多产业发展，后进看先进、先富带后富。

挂甲峪村对旅游产业发展相对依赖，多种产业协调发展的需求旺盛。要实现三大产业在村庄的共同发展，单纯依靠干部是不够的，要通过挖掘农村的经济能人，通过他们的引领带动，发现农村发展的新机遇，实现共同致富。农民整体素质的提高要通过定期的农业技术培训来实现，用农业现代科技武装新型农民。

第三，积极推进都市型现代农业发展。《全国现代农业发展规划（2011～2015年）》明确了大中城市郊区率先实现农业现代化的部署，发展都市型现代农业对于全面优化农业生产力布局、保障大中城市农产品有效供给、促进农民就业增收具有重大意义。

挂甲峪村地处北京近郊，发展都市型现代农业的条件得天独厚。该村耕地资源有限，更需要在深度开发上下功夫，提高农产品质量，增加产品附加值。大力发展高效集约型农业，实现生产、加工、销售一体化发展，通过走"公司＋农户"的产业化路径，保障农业产品的销售出路。鼓励外资进入挂甲峪村发展都市型现代农业，整合全村的农业生产资源，打造成具有挂甲峪特色的农产品供应基地，同时吸引村民务工，增加就业岗位。

二　村社分开，厘清经社组织关系

促进农村市场经济发展，厘清农村经济组织与社会组织之间的关系已经势在必行。从实践中来看，对于经济组织与社会组织纠缠不清导致效率低下的问题有两种意见：一种是经济组织完全脱离村委会，在农村重新建立组织，来管理农村的经济事务；另一种是彻底转变村委会职能，使其成为真正的农村集体经济组织，并赋予其明确的职责，进行必要的监督，村里事务则由村党组织解决。

不管是哪种解决方式，其核心的理念还是要划清经济组织与社会组织之间的界限，明确两种组织之间的领导权限，实现职权的分离是必然趋势。

第一，从观念上明确村经济组织和社会组织的职能边界。农村经济集体就其管理权限来讲，理应由全体村民或者由村民代表大会进行管理，其目标指向是经济收益、集体财富量的增加。考虑到经济组织的管理具有一定科学性要求，集体经济的管理可以委托职业经理人进行，由其对全体村民负责。村委会是农村的村民自治组织，属于社会组织的范畴，是出于村民自决、实现村级民主、保证村民基本政治权利的考虑而设置的，其目标指向是有序的社会管理和现代和谐新农村的构建。二者完全是两个不同层面的农村实体组织。

第二，在实践上制定村经济组织与社会组织运行规则。二者属性的根本性差异，决定了二者不同的运行方式。划清二者界限之后，挂甲峪村即可通过村民大会表决，确定一种挑选经营管理集体经济企业的职业经理人的方式，由其负责经营管理，定期向村民代表大会汇报工作，接受全村股民的监督。村委会和村党支部则应当主动放弃村集体经济的管理权，积极做好为群众服务工作，带领村民实行自治，进行自我管理、自我教育和自我服务，主要做好社区建设工作。我国农村社区建设全面兴起之后，村集体经济组织和村

"两委"的关系发展应当遵循这一规则。

第三，在方向上明确村经济组织和社会组织利益诉求。挂甲峪村要厘清村集体经济组织和村级管理之间的职能，就要将经济职能和社会管理职能作为集体经济组织管理层与村"两委"职权的划分基线，经济利益和社会和谐就是二者不同的行为指向。明确村委会的职能权限，引导村民搞好村民自治，加强社会建设，并积极配合乡镇完成委办事务；挂甲峪集团就应当完全按照市场化的要求，按照现代企业公司治理机制来运转，实行职业经理人制度，以追求经济效益为第一位。

三 盘活资产，深化集体产权改革

农村集体资产归全村村民所有，是全村的共同财富。集体产权改革是激活农村发展活力，促进农村经济社会全面发展的关键环节。在村区经济发展中，盘活集体资产，努力促成资本要素的自由流动，弥补村庄经济社会发展所需的资金缺口。同时也可以支持村庄优势产业的发展，通过项目引进和开发，以"四两拨千斤"之势吸纳外部技术、资金和人才，进一步增强村庄的内在活力。

农村土地是集体产权改革的重要方面，必须使土地流转起来，让土地参与到集体产权改革中来。农村土地从本质上来讲是一种生产资料，[①] 在经济活动中与劳动力、技术一样都是可以流动的。作为一种生产资料土地也必须流转起来，实现资源的优化配置。确权确地是实现土地流转的前提条件，深化农村土地制度改革就要进一步明确农民的土地权利，赋予土地所有权主体对土地享有的包括转让、抵押、继承、赠送在内的权利，允许土地占有权、使用权和收益权相分离；明确划分集体股份与个人股权之间的边界，给予农民自由支配土地的权利和个人股份的退出权，以确保农民土地权利不受损失，并要求制定相应的补救措施，通过法律化的制度规则形成村民与村集体利益纠纷的化解机制，维护农村地区稳定。

相对较多的山区农村来说，通过整合村级资源，实现规模利用具有一定的可行性。2012年底的中央经济工作会议指出，继续深化农村改革，积极创新农业生产经营体制，稳步推进集体产权制度改革，挂甲峪村结合自身实际进行股份制改造，通过收地"号树"，将全村可用的土地、林地、树木放在整体开发的框架下，实行村级综合治理，进行道路、水利、旅游景点的建设与开发，确实全面改变了村容容貌。但是通过模糊的收地"号树"让村民参股入股，一方面村民出于生活保障的考虑害怕丢失土地而不愿加入集体股份；另一方面，地树入股村民的经营管理权丢失，以后地树的所有权渐渐模糊甚至发生转移，在股份合作的框架下村民合理的退出权没有形成制度性设计。为此，必须进一步明确土地、林地以及其他集体资产的产权，确地确权到户。

第一，在当前过渡时期，对一些难以明确的土地，如果林地所有权人同意，可以实行

---

① 徐勇、项继权：《农地制度改革：十字路口的抉择》，《华中师范大学学报》（人文社会科学版）2007年第3期。

确权联合登记的方式。但是，从长期来看，必须确权确地，这也是产权改革的基础性工作。从我们对四川、湖北和云南等省的调查来看，一个村确权至少需要投入 20 万元。建议设立专项资金，为土地和林地等的确权确地提供支持。

第二，应组建统一的股份经济合作社。事实上，土地本身是一种生产资料，无论是经营性资产还是土地等非经营性资产，都是原集体的资源，股权量化之后，可以一并成立经济合作社，由合作社管理。这样可避免法律上的障碍，同时也可避免税赋上的负担，也有利于节约组织管理成本。

第三，新型股份合作社应在产权明晰的基础上，由村民自愿参加，切实维护股民的权益。股份合作经济组织负责人员应由股民民主选举产生，任何组织无权从外面委派。同时应当进一步明确集体收益的处置原则，细化集体经营收益的分配规则。在分配章程的制定中要充分听取股民意见，尊重股民的集体企业股东地位。收益分配应当尽量细化，让各种生产要素都参与到分配中来，具体分配的结果应当完全公示，接受全体公民监督，维护所有股民的利益。

第四，进一步深化土地产权制度的改革，允许股份合作经济组织的股份及土地产权的流转，允许外来资本购买或控股，让股份合作经济组织真正走向市场，成为独立自主经营的主体。这不仅可以激活现有的集体资产，也可以为股份合作组织在更广阔的市场获得资金、技术和人才创造条件，从而进一步壮大合作经济组织。

第五，明确退出权。在进一步深化股份制改革过程中，要明确村民具有退股的自由，村民对地树具有承包合同期内法定的使用权，在以家庭为单位的经营方式下具有一定意义上的所有权，因此村民就可以根据集体经营的效果和实际，择机自由退股，只是股改中应当设置固定的退股时间，并确定一定的退股标准，确保整个村集体资产不受损失。

四　财政扶持，构建多元投入机制

资金不足是我国山区农村发展的巨大障碍。到 2020 年，我国新农村建设需要新增资金 15 万亿元至 20 万亿元。各级政府财政投入是新农村建设资金投入的主渠道，发挥着明显的导向作用。农村地区发展资金要靠国家财政的大力支持，逐年增加对农村地区的资金拨付力度，特别注意加大对贫困山区农村发展的财政倾斜。"十五"期间，中央财政预算逐年加大农业综合开发投入，[①] 加大利用外资力度，调整和完善地方财政配套政策，5 年共投入农业综合开发资金 1335 亿元。2006 年中央财政用于"三农"的支出将达到 3397 亿元，比上年增加 422 亿元，增长 14%，往后会继续加大在这方面的投入。中央提出，2013 年要在稳定完善和强化行之有效的政策基础上，着力构建"三农"投入稳定增长长效机制，确保总量持续增加、比例稳步提高。[②] 但是仅仅依靠国家财政投入显然是远远不够的，还需要加大银行等金融机构对农村地区发展的支持力度，积极推进"金融下乡"。

---

① 《国民经济社会发展"十五"计划纲要报告》，新华网，2001 年 3 月 5 日。

② 《中共中央国务院关于加快发展现代农业进一步增强农村发展活力的若干意见》，2012 年 12 月 31 日。

金融是现代经济的核心，建设社会主义新农村战略的实施，离不开金融业的大力支持和助推。在现代市场经济条件下，货币资金应当在社会主义新农村建设中发挥杠杆作用。弥补农村全面发展的资金缺口要充分发挥金融机构的作用，政府相关部门应当提供便利条件鼓励商业银行落户农村，同时加大农村金融改革的力度，在健全和完善农村金融服务体系上动脑筋，使金融业在体制、机制和金融服务方式上更好地适应新农村建设的需要。在乡镇和农村积极推广村镇银行，引导发展小额贷款公司，大力支持农民专业合作社信用合作，引导城市富余资金投向农村，支持农业发展。

解决挂甲峪村发展资金缺乏的问题，可以从以下几方面入手。

第一，积极向政府争取资金。积极向上级政府部门争取财政资金支持，积极开发富民兴村的项目，充分利用"一事一议"财政奖补的政策，为村级开发筹措资金。继续开展与相关政府部门的"结对互助"活动，通过"结对子"获得相关部门的资金支持。挂甲峪村继续保持与北京市东城区地税局文明共建协议关系，加强与结对单位的密切联系，积极争取先进结对单位的资金支持。

第二，大力引进社会资本。鼓励商业银行进驻村庄，充分发挥金融机构在盘活农村资金、支持农村开发建设中的作用。通过开发项目工程，引进风险投资，拓宽融资渠道，大力引进社会资本。完善村区金融机构配套设施，对资本进驻提供场地、服务上的便利。

第三，整合村庄闲散资金。挂甲峪村乡村旅游蓬勃发展，村民通过参与旅游接待和服务也积累大量资金，该村可以尝试建立"挂甲峪商业银行"，通过整合全村闲散资金，化零为整，使资金周转起来，弥补发展中的资金缺口。

五 户籍开放，着力促成人才流动

户籍制度是一项与资源配置和利益分配密切相关的制度，在当下中国现实中，户籍制度除了执行登记和管理人口的职能外，还与能够享受到的福利密切相关。[1] 我国现行的户籍制度已经不适应当前社会发展的实际，户籍的限制已经严重阻碍人口的正常流动。当前的户籍限制已经不限于农村人口走向城市这一种情况，随着部分农村地区快速发展，发达农村地区也越来越吸引城市人才流入，户籍限制已经开始出现城里人走进农村难的情况，"城里人要转为农村人口开始变得'此路不通'"。[2]

农村户籍的限制导致优秀人才到农村以后发展受限，严重阻碍了山区农村地区的进一步发展。要促进人口的自由流动，让年轻人才扎根农村，就必须放宽农村户籍的限制，以农村发展的广阔前景和优厚待遇吸引年轻人才走向农村，建功立业。要解决农村地区过剩劳动力的就业问题，引导农民外出务工，就必须放宽城市户口的限制，让农民在城市自由流动，享受与城里人同等的公共服务，共享改革发展的成果。

户籍制度是一项基础性社会管理制度，有关改革事关人民群众切身利益、经济平稳较

---

① 魏万青：《户籍制度改革对流动人口收入的影响研究》，《社会学研究》2012 年第 1 期。
② 皮海洲：《农村户籍与城市户籍应双向放宽》，《黄石日报》2009 年 12 月 10 日。

快发展和社会和谐稳定。① 挂甲峪村要引进优秀的年轻人才，为村庄经济社会发展注入新的活力，就必须打破现有户籍限制。

第一，统一认识，集体确定落户细则。随着挂甲峪村集体经济不断发展壮大，本村村民凭借户籍每年即可获得一笔可观的集体分红，因此从心里不愿意外来人口落户，分割集体财富。但是，要实现村庄发展，就离不开外界人才的引进，离不开从根本上满足人才扎根村庄的实际诉求。这就需要该村通过村民大会，加深人才对村庄长期发展重要性的认识，从贡献力、技术、增加收入、工作年限等方面确定外地人落户的条件，形成具有可操作性的规章制度。

第二，提高身份认同度，鼓励人才落户。保证来村工作的外来人才的生活待遇，让劳动、技术、管理等要素参与集体经济的分配，严格参照个人贡献率进行工资奖励，给引进的人才以身份认同。鼓励有志于留村的人才按照业已制定的落户细则，努力工作，不断创新，在为集体增加财富、推进村庄和谐社会建设作出贡献的同时，获得该村的户籍，享受应有的福利待遇，享有分配集体分红的权利。

挂甲峪村开放户籍，就是要充分发挥优秀人才推动村庄创新发展的作用，以本村户籍为激励，引导年轻人才为集体多作贡献，同时对年轻人才要敢加担子，让其在关键岗位进行锻炼，并提供外出学习、考察的机会，保证优秀人才"进得来、用得上、留得住、干得好、出得来"。

六　撤村建社，推进社区管理创新

总体上看，在现代化进程中，农村经济和社会结构发生了显著变化。当前在广大农村地区实行的村民自治制度，实行的是以村籍居民为自治主体、集体土地产权为经济基础、行政村地域范围为边界、籍地关系为维系纽带、村集体组织为依托、村庄公共事务为自治内容的基层群众自治模式。村集体经济组织与村集体组织合二为一的特性、村集体组织的封闭性及村籍的排外性决定了村民自治是一种封闭性、排他性自治模式，已无法容纳当前新的农村经济社会发展的要求。

为此，从2006年起，新型农村社区建设从试点逐步走向全覆盖，当前正在全国各地全面展开。各地所创新的各种社区自治模式，适应了当前农村社会流动性与开放性的发展要求，摆脱了户籍、地权关系及其他边界的束缚，更加契合了当前农村新型社区形态的既有发展现实，顺应了农村经济与社会变迁的必然要求。随着农村社区自治的推进，逐步形成了多元主体参与的治理模式，在更大范围和程度上保障了广大农民的民主权利和利益，实现了社会转型期多元利益的协调、互动及整合，这是对村民自治的超越与发展。

农村社区是社会主义新农村的基础，也是新时期农村社会组织、管理和服务的平台。挂甲峪村作为北京市农村社会管理创新试验示范单位，在管理创新上可以先行先试，为北京乃至于全国农村社会管理创新和新型社区建设提供有益的经验。

---

① 《国务院办公厅关于积极稳妥推进户籍管理制度改革的通知》，2011年2月26日。

首先，因地制宜，"撤村建社"，完善新型农村社区的组织建制。在农村社区的建设中，应立足自然环境、经济发展和村民的意愿，本着有利于管理、有利于服务、有利于融合以及有利于社区经济社会发展的要求，因地制宜地建立新社区。对于挂甲峪村而言，可以利用人口相对集中、经济活动比较频繁、社会资源自然流向集中的特点，建设社区综合服务中心，强化社区公共设施和公共服务建设，充分利用现有村级公共设施，发挥村级组织党员干部的作用，为本村和附近各村居民提供更便捷的服务。这有助于提高公共设施和资源的利用效率，也有助于社区居民的交流和融合。

其次，立足自治，分工合作，构建和完善新型农村社区治理结构。客观上看，当前农村社区和社会管理组织管理体制具有明显的行政化色彩。由于社区是基层自治组织，自治是其基本的也是本质的要求，随着改革的深化，必须进一步完善新型农村社区的治理结构，逐步从行政化体制向自治体制转变。为此，要立足社区自治构建新型的社区治理结构。其中，建立社区化党组织作为社区政治领导核心，社区居民大会作为社区权力机关，社区居民委员会作为日常决策和执行机关，社区综合服务站为执行和办事机构，社区监督委员会为监督机关。在社区有关机构的建设中，必须坚持民主法制原则。社区党组织应由社区党员依照党的基层组织条例选举产生；社区居民委员会应通过社区居民直选产生，依法民主决策和管理社区公共事务和公益事业。应加快社区综合服务平台及社区服务点的建设，社区综合服务站由上级派驻服务人员、社区选聘服务和志愿服务人员共同组成，以有效承接政府公共管理和公共服务，以及社区居委会依法协助政府履行的相关职责和委托事项，自主办理社区自我管理和自我服务事项，实现政府管理与社会自治、政府主导与社会参与、政府公共服务与社区自我服务的有效衔接和良性互动。

最后，建立健全新型社区管理服务平台。在现行的户籍、教育、医疗、社保以及产权制度下，我国城乡呈现"双向封闭"的状态：不仅城乡之间人口难以自由流动，外来新居民难以自由进入和融入城市，而且城市居民以及外来新居民也很难进入和融入农村社区，整个国家和社会呈现严重的碎片化状态。为此，一方面要进一步推进城乡户籍、教育、医疗、社保和就业等方面的制度，打破城乡二元体制，为城乡居民和资源的自由流动、城乡经济社会的融合创造条件；另一方面，要进一步加快实现农村居民身份与村集体经济组织成员身份分离，促进农民在保障农村产权权益的前提下自由迁徙，并为广大农民进入和融入新型农村社区提供条件。进一步完善现有的管理和服务体制，按照属地原则，建立面向社区内所有常住人口的社会管理和服务体制；建立为社区居民和流动人口提供公共管理服务的综合性平台，对社区居民实行一体化的管理，提供均等化的公共服务，并保障全体常住居民参与社区自治事务管理和决策的权利；鼓励和支持外来新居民参加本社区的选举，使基层自治民主从村民自治过渡到居民自治和社区自治。

党的十八大报告提出，解决好农业、农村、农民问题是全党工作的重中之重，要加大统筹城乡发展力度，增强农村发展活力，让广大农民平等参与现代化进程、共同分享现代化成果。迄今为止，中国农村改革仍面临不少困难和问题。其中，有的是宏观法律政策和体制问题，有的是改革自身的制度设计和政策措施不完善的问题，还有的是人们的认识偏差和执行不力的问题，还有的是受制于现有的财政能力和资源条件。当前必须进一步解放思想、完善方案、创造条件、深化改革。以挂甲峪村为代表的中国山区村庄，通过大力推进改革和发展，大幅度提高山区农民生活水平，让全体农民共享改革发展的成果。这是中国乡村发展的内在推动力，也正成为推动实现繁荣文明的山区"中国梦"的巨大"正能量"！

课题负责人：张秋锦

课题组长：张英洪

执笔人：袁方成　项继权　张英洪　张　翔

图书在版编目（CIP）数据

北京农村研究报告. 2013/郭光磊主编. —北京：社会
科学文献出版社，2014.7
ISBN 978 - 7 - 5097 - 6169 - 4

Ⅰ. ①北… Ⅱ. ①郭… Ⅲ. ①农村经济 - 研究报告 -
北京市 - 2013 Ⅳ. ①F327. 1

中国版本图书馆 CIP 数据核字（2014）第 133744 号

北京农村研究报告（2013）

主　　编／郭光磊

出 版 人／谢寿光
出 版 者／社会科学文献出版社
地　　址／北京市西城区北三环中路甲 29 号院 3 号楼华龙大厦
邮政编码／100029

责任部门／社会政法分社　（010）59367156　　　　责任编辑／单远举　周　琼
电子信箱／shekebu@ ssap. cn　　　　　　　　　　责任校对／王伟涛
项目统筹／周　琼　　　　　　　　　　　　　　　　责任印制／岳　阳
经　　销／社会科学文献出版社市场营销中心　（010）59367081　59367089
读者服务／读者服务中心（010）59367028

印　　装／三河市东方印刷有限公司
开　　本／787mm×1092mm　1/16　　　　　　　印　张／43.25
版　　次／2014 年 7 月第 1 版　　　　　　　　　　字　数／984 千字
印　　次／2014 年 7 月第 1 次印刷
书　　号／ISBN 978 - 7 - 5097 - 6169 - 4
定　　价／138.00 元